LA BASTOCHE

collection tempus

Claude DUBOIS

LA BASTOCHE

Une histoire du Paris populaire et criminel

PERRIN
www.editions-perrin.fr

Secrétaire générale de la collection :
Marguerite de Marcillac

ISBN : 978-2-262-03547-1

tempus est une collection des éditions Perrin.

À Jo Privat, Robert Lageat et Daniel
Schmid *ad aeternam,*

Aux autres, à tous les autres
que j'ai connus à la Bastoche

Préambule

Quinze ans auront bientôt passé depuis 1997

En 1963, avant d'entamer *Les Anneaux de Bicêtre*, Simenon disait apprécier les préfaces, avant-propos et autres avertissements. Ces petits textes constituent *« pour l'écrivain, en marge de son œuvre, une prise de contact directe avec le lecteur »*, argumentait-il.

Voici quatorze ans sortait *La Bastoche – Bal-musette, plaisir & crime (1750-1939)*. À trois ans de l'an 2000, afin que le lecteur s'imprègne de l'ambiance de la Bastille d'alors, sous le titre « La Bastoche parce que Paname ! » j'avais tenu à la dépeindre. Décalque de la vitalité populaire mâtinée voyou de la rue de Lappe de 1997 et, ainsi, garantes de sa tradition, ces quelques pages justifiaient mon entreprise de raconter le passé musette de ce coin de Paris.

Sans l'émotion qui m'envahissait chaque fois qu'arrivant de la place de la Bastille par la rue de la Roquette je pénétrais rue de Lappe, il n'y aurait pas eu de livre. Tout avait commencé en 1979 par celui de Robert Lageat, le taulier du *Balajo* – l'histoire de sa vie. Ce 27 mars-là, j'avais rencontré M. Lageat.

— M'sieur Lageat, m'sieur Lageat, il avait dodeliné de la tête, t'es bien d'la rue du Plâtre ?

— Oui, du 12.

— Moi, j'crèche à cent mètres, 17, rue des Archives. On est du même village, alors, te gratte pas, tu m'tutoies et tu m'appelles Robert.

Robert, alias des Halles ou le Plus Beau des p'tits, et, j'ai envie de dire, tout est dit. Il avait 68 ans mais dix ou quinze piges plus tard, il rigolait autant à se vouloir Robert de la Butte aux radis, voire « Robert la Bite en l'air », même si, il ajoutait, « à 80 carats, j'commence à m'bavocher sur les rouleaux ! »

« De toutes les formes de mémoire, il n'en est pas de plus évocatrice que la mémoire sonore. Les sons font naître des images, je citais Pierre Gaxotte… *Voici l'Olympia, la salle Gaveau, les bals de la rue de Lappe…* »

À la Bastille, la façon de parler de Robert Lageat est, d'abord, ce qui m'avait frappé. En 1980 dans *Robert des Halles*, remanié en *Des Halles au Balajo* en 1993, j'ai tenté de transcrire au mieux cette impression *« sonore »*. Aujourd'hui que Robert est mort, elle est devenue *« mémoire »*. Je me rappelle bien sa voix, la Butte aux radis, son débit, ses vannes. Un peu plus tard, l'accordéon et les valses de Jo Privat m'ont envapé – la sonorité native des *« bals de la rue de Lappe »,* pour rester à l'unisson de Gaxotte. Depuis, jamais mon frisson de contentement à franchir la porte du 9, le *Balajo*, ne s'était démenti. Des noms sont cités dans « La Bastoche parce que Paname ! » Des amis. Autant de personnages à la grouille qui, à l'image de la Butte aux radis, avaient le pouvoir de me quimper. Adolescent, j'étais en quête de communion avec ceux que j'aimais. Au zinc du *Balajo*, la messe était de chaque instant.

À mon sens, sinon à mes sens, à Paris en 1997, une ambiance unique exhalait de la Bastille. J'avais tâché d'en persuader le lecteur.

Quinze ans ont passé. Aujourd'hui, en 2011, je fais amende honorable. Rue de Lappe, en 1997 et depuis longtemps, tout était foutu. La question se pose : aurais-je, moins que menti, graissé la cocotte et roulé le lecteur dans la farine ? Ça, non ! Alors quoi ? « La Bastoche parce que Paname ! » le déplore : en 1981, la décision d'édifier l'Opéra-Bastille a bouleversé la Bastille sans retour possible. Seize ans plus tard, avec ses bars et restaurants à tapas d'un bout à l'autre, la rue de Lappe new look avait pris sa vitesse de croisière. Il n'empêche, B-*A*-L-*A*-J-*O*, la nuit continuait de porter haut les couleurs du *« chef-d'œuvre du bal-musette »*.

J'ai plein la bouche du *Balajo*. C'est qu'en ce lieu, le génie, celui de la Bastille, n'avait pas replié ses ailes. *« Genius loci »*, le génie du lieu : dans *Pays parisiens*, Daniel Halévy montre la persistance quasi-tellurique de certains endroits. Le quiproquo de mon graissage de cocotte découle de l'entêtement du *Balajo* à ne pas démâter dans la tempête *new wave*. Pourquoi m'abîmer dans l'ambiance générale si, rue de Lappe, celle si particulière du 9 était mon havre ?

« En définitive, me demandera-t-on, cette ambiance du *Balajo*, c'était quoi ? » Pas grand-chose. Le simple fait que les personnages et amis évoqués précédemment étaient là et qu'ils n'en avaient jamais fini d'étancher leur soif et de se la faire belle. Cette expression, je l'ai apprise à la Bastille, Jeannot le Polak avait le chic pour la sortir. « Se la faire belle », la vie, et voilà le plaisir défini. Bien après ma rencontre avec Robert Lageat, dit le Vautour quand il était en gaffe à la caisse ou encore Pépé le Cow-boy s'il avait passé une droite à un récal', un récalcitrant quelconque, la fréquentation, la passion de ces figures, entretenait en moi l'impression que la Bastaga survivait au déluge *new-age*.

De l'impression à l'illusion, il n'y a qu'un pas. Si j'ai été dupe, la duperie a consisté à ce que je m'immerge dans cet univers. Jo Privat évoquait la vie musette, celle du temps où, rue de Lappe, l'accordéon tenait le haut du pavé. Le 3 avril 1996, lorsque Jo est monté au paradis des doubles croches, hormis au 9, les accordéonistes avaient depuis belle lurette plié leurs dépliants – l'accordéon, en argot des musiciens. Le musette s'en était allé muser on ne sait où. Le genre de vie vanté par Privat n'avait pourtant pas abdiqué, je l'ai appelée « populaire mâtinée voyou ». Rue de la Roquette, je n'avais pas sitôt fait quelques pas… uuuiitt ! aux abords de la rue de Lappe, Schmitago me sifflait, on entrait à *La Rotonde*. Quatre, cinq, six gorgeonnets, peu importait le nombre pourvu qu'on eût l'ivresse. Apparaissait Colle-au-fion. « T'es là, tézigo ? Paye ton coup ! » Schmitago lui enjoignait d'autor'. D'achar' le gars faisait signe à Jojo – Bouet, le taulier. Ce jour-là, le Colle-au-fingue en question avait une drôle de binette.

— Il est en permission, lui, m'a affranchi Schmitag'.
— En permission d'quoi ?
— Bonne conduite.
— Bonne conduite de quoi ?
— Il est en taule, il a ratiboisé sa femme.
— Ah ?
— Dans la cuisine, i's'engueulaient. Bam ! coup d'cass'role su'la coquille, terminé !
— Ben merde !
— Dessouder sa bourgeoise, c'est un métier, ça !

L'air rogue, Daniel rigolait doucement en gaffant Colle-au-derge illuminé d'un sourire béat. Jojo rhabillait les gamins, on était aux œufs.

Mon tort a été, moins de croire que de vouloir ces instants, éternels. L'illusion, disais-je. Quoi de mieux, quand elle dispense du plaisir ? « Discuter avec un individu meurtrier de sa femme, quel bonheur vraiment ! » Sans ce genre d'homme et le fait divers, son apanage, Simenon n'aurait pas bâti son œuvre, Carco non plus – l'humanité est ce qu'elle est. Le 30 mai 1997 à la télévision, au Gai Savoir, Franz-Olivier Giesbert m'avait convié à parler de *La Bastoche*. Qu'avais-je dit ? « Vous n'allez tout de même pas défendre les proxénètes ? » Françoise Giroud m'a fusillé du regard. Tout de suite, les gros mots ! Madame Giroud était décomposée. Plus tard, quand elle a révélé qu'entre 1981 et 1995, François Mitterrand avait connu soixante femmes, j'ai essayé d'avoir le mot de la fin : « I'sont loin derrière, les proxos ! » Ni plus ni moins, Giroud affirmait que Mitterrand avait mis à profit sa fonction pour jouer les séducteurs. Qu'en conclure sinon que, la Bastille me l'avait enseigné, les hommes sont les hommes ?

La rue de Lappe avait de quoi subjuguer. En écoutant Gros Pif, les Beaux Costards ou le Parisien, je me suis convaincu de l'ancienneté de la tradition qu'ils représentaient – eux n'en avaient aucune conscience. L'écrire en 2011 me ramène au début des années 1980. En semaine, au *Balajo*, l'orchestre de Gaston Debeau, relayé ensuite par Toni Jacques, s'essoufflait à attirer les danseurs. Le week-end, Jo Maurage avait plus de chance. Ou Privat, quand Robert Lageat et Jacques, son fils, lui avaient demandé de revenir le lundi. Grâce à Jo j'ai fait la connaissance des Pieds pourris, de Queue de béton et consorts – « quel bonheur, vraiment ! » Un monde qui m'apparaissait très vivace. À l'entour, pourtant, le futur Opéra et le bicentenaire de la prise de la Bastille en 1989 échauffaient les esprits. Ne sachant que trop que *L'Assassinat de Paris* de Louis Chevalier avait annoncé, dès 1977, le début des années zéro d'un Paris nouvelle manière, je fermais les yeux et me bouchais les oreilles. Il n'y avait qu'au *Balajo*, chez Bastide en face au 18, au *Pastis-Bar* du 19, rue de la Roquette, ou au 47, rue Basfroi chez l'Ami, que je les rouvrais.

Avec Louis Chevalier, notre première rencontre remontait à 1974, nous avions lié amitié à partir de 1977. Sous son influence, j'allais de découverte en découverte. Cinquante ans auparavant, dans l'Entre-deux-guerres, autant que moi, Carco, Galtier-Boissière, Warnod et les autres étaient déjà captivés par la rue de Lappe et pour les mêmes raisons. Le 13 février 1997, Frédéric Mitterrand m'a invité sur Europe 1. Son savoir sur Carco m'a surpris. Il a tenu à ce que je décortique comment, au hasard des rues sombres, naissait le « louche », l'« interlope », sensation à l'origine du sentiment parisien de M. Francis. On était là davantage dans le climat des années 1920-1930 que dans celui de 1997. Ou de 1987-1988, quand, hypnotisé par ces types du milieu, fasciné par ce que racontait Carco, j'avais pris ma décision. Ce monde qui sentait la fin d'un monde, il fallait, noir sur blanc, le consigner avant la fin des haricots.

« C'est la valse des costauds,
Des beaux gosses aux gros biscotos,
Qui tous les soirs au musette,
Dansent avec leurs gigolettes…
Faut pas leur monter sur les pieds,
Ou alors ils sont sans pitié,
Quand ils dansent entre poteaux
La valse des costauds… »

Claude Villers est un amoureux de Paris. J'ignore s'il a jamais lu la réflexion de Gaxotte sur la mémoire sonore et les formes de mémoire, mais le clou et le hic de son émission Tous aux abris était que l'impétrant en pousse une devant une assistance pas si réduite. Le 14 mai 1997, au studio 106 de Radio-France, la bonne humeur était de la partie. Les feux croisés des juges du tribunal de Villers m'avaient allumé, sans trop de trac j'ai rejoint la scène pour chanter cette *Valse des costauds* de Fréhel. Le piano a lancé les premières notes, go ! j'ai plongé. Tant pis si j'ai été faiblard sur l'allegretto, la Bastille revivait. Rebelote le lendemain chez Yves Calvi sur Europe. On a commencé et terminé dans la rigolade. Deux ou trois mots d'argot bien plaçadés suffisent, le ton est donné.

C'est en rentrant de chez Villers, le soir du 14 mai, rue Saint-Antoine au coin de la rue de Turenne, que j'ai appris la mort d'Henri Imbert, le bougnat du 18, rue Daval, Riton pour les amis, Nez rouge pour les intimes. Et aussi Riton la Fusée quand le bougnat faisait rire les copains. Il pesait 140 kg : « J'arrête pas, on m'appelle Riton la Fusée ! » Ah ! les bons moments que nous avons passés chez lui à partir de 1993, pas avant, avec Schmitago le Beau Jeune Homme, alias Nez de feu, et Jojo Bouet de *La Rotonde*, Nez de braise. Un morceau de saucisse sèche, un coup de saint-pourçain, en avant la musique !

— Ici, c'est Radio-Bastille, démarrait Nez de feu.

— L'écoute pas. Moi, j'vais t'dire, et Nez rouge emplissait mon verre, Bouet et Schmid, jusque chez les gens haut placés, on les appelle « les deux concierges du quartier. » Ah ! i'peuvent partir en vacances ensemble, Bouet et Schmid. Prêts de leurs sous comme i'sont, ça, i'r'viendront pas les poches vides !

Il y avait bien quelques brouilles, mais, moustache aguicheuse et sourire malicieux, Jojo Bouet était philosophe : « Tu sais comment on s'fâche à la Bastille, on est toujours copains. »

Quinze ans ont passé, ces échanges oraux, sonores, rigolos sont loin. Le Bougnat était âgé de 48 ans au moment fatidique. Si je ne me trompe, Jojo Bouet est mort au début 2004, il était de 1943, la soixantaine juste. Nombre de ceux que je portais aux nues en 1997 ont passé l'arme à gauche. Ils l'ont glissée, la pente fatale, comme on parlait à la Bastoche.

Le bal avait été ouvert en 1996 par Jo Privat. En mai 1997, le Bougnat. Trois mois après, le 27 ou le 28 août, Clément Lépidis. Avec Privat, Clément avait écrit *Monsieur Jo*. La dernière fois que je lui ai parlé au téléphone, il était à l'hôpital, il lisait *La Bastoche*. Ses appréciations m'avaient mis du baume au cœur, Lépidis était inconsolable de la rue de Lappe d'antan. Le 7 juin 1998, mon vieux Robert Lageat nous a quittés, il venait d'avoir 87 ans. Un an plus tard, le 31 mai 1999, Auguste le Breton. Je l'avais rencontré en 1980 ou 1981 au *Balajo*, un documentaire de la Gaumont nous montre, la Butte aux radis, le Breton et moi.

« Le 28 avril 1997,

Vieux Bastochi,

T'as dû retrousser tes manches pour te farcir un tel boulot. 400 pages et quelle documentation ! Tu restes un des rares à aimer le vieux Paname, sa poésie, ses apaches, ses ponettes et ses rues noires. »

Ainsi commençait la belle lettre qu'Auguste m'a adressée à la parution de *La Bastoche*. « *Garde-toi* », il terminait à la manière corse. À la Bastaga il avait été lié à Yves Didou, le Grand Yves, le taulier du *Balajo* avant Robert. Et itou avec l'Ami, de la rue Basfroi.

Deux ans plus tard, le 7 août 2001, le trépas a ravi Louis Chevalier, la caution intellectuelle de la Bastille, celle du Collège de France, il avait 90 ans. Fin septembre ou début octobre 2002, Jacques Borel a disparu. Je m'en souviens, j'étais à l'hôpital, un staphylocoque à coagulase négative avait failli m'envoyer moi-même *ad patres*. En 1965, Borel avait obtenu le prix Goncourt pour *L'Adoration*. J'y ai puisé pour décrire la Bastille côté IVe arrondissement, du temps où la rue Jean-Beausire était galante. Ensemble, Jacques et moi, nous nous y étions baladés un jour de 1988. Puis Bouet. Ensuite Rémy Bayle, le catcheur, l'un des hommes très forts du *Balajo* – 50 de tour de biceps, à chaud. Il a été enterré le 30 décembre 2004, huit jours avant Jacqueline, mon épouse. Dans les débuts, elle m'accompagnait au *Balajo*. « C'est pas lui, le Bourreau d'Béthune ? » elle m'avait demandé à propos de Schmitago. Elle trouvait qu'il avait une coiffure de bourreau. Celui de Béthune avait fermé son pébroc, sur les rings c'est Rémy qui était surnommé « Der Hunker » – bourreau, en allemand.

Le 5 mars 2005, Jacky l'Arménien a poursuivi la série. Le plus drôle, si je puis dire, est que notre amitié avait débuté le jour de l'enterrement de Jo Privat.

— Ah ! mais c'est toi Jacky l'Armémien ?
— Comment tu m'connais ?
— Par Jo.
— Tu connaissais Jo ?
— Ben oui, j'suis à son enterr'ment.
— Mais, bien, bien ?
— Oui, oui.
— Alors, si tu connais bien bien bien Jo, si t'es son ami, t'es mon ami. Tu viens m'voir quand tu veux.

Ça c'était jacter, je n'ai pas tardé à rendre visite à Jacky au *Petit Café*, 7, avenue Bosquet – un poème là-dedans ! À la fin octobre 2005, Jean Bonnet, le patron de *La Galoche d'Aurillac*, a succombé, il avait 56 ans. À peine quatre mois plus tard, le 17 février 2006, le Petit Paul, l'un de ces seigneurs avec qui, je le raconte au chapitre 10, je brisais la mie le 21 novembre 1989 chez le Polak, rue Jean-Mermoz, aux Champs. On était devenus intimes. Il avait une belle voix chaude à la Montand, il enregistrait sous le nom de Paul.

À l'instar du Breton qui s'en flatte dans *Rififi à New York*, le Petit Paul avait été proche de Marcel Barokhel, alias le Coréen, très apprécié dans le monde juif oriental, judéo-espagnol, de la rue Sedaine, de la rue Popincourt, par là. « La Bastoche – Bal-musette, plaisir et crime » : même si le bal n'y est pour rien, le Coréen a été assassiné le 11 octobre 1973. Un forfait perpétré ou commandité par les frères Zemour, aux dires du commissaire Le Taillanter. Avec la disparition, avant la sortie de *La Bastoche*, de Robert Plen, le Fakir, l'un des accordéonistes du *Balajo*, pince-sans-rire à ne pas croire, et celle, peu après, de Roger Girard, l'historien des Auvergnats de Paris, on revient au cœur de la rue de Lappe. Je n'oublie pas Machin, comme j'avais caché son blase en 1997, mort lui aussi. *« Loulou »*, le nomme sa première femme, Danièle Burel, dans son livre *Pas plus pute qu'une autre*[1] – en fait, Lulu le Parisien. À nouveau, on repasserait du populaire au voyou.

À mes yeux, Daniel Schmid incarnait le populaire mâtiné voyou dans toute sa splendeur. Devenu directeur du *Balajo*, il n'avait pas besoin de se cloquer dans les mauvais coups pour vivre. Ancien champion du monde de catch, dans le fond Schmitago était un bon gamin, comme on dit à Reims, sa ville natale, il avait une bonne mentalité. Trente-cinq ans durant, il a été le personnage numéro 1 de la rue de Lappe. Ses mots à l'emporte-pièce auraient quimpé Audiard, ses mufflées étaient gargantuesques, ses bagarres, homériques. Ceux qui l'ont connu ne l'oublieront pas. On aimait le Beau

Jeune Homme ou on ne l'aimait pas, mais Daniel ne laissait personne indifférent. La maladie l'a pris vers 2002. Après plusieurs séjours à l'hôpital, il est mort le 25 mai 2009 à 63 ans. Ce jour-là, tout un pan de ma vie, de ma mythologie personnelle s'est effondré. Onze mois tard, l'année dernière, le 22 avril, le tour de Jeannot le Polak est arrivé. Raconter l'amitié de Jeannot et de Schmitago, leurs dégagements à Madagascar et le quoi du qu'est-ce nécessiteraient des pages. Au *Matignon*, quand il nous accueillait, Jeannot était immanquablement vêtu d'un blazer. Cigare en bouche et coupette à la main, hop ! il démarrait sur la rue de la Lappe. À égalité avec Jo Privat, le Polak en était une mémoire exceptionnelle. Celle de Jo remontait à 1937, la sienne à 1950. Toute la noïe, l'un et l'autre pouvaient raconter les belles nuits de la Bastoche. Et le lendemain itou.

« Qui se souviendra de Jo Privat ? » se demandait Lépidis en 1986. Le monument aux morts de la Bastille que je viens d'ériger n'augure pas d'un passé qui chantera. En 2011, qui se souvient de Jo, de Clément, des autres, du Polak et de Schmitago, déjà ? À l'époque où je m'escrimais à étudier la philosophie à la Sorbonne, j'étais attiré par la réflexion, la pensée existentielle. Le tragique de l'existence c'est le temps, je le ressens à tout moment. Dans sa période esthétique, Sören Kierkegaard recommandait la fréquentation des rieurs, ils aident à voir la vie en rose. Rue de Lappe, à discuter avec les uns et les autres, je n'étais rien que kierkegaardien. La preuve : après, souvent, m'envahissait un sentiment d'inachevé, de plus en plus lourd au fil des années. Comme si l'esthétique, les mots, l'alcool, les valses-musette, les facéties de Truc ou de File-au-train, bref ! ces instants vécus pour eux-mêmes ne suffisaient plus. Je n'étais pas le plus percutant des argotiers, pas un poivrot ni davantage un gambilleur et encore moins un type du mitan : la Bastoche, j'en étais sans en être. La constatation de ce hiatus engendrait l'insatisfaction. La rupture de ses fiançailles avec Régine Olsen provoque chez Kierkegaard son passage de l'esthétique à l'éthique. Là, s'arrête la comparaison avec le Danois. Si l'incomplétude m'a fait basculer, c'est dans le monde, imaginaire à sa façon, de l'historien. Compulser les vieux journaux, chercher le détail, retrouver le passé du quartier, me permettrait d'atteindre l'absolu, l'âge d'or, j'en étais sûr. Ainsi qu'on part à la conquête du Graal, j'ai fouillé des archives de bric et de broc. Les seules à propos du bal-musette, du plaisir et du crime à la Bastoche, je le garantis.

« Dubois m'intrigue, écrivait Louis Chevalier dans *Le Figaro littéraire*, le 15 mai 1997 *: pourquoi cette nostalgie des Auvergnats, des apaches, des guinches, des bordels ? »*

Par-delà les années et le néant, je tente ici de répondre à cette question essentielle de Chevalier. Spontanément, j'avais été porté à écouter les hommes d'expérience. Par exemple, M. Toni, notre voisin, rue du Plâtre. Dans les années cinquante, le soir, il montait à la maison et, devant un verre de rouge, il évoquait la rue de Lappe de l'Entre-deux-guerres. À quoi cette passion ressortit-elle ? À un mauvais fonctionnement de la bile, comme auraient jugé les médecins d'autrefois, à un goût inné pour la philosophie, l'histoire ? Ou plutôt à un désir de faire revivre par la plume ce que j'aurais tellement aimé vivre en vrai, *id est* une sorte de frustration ?

Au hasard des bribes, des broutilles, des faits divers et des explications diverses qui m'ont permis de reconstituer la Bastoche, je ne suis pas parvenu à l'absolu.

L'âge d'or, c'eût été que, soudain, l'écrit s'évanouisse au profit de la réalité de jadis, qu'elle renaisse *in vivo*. Que ce vieux barbeau de Dédé les Diam' ressurgisse rue de Lappe, un bouchon de carafe à chacun de ses doigts. Qu'au 12 s'entrouvre la porte, que réapparaissent Mme Anita, la sous-maque, et toutes les nénettes du bobinard qui attisaient tellement le jeune Lépidis. Mais les morts sont bien morts et, jour après jour, les poubelles débordent de pages d'éphémérides.

À la Bastille, alors, depuis 1997 ?

Le miracle est que des éclairs ont fait croire et peuvent encore faire croire aux feux d'artifice anciens. Cette illusion, jamais je ne me lasserai d'en être dupe. Jacques Lageat est resté à la tête du *Balajo*, ses petits-fils Nicolas et Fabien l'assistent désormais aux commandes – les arrière petits-fils de Robert. Thierry la Baraque, Tino, Joseph, Carmen et Olga la Belle, Pascal le disc-jockey. Au bar officie Alexandra, une très jolie demoiselle. En rouvrant mes carnets, je retrouverais des dates.

En 2000, c'est Michel Pruvot qui a fait son entrée rue de Lappe. Pour lui, le *Balajo* est pour toujours paré du lustre musette. Philippe Krumm d'*Accordéon et Accordéonistes* m'avait appelé, Michel désirait y planter le cadre de « Sur un air d'accordéon », son émission de France 3. « Monique, mets une p'tite coupe à mes amis », le Polak nous avait accueillis, le 11 janvier, Michel, Philippe, Schmitago, l'Homme des bois, son chauffeur, et Dubois, ma pomme. Les petites coupes vident les grandes boutanches, on en a tous conservé le souvenir éméché. Le 25, banco ! la télé avait pris possession du *Balajo*. Davantage dauphin d'André Verchuren que successeur de Jo Privat, Pruvot est une vedette nationale. Le 25, il était sur le pont depuis l'aube. À minuit, chez Bouet, des manouches copains du Beau Jeune Homme se sont mis à gratter le jambonneau, Michel est allé quérir son soufflet, il a joué avec eux.

Le 24 novembre 2004, Jacques et Daniel fêtaient leurs 30 ans de *Balajo*, je signais *Paris Gangster*, on a refusé du monde à l'entrée. En voyant danser Germinal Ballarin et madame, Marius Dori et madame, le monde de l'édition, du journalisme a découvert, les yeux ronds, ce que gambiller veut dire. Des vieux potes, Minal et Marius, des grands boxeurs des années 1950-1960. Dori est né rue de Lappe, Ballarin est du coinceto. On a remis ça en juin 2006, pour les 70 ans du *Balajo*. Jo Privat Jr, la chanteuse Muriel, Verchuren, Pruvot et Jean-Claude Borelly présidaient aux ébats musicaux. Verchu était sûr d'avoir rencontré Jean-Michel la Jactance, la Jactance était certain de ne jamais lui avoir serré la louchedé, qu'à cela ne tienne, ils ont tisé à l'amitié retrouvée. Les sourcils défroncés car il se marrait, Gilbert de la Butte-aux-Cailles borgnotait la scène avec Gilbert Bouvet et Mattéo le Gitan, d'autres catcheurs, tous potes de Schmitago et de Jacky Corn – jadis, le nom de combattant de Jacques Lageat sur les rings de France et d'ailleurs.

L'enterrement de Jo Privat avait été le point de départ de mon amitié avec le Petit Jacky, celui du Petit Paul en février 2005 m'a fait rencontrer le Petit Jeannot, le taulier du *Tribar*, 20, rue de Lappe. Après le Père-Lachaise, manière de faire tomber une ou deux rouilles chez l'un de ses amis, on a fait un crochet par le XIIe. Ensuite, direction la rue de Charonne, chez José, le tabac. Le Petit Jeannot m'a présenté à des amis du loinqué, Alain, le patron des *Portes*, le restaurant de l'angle rue de Charonne-rue de Lappe, et Jacky le Corse. Curieusement, le Petit Jeannot et les deux autres ne connaissaient Schmitago que de réputation. Ça n'a rien de neuf, la Bastille est un univers. Une multitude de mondes y tournent, les orbites ne se croisent pas forcément.

« Pour vivre une seule nuit d'la rue de Lappe de dans l'temps, j'donn'rais un an d'ma vie ! me confiait Fabien, voici peu. Des personnages comme j'ai la chance unique d'en avoir connu, c'est terminé. On est tous formatés, maintenant ! » Il a 30 ans et il sait, pour la Bastille et pour Paris, la signification de l'établissement repris par son arrière-grand-père et son grand-père – « Ton grand-dab, Fabien, fais-moi plaisir ! » L'impossibilité de ressusciter l'histoire est précisément ce qui rabat les prétentions de *La Bastoche – Bal-musette, plaisir et crime à Paris (1750-1939)*. Aujourd'hui, cette durée de deux siècles se résume à des mots, à du papier et aux bibliothèques silencieuses où je les ai dénichés. En 2011, la Bastille a changé, mais on continue à s'y amuser. Certains, la quarantaine, regrettent le temps d'Albert Grintusch, le disc-jockey qui, à la jointure des années quatre-vingt-quatre-vingt-dix, avait relancé *Balajo* et rue de Lappe. D'autres, la soixantaine et le pouce, les années soixante, Jo Privat et son orchestre. Certains, très vieux, la fin des années quarante, chez Bousca, le renouveau après la guerre. Quant à la rue de Lappe de l'Entre-deux-guerres, seuls des nonagénaires ont pu y danser.

S'« *il n'y a plus d'après à Saint-Germain-des-Prés* », à la Bastille il y a toujours un avant – des avants au pluriel, étagés dans le temps. On l'a compris, la rue de Lappe de 1950 n'était plus celle de 1925 et encore moins de 1900, même si, considérés de 2011, ces passés se mélangent. Justement, *La Bastoche* montre comment, depuis le XVIIIe siècle, les époques se sont succédé, imbriquées les unes aux autres. Ces Bastille, ces rues de Lappe abolies, un livre ne les fera revivre que le moment de la lecture. « Le moment », c'est-à-dire une suite de moments, souvent décousus.

La prise de contact avec le lecteur – ici, je n'ose écrire « *directe* » – évoquée par Simenon a pour condition que l'œuvre lui plaise. Si, en parcourant *La Bastoche*, le lecteur se laissait un tantinet aller comme lorsqu'il s'absorbe dans le *Tableau de Paris* de Sébastien Mercier, *Paris-Anecdote* de Privat d'Anglemont, les *Enchantements sur Paris* de Jacques Yonnet, et bien sûr, *Montmartre du plaisir et du crime*, *Histoires de la nuit parisienne* de Louis Chevalier, et les autres classiques de la littérature parisienne, on s'en doute, je serais comblé. Ou, au-delà de ma modeste personne, Paris soi-même, puisque, Chevalier l'a montré dans un petit texte intitulé « Sous la dictée de Paris »[2], à travers les écrivains qui ont chanté la ville, c'est Paris qui exultait.

Début 2011.

Prologue

La Bastoche parce que Paname !

Dimanche de Pentecôte 1989, j'entame ce livre. Dans deux mois le 14 juillet, la place de la Bastille est en attente. Retapée vert pomme, la colonne est toute pimpante, l'opéra-blockhaus presque achevé… Ils nous auront bassinés avec leur Opéra et leur bicentenaire de la Révolution, bassinés cher comme on dit dans le milieu.

Tellurisme parisien ancestral, l'endroit s'est toujours prêté aux sarcasmes. Du temps de la forteresse sous Louis XIV, pouvoir absolu ou pas, Claude Le Petit n'y allait pas de main morte :

À quoi sert ce vieux mur dans l'eau ?
Est-ce un aqueduc, un caveau ?
Est-ce un réservoir de grenouilles ? […]
C'est la Bastille, ce me semble ; […]
Est-ce une tour ? En est-ce quatre ?
Et qui serait le cul foireux
Qui n'eût la force de l'abattre
D'une pétarade ou de deux ?

1832, colonne de Juillet en érection et éléphant détumescent cohabitent quelque temps. Victor Hugo magnifie l'éléphant, ébauche prodigieuse, cadavre grandiose d'une idée de Napoléon « au détriment de la colonne espèce de poêle gigantesque orné de son tuyau [...] monument manqué d'une révolution avortée ». Avec cet hallali en guise de conclusion : « l'architecte de l'éléphant avec du plâtre était parvenu à faire du grand ; l'architecte du tuyau de poêle a réussi à faire du petit avec du bronze[1]. »

Depuis, Paris s'était habitué au charme désolé de la place de la Bastille dominée par l'envolée du génie. La colonne a maintenant perdu prééminence et proéminence. Vu de la rue de la Bastille, le béton de l'Opéra avale son bronze, il digère les ailes de cette pauvre liberté tout là-haut... Protestation inutile. Avant, à partir du terre-plein Saint-Paul, la ligne des toits de la rue Saint-Antoine se dentelait sur l'arrière-plan du ciel. Aujourd'hui le faîte de l'Opéra, carton-pâte mastoc, bouche les nues, absorbe la ligne brisée des ardoises... Contestation vaine. Comme toujours, comme voici plus de trente ans lors de la destruction des Halles, nous Parisiens, nous devons subir. Nous moquer, avons-nous même le droit ? Essayons... Écoutons la vox populi, à Paris elle fait preuve de sagesse. En regardant l'Opéra Bastille, les vieux Parisiens haussent les épaules. « On s'croirait sur la ligne Maginot ! », j'en entends un évoquer son régiment dans l'Est en 1935 en sifflant Sambre-et-Meuse. Ça ne change rien, ça change de l'autosatisfaction officielle.

C'est tout et ce sera suffisant pour la place de la Bastille. La Bastille symbole révolutionnaire ou l'Opéra je ne sais quel espace musical futuriste ne sont pas mon sujet. C'est le quartier autour qui m'envoûte, la Bastoche comme on l'appelait en argot pour bien le démarquer de la place. Et déjà une strophe d'*À la Bastoche* d'Aristide Bruant me brûle les lèvres : « Il faisait pas sa société /Du génie de la liberté /Il était l'ami du Rouquin /Et le p'tit homme à la Méloche /À la Bastoche »... Le génie de la liberté, peau de balle et balai de crin !

Bruant a beau faire vieillot, il traduit au mieux l'objet de mon propos. Les affranchis, Bruant était subjugué, je le suis autant… Par les temps qui courent, droits de l'homme et tout le bastringue, se réclamer du monde de Bruant, de cette société, cette soce, revient à s'inscrire en faux contre les tentatives d'éradiquer la Bastille de sa mauvaise graine, ces classes dangereuses chez elles depuis toujours dans ce coin chaud de Paris…

Comme Bruant, l'idéologie n'est pas mon fort, je préfère le commerce des hommes et des femmes en chair et en os, c'est plus drôle.

Question hommes et femmes, je devrais me plaire à la Bastille new-look ! Au moindre brin de soleil les terrasses sont bourrées à craquer sur la place, plus loin à l'angle de la rue de la Roquette et de la Saint-Sabin chez Joseph Bouet, à La Rotonde, havre chaleureux fréquenté à la fois par les jeunes à la mode et les vieux du quartier… Ces attablés sont peut-être sympas, intellos, branchés, les filles belles, ce n'est pas eux que j'ai dans la tête mais les hommes et les femmes dont, dans le raz-de-marée délétère de l'Opéra, ils ont pris, ils ont volé la place, la soce interlope de Bruant… Les politiques bafouilleraient *rééquilibrage*, les promoteurs *rénovation*, les sociologues *mutation* : la vérité est que la Bastille est colonisée. Pareil qu'aux Halles, on a foutu les gens à la porte ! Les petites gens, le menu peuple de Paris, au profit des riches, bohème bourgeoise, néo-bourgeoisie, bourgeoisie tout court… Et après on pourfendra, au nom des droits de l'homme, les lois régissant l'habitat séparé en Afrique du Sud, ah ! l'hypocrisie.

Je suis un sacré rabat-joie car, quoi, la nuit, le lundi, le jeudi, le vendredi, le samedi, l'idéologie a bonne mine, les idées on s'en tamponne, la rue de Lappe flamboie ! Le Balajo, la Chapelle des Lombards, les Tapas nocturnes, j'en passe et des meilleurs, le Cactus bleu, elle tourne à 100 à l'heure, cette rue ! Certains soirs de liesse, le Balajo est plein, cinq cents personnes sont dehors à poireauter… Robert Lageat, le taulier, se frotte les mains : « Pour entrer, faut un chausse-pied ! » Albert Grintusch, l'officiant des fiestas branchées du Balajo, laissera son nom dans l'histoire de la rue de Lappe.

L'histoire de la rue de Lappe ! J'ai lâché mon maître mot. J'aurais peut-être dû intituler ce livre *Rue de Lappe… La Bastoche* a le mérite d'être à la fois plus vaste et plus évasif. La Bastille, je passe en douce à l'imparfait, ce n'était pas seulement le côté 11e arrondissement, la place, la rue de la Roquette, la rue de Lappe, le passage Thiéré, la rue de Charonne derrière… la Bastille c'était aussi la partie 4e où, jusqu'en 1975, fleurissait la prostitution. J'aime ce flou de Bastoche… Le cœur en est la rue de Lappe mais ses limites imprécises, extensibles : la rue, le quartier Popincourt, Voltaire, on verra… Je pouvais entièrement parodier Louis Chevalier et, pour titre, à la façon du sien sur Montmartre, choisir *La Bastoche du plaisir et du crime.* Mais comment omettre la donnée essentielle du quartier, le musette, bal autant que musique, créateur ici d'un cadre, d'une ambiance *sui generis* du plaisir ? D'où le sous-titre à part du titre, qui en est la précision au cas où l'on ne saurait pas, et la redondance au cas où il conviendrait de rafraîchir les mémoires. Pour le reste, la matière, il s'agit bien, ainsi que Chevalier sur Montmartre, de capter, à la Bastoche, cette vie de tous les jours, de toutes les nuits, dont les manques et les interludes ont fini par créer la ribouldingue, la fête permanente mêlée de son cortège inévitable, sales coups, coups de poing, de couteau, de revolver, coups de main, mains tombées, mains basses… le crime. Une histoire louche qui n'apparaît pas au *Journal officiel*, un passé pas nécessairement facile à traquer, mais une histoire frissonnante des étirements de l'accordéon, langueur des corps, sifflement des danseurs et sifflet des flics en pèlerine…

« On a fait l'ménage ! » se réjouit mon vieux Robert, Lageat donc, le patron du Balajo, façon native parisienne de dire que la rue de Lappe a été assainie. Il est vrai que son ancienne équipe de catcheurs, Jacques son propre fils, ex-Jacky Corn, qui dirige le vénérable dancing, épaulé de messieurs Daniel, Rémy et consorts, a de quoi modérer les ardeurs. Eux tous, du Balajo, sont demeurés, ne serait-ce que dans leur manière de parler, des vrais de vrais, et, quand je me pointe rue de Lappe, je recherche leur compagnie en priorité. Ils y étaient déjà lorsque le hasard m'a mis sur le chemin de Robert, que je lui ai prêté la pogne pour fignoler *Robert des Halles*, ses mémoires... 1979, 80, 81, la rue de Lappe s'assoupissait gentiment, elle conservait pourtant sa population dangereuse. En des années de fréquentation assidue du bal et de ses environs, l'une des dernières cours des Miracles de Paris, j'ai rencontré certains spécimens hauts en couleur de cette population... Des salades, il y en a eu ! On comprendra que je ne m'élance pas dans la relation de péripéties dont j'ai été au courant. Les spécimens en question – comment les nommer : truands, affranchis, vrais de vrais ? je crois que dans ce qui subsiste de l'argot du milieu en 1997, voyous convient le mieux – vivent encore. J'en apercevais un, l'autre après-midi, à La Rotonde. Machin je le désignerai, je ne peux pas écrire son blase noir sur blanc. Seul le fait que j'étais en bagnole m'a empêché de lui serrer la main. J'ai, avec lui en particulier, Machin, quelques bons souvenirs de biture, un rade pas loin de La Rotonde, disparu dans la bagarre... Machin et son pote.

En 1980, à la Bastoche, vaille que vaille le monde de Bruant survivait. Le pote à Machin, un jour j'ai appris qu'il était dedans, en prison... Une grosse affaire, autrefois il risquait sa tête comme Henri la Filoche, le héros malheureux d'*À la Bastoche*, l'ami au Rouquin, le p'tit homme à la môme Mélie, la Méloche, broche de son état, maque c'est-à-dire, qui finit sur la guillotine : « Mais sur la bascule à Charlot /Il a payé sans dire un mot /À la Roquette un beau matin /Il a fait voir à ceux d'Pantin /Comment savait mourir un broche /De la Bastoche »… C'est le cas de le réaffirmer, la mélopée de Bruant est capitale. Pendant plus d'un siècle et davantage, ç'a été ça, la Bastoche : les voyous, qu'on les dénomme sauvages, peaux-rouges, gouapes, escarpes, apaches, affranchis, de quelque manière qu'on veuille. Ils ont donné à ce quartier, à la rue de Lappe, son image de marque, cadencée d'un mouvement d'accordéon, rehaussée d'une senteur forte de salaison auvergnate, ternie parfois d'un coup de lame… Sa carte d'identité. Il nous appartiendra de dégager le vrai du faux, de faire la part du mythe et de la réalité, et discerner ce qui conférait à la Bastoche sa spécificité, en quoi elle se distinguait d'autres quartiers populaires de Paris.

« Qui se souviendra de Jo Privat ? » concluait tristement Clément Lépidis dans *Monsieur Jo* consacré au roi du Balajo dont il a fait les belles nuits, de 1937 à 1982… La transformation a été si brutale, rue de Lappe, que, probable, personne de la nouvelle faune, ne se serait souvenu de Privat si, les dernières années de sa vie, Jo n'avait brusquement acquis une dimension quasi légendaire. Sous son impulsion, l'accordéon décrié a bénéficié d'un regain inattendu, même si, le comble, en 1997, il demeure fâché avec la rue de Lappe… J'ai été des amis de Jo. Du vivant de Privat, je ne pouvais que lui dédier ce livre, il m'en a tant raconté sur la Bastoche… Maintenant qu'il nous a quittés, c'est *ad aeternam* que je lui offre mes pages, tout change si vite partout, à Paris, à la Bastille… Oui, qu'on ne l'oublie pas ! Ni lui ni quiconque… « À Jo Privat, aux autres » : se reconnaîtra qui voudra parmi mes potes, parmi aussi ces spécimens que j'ai évoqués, les vivants et les morts, ils ont été la renommée de la rue de Lappe, grâces leur soient ainsi rendues.

Je ne désire pas à tout prix flagorner mon éditeur, mais dans le monde de l'édition, le populaire, ses voyous ne sont plus en odeur de sainteté. L'exploration des bas-fonds, genre journalistique et littéraire jadis prisé, est jugée hasardeuse commercialement parlant. Façon de penser symptomatique, autant du regard qu'on porte sur la ville que de son état actuel. La démolition des Halles a sonné le glas, Paris n'est plus Paris, Paris est mort ! psalmodie la vox populi. Un livre de Louis Chevalier avait pour titre éloquent *L'Assassinat de Paris*. En extirpant, en arrachant du centre de Paris, de son ventre sa substance populaire, ses tripes, ses robloches, ajouterait Robert Lageat, on a bousillé sa joie de vivre. Le reste, les basses besognes urbanistico-architecturales, la spéculation, les promoteurs immobiliers s'en sont chargés. Les branchés, artistes, jeunes cadres en blue-jeans qui maintenant peuplent Beaubourg, le Marais, sont diaphanes, sans couleur. Par leur faute, dans le pire des cas, les bistrots mettent la clé sous le paillasson... Dans le meilleur, ils rangent leur zinc dans le placard aux balais et renaissent en café sans comptoir, salon de thé, jus de fruit, ce n'est pas mieux !... On se came mais un gorgeon, allez ! le der', ça non, jamais ! La rue, le trottoir, le caniveau, terminé ! Seule la Culture, grande ratatineuse de vie au jour le jour... Culture omniprésente, ses concerts de musique, de danse où il faut aller, ses expositions, vernissages, ses cocktails. Culture soufflée, moins de mots d'ordre hier idéologico-politiques, que de normes, de présupposés politico-éthico-médiatiques, désormais du domaine de l'inconscient collectif car formateurs d'une vision du monde partagée, intégrée par le plus grand nombre... Culture anémiante, dévoreuse de spontanéité. On ne voit plus, on ne vit plus : on se regarde exister, on s'admire, s'adore à réfléchir sur son vécu, petit nombril de pacotille, jusqu'à en somatiser, tomber malade pour de bon !... À sa maniérette chacun est devenu moraliste, tantinet psychanalyste, tout part de là ! On ne se laisse plus emporter par Paris, on juge d'abord. Bref ! on s'emmerde. Hélas ! chez les éditeurs, les comités de lecture sont aux mains de types pétris de cette nouvelle culture, marxisme, freudisme, philosophie interprétative... Ils devraient tout comprendre, ils en sont loin ! Je déplore cette totalisation actuelle du savoir, ses modulations qui finalement le restreignent en un champ de compréhension et d'appréciation hors duquel le salut est ardu à trouver. À l'image de l'époque que, d'ailleurs, ils façonnent, ces intellectuels prétendent être ouverts, réceptifs, mais, ruse de la raison inévitable, leurs structures de pensée sont d'insidieuses œillères.

On leur parle de Paris en tant que Paris, du Paris populaire, le Paris que décrivaient Bruant, Carco, Galtier-Boissière, celui qu'étudie Louis Chevalier, ces gens-là ne saisissent pas. Voyous ? Argot ? Ils traduisent Série noire, cette Série noire qui, depuis Simonin et le Breton, a pris du galon, elle aussi a été promue genre culturel... Accordéon ? André Verchuren ils interprètent, le côté franchouillard tagada-tsouin-tsouin... Ils sont toujours à côté de la plaque ! Une réflexion de Michel Tournier résume en gros leur incompréhension : « Je déteste Paris [...] Je suis complètement allergique à toute la mythologie parisienne à l'usage des provinciaux et des étrangers : Irma la Douce, Paris by night, les petites femmes. Quelle horreur ! » Que mon sujet englobe Irma la Douce, Paris by night et les petites femmes, forcément. À ceci près que, de tout temps, et pas seulement les provinciaux, le plaisir a excité, incité, inspiré les auteurs... Il n'est que de relire les anciens, Martial, Apulée, Juvénal, et tant d'autres : la poésie antique n'est qu'un long chant lascif, l'érudit Michel Tournier ne l'ignore pas. Épousailles de l'amour, du cafard et du malheur, ladite mythologie parisienne poursuit cette tradition si féconde. À ce titre elle ne saurait être dédaignée, tenue pour quantité négligeable. De quoi se repaissait donc Villon ? Tournier renierait-il *Aux Lumières de Paris* de Mac Orlan, *Nostalgie de Paris* de Carco, œuvres essentielles à Paris pour n'en citer que deux ? Davantage que de mythologie, terme sujet à caution, Tournier nous en administre la preuve, c'est de civilisation parisienne qu'il sera ici question.

En me délectant des *Détective* d'avant-guerre, en découvrant, au hasard des dossiers des archives de la police, de la bibliothèque historique de la Ville de Paris, de l'Arsenal, des articles de journaux aux noms oubliés, je me suis persuadé, puisqu'aujourd'hui rien se saurait échapper à la culture – la haute couture comme la manière de manger sa soupe – qu'il était impossible que ces faits divers, délits, crimes, ne soient pas eux aussi repris culturellement. D'autant que dans le passé ils ont engendré la création. On ne s'en souvient guère. C'est qu'à la pure description, qui pourtant, chez Mac Orlan et ses amis, s'ennoblissait en ce qu'il appelait le fantastique social, s'est superposée la relation du monde mental, souvent fastidieuse car trop personnelle, trop particulière. Tel est le défaut actuel de la Série noire qui, sous l'influence de la bande dessinée me semble-t-il, a tendance à décrocher de la réalité. L'époque se définit par un surprenant mélange de jugement politico-éthique, constaté plus haut, et de fantasme à tout crin se servant mutuellement de garde-fou, d'alibi. On me contrecarrera que se perdre dans le passé revient, mine de rien, à créer du fantasme… Réfléchir sur le concept de science historique nous ferait déborder du cadre de la Bastille. Simplement, pour différencier le fantasme littéraire du fantasme de l'histoire, si fantasme il y a, je préciserai que cette histoire de la Bastoche est jalonnée d'événements, de dates, affirmant qu'elle a été à un moment du temps où Paris a connu son apogée. Nécessairement parcellaire, orientée, ma *Bastoche* sera peut-être illusion rétrospective de ma part, son passé n'est cependant pas illusoire. En ces lieux des hommes et des femmes ont vécu, des Auvergnats ont parlé leur patois, des apaches leur argot, des accordéonistes ont inventé, développé une musique, la musique du cru, des guincheurs ont gambillé... Les témoignages jaunis des bibliothèques autant que les témoins encore en vie l'attestent.

J'ai longtemps été le plus jeune, mais au fil des années cette jeunesse s'est relativisée... le plus jeune, disais-je, à poursuivre cette tradition de description de Paris. Dans plusieurs articles, à maintes et vaines reprises j'ai utilisé le concept de *culture populaire* parisienne. Louis Chevalier pense que *civilisation* serait préférable, mais le mot culture étant notre sésame, notre fourre-tout, afin d'être mieux compris, employons les codes en usage... Il y a quelques années, je discutais avec Jean-Claude, le coiffeur de Jo Privat. Marcel Aymé a raison, les merlans sont de bon aloi, leur bouche est à fleur d'oreille... Celui-ci, surnommé Bonheur, m'interrogeait et s'interrogeait à la fois : « Et notre identité, on en fait quoi ? » Cette identité, que quelques mots ne suffiraient pas à épuiser, est moribonde, du moins l'espèce d'homogénéité qui, à Paris, rassemblait, voici peu, les diverses classes de la société. Que ce soit les façons d'être ou de faire, de porter la casquette, la langue, le système D, la chanson réaliste, que sais-je encore, de par le monde le modèle parisien s'imposait. On s'y reconnaissait, Paris rayonnait. Natif de Ménilmontant, Maurice Chevalier chantait Paris, à travers sa gouaille, Paname exultait ! Natif de Belleville, Claude Lemoine, lui, sous le nom américanisé d'Eddy Mitchell chante le rock de Memphis, Tennessee... Tout est dit. Personne ne dit ni ne chante plus Paris, aujourd'hui. C'est une ville expurgée qu'on vante, qu'on vend à ces badauds de touristes, le Paris des musées, les pierres de la ville, sa carcasse, tour Eiffel, pyramide du Louvre, arche, là-bas, de la Défense…

Le tissu social s'est déchiré. Plus question d'aller partout dans la capitale, des quartiers entiers sont zones pratiquement interdites, des coins où l'on ne se hasarde plus. Le faubourg Saint-Martin est désert la nuit. Qui fréquente la Goutte d'Or, les grands boulevards, Montmartre même ?… Nostalgique, je me suis rabattu sur mes spécimens, mes diplodocus d'un âge antédiluvien. Quand feu Jo Privat, un Robert Lageat, un Auguste le Breton parlent argot comme ils l'ont toujours parlé, trop beau pour être vrai ! on me soutient qu'ils en rajoutent. Quand j'amène l'ami Pierre Merle, auteur du *Dictionnaire du français branché*, du *Blues de l'argot*, chez Jeannot le Polak rue Jean-Mermoz, il est séduit par la faconde du dit Jeannot mais m'oppose qu'il a 60 piges… L'âge, le temps, le passé sont mal vus à Paris.

À deux ans de l'an 2000, on croirait que les seuls à avoir droit de cité à Paris sont ceux qui, les soirs de fiesta, balancent leur petite fraîche à Rémy Bayle, imperturbable derrière sa caisse du 9, rue de Lappe !… Ce sont eux, les jeunes, qu'on monte en épingle à la télé, dans les journaux à la mode, aussi ne procéderai-je à aucune discrimination. Je me tourne vers eux tous, ces néo-Parisiens, branchés, blacks, jaunes, beurs, céfrans, rouquins ou frise-à-plat ! Ils s'amusent dans une rue, la rue de Lappe où, depuis des décennies, on s'amuse. Grâce à eux, j'aurais mauvaise grâce à le négliger, la rue de Lappe persiste, même si, et je n'en démordrai pas, elle ne se ressemble plus… Nous verrons, et ce ne sera pas la moindre des surprises, qu'en 1930 déjà, des commentateurs regrettaient qu'elle eût perdu sa physionomie, son ambiance d'antan, d'avant la guerre de 14… Il est dans la nature des êtres et des choses de changer, d'évoluer, et dans le caractère des atrabilaires de s'en lamenter. Néanmoins la faune branchée bastillarde a le droit de connaître le socle qu'elle foule, les origines de ce quartier qu'elle hante. Ce livre lui est également destiné. Supposons en outre qu'en 2020, 2030, l'envie accapare l'un de ces mômes d'aujourd'hui de raconter, larmichette à l'œil, sa fougueuse jeunesse, qu'emporté par son élan il désire remonter plus avant : il saura où piocher pour commencer à réécrire le passé de ce quartier décidément captivant. Espérons que l'histoire soit ce perpétuel renouvellement qu'on raconte, souhaitons-le pour Paris.

Et les Auvergnats ? Jusqu'à présent ils ne sont que furtivement apparus sous ma plume, au détour d'une phrase. « Ah ! malhurous », j'entends d'ici tonner Jean Bonnet, le patron de La Galoche d'Aurillac… Un jour qu'à son comptoir la conversation tournait autour du nouveau quartier de la Bastille, des chamboulements en perspective, il avait été péremptoire : « Nous, les Auvergnats, étions ici les premiers ! » Sous la pression des événements leur présence s'est étiolée, mais, faire fi des Auvergnats, non !… Avec quel enthousiasme Raymond Trébuchon, le président de la Ligue auvergnate, me déclarait, l'année dernière, qu'enfin la Ligue avait domicilié son siège social, 41, rue de Lappe… à La Galoche, chez Bonnet justement, un symbole pour l'Auvergne à Paris ! Ce sont eux, les Auverpins, qui ont créé la rue de Lappe. Leur implantation en ce lieu de Paris, à la jointure du faubourg du bois, le faubourg Saint-Antoine, et du quartier du fer, le quartier Popincourt, date de plus de deux siècles. L'histoire peut s'accélérer en notre fin de millénaire, sans les Auvergnats, la Bastoche n'aurait pas suivi le même destin, pas atteint la même célébrité. Ils y dansaient que les arrière-grands-parents des chébrans de 1997 n'étaient pas nés ! Ils y ont fait éclore le plaisir. À elle seule, l'Auvergne définit la Bastille.

Aussi vieux que j'exerce ma mémoire, j'ai toujours connu l'existence de la rue de Lappe, son caractère auvergnat, le pullulement de ses bals. Arrivé de sa Saône-et-Loire natale en novembre 1936, mon père avait été littéralement subjugué par Paris. Je lui dois mon amour inconsidéré de la ville. Il se rappelait ses étonnements de provincial, rue de Lappe, la foule qui s'y agglutinait : « À minuit on s's'rait cru dans le métro à 6 heures du soir ! »…

Fascination de la Grand'Ville, magie de ses lumières, attirance de ses ombres. Ma mère y était allée danser, en compagnie de ma grand-mère, de sa tante Isabelle et de son mari Joseph Mathias, le père Mathias, un Limousin, charpentier de profession, monté faire le taxi à Paris. Il excellait à la bourrée. Ce devait être à la Boule Rouge, au 8 – remplacée en 1987 par le Cactus bleu et depuis par le Sixty-Six – ou chez Bousca, au 13 – garage depuis 1963, démoli fin 1991 – que ma famille maternelle partait s'étourdir. Mon père n'avait jamais été danseur. En revanche, à propos du numéro 12 de la rue de Lappe, en face du Balajo, son avis était clair et net : « Y avait d'belles filles ! » Le 12 était un bordel réputé… Chez Mme Anita, précise Clément Lépidis non moins gaillard. Nous examinerons qui elle était cette Mme Anita.

Avec mes parents nous habitions derrière le Bazar de l'Hôtel de Ville, entre la rue des Archives et la rue du Temple. Dans les années cinquante un couple de voisins, Mme Rochon dite Chonchon ou Gette – elle se prénommait Georgette – et Toni, son concubin, étaient devenus nos amis. La télévision n'abrutissait pas encore les gens. L'été, après le dîner, Toni montait boire un coup. Il était corrézien, de Bugeat. Lui aussi avait rallié Paris avant-guerre. J'étais captivé par sa façon de raconter sa vie. Il avait été le chauffeur du général Koenig à la fin de la guerre, en Allemagne. C'est lui qui m'a prêté mes premières Série noire, *Razzia sur la schnouf*, *Rififi chez les hommes* d'Auguste le Breton que je devais connaître trente ans plus tard... Bien sûr, Toni avait fréquenté la rue de Lappe, dans les années vingt, trente, il était de 1901. Je me rappelle encore cette histoire qu'il nous avait sortie, à mes parents et à moi, assis sur l'un de nos deux tabourets de cuisine, un soir de 1955-1956... Ils étaient une bande à danser chez Bousca, dont un certain P'tit Jean, surnommé par antiphrase because son impressionnante silhouette. Voilà mon P'tit Jean embarqué dans une java, les pognes sur le valseur de sa cavalière. Soudain, casquette agressive, le type de la môme : « Tu guinches avec ma lamefé, toi ? » J'atteste le lamefé, femme en louchébem, l'argot des bouchers... Et patatras ! sans autre forme de procès, le mec plante sa lame dans la fesse du colosse... Il hurle, le P'tit Jean !... Le vindicatif est déjà loin, mais P'tit Jean juste derrière à le courser, le lingue emmanché dans le fion !... Le temps de bousculer vingt, cinquante personnes, P'tit Jean rattrape son agresseur à l'angle de la rue de la Roquette et, là, il te l'assaisonne, te le réduit en bouillie ! Comment la bataille s'était-elle terminée, les conséquences ? je l'ignore, et ce pauvre Toni Lachaud n'est plus sur terre pour le dire.

« Je voulais parler de Paris et voilà que je raconte ma vie », Daniel Halévy demande quelque part qu'on l'excuse. Il n'y a que les urbanistes, les architectes, les hommes de l'administration pour croire possible de penser la ville, ainsi qu'ils ânonnent, sans s'y impliquer personnellement. Le viol de Paris, je le ressens dans ma chair, c'est à moi qu'on attente ! En rasant les Halles, en expulsant les tapins de la rue des Lombards, de la Quincampe, on m'a bousillé l'existence, on m'a chouravé mes plaisirs... Devant le rade à Jo les Gros Bras, au coin de la Nicolas-Flamel tapissée de femmes, jamais plus la plantureuse Josette ne me murmurera, l'air coquin : « J't'emmène, chéri ? »… Rue Daval, entre Richard-Lenoir et Roquette, Jeannine avait un troquet. « R'charge-nous les batt'ries ! tonnait Pierrot le Maçon. – J'vous' r'sers quoi ? demandait Jeannine, un rouge, un blanc ? – Un rouge, un blanc, l'un et l'autre, c' que tu veux ! répondait Jo Privat, j'suis un mec du milieu, moi ! » Où retrouver ces ambiances, revivre ces instants de bric et de broc que les princes qui nous gouvernent, leur clique, se sont ingéniés à abolir ? Je l'avoue, je n'ai pas passé cinquante-trois ans à résister aux attraits, aux tentations de Paris, ma véhémence est à la mesure de mes regrets : bars louches ou hôtels borgnes, j'ai joui en ces lieux, en ces rues de volupté !… Et d'un coup, que t'chi, autre chose ! Imaginez la colère du type de l'Aubrac qui, un matin, se réveillerait avec un building à la porte de son buron… Mais il monterait à Paris avec ses bêtes saccager le ministère de l'Agriculture, de l'Équipement ! La guerre du Larzac a duré des années, elle a fini par payer. En Corse, en Bretagne, en Alsace, partout, au Pays basque, centrales nucléaires, tracé du TGV, les gens protestent, se mobilisent, avoinent les CRS, ils obtiennent gain de cause !…

À Paris, que dalle ! Je ne sache pas qu'aux Halles, à Montparnasse, à la Bastille, un seul Parisien se soit couché par terre pour empêcher les bulldozers d'accomplir leur sale boulot. En province c'est le peuple qui s'insurge, à Paris il a été viré, ceci explique cela : qu'attendre de la bourgeoisie ? Quant aux immigrés, qui ont remplacé le populo dans les quartiers pauvres, ces enjeux ne les concernent qu'en des termes radicalement différents : défense de leur culture, intégration ou pas, squattering, etc. L'équarrissage de Paname, la Villette, les transformations de la population, le 13e, Belleville, ont engendré des problèmes nouveaux, trop brûlants pour que les anciens gardent encore une signification. Rien de surprenant qu'à Paris on n'ait plus la passion, la fierté du sol, l'orgueil du passé : qui pourrait s'en réclamer, les revendiquer ? Les pouvoirs ont ainsi les mains libres pour, en toute impudence, d'en haut, faire main basse sur la ville, imposer leurs choix dictatoriaux concernant le Paris de l'an 2000 et pourquoi pas de l'an 3000, puisque le bas, le bas peuple nous sommes d'accord, a été laminé. Qu'au bout du compte le nouveau Paris ne satisfasse personne n'arrête pas les promoteurs d'ouvrir chaque jour de nouveaux chantiers, de ratiboiser les vieux quartiers… Que faire puisque les habitants de Paris, je n'ose écrire les Parisiens, laissent faire et qu'étant donné les intérêts financiers engagés il n'y a plus rien à faire sinon se résigner ?

« Passéiste ! Pourquoi pas ? On ne naît pas passéiste, on le devient tout simplement en face des merveilles du plateau Beaubourg » disait René Fallet en 1976, puis, bombant le torse dans un sursaut de désespoir : « Et l'on se prend à s'écrier que, s'il n'en reste qu'un, on sera celui-là ! » Que faire à part reprendre ce flambeau, me muer moi itou en héraut d'une cause perdue, en champion de la nostalgie de Paris ? C'est pourquoi, sans outrecuidance ni illusion, je me prétends le dernier défenseur, le dernier illustrateur, le dernier historien du Paris populaire, avec un gigantesque D comme dérisoire !… La littérature, c'est bien connu, est le refuge de l'impuissance. Nous y voilà : à moi les documents, à moi les mots, à moi les règlements de comptes inutiles ! « Les intellectuels de la Rive gauche, se moquait l'historien Roger Girard en 1982, en décidant d'édifier un opéra place de la Bastille, n'ont évidemment pas eu l'idée de rendre hommage à la musique authentiquement populaire qui y est née. » Fier de la tradition qu'il représente, il ajoutait : « C'est à nous, Auvergnats de Paris, de le faire. »

J'ai relevé le gant.

Je ne chicanerai pas l'ami Girard, et lui ne me gourmandera pas en retour, sur le fait de déterminer à qui incombe le devoir, l'honneur, ou simplement la tâche de célébrer cette musique et de raconter la Bastoche. Par ma hargne à me vouloir parisien, ce sera moi. Moi qui ne suis ni auvergnat d'ascendance, ni italien comme ceux qui ont introduit l'accordéon rue de Lappe, ni même parisien pur jus. Gasconne, ma grand-mère maternelle n'était arrivée à Paris qu'en 1915, il y a trois-quarts de siècle. Mais voilà : pour qui a été élevé dans les salades au jour le jour de Paris… les balades de mon père où je le suivais la main dans la sienne, le Sébasto, le boulevard de Strasbourg, la rue Saint-Denis… pour qui, enfant, a lu les faits divers, s'est extasié des embrouilles des arcanes de Pigalle, a entendu et parlé l'argot… Paris est un faramineux trésor de ragots à l'emporte-pièce, de racontars à la grouille. Ça c'est Paname ! C'est ça la Bastaga !

À écouter encore et toujours, devant une coupette, 68, rue de la Roquette, le rade à Rhouma – il a quitté les lieux en octobre 1994 – Jo Privat, le Fakir, Jeannot le Polak, ou môssieu Daniel, Schmitago pour les aminches et les autres, tous les autres, je serais parvenu à des montagnes de témoignages. Ma contribution restera fragmentaire, l'histoire l'est nécessairement, je n'irai pas avant dans l'épistémologie… Mon but est de recréer un élan, de décerner un sens éminemment parisien à la Bastille, d'en tirer une mélancolie aussi poignante que les plus belles valses-musette… « De toutes les formes de mémoire, il n'en est pas de plus évocatrice que la mémoire sonore, remarque Pierre Gaxotte saisi par le vague à l'âme, ses souvenirs d'avant-guerre. Les sons font naître des images… Voici l'Olympia, la salle Gaveau, les bals de la rue de Lappe… » Sur l'estrade Privat est parti à câliner son accordéon, là-haut tourne la boule de cristal, et, maintenant, m'sieurs-dames !… au magma infini des hommes et des femmes d'entrer en ébullition, en fusion, le temps d'un air, le temps d'un livre…

Avril 1997

PREMIÈRE PARTIE

1750-1914

CHAPITRE PREMIER

LA BASTOCHE,
CONFLUENT GÉOGRAPHIQUE ET HISTORIQUE

Un témoignage ancien

À l'angle de la rue de Lappe, à la hauteur du premier étage juste à côté de l'enseigne « 11e arrondissement. Rue de la Roquette » sur la façade du 34, une niche a pu abriter la statue d'une vierge autrefois. Dans *Le Mal de Paris* de Lépidis[1], une éblouissante photo de Robert Doisneau, prise dans l'immédiat après-guerre, la nuit, en plongée, montre cette niche vide. Aujourd'hui une sorte de compteur électrique y est logé. Autour de cette niche se développe la plus ancienne attestation littéraire de la rue de Lappe que j'aie trouvée. « La bonne mère du petit Jésus était tapie au coin de la rue de Lappe » écrit Jacques-Louis Ménétra[2]. L'affaire se passe vers 1740. Tournant d'habitude la tête en direction de la rue Saint-Antoine, voilà qu'un jour de Fête-Dieu la Vierge s'était mise à regarder passer la procession ! Ménétra, encore enfant, se rappelle être resté deux heures à genoux au milieu des dévots, un cierge à la main… Pour autant la rue de Lappe n'est pas devenue un lieu de pèlerinage : soucieux d'éviter une banqueroute, l'épicier d'en bas avait convaincu un sculpteur d'aider le miracle à advenir. Il fut vite renfloué, même les prêtres firent semblant d'y croire, conclut Ménétra sans autre précision.

L'anecdote vaut surtout par ses deux cent soixante-dix ans d'âge. C'est à cet endroit précis, où les bonnes femmes du Paris de Louis XV imploraient la Sainte Vierge d'accomplir quelque bonne action, que le P'tit Jean de Toni Lachaud avait filé sa rouste au jaloux vindicatif. En ce lieu encore, qu'en décembre 1938, La Rotonde retentit de coups de feu. Ici, toujours, que et que... Mÿssieu Schmitago, une nuit de 1982, 1983... Une bagarre l'avait opposé, Daniel, à des lascars d'une boîte, alors chinoise, située sous la niche de la Vierge en question. Les poulets avaient radiné, la bataille continuait. « Ils ont fait monter le Beau Jeune Homme dans le car, badaboum ! ça s'est mis à tanguer et cahoter de tous les côtés, m'avait expliqué Bouet. Schmitago est redescendu par-devant, une autre voiture de police est arrivée, une troisième... Re-bagarre !... J'avais jamais vu ça. Ils ont fini par l'embarquer, mais ils ont eu du mal, je t'assure ! »...

La Roquette, rue et prisons

Au XIXe siècle, des pages noires se sont écrites rue de la Roquette. Entre 1840 et 1890, elle fut la voie la plus sinistre de Paris. Quarante et un criminels y furent conduits à l'échafaud. Au-delà de la place Voltaire, rebaptisée Léon-Blum en 1957, à l'emplacement des numéros 166-168, s'élevait la prison de la Grande-Roquette, la Grande on la surnommait. Propriété d'Henri III au XVIe siècle, l'hôtel de Bel-Estat avait été transformé en couvent des Hospitalières de la Charité Notre-Dame sous la règle de Saint-Augustin en 1636, il renfermait un hospice pour les vieilles femmes[3]. À la fin de 1836 le bâtiment fut détruit et remplacé par deux vastes bâtiments, deux prisons « dites *modèles*, écrit Lavallée. Sur la place qui les sépare se font les exécutions criminelles. » Préfaçant le photographe Willy Ronis[4], Pierre Mac Orlan signale, à l'angle de la rue de la Croix-Faubin et de la Roquette « les cinq pierres qui servirent de plate-forme à la guillotine avant qu'elle ne fût montée devant la Santé. » Elles y sont encore… Le 16 décembre 1851, le dénommé Humblot, inaugura le couperet de la Grande devant une foule grouillante, hurlante, ivre, ignoble, au dire d'un commentateur anonyme. Il avait tué sa maîtresse. L'acte de décès des suppliciés ne s'embarrassait pas de fioritures : « Décédé rue de la Roquette, 168 ». Démolie en 1890, en 1893 la Grande fut remplacée par le « fastueux pénitencier de Fresnes », selon le même chroniqueur.

En face de la Grande se trouvait donc la Petite-Roquette, la Petite, qui, jusqu'en 1935, soit pendant quatre-vingt-dix-neuf ans, reçut les jeunes détenus. Elle en contenait cinq cents. Dans ses *Goulantes de la Villette et d'ailleurs*[5], Alfred Chautard a répertorié une chanson de 1906, *À la P'tite* : « Ceux qui dingu'unt qu'ont pas dix-huit ans /On les envoi'nt pour quelque temps / Expier leur mauvaise conduite /À la P'tite. » Inutile de préciser la dureté des conditions de vie, l'unique plaisir était le plaisir solitaire : « Quand les sens vienn't les agiter /I's s'coll'nt des rassis sans compter… /À ce truc-là, i's s'attig'nt vite /À la P'tite. » La question de l'humanisation des prisons ne date pas d'aujourd'hui, la conclusion de cette chanson est un plaidoyer sans équivoque : « C'n'est pas en m'nant les goss's durement /Qu'on obtiendra leur amend'ment /C'régime à la hain' les incite /À la P'tite. »

En 1935, la Petite-Roquette remplace Saint-Lazare et devient ce pour quoi elle avait été initialement conçue, une prison de femmes. J'ignore si elle a été la dernière femme à subir cette peine ici et en France, mais Raymonde Monneron y a été décapitée le vendredi 6 février 1942 à 5 heures du matin. Il neigeait. Sa condamnation à mort remontait au 9 avril 1941, elle avait martyrisé sa fille Liliane, 5 ans. Autre péripétie, beaucoup moins tragique, le 25 février 1961 pendant la guerre d'Algérie : la Tigresse, maîtresse de Francis Jeanson, le chef des réseaux Jeanson, communément qualifiés de porteurs de valise du FLN, crée la sensation en s'en échappant avec cinq autres femmes... La Petite-Roquette a été détruite vers 1970, sa mémoire avec. Jacques Morlaine et Guy de Bellet[6] retiennent des souvenirs d'amour désespérés, habituels en univers carcéral chez les femmes... Qui était donc cette Sylvie Paul[7], héroïne de la Résistance, qui finit par tuer l'amie qu'elle avait aimée en cellule, et dont le « cœur est maintenant un étrange cimetière où doivent dormir pêle-mêle les heures trop tendres de la Roquette, les effleurements, les étreintes qui laissent inassouvie, les jalousies, les haines et ce plaisir profond qui fait de la femme une femelle ? » Littérature un peu facile jugeront d'aucuns, encore que cette Sylvie Paul se soit conduite en homme : « Son amant, un Arabe, a nié. » D'après nos auteurs, il était probablement impliqué : « Sylvie Paul, a payé seule. Elle a tout pris sur elle ».

Des condamnés, des assassins en rapport avec le quartier de la Bastille ont probablement été enfermés à la Roquette, la Grande ou la Petite, mais je ne retrouve pas leurs traces. En revanche un lien direct, le seul en définitive, entre la Petite-Roquette et la Bastoche, apparaît chez Jean Galtier-Boissière dans son roman *La Fleur au fusil*. Galtier-Boissière est le créateur du *Crapouillot* dont il a présidé aux destinées pendant un demi-siècle. En novembre 1928, *Le Crapouillot* publie des passages de *La Fleur au fusil*. On est ramené une quinzaine d'années plus tôt, juste avant la Grande Guerre. Galtier est au service militaire, affecté à la garde de la prison. Il écrit : « À la

Roquette il est traditionnel d'introduire dans le poste, pour la distraction du corps de garde, quelques putains qui sortent des bals-musettes de la rue de Lappe et du passage Thiéré. Par une délicate intention des autorités supérieures, la sentinelle, au fond de sa guérite, dispose d'un bouton de sonnette électrique permettant de signaler au corps de garde l'arrivée de tout fâcheux, de quelque adjudant de garnison, en tournée d'inspection : en ce cas on fait prestement disparaître les radeuses dans la caisse à charbon, dont les proportions gigantesques ont été évidemment prévues à cette seule fin. Une garde à la Roquette est généralement suivie, pour deux ou trois poilus, d'une visite à l'infirmerie et de quinze jours d'exemption de service. » Qui oserait soutenir qu'en ces temps-là l'armée était jugulaire-jugulaire ? À la prison de la Roquette, parlez-moi plutôt des *Gaîtés de l'escadron* !

Au fait, pourquoi « Roquette » ? À titre symbolique je retiens l'explication de Chautard : « Roquette est une plante crucifère à fleurs jaunes qui croît abondamment dans les lieux incultes ». Le *Petit Robert* précise qu'on la mange en salade. Et, dans le droit fil de l'esprit mélodramatique de la Belle Époque, j'ai une pensée pour ces jeunes filles des faubourgs, fraîches fleurs trop vite coupées, trop vite fanées… Cette litanie des petites roquettes de Paris est éternelle, mais à la Bastoche, dans ses rues, dans ses bals, davantage qu'ailleurs.

La rue de la Roquette mériterait un livre entier. À son début place de la Bastille, signalons que l'espace compris entre les premiers numéros impairs et La Rotonde, au 17, servit, de 1673 à la Révolution, de terrain d'exercice à la Compagnie royale des Chevaliers de l'Arbalète et de l'Arquebuse, « formée avant le règne de Louis le Gros, nous apprend Jacques Hillairet[8], pour servir le roi et défendre la ville. » Quant au 17 où nous nous sommes déjà arrêtés, signalons, c'est amusant, que Jojo Bouet, feu l'ancien patron de La Rotonde, à cheval sur les rues

Saint-Sabin, Daval et la Roquette, était né dans l'Aveyron au lieu-dit la Roquette ! Et ensuite que, de novembre 1882 à l'été 1883, Verlaine y a logé, au cinquième étage, chez sa mère. Depuis le 18 décembre 1992, trois plaques de la Mémoire des lieux, apposés à la demande de Bouet, rappellent ce court passage. Dommage que Verlaine ait si peu écrit sur le quartier.

Sur un vieux plan du XVIe siècle, la rue de la Roquette est mentionnée chemin de la Roquette. Un lieu-dit y est indiqué : L'Abreuvoir. Il est rafraîchissant de constater que quatre siècles plus tard, au 68, le restaurant du coin de la rue des Taillandiers porte toujours ce nom, L'Abreuvoir, même si Hassène, le nouveau patron, y a ajouté son sigle du 21, rue de Lappe où il officiait avant : Le Bar des familles. Ah ! les riches heures que j'y ai passées du temps de Rhouma le Tunisien, alors maître des lieux... encore en 1993, 1994, avec Gégé le Catcheur. Un dernier haut lieu très populaire, L'Abreuvoir, mais lorsqu'on connaît la capacité de s'abreuver de certains de ses anciens clients, on se dit que Rhouma a eu mille fois raison de garder son enseigne ancestrale. De toutes les façons, il est attaché aux traditions. Avec des bistrots de cette trempe, Rhouma, Bouet, Paris aurait été sauvé !

La rue de Lappe, le passage Thiéré

D'après Hillairet, la rue de Lappe date de 1652. En 1635 un certain Girard de Lappe possédait là marais et jardins à travers lesquels la rue fut percée. Pendant un temps elle s'appela Gaillard, « du nom de l'abbé qui y avait fondé une communauté pour instruire des enfants pauvres du faubourg Saint-Antoine. » À la suite de la visite, le 30 décembre 1830, du roi des Français, elle prend le nom de Louis-Philippe jusqu'en 1848. On la rebaptise alors rue de Lappe, Louis-Philippe héritant du court boyau de 75 mètres qui relie la rue de Lappe au passage Thiéré. Le passage Louis-Philippe prend au 21, rue de Lappe après le Bar des Familles, anciennement chez Hassène dit le roi du couscous, et aboutit au 17, passage Thiéré, aujourd'hui résidence… En février 1989 le Petit Balcon situé au 15, mais dont une sortie donnait sur le passage Louis-Philippe, presque à l'angle, a été détruit. Jadis, m'a-t-on raconté, les voyous s'expliquaient souvent passage Louis-Philippe à la lueur des becs de gaz…

Primitivement le passage Thiéré était dénommé passage Sainte-Marie. Une sortie existait depuis 1750 sur la rue de la Roquette. En 1837 le sieur Thiéré fit l'acquisition de plusieurs maisons, changea la disposition de cette issue, à la fois entrée et issue, et, en fin de compte, donna son nom à cette voie autorisée par une ordonnance du 19 avril 1852. Ces détails un rien fastidieux n'ont pour but que de délimiter le cadre topographique de l'histoire qui s'y est déroulée. Un humus préexistait à la Bastoche, nécessairement.

Jusqu'à peu, et allez ! ne chipotons pas, aujourd'hui encore, surtout le matin lorsque les galeries de peinture, les restaurants à la mode dorment, la rue Daval, la rue de Lappe, le passage Thiéré, ont, grâce à leurs maisons basses, un je ne sais quoi de provincial. L'aspect vieux Paris du 11ᵉ arrondissement est différent de celui du centre, du Marais, de la rue Quincampoix par exemple, ou aussi, de l'autre côté de la Seine, rue de la Huchette, rue du Chat-qui-pêche. En 1859, à l'occasion des travaux pour l'ouverture du boulevard de Charonne, une plume anonyme écrivait : « On est tout surpris de voir la quantité de jardins, de terres vagues, et surtout de potagers qui s'étendent derrière les maisons démolies […] N'est-il pas étonnant de voir cultiver encore des choux et des carottes au centre d'une capitale où le terrain se vend jusqu'à 1 000 francs le mètre ? » Au centre d'une capitale car expliquait cette plume, deux ans plus tôt : « La rue de Charonne est une voie aussi populeuse, aussi industrielle, aussi pauvre que la rue du Faubourg-Saint-Antoine. C'est là surtout qu'on trouve ces vastes cours habitées par des centaines de familles, où de la cave au grenier, toutes les chambres sont de petits ateliers d'ébénisterie. »

Et déjà, il y a un siècle et demi, la spéculation foncière était l'objet de critiques à peine voilées. Dans *Guinguettes et lorettes – Bals publics à Paris au* XIX*e siècle*[9], qui s'achève à l'époque où nous entreprenons l'épopée de la Bastoche, François Gasnault montre qu'entre 1862 et 1869 le loyer annuel des bals-musette augmente au minimum de 50 à 70 %, passant rue de Lappe de 1720 à 2 200 francs… C'était une conséquence des travaux d'Haussmann, on a beaucoup construit à Paris sous le Second Empire.

Le faubourg Saint-Antoine

Avant de devenir le faubourg du bois, le pays parisien au-delà de la porte Saint-Antoine, située à côté de la forteresse de la Bastille, était couvert de terres maraîchères. Jusqu'au Mont-Louis, qui a accueilli le cimetière de l'Est ou du Père-Lachaise, de part et d'autre de la rue de la Roquette, ce n'étaient que vignes et cultures. Début XVIIe siècle, sur les pentes de la colline de Charonne, on était en pleine campagne. De-ci, de-là, des monastères, quelques riches demeures… Au XVIIIe siècle, des folies, maisons de campagne à usage très libertin, y furent édifiées.

Le « faux bourg » Saint-Antoine, entre les chemins de Charenton et de Charonne, et, plus loin, poursuivi par le chemin de Vincennes, prit une extension rapide aux XVIIe et XVIIIe siècles. Les ébénistes alsaciens en sont les pères fondateurs. Quarante mille personnes y habitent, à la veille de la Révolution. Dans un livre qui ne prêche ni la fraternité prolétaire internationale ni l'amour, Jacques Valdour[10] dénonce la « population mêlée et même cosmopolite » qui, selon lui, aurait été à l'origine de « cette prise de la Bastille dont on fait injure au peuple de Paris » alors qu'elle fut l'œuvre de bandes recrutées parmi « les gens suspects et les étrangers, surtout les Allemands, qui pullulaient au Faubourg. » Laissons aux historiens le soin d'épiloguer sur cette prise de position, et de la Bastille par la même occasion, qui sort assez des sentiers battus et rebattus…

D'ouest en est, le faubourg Saint-Antoine, plus familièrement à Paris le Faubourg, occupait le terrain entre la Bastille et la barrière du Trône, notre place de la Nation, et avait pour axe central la rue du même nom, du Faubourg-Saint-Antoine. Là était le quartier du meuble de luxe. À partir de 1900 environ, le Faubourg se prolongea par le quartier de Charonne et, extra muros, par Montreuil et Bagnolet : on y faisait des meubles à bon marché.

La tradition, la réputation révolutionnaire du faubourg Saint-Antoine est connue. Elle s'est manifestée à partir de 1789 pour se poursuivre, on l'oublie quelque peu, tout au cours du XIXe siècle, Victor Hugo nous le rappelle dans *Les Misérables*[11] :

« Depuis 1830 […] on entrevoyait les linéaments encore peu distincts et mal éclairés d'une révolution possible. La France regardait Paris ; Paris regardait le faubourg Saint-Antoine. » Hugo dépeint les cabarets « graves et orageux » de la rue de Charonne, on y nommait les agents révolutionnaires… Malheureusement pour notre sujet, Hugo ne dit pas qui étaient les propriétaires de ces cabarets ni ce qu'il s'y passait en dehors des fièvres insurrectionnelles… Le peuple ne retient ici son attention que dans la mesure où il constitue « un réservoir de peuple » apte à faire advenir les temps nouveaux.

Inquiétante est sa description des « légions sauvages », de ces « sauvages » qui, en 1793, déboulaient du faubourg Saint-Antoine… « hommes hérissés qui, dans les jours génésiaques du chaos révolutionnaire, déguenillés, hurlants, farouches, le casse-tête levé, la pique haute, se ruaient sur le vieux Paris bouleversé »… Nous nous en expliquerons ultérieurement, ces sauvages étaient les grands-pères des apaches de 1900. Au gré des événements, ils forment des « bandes héroïques » en période révolutionnaire, des associations d'aigrefins, d'assassins en temps de paix donc de manque à gagner, et de la chair à canon à hacher menu quand gronde la guerre. À Verdun, combien d'apaches de la Belle Époque ont fini au casse-pipe ?

Dans *Pays Parisiens*[12], Daniel Halévy nous brosse une image des faubourgs de Paris et du Faubourg au moment de l'affaire Dreyfus, grâce à laquelle il a accès au monde ouvrier et révolutionnaire : « Le Faubourg Antoine, précise-t-il d'abord : si je disais Saint-Antoine, je fauterais, car la tradition locale et populaire fixée dans le langage, refuse le patronage du Saint. » Depuis, et même lors de l'année bicentenaire, les choses en sont revenues à ce qu'elles étaient naguère, elles sont rentrées dans l'ordre persifleraient certains… Le jeune Halévy cultivait alors l'idée révolutionnaire : « L'Idée, prononcent-ils sans plus, et il suffit d'un mot. » Il situe rue Paul-Bert, en face de l'hôpital Saint-Antoine, la petite salle « où nous nous pressions, ouvriers et bourgeois, où nous serrions nos chaises les unes contre les autres », où il rencontra enfin, « par expérience et contact, ces puissantes déesses qui se nomment Justice, Vérité, Progrès. » Plus tard, c'est dans un beuglant, transformé en salle de conférence, qu'eurent lieu ces réunions dont, dommage, il ne donne pas l'adresse…

Comme quoi au plaisir peut succéder, selon les aléas, la ferveur idéologique, politique, ou patriotique. Quelque part, Louis Chevalier parle d'un musette, rue des Vertus, dans le 3e arrondissement, aménagé en réfectoire durant la guerre de 14.

Il va de soi qu'une partie notable de ceux qui hantaient les bals tout proches provenait de ce peuple d'artisans, menuisiers, tapissiers, ébénistes, que côtoyait Halévy voici un siècle et mèche. Mon copain Daniel Hollard, un bon vivant, un marrant, l'un des derniers façonniers, roi du vernis au tampon, installé, de père en fils, rue de Charonne au 26, avec Alain, son frère, me le confirme. Les moyens de locomotion n'étant pas ce qu'ils sont aujourd'hui, les gens vivaient, c'est-à-dire travaillaient et s'amusaient sur place. Les rues de Paris en étaient d'autant plus populeuses, animées, diversifiées aussi suivant leur composition sociale.

Le plus bel exemple de cette imbrication du travail et du plaisir est fourni par Jo France, le créateur du Balajo en 1935. Merlaine et de Bellet[13] nous racontent que France a débuté dans la vie parisienne comme ouvrier plombier, « un bon plombier et un beau plombier. » Erreur ! Jo France était marbrier. Ce qui ne l'empêchait en rien d'être un bon et un beau marbrier… Il m'avait écrit, le 18 mai 1988 : « En ce qui me concerne c'est simple, j'ai fait un apprentissage (cinq ans) de marbrier d'art dans le faubourg Saint-Antoine, ce qui m'a valu de devenir asthmatique. J'ai changé de métier (cuisinier) et j'ai construit un petit cabaret, LA BASTOCHE, de mes mains, dans lequel je chantais. » C'était avant le Balajo, nous y reviendrons, mais en regrettant déjà que Jo France n'ait pas répondu à ma seconde lettre… Où était-il marbrier : dans le Faubourg proprement dit ou à la Popinc', le quartier du fer, de la petite métallurgie ? Les grands acteurs de l'histoire sociale, de l'histoire populaire à la va comme j'te pousse, ignorent le plus souvent la valeur du témoignage qu'ils représentent. Passer au peigne fin la rue de Lappe sans pouvoir entendre Jo France, qui a tant compté pour elle, est une ineptie… En juillet 1993, Jo France est mort, c'est ainsi.

La Popinc', le Faubourg et, au milieu, la rue de Lappe

Le quartier Popincourt, la Popinc' dans le langage de tous les jours, continuait le Marais traditionnellement dévolu à l'art du bronze. Sur une carte de Paris il est compris dans le losange presque parfait constitué par les boulevards Beaumarchais, Filles-du-Calvaire qui se suivent dans la direction sud-nord, la rue Oberkampf qui oblique au nord-est, l'avenue Parmentier qui redescend direction sud-est jusqu'à la place Léon-Blum, et la rue de la Roquette qui incline sud-ouest vers la Bastille d'où part le boulevard Beaumarchais.

Si on y travaillait aussi le bronze, c'était néanmoins les ateliers de petite métallurgie qui l'emportaient. Ils pullulaient, envahissant cours, arrière-cours, passages… Personne ne pouvait prétendre connaître la Popinc' s'il n'était familier de ces dédales qui lui conféraient une physionomie à peu près semblable à celle du Faubourg. Ces passages étaient étroits, sombres, mal pavés, encombrés de marchandises, de voitures à chevaux, à bras, ou déjà de camions, d'« auto-camions » comme dit Valdour en 1925… Les façades des maisons étaient noires, lépreuses. Sur les enseignes du Faubourg on pouvait lire au hasard : « Fabriques de meubles de style », « Menuiserie d'art ». Sur celles de la Popinc' on trouvait : « Laminage sur métaux », « Fabrique de tubes », « Serrurerie artistique »… C'est davantage par la mentalité que par le cadre du travail que l'ouvrier du bois différait de l'ouvrier du fer : « Sa personnalité, enrichie par les initiatives professionnelles est plus accusée, et, par suite son individualisme plus marqué », explique Valdour. La tradition technique, morale et, ainsi, politique, remontant à plus vieux chez ceux qui travaillaient le bois, était forcément plus riche que dans le quartier voisin...

C'est à la frontière entre ces deux territoires que se sont installés les Auvergnats, dans une espèce de no man's land. Valdour écrit encore : « Le quartier de Lappe, incrusté dans le flanc du Faubourg qu'il sépare de la "Popinqu"' participe par une extrémité au type du quartier de la petite métallurgie et par l'autre au quartier du meuble, mais, entre les deux, forme le fief des Auvergnats, le domaine où ils exploitent deux petites industries, celle du jambon et celle du bal-musette. » Valdour n'oubliait qu'une chose, mais d'une importance capitale puisqu'elle est la raison de l'implantation auvergnate en cet endroit de Paris : la ferraille.

CHAPITRE 2

LES AUVERGNATS

Depuis quand et pourquoi à la Bastille ?

Les Auvergnats sont depuis si longtemps à Paris qu'on a oublié les circonstances de leur arrivée, dans la capitale en général, et de leur implantation dans l'îlot Lappe-Thiéré-Taillandiers en particulier.

À cause de leur proximité, on établit fréquemment un lien entre la rue de Lappe et les deux grandes gares de l'Est parisien. Par exemple le cabrettaïre Georges Soule, interrogé en mars 1972 par Francis Pinguet[1] : « La Bastille était un quartier où il y avait une majorité d'Auvergnats parce que la gare d'Austerlitz n'était pas loin. » Clément Lépidis explique[2], lui, qu'ils s'installèrent à la Bastille « proche de la gare de Lyon d'où ils descendirent du train. » Plus prudents et désireux d'inclure les immigrants du Massif central dans leur ensemble, Robert Lageat et moi-même n'avions pas fait de jaloux[3] : « Les bougnes ont posé leur fourbi et leur carbi près des gares de Lyon et d'Austerlitz. Ils venaient de Clermont-Ferrand : ils arrivaient par la gare de Lyon ; d'Aurillac ou de Rodez, par Austerlitz. » Dans tous les cas, il y a erreur historique : la venue des Auvergnats à Paris remonte bien avant l'invention du chemin de fer.

À l'origine de cette présence rue de Lappe, un fait établi : aux XVIIe et XVIIIe siècles, le faubourg Saint-Antoine bénéficiait d'un statut privilégié en matière commerciale, il était exempté de tout règlement corporatif. Sous Louis XV, les Auvergnats sont déjà à Paris depuis des décennies, depuis la fin du XVIIe estime Françoise Raison-Jourde. Dans la thèse qu'elle leur a consacrée[4], l'historienne fait état de diverses lettres patentes accordées par le roi Louis XV aux Auvergnats, et d'une, particulièrement, de juin 1760 : « Elles leur permettent de s'établir dans les faubourgs de Paris, de vendre, acheter, porter et rapporter librement dans cette ville, se trouver dans les ventes publiques et de se syndiquer pour se prêter un secours mutuel dans les instances dès qu'ils sont obligés d'essuyer sur les saisies arbitraires des maîtres. »

Avec le voisinage de l'industrie du bois d'un côté, du fer de l'autre, le choix de la rue de Lappe était tout indiqué. L'activité auvergnate première à la Bastille a été la chaudronnerie. Une seconde s'y ajoutera qui finira par dominer à l'époque révolutionnaire : la ferraille, née sous l'Ancien Régime du dépeçage des voitures. Pour Françoise Raison-Jourde, de nombreuses cours du quartier datant de ce temps-là ont été « probablement conçues en fonction de cet artisanat du fer ou du bois, de même que les rues de la Roquette et de Lappe (celle-ci du XVIIe) qui sont pratiquement entièrement loties au début du XIXe siècle. »

Publié entre 1781 et 1788, *Le Tableau de Paris*[5] de Sébastien Mercier montre, *in vivo*, la dure réalité auvergnate de ces années en même temps qu'un panorama des diverses provinces dans la capitale : « Les Auvergnats font à Paris le métier de chaudronnier, de raccommodeur de faïence, de parasols, de rémouleurs. L'enfant dès l'âge de 8 ans suit son père qui, quoiqu'il traverse toute la France, s'arrête plus volontiers dans la capitale.

Semblables aux oiseaux que le froid chasse dans une plus douce contrée, ce peuple fuit la neige qui couvre huit mois de l'année ses montagnes. Il y retourne tous les ans, fait un enfant à sa femme, la laisse entre les mains des vieilles et du curé, et parcourt ensuite le royaume, sans avoir un domicile fixe/Chaque Auvergnat, l'un portant l'autre, rapporte quatre ou cinq louis d'or dans sa triste patrie. L'enfant de 10 ans en a gagné deux ; ils les cousent dans la ceinture de leurs culottes, et les enfants mendient le long des chemins/Ces hordes voyagent ainsi depuis Jules César et plus anciennement encore/Les Savoyards sont décrotteurs, frotteurs et scieurs de bois ; les Auvergnats sont presque tous porteurs d'eau ; les Limousins maçons ; les Lyonnais sont ordinairement crocheteurs et porteurs de chaises ; les Normands tailleurs de pierres, paveurs et marchands de fil. »

Un peuple qui aime la danse et la musique

Trois cent cinquante ans après le début de leur immigration, les groupes folkloriques auvergnats sont prolifiques à Paris, les Auvergnats n'ont jamais cessé d'y jouer leur musique et de danser leurs danses. Elles ont toujours intrigué par leur étrangeté, leurs cris, leurs coups de talon, c'est pourquoi très tôt les écrivains, les chroniqueurs s'y sont intéressés. Dans son *Paris à la fin du XVIIIe siècle*[6], Pujoulx remarque : « Les porteurs d'eau, les commissionnaires, et en général les natifs du Puy-de-Dôme et du mont Blanc ont leurs bals particuliers, où ils exécutent des danses du pays avec les ravaudeuses, les petites fruitières et leurs grosses payses. » Mercier va plus loin dans les explications, la description : « Il est des bals pour tous les états : les porteurs d'eau et les charbonniers ont les leurs... Dans des caves, même au fond de quelques allées, dans de sales cabarets, au son d'un violon grossier, ou d'une rauque musette, tous les dimanches et toutes les décades (car le peuple chôme doublement), souvent même dans l'intervalle, les Auvergnats dansent à ébranler les planchers et à faire craindre les réparations locatives. Le lieu de la danse est éclairé par un lustre composé de deux morceaux de bois en croix ou par quelques lampions rangés à terre le long des murs… Vous voyez s'élever et retomber sans cadence et sans mesure des danseurs inimaginables. »

Tout au long du XIXe siècle, des textes de ce genre dépeindront le plaisir auvergnat à Paris, son côté pittoresque. Ils ont en commun un air de famille car, jusqu'aux années 1920, le bal auvergnat, le bal-musette gardera ses caractères : étroitesse de la salle, médiocrité de l'éclairage, décor réduit à sa plus simple expression, bref ! un aspect insolite, sauvage, parfois inquiétant pour l'explorateur qui s'y aventure, et inlassablement ce son de la « rauque musette »… Des évolutions apparaîtront au fil du temps que nous tenterons, au mieux, de cerner, de restituer.

Malheureusement pour notre recherche, il n'est pas encore question de la Bastille. Pujoulx signale un marchand de vins de la rue Notre-Dame-des-Victoires : « Le son nasillard de la musette, le bruit mesuré des sabots, suffiront pour indiquer le bal. » Dans un guide des plaisirs de Paris de 1830, c'est la barrière Monceaux qui est indiquée – notre station de métro Villiers : « Aimez-vous la franche gaieté ? la bonne intelligence et le vrai chant montagnard ? Allez à la barrière de Monceaux. Aimez-vous des hommes grands, secs et noirs, des charbonniers suivis par quelques fruitières ? Entrez au *Rendez-vous des Cochers*, au *Bœuf rouge*, au *Soldat laboureur*, aux *Deux Charbonniers*, au *Hussard de la Garde*. Toutes ces guinguettes, il est vrai, ne présentent aux regards des curieux que des murs et des tables mal servies ; mais les Auvergnats chantent bien et boivent encore mieux... » Lesdites guinguettes étaient situées sur l'ancien chemin d'Argenteuil, dans le haut de notre rue du Rocher et au début de la future rue de Lévis. Plus loin le guide renvoie aux barrières du mont Parnasse et du Maine : « Boîtier, marchand de vins, rendez-vous des Auvergnats qui viennent danser au son de la musette. »

Il faudra attendre au moins un demi-siècle pour que la Bastille soit répertoriée en tant que lieu de plaisir, un plaisir pas trop engageant. Quelques dizaines d'années supplémentaires encore pour que nos trois voies de prédilection, Lappe, Thiéré et Taillandiers deviennent ce « curieux quartier de Lappe » qu'observe Valdour en 1925, « habité presque exclusivement par des Auvergnats » où se font suite « des "Salaisons d'Auvergne", des marchands de vieux métaux ou "ferrailleurs" ; des fabricants de comptoirs en étain, de fourneaux de cuisine, de machines-outils pour le bois et pour le fer, des étameurs et de nombreux bals, débits et hôtels meublés »... En cent ans c'est moins le cadre, miséreux, qui aura changé que la mentalité collective des Parisiens. La démocratisation ou, mieux, une certaine fusion sociale, aura eu son mot à dire. Ce qui, auparavant, inquiétait et repoussait, donnera toujours le frisson, mais un frisson trouble, duplice, proche de la pâmoison.

L'émigration s'intensifie

Même s'ils s'enracinent à la Bastille, au début du XIXe siècle les Auvergnats s'éparpillent partout dans Paris. Progressivement, analyse Roger Girard[7], le temporaire aura tendance « à se transformer en émigration durable puis définitive à mesure que se prennent des habitudes, que s'accroissent les gains, eux-mêmes appel à de nouveaux profits et qu'augmente la pression démographique. » Pujoulx ne se trompait pas : au XVIIIe s., grâce à l'itinéraire fluvial et terrestre de l'Allier, seul ou presque le Puy-de-Dôme fournissait ses émigrants à Paris. Au siècle suivant, l'attraction de Paris s'accroît. L'Auvergne va alors se détourner d'autres provinces qui, traditionnellement, lui servaient de terre d'accueil, le midi notamment. *Grosso modo,* en quelque soixante, soixante-dix ans, la population parisienne triplera, passant de cinq cent mille sous la Révolution à un million et demi sous Napoléon III. Le chemin de fer ne fera qu'intensifier le va-et-vient… Les originaires du Cantal montent maintenant à Paris, bientôt ceux du nord de l'Aveyron et de la Lozère. *Stricto sensu* ces deux départements sont en dehors de l'Auvergne, néanmoins, outre le fait qu'ils lui sont limitrophes et très liés culturellement, leurs natifs seront toujours des « Auvergnats » pour les Parisiens. De même pour les natifs du Lot qui, avec le déclin des bassins houiller et métallurgique d'Aubin-Decazeville, prendront le chemin de Paris… Le néologisme d'« Auvergnats de Paris » naîtra de cet amalgame.

Aujourd'hui on crierait au racisme !

Dans le premier tiers du XIXe siècle, l'Auvergnat est déjà un habitant à part entière de la capitale. On le reconnaît, on le remarque. Alors que le peuple parisien, peuple du Nord, ou, pour ne choquer personne, le fond de la population parisienne, est blond, caractéristique attestée par Balzac, Hugo, Sue, Zola, l'Auvergnat est lui noir de poil. Balzac s'en fait l'écho dans *Le Cousin Pons* en singeant à cœur joie le parler de Rémonencq, le marchand de ferraille : « Ch'est-i de mochieur Ponche que vouche parlez ? » Cet accent fait croire à l'ouïe parisienne qu'il parsème sa prononciation du français de « ch » et de « tch », ce qui, commente Girard, est inexact. Quand on écoute Fernand Raynaud à l'accent si singulier de Clermont, d'autres détails sautent aux oreilles : cette façon difficile à imiter, encore plus à écrire, de dire le « mont » de Clermont, « Clermeueon », une manière de traîner sur les mots, de les chanter… Françoise Raison-Jourde et Girard sont d'accord : aucun Auvergnat n'a jamais proféré le fameux juron « fouchtra ». Pas plus que « bougnat », création du peuple de Paris qui, à force d'entendre les charbonniers crier dans les rues : « De carbou, de carbou n'i a ! » – du charbon, du charbon il y a ! – a fini par les appeler « bougnats ». Françoise Raison-Jourde voit ces mots fleurir en 1829, puis en 1844 et 1852 chez Labiche dans sa pièce *Le Misanthrope et l'Auvergnat*. C'était le temps du « charabia », langue des Auvergnats selon le *Larousse* du XIXe siècle. À la vérité, ni ce mot, ni « bougri de bougra », ni « machtagouine » prétendue danse du pays n'existent, relève François Paul Raynal[8] en concluant : « Le boulevardier, qui a la manie de la caricature sans indulgence, inventa des mots qu'il attribua aux Auvergnats. » À Paris dans les années 1950, on disait encore d'un jeune enfant qui avait des difficultés à s'exprimer correctement qu'il « parlait auvergnat ».

Aux moqueries se superposent les rumeurs. Les façons de faire de certains ferrailleurs, rue de Lappe, leur réussite, soulèvent jalousies et jugements malveillants. Une scène du *Cousin Pons*, publié en 1847, est censée s'être déroulée « rue de Lappe, explique Balzac, chez un brocanteur qui venait de rapporter [un éventail d'une inestimable valeur] d'un château qu'on a dépecé près de Dreux. » Connaisseur « des antiquités et des belles choses d'art », Pons est un spécialiste du « bric-à-brac ». Il raconte la façon dont il a acquis ledit éventail, en qualifiant les Auvergnats de « rapiats » : « Il faut bien de la pratique pour conclure de pareils marchés ! C'est des combats d'œil à œil, et quel œil que celui d'un juif ou d'un Auvergnat ! »

Françoise Raison-Jourde remarque cependant avec pertinence que « sans doute fallait-il que les caractères communs au milieu auvergnat soient bien marqués pour que les contemporains aient pu englober tous ces émigrants dans la même catégorie des ferrailleurs et décrire leurs procédés d'affaires comme ceux d'une sorte de mafia. »[9] Ce qu'elle appelle le « réduit auvergnat », la présence auvergnate dans le 11e arrondissement, « très localisée, orientée par rapport aux deux artères de la rue de Lappe et du passage Thiéré, non pas diffuse dans tout l'arrondissement mais comme regroupée par le siège de quelques pâtés de maisons », permet à la loupe des observateurs ombrageux de grossir à satiété la mentalité auvergnate. C'est que la rue de Lappe est un village auvergnat régi par des habitudes de vie spécifique, un véritable isolat avec ses liens de solidarité et ses rivalités internes.

De ce point de vue, le 26, où s'ouvrait la cour Saint-Louis, était un vivant microcosme de la colonie à Paris. Les manœuvres, taillandiers ou fondeurs, y louent ou sous-louent d'abord les chambres de célibataires pauvrement aménagées des étages. Le temps passant, ils finissent par s'établir en cabinet, inaugurant quelque commerce indépendant et ambulant. Si les affaires prospèrent, un jour ils acquièrent la boutique du rez-de-chaussée, leur ambition suprême, et s'installent, tôliers, ferrailleurs, brocanteurs… Ainsi, conclut Françoise Raison-Jourde, toutes les étapes de l'immigration à Paris « se trouvent reconstituées à mesure qu'on monte les étages du n° 26 », ou plutôt, si j'ai bien compris, à mesure qu'on les descend !

Cette mentalité auvergnate, qu'est-elle ? Le mot-clé vient d'être posé : l'indépendance. Nul ne l'ignore, l'Auvergnat a été rebelle au travail en usine qui, *nolens volens*, a accaparé une si grande partie de la population rurale au XIXe siècle. S'il est un dénominateur commun aux divers métiers et activités des hommes du Massif central, c'est bien cette recherche, cette volonté farouche d'indépendance. Ne jamais rechigner au travail, gagner le plus d'argent possible, certes, mais à une condition : rester libre. Une vieille chanson le clame : « *Sen mountagnols. Aïmen l'indepenço. L'abion amaï, la garderen.* » – Nous sommes montagnards. Nous aimons l'indépendance. Nous l'avions aimée, nous la garderons… Non seulement magnifique, cette profession de foi des buronniers d'Aubrac est déterminante.

Françoise Raison-Jourde s'attarde sur les habitudes de frugalité, d'économie, de parcimonie transplantées telles quelles au XIXe siècle, du pays, de la montagne auvergnate en plein Paris, 11e arrondissement. Au passage, elle souligne la médiocrité des signes extérieurs de richesse au profit des investissements et des affaires. Elle va même jusqu'à sous-entendre l'activité usuraire, « accusation couramment portée, mais difficilement vérifiable qui assimile souvent l'Auvergnat au juif. » Question épineuse que celle de la psychologie des « races », des peuples, des ethnies, ou des populations ne serait-ce… Toujours dans les années 1950, à Paris dans ma jeunesse, je me souviens avoir entendu, concernant l'âpreté au gain des patrons de bistrot : « Les Auvergnats, ils sont pires que les juifs ! » Un siècle avait passé, le petit peuple émettait les mêmes jugements que du temps de Balzac. Une étude sociopsychologique passionnante serait à faire sur la perception populaire, à Paris, des différents groupes de population les uns par rapport aux autres… Pour ce qui est des Auvergnats et des juifs, ils se sont longtemps regardés en chiens de faïence, à cause d'une ressemblance psychologique patente due à des difficultés communes d'implantation, d'intégration, à cause conséquemment de leur rivalité dans certains domaines d'activité. Dans ses mémoires, le cabrettaïre Martin Cayla raconte un mariage judéo-auvergnat qu'il était censé animer. Dire qu'au début l'atmosphère entre les deux familles réunies pour la circonstance était froide est un euphémisme, elle était glaciale ! Et puis, les premières notes de cabrette et d'accordéon aidant, miracle ! tout le monde s'était mis à s'inviter et à danser… La musique, adoucit les mœurs, n'est-il pas vrai ?

Louis Bonnet avait raison de prendre ses désirs pour des réalités

En définitive, que révèle la dureté de ces quolibets, critiques et dénigrements, sinon la personnalité de ceux qu'elle vise ? Pour les Auvergnats, loin d'être des tares, ces caractéristiques qu'on leur décerne sont, non seulement acceptées, mais revendiquées comme des qualités. François-Paul Raynal n'hésite pas à montrer ses compatriotes « dans toutes ces indispensables besognes qui répugnaient aux Parisiens, lesquels ne laissaient pourtant pas de les moquer par leur accoutrement sans élégance, leurs manières frustes, leur parler rude, leur accent. » En ce début de XXIe siècle, on assimilerait ces railleries à du racisme pur et simple. Au XIXe siècle, ce concept était encore dans les limbes…

Tout l'effort de Louis Bonnet, créateur du journal *L'Auvergnat de Paris* le 14 juillet 1882 puis, le 21 novembre 1886, de l'Association auvergnate, Ligue auvergnate, quelques mois plus tard, a néanmoins consisté à rendre leur dignité à ses compatriotes de la capitale. Bonnet aimait la diatribe et, lorsqu'il s'agissait de hausser le ton, de forcer la note, il ne craignait personne. Ah ! les Parisiens méprisent les Auvergnats ? Début 1883, il leur répond : « Parisiens, vous ne serez jamais que des Parisiens ; c'est à l'hôpital que vous irez mourir tandis que nous autres nous finirons tranquillement nos jours à l'ombre d'un vieil arbre qui abrita nos jours d'enfance et peut-être aussi nos premières amours. » Quant à cette question de la ressemblance avec les juifs, il déclare fièrement : « Quand nous autres, les émigrés qu'on appelle les juifs modernes, nous aurons partout fait pénétrer les nôtres, dans les chambres de commerce, dans les conseils communaux, au parlement si c'est nécessaire, l'Auvergne n'en sera que plus riche en influence et en gloire aussi »[10].

Pas loin d'un siècle et demi s'est écoulé, les désirs, les prophéties du programme politique de Louis Bonnet se sont pleinement réalisées. Si lui-même n'est jamais parvenu à se faire élire député, de Paul Doumer à Valéry Giscard d'Estaing en passant par Pierre Laval, le cardinal Verdier, Georges Pompidou, le cardinal Marty, Jacques Chirac[11], que d'hommes de haut rang, politiques ou religieux, avec, en leur sein, pas moins de trois présidents de la République ! Cela va de soi, les premières réunions qu'organisait Louis Bonnet se déroulaient du côté de la Bastille, rue de la Roquette, « au cœur du plus vieux et du plus dense quartier auvergnat de la capitale, celui où l'on rencontre, insiste Roger Girard, industriels et ouvriers fraternellement unis, les ferrailleurs presque tous auvergnats. » Le sentiment d'appartenance au même pays, une sorte de patriotisme donc, faisait litière des barrières sociales. Politiquement, l'Auvergne à Paris prenait corps.

Naissance de l'expression « bal-musette »

Nous l'avons vu, les Auvergnats n'avaient pas attendu Louis Bonnet pour danser en plein Paris. Le mot « bal-musette » est probablement apparu très tôt, début XIXe...

Je le trouve écrit noir sur blanc relativement tard, dans une lettre datée du 21 novembre 1861, signée du préfet Boitelle, sur la réglementation des bals. Que « bal-musette »[12] soit employé administrativement, sans soulignement particulier, prouve que ce mot était déjà d'un usage courant sous le Second Empire.

Voici cette première attestation : « Certains individus font monter des fonds de marchands de vins ou de restaurateurs auxquels ils demandent l'autorisation de joindre soit un bal ordinaire, soit un bal musette, afin d'y attirer plus sûrement une clientèle équivoque et de revendre ensuite l'établissement fort cher, lorsqu'ils ont réussi à faire croire qu'il était sérieusement achalandé. » Le souci du préfet Boitelle était d'enrayer la prostitution clandestine en dissociant la gérance d'établissements qui faisaient à la fois office de débit de boisson, de bal et de maison meublée. On peut douter de l'efficacité de la mesure. Trente ans plus tard en effet, soit en 1891, un journaliste, émule de Zola, sort effaré d'une visite, à Charonne, au bal des Punaises ex-des Lilas, « bouge dansant » où « se trouvait, derrière l'orchestre, un banc spécialement réservé aux femmes qu'une ivresse trop accentuée ou le manque absolu de chaussures empêchaient de prendre part au plaisir de la danse »[13]. Il y a un siècle, certains spectacles du peuple, du bas peuple, avaient, certes, de quoi choquer les belles âmes, les âmes bourgeoises… En période révolutionnaire le peuple symbolise l'espoir, en temps d'accalmie il est paré de tous les vices… L'écrasement de la Commune a réduit pour longtemps le peuple au silence. Mais ce bal des Punaises était-il auvergnat, était-il musette ou pas musette ? Nous y reviendrons.

Alphonse Daudet puis Jules Vallès, rue de Lappe

L'histoire que nous racontons est trop riche pour être linéaire. Le passé de la Bastoche est un confluent d'histoires multiples que nous tentons de réunir en un ensemble épousant au plus près la chronologie. Les aller et retour dans le temps sont toutefois inévitables.

Nous avons évoqué la Commune. Avant d'y revenir, constatons à nouveau combien, en deux siècles de présence auvergnate, le quartier de Lappe a su préserver l'empreinte de ses origines. Balzac l'affirme dans *Ferragus*, les rues de Paris ont une âme… La rue de Lappe assurément ! Ouvrez un portail, vous apercevez de la verdure… Dans la cour pavée d'une maison, il y a encore peu, une vieille concierge élevait une oie !… L'oie a dû crever, mais, en 2004, la concepige avait toujours bon pied bon œil. Cet été-là, avec Jacques Baker, nous tournions *Gueules d'atmosphère* pour France 3. Schmitago avait tapé à la porte de la pipelette pour voir si elle accepterait de dire quelques mots. Ni une ni deux, elle nous a envoyés paître. On l'entend rouscailler pendant qu'avec Daniel nous rebroussons chemin en rigolant. Je pense qu'elle est auverpine, la bignole.

La rue de Lappe est spéciale, le passage Thiéré plus encore, plus désolé… Qu'en ce début de XXIe siècle, au cœur de Paris, on tombe ainsi sur une sorte de bourg de campagne constitue pour une large part l'essentiel de leur charme… Jusqu'à quand ? Telle est la question, du ressort exclusif, hélas ! des hommes de pouvoir et des gens de l'immobilier… La construction d'immeubles résidentiels à la place du Bousca Bal et du Musette, 13 et 21, rue de Lappe, du Petit Balcon, 15, passage Thiéré, et, sur le trottoir d'en face, jusqu'à la rue de la Roquette, a déjà irrémédiablement dénaturé cette ambiance villageoise. Des maisons ont été démolies, passage Thiéré, d'autres ont été retapées… Le *coinceto* a été *urbanisé*, quoi !

Si nous avons déjà beaucoup parlé de la rue de Lappe, depuis Ménétra en 1740, et Balzac, un siècle plus tard, aucun autre homme de plume ne l'a décrite ni seulement citée. Dans *Contes du Lundi*, Alphonse Daudet comble cette lacune[14]. Durant le siège de 1870, Daudet, à l'affût de l'événement, est partout dans Paris. Comme Hugo dans *Choses vues*, comme Jules Vallès dans son *Tableau de Paris*, comme plus tard Léon-Paul Fargue dans *Le Piéton de Paris*, comme tant d'autres, ses yeux lui servent d'appareil photo. À l'égard des futurs communards, Daudet est ironique. Son texte très court, ramassé, exprime du plus contrasté qui soit la différence de comportement entre les gens du faubourg Saint-Antoine, héritiers d'une longue tradition insurrectionnelle, et celui des Auvergnats qui vivent rue de Lappe pareil qu'à Riom-ès-Montagnes… Au Faubourg, Daudet trouve « là des anciens de 48, égarés éternels, vieillis mais incorrigibles, l'émeutier en cheveux blancs, et avec lui le vieux jeu de la bataille civile, la barricade classique à deux et à trois étages, le drapeau rouge flottant au sommet, les poses mélodramatiques sur la culasse des canons, les manches retroussées, les mines rébarbatives : "Circulez, citoyens !" et tout de suite la baïonnette croisée… »

J'ignore si Daudet avait *Les Misérables*, mais, en quelques lignes il met à mal les fougueuses harangues révolutionnaires d'Hugo. Évoquant les « légions sauvages » qui déferlaient du faubourg en 1793, Hugo était épique. À propos des combattants de 1870, Daudet n'est que caustique… Encore deux, trois lazzi à l'encontre de ceux qui, du Trône à la Bastille, sonnent le tocsin pour un oui pour un non – « Oh ! le tocsin ; s'en donnent-ils, ces enragés de secouer leurs cloches ! » – et Daudet arrive rue de Lappe en pays auvergnat. C'est une première littéraire : « Au milieu de tout ce vacarme, dans cet affolement de cloches et de cervelles, une chose m'a frappé, c'est la tranquillité de la rue de Lappe et des ruelles et passages qui rayonnent autour. Il y a là comme une espèce de ghetto auvergnat, où les enfants du Cantal trafiquent paisiblement sur leurs vieilles ferrailles, sans plus s'occuper de l'insurrection que si elle était à mille lieues. En passant, je voyais tous ces braves Rémonencq très affairés dans leurs boutiques noires. Les femmes charabiaient en tricotant sur la pierre de la porte, et les petits enfants se roulaient dans le milieu du passage, avec leurs cheveux crépus, tout pleins de limaille de fer. »

Une douzaine de lignes suffisent à Daudet pour résumer la rue de Lappe. Tout est dit, de la raillerie habituelle à travers le verbe « charabier » à l'assimilation aux juifs contenue dans le mot « ghetto ». Tout est dit : ce village auvergnat dans la ville, son calme qui dénote tellement par rapport à l'agitation du faubourg… On regrette pourtant que Daudet n'en écrive davantage, et sur l'attitude exacte des Auvergnats pendant ces événements de 1870 et 1871, et sur les mille recoins de la rue de Lappe, la cour du Cantal au 23, la cour Saint-Louis au 26…

Douze ans plus tard, en novembre, décembre 1882, Jules Vallès se promène faubourg Saint-Antoine[15]. Rentré à Paris depuis le 14 juillet 1880, le proscrit ne fait pas que marcher et raconter, il remâche. Juin 1848 d'abord, et sa barricade à l'entrée du faubourg, « monstrueuse, haute de trois étages et large de sept cents pieds » qui, d'après Hugo[16] auquel Vallès se réfère, « surgissait comme une levée cyclopéenne au fond de la redoutable place qui a vu le 14 Juillet ». À ceci près que Vallès, dans cette louange, omet de préciser que Victor Hugo, pair de France sous Louis-Philippe, qui n'en était pas à une contradiction de plus ou de moins, jugeait cette révolution injustifiée, « une révolte du peuple contre lui-même », bref ! une bataille que la « populace » livrait au « peuple »... Passons. 1870, ensuite : 10, rue Basfroi siégeait le Comité central, « l'histoire s'en souviendra » prétend Vallès. Il se trompait, personne ne s'en souvient plus. En revanche Vallès pressentait assez bien les causes de ces oublis futurs, la transformation de l'exigence révolutionnaire en lutte sociale, les nouvelles armes du patronat, la mise à l'index etc. Il l'écrit : « Le faubourg Saint-Antoine n'est plus ce qu'il était, et ce n'est pas du fond de ses entrailles noires que partira désormais le grand cri des agitations populaires. » Il s'en prend au progrès mal compris et dénonce l'aliénation, au sens marxiste du terme, de ses parias, les choutiers, les trôliers, tout petits artisans à leur compte, totalement démunis devant les « gens de petits magasins et de grands bazars », de même que devant le « fouchtra », l'Auvergnat, victimes éternelles...

Sans l'exprimer en ces mots, Vallès en appelle à la prise de conscience prolétaire, à ce bouillonnement permanent que, se rappelant ses jeunes années, postérieures d'une quinzaine d'années, Daniel Halévy a relaté dans *Pays parisiens*. La révolution ne surviendra que grâce à ceux qui ont « les moyens d'acheter des livres et d'étudier », les « chefs des mouvements ouvriers », meneurs futurs des « combats populaires ». L'instruction est sa condition sine qua non.

Les discriminations d'ordre ethnique auxquelles se livre Vallès ne peuvent qu'étonner de la part d'un communard. Il accuse les Allemands du Faubourg de saborder la lutte commune, de s'offrir au rabais aux patrons : « Ce sont les étrangers, s'indigne-t-il, – et ceux-là ! – qui font à Paris pencher la balance dans les grands débats du travail ! » Que, par patriotisme, il éprouve de l'animosité à l'égard des vainqueurs de la guerre, de leurs nationaux établis à Paris, est somme toute compréhensible. Sa malveillance envers les Auvergnats l'est moins. Sauf à penser que Vallès ne les considère pas français à part entière, ce qui serait un comble : lui-même en était ! Il venait de la Haute-Loire, du Puy-en-Velay. Enfin, dans les lignes qui nous occupent, Vallès se veut parisien avant tout, il déplore le prix du loyer qui a poussé le peuple plus loin : « Le faubourg Saint-Antoine n'appartient plus aux enfants de Paris, pas même, dans certains coins, à la France ». Et Vallès de vitupérer aussitôt les Bretons, les Italiens et les Allemands !

Les Auvergnats arrivent trois pages plus loin, « la bande des Auvergnats » écrit Vallès peu amène. Oh ! il reconnaît leur labeur, leur peine, leur frugalité de pain et de fromage. Mais il leur reproche d'aimer l'argent, d'« amasser le boursicot » il dit, de capitaliser, et surtout, doléance fondamentale, d'avoir fait fortune rue de Lappe, sise faubourg Saint-Antoine, grâce aux instruments et aux armes qui ont permis de réduire, de massacrer ce quartier de Paris. À ses yeux, les Auvergnats sont des impies. Dans leurs arrière-boutiques d'inquisition, on trouverait « rouille de sang et rouille de larmes sur les ferrailles qui traînent dans la poussière et la boue, tordues et cassés comme des carcasses de suppliciés. » C'est dans ce fumier de métal que les Auvergnats ont ramassé « des pépites d'or plus grosses que les châtaignes du Puy-de-Dôme et du Cantal ! » L'opprobre mis à part, la description de Vallès est un complément excellent à celle de Daudet : « Quoique [le Faubourg] vive de ceux qui attaquent le bois, c'est dans un coin de sa terre foulée par les machines et les canons que les machines et le canon devaient avoir leurs invalides, et la rue de Lappe est la fosse commune des instruments du Travail et de la Guerre ! »

Rue de Lappe, en 1997 encore, Dufayet, au 25, et Trafikant, passage Thiéré, vendaient des outils de toute sorte. La destruction du 23, rue de Lappe, avait privé Trafikant de sa façade rue de Lappe, mais peu importe, ces deux magos – un vrai bric-à-brac dans le cas de Trafikant – donnaient une rapide idée de la rue à l'époque de Vallès, un gigantesque cimetière de roues, d'essieux, d'affûts de canon, un incroyable capharnaüm… Le 10 octobre 1989, à La Galoche chez Jean Bonnet, en levant le verre au saint-pourçain nouveau, le dénommé Kiki, un natif du passage Thiéré, un jeune, m'avait appris que quelques années plus tôt se tenait, passage Thiéré, un marché de la ferraille. À cet endroit même, un tennis a été aménagé. Autres temps, autres mœurs, et Jean Bonnet est mort…

« Travailler pour la rue de Lappe »

Ni Daudet ni Vallès n'ont entendu la cabrette, ils n'ont vu personne danser rue de Lappe. En ce dernier tiers du XIXe siècle, trois mots la définissent : l'Auvergne, la richesse, la ferraille. Le plaisir en est absent, l'attrait… Du fait de son activité, au contraire, la rue de Lappe évoque le rebut. Telle est la signification d'une locution pratiquement tombée en désuétude : « travailler pour la rue de Lappe. » Louis Chevalier[17] la découvre dans *Le Sublime* de Denis Poulot publié en 1872. L'action se déroule à la fin du Second Empire, en grande partie dans les ateliers du Faubourg. À la suite d'un accident de machine, on entend : « À la rue de Lappe, la seringue, qu'il la change », c'est-à-dire qu'elle est bonne à terminer chez les ferrailleurs. Et quand un ouvrier travaille à une invention qui n'aboutira pas, son camarade lui dit : « Tu travailles pour la rue de Lappe ».

Deux remarques à propos de cette expression. La première c'est qu'elle s'inscrit dans la série des noms de lieux qui, pour une raison ou une autre, ont enrichi l'argot, tels Niort dans « battre à Niort » pour nier, ou « faire Saint-Malo » pour « faire mal aux seins » en verlan, le parler à l'envers, le *lanver* comme on a dit à un moment en verlan de verlan !...

Je pense qu'avec la rue Michel-Lecomte dans le 3e arrondissement qui a donné « faire la rue Michel », « faire la rue » pour « faire le compte », la rue de Lappe est la seule de la capitale à avoir été reprise par le génie langagier parisien, c'est notable. La seconde c'est que, vraisemblablement dans cette tournure, « rue de Lappe » s'est mêlé à « lap' », « que lap' » , altération de « la peau », « que la peau », synonyme de « que dalle » et de « que t'chi » – d'origine auvergnate cette dernière –, qui, toutes, signifient « rien ». Par quasi-homonymie et par similitude sémantique, « travailler pour la rue de Lappe » rejoint ainsi « travailler pour lap' » ou « pour que lap' » ... À ma satisfaction, Cellard et Rey[18] ont repris cette hypothèse de la confusion « rue de Lappe », « que lap' » que j'avais avancée dans *Robert des Halles*. Il est vrai que Robert Lageat était impayable quand il racontait que, depuis 1925, il avait sué, marné, bossé pour lap', pour « lapuche », autre dérivé : « Comme on jactait en vieil argot, j'avais travaillé pour la rue de Lappe ! » Et il poursuivait : « D'avoir travaillé pour la rue de Lappe, mézig, ça faisait pas ma rue Michel !... Il fallait à nouveau que je me remue l'oignon pour assurer le casse-graine ! »

Le plus drôle étant que cinquante ans plus tard, ledit Robert s'était retrouvé taulier du Balajo... Ou *big boss*, ça dépendait comme il était luné, le Robert !

Chapitre 3

Musette, bal-musette… Et pourquoi pas bal-accordéon ?

Cette fameuse musette

« Il est né, le divin enfant, /Jouez hautbois, résonnez musettes »… Nous connaissons tous ce cantique de Noël, son invocation aux joyeuses musettes. La relation avec la musette d'Auvergne que je ne cesse d'évoquer est-elle établie pour autant ? Je ne sais… Au fait cette musette, c'est quoi ?

Appartenant à la famille des cornemuses, la musette était un instrument de cour, au Moyen Âge. Elle fut ensuite remise « à l'honneur à la cour de Versailles, précise Francis Pinguet, chaque fois que les "bergeries" furent à la mode »[1]. Le *Petit Robert* date le mot du XIIIe siècle. Il provient de l'ancien français « muse », du vieux verbe « muser ». Cette origine convient à Pinguet, l'instrument ne dispensait pas une musique très sérieuse… La musette, c'est de l'amusette. Et si telle était l'âme de la musique : l'amusette/la musette ? Rien ne nous empêche de muser sur les amusements de la langue, d'abuser de nous en amuser… La musette est l'instrument par excellence des bergers, or les pasteurs sont les gardiens de la crèche du petit Jésus. Telle est la raison de leur présence dans les pastorales de Noël pour fêter la naissance du divin enfant.

En patois auvergnat la musette se dit « cabréta », l'accent tonique donnant sur l'*é*, ce qui, francisé, aboutit à « cabrette ». « Cabréta », « cabrette », parce que le sac de l'instrument est généralement en peau de chèvre, la « cabra » en auvergnat. Donc en français, littéralement, la cabrette c'est la chevrette... En Aubrac, cette région aux confins de la Lozère, du Cantal et de l'Aveyron, le terme de cabrette ne serait employé que depuis un peu plus d'un siècle, selon les ethnomusicologues Claudie Marcel-Dubois et Marie-Marguerite Pichonnet-Andral[2]. Au milieu du XIXe siècle, c'est le mot français « chèvre » qui se disait encore. Des dernières décennies à 1910 environ, musette et cabrette ont coexisté, jusqu'à ce que cabrette s'impose, encore que musette prévale toujours chez certains musiciens... Comme quoi l'échange linguistique entre le français et les langues régionales est aussi passionnant qu'infini ! Autre remarque : aux dires de sa fille Henriette[3], Antoine Bouscatel, le grand *cabrettaïre*[4] de la rue de Lappe entre 1902 et 1910, a débuté vers 1875, avec une musette en porc, une vessie de porc.

Aujourd'hui, seule s'utilise la cabrette à soufflet. C'est en actionnant du coude le soufflet qu'il porte sur le côté droit que le musicien remplit d'air le sac placé sous son bras gauche qui, ensuite, au gré de ce bras, fait vibrer les hanches d'un tuyau, dit tuyau-bourdon, muni de trous sur lesquels pianotent les doigts du cabrettaïre... Avant de posséder une musette avec soufflet, tuyau en ivoire et sac recouvert de velours rouge ou noir, les cabrettaïres du passé, les Bouscatel, les Martin Cayla, enfants de « basse extrace » comme aurait dit Villon, se sont tous essayés sur des instruments plus frustes. La fille de Bouscatel raconte que la première musette de son père était démunie de soufflet : « il s'époumonait à la gonfler, pour tirer d'un "couobero" [tige de maïs qui lui était adaptée par je ne sais quel dispositif] ses premières notes. » Cayla écrit : « Au bout de trois mois, mon cou avait enflé à force de souffler dedans. »[5] Sa patronne lui suggère d'acheter un sac, c'est donc qu'il n'en avait pas... Utilisait-il alors une musette à bouche ? Bref ! dans les deux cas, la famille, les patrons se mobilisent et chacun, bientôt, aura une vraie musette. Ou une vraie cabrette, au choix.

Les grelots

On est en 1903, Martin Cayla a 14 ans, il gagne le concours des cabrettaïres d'Aurillac du 14 Juillet. « Il paraît, poursuit-il, que tout mon corps remuait », gage de qualité, de cadence. Deux ans plus tard, à Saint-Mamet, le 1er mai 1905, chez Le Rouge, un vieux cordonnier qui tient un café, Cayla provoque la sensation : « Tout le monde rappliqua pour voir ce tout jeune cabrettaïre qui remuait la tête, les bras, les jambes et le corps tout entier ! »

Cayla explique que les cabrettaïres, et, plus tard, les accordéonistes auvergnats des temps héroïques, se mettaient une grelottière autour de la cheville, généralement la droite. C'est ce bracelet agrémenté de grelots qui obligeait les musiciens à agiter les jambes pour marquer le rythme. Dans les années cinquante, Jeannot le Polak se rappelait qu'au Bal des Familles, 21, rue de Lappe, bal auvergnat, l'accordéoniste jouait seul, la nuit entière, grelots chevillés au corps.

Le 23 août 1983, au cours d'une émission consacrée à Belleville sur France Culture avec Jo Privat et Clément Lépidis, Claude Hudelot demande à Jo en train de relater les origines du musette : « Vous avez eu les grelots, vous ? – Ah ! non. » Après une seconde de réflexion, Privat repart : « J'ai eu les grelots, mais pas dans les mêmes circonstances »... Lépidis et Hudelot commencent à rire, Jo continue : « Maint'nant mes grelots, y's'ramolissent, y a du mou dans la corde à nœuds ! » Là, Lépidis et Hudelot s'esclaffent franchement.

Cette parenthèse pour montrer que, cabrette ou accordéon, le monde du musette a toujours engendré la joie de vivre. Martin Cayla, Émile Vacher ou Jo Privat, tous partageaient une même philosophie : s'amuser en amusant les autres, profiter de la vie, rire. Au pays, les joueurs de musette n'étaient que des saltimbanques, se souvient Cayla, on les considérait comme des bons à rien. Un dicton local prétend même que « *les cochaïres, les pescaïres et les cabrettaïres étaient del moundo que pouvios res faïre* » : les cochers, les pêcheurs et les cabrettaïres sont au monde pour ne rien foutre, en bon français ! « Attention Cayla ! un des patrons de Martin, qui déteste la musique, avertit son père, je ne sais ce que vous en ferez, mais sûrement rien de bien ! » Présage infondé : Martin Cayla a eu une superbe carrière, et en 1997, au 33, faubourg Saint-Martin, près d'un demi-siècle après sa mort en 1951, Mme Simone vendait toujours des instruments, des partitions dans le souvenir des grands nom et renom qui furent les siens. À son tour, Mme Simone est partie. Si Paris n'a rien fait pour honorer la mémoire de Cayla et du musette, Tulle n'a pas barguigné. La devanture du magasin de Cayla a été transportée et remontée dans le musée de l'accordéon qui s'y trouve. Tulle est aussi la patrie de la famille Maugein, le célèbre fabricant d'accordéon – ceci explique cela.

Cent trente bals-musette en 1879

En 1876, à mi-chemin entre les témoignages de Daudet en 1870 et de Vallès en 1882, P.L. Imbert[6] nous emmène dans un bal auvergnat en plein quartier Mouffetard. Non ! il ne s'agit pas du Vieux Chêne, au 69 de la rue, qui devait son nom au bas-relief généreux qui ornait le premier étage de la maison, bal célèbre et mal famé dont l'histoire serait à écrire. Photographié par Robert Doisneau, Patrice Molinard, cité par Jean-Paul Clébert, Robert Giraud, Jacques Yonnet et tant d'autres dans les années cinquante, ce bas-relief avait disparu... La cause en incombait au ravalement de l'immeuble. « Le syndic a promis de le remettre », m'a répondu une co-propriétaire auprès de laquelle je m'enquérais du sort de ce Vieux Chêne. Finalement une sculpture a été placée sur la façade à la hauteur du premier étage. Elle n'a plus grand-chose à voir avec le bas-relief de jadis... Retournons au bal du Vieux Chêne : on y dansait la chaloupeuse dont la java ne serait qu'une réminiscence. Ouvert en 1844 il fermera en 1880, suite à la mort du patron tué d'un coup de pied au ventre[7].

Le bal d'Imbert est situé à quelques pas de là, dans une ruelle infecte, le passage des Vignes, actuellement rue Rathaud, au rez-de-chaussée d'une vieille maison. Pour Imbert, il est plus pittoresque que le Vieux Chêne : les danseurs y viennent en tenue traditionnelle, différente selon la région : « Coiffés d'un bonnet rouge, ou d'un chapeau noir à grandes ailes, les montagnards sont habillés d'une veste de serge bleue, garnie de boutons en os, d'un gilet à larges poches qui tombe sur les cuisses, d'une culotte serrée au-dessus du genou par une jarretière, et de guêtres de laine qui recouvrent le pied. Leur col de chemise s'abaisse sur la poitrine en forme de rabat. » Quant à ceux de la plaine, de la Limagne, ils « se distinguent par une casaque blanche plissée dans le dos, et une ceinture de cuir jaune fermée par une boucle de cuivre. Les uns sont coiffés d'une casquette de feutre gris, les autres d'un chapeau noir à claque. » Les femmes « ont une robe de bure bleue retroussée par derrière sur un jupon rayé de vives couleurs ; deux pièces de velours sont appliquées à leur corsage, sous les omoplates. Leurs manches, arrêtées aux coudes, ont de doubles parements de soie. Sur leur tête est un chapeau de paille bordé de velours noir, ou bien une coiffe à longues barbes relevées sur les côtés. » La salle accueille une centaine de personnes, des porteurs d'eau, des rétameurs, des marchandes de chiffon. Sur des bancs le long des murs sont assis les vieux, vêtus de manteaux de laine rayés de rouge et de bleu. Et, détail caractéristique absent chez Mercier et Pujoulx quatre-vingts ans auparavant, qu'on retrouvera si souvent par la suite : c'est juché, ici sur une caisse d'emballage, que l'instrumentiste souffle dans le ventre de sa musette… Musette ancienne, à bouche. En revanche, aucune mention de grelots.

Voilà ce qu'était primitivement, sans qu'Imbert utilise le terme, un bal-musette auvergnat, encore que celui-ci soit aux dimensions d'une salle des fêtes. Un bal quasi familial où l'on dansait entre pays et payses. Ce texte vaut par sa minutie. Imbert nous décompose les diverses danses, la bourrée du loup où, d'un coup, le cavalier se tourne et exhibe le fond de sa culotte à la cavalière… la montagnarde plus pesante que la bourrée, etc. Auvergnat lui-même, Imbert s'extasie sur l'endurance, la légèreté à la danse de « ces braves Auvergnats qui paraissent si lourds quand ils portent cinquante kilos de charbon sur les épaules » et qui, sans répit, sautent jusqu'à des 2 heures du matin.

En septembre 1980 pour *Lui*, Pierre Roux[8], le patron de chez Vianey, quai de la Rapée, m'avait confié : « Notre devise ici, au consulat d'Auvergne : de 18 à 70 ans, de l'auvergnat, du musette et du rétro ancien ! Nous sommes toujours pleins. Venez un dimanche à 5 heures. Après les ébats des danseurs, les bourrées guerrières, brise-pied et autres polkas piquées… des flaques de sueur à remplir des seaux ! » Un siècle avait passé de Mercier à Imbert, puis un autre d'Imbert à 1980 : rien n'avait changé. Il en va encore de même trois décennies plus tard. En ce début de XXIe siècle, chez Vianey et ailleurs, de la fin septembre à la fin avril, chaque week-end, une amicale célèbre sa fête annuelle en dansant et en chantant à tue-tête.

Les Auvergnats sont toujours aussi fiers de l'être, ce couplet du passage des Vignes le clamait déjà : « *Viva leus Ouvergnats ! / Viva leurs Ouvergnates ! / Veis bien pour densa ; / Viva leus Ouvergnats ! / Zeymous bé chanta, / Auchi rire et biéure, / Et pour fayre la mouche, / Distingous toujou*[9]. »

Notre seul regret porte sur le lieu de ce bal, à la Mouffe et non à la Bastille. On danse pourtant à la Bastoche, et auvergnat !… J'en apporte la preuve aussitôt après avoir signalé que, le 29 mars 1872, *La Patrie* récapitulait à Paris quatre-vingt-sept établissements dansants, « débitants de vin qui donnent à danser, le dimanche seulement, au son de la musette ».

Sept ans plus tard, le 24 juin 1879, il y a peu ou prou cent trente ans de cela, un rapport de police suivi, le 1er juillet, d'un « état des bals-musette existant dans les 20 arrondissements » donne l'adresse de tous les bals-musette de Paris accompagnée du nom de leurs propriétaires. Le total s'élève à cent trente. Les voici pour chaque arrondissement : 1er : deux. 2e : deux (dont un au 16 de la rue Blondel vouée traditionnellement à la prostitution). 3e : dix (aucun rue au Maire qui, plus tard, concurrencera la rue de Lappe, et déjà le bal du 65, rue des Gravilliers tenu par la veuve Moreau). 4e : sept (dont un 15, rue du Plâtre, la rue de mon enfance, chez Plancher). 5e : quatre. 6e : quatre. 7e : zéro. 8e : zéro. 9e : un. 10e : un. 11e : vingt-six (le record). 12e : huit. 13e : quinze. 14e : six. 15e : quatre. 16e : zéro. 17e : six. 18e : treize. 19e : huit. 20e : treize.

C'est clair : les Auvergnats étaient à peu près partout dans Paris, mais d'abord au cœur du Paris populaire, dans les quartiers populeux du centre et de l'Est, peu nombreux dans les quartiers à la mode, le boulevard, 1er et 9e, et absents dans les quartiers résidentiels, 7e, 8e et 16e.

Aucune surprise si, avec vingt-six bals, le 11e arrondissement arrive détaché dans cette énumération. Sur les treize établissements du quartier de la Roquette – notre Bastoche – en 1879 le passage Thiéré l'emporte avec trois bals : Estival au 8, Lescure au 8 bis, et au 15 la veuve Truel. Le rapport ne précise pas si ce dernier s'appelait déjà le Petit Balcon, ce Petit Balcon qu'en dépit de mes protestations réitérées on a rayé de la carte, ne serait-ce que celle de la mémoire, le 20 février 1989… Rue de Charonne, deux bals : Carrié au 95 et Senteval au 11. Rue Keller, deux également : Jacques au 32 et Puech au 14. Plus loin, un bal au 100, rue des Boulets chez Pagès, un autre rue Mercoeur, chez Tourlan au 17… Les rues de la Roquette et Popincourt n'en comptent qu'un chacune, au 52 chez Sevestre pour la première, au 6 chez Champredonne pour la seconde qui fonctionnait encore en 1961…

Quant à la rue de Lappe, en 1879, elle ne revendique que deux bals : chez Lacassagne au 8, et chez Douvet au 19 – le célèbre Barreaux Verts. À l'époque de Lacassagne, écrit Lucien Lariche[10], le 8 répondait à « l'enseigne rassurante de Bal de Famille ». Ce n'est qu'en 1926 que Léon Pouyet, patron du guinche depuis 1923, l'appellera la Boule Rouge.

En dépit de leurs cinq bals à eux deux, le passage Thiéré et la rue de Lappe ne dominaient pas vraiment. Ces bals n'étaient ouverts que les dimanches et fêtes alors que les huit autres, à l'exception de Sevestre, marchaient au moins un jour de plus, le lundi (Pagès, Senteval), sinon deux, le samedi et le lundi (Carrié,

Champredonne, Jacques, Puech, Tourlan), soit au minimum trois jours par semaine.

Bals-musette ou déjà plus bals-musette ?

Administrativement, la mort des guinguettes date de 1860, relève François Gasnault. « Guinguette », qui pourrait venir du nom de Pierre Guinguet, vigneron, qui avait tenu un cabaret fameux, enclos de verdure et de vigne, dissimulé sous les branches, là-haut à Ménilmontant[11]... Les termes de « bal abonné », « bal contrôlé » ou encore de « bal-musette », par opposition à « bal ordinaire », la remplacent. Le genre d'établissement que désigne bal-musette n'a jamais été défini exhaustivement. D'où une certaine confusion qui, avec le temps, ne fera que croître et embellir. Dès le début, remarque Gasnault, il semble que bal-musette « ne s'applique pas seulement aux bals auvergnats, sans pour autant concerner de façon générique les héritiers très lointains des ci-devant guinguettes. »[12] Bal-musette se trouve en fait accolé à une majorité d'établissements modestes d'où, j'insiste, leur caractère populaire et même populacier. « Les musettes perpétuent sans gloire le genre du cabaret dansant », poursuit Gasnault. Sans gloire ? Tout vient à point à qui sait attendre, le changement des mentalités finira par porter au pinacle cette misère des origines, par magnifier ces « bals abjects du Paris crapuleux », « bals de rebut » qui, en 1889, sont déjà des « curiosités » quoique « repoussantes »...

Les reportages d'Emmanuel Patrick

Avant de voir avec quelle vigueur les Auvergnats défendront le bal-musette – leurs bals avec musette – compulsons la série d'articles qu'Emmanuel Patrick consacre aux bals parisiens dans *Le Courrier français* en 1886-1887.

En amoureux impénitent de Paris qu'il est, Patrick ne dédaigne pas visiter ces bas-fonds que vient de vilipender *L'Égalité* citée par Gasnault. Le 18 avril 1886, il choisit le 11e arrondissement. À travers les quartiers de la Folie-Méricourt, de Saint-Ambroise, de Sainte-Marguerite, de la Roquette, rue des Boulets, rue des Taillandiers, rue de Nice etc., Patrick découvre une douzaine de bals minuscules ayant pour orchestre, ceux-ci un violon et une harpe, ceux-là « une » orgue… c'est bien le féminin qui est employé. Mais, note-il en conclusion : « On les appelle obstinément des musettes, quoiqu'il n'y ait des musettes que dans deux ou trois. » Voilà qui est digne d'intérêt.

Sans chiffres exacts à produire, depuis 1879 les musettes ou prétendus tels, peu importe ici, ont proliféré. Le passage Thiéré en compte quatre, soit un de plus que sept ans auparavant. Patrick cite la rue des Taillandiers, ex-Neuve-de-Lappe de 1829 à 1867, entre Roquette et Charonne : en 1879 aucun bal n'y était répertorié. Mais surtout, en signalant la présence d'un accordéoniste, Emmanuel Patrick cite l'accordéon pour la première fois dans un bal parisien. À titre de comparaison, l'accordéon ne sera mentionné qu'en novembre 1891 dans *L'Auvergnat de Paris*, à propos d'un adultère à Decazeville, la femme L… s'enfuyant avec le sieur B… joueur d'accordéon, ainsi qu'avec la caisse de la buvette conjugale… Ah ! ces musiciens, ces saltimbanques…

En compagnie de Patrick, pénétrons donc, le 25 avril 1886, dans ce bal du 95, rue de Charonne, tenu en 1879 par le dénommé Carrié. Le patron est-il le même ? Je l'ignore. Ce bal était-il l'ancien Bal des Punaises autrefois Bal des Lilas dont Gasnault a décrit l'indigence, je ne sais, mais je ne pense pas. La salle, située dans un recoin à droite, est plus qu'exiguë : un cabinet, s'étonne Patrick. Trois couples de valseurs peuvent à peine y évoluer, le quadrille est impossible… Ce n'est pas un bal auvergnat. Celui d'Imbert était bien plus grand : pour effectuer leurs entrechats, ailes de pigeon, pas de zéphyr et autres galops vertigineux, les Auverpins ont besoin de place ! Le plus curieux, Patrick poursuit son inventaire, c'est cette sorte de cage en bois fixée sur le haut du mur. Un individu est assis dedans. Monté au moyen d'une échelle, il en redescend à reculons, le bal fini. « Ce monsieur armé d'un accordéon, raconte Patrick, représente le personnel des musiciens, et la cage en question l'orchestre ! » Chez Imbert, une caisse d'emballage constituait l'estrade. C'est dans le but de gagner de la place qu'un tel réduit a été suspendu au plafond, rue de Charonne… Ici, dans ce « bal-accordéon », entrée gratuite, mais paye-t-on la danse ? Patrick ne le précise pas. « Bal-accordéon », eh bien ! oui, puisqu'on y joue de l'accordéon !… Tout-à-fait approprié, ce néologisme restera néanmoins sans lendemain, bal-musette continuant d'être le terme générique de tous ces bals, qu'on y joue de la musette, du piston, de l'orgue ou de l'accordéon.

Vilaines histoires

Mais la curiosité d'Emmanuel Patrick ne s'arrête pas à la description physique de ces bals. Leur atmosphère retient son attention, leur réalité sociale. Ce 25 avril 1886 toujours, exemples à l'appui, Patrick nous livre un panorama fourni de la faune qui les hante. Le mot « racket » aura beau n'arriver en France qu'à la fin des années 1920 dans le sillage des « gangsters » américains, les pratiques qu'il recouvre ne datent pas d'hier. Ni non plus les métamorphoses de policiers en voyous… À vrai dire, Camille Brion, habitué du 95, rue de Charonne, était un ex-agent de police, et son racket plutôt timide. Dans des lettres signées Lerouge, chef du service des mœurs, adressées aux « directrices » de maisons de tolérance, écrit pudiquement Patrick, Brion demandait des petites sommes entre 40 et 80 francs à titre de prêt. Il faisait porter les missives par un « commissaire médaillé » et attendait la réponse 95, rue de Charonne, tout simplement. Le stratagème finit par être éventé. Arrêté, Brion avait sur lui la liste des maisons de tolérance par quartier. Il en avait noté dix-sept sur les boulevards rive droite, de la place du Trône à l'Étoile… Brion fut condamné à quinze mois de prison.

Plus graves que les extorsions de fonds ou plutôt les escroqueries de Brion, sont les forfaits de Broussel dit l'Étrangleur de femmes, et de Philippe le Tueur de femmes. Malheureusement, Patrick ne s'étend pas sur Philippe. Il doit néanmoins s'agir de Louis-Joseph Philippe arrêté non dans un musette du faubourg Saint-Antoine, mais rue Jacob, vingt ans plus tôt en 1866[13]. Patrick est plus disert sur Broussel. C'est dans les lointains de la Bastille qu'il sera interpellé, Au Rendez-vous de la Vienne, 103, boulevard de Ménilmontant, en mars 1883. À son palmarès, huit agressions de femmes en quinze mois. Son lieu de travail : le bois de Boulogne, il s'agit toujours de « filles d'amour ». Broussel était le héros du Rendez-vous de la Vienne, il y faisait la pluie et le beau temps. Patrick est persuadé que tout le monde connaissait son « truc » mais se taisait… Broussel n'étranglait pas les femmes, il ne les tuait pas : il les dévalisait seulement après « les avoir étranglées un peu » !… Il écopa de deux ans de centrale.

Sans nommer l'établissement, Patrick nous apprend que c'est dans un musette que le dénommé Pautrat, âgé de 17 ans, avait tué net son beau-frère, entre deux valses, d'un coup de couteau au ventre. Nulle part je n'ai retrouvé trace de ce meurtre. Musette, valse, couteau, tout y est !… La renommée des musettes démarre, dangereux, mal famés, bals d'escarpes… Elle est le sésame de leur renom ultérieur. Hélas ! Patrick est pris de scrupules : « Ces détails nous dispensent, croyons-nous, de toute digression sur les habitués de cet établissement. » Il se trompe. Un croquis de cette pègre qu'il nous fait entrevoir, voilà qui, cent trente ans plus tard, aurait été instructif !

Le 23 janvier 1887, pourtant, Emmanuel Patrick surmonte ses réticences. Il est à nouveau dans le quartier, rue de Charonne au 11 et au 44 – un nouvel établissement – rue de la Roquette et passage Basfroi. Arrière-salles de débits de boissons, « ces sortes de bals, consigne-t-il, se transforment très souvent en véritables scènes de combat où le sang coule de temps à autre. » Il va jusqu'à porter une grave accusation à l'encontre de leurs patrons : « Les musettes, cela se comprend, sont de la part de la police l'objet d'une surveillance très active, et la plupart de ceux qui les tiennent – sinon tous – rendent des services à l'administration. » Les indicateurs ont eux aussi toujours existé, les « coqueurs », les dénonciateurs, comme l'argot les désignait quelques décennies plus tôt, à l'époque de Canler, chef de la Sûreté.

Bonnet s'en mêle

Dans ce même article du *Courrier français*, Patrick reproche vertement à *L'Auvergnat de Paris*, le journal de Louis Bonnet, d'être trop politique car, s'exclame-t-il, « des musettes de Paris, rien absolument rien ! » Argument imparable puisque, on s'en souvient, le dessein de Bonnet est, avant le folklore et la danse, de structurer politiquement le mouvement auvergnat à Paris. De-ci, de-là, Bonnet effleure le sujet. En janvier 1883, il écrit que c'est « dans nos gais bals musettes que, pour la première fois, les jeunes Parisiens dégourdissent leurs jambes au son aigu de la cabrette », démontrant *volens nolens* que les bals auvergnats ne sont pas strictement auvergnats… En juillet 1884, lors du premier anniversaire de *L'Auvergnat*, au Salon des familles de Saint-Mandé, il relate que Pantin, le plus célèbre des cabrettaïres de la Bastille, a eu l'heureuse idée de jouer des airs du pays. Mais où se produisait Pantin, à la Bastille ? Au retour, continue Bonnet, les ferrailleurs du quartier de Lappe, musettes en tête, ont tourné autour de la Bastille sur *La Marseillaise*… Nouvelle farandole le 21 novembre 1886 pour la création de la Ligue auvergnate, les ferrailleurs chantant cette fois *La Grande*. En décembre 1883, en revanche, Bonnet élève le ton pour condamner, au profit des bals de société, les bals publics où « la mère sans danger ne peut conduire sa fille ». Vive donc ces bals privés grâce auxquels, ironise Roger Girard[14], « la fonction matrimoniale se poursuivra pendant des générations » ! Bonnet est au courant des sales histoires qui émaillent alors la vie des bals « publics ». Bals que pour rien au monde, l'honneur de l'Auvergne est en jeu, il ne qualifierait de « musette », même si dans l'opinion parisienne l'amalgame est irréversible.

Les tragédies rapportées par Emmanuel Patrick complètent une liste entamée plusieurs années auparavant. 1880 voit le plaisir nargué par le crime. Le patron du Vieux Chêne rue Mouffetard est tué, on s'en souvient. Le 27 mars 1880, au cabaret du Père Lunette, 4, rue des Anglais, à Maubert, le « Père Lunette » – de son vrai nom Mary, un Auvergnat selon toute vraisemblance – et Moureau, son garçon, échappent à la mort. Leurs agresseurs, très jeunes, ont des noms italiens. Condamnés à quinze mois de prison, ils seront expulsés en mai 1880. Mais le Père Lunette n'était pas un bal, seulement une buvette, un assommoir.

Nouvelle affaire le 2 août : d'autres moins de 20 ans tentent d'assassiner un garde républicain, Étienne Eveline, dans un bal-musette, 50, rue de la Chapelle. Le 13 avril 1882 au Bal Arnold, boulevard de la Gare, Nicolas Muller, un égoutier de 20 ans, manque d'occire un garde de Paris... Louis Bonnet avait raison de hausser la voix, certains bals ne sont guère recommandables. Et, le comble, il arrive que les protagonistes de ces drames, souvent avortés il est vrai, soient des Auvergnats ! Ainsi le 14 août 1884 chez Puech, un musette situé 68, rue Quincampoix à l'angle de la rue Rambuteau – le restaurant Chez Lazare de ma jeunesse, maintenant restaurant tibétain. Le journal de Bonnet parle de rixe, les archives de la police de tentative d'assassinat sur Hippolyte Grignac, 19 ans, un cocher originaire d'Estaing. Les inculpés sont au nombre de cinq. Deux sont frotteurs : Jean-Pierre Hostalier de Granvals, Lozère, demeurant 2, rue Geoffroy-Langevin tout près, et Vincent Chaillard, né le 17 octobre 1863 à Auchambon, Cantal. La profession de leurs comparses – Jean Nicolas originaire de Paris, Louis Orliac né dans le Cantal à Hursil, et Marie Cayla, 18 ans, de Soulanges dans l'Aveyron – n'est pas précisée. À part Chaillard, que *L'Auvergnat de Paris* orthographie Chaylard et dit être natif de Saint-Urcize, condamné à cinq ans de prison pour avoir frappé la victime avec son bâton de frotteur, et Marie Cayla qui bénéficie d'un non-lieu, les autres sont acquittés – ce qui plaide en faveur d'une bagarre qui aurait mal tourné. Puisqu'une femme est impliquée : Grignac s'était-il montré trop entreprenant à son égard ? L'avait-il ravi à l'un de ses adversaires ? Était-ce une histoire de souteneurs ?

À ce sujet, les cochers n'avaient pas très bonne réputation mais les Auvergnats n'ont pas trop été pégriots... Encore que tout soit possible. Au sujet, par exemple, des prostituées parisiennes que la légende fait venir de la seule Bretagne, en 1836, Alexandre Parent-Duchâtelet remarque parmi elles un nombre relativement élevé de filles du Massif central pour la raison que « si le Puy-de-Dôme, le Cantal et la Haute-Loire sont plus chargés que les autres qui se trouvent à la même distance cela tient [...] à l'habitude qu'ont contractée les habitants de l'Auvergne de venir à Paris pour y faire les gros ouvrages et remplacer chez nous les esclaves des anciens peuples »[15]. Ni la pègre ni la prostitution ne sont regardants dans leur recrutement. Ainsi, en juillet 1883, au moment où les ferrailleurs font leur aubade à la colonne de Juillet, une prostituée originaire du Cantal est frappée à mort au moyen d'un coup-de-poing américain à cinq points...

Emmanuel Patrick précise les choses

Mais ces bals, chez Puech, chez Arnold, 50, rue de la Chapelle, étaient-ils musette ou accordéon ? À défaut de réponse exacte, la récapitulation de Patrick du 23 janvier 1887 est digne d'intérêt : « On se figure généralement qu'il y a 200 ou 300 musettes. C'est tout au plus si l'on en compte une soixantaine. » C'est-à-dire où la musette est utilisée. Sans prétendre encore que l'accordéon la remplace partout, on en tirera deux conclusions. Primo : l'Auvergne ne dominait pas la musique parisienne autant que l'emploi intempestif du terme bal-musette le laisserait accroire. Deuzio : le glissement sémantique du bal-musette est déjà bien commencé.

Quoi qu'il en soit, cette fois Patrick précise qu'on paye à chaque danse comme au manège un tour de chevaux de bois... Le tour de valse coûte dix centimes. « Passons la monnaie ! » réclame le patron au milieu des danseurs... Que, dans certains de ces bals, on serve aussi à manger, qu'on puisse ainsi jouir du spectacle de la danse en ingurgitant sa nourriture, attise l'ironie de

Patrick d'un naturel sûrement plus délicat : « Il y a des gens qui aiment. Tous les goûts sont dans la nature. »

L'essentiel de cet article reste néanmoins la suite de la visite des bals-musette qu'Emmanuel Patrick effectue dans le 11e arrondissement. Remarquons que, pour les désigner, il emploie le féminin, « une musette », de préférence au masculin qui s'imposera plus tard. Pour lui, la musette la mieux tenue, la plus propre, la plus tranquille, la seule où l'on ne se batte jamais, est située 16, boulevard de Charonne, chez Capelle, un cabrettaïre de renom. La salle est très spacieuse, « on y dîne en musique comme au Grand Hôtel », c'est la reine des musettes. Donc de l'auvergnat pur jus, rien à redire, rien à ajouter : *« Viva leus Ouvergnats ! »*

Autre musette très connue dans ce quartier, d'un niveau moins relevé : La Tête de Cochon, 116, boulevard de Ménilmontant, « gargote à six sous la portion » où l'on mange également, mais, attention ! sans serviette… Si l'on en croit *La Gazette des Tribunaux* du 24 novembre 1888, les bals de Ménilmuche et, parmi eux, le Colisée-Ménilmontant et le Bal Graffard, étaient des plus mal famés. Patrick pense que La Tête de Cochon a profité de la disparition de ce dernier qui l'avoisinait. Cependant, quand il écrit que cette Tête de Cochon est très achalandée, que sous-entend-il ?… Qu'elle était très « giboyeuse » au sens où Jo Privat le comprenait pour les guinches de son époque, autrement dit qu'elle était propice au ratissage, à la remonte des proxénètes ?

De nouveau dans le périmètre de la Bastoche, derrière l'hôpital des Quinze-Vingts, au 17 de la petite rue Moreau, Patrick signale une musette de haute volée, à coup sûr auvergnate. On y donne à danser trois fois par semaine. Le dénommé Tauplan la dirige. Précédemment, il officiait rue des Boulets.

Puis Patrick arrive passage Thiéré. Le 8 bis répertorié en 1879 fonctionne-t-il en 1887 ? Mystère. Mais le 8, assurément, et quel bal : « Musette de 3e catégorie, dans une voie privée, bordée de lamentables masures et éclairées par deux réverbères à huile » !… Quand on sait que l'éclairage au gaz avait commencé à se généraliser dès 1830, qu'en 1869 Paris comptait à peu près vingt-quatre mille becs, avec ses deux malheureux réverbères à huile comme lorsque Jean Valjean et Cosette fuyaient Javert et ses sbires dans *Les Misérables*, en 1887 le passage Thiéré devait présenter un aspect nocturne lugubre… Dommage qu'une nouvelle fois notre journaliste fasse dans la dentelle : « Nous ne pouvons engager nos lecteurs à aller s'amuser dans ce lieu », car, sans qu'il s'en doute, misère environnante, ruelle fantomatique, lueur égrotante d'un réverbère, il vient de dépeindre le décor typique du musette parisien. Image, complexion intime que le Paris populaire sécrètera, des décennies durant. Quand, une quarantaine d'années plus tard vers 1925-1930, l'électricité, en supplantant le gaz, se mettra à tuer l'obscurité, les Carco, Galtier-Boissière et consorts regretteront ces temps anciens, ce Paris vrai des origines. Patrick mentionne aussi le bal du 15 qui fait concurrence au 8 : « Même tarif, même style et même réserve envers nos lecteurs. »

Enfin la rue de Lappe, orthographiée « Lapp ». Patrick ne s'arrête qu'au 19, très en vogue, que tenait alors Pireire, un natif d'Aurillac. Aucun commentaire désobligeant de sa part. Il note, au-dessus de la porte, « une manière de bas-relief représentant un Auvergnat avec la musette sous le bras. » Ce bal est le rendez-vous des chaudronniers, des ferblantiers et des marchands de ferraille dont la rue, et le passage Thiéré, Patrick ne pouvait pas ne pas le dire, sont entièrement peuplés.

Une confusion incertaine

Sur la foi des seuls témoignages d'Emmanuel Patrick, la rue de Lappe fait bonne figure. Le passage Thiéré moins, mais c'est rue de Charonne, rue de la Roquette, passage Basfroi et encore plus loin qu'ont lieu des séances parfois chaudes... À telle enseigne qu'à la fin 1886, selon Roger Girard, lecteur attentif de *L'Auvergnat de Paris*, les bals-musette sont fermés les uns après les autres[16]. Patrick n'en dit rien, les archives de la police non plus, voilà qui est pour le moins étrange.

Louis Bonnet, jouant à plein sur l'ambiguïté du mot bal-musette, ne peut que s'élever contre cette décision de police. Il utilise le terme *stricto sensu*, forcément, dans son acception auvergnate. Les Auvergnats, Bonnet se fait l'avocat de ses compatriotes, constituent le dixième de la population de Paris et moins d'un centième de sa délinquance. Pourquoi les priverait-on de leur plaisir favori ? Pourquoi ne frapperait-on pas uniquement « ces bals crapuleux aux orchestres tapageurs où se trament des complots contre la bourse ou la vie des passants et où l'on ne rencontre jamais un seul Auvergnat ? » La vérité, Emmanuel Patrick l'a découverte et Girard la confirme, est que « la police a remarqué, non sans raison semble-t-il, que les seconds ont tendance à contaminer les premiers »... Tendance qui ne fera que s'amplifier !

En janvier 1887, si *Le Temps* défend les bals-musette, Bonnet, lui, va plaider la cause auvergnate devant le préfet de police. Il obtient que les bals s'engageant à faire exclusivement appel à des joueurs de musette soient à nouveau autorisés. Quant aux autres, point d'interrogation... On peut cependant conclure que ladite mesure aura été de courte durée pour tous les bals, quels qu'ils soient. En effet on n'en entend bientôt plus parler, ni dans *L'Auvergnat* ni ailleurs...

Chapitre 4

Bastille et Bastoche

La Bastille

Le lecteur était prévenu depuis le début, la Bastille est notre parente pauvre. De l'érection de la forteresse fin XIVe siècle à sa mise à bas quatre siècles plus tard, des velléités d'y bâtir ensuite un éléphant jusqu'à son opéra en passant par sa gare, l'histoire chaotique de la place a été abondamment, suffisamment racontée... Dommage que Gavroche ait terminé le nez dans le ruisseau en juin 1932, il aurait été le premier à incarner à la fois la Bastille et la Bastoche. Gavroche habitait l'éléphant, du moins sa maquette de plâtre infestée de rats. S'il avait vécu, il avait de fortes chances de devenir un nouveau Montparnasse, le bandit avec lequel il parle le langage de la pègre rue Saint-Antoine, en face de l'église Saint-Paul, au coin de la rue des Ballets – la rue Malher aujourd'hui. Il aurait fréquenté les guinguettes, les premiers bals-musette de la Bastoche... En 1861, quand le mot apparaît officiellement, Gavroche aurait eu 40 ans. Il était né en 1820, à Montfermeil.

C'est à partir de 1845 que le boulevard Beaumarchais, appelé Saint-Antoine jusqu'en 1831, a vu s'élever la suite de jolies maisons en pierre chargées d'ornements et de sculptures que nous lui connaissons. Celles qui entourent la place côté rue Saint-Antoine, boulevard Henri-IV, sont plus récentes, fin XIXe, début XXe. Une population bourgeoise s'établit. Plus d'un siècle durant, le 4, rue Saint-Antoine a abrité un salon de coiffure de renom, disparu en 2000 au profit d'une agence bancaire. Christian y a coupé les roseaux une vingtaine d'années, il reste le seul à en connaître l'histoire. À côté, sur l'emplacement de la succursale de la Banque de France, aux 5 et 7 de la place, se trouvait un magasin de nouveautés, Aux Phares de la Bastille. Comme cela a toujours été le cas à Paris, des gens d'origine sociale différente habitent alors tout près les uns des autres. Origine sociale, et également ethnique.

Les juifs

L'implantation des juifs à la Bastille est ancienne. Deux bals, sinon juifs, du moins fréquentés par les jeunes juifs, sont signalés sous le Second Empire : l'Astic « ce bal étrange de la rue Saint-Antoine[1] renommé pour ses juives et où les peintres allaient chercher leurs modèles », et le Bal Bourdon « près la Bastille, fort hanté par la petite juiverie parisienne »[2], au 41, du boulevard du même nom, le long du canal. Dans *Les Cythères parisiennes – Histoire anecdotique des Bals de Paris*[3], Alfred Delvau décrit l'histoire et l'ambiance de ces deux établissements. À l'Astic, troublé par les jeunes filles juives, il souligne la beauté « des Esther, des Judith, des Rébecca, des Lia à n'en plus finir – de grands yeux de velours noirs qui ont mis le feu à bien des jeunes cervelles ! » Vers 1848, l'Astic passe de mode. Le patron, un certain Bravey, marchand d'eau de Seltz, achète alors, boulevard Bourdon, l'Élysée des Arts qui tombe en ruine. Il le transforme en « une salle de bal confortable », le Bal Bourdon. À propos de la clientèle masculine, Delvau remarque que les « jeunes gens du quartier Saint-Antoine, des sculpteurs sur bois, des ornemanistes, des monteurs en bronze, des bijoutiers » y ont leur habitudes.

Bien sûr, la rue des Rosiers, dont la présence juive, attestée depuis longtemps, et le lacis des petites rues autour de la rue Saint-Paul, autre ghetto, ne sont qu'à cinq minutes de la Bastille. Mais surtout, la gare de la Bastille, exactement gare de Vincennes, démolie pour cause d'opéra, avait été construite en 1859 « sur une ancienne cour de 1632, dite cour de la Juiverie, à la place d'un vaste bâtiment de quatre étages, à dix-neuf fenêtres par étage », apprend-on chez Hillairet.

Quoique anecdotique, une indication précieuse sur la présence des juifs dans le quartier est fournie dès le premier couplet d'*À la Bastille*, la chanson d'Aristide Bruant : « Son papa s'appelle Abraham /Il est l'enfant du macadam /Tout comm' sa môme en est la fille /À la Bastille »… Par l'exagération de leur trait, les dessins de Steinlein qui illustrent les éditions de 1889 et 1895 des chansons de Bruant, *Dans la Rue*, ne laissent aucun doute sur la judaïcité dudit Abraham…

La prostitution

Ce n'est pas que Bruant, victime d'hallucinations, voyait des pégriots, des maquereaux et des putains partout, c'est la rue elle-même qui en regorgeait. Nini, son héroïne, la fille d'Abraham, ne déroge pas à règle : « Pour eun' thune a' r'tir' son chapeau /Pour deux thun' a' r'tir' son manteau /Pour un sigue on la déshabille /À la Bastille »… Thème banal à la fin du XIXe siècle. Si banal, remarque Jacques Cellard, qu'il faut se rendre à l'évidence : « à la Belle Époque, des familles entières, vivent de la prostitution de leurs filles[4]. » Le dévoiement de Nini la fille d'Abraham prouve au moins l'osmose du monde de la galanterie. Il y a des putains juives comme il y a des putains auvergnates ou bretonnes. Rien de surprenant si alors, et pour longtemps encore, la prostitution fournit à la chanson, au théâtre, à la littérature populaires, la source peut-être majeure de leur inspiration. C'est ainsi : la galanterie constitue l'un des modèles parisiens les plus attractifs, les plus magiques. Quand elle atteindra son point d'incantation maximale, entre les deux guerres, la prostitution sera partout, autant dans la vie quotidienne que dans les esprits ou dans l'art.

Depuis toujours, les filles ont hanté la Bastille. Dans la partie 4e arrondissement, la rue Jean-Beausire forme un coude : elle relie la rue de la Bastille au boulevard Beaumarchais. Bâtie sur une ancienne cour des miracles, au XVIIe siècle, elle était dénommée rue du Rempart car elle suivait intérieurement le rempart de Charles V détruit en 1670. En ce temps-là, la rue des Tournelles, sa voisine, était « la plus illustre, la plus fréquentée de Paris, à cause des personnages célèbres qui l'habitaient[5] ». Ninon de Lenclos, « cette moderne Léontium », y résidait et y aimait en toute liberté… Au XVIIIe siècle, les Auvergnats « colonisent » ces deux rues[6]. Vers 1775, relève Arlette Farge[7], un fait divers y met aux prises Françoise Chandelier, « revenderesse à la toilette », autrement dit une femme qui vend des habits aux prostituées, et le dénommé Martin qui la traite de « sacrée garce, sacrée putain » en lui reprochant d'être « toujours fourrée avec les soldats », ceux de la forteresse peut-être… Jusqu'en 1975, ce coin de la Bastille, animé du souvenir de Ninon, était un pays parisien réputé pour ses femmes de petite vertu. En 1895, une maison publique, tenue par une certaine Mme Revil, est répertoriée 5, rue Jean-Beausire[8], c'est-à-dire à l'emplacement même de cet Hôtel de France où Jacques Borel a passé son enfance à partir de 1935 – on y reviendra au chapitre 9. Quant à la rue Amelot, de l'autre côté du boulevard Beaumarchais construit sur le tracé de l'enceinte de Charles V, elle en est l'ancien fossé extérieur. À l'image de la rue Jean-Beausire son pendant intra-muros, et de tous ces chemins contigus aux remparts, par exemple la rue Blondel près de la porte Saint-Denis, elle servait d'abri aux amours furtives…

La Bastille au temps de Bruant

Poursuivons les péripéties de Nini : « Maint'nant a' sert dan' eun' maison /Où qu'on boit d'la bière à foison /Et du champagne qui pétille /À la Bastille ». Selon toute vraisemblance, cette maison où, Nini, « les jeunes, les vieux […] /I'faut voir comme a' les étrille », c'était, boulevard Beaumarchais, le Café de l'Époque, ouvert en 1853 par M. Poyé. En effet, nous apprend Francis Carco, vers 1880, Bruant « se fait engager à l'Époque, boulevard Beaumarchais, où pour ne point décevoir l'élégante clientèle du quartier de la Bastille, il arbore une jaquette noire, un pantalon "bois de rose", un gilet de fantaisie et un éblouissant haut-de-forme à huit reflets[9] ». L'Époque, l'établissement le plus couru de la Bastille, si j'en crois ce poème sans signature figurant dans *Le Courrier Français* du 2 mai 1886 :

Si jamais vous trouvant, soit seul, soit en famille,
Vous dirigez vos pas par devers la Bastille
Qu'entourent tous les jours vingt spectacles charmants,
Jongleurs, escamoteurs et chanteurs ambulants ;
Si pour vous reposer de votre promenade
Vous voulez prendre ou punch ou bière ou limonade,
Kirsch, absinthe, vermouth, bitter ou gloria,
Bavaroise, cognac, raspail et caetera ;
Si vous aimez enfin l'art du carambolage,
Noble délassement qu'on cultive à tout âge,
Eh bien ! alors, monsieur, sans en être prié,
Entrez tranquillement au grand café Poyé,
Que l'on appelle aussi le Café de l'Époque […]

Parsemée de bateleurs, livrée à la foule des promeneurs, la Bastille conservait en 1885 ce côté boulevard du Crime qui remontait à la monarchie de Juillet[10]. Elle s'enorgueillissait de deux théâtres. Au 25, boulevard Beaumarchais, une salle qui marcha sous différents noms de 1834 à 1894, dont les Fantaisies Parisiennes son dernier. Au 10 était située la Comédie de l'Époque, ce qui laisse à penser que le café Poyé n'en était guère éloigné… À ce théâtre succédera, en 1908, le fameux Concert Pacra. Bref ! un Paris mêlé, populaire, bourgeois, élégant tout à la fois, même s'il s'agit sûrement d'une bourgeoisie et d'une élégance de quartier.

Le populo a sa place dans cette Bastille-là, mais il n'en habite pas les beaux logis. Les siens se situent dans les ruelles sombres, les cours calamiteuses… Une réalité que Bruant connaît, une misère qu'il a côtoyée pour avoir successivement demeuré, avant la guerre de 1870, boulevard Richard-Lenoir, rue Basfroy (je garde l'orthographe de Carco), puis 67, rue Sedaine, et enfin 68, rue de Charonne, sur les arrières de la Bastille, autrement dit la Bastoche…

La Bastoche

En composant, d'une part, *À la Bastille* et, de l'autre, *À la Bastoche*, Bruant a voulu délimiter deux géographies et, surtout, caractériser deux univers différents. Par rapport au cœur de la ville, donc par rapport à la rue Saint-Antoine qui y conduit, au prime abord se présente la Bastille, le demi-cercle de la place côté 4e qu'annonce le boulevard Henri-IV à droite et que prolonge le boulevard Beaumarchais à gauche. En retrait, plus imprécise, plus vaste, la Bastoche s'étend le long du canal depuis « l'quartier d'l'Arsenal », contourne le génie de la liberté et s'en va mourir, c'est le mot, au bout de la rue du même nom, à la Roquette... Ce décalage topographique renvoie à une profonde différence symbolique. Avec cet établissement où coule la bière et pétille le champagne, la Bastille représente la devanture du magasin, la lumière. La Bastoche en est l'arrière-boutique, son ombre. À la Bastille, Nini mène son commerce en toute candeur, en toute gentillesse : « C'est elle qui soutient sa famille »... À la Bastoche, changement de musique, la Méloche est maquée à Henri la Filoche, son p'tit homme.

En le faisant passer du jour à la nuit métaphoriques, Bruant déniaise son public, il lui livre la vérité de la prostitution, la vérité de la pègre, la vérité des classes dangereuses. Un mot résume ce monde interlope qui fascine Bruant : la « mistoufle », la misère due à la déveine, la fatalité. On est déjà dans la chanson réaliste. Tout est réuni pour que la Filoche n'échappe pas à son destin : la grisaille du canal, « sa maman qu'avait pas d'mari », les mauvaises fréquentations, la Méloche qu'il met sur le trottoir, l'argent facile... Mais, un jour, la chance tourne : « Après la saison des amours / C'est la mistoufle »... La vie a pris Henri à son piège : « Un soir qu'il avait pas mangé / Qu'y rôdait comme un enragé / Il a pour barboter l'kilbus / D'un conducteur des omnibus / Crevé la panse et sacoche /À la Bastoche »... Alors il ne reste plus à la Filoche qu'à crâner, à se conduire en homme. Prendre, ainsi, la vie de haut à l'instant suprême de la mort, est encore la façon la plus sûre d'en montrer l'aspect tragiquement dérisoire : « Mais sur la bascule à Charlot / Il a payé sans dire un mot / À la Roquette un beau matin / Il a fait voir à ceux d'Pantin / Comment savait mourir un broche / De la Bastoche »... C'est qu'à travers l'honneur personnel de la Filoche, l'honneur de la pègre entière de la Bastille est en jeu ! La bande et le territoire où elle s'inscrit – le fameux coin, « coinceto » ou « coinsto » en argot – complètent la carte d'identité de l'affranchi.

Pour Bruant donc, la Bastille c'est un Paris populaire, au sens de populeux, de fréquenté par les diverses classes de la société, un Paris où le seul fait de se balader vous emplit de sensations agréables : les théâtres, les cafés, les femmes... Le Paris du boulevard, le Paris ville lumière... La Bastoche c'est l'envers du décor, les mécanismes souterrains du plaisir... La vie dangereuse, crapuleuse, le crime, avec, un beau matin, le prix fort à payer là-haut sur l'abbaye du Monte-à-Regret, 168, rue de la Roquette. Bruant inclut la Roquette dans la Bastoche : sa chanson, *À la Roquette,* est en effet une sorte d'extension d'*À la Bastoche.* Un condamné à mort, un Henri la Filoche quelconque qui s'apprête à mettre « l'nez à la f'nêtre », écrit cet ultime couplet à sa belle : « En t'écrivant ces mots j'frémis / Par tout mon être / Quand tu les liras j'aurais mis / L'nez à la f'nêtre / J'suis réveillé depuis minuit / Ma pauv' Toinette / J'entends comme une espèc' de bruit / À la Roquette »... Pathétique.

Autant avouer que cette distinction entre le versant peuple et le versant pègre de la Bastille nous confirme dans notre angle d'attaque d'appréhender l'histoire, la culture populaire mâtinée voyou, disions-nous, de la Bastoche. Notre sujet s'y trouve défini, à deux réserves près. La première est d'ordre chronologique : l'époque de Bruant est antérieure à celle du musette. La seconde, d'ordre interprétatif : pourquoi Bruant a-t-il donné un tel tour dramatique à la Bastoche ? Pour les simples besoins d'une chanson, de ses rimes peut-être... Avec son suffixe en « oche », « Bastoche » cligne plutôt de l'œil ! Il suffit de le dire, de l'entendre : « Bastoche » vous a un petit tour Gavroche, gamin de Pantruche rigolard qui, d'un vanne à l'emporte-pièce, vous mettrait

Paris en bouteille… Avec la Bastoche, Bruant y est allé un peu fort !

Le mot « Bastoche »

Il est difficile de déterminer quand l'argot « Bastoche » est apparu. Le suffixe « oche » est un vieille habitude du langage populaire. Son emploi, parasitaire, comme le définit Pierre Guiraud[11], consiste à l'accoler au radical préalablement tronqué du mot qu'on cherche à déguiser. Bast-ille se change ainsi en Bast-oche. Ç'aurait pu être Bast-uche qui n'existe pas, ou Bast-aga qui se disait entre les deux guerres et qu'on entend encore. Albert Dauzat[12] relève les premiers exemples de cette suffixation au XVe siècle dans *La Vie des mercelots* : « pile » – argot de dent – s'y déforme en « piloche ». Dans cette optique, Bastoche pourrait être fort ancien… Le surgissement d'un mot argotique est néanmoins fonction d'une réalité sociale ambiante et d'un esprit collectif capable de le forger, indissociables l'un de l'autre. Bastoche n'apparaît ni dans *Les Misérables*, qui date des années 1860, ni dans le *Dictionnaire de la langue verte* que Delvau publie en 1866. Faute de trace autre que celle de Bruant, force est d'induire qu'à l'instar de son équivalent Ménilmuche pour Ménilmontant, Bastoche n'a commencé à se dire qu'entre 1870 et 1890…

La rue Sainte-Marguerite

Tout le monde a fredonné le célèbre *Nini peau d'chien*, de Bruant toujours : « Quand elle était p'tite / Le soir elle allait / À Saint' – Marguerite / Où qu'a s'dessallait / Maint'nant qu'elle est grande / Ell' marche, le soir / Avec ceux d'la bande / Du Richard-Lenoir »… Richard-Lenoir c'est le boulevard entre le Beaumarchais et la rue de la Roquette, derrière. Son vaste terre-plein est en fait le dessus de la voûte du canal Saint-Martin, souterrain à cet endroit-là. Désolé la nuit, le Richard-Lenoir a toujours eu quelque chose de lugubre. La chanson le proclame, il a longtemps été le fief des raccrocheuses, des « ombres de la nuit » chantées plus tard par Fréhel… Mais Sainte-Marguerite ?

Sainte-Marguerite, c'était la rue Trousseau, rebaptisée du nom de ce médecin en 1894. Elle relie depuis 1622 le faubourg Saint-Antoine à la hauteur du 147 à la rue de Charonne au 70. Dans ses *Mémoires*[13], Canler, ancien chef de la Sûreté, raconte, entre autres, l'arrestation acrobatique du dénommé Jules Courteau, rue de Montreuil, en août 1843. Quelques jours plus tôt, le 3 août, trois détenus dont Courteau s'étaient échappés de la prison de la Force après avoir creusé un souterrain dans la fosse d'aisances récemment vidée… Encore qu'Hugo fasse s'enfuir Thénardier et ses compères par les toits de cette même Force, je pense que cette évasion rocambolesque a servi de modèle à l'auteur des *Misérables*. Mais bref ! Courteau avait autrefois habité la rue Sainte-Marguerite, il y revient, ce qui permet à Canler de retrouver sa trace. Non sans difficulté car l'individu inspirait un tel effroi « que personne n'eût voulu concourir, soit directement, soit indirectement, à son arrestation, dans la crainte d'appeler sa vengeance ou celle des malfaiteurs ses camarades, dont les garnis de la rue Sainte-Marguerite pullulaient à cette époque. » Voilà pour la réalité physique et humaine de cette rue pendant la monarchie de Juillet, « fermée durant presque cent ans par une palissade de bois que l'on appelait la *guillotine à bourgeois*. »[14] Programme réjouissant pour les *pantes* qui s'y aventuraient.

Sous le Second Empire, d'après le célèbre Claude, un des successeurs de Canler à la tête de la Sûreté, rien n'avait changé : comparativement à la population ouvrière du Faubourg, une population plus misérable composée « d'ouvriers, de chiffonniers, de filles publiques, de repris de justice » se rencontrait rue de la Roquette, rue de Charenton, rue Keller, et rue Sainte-Marguerite.

Le 6 novembre 1864 au matin[15], le souteneur de Flore Mage retrouve cette dernière et Henri, son fils de 4 ans, lardés de coup de couteau, égorgés, à leur domicile 11, rue Sainte-Marguerite. Pour Claude, chargé de l'enquête, il s'agit sûrement du tueur qui sème la terreur chez les putains de Paris et le nargue depuis 1861. Cette fois, cependant, Claude recueille un renseignement capital. La veille au soir, dans la même rue, la fille Sophie Fouché, comme on disait à l'époque, a entraîné chez elle un individu à l'allure ouvrière, vêtu d'une blouse. Bien que généreux, l'homme ne lui inspirait pas confiance. Alors qu'il se glissait au lit, Sophie s'est aperçue qu'il cachait un paquet volumineux sous sa chemise. Effrayée, elle a prétexté une envie de boire quelque chose, en bas au mannezingue. Ils redescendent. Sophie met aussitôt la patronne au courant de ses craintes et s'éclipse par la cuisine. La tenancière apostrophe l'homme, parle d'appeler la police, il disparaît… Mais sans quitter le quartier puisque, plus avant dans la nuit, il rencontrera la malheureuse Flore. Le renseignement qu'apprend Claude de la bouche de Sophie Fouché, c'est que l'assassin porte un tatouage sur l'avant-bras gauche : « Né sous une mauvaise V ». Arrêté en flagrant délit le 11 janvier 1886, rue Jacob, après avoir tenté d'étrangler, d'étouffer une nouvelle victime, le dénommé Louis-Joseph Philippe, garçon boucher, 34 ans, a effectivement un tel tatouage sur l'avant-bras gauche. Convaincu d'une douzaine d'assassinats doublés de vols, Philippe terminera sur l'échafaud le 24 juillet 1866 à 6 heures du matin… Au 168, rue de la Roquette, comme de bien entendu.

Dix-huit ans plus tard, le 1er décembre 1882, Jules Vallès visite, pour le journal *La France*, le faubourg Saint-Antoine[16]. On le sait, Vallès n'est pas tendre à l'égard des non-Parisiens. Rue Sainte-Marguerite, qu'il dépeint en quelques mots, « si noire et si triste, et si mal famée par places », abri pour « les gens de métier interlope », Vallès ignore la prostitution et ses à-côtés. Son courroux, il le dirige contre les Italiens « montreurs de singes ou joueurs de violon » qui grouillent ici et dans les environs. En des termes fort virulents, il leur reproche de faire « double tache sur le pavé du faubourg révolutionnaire ». D'abord par leur « fainéantise », ensuite par leur « piété vile et veule, en plein pays de gouaillerie parisienne et d'impiété populaire, dans l'arrondissement où est la statue de Voltaire »... Je le répète : de la part d'un révolutionnaire, communard de surcroît, proscrit pour finir, cent trente ans plus tard ces flèches ne lassent pas de surprendre. Parce qu'ils se mêlent aux Italiens « et s'agenouillent à leurs côtés dans les chapelles », les Bretons de la rue Mercœur ne trouvent pas davantage grâce à ses yeux : « On dirait un bataillon de chouans dans le quartier général des bleus ! »

Selon un article paru en 1884 dans *La Ville de Paris*, la rue Sainte-Marguerite est l'une des plus sales de Paris. S'y succèdent des hôtels d'ordre très inférieur : l'hôtel des Barreaux rouges, l'hôtel du Cheval blanc, l'hôtel de la Cloche, l'hôtel de la Vierge, l'hôtel de la Maison blanche... Sur d'autres, on lit pour toute enseigne : « Maison meublée », « Maison garnie », « Ici on loge à la nuit »... Les crémeries sont « borgnes » et les débits de vins « curieux » : « Au-dessus de ces mastroquets, on voit quelques fenêtres étranglées aux rideaux crasseux et derrière ces rideaux, discrètement soulevés, de vieilles filles les épaules nues, la cigarette à la bouche, font signe aux passants de monter chez elles »... Vieilles filles : Bruant se tromperait-il ? Sa Nini peau d'chien est jeune, elle ! À signaler qu'avant 1890 un bordel marchait au 36 de la rue.

En ce temps-là, une bande dite des Mouchoirs sévissait rue Sainte-Marguerite. Un certain Gache en était le chef. Suzanne Bouvier, sa maîtresse, une assez jolie fille, donnait au pante son petit quart d'heure de bonheur… Gache se planquait dans l'allée obscure de la maison et, lorsque ressortait le bonhomme, il le frappait à la tête d'un coup de pavé enveloppé dans un mouchoir. Assommé, l'homme tombait, Gache en profitait pour le « barbotter »… La victime, ensuite, se débrouillait comme elle pouvait !

Notre vieille connaissance Emmanuel Patrick se rend, lui aussi, rue Sainte-Marguerite : à croire qu'elle était une curiosité de Pantruche ! Son avis diffère, il la juge moins sordide qu'on le prétend. Dans *Le Courrier français* du 18 avril 1886, il mentionne deux bals sans précision supplémentaire ainsi que les hôtels borgnes ou à moitié borgnes, le plus caractéristique étant « l'Hôtel des Marguerites – sans marguerites – ou bien avec marguerites – au choix des clients. »

Nonobstant Patrick, les immeubles insalubres de la rue Sainte-Marguerite furent détruits à la suite de l'épidémie de choléra de 1884 qui s'y était déclarée et d'où elle s'était propagée aux autres quartiers. On a été, à ce sujet, jusqu'à accuser le voisinage de l'hôpital Saint-Antoine qui accueillait les varioleux[17]. L'insalubrité morale va de pair avec l'insalubrité physiologique, ou plutôt l'insécurité avec la mauvaise santé publique, en concluraient les psychanalystes… Résultat : la nouvelle rue Trousseau s'agrandira et se dotera de beaux immeubles. En y flânant aujourd'hui, il est malaisé d'imaginer l'aspect de feu la rue Sainte-Marguerite de ces années-là.

Ainsi est-ce à bon escient que Bruant différenciait la Bastoche de la Bastille. À l'intérieur d'un même cadre géographique, des mondes diversifiés cohabitent sans toujours grand rapport les uns aux autres. Comment établir une relation entre la rue Sainte-Marguerite et la partie élégante de la rue Saint-Antoine ? Entre la place de la Bastille « absolument vide comme le mot, mais impressionnante et mémorable », évoquée par Verlaine dans ses *Mémoires d'un veuf*, et la rue de Lappe auvergnate ? Ou encore entre ces faux jumeaux que sont les boulevards Beaumarchais et Richard-Lenoir ?

La foire à la ferraille et aux jambons

Pour être complet, n'oublions pas la foire à la ferraille et aux jambons qui se tenait sur le Richard-Lenoir le dimanche des Rameaux et les quatre jours suivants. La foire à la ferraille avait pris le relais de l'ancien marché du quai de la Ferraille entre Châtelet et Louvre. En 1880, deux mille cartes d'emplacements sont arrachées au commissaire de police du 11e. Avant d'échouer boulevard Richard-Lenoir, la foire aux jambons, explique André Warnod[18], avait d'abord eu lieu parvis Notre-Dame puis boulevard Bourdon. Dans les années 1960, je me rappelle cette suite interminable de bric-à-brac hétéroclites prolongée par les baraques d'où exhalaient l'ail et la charcuterie… « Andouillette de Vire, rillons tourangeaux, au Roi des andouillards, à la Payse Rosalie. Les titres alléchants font venir l'eau à la bouche » et, de bonheur, Warnod semble s'en pourlécher les babines !… Davantage encore que les légendes, vraies ou fausses, de découvertes exceptionnelles dont se souvenait Jeannot le Polak après la Libération et dont fait état Warnod trente ans plus tôt – les œuvres de Pascal en cinq gros volumes reliées 17 francs, un Molière avec les illustrations de Boucher 3,50 F –, pour l'amoureux de Paris, l'intérêt réside dans ce « peuple de la brocante » que décrit Warnod, « depuis le vieillard sordide, à la barbe hirsute et au pardessus graisseux, jusqu'au *business man*, en imperméable kaki, auquel les souliers jaunes, le col mou de couleur tendre, et le chapeau melon en arrière donnent un air “affranchi” ». Honneur aux dames ! Le beau sexe est représenté par des brocanteuses de toute sorte. Quelques-unes semblent venir tout droit du sabbat, petites vieilles ratatinées, nez crochu, lèvres pendantes, apportant avec elles le souvenir des ghettos d'Amsterdam et de Francfort. Les marchandes du quartier sont venues en voisines, la poitrine à l'aise dans un peignoir lâche, et la crasse et le négligé ambiants fait paraître plus claironnante l'élégance de quelques belles filles haut coiffées, robustes gaillardes à l'air décidé, à la voix forte, chaussées de bottines à la mode et portant – pourquoi pas ? – des bas de soie moulant la jambe musclée. »

Hormis ces détails de mode, la jambe des femmes moulée de soie et l'élégance *business man* de l'affranchi, permettant de dater des années 1920 ce tableau de Warnod, les figures qui le composent sont pour l'essentiel identiques à ce qu'elles étaient trente ans plus tôt en 1890, du temps de Bruant : les combinards pégriots, les marmites, les fils d'Abraham… Manquent les ploums, les Auvergnats, à moins que les ferrailleurs de la rue de Lappe n'aient pas été brocanteurs, ce serait étonnant. L'Auvergne, en revanche, est présente à la foire aux jambons. Dans *Visages de Paris*[19], de Warnod toujours, une photo signée Délius montre un stand très achalandé décoré de mannequins en habit traditionnel au milieu duquel le patron à moustache et à casquette pose avec complaisance : « Le Roi des Auvergnats »…

Faits divers

Laissons cette Bastille populaire pour retrouver la Bastoche façon Bruant, ses ambiances curieusement bon enfant et louches, avinées… Quand s'échauffent les esprits, un mot peut en entraîner un autre, le pire devient possible. Le gars honnête, bon petit ouvrier, parce qu'il a bu et ne maîtrise plus sa colère risque toujours, pour un rien, de devenir meurtrier. Un outil traîne sur une table, il s'en empare, c'est le drame… Par fanfaronnade, la plupart du temps. Même remarque pour ceux qui, moins honnêtes, ont tendance à rouler les épaules. Leur fanfaronnade à eux, c'est l'honneur, le lingue ou le riboustin dans la poche, genre Henri la Filoche… Au moindre pet de travers, ils s'en servent.

La Vie étrange de l'argot d'Émile Chautard[20] est une bible pour les amateurs du Paris interlope de cette époque. Distinguant la Bastille de Charonne, Chautard énumère les condamnations qui en relèvent, soit qu'elles aient frappé des habitants de ces quartiers, soit qu'elles aient sanctionné des crimes qui s'y sont commis. À défaut d'explication et de précision autres, de date en particulier, citons tels quels, en additionnant l'ensemble, les chiffres donnés par Chautard : quatre condamnations à mort, quinze aux travaux forcés à perpétuité, dix-sept aux travaux forcés à temps, pour assassinats, attaques nocturnes et cambriolages. Suit, à chacun des deux chapitres, une liste de bals anciens que Chautard emprunte, sans en souffler mot d'ailleurs, au livre d'André Warnod, *Les Bals de Paris*, sorti neuf ans plus tôt…

Autrement détaillé est, aux archives de la police, le registre, exhaustif je ne sais, des assassinats et tentatives survenus entre 1860 et 1891, arrondissement par arrondissement. Trente-six forfaits sont consignés pour le secteur qui nous occupe. Les reprendre tous serait lassant. Tenons-nous en à quelques lignes-forces.

Un fait éclate : la propension à la criminalité des rues Basfroi et Popincourt, au demeurant voie unique, mais dénommée différemment de part et d'autre de la rue de la Roquette qui la traverse, là-haut près de l'avenue Ledru-Rollin, arrivé à la place Voltaire. En douze ans, de 1877 à 1899, on note pour la seule rue Basfroi quatre assassinats ; rue Popincourt deux tentatives ; passage Basfroi tout à côté, une tentative. Le premier de ces assassinats a lieu le 8 novembre 1877, 41, rue Basfroi. La victime, un mouleur de 77 ans, porte un nom italien, Octave Simoni. Le 2 février 1878, un suspect de 24 ans, Henri Cantalupi, né à Milan, est arrêté, le 7 mars, il bénéficie d'un non-lieu. L'immigration italienne si bénéfique à la musique musette est donc déjà commencée, qu'on se rappelle Vallès la vilipendant cinq ans plus tard…

Le deuxième assassinat, dont on ne sait ni le lieu précis dans la rue Basfroi, ni le nom de la victime, se déroule le 2 janvier 1883. Des adolescents y sont impliqués : un polisseur qui n'a pas 16 ans, Joseph Melchior Roux, et un doreur sur bois de 17 ans, Jean-Baptiste Perruchot. Le 26 janvier Perruchot obtient le non-lieu et, le 5 mars, Melchior Roux est condamné à un an de prison. Des jeunes gens du quartier, leur profession l'indique suffisamment… Qu'avait-il bien pu se passer ? Quatre ans plus tard, le 10 janvier 1887, c'est un cordonnier d'origine polonaise, Simon Stanislas Szubert, qui tue sa femme, au 45, rue Basfroi… mésentente conjugale, c'est probable. Il s'en sort avec trois ans de prison. Enfin, le 29 novembre 1889, une enfant de 12 ans, Pauline Lennée, demeurant rue Basfroi au 10, est assassinée et violée par Jean Vodasle, 38 ans, qui paiera ce crime de sa tête, le 1er juillet 1890.

Aucun de ces faits divers n'est à mettre en rapport avec le bal-musette, avec la pègre. Emmanuel Patrick a pourtant évoqué des bals, rue de la Roquette, passage Basfroi… On s'y amuse, on s'y bat, on ne s'y tue pas. Qui sait, cependant, si le meurtre raté de Jeanne Ginet, 23 ans, 9, passage Basfroi, par Pierre Lucas, originaire de l'Allier, n'a pas eu lieu après danser ? Quelque dissentiment né au son de la cabrette ?... Le lendemain, 16 août 1884, Lucas se fera justice. En revanche, la tentative plus ancienne sur Maurice Tisserand, qui tient une maison de tolérance 94, boulevard de Picpus dans les lointains de la Bastoche, par un inconnu, le 17 décembre 1876, a tout du règlement de comptes... L'établissement disparaîtra en 1890.

Et ces « tentatives d'assassinat », disent les archives de la police : le 16 mars 1884 rue Mercœur sur la personne d'un jeune plombier de 19 ans, Gustave Turlot, par François Christophe, 27 ans, journalier, déjà condamné pour vol, escroquerie, tentative de meurtre ; le 7 août 85, place de la Roquette, sur Alexandre Legoff, demeurant 16, rue Daval, par Henri Chappe dit la Moïse (ou la Mouise, ce qui paraît plus justifié), déjà condamné pour vagabondage et vol ; le 29 octobre 89, rue de Lyon, sur Jules Drouhin, attaqué par une bande composée de repris de justice ; d'autres encore, à quoi les rattacher : à des agressions, à des vengeances, à des premiers pas dans la délinquance ? Le 28 mars 1886, 94, boulevard de Charonne, Joseph Frey dit Pas de chance, né à Paris, 27 ans, et Joseph Pierre Marie Rivière dit Henry Auguste, né à Pléaux dans le Cantal, de trois ans son aîné, assassinent la veuve Deshayes, logeuse... Le 4 octobre 86, ils sont exécutés. Le Belge Jean Joseph François Deschutter, 37 ans, ébéniste, qui tue une matelassière de 35 ans, Esther Désirée Bonjour, 7, passage Thiéré, sera plus chanceux, le 4 juin 86 : sept ans de trav', comme on disait en argot. Crime passionnel, sûrement.

Les prostituées paient leur tribut. Encore qu'à la Bastille, aucune ne trouve la mort durant la période concernée. L'agression que subit Aline Labèze, le 29 février 1888, boulevard Richard-Lenoir, semble être d'ordre crapuleux. Justin Cogniet, 22 ans, ciseleur, un récidiviste, prendra quatre mois de prison, le 17 septembre

90. Le 18 avril 91, toujours sur le Richard-Lenoir, l'affaire Mariette Germain, 26 ans, attaquée par Amélie Hareux dite Charlotte Berre, 24, ressemble fort à une jalousie, une largue qui aurait pris son p'tit homme à une autre… Quant au drame du 14 juillet 86, 14, rue de Charenton – maison et numéro emportés par l'opéra Bastille –, il est possible qu'elle relève de la pègre, à moins que la fête nationale n'ait été trop arrosée… Les archives de la police parlent de double assassinat et d'une tentative sur une fille soumise et deux hommes, par le dénommé Henri Boubier, déjà condamné. Hélas ! les précisions manquent. Qu'est-il advenu de Boubier ? On ne sait.

La Bastoche : un nouveau White Chapel ?

Deux drames de la jalousie frappent davantage l'opinion. Le 4 janvier 1890, 26, rue de la Folie-Regnault, Marie-Louise Neu, 19 ans, une jeune chapelière, est tuée par Gaspard Kieffer son amant, un Alsacien de 23 ans, polisseur. Verdict : perpèt', le 11 juillet 1890. La seconde tragédie, dans la nuit du 28 au 29 octobre 1891, 27, rue de Charonne, est particulièrement horrible. D'après le *Détective* du 8 septembre 1938, qui présente un registre des hommes sans tête, ce forfait est à mettre au compte de la débauche… Il s'agit d'homosexuels. Une tête, dont le nez a été coupé, les oreilles arrachées, est retrouvée dans une fosse d'aisances. Le corps, tout nu, dans une cave. Grâce à une verrue placée dans le lobe de l'oreille droite, la victime est identifiée : Léon Boutry, 29 ans, domicilié 8, passage Raguinot à la gare de Lyon. Le meurtrier n'est autre que son amant, Charles Joseph Vaubourg, un débardeur de 30 ans, natif de Saint-Loup en Haute-Saône, un inverti connu sous le nom de Virginie qui vivait avec sa victime. Il est arrêté un mois et demi plus tard, le

5 décembre, et condamné, lui aussi à perpétuité, le 20 février suivant.

La multiplicité de ces délits, de ces crimes, émeut la presse. Une affaire de draps volés à la Madeleine par une bande aux ordres d'un certain Dufour, puis revendus chez un brocanteur-recéleur de la Roquette, conduit enquêteurs et journalistes chez un marchand de vin du faubourg Saint-Antoine. Voici ce qu'on lit dans *Le Matin* du 1er janvier 1889 : « Rien de plus miséreux que cet établissement qui rappelle les anciens bouges aujourd'hui en partie disparus, tels le Lapin Blanc[21] et d'autres. On y voit attablés des gens à mine patibulaire, des jeunes gens sans aveu faisant les métiers les plus honteux, voleurs, souteneurs de filles, assassins à l'occasion ; des filles de bas étage abruties par l'alcool. Au moment de leur arrestation, Dufour et ses compagnons étaient porteurs de cannes plombées, de stylets et de coups-de-poing américains. »

Un an plus tard, le 6 janvier 1890, deux jours après le crime de Marie-Louise Neu, un nouvel article paraît dans *Le Matin*, terrible : « Pour peu que cela continue, le quartier de la Roquette dont le nom inspire déjà une certaine répulsion en raison des sanglants spectacles que M. Deibler y donne de temps à autre, finira par acquérir la redoutable célébrité du quartier de White Chapel le théâtre des exploits de Jack l'Éventreur à Londres. Les drames et les tragédies se succèdent sans interruption entre la place de la Bastille et le cimetière du Père-Lachaise ; le viol et l'assassinat fleurissent comme par enchantement dans ce coin de Paris, comme si le sang des suppliciés y fécondait le sol et faisait germer autour de la guillotine des légions de criminels. »

Au vu de ce catalogue de méfaits et de meurtres, rien d'indu à ce que sous la plume d'un journaliste, vraisemblablement d'un milieu social autre que celui de la Bastoche, journaliste à la fois enclin aux idées généreuses par le rappel des suppliciés de la Commune, et porté à cette poétique que Mac Orlan nommera plus tard le fantastique social, la rue de la Roquette devienne motif à une telle envolée macabre… De façon plus terre à terre, il est d'un intérêt particulier de remarquer que, déjà, voici bien plus d'un siècle, la Bastille constituait un immense vivier cosmopolite : assassins belge, polonais, auvergnat même italien… L'homosexualité, masculine du moins, y est présente. Alors, les gens étaient moins policés que de nos jours, d'où ce nombre élevé d'actes criminels, avortés ou réussis, provoqués par une violence moins retenue, mal contrôlée. C'est sur ce socle humain hétéroclite, sinon hétérogène, que Paris s'apprête à acquérir la plénitude de son identité. Son identité populaire, cela va de soi. Voilà qui ne laisse pas d'être saugrenu !

Quant à la rue de Lappe, en 1890, ainsi que me le faisait remarquer Louis Chevalier dans un mot du 5 juin 1986 : « Rien qui ne [la] désigne plus que le reste… » À telle enseigne que l'article du 6 janvier 1890 parle du quartier de la Roquette et non de la Bastille. En dépit de Bruant, la Bastille n'a pas encore reçu son nom de baptême. Pour Paris dans son ensemble, elle n'est pas encore la Bastoche. D'autres journalistes écriraient aussi bien « le quartier de Charonne »… Il faudra patienter une trentaine d'années avant que la rue de Lappe, et, à un degré à peine moindre le passage Thiéré, fécondent cette naissance de Paris en tant que Paris. Renaissance plutôt car, ne nous illusionnons pas, Paris n'est qu'une suite de naissances et de morts provisoires… Au bureau des siècles qui défilent, l'oubli historique et les circonstances ne sont pas chiens pour, d'un coup de tampon, hop ! lui renouveler sa carte d'identité. Paname se dénommera Paris, la prochaine fois.

Chapitre 5

Ethnies et tribus parisiennes

Quelques chiffres sur les auvergnats

Nous n'avions quitté les Auvergnats que pour mieux les retrouver. La Bastille de la fin XIXe siècle a beau être plus mélangée, ethniquement parlant, qu'on aurait tendance à le croire, rue de Lappe et passage Thiéré les Auverpins sont majoritaires. D'après Louis Bonnet, passage Thiéré, en février 1883, sur 1 225 personnes, 5 seulement ne sont pas nées en Auvergne. Pour Françoise Raison-Jourde, en 1891, le 11e arrondissement regroupe 10,5 % des Auvergnats vivant à Paris. Le constat recoupe celui de Bonnet selon lequel, en 1886, c'est une erreur de penser qu'ils habitent tous la Roquette et le faubourg Saint-Antoine. Se fondant sur les abonnés de son journal, voici, par ordre décroissant, le classement qu'il donne des arrondissements occupés par ses compatriotes : 11e, 10e, 12e, les quatre arrondissements du centre, 18e, 19e, 17e, 20e, 16e, 7e, 8e, 14e, 15e. Bref ! les Auvergnats préfèrent la rive droite… En 1886 toujours, en juillet, Bonnet estime le nombre de ses pays à Paris à trois cent mille, chiffre qui, précise-t-il deux ans plus tard, représente le dixième de la population parisienne. Si l'on en revient aux statistiques de Françoise Raison-Jourde : 10,5 % signifient donc que trente mille originaires du Massif central sont installés dans le 11e. En juin 1894, Bonnet nous apprend que les ferrailleurs sont de cent cinquante à deux cents, « pour la plupart établis rue de la Roquette et rue des Taillandiers ». La nouvelle chambre syndicale des vieux fers et métaux donne son banquet de fondation sous la présidence de Dufayet, Louis Bonnet est acclamé.

À partir de ces relevés de bric et de broc, un effort est nécessaire pour tenter de recomposer l'aspect ethnique de la Bastoche, les Auverploums là, l'élégante Bastille du boulevard Beaumarchais, la fille et les fils d'Abraham ailleurs, les Italiens, les Polonais, les autres… Les physionomies diffèrent, les attitudes, les façons de parler, de prononcer le français… Martin Cayla le dit : jamais il n'a pu se départir de son accent. Du temps où il vivait, Henri Imbert, Riton le Bougnat du 18, rue Daval, au visage fleuri, orné de magnifiques moustaches, avait conservé le sien. Il parlait dans sa barbe mais, quand il partait à blaguer avec Schmid, môssieu Daniel du Balajo, à la prononciation, lui, de la Marne, l'entrechoquement des sonorités avait de quoi réjouir l'amateur de langues !… Sans omettre celui des verres, naturellement, preuve de bonne santé conviviale ! En parlant de « bougnat », Roger Girard signale la première mention de ce mot dans *L'Auvergnat de Paris* en juillet 1893 : lors d'élections, dans *Le Réveil social*, un certain Lucien Rolland attaque l'avocat Irénée Leblanc candidat – dans le 19e – des troquets et des « bouniats ». Or, François Raison-Jourde l'a relevé, le mot remonte au moins à 1829… Est-ce à dire que plus de soixante ans auront été nécessaires pour qu'il ait été intégré, admis, sinon par les Auvergnats eux-mêmes, du moins par leur élite intellectuelle ?

Les Parisiens

Comme au début du siècle, les Parisiens, pâles de teint et blonds de cheveux, constituent toujours le fond de la population de la ville. Jusque dans les années 1930, Louis Chevalier l'affirme, la blondeur dominera à Paris. La belle fille des faubourgs est blonde. Admirons la Mélie de *La Maison Philibert* de Jean Lorrain, une prostituée jalouse de son homme, Thomas, un lutteur, un luttancheur en langage de la rue, une femme entière, sans concession : « Le vert translucide des prunelles, la dorure ardente et solide des cheveux, l'éclat des petites dents courtes, la férocité de sa mâchoire, le front fuyant, tout était d'une panthère. Elle en avait aussi le pas velouté et rapide »... Elle est le prototype même de la femelle de Paris, celle qui sait si bien jouer de « sa puissance sur le sexe exaspéré des mâles ».[1] Description superbe. Que ce soit Thomas, son chéri, « blond du blond du seigle mûr, le teint clair », ou le Môme l'Affreux, son ennemi juré, « blond, d'un blond roux qui lui tavelait la face de taches de son », on ne sort pas de cette blondeur, caractéristique parisienne fondamentale. Au physique, la Nana de Zola ou la Mélie de Lorrain, c'est tout comme !

Mieux que quiconque, Lorrain a su, dans son livre paru en 1904, rendre l'atmosphère parisienne interlope qui règne, dans un passage du faubourg du Temple, chez ce marchand de vin « où tout Charonne et Ménilmontant rappliquent [...] rancart de grinches, de fricfracs et de barbes... » Ce texte, qui mériterait d'être cité dans son intégralité, développe, de la façon la plus vivante, la plus vérace qui soit, les observations précédentes des journalistes du *Matin* sur la rue de la Roquette. Le faubourg du Temple n'en est pas si éloigné, bientôt un musette fameux s'y ouvrira, la Java... Et puis, tout Charonne y va. *La Maison Philibert* est un document ethnographique infiniment précieux sur les bas-fonds de Paris et leur langage. Mœurs, salades, embrouilles, la revue est complète… Lorrain note avec minutie la façon dont s'habillent les hommes, ou, plutôt, les aminches, ces messieurs les amis comme on dira vingt-cinq ans plus tard. Approchons-nous d'une table où l'on joue à la manille, l'ancêtre de la belote : « En longues blouses bleues aux plis tombant sur le pantalon de velours, quatre robustes gars manipulaient fiévreusement des cartes. Leur jeu passionnait tout un groupe d'aminches en gilet de chasse ou en veste de toile ; vagues couvreurs, équivoques zingueurs, et plus sûrs marlous, appareillés par la même casquette et le même foulard noué coquettement autour du cou », sans omettre « le mégot au bec »… Détail essentiel, ce mégot, ce clope qui colle aux lèvres et qu'on garde en toute occasion, même éteint !

L'évolution de la mode

Dans sa *Vie étrange de l'argot*, Chautard suit au plus près l'évolution des habits chez les voyous et leurs largues. Il nous donne des noms, des adresses de tailleurs : Gravès, rue de la Verrerie ; Tormel, rue Culture-Sainte-Catherine, dans le 4e, les seuls qui pouvaient s'enorgueillir de vêtir ces messieurs. C'est en 1848 que les rôdeurs commencent à porter la blouse.

Voici la mode, en 1870 : pantalons à carreaux jaunâtres ; chemise blanche à col cassé, manchettes ; blouse blanche ouverte, à revers, dont le col s'en allait en arrière ; cravate ponceau à la Colin ornée d'un col démesuré ou foulard autour du cou ; sur la tête la casquette David, sans autre précision de forme. Les filles mettent leurs cheveux dans un filet de couleur agrémenté d'un ruban sur le côté, dit à la Benoîton. Elles marchent en chaussures à talons hauts.

En 1878, les marlous se collent les tifs aux tempes en accroche-cœur. La blouse, blanche ou bleue, à col et à poches, est fendue par-devant. La blouse Panet, du nom du propriétaire d'un magasin de nouveautés de la rue Mouffetard fondé en 1829, bleue, était à plis étroits ; des boutons de nacre fermaient les poches. Panet crée également une casquette, la Panet, au volume très ample sur l'occiput et à petite visière. Le foulard, bleu ou rouge, est serré par un nœud aux bouts rejetés, qui derrière le cou, qui sur l'épaule. Le pantalon à pattes d'éléphant fait fureur. On le doit à Bénard, tailleur, rue Mouffetard toujours, au 65. « Le fils de celui-ci, nous apprend Chautard, s'établit plus tard rue du Faubourg-Saint-Antoine, où il continua de satisfaire la clientèle malfaisante de la capitale avec le pantalon serré aux genoux et ample à son extrémité. »[2] Le Bénard a connu un succès tel que, de nom propre, il est devenu nom commun. Un bénard, c'est un pantalon, en argot parisien. Un bénard, un bèn' parfois, et, souvent encore, un bénouze. À l'approche de 1880, les femmes avaient les cheveux retenus par un filet de résille, elles étaient peignées à la chien. Elles allaient, les mains dans les poches de leur tablier… La maison Cayla, patronyme auvergnat on le sait, située rue Mouffetard, décidément grand centre de la mode vestimentaire, coiffait aussi les gouapeurs.

En 1883, le pantalon à pattes est en velours noir uni, avec baguette sur le côté, ensuite. L'empeigne vert foncé des bottines est garnie de boutons de nacre ; blouse et foulard sont bleus, la ceinture aussi ou rouge. L'été, la mode est au veston blanc à grand col, provenant du Franc-Picard, un bouclard du faubourg du Temple. Les hommes ont un faible pour la casquette Desfoux, avec visière ou viscope comme la Panet, mais plus grande, plus plate sur la tête, une bâche qui fait un peu casquette de marin. À la Courtille cependant, note Chautard, les malfaiteurs laissent la deffe (littéralement la « desf' » , apocope argotique de Desfoux) pour le galurin, le chapeau. Les femmes ont volontiers la tête nue. Elles portent encore le tablier, et les élégantes se vêtent d'un jersey qui leur moule les formes. La Mélie de Lorrain, « grande, souple », est « découplée dans un jersey de soie rouge »...

Les années suivantes, la blouse commence à être dédaignée au profit de la veste, de lustrine noire en 1898. Dessous, une chemise de couleur. À cette époque apparaît le fameux froc à la mal au ventre, en fait un pantalon de velours à la hussarde muni de poches à gousset, ainsi dénommé car les durs avaient constamment les mains dans les fouilles comme si le ventre leur faisait des misères... Le langage parisien n'était pas chiche d'images ! On se souvient peut-être que, sur scène, Maurice Chevalier avait une manière particulière, hilarante, de clac ! d'un coup de reins, se remonter le bénard... Il singeait, en l'esthétisant, un geste de la plus grande obscénité, qu'il avait vu faire, tant et tant de fois, à Ménilmontant, dans sa jeunesse. Toute une gestuelle voyou, mimiques, attitudes, sifflements, oubliée... Qui sait encore ce que signifie « tailler une basane » ? Cette insulte gravissime consiste à taper sa main sur la cuisse et, en la retournant comme si l'on urinait, à montrer son sexe, sa virilité à celui qu'on injurie... Dans *La Vagabonde*, Colette raconte qu'à ses débuts, la petite Jadin, c'est-à-dire Fréhel, l'immense Fréhel, amoureuse folle de Chevalier vers 1909, affectionnait cette grossièreté, à première vue plus masculine que féminine pourtant !... « Elle reconnaît, tous les soirs, dans le public des secondes galeries, quelque compagnon d'enfantine vadrouille et ne résiste point, pour saluer, à couper sa rengaine sentimentale par un joyeux coup de gueule, un rire aigu d'écolière, voire une "basane" bien claquée sur la cuisse… » Une façon à elle d'envoyer le bonjour aux poteaux !

À l'aube du siècle, la Grivel devient ze casquette ! Sa forme est, peu ou prou, celle d'aujourd'hui. Les femmes sont chaussées de sabots appelés claquettes. Un tablier bleu à petits carreaux leur entoure entièrement la taille, formant une seconde jupe. La Mélie de Lorrain, décidément à l'honneur, a « le galbe des hanches accusé par une jupe à carreaux noirs et blancs avec, par-devant, la soie noire d'un tablier »

En 1906, les hommes gardent la même allure, sauf qu'ils se font couper les cheveux « en boule » derrière le crâne, habitude qui durera longtemps. Dans *La Revue bleue* du 16 novembre 1907, Paul Matter, journaliste à la curiosité ethnographique comme Emmanuel Patrick ou Jacques Ménard alias Jean Lorrain dans *La Maison Philibert*, publie un article : « Chez les Apaches ». Sa description confirme tout à fait celle de Chautard : « Parmi les messieurs, beaucoup portent le costume à la mode du jour, veston cintré, à soutaches noires en zigzag sur la poitrine, casquette vert-de-gris, et la chevelure en botte de mouron : ras sur la nuque, les cheveux sont longs sur l'occiput, formant un paquet oint d'huile au patchouli, et ressemblant à un lot de varech jaune ; plus d'accroche-cœur ou de rouflaquettes, mais tous la "botte de mouron". Quelques élégants détonnent avec leurs vêtements de coupe classique, dignes du bon faiseur, des bijoux dont le toc fait illusion à la lueur des quinquets, leur "english cap" de la bonne maison. » Ces vestons à soutaches correspondent aux vestes à « arcades, avec parements dans le dos » que Chautard donne pour l'année 1913.

Un quart de siècle sépare 1890 de 1913, années décisives pour le développement de la Bastoche, pour la renommée de la rue de Lappe. Un mot a surgi dans le titre de Paul Matter, un nom plutôt qui sera si souvent accolé à la rue de Lappe et au passage Thiéré par la suite : « apaches ».

Les Apaches

Les apaches : pourquoi les apaches ? Alors que dans les premières années 1900, ce vocable recouvre les voyous parisiens dans leur ensemble, Matter nous gratifie d'une explication trop parcellaire : « D'un mot qui a fait fortune, un spirituel chroniqueur du Palais les a nommés “Apaches”. C'est grand dommage pour les Peaux-Rouges ». L'histoire des mots est aussi passionnante qu'ardue. Les mots éclosent en général plus tôt qu'on le ne pense, la plupart du temps par génération spontanée… Dans le n° 202 de *Liaisons* d'octobre 1973, revue corporatiste de la police, un article expose, sans référence de date, que le mot aurait vu le jour au commissariat de Belleville. Devant les exploits d'une bande de jeunes, le secrétaire du commissaire, celui qu'autrefois on appelait le « chien » du commissaire, se serait écrié : « Mais ce sont là de vrais apaches… Apaches !… le mot plut au malandrin… Apaches ! Il avait lu dans son enfance les récits mouvementés de Mayne Reid, Gustave Aimard et de Gabriel Ferry… Quand les gredins sortirent de prison, la bande se reconstitua sous les ordres du même chef, et ce fut la bande des “apaches de Belleville”. » Francis Carco se serait inscrit en faux contre ce berceau bellevillois des apaches parisiens. En 1927, il écrit dans *Nuits de Paris* : « C'est le quartier de la Goutte d'Or où les premiers apaches firent jadis parler d'eux. » Tout laisse à croire qu'il se trompait.

Dans son *Anthologie de la littérature argotique*, Jacques Cellard consacre une page substantielle au mot apache. Il le fait remonter à 1902 précisément, pour

« désigner un mauvais garçon, un voyou. Ce serait, à partir bien sûr des véritables Apaches d'Amérique, des féroces ! une création de journalistes : à la même époque, Victor Morris, du *Matin*, et Arthur Dupin, du *Journal* (deux monstres concurrents de la presse d'alors), en revendiquaient l'un et l'autre la paternité avec la même vigueur. » L'apache nouveau-venu connut un fulgurant succès : peu de temps après « Montmartre en fit le sujet [d'un] petit divertissement » signé Mérall et Georges Thénon *alias* Rip, censé, je pense, parodier en complète liberté, avec force assonances et allitérations, la langue apache, et fondé, bien entendu, sur la fameuse affaire Casque d'Or, d'où tout démarre. Ce qui donnait : « Casque à Manda casqua ; plaqua Leca, l'Apache. / Manda balada Casque à la barbe à Leca. / Leca, mâle à gras bras, qu'a pas la rate à plat, / Baba bava, ragea : / "Ah ! la carne ! ah ! la vache !" », etc.

Curieusement, ce divertissement prenait le contre-pied de la vérité. *Stricto sensu*, l'apache c'était Manda, chef de la bande du même nom, appelée encore bande des Orteaux, de l'impasse des Orteaux à Charonne. Manda que Casque d'Or n'avait pas exactement plaqué pour Leca, mais dont elle avait voulu, au début du moins, réanimer la flamme un rien vacillante… Elle allait être servie, la chère Amélie Hélie surnommée Casque d'Or en raison de son opulente chevelure, blonde bien sûr, encore qu'elle fût née à Orléans, le 17 juin 1879… Au cours des différentes péripéties de ce fait divers sanglant, c'est Leca qui sera blessé et non Manda. Le 28 décembre 1901 d'abord, à l'angle des rues du Chemin-Vert et Popincourt, Leca est avec Casque d'Or lorsque deux hommes surgissent, Manda et Heill. Manda porte à Leca un coup de couteau que ce dernier, en se protégeant, reçoit au visage. La blessure est légère. Quelques jours plus tard, le 5 janvier 1902, les apaches vont chercher la bande à Leca, dite de la

Popinc', dans leur fief, un bistrot de la rue d'Avron. Le temps de s'y rendre, les deux bandes se retrouvent rue Planchat, sur les fortifs... Explication à coups de riboustin, Leca prend deux balles, à la cuisse et au bras gauches... Quatre jours passent, Leca a dû aller à l'hôpital Tenon se faire extraire ses deux bastos. À 3 heures de l'après-midi, il sort de l'hosto en compagnie de Casque d'Or et de trois hommes à lui. Deux s'installent dans un fiacre en face de Leca et d'Amélie, le dernier aux côtés du cocher. Précaution insuffisante... À peine le fiacre a-t-il enquillé la rue de Bagnolet que, tel Ravaillac le 14 mai 1610 rue de la Ferronnerie, une ombre se rue sur le marchepied droit du véhicule et plante par trois fois son couteau dans le corps de Leca... François Dominique Leca eut plus de chance que le bon roi Henri puisqu'il en réchappa. Quant à l'agresseur, un aminche à Manda, Auguste Polly, une des plus célèbres valses du répertoire musette l'a immortalisé, lui qu'on « appelait le Dénicheur »... « " Dénicheur", puis "Déni" parce qu'il était d'une agilité surprenante à grimper aux arbres du parc des Buttes Chaumont pour y décrocher les oiselets » dans sa jeunesse, explique Chautard dans ses *Goulantes*. Cette origine m'a toujours paru mièvre. N'aurait-ce pas plutôt été en raison de l'aptitude de Polly à dénicher, à débaucher les petites jeunes femmes ?

Tous ces types étaient de patentés alphonses !... Dans *Monsieur Jo*, Lépidis et Privat prénomment Polly, Hippolyte, et affirment qu'il fut descendu au Bal du Petit Jardin, avenue de Clichy, en août 1908, par Théo le Grand, terreur de Vanves et de Malakoff. Pour Chautard, la fin du Dénicheur a lieu boulevard de Clichy près du Moulin Rouge. Polly est dans un bar, un inconnu le prévient que quelqu'un, dehors, veut lui parler... Polly sort. Aussitôt un individu lui tire dessus à travers la poche de son pardessus[3]. Pour en revenir aux amants de Casque d'Or, contrairement à ce qu'écrit Cellard, Manda n'a pas terminé sur l'échafaud. Cela, c'est la version du film de Jacques Becker, *Casque d'Or*. Manda est mort à Saint-Laurent-du-Maroni en 1935, à l'âge de 59 ans. Condamné au bagne à perpétuité, il avait bénéficié d'une grâce en 1922. Si l'on peut nommer grâce le fait d'être relégué et interdit de séjour à Cayenne… Manda, non, n'était pas redevenu un homme libre, « mais un individu devant survivre seul en respectant les conditions draconiennes fixées par la justice. »[4] Autrement dit, une épave ambulante. Quant à Leca, condamné à huit ans de trav' et à la relégation, il mourut également en Guyane. Marcel Montarron[5] raconte qu'il s'évada mais fut abattu par des chercheurs d'or…

Concernant le mot apache, Montarron en accorde la paternité au seul Dupin, qui « avait donné, pour faire trembler les bourgeois, le sinistre nom d'apaches » à l'une des équipes qui sévissaient à Belleville à la Belle Époque. Avant d'étayer les origines de cette appellation, arrêtons-nous à la sortie de Casque d'Or lors du procès de Joseph Pleigneur *alias* Manda : « Les apaches ! les mohicans ! Casque d'Or ! Tout ça, c'est des inventions de journalistes. Entre nous, on s'appelle les copains. » Que les journalistes, Morris ou Dupin, aient lancé le mot est amplement vérifié. Mais, davantage qu'une invention, il s'agissait d'une reprise. « Apaches », Casque d'Or le laisse entendre : ç'aurait aussi bien pu être « mohicans ».

Tout au long du XIXe siècle, la conquête de l'Amérique passionne les esprits. Dans son *Montmartre*, Louis Chevalier insiste sur la filiation d'apache et des romans de Gustave Aimard. Ce dernier, « embarqué comme mousse à l'âge de 12 ans, vers 1830, connut en Amérique des aventures extraordinaires, qu'il raconta avec beaucoup de talent dans de nombreux romans, depuis *Le Trappeur de l'Arkansas* en 1856 jusqu'à *La Forêt vierge*, en 1878. On considère généralement que l'Apache des prairies est devenu l'Apache des faubourgs, le rôdeur invisible et tatoué, grâce à plusieurs articles du journaliste Victor Moris, publiés en 1902. » Vers 1900, Manda entre dans la bande de la Courtille en remplacement du dénommé Ballet alors sous les drapeaux. À l'issue d'un vote qui se déroule dans un débit du boulevard de Belleville, Manda est élu roi des apaches. « En fait, poursuit Chevalier, si l'on en juge par cette histoire de l'élection de Manda, "roi des apaches" à Belleville, le journaliste n'aurait fait que consacrer une invention de Belleville ou, plus généralement, des Parisiens qui, ayant tous lu Gustave Aimard, ont spontanément baptisé "apaches" les tribus qui vivent dangereusement, pour eux et pour les autres, en marge de la ville. » C'est ainsi que, dans le langage de Paris, l'apache prendra le relais du sauvage ou encore du barbare, certifiés, on l'a vu, par Victor Hugo.

Depuis longtemps l'anguille était sous roche. Paris suivait de près la découverte de l'Amérique. Nul doute qu'en intitulant un de ses romans *Les Mohicans de Paris*, Alexandre Dumas ne se soit inspiré du titre de Fenimore Cooper, *Le Dernier des Mohicans*, publié en 1826. En 1860 dans *Les Dessous de Paris*, Alfred Delvau se réfère explicitement à Cooper. Il emmène un ami allemand du côté de la place Maubert, alors véritable cour des Miracles. « Où voulez-vous me conduire ? » lui demande l'ami. « Chez les Peaux-Rouges », lui répond Delvau, chez « ces sauvages de la civilisation, ces Peaux-Rouges du Paris moderne, qui sont comme les scories de la grande capitale en ébullition de progrès… » Plus loin, il renchérit : « J'ai écrit le mot et je ne le bifferai pas. Ces gens-là sont les Peaux-Rouges de Paris », ces habitants de la Maubert, « qui exhale une odeur de bourbier et de barberie qui choque notre odorat et notre esprit de civilisés »… Quarante ans avant qu'apache ne fasse florès et ne s'épanouisse en phénomène social, il apparaît, sous l'appellation plus générale de Peau-Rouge, paré déjà de tous ses qualificatifs.

Mais pourquoi apaches plus que mohicans ou comanches ? Un retour à l'histoire de la conquête de l'Ouest le dirait vraisemblablement. Gageons que les apaches ont fait beaucoup parler d'eux vers 1860-1870. *Sapho* d'Alphonse Daudet, dont le début se déroule en 1873, s'ouvre sur un bal masqué. L'un des invités est déguisé en chef apache, et non en chef iroquois ou navajo. Question de circonstances historiques[6].

Dans le Paris de 1900, les bandes pullulent. Chacune a ses signes distinctifs. Le 29 août 1902, dans *Le Matin*, Médéric Chaunut, « le tatoueur des apaches », qui officiait dans l'arrière-salle d'un bistrot proche de l'hôpital Saint-Antoine, s'explique sur ceux de la bande à Manda : « Un jour, comme je tatouais un cœur percé d'une flèche sur le bras d'une jeune fille, le grand chef trouva ça bien. Il se fit tatouer un cœur sur la main gauche et trois lentilles sur la droite. Le lendemain, quinze de ses amis arrivèrent au bar et c'est comme ça que fut trouvé le tatouage des apaches que portent aujourd'hui plus de cent affiliés, tatoués par mes soins. » En outre, Manda aurait imaginé le grain de beauté tatoué sur la joue dont la vogue dépassa celle des apaches… Ceux qui s'y soumettaient devenaient des apaches de charme… Mais attention, « au-dessous de l'œil gauche, un point bleu tatoué à l'encre de Chine » précise bien *Le Matin* du 30 septembre 1907 ! Ne confondons pas point de gouape et point de fraye. Si les hommes arborent, sous l'œil gauche, le point de gouape, les invertis, eux, affichent le point de fraye sous l'autre, le droit[7]… Différenciations essentielles, autant entre hommes et lopes qu'entre bandes rivales.

Ce Paris pégriot du début du XXe siècle n'est plus qu'un lointain souvenir. Pour éviter les confusions, il convenait d'en préciser quelques aspects parmi les plus impalpables. Depuis lors, une certaine mode, commencée plusieurs décennies auparavant, dès les années 1820, n'a jamais cessé de venir d'Amérique : peaux-rouges, apaches donc, auxquels succéderont cow-boys, gangsters, bootleggers et autres G'men, jusqu'à nos beatniks, hippies, rockers, et punks… Des rapprochements ont déjà été effectués entre apaches et zoulous, l'un des avatars ultimes. Zoulous ou, mieux, Zulus, nation d'Afrique du Sud, dont le nom et l'esprit, la philosophie ont été repris par les bandes de jeunes Américains avant d'aboutir dans nos cités de banlieues. Points de convergence, certes, mais plus encore de divergence : en cent ans et quelque, Paris a changé, l'occasion serait belle de le constater.

Nous l'observerons plus loin : dans l'Entre-deux-guerres, les réminiscences des apaches de la Belle Époque constitueront comme l'âge d'or de la Bastoche, son mythe originel.

En 1950, Mag et Louis Péguri, un des pionniers de l'accordéon-musette à la Bastille avant et après 1914, publient, chez World-Press, *Du Bouge… au Conservatoire*. Une simple phrase : « Les apaches ont cédé la place à une clientèle moins dangereuse », montre combien l'ambiance des années vingt s'est définie par rapport à celle de l'avant-guerre quand les émules de Manda et de Leca fréquentaient le quartier.

Plus près de nous, le 19 novembre 1983, dans *Le Monde*, Francis Marmande, en visite rue de Lappe à la Chapelle des Lombards, ex-Barreaux Verts, temple nouveau, alors, de la musique salsa, achevait son article : « Rue de Lappe, [où] passent de moins en moins de mauvais garçons et plus du tout d'apaches », ce en quoi, d'ailleurs, concernant les mauvais garçons, il se trompait… C'est en revanche un fait que depuis belle lurette ils ne s'appellent plus apaches.

Casque d'Or, les apaches, et le mythe originel de la Bastoche

Les apaches ont arpenté la Bastille et gambillé dans les guinches du coin. Pour nous en tenir à celle à laquelle la célébrité du mot est indissolublement liée, Amélie Hélie qui n'est pas encore Casque d'Or, elle rencontre, en août 1892, à l'âge de 13 ans et deux mois, le Matelot, son premier amant, dans un bal de Charonne. Bal-musette ou pas ? On sait les chausse-trappes contenues sous cette appellation… Si, dans son récit, Casque d'Or ne mentionne ni l'accordéon ni la java qui n'est pas née, en revanche, elle emploie le vocable « musette » pour bal-musette, même si, à l'intérieur c'est un piston qui mène le bal… Au rythme d'une polka, Amélie s'éprend du Matelot… Voici, tiré de ses *Mémoires*, un passage où elle dit tout sur l'atmosphère des musettes de la Belle Époque, et l'espèce de fatalité déjà très réaliste qui guette les jeunes filles attirées par le bal comme les mouches par le miel :

« On a dix ans, on est trois ou quatre mômes lâchées dans la rue et on tourne déjà le nez à la moindre musique. Mais c'est bien le reste si la porte d'un musette s'entrouvre tout à coup. Toute la mauvaise graine en jupons, toute la racaille des "tas de sable" et des "joueuses à la marchande" dégringole, se précipite et se trouve en deux minutes à la porte du bal. Il en vient de tous les coins, il en sort de tous les recoins. Ça dévisage ceux qui entrent et qui sortent. Ça écoute la voix du piston et ça bouche toute la porte jusqu'à l'arrivée du garçon et de sa serviette. "Ah ! mince, si tu voyais la Louise… Ce qu'elle danse bien avec sa robe bleue…" À dix ans, la petite fille dit ça à la porte des bals de Charonne. À douze ans, elle rencontre le soir du 14 Juillet un garde républicain qui la serre contre les boutons de sa tunique et qui lui apprend la valse. À treize ans, elle revient devant le bal, mais, cette fois, elle en pousse la porte… Quand on est entré, c'est l'éternelle histoire qui recommence. On saute la première polka avec un voyou qui vous dit des choses énormes ; on danse la mazurka avec un pantalon de velours qui vous propose le paradis. Il faut attendre la valse pour voir arriver ce petit galopin avec ou sans moustache, qui, rien qu'en vous touchant le doigt de son doigt, vous fait remonter tout le sang de l'épiderme. Celui-là, c'est l'amoureux… »[8]

Quelque temps après, Amélie quitte le Matelot pour une femme, Hélène de la Courtille, qui lui offre l'hospitalité dans sa piaule de la rue Dénoyez, à la limite de Ménilmuche et de Belleville, et sa protection sur un coin de bitume du boulevard du même nom. Les deux femmes s'aiment, elles s'amusent, elles dansent… Un peu partout dans Pantruche. C'est néanmoins rue de la Roquette, vraisemblablement dans ce quartier qu'elle a appelé Charonne, ou tout près, à La Pomme au lard exactement, où l'on mangeait le jour et dansait la nuit, qu'Amélie tombera sur le mec Bouchon, un dur de Charonne, ce n'est pas par hasard… Toujours pas d'accordéon mais, cette fois, une clarinette essoufflée et deux violons qui n'en peuvent mais font valser les couples. En 1887, Emmanuel Patrick avait écrit que le sang coulait souvent dans les bals de la Roquette et de la Basfroi…

La Pomme au Lard était un point de chute de la pègre, et son costard gris, ses pompes jaunes et sa bâche bleue conféraient à Bouchon l'élégance du maque qu'il était. Amélie avait beau, Chautard l'affirme, puer de la gueule à quinze pas, elle plut à Bouchon et, juste retour des choses, fut chipée pour sa pomme… J'ignore si Amélie s'en lava davantage les ratiches, mais la propreté, l'hygiène de Bouchon l'étonnèrent. Si le Matelot ne faisait guère de mal au savon, Bouchon, chez lui rue de la Volga, faisait sa toilette complète à grande eau. Il se bichonnait avec amour avant de descendre parader, frusqué comme un milord… Au hasard de leurs fredaines, on retrouve Bouchon et sa môme à La Tête de cochon, 116, boulevard de Ménilmontant, endroit qu'avait visité, on s'en souvient, Patrick. Plus tard, le 18 mai 1902, au moment du procès de Manda, Amélie, devenue Casque d'Or, sera interpellée par deux argousins au sortir du fameux Bal des Grav', rue des Gravilliers près des Arts et Métiers, un guinche qui compte dans l'histoire du musette parisien.

Le retentissement de l'affaire Casque d'Or, le lancement du mot apache par la presse et son implantation dans la langue ont conduit à ce, jusqu'en 1914, « les apaches » signifiait la pègre. Ces apaches, nous le verrons par la suite, qui furent responsables de tous les méfaits commis à Paris. La pègre a toujours eu ses bals et ses débits d'élection. Certains de ces établissements étaient situés à la Bastille. Comme le style accordéon-musette y a pris son essor à partir d'une rencontre musicale à venir, les trois termes : accordéon, musette et apaches sont restés indissociés dans la mémoire du Paris populaire et voyou. C'est cela, l'âge d'or, le mythe originel de la Bastoche. Mythe parce qu'il y a, d'un côté, les représentations de l'imaginaire, simplifiées, travesties, poétisées par le temps, et de l'autre, la réalité accessible par les documents et les souvenirs. Ce livre, d'histoire, a pour but de faire la part des choses.

Toujours les Auvergnats

Ainsi, à la même époque, dans les mêmes lieux, vivent des hommes dont le rythme n'est pas scandé de coups de couteau ou de soufflant, mais par les soubresauts de la cabrette et les velléités de l'accordéon diatonique… Leur témoignage nous aide à mieux défricher la vérité et partant, à démythifier à rebours la légende apache. On en revient aux Auvergnats.

Antoine Bouscatel, le roi des cabrettaïres

En 1946, Henriette Péguri-Bouscatel a raconté la vie de son père Antoine[9]. Il était né dans le Cantal le 9 mars 1867 au village de Cornézières, commune de Lascelle. À 8 ans, il a sa première musette et en joue en gardant les vaches dans la montagne. Une jeunesse pauvre, comparable à celle de tant de ses compatriotes. À 23 ans, en 1890, il descend à Paris. Bouscatel vient de se marier à Marie Cancros, une couturière originaire de Polminhac.

On ne s'en étonnera pas, le couple s'installe à la Bastille, d'abord dans un garni, rue Sedaine ensuite. Bouscatel est chaudronnier rue de la Roquette, en face du passage Charles-Dallery, tandis que Marie confectionne des casquettes. Cependant, à la cabrette, le brio de Toinou est tel qu'il se fait vite un nom. Il pense déjà à prendre un bal. À l'époque à Paris, le numéro un des cabrettaïres était Gabriel Ranvier, Auvergnat de la seconde génération dont les parents venaient de Saint-Urcize. Ranvier tenait un bistrot rue du Mont-Cenis, dans le 18e, des plus modestes : comptoir en bois et terre battue en guise de parquet. Il a été le maître à jouer de Bouscatel. D'après Jean Berghaud, disciple de Bouscat comme on l'appelait familièrement, pour ce dernier, le plus fort c'était Ranvier : « Quand Bouscat est arrivé à Paris, il jouait comme le doigté du pays, il faisait monter la musette à l'aigu, bldblbll ! ça n'avait ni queue ni tête, il avait appris comme ça avec d'autres joueurs du pays. "Mais quand j'ai entendu ce type ! Berghaud imite Bouscatel… mais quand il a pris la musette, le Ranvier, là, oulola !" » Il en reste comme deux ronds de flan : « Vous voyez, Messieurs, c'est le plus fort joueur de musette qu'il y a sur la place de Paris, celui-là ! » Plus fort que les Alias, les Combabessou… Dès le lendemain, Bouscatel retournait voir Ranvier qui lui dit : « Il faut changer tout ce doigté ! Et recommencer à zéro. » En avant donc, et, plus tard, Berghaud hérita à son tour, grâce à Bouscat, des secrets légués par Ranvier, mort en 1905, « pas vieux, hein, il a eu un infarctus, parce qu'ils disaient des "coups de sang" à l'époque… »

Rue de Lappe et passage Thiéré, « ville auvergnate »

En novembre 1890 dans *Le Figaro*, c'est une première, Jean Ajalbert consacre un article exhaustif aux Auvergnats de Paris retraçant les grandes lignes de l'émigration et fourmillant de détails qui permettent de recomposer l'ambiance intime du ghetto auvergnat. Comme au pays, rue de Lappe, les repas sont pris en commun, patrons et employés réunis. On mange la soupe aux choux ; le *piccoussel*, gâteau de lard à la farine de sarrasin, œufs et fines herbes ; le *cantamerlou*, mélange de pommes de terre et de fromage gratiné au four ; la *truffade* et l'*aligot*, également à base de patates, comme on parle plus communément, et de fromage, tome du Cantal, de Laguiole ou de Salers… Ces plats figurent au menu des restaurants du 11e arrondissement, en particulier Aux Auvergnats de Paris, à l'angle de la rue Daval et du Richard-Lenoir, tenu par Jean Flos dont le décès, en avril 1898 est annoncé dans le journal de Bonnet.

On n'en finit pas de repartir à peindre la rue de Lappe et le passage Thiéré de ce temps-là, « ville auvergnate » pour reprendre Raynal : « Le passage inégal convient tout juste au passage des lourdes voitures de ferraille et, comme pour ajouter une note pittoresque, des canards, avant qu'on leur eût fait un sort, fouillaient de leur bec plat, certains jours de pluie, les flaques boueuses restées au creux des pavés. De trottoir, point, ou si peu que ce n'est rien. » Ajalbert prétend qu'un bal-musette se cache dans chaque arrière-boutique. Par rapport à la visite de Patrick, vieille de seulement trois ans, cela semble très exagéré mais contribue à restituer l'ambiance. Le décor des bals est celui que nous connaissons : un cabrettaïre juché sur une estrade joue bourrées, valses et polkas. À la mi-temps, le patron demande de deux à quatre sous… Les danseurs boivent bière et limonade par demi-bouteilles.

La Bastoche acquiert progressivement le visage qu'elle gardera pendant des dizaines d'années. Les fabricants de musette s'y installent. Dufayet élit d'abord domicile passage Thiéré avant de se transporter 90, rue de la Roquette. Le Bal Dufayet, ou des Familles, sera célèbre… En novembre 1903, Alias s'établit 15, passage Thiéré, l'adresse du Petit Balcon. En 1905, tous les bistrots des alentours de la Bastille sont aux mains des Auvergnats. Ils font de plus en plus tabac.

Musette et accordéon : la guerre

Ces années 1890 sont marquées par la brutale intensification de la bataille entre la musette et l'accordéon pour la possession des bals. Cette rivalité, qui tourne parfois à l'affrontement, n'intéresse pas que le point de vue musical. Ou plutôt, les innovations musicales auxquelles donnera lieu la victoire finale de l'accordéon contribueront à transformer le caractère intime des guinches. Pour l'instant, Roger Girard le constate, les bals-musette ne cessent de prospérer. À entendre l'ampleur des protestations des puristes auvergnats, on ne peut qu'induire la progression de l'accordéon aux dépens de la cabrette. En avril 1894, après l'agression subie par

Joseph Courtiol, un de ses compatriotes assailli par une dizaine d'individus dans un musette de la rue de Vanves, Louis Bonnet se plaint à juste titre que sa requête de janvier 1887 auprès du préfet de police d'assainir les bals n'a guère été suivie d'effet positif. Rue de Vanves, aujourd'hui Raymond-Losserand, Lucien Lariche ne pointe qu'un seul établissement : le Bal du Clair de lune, au 15. Quand Courtiol a été attaqué, venait-il d'y danser ?

En juillet 1895 se crée la Cabrette, union fraternelle des cabrettaïres de Paris. Aux réunions, salle Chanal, 13, rue au Maire, près des Arts et Métiers, le quartier jumeau de la Bastoche, se retrouvent les grands noms de la musette : Chanal, Ranvier, Alias, Combabessou, Bouscatel, et Louis Bonnet bien sûr. Trois mois plus tard, en des termes virulents, Bonnet met en garde ces musiciens contre quelques sires plus intéressés qu'intéressants : « Traîtres à l'Auvergne et à la Colonie ceux qui essaieraient par des manœuvres policières de substituer à votre bonne cabrette dans les bals populaires des instruments allemands ou italiens et risqueraient ainsi de provoquer la fermeture de tous les bals musette de Paris dont ils seraient parvenus à changer le caractère. »

Un an auparavant néanmoins, Eugène Lintilhac l'avait surpassé dans la violence. Du plus profond du Cantal, à Vic, il recommande aux cabrettaïres de ne pas trop séjourner dans les faubourgs des villes et, surtout, de chasser de « vos montagnes l'odieux et banal accordéon, cet insinuant prostitué qui vous vient des pifferari. » C'est avéré, l'accordéon a pénétré l'Auvergne. En août 1895, à Soulange-Bonneval, une bagarre générale éclate à la suite d'une altercation entre Jany, accordéoniste, et Cros, cabrettaïre… La montagne n'adoucit pas les mœurs : à quatre cents kilomètres de Paris, loin de la jungle de la Grand'Ville et de ses redoutables peaux-rouges, Cros s'en tire avec une oreille coupée ! En janvier 1896, lors d'une réunion de la Cabrette, le président Eugène Guitard a beau jeu de reprendre les attaques de Lintilhac et de Bonnet : « Là où l'accordéon et le violon ont remplacé la musette, là où le chahut a remplacé la bourrée, là aussi le franc rire a été remplacé par le couteau. »

Rétrospectivement, ces plaintes, cette défiance à l'encontre de l'accordéon apparaissent comme les derniers rounds d'un combat d'arrière-garde. C'était pratiquement au nom de la pureté arverne que les tenants de la musette haussaient le ton. Ces joutes ne sont plus qu'un lointain souvenir. Aujourd'hui dans les orchestres folkloriques, l'accordéon est, depuis longtemps, à parité avec la cabrette. Roger Girard, qui l'appréciait, avait donc tout loisir, et sans choquer quiconque, de noter, à partir de 1897, l'avancée irrésistible, de l'« insinuant prostitué » à travers les monts et vallées d'Auvergne. En septembre 1896 dans *La Vie contemporaine*, Jules Besse, publie un long article sur les bals-musette auvergnats de la capitale. Celui de la rue Mouffetard, au 20, est quasi familial. Il ressemble comme un frère à ce bal du passage des Vignes, où Imbert, vingt ans plus tôt, nous avait menés. Certes, la cabrette y est reine mais, à quelques encablures de là, au quartier Latin, rue Lanneau à l'angle de la rue Vallette, un marchand de salaison loue les services d'un guitariste et d'un violoneux… Bonnet ne doit pas approuver ! Comme il n'appréciera pas, en août 1899 d'écouter, à Laguiole même, l'accordéon d'Albertini, nom italien, pourtant « gens du pays »… Besse estime alors à deux cents le nombre des bals-musette à Paris, sans préciser lesquels sont strictement musette et lesquels accordéon. La danse vaut deux sous, sa durée moyenne est de trois minutes. « Une danseuse infatigable revient cher à son cavalier ! » conclut Girard.

Héraut infatigable, lui aussi, de sa cause, Bonnet, lors d'un banquet en novembre 1897, fustige encore les patrons qui cassent les salaires en faisant appel à des joueurs d'accordéon, de piston, italiens ou allemands, presque tous espions de la Triplice… Au purisme musical se mêlent la fibre patriotique et les questions d'argent. En octobre-novembre 95, les propriétaires de bals-musette et les cabrettaïres ont constitué un syndicat pour résister aux exigences « exorbitantes de la Société des auteurs et compositeurs ». Leur intention est de faire cataloguer les vieux airs montagnards appartenant au domaine public afin que les musiciens n'en jouent pas d'autres…

« Notre musette nationale et aimée… »

Surprise : en novembre 1898, à Maisons-Alfort, l'accordéoniste Couderc est le héros d'un concours de cabrette ! « Sauf erreur, écrit Girard, c'est la première fois que cet instrument est mentionné sans commentaire désobligeant. » Un an après, suite à une grave querelle à Allouze qui fait un blessé, toujours à cause de l'accordéon, Bonnet repart en guerre. Dans les bals de Paris où la musette a été maintenue, jamais la police n'a à intervenir. Quand l'accordéon la remplace, les rixes sont fréquentes, le sang coule… Il réclame au préfet Lépine, dont la femme est lozérienne, que dans les bals-musette règne seule « notre musette nationale et aimée ».

Un mois plus tard, Louis Bonnet s'explique une bonne fois pour toutes : il ne demande pas la fermeture des bals dont la musette est absente, mais que ces établissements ne se dénomment plus « musette ». Ces bals reçoivent de plus en plus de danseurs portant la haute casquette, la Panet, et de danseuses au travail tout spécial. La gigue remplace la bourrée. La cabrette a cédé la place, soit à l'orchestre, soit à l'Italien raclant le violon, pinçant la guitare ou maniant l'accordéon. Ils n'ont qu'à s'intituler bals-gigolo ou bals-laripette[10].

Imprécations et éloges peuvent pleuvoir, en particulier au mois d'avril 1901 à un énième banquet de la Cabrette lorsque Clovis Hugues prononce un discours en patois à la gloire de l'instrument qui « guide les travailleurs, ouvriers et paysans, vers un monde meilleur de justice et de fraternité », ou en novembre 1902, quand *Le Figaro* recommande de danser « la bourrée bien française, plutôt que les horribles bostons et les non moins laids quadrilles des lanciers ! » Le jour de la grande conciliation approche… Autrement dit, le temps de l'accordéon.

Chapitre 6

Le temps de l'accordéon

Diatonique et chromatique

En 1984, Francis Pinguet en était convaincu, l'histoire de l'accordéon restait à écrire[1]. Depuis, le journaliste François Billard et le talentueux Didier Roussin[2], guitariste de jazz et de musette, se sont employés à combler cette lacune dans *Histoires de l'accordéon*, paru en 1991[3]. Pour une connaissance plus approfondie de cet instrument, nous renvoyons à ces ouvrages de base, ainsi qu'aux auteurs auxquels ils se réfèrent, Pierre Monichon en particulier[4]. Ce même Monichon qu'Alain Ajax exécute sans l'ombre d'un remords[5]. Ajax reproche à Monichon d'être passé trop vite sur le style musette, de l'avoir, pour ainsi dire, mis entre parenthèses. On s'en est rendu compte en suivant, au fil des années, les vitupérations auvergnates : l'accordéon-musette est un genre maudit. Cette thèse n'est pas neuve, mais Ajax l'a réactualisée avec à-propos et passion. Il va de soi que je partage entièrement son sentiment. Plusieurs frustrations devenues, le temps passant, nostalgies, sont à l'origine de cette épopée de la Bastoche. Les splendeurs oubliées et la misère actuelle de l'accordéon[6] en sont l'une des principales.

Pour qui n'est, c'est mon cas, ni mélomane, ni ethnomusicologue, ni historien de la musique, ce qui importe, concernant l'instrument accordéon par rapport à la Bastoche, donc au musette, c'est la différenciation entre accordéon diatonique et accordéon chromatique. Si j'ai bien compris, le diatonique est plus fruste, le chromatique plus élaboré. Encore que certains, au rang desquels l'excellent Philippe Krumm, diatoniste lui-même, si attaché à réhabiliter la mémoire du grand Émile Vacher, le créateur du style musette, et, bien sûr, Daniel Denécheau, le continuateur de Mimile, se montreraient nuancés quant à un tel jugement… Vacher jouait du diatonique, avec quel brio ! Il est vrai que le côté droit de son accordéon était diatonique et le gauche, les basses, les accords, chromatique… Dans *Les Rues de Paris*, Raphaëlle Legrand explique : « Les accordéons à proprement parler diatoniques ne comportaient que les sept sons de la gamme majeure, sans les demi-tons intermédiaires qui permettent aussi bien d'orner les mélodies que d'utiliser également les tonalités mineures. Par la suite, on y introduisit progressivement ces possibilités, et l'on continua à nommer "diatoniques" des accordéons qui, tout en possédant l'ensemble des douze sons de la gamme chromatique, gardaient la particularité initiale de produire des sons différents selon que l'instrumentiste tire ou pousse le soufflet. Cependant, dès lors que les sons se multiplient ainsi, le principe de l'accordéon dit chromatique, où l'on obtient le même son, que l'on tire ou pousse le soufflet, s'impose pour faciliter aussi bien la musicalité que la virtuosité des exécutions. »

Dans *Du bouge… au Conservatoire*[7], Louis Péguri précise que, dans les débuts, le diatonique comportait deux rangs à la main droite et quelques basses à la main gauche. Pour donner une note, il fallait que le soufflet aspire de l'air ; pour d'autres, il devait au contraire en refouler… D'où ce jeu saccadé des accordéonistes de l'époque héroïque, tributaires de l'indispensable va-et-vient de leur instrument. En son temps, rien ne surpassait la cadence d'Émile Vacher. « Vacher qui avait une force terrible, se souvenait Robert Plen, le Fakir de la Bastoche, et qui te tirait là-dessus… C'était le style musette *piqué* ! » Cependant, à cause du nombre restreint de touches, l'accordéoniste en était réduit à des développements musicaux modestes. Un peu comme si des notes manquaient… Louis Péguri raconte que son frère Michel, un soir qu'il jouait, s'amusait à siffler les notes absentes… « C'était original au possible ! » On le croit sans peine.

C'est un changement technique qui permet le passage du diatonique au chromatique. « Alors que les premiers instruments comportaient deux lames en bronze par note, dit Péguri, les nouveaux […] sont montés avec trois lames d'acier. » À la sonorité d'harmonium du diatonique en succède une nouvelle, plus « gueularde », car, ajoute Péguri, au Petit Balcon, passage Thiéré, où il joue avant la guerre de 14, « les "mauvais garçons" aiment que "ça gueule" » ! Au commencement, la difficulté à synchroniser le ton des trois lames, les vibrations plus sèches de l'acier aussi procurent des sons aigus, « aigres comme un petit vin de Moselle ». Péguri développe : « "Ça frotte", dirent les initiés. En réalité, apaches et radeuses sont ravis de cette tonalité poissarde. Cette tonalité nouvelle qui entrera dans l'histoire de l'accordéon sous la vraie dénomination. Le style musette est né ! »

Pour l'instant, le résultat n'est pas encore très joli, les oreilles musiciennes sont choquées de ce son criard. Et Louis Péguri, dont le souci constant a été que l'accordéon fuie les bouges pour accéder au Conservatoire, de commenter : « Pendant plus de trente ans, l'accordéon devra payer cette erreur. Pendant plus d'un quart de siècle, cet instrument complet passera pour bâtard et anti-musical car il traînera la lourde hérédité d'une naissance avant terme dans un milieu qui n'était pas le sien ! » Pourquoi ce dénigrement ? Parce que ce milieu en question a toutes les chances d'être le milieu tout court… Péguri en avait honte. Or, selon Pinguet[8], de la très sérieuse *Revue musicale*, rappelons-le, s'il est une réussite dont doit s'enorgueillir l'accordéon, c'est d'avoir engendré un véritable « courant populaire, l'accordéon-musette, qui est peut-être le seul style de musique populaire vraiment original que l'accordéon ait créé ». Durant des décennies, ce style, le musette, a été la sonorité de Paris, le *sound* de Paname on dirait maintenant… La sonorité native de la Bastoche, son histoire autant que sa légende.

Pour en terminer avec la technologie de l'accordéon, voici quelques précisions chronologiques importantes que Louis Péguri donnait à un lecteur de *La Revue de l'accordéon et du bal-musette* dont il était le directeur, dans le n° 12 de mai 1936 : « L'accordéon chromatique n'est pas récent et l'un des premiers est certainement celui que fit construire, sur une échelle de quatre rangs, vers 1902, l'artiste de talent Casimir Coïa ; […] Bonnal a joué de l'accordéon chromatique vers 1905 ; moi-même j'ai commencé, après avoir joué le diatonique, vers 1908, avec un instrument fabriqué par mon frère Charles. Cet instrument, qui fut transformé par la suite à la main gauche en basses chromatiques, fut vendu par mon frère à Narcisse vers 1910. […] Tout cela nous éloigne de notre époque, ce qui prouve que l'accordéon à basses chromatiques n'est pas une nouveauté. »

Les Italiens de Paris

Les documents sur l'immigration italienne à Paris sont, de loin, moins importants que ceux sur l'immigration auvergnate. Si les Italiens ont introduit l'accordéon dans la capitale, ils n'en ont pas tenu le journal comme les Auvergnats celui du déclin de la cabrette. En revanche, les différents écrits de Louis Péguri montrent que sa famille est inextricablement liée à l'aventure de l'accordéon. À l'égal du nom de Bouscatel, le nom des Péguri s'insère dans l'histoire ou la légende, au choix, de la rue de Lappe.

Le père, Félix Péguri, un des premiers artisans fabricants d'accordéons, était originaire du Piémont. Il avait épousé Marthe, de vingt-cinq ans sa cadette. En 1872, Félix s'installe à Marseille. C'est là que naîtra Charles, l'aîné des fils, en 1879. La même année que Bouscatel, 1890, Félix monte à Paris. Il ouvre sa première boutique-atelier au 61, rue de Flandre, en face presque de son confrère Schénardi, Italien aussi, je pense. Puis il se déplace rue de Tanger, au 45. Bon joueur de diatonique, deux brevets témoignent de ses efforts pour l'amélioration de l'instrument.

Les quatre fils de Félix, communément « les Péguri », Charles, Michel, Jean et Louis, ont tous été accordéonistes, encore que Jean n'ait guère exercé le métier. Il est peu mentionné par Louis. Le titre primitif de la publication dont Louis Péguri s'occupait, était, en 1935, *Revue de l'accordéon et des accordéonistes*. Après le premier numéro, un exemplaire fut retourné à la direction, avec, au crayon, cette correction : « Revue de l'accordéon et des accordéonistes étrangers », qui soulignait le fait que Charles Péguri, Guérino, Casimir Coïa et Gardoni étaient italiens… Dans le n° 4 de mai 1935, Louis Péguri apporta la rectification suivante : « Charles

Péguri, qui est mort depuis quelques années, quoique étant de parents italiens, était français. Français également, Casimir – ce dernier naturalisé depuis plus de dix ans –, ainsi que Guérino. Mais revenons à Charles Péguri qui a été l'un des tout premiers propagandistes de l'accordéon, musicien auquel l'accordéon doit pour une bonne part de sa vogue actuelle. Tout cela, le musicien qui nous a retourné le numéro ne doit pas l'ignorer et son geste manque d'autant plus d'élégance qu'on ne s'attaque pas à un mort. » D'aucuns concluraient que la xénophobie a un long passé... Mais, qu'on le veuille ou non, la plupart des grands noms de l'accordéon-musette sont italiens.

Avant de nous attarder sur Charles Péguri (1879-1930), passons provisoirement sur Louis Péguri (1894-1972), le benjamin de la famille, dont l'idée dominante, regrettable à notre avis, était, nous l'avons dit, d'extraire l'accordéon des bouges, son socle naturel. Dès février 1935, dans le n° 1 de sa revue, on s'extasiait de la volonté de Louis de nier les origines quasi populacières de l'instrument : « Depuis 1919, il joue de l'accordéon un peu partout et immédiatement renonce au milieu dans lequel on était habitué, à cette époque, à entendre cet instrument, pour se produire au Café de Paris, au Perroquet, etc., bref dans les maisons les plus chics de l'époque. » Précision : Le Perroquet était situé 16, rue de Clichy, au premier étage du Casino de Paris. En ce temps-là, à n'en pas douter, Louis Péguri a cru avoir pari gagné. S'il vivait aujourd'hui, l'époque le ferait déchanter, l'accordéon se porte *mezzo mezzo*... Passons aussi sur Michel Péguri (1887-1958), accordeur de génie, dont la boutique se trouvait 45, rue des Amandiers, à Ménilmontant. S'il est le compositeur de *L'Aubade des oiseaux* qui obtint un succès sans précédent au bal-musette, de l'enivrante *Bourrasque* et autre *Entraînante*, s'il a longtemps joué au Bal de la Montagne avec Émile Vacher, il a entretenu moins de rapports avec la rue de Lappe que ses deux frères. Michel pratiquait le diatonique. D'après Louis, Michel Péguri fut une sorte de « Strauss du bal-musette ».

Charles Péguri, quant à lui, fut, aux yeux de son cadet l'« intellectuel de l'accordéon ». Une figure de proue et de légende de l'instrument. Au dire de Louis, il fut autant le prototype de l'artiste-artisan aux connaissances approfondies, au « génie inventif », qu'un « virtuose réputé du diatonique qui contribua à la renommée mondiale de la rue de Lappe, et le compositeur de succès d'accordéon ». Pour Philippe Krumm, qui se fonde sur d'aussi rares que précieux enregistrements d'avant 1914 de l'un comme de l'autre, la technique de Charles Péguri était néanmoins loin de valoir celle d'Émile Vacher[9]...

Fort du témoignage d'Emmanuel Patrick de 1886, on peut induire que, dès les années 1880, l'accordéon a concurrencé la cabrette dans les bals-musette. Hormis Vacher qui, sur un petit diatonique de deux rangées et quatre basses, accompagné au tambour par son père, débute en 1898 à Montreuil chez Mme Delpech, avant 1905 aucun accordéoniste n'apparaît. Encore qu'il soit loisible d'imaginer Félix Péguri se produisant çà et là. Ou Vincent, le père de la lignée des Carrara, venu s'installer rue Curial à la Villette vers 1890. De lui on sait, par Louis Péguri toujours, que, « tenant boutique, il ne se faisait pas prier pour jouer au moindre désir de sa clientèle ».

Charles Péguri, la rue de Lappe, et Antoine Bouscatel

Étant donné son caractère auvergnat affirmé, la rue de Lappe est celle qui a résisté le plus longtemps à la pénétration de l'accordéon avant d'en devenir le saint des saints… Voici comment. Dans l'atelier de la rue de Flandre, tout n'allait pas pour le mieux entre le vieux Félix et Charles son aîné. Mécanicien-né, musicien de tempérament, très jeune, Charles résout la complexité de la fabrication de l'accordéon, tant sur le plan des matériaux, du bois, de l'acier, des peaux, que sur celui de la mécanique et de la musique. Bohème rêveuse d'un jeune homme s'opposant à la routine de l'expérience ? Les qualités de Charles auraient porté ombrage au père. Un beau jour, c'est la rupture, sans qu'on sache trop si c'est le père qui flanque le fils à la porte ou Charles qui la claque. Louis en sera très affecté, qui « pleurera le départ de l'aîné et la disparition d'un joli jouet d'où sortaient, comme d'une boîte magique, des sons merveilleux ».

On ignore les méandres que suit alors Charles en ces premières années du XXe siècle, sauf qu'il va aboutir rue de Lappe, chez Bouscatel. Dans *L'Auvergnat de Paris*, Bouscatel est mentionné, pour la première fois, rue de Lappe, en octobre 1905. Depuis 1903, il y dirige, au 13, un bal nommé Au chalet, un petit bistrot de rien au début. « Dans un renfoncement, raconte Henriette Péguri-Bouscatel, on installa une caisse et une chaise par-dessus : ce fut l'orchestre. Mais on ne tarda pas à se bousculer sur la piste minuscule ; on venait de tous les coins de rue, voir, entendre cette cabrette magique. Il fallut songer à s'agrandir. On acheta les boutiques voisines, et au cours des années 1905, 1906 et 1907, jusqu'en 1910, le "Bal Bouscatel" ne cessa de prendre de l'extension. » En 1910, quand il quittera la Bastoche, Bouscatel avait agrandi son bal aux dimensions d'un véritable dancing. Précision du plus haut intérêt pour l'histoire de la rue de Lappe : on se rend compte ainsi que certains commentaires des années vingt seront, comme souvent à Paris, davantage redevables à la nostalgie, l'illusion déformante toujours de l'âge d'or, qu'aux souvenirs réels.

La profession de foi du père Bousca
ou la victoire de l'accordéon

Henriette Péguri-Bouscatel explique que Charles, avec lequel elle se mariera en 1913, commença à faire parler de lui, en tant qu'accordéoniste, vers 1904. Pour Jo Privat, Péguri s'était d'abord fait « bordurer » de chez Bouscatel. En vrai Auvergnat, « prince des cabrettaïres » comme l'éliront ses pairs en 1912, Bousca[10] ne voulait pas entendre parler d'accordéon. Mais, un jour, la grande rencontre se produit. Mag et Louis Péguri la décrivent dans leur livre. La salle était petite, basse, enfumée et « grouillante d'une jeunesse pleine de vie ». On est en 1904-1905. Charles est entré, livide. Sur l'estrade, le patron est en train de jouer : « Grand, mince, portant la blouse légendaire, Bouscatel "donnait à danser" [...]. Tout en manipulant bras et jambes – car il portait des grelottières – il regardait évoluer sous lui la masse compacte des danseurs. » Péguri insiste pour parler à Bousca. Le cabrettaïre reste froid. « C'est que je suis musicien, monsieur Bouscatel... » Bouscatel n'a besoin de personne. « Je joue de l'accordéon », s'enhardit Péguri, et l'autre de lui clouer le bec : « De l'accordéon ? Qu'est-ce que c'est ? ». Charles lui montre son instrument, Bousca fait une moue peu convaincue : « C'est étrange ce truc-là. Et tu fais de la musique avec ? »

Dialogue étonnant, tout en demi-teinte, en antiphrase, de la part de Bousca. Visage impassible, je suppose, pince-sans-rire, les mots faussement naïfs qu'il lance sont dictés par une attitude aussi méfiante que roublarde, très paysanne... C'était il y a cent ans et le pouce, du temps des cabrettaïres : Bousca, le roi de la rue de Lappe, ne voulait rien savoir de l'accordéon. Dire que, depuis, c'est grâce à cet accordéon, qu'elle honnissait, que la rue a acquis son renom ! Les lieux restent mais les engouements passent ou, du moins, varient. Dans le cas de la Bastille, d'abord la musette, ensuite l'accordéon, c'est frappant. Pour en revenir à Bousca, probablement qu'il avait déjà compris, admis les qualités spécifiques de l'accordéon car, lorsque, à sa demande, Péguri lui joue un air, aux « premières notes, le regard de Bouscatel devint éloquent » Le voilà maintenant qui grimpe sur l'estrade rejoindre Charles… Un ! deux ! trois ! côte à côte cabrette et accordéon, c'est du jamais vu, une première ! Le succès aussi est inattendu, les danseurs en redemandent, ils exultent ! « Ça tourne ! Ça tourne ! » les encourage Bousca… Des valses, à n'en point douter.

Il faut lire, sous la plume de Louis Péguri, Antoine Bouscatel prononcer l'oraison funèbre de sa musette et l'éloge du nouveau roi de la rue, l'accordéon ! S'adressant à Baptiste, son joueur de vielle : « Les jours de ma cabrette sont comptés ? Et ceux de ton biniou aussi ! Ce bougre d'instrument nous amène la ruine ! À moins que […] Alors ! les gars ! Qu'en pensez-vous ? C'est du merveilleux qui nous tombe du ciel. C'est une révolution qui se prépare. Avez-vous entendu ? C'est rond, c'est chaud, c'est vivant. Et c'est tout un orchestre, cet instrument du diable ! Il vous a mis les tripes à l'air ce biniou de Satan. Alors, écoutez bien ce que va vous bailler Bouscatel. C'est décidé. Dans mon bal de la rue de Lappe, on y jouera de l'accordéon avec ce phénomène de Péguri. Et je vous le dis, foi d'Auvergnat, je refuserai du monde à ce bal. Des gens viendront de Pigalle ! de Montrouge ! de Passy ! des Batignolles ! Il en viendra aussi de Bordeaux ! de Marseille ! de Strasbourg ! […] Je vous dis qu'on se battra sur le seuil pour entrer. Et moi mort, on dansera encore rue de Lappe ! »

Quel retournement d'Antoine Bouscatel, quelle extraordinaire profession de foi en faveur de l'accordéon, soudain ! La réalité n'a pas dû être aussi limpide. Ceux qui ont lu cette scène dans *Du bouge… au Conservatoire*, Philippe Krumm et ses amis, les Musiciens-Routiniers, la jugent arrangée par Louis Péguri pour la bonne compréhension des choses, mythique quoi !… La fin de la tirade que Louis Péguri place dans la bouche de Bouscatel est, en tout cas, sans équivoque. Au lieu d'une conciliation entre cabrette et accordéon comme on le pense souvent, la rencontre de la rue de Lappe consacre la victoire incontestable, définitive de l'accordéon dans les bals-musette. L'accordéon va y reprendre le rôle de la cabrette. En totale impunité désormais, puisqu'il y est officiellement admis. La morale de cette histoire, c'est que les tenants de la pureté musicale auvergnate ont fini par s'incliner devant l'irrésistible « insinuant prostitué des pifferari », avec, pour contrepartie, relève Krumm, le fait que, les Auvergnats s'étant mis à l'accordéon, « les Italiens adoptèrent sans difficulté le répertoire auvergnat. En réalité, poursuit-il, les Italiens furent les premiers à apporter une touche auvergnate au répertoire de l'accordéon : ils surent copier le style propre à la cabrette, le fameux “picotage[11]” ».

Assez vite cependant, le sort de la cabrette laisse indifférent Émile Vacher et les Italiens, même si, ruse de la raison, le style d'accordéon qu'ils créent garde le nom de « musette », à l'instar des guinches où, désormais, résonne en maître incontesté leur instrument. Il n'y a qu'au sein des orchestres auvergnats qu'accordéon et cabrette poursuivront leur vie commune entamée par Bouscatel et Péguri, et paraphée, si l'on peut dire, quelques années plus tard, par ce mariage d'Henriette et de Charles… Mais pour longtemps encore, il est vrai, Paris regorge de musettes strictement auvergnats. On trouvait alors à Paris, à la Bastoche en particulier, du musette pour tous les goûts. Les airs, les musiques n'étaient pas si éloignés, seule différait la façon : plus auvergnate ici avec grelots, accordéon et cabrette ; plus italienne là, ou spécifiquement parisienne, avec accordéon seul… Les documents, les enregistrements nous manquent pour établir une typologie des différentes manières musette de cette lointaine époque.

L'essor de la rue de Lappe

Et voilà, ça ne tarde pas : à La Canurge, en avril 1906, au mariage de Jules Arbousset et d'Élisa Badarous, on danse la bourrée au son de l'accordéon !

Le 17 septembre de la même année, dans *La Haute-Loire*, Édouard Lepage écrit un article à la gloire du 13, rue de Lappe, à la gloire de chez Bousca : « Chez Bouscatel. Un soir. Un soir où la rue de Lappe déborde rue de la Roquette et rue de Charonne, y déverse ses sapins, ses coupés, ses landaus. La salle au plafond bas, avec ses petits bancs, ses comptoirs et ses glaces, s'est élargie, a reculé jusqu'au boulevard Voltaire. Dans un coin, sur une estrade, trône Bouscatel en personne, le “cabretaire” légendaire. Il a ceint la musette parée de velours rouge et agrafé à ses chevilles deux colliers de grelots sonores. Il est en bras de chemise car il fait chaud. À sa gauche est assis un accordéoniste […]. Hé ! les enfants ! Voilà la bourrée qui commence. Bouscatel, le cabretaire distribue l'air avec son bras droit, tandis que son bras gauche mesure le vent à l'outre, gonflée comme une énorme joue pleine. Ces deux genoux qui sautent font vibrer les grelots sonores, en cadence. Ces doigts agiles vont et viennent sur les trous sans clef des tuyaux… L'accordéon s'éploie comme un livre et chante près de la musette qui nasille avec une voix chevrotante de grand-mère… » Roger Girard, qui reprend l'article reproduit dans *L'Auvergnat de Paris*, s'enflamme : « tout le Massif central est là, cent à deux cent mille personnes… l'Auvergne entière avec ses ouvriers et ses notables… jusqu'à la belle Otéro ! Et surtout, « dans son coin, heureux, celui qui depuis vingt-cinq les a informés, défendus, regroupés… Louis Bonnet » !

Cet article pose une question primordiale : quand la Bastille de la rue de Lappe, la Bastoche, s'est-elle mise à attirer les gens autres que les Auvergnats, les boulots et affranchis du coin ? Quand, faisant craquer sa renommée jusque-là de quartier, est-elle devenue lieu de plaisir parisien, pour la ville dans son ensemble ? Si, en ces années 1905-1906, aucun « sapin » – taxi-fiacre –, coupé, landau, n'avait traversé la rue de Lappe, pourquoi Lepage aurait-il fait état de ces véhicules qu'utilisaient uniquement, à l'époque, ceux et celles qui en avaient les moyens ? Mon sentiment est que, dix ans avant la Première Guerre mondiale, la rue de Lappe commençait déjà à être à la mode. Les apaches y rôdaient ? Tant mieux ! À Paris, un certain beau monde a de tout temps aimé s'encanailler… Les témoignages dont nous disposons sont, hélas, parcimonieux. Toutefois, en écoutant Henriette Péguri-Bouscatel, on se prend à penser que, certains soirs, Alphonse Daudet n'aurait pas reconnu le ghetto auvergnat qu'il avait décrit trente-cinq ans plus tôt : « Charles, l'accordéoniste, dit-elle, incomparable, et Toinou, le cabretaire "hors concours" créèrent un ensemble merveilleux, que l'on n'aurait jamais cru possible, tant les deux instruments, dans ce qu'ils avaient de primitif et d'incomplet, offraient de difficultés. Comment accorder la note qui grince avec celle qui miaule, et faire surgir la note qui chante ? Mais c'était deux maîtres de leur art ; et l'on a vu plus d'un premier prix de Conservatoire s'extasier devant cet aboutissement. Papa disait : "Du Concert-va-t'asseoir !" C'est ainsi que le cabretaire Bouscatel engageait Charles Péguri mon futur mari, et introduisit l'accordéon au bal-musette. » Au moins la rue de Lappe attirait-elle des premiers prix de Conservatoire, curieux de cette « alliance mémorable dans les annales de ces bals de quartier, où s'ébauchèrent de si simples bonheurs, de si humbles histoires »…

Qu'il fût à la pointe de la créativité musicale n'empêchait pas le 13, rue de Lappe de conserver sa fonction de bal, qui est celle de faire se rencontrer les hommes et les femmes, pour le meilleur et pour le pire… Alternative au p'tit bonheur la chance qui, d'après Henriette, ne semblait pas se poser dans le musette, bien fréquenté, de son père lorsqu'il le dirigeait : « Les bals musette ne sont pas toujours ce que l'on dit être, le rendez-vous des mauvais garçons et des filles perdues. Je me souviens que mon pauvre Papa refusait énergiquement l'entrée de son établissement aux femmes dont les cheveux étaient coupés, et il a mis bien longtemps à admettre les femmes qui fumaient. »

Un tel souvenir laisse rêveur quant à la réputation de la Bastoche, que, géographiquement, et nous lui donnons raison, Lepage n'hésite pas à élargir jusqu'à la place Voltaire. Le mythe voudrait qu'à la Belle Époque elle ait été investie par la racaille, escarpes, rôdeurs de barrière, apaches. La vérité paraît plus nuancée. Certes, qui dit quartier de plaisir dit bagarres, violences, coups de couteau parfois, meurtres même. La Bastille a eu son lot de délits et de crimes, mais pas en nombre aussi élevé qu'un certain bouche à oreille pourrait le faire penser, notamment à propos des crimes liés au bal-musette. Dans le livre de Péguri, question de couleur locale, à l'en croire le train-train quotidien, un homme est tué au Petit Balcon : « Un coup de revolver éclate, un corps s'écroule. – Musique ! gueule le patron. Musique ! Et toi, Alfred, un coup de lavette sur le raisiné. Un homme est mort. Qu'importe. La vie continue… pour les autres. Musique ! Et la ronde infernale reprend. Musique ! » J'ai cherché du mieux que j'ai pu : ni aux archives de la police, ni à la bibliothèque historique de la Ville de Paris, nulle part je n'ai retrouvé la trace d'un fait divers tragique au Petit Balcon ou dans un bal du passage Thiéré, en ces années d'avant la guerre de 14…

La musique de la rue de Lappe

Si la Bastille est le lieu de Paris où se déroule ce que nous racontons, la Bastoche en est comme la reprise allégorique, mythologique, une sorte de Sainte-Trinité fantastique dont les trois hypostases se nommeraient musique, société et faits divers. Occupons-nous d'abord de la musique et des musiciens.

Tout ce que Paris comptait d'accordéonistes est venu jouer rue de Lappe : Charles Péguri, puis Michel, et enfin Louis qui, en 1914, animera le Petit Balcon. Casimir Coïa, Casi pour les amis, chevelure abondante et moustache conquérante, très Belle Époque d'allure… D'après Louis Péguri, Casi est, sinon le premier, du moins l'un des premiers à avoir créé un accordéon chromatique. Il arrive à Paris en 1903 et, plus tard, Charles Péguri, son ami, organise une soirée en son honneur chez Bouscatel. Narcisse Decornoy était surnommé l'Aveugle, ou encore Narcisse l'Aveugle-à-la-Caisse-au-Dos. C'était le concertiste des coins de rue, la grande vedette du pavé parisien. On peut citer aussi Bonnal Sabatier qui débuta au diatonique, passa à l'accordéon-piano et finalement réussit avec le chromatique… Paul Saive son élève, qui, dans les années vingt, enseignera l'instrument à Jo Privat… Léon Felhmann dit le Petit Léon, d'origine juive, un des précurseurs du chromatique… Et tant d'autres.

Émile Vacher

Une place à part doit être réservée à Émile Vacher (1883-1969). Une plaque, apposée à l'initiative de Philippe Krumm, le 21 juin 1988, jour de la fête de la musique, 22, boulevard Saint-Denis où Mimile habita jusqu'à sa mort, rappelle au passant que Vacher a été le « créateur du genre musette ». Ce qui, pour Krumm, signifie précisément que Vacher a été le premier dans le temps et le plus brillant de ceux qui, au début du siècle à Paris, s'essayaient à l'accordéon. L'instrument était non seulement nouveau, mais novateur : un même mouvement musical entraînait, emportait ces jeunes accordéonistes du début du siècle. Faute d'autres noms et de documents, la recherche sur les origines du style musette bute sur cette constatation d'ordre très général.

Par qui a bien pu être influencé le jeune Mimile quand il commence à Montreuil en 1898, on l'ignore… Ça se passait dans une ancienne salle de billard, que la patronne, la grosse Mme Delpech, cent vingt kilos au bas mot, avait transformée en café et en bal-musette. Émile avait 15 ans. Il tirait, on le sait, sur un petit diatonique de deux rangées et quatre basses qu'il avait acheté trente francs, son père scandant le rythme de la danse sur un tambour. Vacher, qui a raconté trop succinctement ses souvenirs dans *Accordéon et Rythmes*, prétend en février 1950, dans le n° 2 de cette revue, que la naissance du « bal-musette » remonte ainsi à ses propres débuts montreuillois… Au regard de ce qui précède, cette affirmation est hardie ! À moins que Mimile ne veuille simplement dire qu'à partir de 1898 il s'est mis à imposer sa cadence qui, de proche en proche, enflammera Paris : l'affirmation prend alors sa valeur et sa vérité… D'autant que les Vacher père et fils ont fait les beaux dimanches et lundis soir du Bal Delpech jusqu'en 1908. Tout Montmartre, tout Charonne venaient danser sur la musique scandée d'Émile. « On appréciait, dit-il, en parlant de lui-même à la troisième personne, ses trémolos, ses tyroliennes et ses polkas à piston. » La java, qui, on le verra bientôt, sera la plus belle fleur du musette parisien entre l'immédiat avant-guerre et les dernières années vingt, n'est pas encore mentionnée.

Qu'elles sont graves, empreintes de l'âme comique et tragique de Paris, les javas d'Émile Vacher : *C'est la Mimile Java*, *C'est à Montparno*, *Entourloupette*, et la suite, *La Java des rigolos*… Pendant les dix ans passés à Montreuil, Vacher acquiert la maîtrise de son art puisqu'il finit par s'offrir un superbe diatonique Sradella, quarante-huit basses et trois rangées à droite, « avec les demi-tons » il spécifie… Toujours en compagnie de son père, il est engagé entre 1908 et 1910, au Bal des Savoyards du boulevard de la Chapelle, appelé communément le Bal des sabots. À la fermeture du Sabot, la famille Vacher achète le Bal de la Montagne (Sainte-Geneviève) qu'elle revendra en 1921.

L'histoire de Vacher, sur lequel on reviendra, a tendance à infirmer l'imagerie faisant de la Bastoche le berceau de l'accordéon-musette. Ce sont les épousailles de la cabrette et de l'accordéon, la réputation de Bouscatel, l'épopée de la famille Péguri, puis la vogue ultérieure de la rue de Lappe, du Bousca Bal, la littérature, la presse, et encore, plus tard, la fondation du Balajo, qui ont contribué à alimenter et à entretenir cette mythologie exclusive. En fait, c'était l'air du temps, le musette est né un peu partout dans Paris. Vacher cite Montreuil qui est en banlieue, la Chapelle, puis la montagne Sainte-Geneviève… André Warnod évoquera, lui, la rue des Gravilliers… Dans la mémoire de la ville, Grenelle, la Glacière ont une aura particulière. Dommage, les journalistes, les écrivains n'y allaient pas. Les rues ont été chamboulées, il ne demeure presque rien de l'époque du musette. Tant mieux ou tant pis, la Bastoche tire à elle seule les langueurs du soufflet à douleur…

Chez Bousca

Que Vacher soit allé déplier le sien rue de Lappe, rien de moins incertain. Les copains passaient chez Charles Péguri, il avait installé son atelier au-dessus de chez son futur beau-père. La journée, Charles accordait et réparait les instruments. L'accordéon ne pouvait être qu'à l'honneur. L'écriture musicale n'étant pas encore utilisée, et pour cause, révèle Louis Péguri, « les accordéonistes de l'époque l'ignoraient », l'un interprétait sa dernière composition, la nouveauté du jour, et les autres ouvraient grand leurs oreilles afin de les retenir. On s'enthousiasmait, on s'exaltait, la rue retentissait de triolets. La nuit tombait, et soudain, devant ce 13, rue de Lappe, en plein milieu de la chaussée, on entendait la voix de Bouscatel à l'accent cantalou si prononcé : « Ohé ! Charlot, c'est l'heure. On va ouvrir ! » Le moment de donner à danser à la clientèle du bal… Cette période heureuse prit fin en 1910 quand Bouscatel vendit son bal. Son successeur, le sieur Corniault, supprima la cabrette, tout en maintenant en vertu de je ne sais quels accords, ou de sa célébrité, le nom de Bousca… En 1919, la famille Carcanague le racheta et en demeura propriétaire jusqu'à la fin, en 1963. Le nom véritable de chez Bousca était le Bousca Bal. Quant à Toinou Bouscatel, en 1912, il en ouvrit un nouveau, le Petit Bousca, 11, rue de la Huchette, de l'autre côté de la Seine. Dans *Les Jetons de Bal*, Lariche raconte l'histoire, fort calme, de l'établissement, jusqu'aux hostilités de 1939. L'année précédente, en 1938, dans *Envoûtement de Paris*[12], très méchamment Carco fait la différence entre les deux établissements en qualifiant de « bouiboui » celui de « la Huchette où le patron jouait de la vielle », et je pense qu'il voulait dire la musette…

Les bals de la Bastoche avant 1914

À propos des bals, de leur répartition dans Paris, Françoise Raison-Jourde émet cette remarque : « Il semble que les bals auvergnats avant 1914 se soient tenus surtout aux limites du 11e, du côté des anciennes barrières à l'est, dans le 20e et 5e arrondissement[13]. » Quand exactement, « avant 1914 » ? L'historienne se réfère à l'article classique de Jean Richepin paru simultanément dans *Le Gil Blas* et *L'Auvergnat de Paris* en 1882. Elle lui reproche sa localisation trop imprécise des bals que nous, grâce au rapport de police de juin-juillet 1879, soit trois ans avant, connaissons avec précision. Qu'à cette date on répertorie quarante-trois bals dans les trois arrondissements que cite Mme Raison-Jourde, et quatre-vingt-sept dans les quatorze restants – puisque les 7e, 8e et 16e n'en comportent aucun –, et qu'avec quatre bals, le 5e n'arrive qu'en onzième position des arrondissements pour ce qui est de l'implantation des établissements, montre déjà le caractère erroné de sa remarque. L'erreur se confirme si l'on prend en compte le seul quartier de la Roquette où s'ouvraient treize bals en 1879, soit le dixième des bals-musette de Paris dans son ensemble, ce qui est très conséquent… Concernant la Belle Époque, nous ne disposons malheureusement d'aucune statistique. Pourtant, à la Bastoche, le nombre des bals a encore augmenté. Essayons de les récapituler.

À tout seigneur tout honneur, commençons par le Chalet d'Antoine Bouscatel, 13, rue de Lappe, qui n'existait pas en 1879. En 1914, Charles Péguri remporte le premier prix d'accordéon au concours de Paris devant le fabricant Lestrade, son ami. Ce dernier, diatoniste et cabrettaïre, officiait alors chez Cassagne, à la Boule Rouge, 8, rue de Lappe, répertorié, celui-ci, en 1879. Tout comme les Barreaux Verts, 19, rue de Lappe, au dire de Girard, lecteur de *L'Auvergnat de Paris*, « le plus ancien bal musette de Paris ». En dépit d'un changement de propriétaire en novembre 1896, le joyeux Cambon, qui y joue depuis plus de quarante ans, donc depuis avant 1856, continuera de faire danser la jeunesse au son de sa musette. En octobre 1905, l'établissement ouvre cinq jours par semaine, les dimanche, lundi, mercredi, jeudi et samedi. Nous sommes déjà à trois bals rue de Lappe.

Les mémoires de Martin Cayla nous en révèlent d'autres. Avant son départ pour le service militaire en octobre 1910, il jouait chez Mouminoux, 21, rue de Lappe. Il retrouvera sa place une fois « revenu de soldat », fin 1911. Au 47, régnait en maître Henri Momboisse, grande figure auvergnate, « virtuose de l'accordéon et défenseur de notre folklore », qui, en épousant la fille du patron, avait succédé à ce dernier. Cayla mentionne un autre bal, chez Bertrand, situé dans la très longue rue de Charenton, au 136. Germain Galliaguet l'animait. Avec Galliaguet, Cayla allait écouter Sudre, 14, rue des Taillandiers, le chef de file de l'école auvergnate d'après Louis Péguri, et qui, naturellement, écrit Cayla, « excellait aussi bien à la cabrette [...]. Il enlevait *Lo grando* ou *Oun d'onoren gorda* avec un brio exemplaire. Il avait comme tous les musiciens de l'époque la grelottière au pied pour mieux marteler la cadence ». Pour Cayla, Sudre « était sans doute le musicien le plus renommé de l'époque ».

Enfin, début 1914, signale Cayla, un nouveau venu, le Bal Chambon s'installe rue de Lappe, c'est-à-dire entre le 9, futur Bal Vernet puis Balajo, et le 13, chez Bousca. Cayla, à qui Chambon propose plus de dix francs par jour, le double de ce que Garrigoux, le successeur de Mouminoux, le paie, inaugure cet établissement et, en quelques semaines, le succès « démarra d'un seul coup » ! Le cachet correspond *grosso modo* à celui d'Émile Vacher qui, chez Mme Delpech, jusqu'en 1908, touchait cinq francs par séance. Rue Basfroi, au 51, en face du célèbre Massif Central – ainsi baptisé par les époux Niols qui acquièrent ce bal en 1922 – un vieil ami de Cayla, Thérizols d'Entraygues[14], « pas tellement doué pour la cabrette », mais « sans doute le plus brave Auvergnat que la terre ait porté », tenait un guinche où, hélas, « payait qui voulait ou qui pouvait ». Des aigrefins lui firent quitter la rue Basfroi et acheter Le Rat mort à Montmartre, le pauvre Thérizols y laissa presque sa chemise…

Dans *Les Jetons de Bal*, Lariche tranche sur ces versions de Cayla. D'abord, Thérizols était de La Vayssade, commune de Mur-de-Barrez dans l'Aveyron : c'est plus tard qu'il s'est retiré à Entraygues. Ensuite, Lariche voit en Thérizols « un cabrettaïre réputé », mais admettons qu'en la matière, l'avis de Cayla, musicien de renom, soit plus autorisé. À lire Cayla, on a l'impression que Thérizols ne dirige pas son bal de façon suffisamment vigoureuse. Dans *L'Auvergnat de Paris* du 5 septembre 1925, Lariche est tombé sur un entrefilet qui semble prouver le contraire. À savoir que Thérizols, « établi, 51, rue Basfroi, a été victime, à 50 m de son domicile, d'une agression à main armée. Deux individus, âgés de 40 et 25 ans environ, lui ont porté un violent coup de couteau déchiquetant sa main gauche. Faisant preuve d'une grande énergie et d'une agilité peu commune, M. Thérizols a réussi à mettre hors de combat ses deux adversaires et, véritables loques humaines, les mener lui-même au commissariat de la place Voltaire ». À l'époque Thérizols avait 31 ans, il était revenu lieutenant de la guerre. En décembre 1925, lors d'une partie de chasse, Thérizols est grièvement blessé. Alors que Cayla évoque des aigrefins, Lariche avance que cet accident a peut-être obligé Thérizols « trois mois plus tard à céder son fonds pour prendre un peu de repos au pays. » De retour à Paris, en octobre 1927, il achète Le Rat mort. « Il ne le garde pas longtemps. En 1929, il se retire à Entraygues [Aveyron] où il reprend l'Hôtel du Centre. C'est dans cette ville qu'il mourra prématurément en 1935, à la suite d'un accident de cheval », conclut Lariche. Histoire ou petite histoire, on se rend compte combien la relation des faits et leur interprétation divergent.

Revenons-en au décompte des bals. En incluant le Petit Balcon, passage Thiéré, et le 90, rue de la Roquette, théâtre d'un assassinat en janvier 1905, on arrive à douze bals dans le secteur dont cinq pour la rue de Lappe. Six, en tenant compte d'un témoignage de Fréhel paru dans *La Rampe*[15] du 1er avril 1931, qui renvoie à un quart de siècle auparavant, à l'époque de la gloire première manière de la chanteuse – ce qui fait treize bals. Notre idée que la Bastoche était déjà à la mode s'en trouve accréditée d'autant. Après avoir déclaré : « La gueusaille, cela me plaît. Les gens du milieu sont francs », Fréhel révèle que dans sa jeunesse elle a fréquenté les bals musette, celui des Trois Colonnes en particulier. C'est que, conclut-elle, « l'accordéon me grise et depuis vingt-six ans je chante à l'accordéon », depuis 1905 donc – Fréhel avait 14 ans... Nous retrouverons les Trois Colonnes dans certaines descriptions ultérieures de Carco, il se situait au 47, rue de Lappe. Je suis enclin à penser qu'il y avait davantage de bals encore, passage Thiéré, rue de Charonne... On devait bien danser au Pays d'Auvergne chez Battut, 60, rue de la Roquette, important établissement ouvert en janvier 1904 agrémenté du téléphone, de trois billards, d'un piano automatique et, bientôt, d'un cinématographe gratuit « où l'on pourra voir des scènes paysannes d'Auvergne », précise Girard. Bref ! une sorte de salle des fêtes comme à la campagne.

Ainsi, depuis belle lurette avant 1914, la Bastoche était solidement pourvue en bals-musette. D'ailleurs,

Françoise Raison-Jourde paraît se contredire quand, quelques pages plus loin, elle écrit : « À la veille de 1914 et surtout au lendemain de la Première Guerre, la rue de Lappe avait parmi les immigrés [auvergnats] eux-mêmes mauvaise réputation en ce qui concerne les bals musette car ils attiraient de nombreux apaches. Les Auvergnats du quartier se sont toujours défendus d'entretenir avec eux le moindre rapport, mais, aux yeux des Parisiens, une certaine contamination avait joué et faisait dire que le 11e arrondissement était peuplé d'Auvergnats et mal famé. »

Une société composite

Cette question de la mauvaise fréquentation de la Bastoche nous poursuivra toujours. Elle est difficile à débrouiller. La Bastille était un univers hétéroclite. Certains des bals étaient des bals de famille auvergnats sans histoire, d'autres des bals plus apaches, plus pégriots, plus propices forcément aux querelles, aux batailles. Et aussi : qui parle, qui dit quoi ? Selon que celui qui raconte est jeune ou vieux, pauvre ou riche, un peu voyou ou intrinsèquement bourgeois, la réalité s'appréhende diversement. Deux coups de poing dans la figure sous un bec de gaz émouvront à jamais la femme de la haute venue rue de Lappe en quête de ce genre de sensation. Deux coups de poing dans la figure, rien de plus, l'affranchi du coin n'y prêtera aucune attention... Le 30 septembre 1907, *Le Matin* produit une carte des apaches à Paris. Son but est de circonscrire, de façon empirique, le taux de danger dans les différents quartiers. Alors que les Halles et le coin Saint-Merri, célèbre pour ses gueux et ses truands remontant en ligne droite au Moyen Âge et à ses cours des Miracles, sont « très dangereux », la Bastille n'est que « dangereuse »...

Un témoignage vécu sur l'atmosphère, non d'un bal-musette mais d'un café-concert en 1900, pompeusement qualifié de Folies-Popincourt dans la rue du même nom, est apporté par Maurice Chevalier[16]. À l'époque, Maurice débute, il a 12 ans. Ce soir-là, il chante « devant environ une dizaine de personnes disséminées dans la salle obscure et enfumée. Des couples d'ouvriers, dont huit sur dix [compte exact] étaient ivres, avec l'homme avachi, bavant et rotant et la femme, soit dans le même état, dépoitraillée, soit pleurant, du fait que son poivrot d'homme avait déjà, en ce samedi soir, dépensé la presque totalité de sa paye ». Telle était l'ambiance dans les lieux de plaisir populaire, le « samedi soir après l'turbin »… Une parole de travers, la bagarre éclatait… Pauvre Momo, que « les yeux vitreux » des spectateurs n'aperçoivent même pas car « ils n'arrêtèrent ni de boire, ni de pleurer, ni de roter tout au long » des deux chansons qu'il interprète ! C'est le moment de se rappeler une expression langagière, aujourd'hui tombée en désuétude : un « ménage Popincourt ». Chautard la date de 1896[17]. Elle signifie un ménage de souteneur et de fille toujours en discorde par allusion, explique-t-il, au quartier Popincourt, « où habitent de nombreux ménages ouvriers, où le désaccord règne souvent ». Le texte de Chevalier illustre à ravir ce qu'était ce genre de ménage !

Des classes laborieuses aux classes dangereuses, le passage est imperceptible… Jusqu'à la guerre, les apaches hantent les rues sombres autant que les esprits. Des campagnes de presse sont montées contre ceux qu'on nommerait aujourd'hui des délinquants, des petits délinquants. D'une virulence extrême, le 12 janvier 1910, *Le Matin* se demande « comment se débarrasser d'eux ? » Voici la réponse : « Il n'y a qu'à tirer sur eux : ça coûtera moins cher que d'entretenir des forçats ; un gardien de la paix en légitime défense doit tirer. » Le

28 mars, reprenant un parallèle qui lui est habituel, *Le Matin* établit une comparaison entre Paris et Londres, qui « n'a pas d'apaches » mais des *hooligans*, apaches en herbe, et sait montrer l'exemple : « En somme, deux solutions : le fouet ou la corde. »

Le Matin du 30 septembre 1907 nous précise la manière dont s'habille le populaire. Si le patte d'éléphant a pratiquement été abandonné, la « deffe » est plus que jamais à la mode. Le veston est de forme quelconque, souvent remplacé par un simple bourgeron bleu. La chemise se porte sans col ni cravate. Les pégriots sont pauvres, à la limite de l'indigence parfois, leurs vêtements sont usés, rapiécés, mais, luxe sans partage, « les chaussures sont de coupe impeccable. C'est dans la chaussure que l'apache met toute sa coquetterie : c'est pour acquérir la paire de fines bottines jaunes qui lui permettra de ne pas être confondu par les siens avec l'honnête travailleur, trop méprisable à ses yeux, que bien souvent l'apache du "Sébasto" attaquera le passant. Mais c'est là aussi un des signes distinctifs, grâce auxquels on le reconnaîtra aisément ». Autre signe que nous rappelons, le point bleu tatoué à l'encre de Chine sous l'œil gauche.

Homme honnête, homme malhonnête, l'origine sociale est la même. Mais, une fois dans la pègre, l'affranchi cherchera à se différencier le plus possible de l'ouvrier en multipliant ces signes d'appartenance à son nouveau milieu, et en faisant montre de supériorité. Lui ne travaille pas, lui ne se salit pas les pognes, lui peut attriquer de beaux croquenots ! Tout un état d'esprit… Le fait de parler l'argot en est une des meilleures illustrations. L'argot est un *signum* social. Et, Paul Matter le relève excellemment, le 16 novembre 1907, dans *La Revue bleue*, le domaine de l'apache c'est le bal-musette. Il y règne sans rival, hormis, risque inhérent au genre de vie qu'il a choisi, les autres apaches qui peuvent lui disputer sont territoire, son trône… Le père de Jo Privat lui racontait que, dans les guinches de Charonne, le caïd du coin se mettait une rose à la casquette pour affirmer sa suprématie. La lui contester était simple comme bonjour : il suffisait à un autre lascar de se placer une rose à la casquette et d'entrer dans le bal : le premier comprenait aussitôt, les deux sortaient s'expliquer… Quelques minutes s'égrenaient, celui qui, rose à la casquette, revenait dans le musette, était le vainqueur.

Le bal des Gravilliers en 1913

Le côté calamiteux, faubourien si l'on veut, du bal-musette est bien rendu par les mots de Matter. On est au Chien couronné, à la Goutte d'Or : « Au long du trottoir, une lanterne fumeuse fait sortir le mot BAL en caractères noirs sur une vitre crasseuse ; la première salle est un débit quelconque, semblable à tous, où consomment des cochers et quelques boutiquiers du quartier ; elle est fermée par une balustrade élevée qui la sépare de la salle où l'on danse… » Nulle mention d'accordéon, Matter ne cite qu'un piston. Dans le beau livre d'André Warnod, essentiel au Paris de ce temps-là, *Bals, Cafés et Cabarets*[18], publié en 1913, le bal des Gravilliers, « le bal des apaches du Sébasto » que fréquentait Casque d'Or et que mentionne Jean Lorrain dans sa *Maison Philibert* une dizaine d'années auparavant, est situé dans un décor identique. La rue est obscure et sinistre, le guinche « indiqué par une boule lumineuse portant en lettres noires ce simple mot : Bal ». Dedans, en revanche, l'amateur de littérature de deux sous, preuve que, déjà, avant 1914, le mythe embrayait sur la réalité, doit déchanter.

Non ! avertit Warnod, le sang des crimes ne fait pas sur le plancher de larges taches noires… Non ! les murs ne sont ni lépreux ni crasseux. La salle est très éclairée, les murs sont blancs, « peints à l'huile, avec des frises gris-bleu d'une propreté de salle d'attente de clinique ou de réfectoire d'infirmerie… » L'orchestre est juché sur un petit balcon dans un angle, « un balcon qui offre, peintes en trompe l'œil, les somptuosités des balustrades régulières enguirlandées de roses et de feuillages trop verts ». Un musette typique, avec balustrade ou balcon, et des guirlandes qu'on retrouvera longtemps encore. Quant à l'orchestre, il se compose, en tout et pour tout, d'un homme et d'un accordéon. Dommage que Warnod ne nous donne pas le nom du musicien qui, ici, « déploie une virtuosité non pareille »… Il est vrai, continue-t-il, et cette louange littéraire a toutes les chances d'être la première, historiquement parlant, concernant l'accordéon, qu'il s'agit d'un « instrument très complet par lui-même », aux « éclats assourdissants », à la sonorité déchirante et pleurnicharde. Aux jambes, l'accordéoniste s'est fixé un collier à grelots qui l'aide à scander les airs et à marquer les temps des valses et des polkas.

Finalement, le bal-musette allie les contraires. Les établissements sont certes perdus au fond de venelles lugubres, mais leur aspect intérieur est plus guilleret qu'on ne le penserait… Pourtant, note Warnod : « Le tragique est tout entier dans les mines sournoises, vicieuses et lâches des gens qu'on peut y voir. » Ce tragique reflète-t-il la misère des classes laborieuses, l'immoralité des classes dangereuses, ou les deux à la fois ? Si, au début, Warnod a fait la part des choses entre le roman-feuilleton et la stricte réalité du Bal des Grav', peu à peu il glisse du reportage à la chronique, et de la chronique au romanesque : son texte s'achève, évidemment, par un coup de couteau fatal… On n'en sort pas. À travers les danses légères, les rires, les airs de café-concert, les vieux refrains campagnards interprétés par l'accordéon, le Bal des Gravilliers, si représentatif du Paris qui nous préoccupe, exhalait du tragique.

D'où ce contraste qui inquiète Warnod : ces musiques variées « donnent à l'assemblée assez louche un aspect familial que bien vite un geste, une attitude ou quelque sinistre silhouette entr'aperçue vient dissiper ». Un mauvais coup peut toujours survenir au milieu de ces hommes dont certains portent la casquette, d'autres le chapeau de paille, ouvriers ou « marlous avec des mains de fainéant et des ongles longs et sales ». Mais soudain s'annonce l'instant négateur de ces antagonismes, l'instant magique de leur sublimation, l'instant où le Bal des Grav' et tous les musettes de Paris accèdent à leur plus haute vérité, l'instant de la danse, et pas n'importe quelle danse. « Tous dansent avec respect, ils savent ce qu'ils font. Enlacés étroitement, ils se laissent entraîner au rythme de la musique et leurs jambes agitées et souples ne manquent jamais la mesure. Un grand voyou danse la java avec, plaquée contre lui, une petite femme toute mince au corsage de toile bleue. » Pour la première fois encore, à ma connaissance, la java vient d'être citée. Ah ! si en simultané le lecteur écoutait *Déjà*, une java d'Émile Vacher… L'ensemble de ce que nous avons tâché d'expliquer s'y trouve exprimé, traduit, esthétisé… Un morceau magnifique !

La java

Qu'est-ce que la java, cette quintessence du populo de Paris ? Dans *Du bouge… au Conservatoire*, Louis Péguri se moque des alphonses, de ces messieurs les souteneurs qui, après quelques tours de valse, le naturel reprenant le dessus, se refusaient à tout effort supplémentaire au grand dam de ces dames… Le patron du Rat mort à Pigalle, que Péguri ne cite pas, avait remarqué que la clientèle féminine prisait fort la mazurka *Rosina*, que les habitués valsaient à petits pas entrecoupés. Aussi, dès que les ardeurs faiblissaient, le taulier réclamait *Rosina* à l'orchestre et, accent de là-bas à l'appui, demandait : « Alors cha va ? cha va ? » Et, un beau matin, Paris apprit qu'une nouvelle danse était née, « une danse qui tenait de la valse mais avec un pas plus crapuleux, plus canaille. – Cha va ! Cha va !… Ainsi naquit d'une déformation du parler auvergnat le fameux pas de java ». Une fois encore on se rend compte du goût prononcé de Louis Péguri pour le mythe.

L'origine du mot java est-elle réductible à cette historiette ? Au hasard d'une chanson écrite plus tard pour Fréhel, *Soi-même java*, Francis Carco semble apporter de l'eau au moulin de Péguri : « Quand l'gros Gégèn' /Soi-même /S'amène au bal musette /À petits pas il danse la java /Et tout's les poul's /Comm' saoul's /Lui riboul'nt des mirettes /Mais question de plat il leur répond /Ça va ! va ! va ! va ! » Bref ! à défaut d'autre explication, tous s'en contentent. Dans *Images secrètes de Paris*, en 1928, Pierre Mac Orlan consacre un beau chapitre à la java. Sur l'origine du mot, lui aussi n'avance qu'une hypothèse : « Cette danse fut consacrée par ceux que l'on appelait encore, il n'y a pas si longtemps, les apaches. Elle doit être un hommage à cet argot puéril que l'on nomme le javanais et qui n'est plus parlé que par des crétins incurables [*sic*[19] !]. » On le comprend, personne n'est en mesure de dire pourquoi la java s'appelle java. Il y a quelques années, à Chamonix, un musicien d'origine rom avait une clé : dans une langue rom, *dchjava* est l'impératif d'un verbe signifiant aller. Donc « java » serait la transposition de *dchjava*, à savoir « vas-y ». Pourquoi pas, d'autant que, dans *Ils ont dansé le Rififi – Mémoires*[20], Auguste le Breton l'affirme : jadis, avec les Espagnols, les gitans étaient « les plus fins gambilleurs de la capitale. »

Sur cette danse, Péguri ajoute pourtant, sans rien apporter de précis : « Quant à sa dénomination elle peut être aussi une conséquence du retour à Paris de certains trafiquants de la route de Buenos-Ayres, ayant ramené le pas glissé du tango Milonga qui a un certain rapport avec la marche glissée du pas de la java primitive, en réalité une valse au ralenti et à mouvement décomposé. Par évolution, la vraie java est devenue une valse musette et la vieille mazurka des faubourgs comme *Rosina* est restée cette vraie java dont Maurice Yvain a écrit musicalement le prototype avec *Une petite belotte*[21] […] Le succès de ce pas nouveau est extraordinaire. On danse la java même dans le grand monde. » Incorrigible Louis Péguri et ses idées de grandeur !… Cela étant, Philippe Krumm me le confirme, la java est bien une mazurka massacrée. Après la guerre, Carco[22] voyait en elle une « mazurka faite d'emprunts à toutes les danses » et la comparait à la belote qui, à l'image de la java sa contemporaine, « se complique de manille, de poker et d'inventions déterminées ». *La Petite Belote* d'Yvain, belote et java associées, est une photographie parfaite d'un certain Paris des années vingt. Mais attention, André Warnod l'a attesté au Bal des Gravilliers, la java date d'avant 1914 !

Passage Thiéré, le Petit Balcon

Pour Louis Péguri, le plus populaire des bals mal famés fut, sans conteste, le Petit Balcon, dont l'enseigne exacte était : BAL Au Petit Balcon. On revient à la Bastoche… Rue de Lappe, les voyous jetaient un regard envieux sur les bals de famille auvergnats où ils ne pouvaient entrer. Ce serait à leur intention que, passage Thiéré, se transforma le Petit Balcon, primitivement auverpin, qui devint dès lors synonyme de bouge mal fréquenté. Quand ? Car, dès 1887, à propos de cet établissement, Emmanuel Patrick exprimait une réserve envers ses lecteurs. On se souvient que Péguri nous y a fait pénétrer, un homme est mort même. Voici comment se présentait le passage : « Dans la sinistre ruelle, un unique bec de gaz jette sur le sol mouillé sa lumière crue. Frôlant les murs lépreux du passage : des ombres ! Celles des “durs”, pantalons à pattes, casquettes, rouflaquettes, mégots collés aux lèvres. Dans une poche, à portée, un “feu”, principal outil de leur industrie coupable. D'autres ombres, plus menues dos voûtés, tabliers plissés, foulards rouges, maquillage blafard, cheveux frangés : les radeuses, humaine et lamentable TCRP de tuberculose, de syphilis, de vices... » À l'entrée, deux gardes municipaux moustachus.

Ces lignes, précisons-le, ont été écrites près de quarante ans après la prestation de Péguri au Petit Balcon. En tout, Péguri a tendance à exagérer, à faire du roman... Malheureusement, avant 1914, nous ne disposons pas de témoignage sur le vif du Petit Balcon. Celui de Carco, en 1938, est également une réminiscence vieille de plus d'un quart de siècle[23]. Dans le passage, ses lumières se voyaient de loin. Le Petit Balcon était le rendez-vous attitré de ceux de la Popinc' et de Ménilmontant. À droite, quand on y entre, une première salle avec, sur la droite, un comptoir. Ensuite le bal tout en longueur, orné, à gauche, d'une immense glace et, dans le fond, d'une estrade en bois, un petit balcon, origine de la dénomination de l'établissement. Dehors, Carco note aussi l'unique réverbère « dont la flamme vacillante tremblotait à l'endroit où le passage bifurque », à l'angle du passage Louis-Philippe donc... Comme les carreaux du bal étaient régulièrement cassés à coups de pierre, le gaz ne cessait de clignoter, de papilloter, on se serait cru dans « quelque coupe-gorge des *Mystères de Paris* » de Sue. Cela entre janvier 1910 et août 1914 puisque Carco a débarqué à Paris en 1910. Et M. Francis de nous narrer une descente de police suivie d'une récolte abondante de revolvers et de couteaux à cran d'arrêt... À l'en croire, si la rafle n'avait été conduite par des policiers « entraînés à ce sport », on risquait la tuerie...

Toujours des faits divers

Alors cette « dangerosité » de la Bastoche : mythe ou réalité ? Martin Cayla est bien optimiste quand il date de 1920-1922 le début des dangers, rue de Lappe : « L'arrivée des Italiens et leur goût pour le commerce et... les "affaires" fit [*sic*] que peu à peu, les bals musette sont devenus le repaire des mauvais garçons », car, prétend-il fermement, en « 1913, il n'y avait jamais d'histoires ». Des années après, Cayla l'Auvergnat n'avait pas admis, concernant la musique musette, la défaite de l'Auvergne face à la furia italienne ! Avant de passer en revue quelques faits divers survenus à la Bastille, racontons la seule histoire de l'époque, selon Cayla, de la rue de Lappe à laquelle, d'ailleurs, il fut directement mêlé. Elle est drôle.

Martin « zizique » et le jaloux

Cayla travaillait au 21, chez Mouminoux. Un jour, on s'amuse, une jeune femme, accompagnée de son mari et d'un autre couple, l'invite à danser. Rien de méchant, sauf qu'un copain de Cayla, qui a la mauvaise idée de se prénommer Martin, entreprend ladite danseuse... Elle tient un restaurant rue de Lyon, tout près. Se revoientils ? Cayla n'est pas explicite, mais, toujours est-il que le mari, un cocher de fiacre rustaud, buveur, est pris d'une crise de jalousie. On entrevoit le quiproquo. Quelque temps après, le cocher croit dur comme fer que Cayla est le Martin qui le cocufie ! Rue de Lappe, un soir, le type monte chez Cayla, revolver au poing… En Auvergnat costaud qu'il est, Cayla saute sur l'autre, lui retourne le bras, sort son laguiole… Cayla a beau plaider sa bonne foi, deux ou trois jours passent, le cocher revient à la charge : « Martin zizique, on va se retrouver ! » Et toutes les nuits, la sérénade recommence, le tapage ! Ce qui, rue de Lappe, constatons-le cent ans et mèche plus tard, n'a aucun caractère exceptionnel, ça fait partie de l'histoire de la rue ! « Salaud de Martin, j'aurai ta peau. Descends donc un peu ! » Cette fois la menace se précise. C'est alors que Charles Péguri, l'ami de Cayla, élabore un plan pour se débarrasser du casse-pieds. La nuit suivante, le gars se pointe, fin saoul à son habitude, et soudain, du haut du 11, rue de Lappe, Martin et Charles lui déversent sur la tête le contenu de tous les pots de chambre qu'ils ont pu récupérer ! On imagine la vexation, la colère du butor… pan ! pan ! pan ! il en décharge son revolver. Sans bobo, c'est heureux. Au facétieux Martin Cayla le mot de la fin : « Il ne devait pas sentir bien bon ! » En tout cas, plus jamais, on ne revit ce cocher jaloux et vindicatif rue de Lappe.

Dernier trimestre 1907 : bagarres, attaques et autres

Récapituler les faits divers à la Bastoche de 1900 à 1914 nécessiterait un livre entier. Nous nous en tiendrons à l'époque de la carte des apaches à Paris publiée dans *Le Matin*, le 30 septembre 1907. Dans les numéros suivants, aucune autre précision n'est apportée. En revanche, la liste des incidents, des bagarres, des agressions au jour le jour est impressionnante pour les derniers mois de 1907.

Le 4 septembre, 1907 donc, se déroule une bataille dans le style des durs de la Bastille, rue de Charenton. Jean-Alfred Goujon, sorte de terreur dans un certain rayon de « puissance apache », baisse pavillon devant un gamin de 17 ans, René Arlié, ébéniste, qui lui porte un coup de couteau à la gorge. Goujon n'est cependant pas une mauviette et il le prouve : « De lui-même [il] pinça les veines d'où le sang jaillissait en jets et a ainsi retenu l'hémorragie jusqu'à son arrivée à Saint-Antoine ! » Cet épisode me rappelle l'accident de mon vieux et regretté Daniel Schmid, l'ancien directeur général du Balajo, ex-champion du monde de catch des lourds-légers, qui, soixante ans plus tard s'ouvrit le crâne en allant percuter l'un des poteaux du ring sur lequel il s'entraînait. Le raisin se mit à pisser, et c'est en s'épongeant avec une serviette et en refusant l'aide de quiconque que Schmid rallia Saint-Antoine. Là, on lui appliqua quand même une cinquantaine de points de suture !

Les 7 et 11 septembre 1907, deux faits divers montrent, au passage, l'implantation juive ancienne dans le quartier. Le 7, un gamin de 16 ans, Maurice Wyman, vole dix mille francs à son ancien patron, M. Chandoles, dentiste, 130, rue de la Roquette. Aux policiers, Maurice raconte qu'il a été poussé à ce forfait par un « apache Firmin Trotot », dit le Beau Brun de Charonne, et sa maîtresse, Nini la Blonde. On recherche Trotot.

Le 11, six apaches injurient des passants avenue Ledru-Rollin, dans sa partie entre la rue de Charonne et le faubourg Saint-Antoine. Ils frappent M. Roubinowitch avec une chaîne. L'apache Fouché a un couteau, l'agent Lévy l'interpelle, les cinq autres lui tombent dessus, les gardiens du 11e viennent à la rescousse de leur collège. Fouché, dangereux repris de justice, est finalement arrêté, il a déjà six condamnations à son actif pour coups et blessures.

« Toujours les Apaches », commence l'entrefilet relatant l'agression dont est victime, le 14 octobre vers minuit, M. Boniquet, habitant rue Saint-Sébastien, à l'angle de la rue Daval et du Richard-Lenoir. Délesté de 7150 francs, grièvement blessé à la tête, il est admis à Saint-Louis. On apprend à cette occasion que le commissaire du quartier s'appelle M. Bordes, un nom qui sonne bien son Massif central.

Deux jours après, drame de l'alcoolisme, rue Sedaine vers 20 heures. Le dénommé Charles Jobert blesse, à coups de feu, le menuisier Moreau à la poitrine. L'agent Gaston Chaireau s'élance à la poursuite de Jobert, il est également blessé. Jobert, qui demeure 180, rue Saint-Maur, sera arrêté le lendemain, ainsi qu'Émile, son frère.

Quittons un instant la Bastille, mais restons dans le monde du musette. Le 22 octobre, des agents sont blessés dans un bal de la rue du Cardinal-Lemoine. L'établissement ne peut être que celui du Cardinal au 74 – Martin Cayla s'y établira après la guerre. Le 26, la brigade mobile, aux ordres du commissaire Vallette, effectue une descente au Bal des Gravilliers. Huit inculpations seront prononcées pour port d'armes prohibées. La réputation des Grav' n'était pas surfaite !

Le 29 octobre, place de la Bastille, Mlle Angèle Riquer est trouvée baignant dans son sang. Elle ne peut donner aucune indication sur ses agresseurs. Agression crapuleuse ou bien Mlle Riquer observe-t-elle la loi du silence ? La même nuit, deux pierreuses se crêpent le chignon devant le 167, faubourg Saint-Antoine. Un souteneur, Jules Didier, tend sa lame à l'une des « batailleuses », Andrée Bernard. Dans un geste terrible, elle tranche le nez de sa rivale, Rose Camard, la très mal nommée…

Le 3 novembre, des apaches attaquent des passants à l'angle Voltaire-rue de Charonne. Un peintre et un policier, blessés à la tête et à la poitrine, sont admis à Saint-Antoine.

Le 14, dans un bal-musette non précisé mais qui doit être davantage du côté de Belleville qu'à la Bastoche, Bernard Chaillot, garçon épicier, vivant 68, rue Oberkampf, rencontre Léonie Quers, son ex-amie, en compagnie de son nouveau soupirant, Léon Lambé, domicilié rue Julien-Lacroix, la rue du jeune Maurice Chevalier jusqu'en mars 1903… L'explication tourne à l'aigre. Boulevard de Belleville, Lambé frappe son rival de deux coups de lingue.

Rue de Charonne dans la nuit du 27, Victorien Arnaud, boulanger, et Paul Bourgeon, journalier, qui habitent 7, passage Thiéré, sont assaillis à coups de couteau par deux apaches. Arnaud est blessé au sein gauche, Bourgeon au bras. On peut toujours se demander si, par hasard, les deux frappes ne sortaient pas d'un guinche du quartier…

Le surlendemain, le 29, nouvelle histoire mettant en scène des radeuses, des pierreuses, que *Le Matin* relate dans un style d'époque, très Pantruche, presque misérabiliste : « Trois pauvres filles, les cheveux au vent, tapant la semelle, fouillant l'ombre de leurs yeux aigus, erraient boulevard de la Bastille en quête d'aventure galante… » Il s'agit de Rose Ramprès, 21 ans, Catherine Figeon, 33, et Léonie Bardou, 25. Trois apaches : Marius Bonnet, nom auvergnat, demeurant rue François-Miron, Gaston Mallieu, passage des Petites-Écuries, et Adrien Gizard, rue de Charenton, les « agrippent ». S'ensuit une lutte. Georges Louis, agent en bourgeois, en civil, intervient. Bonnet lui tire aussitôt dessus, sans l'atteindre. Louis s'élance à sa poursuite. Aux abords de la gare de Lyon, rue d'Austerlitz, une voie étroite parsemée d'hôtels et de femmes, Bonnet défouraille encore, mais sans succès, il sera intercepté plus tard. Quant à Louis, pour avoir, en trois ans, essuyé trois graves blessures, il recevra la médaille de vermeil des mains du préfet Lépine.

Enfin, pour clore cette année 1907, le 5 décembre, Louis Brunot, un journalier de 31 ans, demeurant 174, rue de Charonne, est trouvé lardé de coups de couteau sur un trottoir de la rue Saint-Bernard. Les intestins perforés, il est admis à Saint-Antoine.

Meurtres à la Bastoche

A contrario donc de ce qu'écrit Martin Cayla, ces faits divers presque quotidiens montrent qu'il ne faisait pas trop bon se promener la nuit à la Bastille. D'autant que cette liste n'est pas exhaustive : les archives de la police en mentionnent d'autres pour la même période, à propos desquels les journaux demeurent obstinément muets sans qu'on sache pourquoi. Ainsi je n'ai rien découvert sur un assassinat, le premier à s'inscrire exactement dans mon sujet, survenu à la porte d'un bal-musette le 21 janvier 1905, à la grande époque des apaches. La victime est un sculpteur, Alphonse Labat. Alors qu'il sort de chez Caron, le guinche du 90, rue de la Roquette, on fait feu sur lui. Le lendemain il décède à Saint-Antoine. Ses agresseurs sont identifiés, arrêtés et condamnés le 12 août 1905. Tandis que ses comparses, Fernand Quesnot, imprimeur, François Dulas, dessinateur, et André Pierre Delépine sont condamnés à cinq ans de réclusion, le meurtrier, Louis Adrien Couchard, ébéniste, prend perpèt'. Augustine Marguerite Couchard, blanchisseuse, bénéficie, elle, d'un non-lieu. Les archives de la police ne signalent pas si Louis Couchard et Augustine étaient mari et femme ou frère et sœur. Il est simplement dit qu'il s'agit d'une vengeance de souteneurs… Ah ! nous y voici. Labat avait-il tenté de mettre Augustine sur le trottoir ? On peut le penser. C'est ainsi qu'à partir d'un fait brut embraye l'imagination littéraire, à la façon, du moins, dont l'entend Mac Orlan.

Le Matin du 3 septembre 1907 donne un peu plus de détails sur une affaire de cœur et de vengeance, peut-être aussi de proxénétisme rappelant, en raccourci, celle de Casque d'Or dont les premières violences s'étaient déroulées dans les parages, au coin des rues Sedaine et du Chemin-vert. Louis Demay-Desroches, un terrassier qui loge dans le terrible passage Basfroi, au 9, connaît depuis dix jours une jolie brune, Marie Adlan, 28 ans, domiciliée tout près, 17, rue Popincourt. Accompagné d'un de ses amis, Jean Odin, 37 ans, Demay-Desroches sort, non d'un musette, mais d'un concert du boulevard Voltaire, probablement le Bataclan. Jaillissant d'un « débit » à l'angle des rues Sedaine et Popincourt, des amis de Marie Adlan attaquent Demay-Desroches qu'ils frappent au bas-ventre. Odin se défend, se bat, il est tué d'un coup de couteau en plein cœur. Un apache indicateur de police suit l'un des meurtriers, Henri Petit. À cette date il nie.

À propos de ces deux drames, comme de ceux déjà rencontrés et des autres qui endeuilleront la Bastoche, des questions se posent. Pour quelles raisons la presse et l'opinion publique s'appesantissent-elles sur telle histoire en particulier ? En somme, qu'est-ce qui fait qu'un fait divers passe à la postérité ? Par quoi Jacques Becker a-t-il été incité pour reprendre l'affaire Casque d'Or ? Dans quel dessein s'est-il éloigné de la stricte réalité en dépeignant Pleigneur-Manda[24], interprété par Serge Reggiani, sous les traits d'un brave petit ouvrier, alors qu'il était un voyou, un maquereau de la même trempe que Leca son ennemi ? Force est de constater que, parmi les faits divers, si certains se font une place au soleil de la mémoire collective, la majorité s'abîme dans les ténèbres de l'oubli[25]. Le 13 avril 1914, à la suite d'une querelle dans un bal, Jean Magat est assassiné rue de Lappe, j'apprends aux archives de la police. Nulle part je n'ai trouvé de précision supplémentaire, à la Bibliothèque historique de la Ville de Paris *Le Matin* du 14 manque. S'agit-il d'une banale querelle qui tourne mal ou à nouveau d'une salade entre mecs à nageoires ? Où Magat avait-il passé ses derniers instants : chez Bousca, à la Boule Rouge, chez Mouminoux ? Et son meurtrier, Francis Théodore Bodic, 19 ans, alpagué le 16 avril ?

Tragi-comédie au Petit Balcon

Si la rue de Lappe pouvait parler, elle aurait davantage de discussions, d'algarades, de batailles à exhumer que Martin Cayla veut bien dire. À l'époque du meurtre de Magat il y jouait, d'ailleurs… En revanche, Cayla, un très brave homme, insistait Jo Privat qui avait édité son premier disque chez lui, était au service militaire ou en convalescence d'une pleurésie, lorsqu'en 1911, le 23 juillet, se déroula une histoire qui remua le coin Thiéré-Lappe. Les protagonistes en sont les patrons mêmes du Petit Balcon, qui, c'est à noter, ne sont pas auvergnats. La femme, Marguerite Godet, originaire de Cholet, est une ancienne modiste. En 1908, après avoir quitté son mari, elle se laisse « effeuiller par qui voulut », raconte le journal où je retrouve son histoire. L'année suivante, fortune faite, son patron ferme boutique et la dédommage de dix mille francs. Marguerite fait alors la connaissance d'Henry Trouvé, fabricant de sommiers au 14 de la rue Saint-Nicolas, la première à droite dans le faubourg Saint-Antoine en venant de la Bastille. Ils se mettent en ménage et rachètent le Petit Balcon, bal, poursuit l'article, qui « n'était fréquenté que par des individus sans aveu et des filles » – on le sait déjà. Le vendeur était Pierre Pouyet, né à Saint-Germain de l'Herm dans le Puy-de-Dôme en 1866 – il dirigeait l'endroit depuis 1896. Il est le père de Léon, patron de la Boule Rouge, rue de Lappe, à partir de 1923. Revenons aux deux amants désormais tauliers : d'incessantes disputes ne tardent pas à éclater entre eux. Un jour Marguerite donne un coup de couteau à Henry. On est en mai 1911[26], il la quitte.

Aux termes de la loi, un bal-musette ne pouvait être tenu que par un homme. Obligée de vendre, Marguerite perd une partie de son argent et, surtout, elle est désespérée. Une première fois, elle va rue Saint-Nicolas menacer la famille Trouvé… Le 23 juillet, encore, jour de canicule, il fait plus de 32 degrés à midi. Un revolver a remplacé le couteau. Elle tire deux coups sur Henry, puis sur Henriette, sa sœur, accourue à la rescousse. Henriette a un doigt coupé, Henry est grièvement blessé. Il en réchappe, mais une des balles reste fichée dans le poumon, ce « qui rend difficile sa respiration ». Néanmoins, grâce à la « plaidoirie entraînante » de Mme Touret-Piallat, son avocat, Marguerite sera acquittée, les deux victimes obtenant quant à elles trois mille cinq cents francs de réparation.

Dans *Envoûtement de Paris* de Carco, après la rafle du Petit Balcon, il est rapidement question des tauliers de l'établissement. « On a sûrement été vendus ! grommelle le patron, sa compagne lui fit un signe ». S'agissait-il d'Henry Trouvé et de Marguerite Godet ?

En 1910, Antoine Bouscatel délaisse la rue de Lappe. En 1913, Louis Bonnet, le héraut de l'Auvergne à Paris, rend l'âme, cinq mille personnes suivent son enterrement au Père-Lachaise… Ces deux événements paraphent à leur façon le changement de la Bastoche amorcé dès la défaite de la musette face à l'accordéon. La guerre de 1914, ou plutôt la paix de 1918, accentuera ce changement en espèce de métamorphose. Sous la pression de son succès, la rue de Lappe renaîtra, à la fois semblable et différente. Son chantre en sera, précisément, Francis Carco.

SECONDE PARTIE

1918-1939

CHAPITRE PREMIER

À MOTS NOUVEAUX, RÉALITÉS NOUVELLES

« Qu'elle était triste, la rue de Lappe, sans bals ! »

Fin 1913, Martin Cayla travaille chez Garrigoux. Il s'éprend de la nouvelle fille de salle, Marie Vassal, une jolie brune de Villecomtal dans l'Aveyron, qu'il finira par épouser à la mairie du 11e, place Voltaire, le 16 avril 1917. Début 14, tous deux ont quitté Garrigoux pour tenir la gérance de chez Chambon, le nouveau bal de la rue de Lappe, au 11. « Marie et moi gagnions très bien notre vie, mais mon métier m'obligeait souvent à accompagner dans leurs libations quelques bons clients qui avaient de l'argent et le dépensaient sans compter ! C'était pénible mais je ne pouvais refuser. » En deux phrases, Cayla résume l'allégresse quotidienne de la rue de Lappe, son entrain de rue à plaisir.

Le 2 août 1914, la déclaration de guerre met un terme à la noce. À ma connaissance, Cayla est le seul à avoir écrit sur la rue de Lappe durant la première conflagration mondiale. Réformé en 1911 à la suite de sa pleurésie, il n'est pas parti en 14. Après un va-et-vient au pays, il retrouve la capitale : « Paris avait tellement changé, raconte-t-il, que je ne le reconnaissais plus. Tous les bals avaient fermé leurs portes. La plupart des cafés aussi, dont ceux dans lesquels j'avais déposé mes machines à sous. Leurs propriétaires étaient déjà mobilisés. Il n'y avait guère de travail dans la ville. » Marie en trouve, elle, au café du 17, rue de la Roquette – tenu à mon époque par Joseph Bouet. Verlaine avait habité l'immeuble en 1882-1883, chez sa mère. Le bistrot s'appelait-il déjà La Rotonde ? Cayla quitte Paris pour y revenir au début de l'année 1915 : « En rentrant rue de Lappe, une rue devenue silencieuse et bien triste, je regardais chez moi ma pauvre cabrette qui gisait comme morte. Il me fallait cependant trouver du travail. » C'est alors qu'il décide de s'engager comme volontaire. Le 11 mai 1915, il est affecté au 13e d'artillerie puis muté à la poudrière de Champigny et, enfin, à l'usine d'armement de Fontenay-aux-Roses pour fabriquer des obus à gaz. Mais, très fragile des poumons, Cayla sera définitivement réformé en janvier 1918. Durant son temps à Champigny et à Fontenay, il rejoignait fréquemment sa femme à Paris : « J'allais de temps en temps rue de Lappe, mais qu'elle était triste, sans bals. » Il n'est pas inutile de spécifier que les usines de fer du quartier Popincourt s'étaient reconverties dans l'armement de guerre. En 1918, Marie Vassal avait quitté le 17, rue de la Roquette, elle travaillait à côté, boulevard Richard-Lenoir chez Pinsard & Denis. À la machine elle perçait des trous dans des douilles d'obus de 75.

Avec l'entrée des Américains dans le conflit en 1917, un certain Paris va s'extraire de l'austérité. À Montmartre la fête reprend. Les spectacles en profitent pour s'américaniser. En novembre le Casino de Paris rouvre ses portes. Bref ! Paris présente différents visages : misère dans les quartiers populaires comme Belleville, Ménilmontant, la Bastille, et luxe éhonté, vu les circonstances, sur les boulevards, à Pigalle, place Clichy… « Tout ça grouille de monde, s'amuse, après nous le déluge ! » constate Victor Serge. Pour bien comprendre ce hiatus entre les gens qui à Paris dépensaient sans compter, ceux qui à Paris souffraient, et ceux qui, au front, laissaient leur vie, il faudrait relire Céline, Dorgelès… l'infinie déception amoureuse que ce dernier relate au dernier chapitre d'*Au beau Temps de la Butte*, intitulé « Inflation de l'amour » : « Je ne croyais plus au grand amour, mais il restait le plaisir ; c'est mieux que rien. »

Les années dites folles

À Paris le plaisir sera le maître-mot des années qui vont suivre l'Armistice de 1918, les années folles les qualifie-t-on. Louis Chevalier a eu beau s'évertuer, il ne sait « de quand, de qui est l'expression ». Il n'a trouvé que des indices, dans *La Décade de l'illusion* de Maurice Sachs : « un tourbillon d'idées folles envahit la littérature », ou dans *Retour à Babylone* de Scott Fitzgerald (1931) : « La fête est finie… Je cherche seulement à vous expliquer ce que Marion éprouve en pensant à ces années folles (*those crazy years*) ». Si l'expression n'apparaît pas chez Carco, en revanche Warnod, dans *Visages de Paris*[1], publié en 1930, écrit : « Paris, sitôt la guerre finie, fut pris de folie », ce qui définit l'époque sans apporter d'explication précise à la locution elle-même. Autant que je m'en souvienne, *The Roaring Twenties*, littéralement les « ronflantes années 20 », un film de 1939 de Raoul Walsh sur les gangsters du temps de la prohibition sorti en France après la Libération, était traduit en français par *Les Années folles*[2]. Je me demande si l'origine de la dénomination des années de l'après-Armistice n'est pas à rechercher dans cette direction. Qui a donné ce titre ?

À moins qu'il ne faille remonter avant la guerre de 14. Dans *Ring noir*[3], Claude Meunier évoque en effet un tableau de Van Dongen, *Un bal des Années folles*, daté de 1913, qui, d'ailleurs, par son sujet et sa facture : une femme blanche nue dansant le tango avec un Noir immense, entourés de garçonnes, d'un travesti, d'un satyre et d'une jeune femme en marin à pompom, fait très années vingt… À la réflexion, Meunier me dit que ce nom a pu être donné ultérieurement. Le mystère demeure. Avec, à la clé, cette remarque faussement pléonastique que l'immédiat avant-guerre, grâce en particulier à la mode du tango, était plein déjà de cet après-guerre, qu'étant donné les circonstances, on a tendance à trop couper des années 1910, 11, 12, 13, et début 14… Tableau de Van Dongen à l'appui, Meunier le démontre, encore que la société parisienne qu'il décrit soit celle, artiste, bohème un tantinet bourgeoise, et ainsi restreinte, de Montparnasse… Le terme de « bobo », attention, ne s'entend que depuis le début du XXIe siècle. Dans son *Dictionnaire du français qui se cause*, Pierre Merle en raconte l'histoire : bobo vient de « l'américain *bourgeois-bohemian.* »[4]

Ces questions de vocabulaire ne sont pas futiles. Certains mots, dans leur emploi, contiennent une charge affective si forte, unique, qu'ils sont irremplaçables pour désigner ce qu'ils expriment. Ainsi « Paname » et « milieu » qui, aussitôt qu'on les prononce, qu'on les écrit, font affleurer une réalité particulière, à la fois semblable et dissemblable à celle que d'autres mots transcrivaient jusque-là. D'où l'importance de ces mots qui n'apparaissent pas par hasard à un instant déterminé du temps… Ils permettent de saisir des ambiances, des atmosphères *sui generis*, nouvelles, donc de mieux cerner la vie elle-même telle qu'elle se manifestait à Paris avant et après la guerre de 14. Nous venons de voir que, probablement, l'expression années folles qui pourtant, lorsqu'on l'utilise, charrie un cortège dans lequel se mêlent joyeusement le jazz, le charleston, la fête, les cheveux courts des femmes, la ligne haricot vert, j'en passe et des meilleurs, n'était pas contemporaine de l'époque qu'elle traduit. Elle est née plus tard, au moins dix ans après… Les deux mots que, soudain à Paris, dès l'Armistice, on ne cesse d'employer et d'entendre dans les bals, dans les dancings, les rues où l'on s'amuse, celles plus sombres où errent les ombres, ce sont précisément ces deux-là : « Paname » et « milieu ». Toute la littérature des années vingt l'atteste.

Paname

Une vieille chanson de l'après-guerre, *Mon Paris*[5], semble le regretter : « Paris, vous l'appelez Paname. Mais de mon temps, Paris c'était Paris »… En insistant sur la distinction entre le Paris de la Belle Époque et celui de 1925, elle montre que l'usage de Paname s'était tellement répandu qu'il finissait presque par remplacer celui de Paris. La gouaille populaire était parvenue à imposer ce mot, non seulement à la société parisienne, mais à la société française dans son ensemble. Or, *stricto sensu*, dans son acception argotique, c'est à « Pantruche » que « Paname » succédait.

En préambule à *Nostalgie de Paris*[6], Francis Carco écrit : « Tu le r'verras, Paname ! chantaient nos soldats de 14 quand le cafard les tourmentait. Ils évoquaient alors une rue de leur quartier, les Grands Boulevards, Notre-Dame, l'île Saint-Louis, les petits bals des environs de la Bastille, le canal et ses lourds chalands, la Seine et ses trains de bateaux. » Le chantre de la Bastoche n'oublie, surtout pas, les petits bals… La Bastille est une composante essentielle de Paname.

Tu le r'verras Paname date de 1917. Sur une musique d'Albert Chantrier, les paroliers Roger Myra et Robert Dieudonné démarrent en annonçant : « Je vais vous chanter une chanson sur Paris, que les Poilus appellent Paname. » Effectivement, les deux plus anciennes attestations que je trouve de Paname datent de 1916 : dans *Crapouillots – Feuillets d'un carnet de guerre*, publié chez Plon et signé Paul Duval-Arnould, et dans *Les Innocents*, le deuxième roman de Carco, sorti à La Renaissance du Livre. Le fait que Paname ne figure pas dans *Jésus-la-Caille*, le premier roman de Carco en 1914, signifie : ou que le terme ne se disait pas, ou que Carco ne l'avait pas encore entendu. Désireux de montrer ce nouveau petit nom de Paris, il l'utilise aux premières pages des *Innocents*, deux ans plus tard. Si l'on en croit Albert Dauzat dans son *Argot de la guerre*, Paname préexistait à 1914 : « J'ai habité dix ans [1901-1911] le 20e arrondissement, après le 6e, sans jamais avoir entendu Panam, Paris, tout en connaissant son existence. Depuis la guerre on n'entend que ce mot dans la bouche des permissionnaires parisiens. »[7] On reste sur sa faim. Vingt ans après, dans *Les Argots*, il revient sur le mot : « Avant la guerre, je ne connaissais Panam, Paris, que par la voie livresque : je n'avais jamais entendu le mot, qui, depuis, est répété à Paris, à bouche que veux-tu. »[8] Dommage que l'éminent linguiste ne cite pas ses sources car, au hasard de la documentation compulsée pour ce livre, jamais je n'ai vu Paname employé avant-guerre… Plus loin, pourtant, Dauzat réitère : « Panam, Paris, [qui] existait en argot avant la guerre mais (qui) s'est surtout vulgarisé après. »

Au fait, pourquoi « Paname » ? À ma connaissance, au cours de l'histoire, avant Paname, quatre mots d'argot avaient signifié Paris : au XVe siècle, Parouart, de l'argot des Coquillards que connaissait Villon ; fin XVIIIe – début XIXe, Pampeluche, qu'on trouve chez Vidocq ; Pantin et sa formation argotique Pantruche auxquels nous nous sommes déjà intéressés. À l'image de Paris leur matrice, ces cinq synonymes reprennent tous la première syllabe

« Pa » ou « Pan ». Il n'est pas impossible que Dauzat le sous-entende quand, se référant à Sainéan dans *Le Langage parisien*, il écrit, pour expliquer l'origine de Paname : « On a proposé telle filiation ["ville d'élégants", d'après panama, élégant, chez Delvau, 1866], mais il est facile d'en imaginer d'autres également possibles. » Dommage qu'à nouveau Dauzat s'arrête aussi brutalement.

Chez Delvau[9], effectivement, un panama c'est un gandin, « par allusion à la mode des chapeaux de Panama ». C'est par un élargissement de cette métonymie que Sainéan parvient à son explication : Panama, Panam, la ville des élégants… Soit. Mais alors il faudrait admettre que cette création langagière s'accompagne d'arrière-pensée, à tout le moins d'une forte charge de moquerie, d'ironie, car elle est d'essence populaire, et le peuple, de préférence au panama, portait la casquette ! Que le scandale de Panama (1891) ait eu sa part dans la création de Paname paraît avéré : Paname, Paris, la ville des élégants, de la rutilance, et par un renversement fréquent en argot, du miroir aux alouettes, des illusions brillantes et perdues… L'explication de Gaston Esnault sur la « ville Panama, ville énorme [où il est dur de "percer[10]" ?] », n'est en rien contradictoire : par un retournement fréquent en argot, le populaire a bien pu reprendre le mot, le parer de tous ses espoirs, de tous ses désirs. On comprend le succès de Paname chez les poilus, que vite, finisse la riflette et qu'on retrouve Paris ! « "Paname" ! Une immense et gavroche clameur jaillit du train » qui amène à Paris les permissionnaires, s'enthousiasme Duval-Arnould. Ce que dit Carco de *Tu le r'verras Paname* acquiert ainsi sa pleine signification. La prononciation populaire de l'époque accentuant beaucoup la première syllabe, on passe de « Pa-nama » à « Pa-nam » ou « Pa-name »… Panam et Paname : les deux écritures ont longtemps coexisté. Carco a même rédigé, en 1922, *Panam*, un recueil de petites scènes sur le vif, et, douze ans plus tard, *Paname* avec un *e*, un roman dont l'action se déroule rue au Maire. Nous y reviendrons.

Paname c'est le petit nom de Paris. On se souvient, dans *Sylvie*, que Nerval différenciait Pantin, le Paris obscur, de Pantruche, le Paris canaille. J'ai écrit ailleurs[11] que le côté canaille de Paris résulte de l'appropriation progressive de sa nuit par la lumière, au gaz d'abord durant le XIXe, électrique à partir des années 1920… Dans cette optique, la dérive nervalienne de Pantin à Pantruche recouvre entièrement celle de Pantruche à Paname. Éclairés à gogo car bénéficiant de l'électricité, les petits bars, les musettes du Paname 1925 de Carco relèguent aux oubliettes les bouges noirâtres du Pantruche de Bruant et de la Belle Époque. Dans une première approche du moins car, de façon exhaustive, et c'est là que se révèle la supériorité de ce nom nouveau, Paname se substitue aussi bien à Pantruche qu'à Pantin. Paname, c'est autant le Paris rigolo des chansons de Chevalier ou de Georgius que le Paris tragique des chansons de Fréhel, de Damia… Mais Paname, c'est plus que cela encore ! Paname, c'est le coup de bambou, le cafard qui prend dès qu'on en est éloigné… Qu'on se rappelle Jean Gabin et Geneviève Balin dans *Pépé le Moko*, plus tard Charles Vanel et Yves Montand dans *Le Salaire de la peur*, s'en émouvoir rien qu'à prononcer ce nom magique, rien qu'à regarder un simple ticket de métro… Par rapport aux synonymes qui l'ont précédé, Paname s'auréole d'une réelle universalité, caractéristique des années où il s'épanouit. En effet, grâce, si l'on peut dire, à la guerre, à la fraternité des tranchées, au brassage social qui s'est effectué dans leur boue et dans leur sang, Paname s'est employé non seulement dans tous les milieux de la capitale mais également en province. Et toujours avec un clin d'œil malicieux : à Paname, on s'amuse !

« Pourquoi Paname et pas Paris ? » demande une jeune fille belge à Jo Privat… Je renvoie aux digressions poétiques que Clément Lépidis consacre à cette pertinente mais quasi insoluble question dans *Monsieur Jo*[12]. *Grosso modo*, elles rejoignent ce que pense Carco à propos d'une jeune fille dont il apprécie « cette fraîcheur, cette naïveté mêlées de bon sens et ce cynisme qu'on ne rencontre qu'à Paris ou, plus exactement, qu'à Paname. » Et M. Francis de conclure : « Elle résumait pour moi ce Paris […] qui est un peu l'ombre de l'autre, son double, son anneau, sa préparation, son humus. »[13] Pourquoi Paname et pas Paris ? Nous pénétrons dans les arcanes de la langue, celles qui font que le senti, l'épidermique, se traduit par tel mot précis et non par tel autre… Alchimie ineffable !

Le milieu

Dans le *Petit Robert*, le « milieu », employé absolument, est ainsi défini : « groupe social formé en majorité d'individus vivant des subsides de filles soumises et des produits de vol ». Le mot est censé apparaître en 1921.

Si, avant 1914, « le milieu » ne se rencontre pas, en 1904 déjà, dans *La Maison Philibert*, Jean Lorrain, à propos de la haine entre la Mélie et le Môme l'Affreux, utilisait « milieu », sans l'article défini : « C'étaient les deux noms que dans *leur milieu* on donnait à ces deux êtres. »[14] « Leur milieu » : c'est-à-dire le milieu des souteneurs et des filles dont l'un et l'autre font partie, c'est-à-dire le milieu tout court, mais, à la Belle Époque, le terme n'a pas accédé, grammaticalement, à sa valeur absolue, il n'a pas encore pris son essor. Jean Chalon, le préfacier de cette réédition de *La Maison Philibert*, commet donc une erreur, relative, d'ordre chronologique, historique, quand il écrit que ce livre est un « reportage exemplaire » sur « le Milieu avec majuscule », puisque l'usage du mot n'a pas commencé, ou, pour rendre justice à Lorrain, qu'il commence juste…

Quand « le milieu » fait-il irruption ? Quand, sans remplacer tout à fait la pègre, ou encore « les apaches » qui, déjà, de l'époque Casque d'Or à la guerre, avait fait reculer ce dernier mot, le milieu supplantera-t-il les deux ? Décrivant Montmartre aux lendemains de la victoire, Louis Chevalier intitule un de ses chapitres : « Morte la pègre, vive le milieu », et il poursuit : « La pègre, cela date d'avant-guerre. Ce sont surtout les vieux qui emploient ce mot […] Les journalistes attentifs aux bas-fonds parlent de milieu. Et aussi les gens concernés qui voient dans ce mot un titre de gloire qu'ils s'efforcent de mériter. Pour être du milieu, il faut avoir fait ses preuves, en être digne. » Et Chevalier, pourtant, de trébucher sur « milieu » et « le milieu »…

C'est que, pendant un certain temps encore, l'usage va hésiter entre « le milieu des affranchis » traduit par « ce milieu » lorsqu'on le désigne, ou « son milieu » quand on parle d'une personne qui en est, et « le milieu » précédé de l'article défini. À ma connaissance, « le milieu » se trouve écrit pour la première fois dans *L'Équipe* de Carco, publié en 1919 chez Émile-Paul : « Ses principes ne le gênaient point. Il en avait pourtant qu'il tenait d'un ancien que, dès ses débuts “dans le milieu”, Bouve se félicitait d'avoir rencontré. » Dans *Le Crapouillot* du 1er janvier 1920, Jean Galtier-Boissière retrace une soirée au bal-musette, là-haut à la montagne Sainte-Geneviève, chez Mimile Vacher. Après avoir dépeint une scène de java, il songe « combien ce milieu a été différemment représenté en littérature » selon ceux qui s'y sont penchés, Charles-Louis Philippe, Charles-Henry Hirsch,

Lorrain ou Carco… Plus loin, à propos de l'Apache, Galtier évoque son « milieu », avec les guillemets, mais ne dit toujours pas « le milieu »…

Neuf semaines plus tard, le 10 mars 1920, *Mon homme,* de Francis Carco et André Picard, est créé au théâtre de la Renaissance. Le deuxième acte se situe dans un musette de la rue de Lappe, chez Boule, un amalgame me semble-t-il de la Boule Rouge et de chez Bousca, dont le décor est probablement celui du Petit Balcon. Les gens de la haute venus s'y encanailler n'ont pas l'heur de plaire à Madame, la patronne. Elle soupire : « Maintenant, c'est mêlé sens dessus dessous. Il vient des gens qu'est même pas *du milieu*. Autrefois, ils s'auraient pas risqué. » Carco est bien celui qui a lancé et, avant tout le monde, fait entendre, sur une scène donc, la locution « du milieu », « le milieu ». Quelques minutes après, « Mon homme », Fernand, s'adresse à Clara, ex-reine des apaches, devenue par les hasards de l'intrigue l'authentique princesse Claire, qu'il ne reconnaît pas : « Mais tu ressembles pas à une *du milieu* !… » Elle répond : « Je suis d'ici, moi… *du pays*… Et *le pays* m'a reprise. » « Du pays » : autrement dit « du milieu »… En 1932, dans *Traduit de l'argot*[15], Carco avance même que le « "milieu" […] s'appelle aujourd'hui couramment "le bled", argot du mot "pays" »… Il m'est récemment arrivé d'entendre des hommes de poids dire encore « chez nous », et quelqu'un qui s'adressait à eux renchérir, « chez vous », pour désigner leur monde, « leur milieu », or donc « le milieu », le pays des hommes ! Et ce, sans conscience aucune de compléter une série synonymique du plus haut intérêt… à mes oreilles !

Les bals du milieu à Paname en 1922

Carco n'a pas inventé l'emploi absolu « du milieu », « le milieu », il n'a été que le premier à répertorier *manu scribendi* cette nouveauté du langage qu'il entendait chez les poisses, les « loispés », comme donne Galtier dans son papier. Le reste, le pourquoi et le comment de la transition du milieu des affranchis au milieu avec l'article défini devant, est à mettre au compte des arcanes de la langue évoqués plus haut. De même la date de la naissance du mot. En revanche, de pair avec le milieu s'utilise son synonyme « mitan », milieu en vieux français, qui confère au mot un surplus argotique. En 1922, André Warnod retourne au Bal des Gravilliers[16] : « On est ici entre gens du mitan, explique-t-il, terme d'argot ingénieux qui traduit par un jeu de mots, gens du milieu. Et quel milieu !... » En dépit de mes efforts, j'avoue humblement ne pas saisir le jeu de mots, mais, bref : « Nous retrouverons tous nos gens du "mitan" dans une intimité assez joviale dans certains bals qui donnent à danser chaque après-midi. » Cette liste, précieuse, la voici : les Grav' au 65, rue des Gravilliers ; le Petit Balcon et chez Bousca à la Bastoche ; et enfin 26, avenue de Clichy, au Petit Jardin, que Warnod ne nomme pas. Il se méprend d'ailleurs en prétendant que ce dernier établissement est peu connu. Après s'être produit aux Grav' en 1921-1922 avec Jean Demarco dit Jean le harpiste – oui ! un harpiste –, Émile Vacher y triomphait juste à cette époque, 1922-1924, en compagnie cette fois du banjoïste Matéo.

À propos du Bal des Gravilliers, je relève quelques points confus, non élucidés. Warnod évoque, autrefois, rue des Gravilliers, « un bal au n° 35 qui existait depuis 1863, c'était le bal des Gravilliers ou le Grand Comptoir : c'était un bal-gargote. » En 1922, poursuit-il, « on n'y danse plus. Par contre il existe un nouveau bal des Gravilliers. Il occupe le n° 65 de la rue : il a beaucoup de caractère. » Qu'il ajoute qu'« il a été repeint et remis à neuf depuis la guerre » ne signifie pas qu'il ne marchait pas avant 1914. Mais alors, en 1913, quand Warnod était allé aux Grav', était-ce au 35 ou au 65 ? Dans *Les Jetons du Bal*, Lucien Lariche ne parle que du 65 ouvert, il est précis, en 1877 par la veuve Moreau, et répertorié, on l'a vu, parmi les cent trente bals-musettes pointés par la police le 1er juillet 1879. C'est à la sortie du 65 qu'accompagnée de Ninon, une copine, Casque d'Or est interpellée par les bourres, le 18 mai 1902. Ils voulaient s'assurer que Mélie serait présente au procès de ses deux protecteurs, le 30 mai suivant. Plus tard – mais quand exactement ? telle est la question –, l'établissement a été fréquenté par le fameux Gégène, surnommé des Gravilliers, ou des Grav' en argot. Le vrai nom de Gégène était Eugène Charrier, né le 28 juillet 1886 à Brive-la-Gaillarde, révèle Jérôme Pierrat[17].

Dans *Ils ont dansé le rififi*[18], Auguste le Breton différencie Gégène l'Allumette, le patron des Grav', explique-t-il, dudit Gégène des Gravilliers, à son avis comme à celui de ceux qui l'ont connu, « l'un des plus grands indics que la France ait possédés. » Un jour, Jeannot le Polak m'avait appris que raconter de quelqu'un qu'il était « du pays à Gégène », signifiait que ce quelqu'un *en croquait un peu chez les poulets*, qu'il faisait fonction d'indicateur… Retournons à Gégège l'Allumette. Pierrat donne son nom : « Eugène Pélissier, dit les Allumettes (il porte une cotte de maille sous son chandail) ». Pélissier tenait peut-être le bal, mais nulle part Lariche ne rencontre ce patronyme : il devait être gérant. En revanche, Lariche voit un certain Eugène Grassi aux commandes de l'établissement, de 1921 à 1923, plusieurs années avant que le Breton ait pu connaître ce guinche. Après, se succéderont, de 1923 à 1928, Georges Dubois, de 1928 à 1931, Malafosse, et enfin, jusqu'en 1939, l'ancien champion cycliste Joseph Muller, 6e du Tour de France 1924. Lariche a retrouvé des jetons ainsi libellés : « Bal Joseph Muller, Brasserie alsacienne, 65, rue des Gravilliers, Paris 3e ». À la même époque, Muller a tenu un second établissement, 137, rue du Chemin-Vert dans le 11e. « À l'ancien du Tour de France », avait-il fait graver d'autres jetons. Jamais le nom de Muller n'est évoqué, ni associé à celui de Charrier *alias* des Grav'. Jusqu'à quelle date Gégène a-t-il été un fidèle du 65 ? J'avais l'impression qu'après l'Occupation, il y tenait encore ses assises, mais, en 1964, dans *L'Amour à Paris*[19], Morlaine et Bellet y notent « toute l'Alsace, égarée à Paris, des militaires et des "durs" qui sont quelquefois des tendres… Ici, les danseuses s'appellent encore parfois Odile et le décor évoque à la fois Pépé-le-Moko et Erckmann Chatrian… » Émile Hubster, un pays, avait pris la succession de Muller. Encore que les durs et Pépé-le-Moko soient à l'honneur, je n'envisage guère que Gégène des Grav' ait été familier d'un guinche alsaco. Pour la petite histoire, précisons que ce grandissime indic' est mort tranquille dans son lit, le 21 décembre 1970.

Puisque Carco situe rue de Lappe les fonts baptismaux du mot « le milieu », et qu'en y relevant deux guinches du mitan, Warnod affirme une primauté certaine de la Bastille en la matière, je serais enclin à établir une relation privilégiée entre le milieu et la Bastoche… Mais restons honnête. D'une part, le baptême de Carco n'est que littéraire, donc nécessairement postérieur à la réalité… De l'autre, c'est Paname qui contient la Bastoche et non le contraire.

Il n'en reste pas moins qu'aussitôt la guerre achevée, ces deux nouveautés de langage, Paname et le milieu, ne vont cesser de se dire, et souvent à propos de la Bastille. Nous expliquerons au fur et à mesure les mutations de la réalité qu'elles signalent en les exprimant ainsi et pas autrement.

Chapitre 2

Mon homme de Francis Carco, ou la vraie culture de la rue de Lappe

« On redanse »

Martin Cayla écrit : « La guerre terminée, les bals n'allaient pas tarder à rouvrir. Ils faisaient vivre non seulement les musiciens, mais les cafetiers, les marchands de limonade. Quelques jours après le 11 novembre 1918, le préfet de Police autorisa en effet la réouverture de ces établissements. » Si, à la vérité, ils n'ont pas rouvert avant avril 1919, la demande populaire était telle qu'ils ne pouvaient que rouvrir. Pierre Miquel[1] constate que, partout dans Paris, bals et dancings jouaient le rôle « de "soupape de sécurité" pour faire face à un besoin irrésistible. » Il montre comment la loi est contournée : « Des bals musettes de la rue de Lappe s'intitulent comiquement "cours de danse" et les professeurs de "java-vache", hommes ou femmes, sont nombreux et fort convoités par les touristes. » Un commissaire s'en explique : « Il est impossible d'interdire les bals. » Aussi, en février 1919, plusieurs patrons de bals-musette se réunissent chez Garrigoux, 21, rue de Lappe, en présence d'Edouard Ignace, député du 11e et sous-secrétaire d'État à la Justice militaire. Grâce à l'intervention de ce dernier, le ministre de l'Intérieur donna une réponse favorable à la réouverture, fixée en avril. Cayla quitte alors la rue de Lappe pour la rue Saint-Martin, à deux pas de la rue Rambuteau, on lui a offert une place mieux payée. Quelques mois plus tard, il rachète aux Vaylet, 74, rue du Cardinal-Lemoine, le Bal du Cardinal. Des policiers y avaient été blessés en octobre 1907… Cayla fera de son établissement minuscule un bal de famille strictement auvergnat, le Bal du Printemps. Il y restera jusqu'en mai 1926.

Le 16 juin 1919, dans le n° 6 du *Crapouillot*, « On redanse » s'intitule un article de Galtier-Boissière. « Dans les bals-musettes de Charonne et de la Montagne, dans les guinguettes de la barrière et les bosquets de la banlieue, chez *Octobre*, aux *Gravilliers*, au *Petit Balcon*, des émules de Mimi-le-Vacher jouent de l'accordéon avec un chapelet de grelots au pied » : il est intéressant de noter que la Bastille n'a pas encore acquis sa véritable dénomination, donc son identité, puisque Galtier parle de Charonne… En outre, il écrit « Mimi-le-Vacher » pour Émile dit Mimile Vacher, erreur qu'il commettra à nouveau le 1er janvier 1920 dans « Soirée au bal musette », cité plus haut… Quant au Bal Octobre, 46, rue de la Montagne-Sainte-Geneviève, c'est précisément celui que la famille Vacher avait acheté en 1910. Elle l'avait revendu en 19, mais Émile y a joué jusqu'en 21. Dans cet article, Galtier cherche un peu à faire couleur locale… On y trouve le personnage de Gras-du-Genou qui, six ans après, sera l'un des héros de son roman *La Bonne Vie*.

Je ne crois pas qu'un maquereau ait jamais été surnommé Gras-du-Genou, Galtier est déjà dans le parodique : « Entre deux tournées de picolo, Gras-du-Genou, Maurice l'Algérien et le môme Cuisse-de-Mouche, sa casquette ronde, le cou ceint d'un petit foulard, guinchent la "java" avec des filles au casque d'encre ou d'or. Ici l'étiquette est des plus strictes. Nulle danseuse n'accepterait d'autre invitation que celle de Son Homme. Tout individu mal élevé se fait grouper à la sortie. Seul le poilu a quelque indulgence ; un superbe bataillonnaire à fourragère rouge, le képi cassé, les paupières tatouées, les cheveux en paquet de tabac, se risque à danser "l'aéro" renversant à chaque ritournelle sur son genou sa danseuse à demi pâmée. Mais sans doute ce manque de tact se réglera-t-il sur le coup de minuit, par l'envoi de quelques coups de pétard ou l'insertion d'une rallonge bien effilée sur le coin du trottoir, entre les omoplates de l'imprudent »...

On n'est qu'en 1919 et déjà ce texte, accompagné d'ailleurs d'un dessin sous-titré « Apache et gonzesse », se languit de l'apache. Le mot ne figure pas noir sur blanc dans l'article mais la tenue des hommes parle d'elle-même, le casque des filles, d'encre, ou d'or, bien sûr... Au moment où émerge un Paris nouveau, l'apache, réalité d'il y a vingt ans devient mythique. Le ton parodique aide à mieux faire accepter cette mythisation de quatre sous car Casque d'Or, Galtier le sait, était une pas grand-chose à y regarder de près... Seconde remarque : l'apparition du soldat, pas n'importe lequel, ici un joyeux, un soldat des bataillons d'Afrique, les fameux Bats d'Af' réservés aux fortes têtes, aux durs de durs déjà condamnés... La chanson réaliste et le cinéma – je pense à Fréhel, au Gabin de *La Bandera* – assoiront ce nouveau mythe du vrai de vrai, « le képi cassé, les paupières tatouées », qui est le frère aîné de celui qu'Édith Piaf chantera plus tard, *Mon Légionnaire*, qui sent si bon le sable chaud. Grâce à l'Empire, à l'armée, aux joyeux et à ceux de la Légion, Montmartre, la Bastoche, l'accordéon, la java s'exporteront aux quatre coins du monde... l'air de Paris, Paname, quoi !

Les bals redonnent à danser mais ils sont peut-être encore plus sombres qu'avant-guerre, paumés dans de petites rues sinistres, Galtier l'écrit. En effet, vu les ordonnances de police des 21 décembre 1918 et 12 novembre 1919, afin d'obtenir une nouvelle réduction de charbon, une troisième ordonnance du préfet de police Fernand Raux, en date du 30 novembre 1919, stipule que « dans les salles de bals, dancings, cours de danse, et dans tous les établissements où l'on danse, l'éclairage [...] sera réduit à une lampe de 16 watts ou à un bec de gaz à incandescence n° 1 par 10 mètres carrés de surface au sol. » On n'y voyait goutte !

Mon homme et le lancement de la rue de Lappe

Ni Galtier-Boissière ni Warnod ne signalent encore la prédominance de la Bastoche sur les autres quartiers où l'on danse, au lendemain de la guerre. Dans « Soirée au bal musette », le 1er janvier 1920, c'est à Émile Vacher « l'estimé musicien » de la montagne Sainte-Geneviève que Galtier rend hommage, pas à Charles ni à Louis Péguri... Vingt ans plus tard, dans *Nostalgie de Paris*[2], Carco affirme cependant que la renommée de la Bastille a débuté à cette époque précise. En 1940, Carco a fui Paris occupé. La capitale lui manque, elle lui revient par bouffées enchanteresses, *Nostalgie de Paris* est un livre magnifique, de haute culture parisienne... Sur l'éclosion de la Bastoche, il est péremptoire : « Lorsque j'ai fait représenter *Mon homme* après la guerre [de 14], on ne connaissait pas beaucoup la rue de Lappe, mais quelques jours après la répétition générale, cette rue se trouva lancée. Elle ne comptait encore que de petits “musette” assez crasseux et, dans le passage, qu'un établissement où j'avais vu, lors d'une descente, les policiers rafler un plein panier de revolvers et de couteaux à cran d'arrêt. » Carco nous a déjà narré l'anecdote.

Examinons, avant tout, la trame de *Mon homme*. Point capital puisque, selon M. Francis, aussitôt après avoir vu cette pièce, les spectateurs ressentirent l'envie pressante de courir, rue de Lappe, sur le terrain, apprécier l'original de ce qu'elle leur montrait sur la scène du théâtre de la Renaissance. Dans la tradition parisienne de l'exploration des bas-fonds, le deuxième acte de *Mon homme* est prétexte à une excursion, une incursion plutôt, dans le « monde singulier, interlope » des « terreurs les plus authentiques », dans un de ces « bouges, bals-musettes, assommoirs où l'on rencontre ces gens-là », ces « plus dégoûtants milieux », enfin « chez Boule, un endroit mal famé… Boule, un bal-musette du quartier de la Roquette », « Boule, le bal-musette de la rue de Lappe », ainsi que s'extasient et s'effraient à la fois les gens du monde, de la haute, qui projettent de s'y rendre. Claire, l'héroïne, devenue princesse par un riche mariage, est une enfant du quartier. Chez Boule elle trouvera un homme, Fernand, dont elle s'amourachera. Avec son consentement il viendra chez elle, le lendemain, pour la dévaliser mais, surpris, il sera tué par un ami de ladite princesse.

Atténuation du « compartimentage social »

Donc, Carco prétend que, sous l'impulsion de sa pièce, la rue de Lappe a été lancée. Accordons-le-lui avec quelques précisions. Carco écrit lui-même, c'est Claire qui parle : « Est-ce que ça ne vous paraît pas un peu… démodé… ces curiosités ? » et, plus loin, à propos des bals d'apaches : « C'était la fureur avant guerre… » Autant d'indices qui permettent de croire, à ce qu'il me semble, que, dès avant 14, la haute s'était risquée à la Bastoche… Plus qu'un lancement, il s'agit d'un nouveau départ de la rue, réactivé par la folie de vivre du Paris d'après l'Armistice, et qui, étant donné la parenthèse de 14-18, peut être assimilé, sinon à une naissance, du moins à une renaissance indiscutable. Faire table rase du passé et recommencer, voilà qui est parisien ! Durant les années vingt, la vogue de la rue de Lappe ne cessera de s'amplifier pour atteindre une renommée sans pareille, à Paris, en France, et dans le monde… Concernant la mode des surprise-parties, qui date aussi de ce temps extravagant, Michel Leiris constate que « le compartimentage social [s'était] assez atténué ».[3] Au souvenir des tranchées, à cette communion dans l'horreur, à la mort, succédait la vie sans retenue. C'est la raison et le début, en fanfare, de cette intense fusion sociale évoquée à maintes reprises. Je pense qu'à la curiosité d'aller respirer la sueur qui a toujours poussé la haute, noblesse ou bourgeoisie, à se frotter à la canaille, s'ajoute alors un désir d'ordre quasi fraternel de retrouver, chez eux, ces populaires, ces apaches que les messieurs des beaux quartiers ont appris à apprécier, à aimer peut-être, à la riflette… Ceux, bien sûr, qui ont survécu au carnage et qui continuent de régner en maîtres, c'est-à-dire en indigènes, au propre comme au figuré, sur certains territoires de la capitale.

Me revient un passage d'*Aurélien* d'Aragon, qui se déroule en ces années[4]. À la piscine de la rue Oberkampf, au 160 – on ne s'éloigne guère de la Bastille –, Aurélien le rentier fait la connaissance de Riquet, un ajusteur-monteur. Tous deux étaient à Salonique. La guerre crée des liens, d'emblée ils se tutoient, nagent ensemble… Pourtant, une fois rhabillés, en s'apercevant qu'Aurélien est un monsieur, un élégant, un capitaliste, Riquet change de ton. Subitement gêné avec son « vieux pantalon rayé, tout esquinté, et une veste bleue, et la casquette », il vouvoie Aurélien. Non, la guerre n'a ni jeté à bas les barrières sociales ni aboli ce qu'Aragon appelait la lutte des classes. Elle a seulement permis un rapprochement, dans des conditions imposées et sous un uniforme identique, entre hommes d'origine différente. C'était déjà beaucoup.

La geste de la rue de Lappe

Rue de Lappe, un jeu curieux résultera de ces retrouvailles, une certaine théâtralisation due à cette gêne, et surtout à la demande tacite des rupins. Une soif de frémissement, d'excitation mène les bourgeois rue de Lappe dans ces lieux mal famés ou réputés tels. Un besoin de ressentir des émotions fortes, ou d'en avoir l'illusion, d'entendre les poisses débagouler le jars, de les voir vivre avec leurs femmes ainsi qu'ils se racontaient au casse-pipe entre deux attaques. Et le désir également, peut-être pervers, peut-être naturel – allez savoir ! – de faire éprouver à leurs femmes, belles et emperlousées, comme dit Carco, des sensations rares tel le risque du viol, de la prostitution, bref ! d'une sauvagerie sexuelle plus pimentée, plus salée que ce qui se pratiquait, en la matière, entre gens de bonne compagnie dans les bars, dancings, ou surprise-parties chics…

En 1919, raconte Raymond Radiguet, la mode fut de danser en banlieue. À Montrouge, une voiture du groupe en route pour Robinson tombe en panne, la « populace » s'attroupe… « D'être ainsi inspectées, convoitées derrière une vitrine » donne aux grandes dames « la petite syncope du grand Guignol »[5] analyse finement Radiguet… elles s'en pâmeraient, les choutes ! L'occasion, pour lui, de s'émouvoir en un fantasme sournois : « La princesse d'Austerlitz était magnifique, elle, sous ce bec de gaz […], entourée de voyous, autant à l'aise que si elle eût toujours vécu en leur compagnie »… Une princesse qui vous prend des allures de fille du peuple, Radiguet n'ose pas préciser : des poses de putain, comme eût ricané plus tard Marcel Aymé :

« Quel travelingue ! » Ces sous-entendus, ces miroirs dans lesquels âmes et corps se décomposent à l'infini pour se fixer en des attitudes brutales – je repense à ce dessin du *Crapouillot*, « Apache et gonzesse » –, érotiques forcément, sont la clé de l'étonnante parade des bals-musette de cette époque. Il faudrait relire le deuxième acte de *Mon homme* ! Et pas du frelaté : de l'authentique, du vrai de vrai !

L'ethnologie façon Paname

L'origine de cette expression, « vrai de vrai », pour désigner un costaud, un dur, un homme qui en est réellement, me paraît être dans le droit fil de ces circonvolutions psychologiques. Dans *Mon homme*, Liane, une grande bourgeoise, l'amie de l'ambivalente Claire, saute le pas : elle se fait, elle, carrément prendre par un gars du cru ! Voici le commentaire du facétieux Galtier-Boissière : « Quelle exquise aventure que celle de cette petite perruche assaillie à la houzarde par un mécano, d'abord affolée, et qui, le lendemain, demande des nouvelles du “terrible” et désirerait savoir “ce qu'il pense d'elle” »[6] ! La mémoire de la rue de Lappe regorge de tels assauts sexuels. Côté homme, une aventure de ce genre est arrivée à Jo Privat vers 1938. Un soir, un mystérieux chauffeur en livrée attend Jo dans une limousine et le conduit, lui et son accordéon, dans une superbe demeure de Neuilly. Toute la nuit il jouera et jouera encore pour une dame qui, au fur et à mesure, se dénude : « Jo, traite-moi de putain, de salope, je t'en prie ! Il la prit, tremblante dans ses bras, et l'insulta comme elle le lui demandait. »[7] Le mec Jo était natif de Ménilmuche !

Essentiel à la Bastoche en particulier, et à Paname en général, *Mon homme* est une œuvre unique. Pourquoi ? la question mérite d'être posée car il y a, là, une telle matière… Mais, hormis des créations mineures qui peut-être m'ont échappé, le fait est qu'aucune autre pièce, aucun film non plus n'a ainsi mis la rue de Lappe en valeur. Et ce, aux divers points de vue qui définissent l'univers de la Bastoche. *Mon homme* se situe naturellement dans cette tradition ethnologisante commencée au XVIIIe siècle, et poursuivie au cours du XIXe, sous le patronage, lointain mais néanmoins prégnant, de la conquête de l'Amérique. Alors qu'au même moment, l'engouement pour l'art nègre et les civilisations exotiques fait s'envoler la toute nouvelle ethnologie, la littérature parisienne affirme, elle, que Paris aussi, à l'image de l'Amérique, a ses Indiens… Le but est de mettre en lumière leur vie obscure, sauvage, c'est le mot, à l'opposé des mœurs policées du monde, la bonne société…

Révéler l'envers du décor, voilà, en forçant au besoin sur la note. L'une des héroïnes de Carco espère « entendre encore de savoureuses histoires d'apaches… connaître à fond, avant de [se] mettre au lit, les usages, les mœurs, les légendes de ce monde-là… » et, bien entendu, « avoir des cauchemars toute la nuit… » On est à Paris, capitale de l'esprit, et cette ethnologie, ou pseudo-ethnologie parisienne des bas-fonds reste tout de même un poil au second degré ! Trente-cinq ans plus tard Warnod résumera excellemment la situation, c'est-à-dire l'état d'esprit de ces années : « Un nouveau snobisme naissait. Celui de l'amour des filles et des mauvais garçons, des "apaches" comme on disait alors depuis Casque d'Or. Mistinguett et Max Dearly dansaient la chaloupée au Moulin Rouge. Le beau monde et la bourgeoisie raffolaient du plaisir de se déguiser en voyous et en gigolettes. »[8] Univers de la Bastoche et ambiance musette, c'était tout un ! Poursuivant sa louange de *Mon homme,* Galtier écrit encore : « L'atmosphère du drame, surtout, est admirablement rendue : le bal-musette, genre “Petit Balcon” est parfait (je m’y connais) avec ses filles en cheveux et ses rôdeurs, le patron muet, le savoureux ménage Philibert et la patronne qui crie inlassablement : “C’est la valse” ». Or, dans ce monde, on parlait l’argot et on dansait la java au son de l’accordéon.

L’argot et sa culture

« Il faudra nous apprendre à parler argot », demande, duplice, la princesse Claire… Et l’argot, *Mon homme* en a à revendre ! En présentant, plus tard, la pièce[9], Alex Maclès confirme qu’elle a fait date dans l’histoire du théâtre contemporain, qu’elle a même entraîné, à sa création, une controverse entre les « puristes » de la langue et les « argotistes ». Carco a ouvert les portes du royaume d’Argot… À la Renaissance, en 1920, se côtoyaient les belles dames et les « gigolettes », les richards et les « potes ». On porta la casquette *Mon homme*, la chaloupée fit fureur. Le comparant à Apollinaire au restaurant Batty à Montmartre, qui « est poète, même devant un morceau de viande », Maclès s’émerveille que Carco l’est, lui, « même quand il attaque le poisson » ! Dans cette revue toujours, G. de Pawlowski s’étonnait de ce que grand nombre de messieurs et de dames de la meilleure société, en entendant « jaspiner » et en voyant « turbiner » les héros voyous de *Mon homme* ne semblaient pas dépaysés. Et Pawlowski de s’interroger : « Où donc ce public s’est-il documenté ? » La réponse coule, limpide : à la source, rue de Lappe, lors, précisément, d’excursions à émotions !

Pour l’amateur, l’argot, les dialogues de *Mon homme*, sont un régal. Pour l’historien, ils sont un précieux témoignage sur la langue du milieu parisien de 1920. Certes, de nombreux termes et tournures font encore penser au Lorrain de *La Maison Philibert* et à Bruant, par exemple « soce », apocope de société, « bonsoir la soce », bonsoir la société, qui ne s'entend plus depuis belle lurette, encore que Coluche ait relancé « bonjour ! » ; « marmite », prostituée ; « crai ! », aphérèse d'« acré », attention ; « bourre », policier ; « assommoir » et « bouge d'apaches » qui, sans être du jargon, de l'argot, du *jars* ainsi qu'on parlait alors, se rapportent au peuple, à la pègre du XIXe, début XXe siècle… Mais Carco a une façon renouvelée, moderne d'utiliser la langue verte. Certains des mots, des expressions de *Mon homme* dureront longtemps : « se faire charrier » ; « se barrer », « jacter » ; « un coup chaud » ; « gy », d'accord, disparu à la fin des années quarante ; « comac' », comme ça, du provençal « coum aco », qui s'employait il n'y a pas si longtemps ; « châsses », les yeux, au genre incertain mais qu'en connaisseur Carco met au masculin ; « cross », histoire, embrouille, qu'il serait préférable d'écrire « crosse » ; « marida », marié ; « business », le travail, plus précisément celui de la prostitution, ramené par les souteneurs français, nombreux, installés à Londres ; « être paf », être saoul ; « emperlousée », qui se dit d'une femme pleine de « perlouses », de perles, qu'en général les dictionnaires d'argot oublient de répertorier ; « s'en balancer », s'en moquer, qui, *Mon homme* l'atteste, existait bien avant qu'un film de 1954 avec Eddie Constantine, *Les Femmes s'en balancent*, ne le remette à l'honneur…

Les dialogues de Carco sont justes, ils font vrai. Seule une voix à l'accent parisien traînant, à l'intonation grasseyante, un chouïe moqueuse, est capable de les rendre dans leur pureté originelle, par exemple : « C'est là-d'dans qu'tu fréquentes ? »… À noter que, jusqu'à l'horizon 2000, cet usage intransitif de fréquenter, que le *Robert* prétendait vieilli, ou « fréquenter chez », était encore courant dans les milieux interlopes. Les années ont passé, lesdits milieux se sont raréfiés… Carco nous apprend que, pour inviter une femme à danser, l'homme s'adressait à elle en ces termes, touchants à force d'être aussi simples : « On fait l'tour[10] ? » Souvent on rit franchement : c'est toute l'ironie bravache, marle, du parler parisien qui éclate. Liane, la petite perruche, comprend mal la question de Bob, son terrible : « D'où qu't'es, la môme ? ». Elle répond un peu niaise : « Qu'est-ce que vous dites ? » Et, quand elle lui demande son nom, il a cette repartie surprenante, qui ne s'invente pas, Carco l'avait prise sur le vif : « J'm'appelle pas… j'm'amène… T'as pigé ? » Et elle, toujours aussi nunuche : « Non ! » Très drôle. Un quart de siècle plus tard, le même échange s'entend entre Gabin et son Américaine, dans *Touchez pas au grisbi*, le film, dialogué par Albert Simonin, l'auteur du roman.

Au cours de ce deuxième acte, ceux de la haute et ceux du milieu se regardent plus d'une fois en animaux curieux. Fière de sa « culture » voyou, dirait-on aujourd'hui car c'est bien de cela qu'il s'agit, de l'affirmation, de la préservation d'une identité, sinon de classe, du moins de caste, l'une des radeuses lance à son homme : « Non, mais des fois, t'as pas honte de t'mêler à ces outils ? » Plus cocasse encore, lorsque l'un des bourgeois s'essaie à l'argot : « On a de bonnes marmites », en désignant les dames qui l'accompagnent, la patronne rétorque, en levant les yeux au ciel : « Oh… ce genre !… » En effet, « avoir de bonnes marmites » signifie ni plus ni moins avoir de bonnes putains… Ce soupir contient tout ce qu'exprime la gêne subite de Riquet dans *Aurélien* : un monsieur, ça a de l'éducation, des manières, un monsieur, ça ne parle pas argot… non, il ne faut pas mélanger les torchons et les serviettes !… Pour la patronne, ces messieurs ne sont que des « mâles à l'eau de Vichy », lazzi des plus méprisants, si l'on sait qu'à ces époques la boisson des hommes qui se respectaient était le picton, le vin rouge, et que boire de l'eau de Vichy faisait gonzesse, quoi !

Pour conclure, je relève que Carco dit « des gars pas feignants » pour des gars courageux. Mon vieux Robert Lageat, du Balajo, nommait son colt 45, non pas un « remède » qui s'entendait parfois, mais, par dérive, parce qu'il avait le génie de la bagoulette, du langage, un « pansement »… Et pour montrer sa détermination à s'en servir si nécessaire, quand il se trouvait 9, rue de Lappe, il développait : « Mon pansement, il est au bureau, et fais-moi confiance, il est pas feignant ! » Jusqu'au bout, en 1998, Lageat a utilisé la langue des affranchis de Carco de 1920. La pérennité de la culture populaire et voyou n'était pas un vain mot, à la Bastille !

La java n'est pas la valse chaloupée

Ainsi le ghetto de la Bastoche aurait-il, a-t-il été révélé à la société huppée par le théâtre. Ghetto auvergnat, avait spécifié Alphonse Daudet, cinquante ans plus tôt. Dans *Mon homme* ni, d'ailleurs, dans l'œuvre de Carco, nulle mention des Auvergnats. Seul l'aspect parisien de la rue de Lappe intéresse Carco, que dis-je ! le fascine… *Mon homme* met à nu les mystères, oh ! pas si mystérieux, du Paname de la Bastoche : le milieu, l'argot, l'accordéon… Trois articulations d'une réalité unique s'éployant sous les auspices enchantés ou maléfiques du bal-musette, et qui, du jour au lendemain, en devenant objet de curiosité, fera de la rue de Lappe une rue à la mode.

Les comédiens étaient plus vrais que nature : Georges Colère interprétait Fernand et Cora Laparcerie, Claire : « Mme Cora Laparcerie est excellente en apachesse, bien qu'elle annonce une "java" alors qu'elle ne guinche qu'une simili "chaloupée" », poursuit Galtier dans sa critique de *Mon homme*. Question du plus grand intérêt, à l'époque, cette différence entre valse chaloupée et java, mais a-t-elle encore un sens de nos jours qu'on les a oubliées toutes deux ?

Historiquement, c'est Max Dearly, grande vedette du music-hall français, danseur émérite, qui, en 1908, a créé au Moulin Rouge avec Mistinguett « la fameuse "Valse Chaloupée" qui depuis a fait la fortune d'innombrables danseurs dans le monde entier », rappelle Maurice Chevalier[11]. Carco ne confond pas les deux. La java, pour lui est la danse du milieu. Son rythme spécial, si entraînant paraît fort accessible : « Mais, prévient-il, essayez d'y prouver vos talents et vous comprendrez sur-le-champ l'erreur qui vous rend ridicule. Bien des gens la commettent, et non point avec la java, mais tout ce qui est du milieu et qui demande une longue fréquentation. On a pu se tromper autrefois. On a pu croire qu'au déhanchement canaille de la valse chaloupée, par exemple, chacun s'adapterait… Mais, conclut Carco, la java n'est pas la chaloupée. » Est-ce à dire que Cora Laparcerie, parce qu'elle n'était pas du mitan, ne savait pas guincher la java, et qu'à la place on lui a fait exécuter une valse chaloupée plus facile ? Il semblerait… Pour en revenir aux origines mal expliquées de cette java, Chautard complique tout lorsqu'il écrit qu'elle n'est que la réminiscence de la « chaloupeuse » qu'on gambillait au XIXe siècle au Vieux Chêne, 69, rue Mouffetard[12]. Chaloupeuse et chaloupée : faute de précisions autres, tirons-leur notre révérence.

L'accordéon sort du ghetto

Grâce à *Mon homme*, l'accordéon entrait dans le monde. Après un hommage à l'instrument, Carco raconte : « Lors de la création de *Mon homme* […], c'est d'après mes suggestions qu'on engagea un accordéoniste afin de bien rendre l'atmosphère du bal-musette[13]. » Celui-ci ne pouvait être que Louis Péguri ! En février 1935, dans le n° 1 de sa *Revue de l'accordéon,* le cadet des Péguri retrace l'épopée de l'instrument : « Il débute dans *Mon homme* : ce n'est plus alors l'accordéon de "musette". Il a changé de genre et de style et il prouve que si l'accordéon est l'instrument des bals musette, voire des bas-fonds, il peut être employé aussi à autre chose que cela et plaire à n'importe quel public. » Carco et Péguri se contredisent. Certes les deux désirent élargir l'audience de l'accordéon, mais le premier en imposant le musette au grand monde, et le second, au contraire, en incitant l'instrument à renier son extraction populaire, donc musette d'une certaine façon…

Toutefois, puisque *Mon homme* représentait un bal-musette, comment la musique que Carco avait demandé à Péguri de créer, c'est vraisemblable, et d'interpréter, n'aurait-elle pas été musette ? D'autant que, trente ans plus tard dans *Du Bouge au… Conservatoire,* Péguri écrira lui-même que dans cette pièce, « Max Alex mime une java très crapuleuse, toujours accompagné d'un accordéon. » Ce qui rouvre le débat sur cette fameuse danse du deuxième acte de *Mon homme* : chaloupée ou java ? Bref ! durant les six mois de tournée qu'il effectua à travers quarante villes de province avec la troupe de *Mon homme,* Péguri fit connaître l'accordéon à la France entière.

Paul Poiret chez Bousca, mais après ou avant 1914 ?

Louis Péguri rappelle une dernière fois cette collaboration dans *Du Bouge… au Conservatoire*. À cette occasion, reprenant l'exaltation de Bouscatel prétendant que, foi de lui, on se battrait sur le seuil de sa maison et que, lui mort, on danserait encore rue de Lappe, Péguri évoque une nuit très parisienne que, malheureusement, il ne date pas, mais que je situerais plutôt avant 1914. Si tel était le cas, l'anecdote apporterait du crédit à mon hypothèse, à savoir que la vogue de la rue de Lappe, loin de commencer en 1920, avait débuté une dizaine d'années plus tôt. Péguri se rappelle : « Avec cette élégante désinvolture qui caractérisait les grands seigneurs, le Noble Faubourg avait décidé de s'encanailler. Ce fut la ruée rue de Lappe qu'avait prévue Bouscatel. » Le Tout-Paris, altesses, comtesses et princesses, qui en robe du soir, zibeline ou hermine, qui en jaquette impeccable ou smoking sombre, côtoyaient le voyou, ce soir-là chez Bousca… Oui, chez Bousca rue de Lappe, Paul Poiret, celui qui a libéré la femme du corset vers 1908, présentait ses derniers modèles à une assistance composée, entre autres, de Mistinguett, Mayol, Réjane et Sarah Bernardht… Selon Péguri, cette soirée aurait directement inspiré *La Môme*, une pièce de Michel Carré et Acremant, avec, en vedette, la jeune Parisys. Pour Péguri, ç'aurait été « grâce à Sarah Bernhardt [que] l'accordéon fit donc ses premiers pas au théâtre. » *Mon homme* aurait suivi. Or, renseignement pris, *La Môme* n'a été créé que le 2 juin 1922, au théâtre Sarah-Bernhardt, plus de deux ans après *Mon homme*. La précision infirme sévèrement la conversation entre Réjane, morte en juin 1920, et Sarah Bernhardt, sur laquelle Péguri fonde son affirmation. Il mêle certainement plusieurs souvenirs à la fois, et *Mon homme* de Carco et Picard demeure bien la pièce sésame de la rue de Lappe ! Fort de la date du décès de Réjane, qui prouverait que si elle est jamais allée chez Bousca, c'est avant 1914, je persiste à croire qu'alors la rue de Lappe était davantage connue que ne l'a prétendu M. Francis…

Quant à Paul Poiret, toujours d'après Péguri, le style rue de Lappe, la mode milieu, lui ont encore servi à présenter ses modèles. Plus tard, soit sur sa péniche, soit à L'Oasis, une boîte chic du faubourg Saint-Honoré, il recevait ses riches clients au son d'une « valse apache ou d'une java crapuleuse » interprétées par Fernand Tétraz, un Suisse, et Eugène Tissot[14] : « Le clou de cette présentation, termine Péguri dans son livre, était un coquin petit deux-pièces, très sobre, très discret, pour grandes dames voulant passer inaperçues. Et ça s'appelait, bien simplement : "Bal Musette" ».

CHAPITRE 3

LE MILIEU DANS SES HAUTES ŒUVRES

Francis Carco, le chantre de la Bastoche

Le chantre de la Bastoche, ai-je surnommé Francis Carco. *Mon Homme* suffirait à lui tresser cette couronne de laurier. Mais l'apport de Carco à l'histoire de la rue de Lappe, davantage encore à son ethnographie, et, foin des grands mots, à la pénétration de sa chair intime, la substance même de Paname, ne se limite pas à cette pièce. Carco n'est pas le seul à fréquenter les mauvais lieux : Jean Galtier-Boissière, Jean Oberlé, André Warnod, Léon-Paul Fargue parfois, d'autres de moindre renom, des journalistes, s'y hasardent. Pierre Mac Orlan, je ne sais trop, du moins pour la Bastille. Quoi qu'on ait sous-entendu de Carco et de sa connaissance des truands, surfaite aux yeux d'aucuns, ce qui reste à prouver, de tous ses pairs qui, envoûtés par la ville, ont montré ce Paris de l'époque suprême du musette, M. Francis est, de loin, l'écrivain qui en a le plus et le mieux transcrit la réalité profonde… le Paname du peuple, des gars honnêtes – les caves – et des malhonnêtes – les *affrancheman*…

D'autant qu'au fil du temps et de son œuvre, Carco a enregistré les transformations de cet univers. Le Paname de 1930 n'est plus le Paname de 1920 ni, *a for-*

tiori, le Pantruche de 1910. Son enthousiasme pour le milieu s'étiolant avec les années, Carco aura tendance à idéaliser le passé. Réaction classique, commune aux nostalgiques : est-ce la réalité ambiante qui s'est corrodée, est-ce nous qui la regardons avec d'autres yeux, pas forcément neufs, hélas ?... À en croire Carco et ses confrères, l'érosion a été si forte entre 1910 et 1930 qu'elle est assimilable à une désagrégation, à la perte d'une identité qui aurait été authentique à un moment antérieur du temps. On le sait, cette doléance pose la question de l'âge d'or, mirage qui ne cesse de se décaler au rythme des générations... Toujours est-il que Carco fait plus que de se plaindre du mitan qui ne serait plus ce qu'il a été : il le démontre. Ses écrits fourmillent d'indices, tapis souvent, à la limite du perceptible, témoignant qu'effectivement, objectivement peut-on mettre, la rue de Lappe a vu ses caractères se modifier en cette vingtaine d'années dont nous parlons.

L'œuvre de Carco prend ici valeur de document. Par sa densité et la perspicacité de son auteur à saisir le détail, anodin en apparence mais révélateur en vérité, elle est essentielle, indispensable à la compréhension de Paname, de cette Bastoche toute en attitudes d'hommes et de femmes mal dégrossis, en regards, en ricanements, en manières de paraître, de s'exprimer, de danser... C'est pourquoi il est nécessaire de nous pencher sur le Carco des bals-musette, de tenter de retrouver la substantifique mœlle qu'il a su tirer de sa fréquentation du monde interlope de la Bastille. D'autant que cette quintessence, la sienne, est la plus subtile, la plus illustrative de tout ce qui, à l'époque, s'est dit, s'est écrit, s'est chanté, ou s'est fait sur et à partir du milieu. Les reconstitutions cinématographiques contemporaines l'oublient généralement au profit du seul jazz qui débarque d'Amérique au même moment, mais cette mode milieu, accordéon et musette, ensemble indissociable, a constitué un véritable fait de société. Il suffira de se pencher sur la littérature, sur les chansons, sur la presse de ces années pour en administrer la preuve éclatante.

En préface à cet admirable petit recueil de scènes captées sur le vif, *Panam* (sans *e*), de 1922, Fortunat Strowski, professeur à la Sorbonne écrit : « Francis Carco est le romancier [provisoirement] des apaches. Il ne les juge pas, ne les condamne pas, ne les approuve pas : il les met en scène. Et, sans chercher en eux la conscience et le remords, le bien et le mal, il les fait voir tels qu'ils sont. Ils ne lui fournissent pas un prétexte pour exposer des théories sociales, comme à Eugène Sue les héros des *Mystères de Paris*, ou à Zola les personnages de *L'Assommoir*. Ils sont pour Francis Carco ce qu'est un paysage pour un peintre : un sujet de tableau. » Le ton est donné.

« J'aime mieux Paname »

Le jeune Carco d'avant 1914, que nous présente Roland Dorgelès[1], a une passion : Paris. Un mot traduit cet intérêt exclusif. À Nice, où Carco a passé sa jeunesse, le carnaval bat son plein. Dorgelès et Mado, sa « grande », y ont rejoint Francis. Mado lui dit qu'il en a eu, de la chance, d'habiter Nice. Dans une grimace, Carco lui lâche : « J'aime mieux Paname »... Éloquent ! Même si, en raison de la date, je suis circonspect sur ce « Paname »... Carco cherchait sa voie, l'air sombre mais le « sourire gouailleur » et, aux lèvres, « moqueur ». Les propos que Dorgelès lui attribue recoupe les lignes de Strowski : « Je ne veux pas de pittoresque, je veux la vérité, traduire leurs pensées [des affranchis], rendre leurs réactions. » Cette « race inconnue » que découvrit Carco le fascinait et l'épouvantait à la fois. L'imagination aidant, poursuit Dorgelès, ces voyous n'étaient pas de vulgaires arsouilles aux yeux de Carco mais des héros de tragédie, ce qui contredit passablement le souci de vérité émis précédemment…

Je pense plus juste le jugement de Galtier-Boissière[2]. Contrairement à Jean Lorrain qui a mis la pègre à la mode dans *La Maison Philibert* et observe ses héros avec une sorte de sympathie passionnée ; à Charles-Louis Philippe qui, d'une sensibilité presque maladive s'est penché sur Bubu de Montparnasse et Berthe avec une pitié attendrie ; et Charles-Henry Hirsch qui n'a pas dissimulé son admiration pour le monde pittoresque des chevaliers du trottoir et des reines du ruisseau, avec Francis Carco, reprend Galtier, « nous sommes loin des bandits "idéalisés" de ces trois auteurs. » Il conclut : « Comme Carco nous enlève des illusions en détruisant la légende héroïque de l'Apache (que les romanciers nous représentaient à peu près comme les cinémas nous montrent les cow-boys du Far-West) et en retirant malicieusement l'auréole dont ses romantiques devanciers avaient affublé "les chevaliers du couteau" »…

Carco fasciné par la pègre

Qu'en revanche, pour revenir à Dorgelès, les personnages qu'il imaginait fussent plus réels que ceux qu'il côtoyait, est une manière de rendre hommage à la passion de Carco pour la pègre et à la puissance de conviction de son œuvre. La transcription littéraire de l'atmosphère milieu ne s'improvise pas, elle nécessite une imprégnation de son ton en général, de ses mimiques, de son langage, de ses tics, résultat d'une assiduité confirmée. Effectivement, continue Dorgelès, rue de Lappe, où Carco partait danser chaque soir, « sa marche chaloupée, sa mèche en accroche-cœur, sa façon de fumer en clignant de la paupière » avaient fini par mettre les truands en confiance. Encore qu'il ne faille rien exagérer : il est improbable qu'un écrivain, qu'un poète « frimant les durs », bottines à bout vernis ou non, pût être considéré comme l'un des leurs par ces messieurs. Ce qui n'empêche pas la confiance ni le fait de devenir à tu et à toi… S'il leur est sympathique, les truands, finalement, aiment parler à un étranger, surtout à un plumitif. Ils l'acceptent à une condition, tacite : qu'il ne joue pas à en être, et, cela va de soi, jusqu'à un certain point de confidence !

Cette mise au point étant faite, les propos que Dorgelès prête à Carco sont on ne peut plus plausibles. Ils définissent l'acte littéraire de Carco par son impuissance à vivre réellement ce qui le fascine tant… Sa façon d'exister, Carco, c'est de recréer ces mondes dont il sait qu'il ne fait pas partie, qu'il ne peut qu'approcher – « bordurer » aurait dit Robert Lageat en argot –, et qu'en ultime recours, par cet acte qui n'est que ce qu'il est, il recrée par son imagination. L'historien du mitan est logé à la même enseigne : des décennies après Carco, pas loin d'un siècle, les rêveries, les sensations que j'ai éprouvées à bordurer les der' de der' du mitan de la Bastoche étaient rigoureusement identiques : « Je me frotte à eux pour m'imprégner, expliquait M. Francis. Je ne veux plus être moi-même, mais un de l'équipe. Le soir, lorsque je les ai quittés et me retrouve dans ma petite carrée, je continue à mener leur vie. Je m'imagine qu'on se bagarre derrière l'Hippodrome et que les flics nous courent après. J'en ai des points de côté. Ou bien je vais recevoir un coup de lame et je me retiens pour ne pas crier. Ça me poursuit dans mes rêves et si je me réveille en sursaut j'entends marcher dans le couloir, farfouiller la serrure, comme si le Corse m'eût filé. »

La java, cette splendeur

Certains des textes que publie Carco après la guerre : *Panam*, *Chansons de Paris*, *Nuits de Paris*, sont difficiles à classer. D'une plume extrêmement brillante, ils tiennent à la fois du reportage et du poème en prose. Pour Louis Chevalier, ils sont de véritables chansons des rues et c'est en tant que chansons des rues qu'il les aime[3]. L'une des scènes de *Panam* s'intitule « Au bal-musette », un titre courant à l'époque. Personne n'a aussi intensément magnifié l'émotion de la danse et de la java que Carco dans ces lignes : « Ici, la danse n'est pas un art. Elle est la raison même de cet art, l'affirmation de son plaisir et sa secrète, sa raffinée, sa silencieuse, sa fervente et plastique ingénuité. » Sans circonvolution sociologique, nous pénétrons dans ce qu'il conviendrait de nommer la culture populaire parisienne, concept que, par une bizarre désaffection de la Culture, je n'ai jamais entendu dire ou vu écrit que par moi-même !... Pourtant, quelle grâce ! « Sur le parquet qu'entourent les tables, entre les glaces où s'entrecroisent vingt silhouettes multipliées, la java glisse à temps égaux. Elle enlace et désunit, assujettit et laisse aller les couples. C'est la danse des faubourgs. C'est la danse qu'un instinct profond a fermée sur un rythme populaire. Elle est un raccourci des valses et scottishs d'antan, un mélange sobre et comme rétréci des usages mondains et des anciens quadrilles. Rien chez elle qui ne soit de l'instinct. Rien qui échappe au contrôle des sens. » Charmé, Carco s'écrie : « Quelle stricte pudeur, quelle distinction physique ». Suit une description insurpassée de la java, un soir au Bal des Gravilliers. Dommage pour nous que ce ne soit pas au Petit Balcon où ç'aurait pu être... « Il n'est qu'au bal-musette où la danse a gardé sa splendeur. Elle y sculpte dans une lumière sèche et brillante des attitudes au modelé rapide, une arabesque étroite d'où s'échappent par moments un regard, un profil de femme, un sourire mêlé de vertige et des contacts inattendus. J'entends encore gémir l'accordéon. Je vois encore Bob et Marie la Thune ne danser que pour eux. Je les admire. Les petits pas serrés qui les portent d'un angle à l'autre du parquet qu'ils arrondissent d'un tournant souple ; le tourbillon dont ils enroulent et ferment sur eux le cercle ; la houle heureuse de leur étreinte et son extase, son imperceptible arrêt dans l'élan du plaisir, tout… glissements, abandons de la femme, la soumission muette à l'homme qui la dirige… le chemin sûr tracé par l'homme entre mille pas où il choisit et crée sa marche… tout m'éblouit encore du souvenir qu'ils m'ont laissé. »

Des gonzes poilus aux hommes du milieu

En 1922, quand il publie *Panam*, Carco a 36 ans, l'âge où l'on commence à ressentir le temps qui fuit. En fait, ce fragment, « Au bal-musette », est un retour en arrière, à l'avant-guerre. Pour la première fois, je pense, le souvenir emplit Carco de nostalgie, les cols blancs, les chemises bleues, les cravates noires dont s'affublaient « M.M. les amis »… Ah ! ces têtes qu'ils avaient, les affranchis, les apaches : « Leurs cheveux coupés en "boule" derrière ou "en paquet de tabac", laissant luire – encore avant la guerre – des éclairs de peau grise qui allaient d'une oreille à l'autre et évoquaient avec cynisme des impressions de guillotine après la toilette du condamné. Leurs nuques rasées bombaient entre le col et la casquette. Elles étaient le signe distinctif des "aminches", des "potes" ou des "gonzes poilus" que l'idée de la mort emplissait d'une gouaille sinistre et redoutable[4] ! » Quant aux filles, elles se distinguaient par les « coques poisseuses et enrubannées de leur coiffure. Toutes avaient au-dessus de l'oreille, la "patte" drue de cheveux et, autour du cou qui sortait nu des chemisettes à pois et de couleurs, un mince ruban de velours noir où suspendait un médaillon. » Les hommes portaient le chandail, les femmes le tablier noir. La princesse Claire, du temps où, rue de Lappe, elle était Clara, un succédané de Casque d'Or, à laquelle, bien sûr elle ressemble – « Casque d'Or ! je ressemble à Casque d'Or ! » –, se promenait « les mains dans les poches de ce tablier noir » qu'elle dévoile telle une relique à son amie Liane…

Dès l'Armistice ou presque, rue de Lappe la mutation est visible à l'œil nu : il suffit de comparer l'allure des gonzes poilus à celle de Fernand, « Mon homme » ! Fernand est décidé, élancé, habillé avec soin d'un complet marron, chapeau de feutre, chaussures à tiges claires, moustaches coupées à l'américaine, faux col mou. Il est ce business man repéré par Warnod à la foire à la ferraille du boulevard Richard-Lenoir en imperméable kaki, auquel les souliers jaunes, le col mou de couleur tendre, et le chapeau melon en arrière[5] donnent un « air affranchi »[6]. Cette mise modernisée dont le raccourcissement de la moustache puis, bientôt, son abandon, et le port du chapeau, plus élégant que la casquette, sont les signes les plus caractéristiques – paraphe la transformation physique, vestimentaire, du gonze poilu, de l'apache, du pégriot en homme du milieu. À son tour, le melon disparaîtra au profit du feutre mou, le Borsalino ainsi qu'on le désigne aujourd'hui, sans égard pour les marques Mossant, Sools, etc. très appréciées[7]. Ce feutre mou, cette forme Borsalino avec, alors, une large bande de tissu ornant la base du haut du chapeau, me semble être venue des États-Unis. Dans les films et sur les photos d'époque, les gangsters en sont tous coiffés. La casquette persistera longtemps. Une subtile hiérarchie différencie ses tenants de ceux qui passent au chapeau : le « galurin » ou le « galur' », le « bada », le « bitos », et encore le « bloum » et le « papeau » en argot…

Au bal-musette, où le milieu apparaît comme sous une loupe, se côtoient les « gros poissons » et les « saurets », les « saurets » ou les « anchois », et même les « barbeaux de pissotière » pour reprendre les expressions aussi imagées que crues de Jo Privat. La qualité des frusques et le chapeau vous classaient un lascar, en dépit de fautes de goût auxquelles le recul confère maintenant un charme folklorique. Certes, le Mondain[8] porte des chaussures vernies, un complet d'étoffe sombre à damiers, un col dur, des manchettes, mais il dégage une violente odeur de brillantine, renâcle Carco… Titin de Marseille, quant à lui, outre sa chemise de soie rose bonbon, sa cravate verte, sa bague formée d'un serpent aux yeux de rubis, ses souliers jaunes, se reconnaît au fumet d'ail relevé d'une pointe d'anis qui le suit partout où il passe… Ailleurs, Carco remarque des types en train de se curer les dents… J'en reviens à Jo Privat évoquant son confrère, le talentueux Gus Viseur : « Quand il jactait, c'est d'abord dans l'pif qu't'en prenais ! » Gus, Tatave pour les intimes[9], mangeait au petit déjeuner une livre et de viande crue rehaussée d'ail, de piment et de moutarde qui donnait à penser qu'il avait un pot de chambre cassé dans l'estomac !… Ah ! encore que Viseur fût belge, les Français ont été longs à se plier à l'hygiène, à devenir à la fois chasseurs de mauvaises odeurs et proies des marchands de déodorants et eaux de toilette !

Le milieu a-t-il trahi la pègre ?

La fin de la guerre, la vie nouvelle, l'argent plus facile vont contribuer, mais d'une certaine façon seulement et on comprendra pourquoi plus bas, à ce que le milieu trahisse l'appartenance de classe de la vieille pègre. Chez Boule, en commandant « deux cerises », Bob, l'ami de Fernand, a cette réflexion dédaigneuse : « Qué pouillerie ici ! Et qu'est c'que c'est ?... Des voyous... des malheureux... rien du tout. Et c'est là-dedans qu'tu fréquentes ? » Assez typique des grossiums parvenus à l'encontre des claque-merde de la pègre, elle traduit bien ce désir qu'ont eu les hommes du milieu de s'arracher à leurs origines moins que populaires, populacières, de ne plus vivre en reclus, en crapoteux, mais de se fondre dans le monde normal et même un rien bourgeois, d'acquérir de meilleures manières. « Ces Messieurs ont du linge, constate Carco, ils le montrent ; une voiture, elle attend dehors et certain élégant du bal du Petit Balcon m'avoua tout récemment, en désignant d'impeccables chaussures vernies, qu'il possédait le même bottier que Carpentier. » La hantise des belles chaussures, on s'en souvient, n'est pas neuve : les apaches y mettaient déjà toute leur fierté. Quant à se chausser chez le même bottier que Georges Carpentier, le boxeur[10], il fallait sûrement avoir de quoi !

Paname sous l'incantation du milieu

Une étrange dialectique va se développer entre le milieu et le reste de la société dont, à l'instar de Carco, créateurs, écrivains, journalistes, paroliers, peintres et autres dessinateurs sont, en la matière, le fer de lance. Alors que le mitan souhaite, en apparence et dans son apparence, se ranger des voitures, la mode au contraire, le porte au pinacle. Une mythification du milieu en résultera qui, pour faire vrai, plus vrai que vrai, telle est la loi du mythe, se référera souvent aux schémas d'avant-guerre. Le cheminement de Carco, ce retour au passé, cette nostalgie de l'âge d'or, est, en fait, celui de l'esprit parisien des années vingt dans son ensemble. *Mon homme* a lancé la rue de Lappe, mais les conditions socio-psychologiques étaient réunies pour qu'il en fût ainsi.

C'est cet esprit, par exemple, qui, insidieusement fiché dans les rêves des jeunes filles, brosse le nouvel archétype de l'amoureux, si différent de l'amoureux romantique de leurs grands-mères… « Un regard sombre et fascinant vous dévisage avec cynisme. De noirs cheveux, frisés ou aplatis sur l'œil, encadrent un front fuyant et quelquefois descendent en pattes à moitié des oreilles. Ces pattes sont, paraît-il, irrésistibles. Quant à la bouche, ornée d'un vague mégot, elle ricane et prononce des mots ignobles ou des défis qu'il faut bien, certaines nuits, effacer dans le sang. Je n'invente pas. L'homme dont se plaignait Mistinguett dans un sketch du Casino de Paris, est romantique à sa manière et, s'il lui a fallu du temps pour le bien démontrer, c'est qu'il l'employait de son mieux[11]. »

Carco n'invente rien, non. Avant 1914, Dorgelès nous l'a appris, il avait lui-même adopté cette touche voyou. La vogue en durera longtemps, Jo Privat le confirme : « Au Balajo il y avait des voyous… mais il y avait les vrais, et il y avait les faux. Les vrais passaient plutôt inaperçus… Beaucoup de gens se donnaient le genre julot, s'habillaient en voyou. Dès qu'ils allaient rue de Lappe, ils se croyaient obligés d'avoir la cigarette à la bouche et de rouler les épaules, exactement comme il y a eu après les blousons noirs et les faux blousons noirs… Les rockers aujourd'hui s'habillent d'une façon particulière, c'était la même chose… Le bal-musette, c'était une philosophie de la vie, une façon de s'habiller, une façon de s'exprimer[12]… »

Le milieu et la société jouent à cache-cache

Poursuivant son inventaire des transformations de la pègre à travers son va-et-vient avec la société, Carco prétend dans *Nuits de Paris*, en 1927, que le milieu aurait le monopole de l'éducation ! « Le temps n'est plus où tout ce "joli monde" se distinguait de l'autre par ses mauvaises manières. Aujourd'hui, la plus grande politesse est d'usage chez les voyous. Elle les oblige à s'observer, se surveiller et, jusque dans l'intimité, parfois, à user d'un vocabulaire si choisi qu'il en devient plus insultant. » Et Carco de nous répertorier, en exemple, les conditions de l'emploi du mot « figure », une injure – « Tu pourrais pas faire attention, toi, figure ! » qu'en 1934 Charles Boyer lance dans *Liliom*, le film de Fritz Lang, dialogué par Bernard Zimmer – « Le mot figure, quand il est prononcé de façon méprisante, ainsi qu'il sied, suffit. Point n'est besoin de la préciser davantage. On le comprend ; il a un sens très nettement injurieux et de si miteux gentlemen le font suivre d'un terme de comparaison vulgaire ; fort à la mode du temps qu'il était employé dans la formule de figure de[13]... Ces gentlemen ne sont plus à la page et on les "laisse tomber". »

Carco le dit noir sur blanc : ce retournement des usages est, pour le milieu, une manière provocante de continuer à affirmer sa singularité. Davantage que brassage, il y a rapprochement social, frôlement... C'est que, étant, sinon hors la loi, du moins affranchi des lois ou se voulant tel, le milieu ne peut, par nature, que s'intégrer superficiellement à la société. La constatation vaut, à rebours, pour la société. Le mimétisme, qui joue dans les deux sens, est limité. Que la haute ait mis la rue de Lappe et le milieu à la mode veut tout dire ! Captivés par le romantisme, vrai ou faux de la pègre, là n'est pas la question, les caves s'amusent, se défoulent, oublient leurs inhibitions en singeant ses façons de se conduire, de parler... Ils affectent surtout de mal se tenir, ç'est ça qu'est chic, on l'avait déjà vu dans *Mon homme*, Carco le redit... Alors, par un étrange retournement, la seule ressource qu'aient les affranchis et leurs épouses de préserver leur distinction, c'est de devenir vétilleux sur l'étiquette. Ou de jouer à l'être, bien sûr, car jamais les arrière-pensées ni la parodie n'ont été absentes de cette assimilation, donc pseudo-assimilation, du milieu aux bonnes mœurs…

Dans un bar du mitan de la rue Basfroi, je me rappelle avoir entendu, il n'y a pas loin de trente ans, un garçon me lancer mi-figue mi-raisin : « Comme disaient les vieux voyous, on n'a pas d'instruc' mais on a de l'éduc' ! » Il n'utilisait pas instruction ou éducation mais leurs apocopes argotiques, signe que, déjà, cette éducation dépendait des cas où elle avait à être observée ou pas. L'argot ne se réduit pas au vocabulaire, il est l'expression d'un état d'esprit. Or, perdre leur mentalité, c'est-à-dire leur identité, il est impossible aux voyous de transiger : en n'étant plus eux-mêmes ils ne seraient plus rien[14] !

Les affranchis restent les affranchis !

Il ressort de ce panorama qu'à l'époque le Paris du plaisir, ce qui est pratiquement une redondance, était sous l'incantation du milieu, mythe ou réalité, Galtier-Boissière et Mac-Orlan le notent aussi. En 1930, Galtier écrit : « Grâce au théâtre, au cinéma, voire à une certaine littérature, les souteneurs se sont enfin rendu compte de leur importance sociale. »[15] C'est pourquoi chez Bousca, rue de Lappe : « Loin d'être importunés par notre venue et notre tenue, tous paraissent être infiniment flattés de recevoir dans leur intimité d'aussi beau monde… » On est ramené à cette théâtralisation relevée antérieurement dont la finalité est, pour les affranchis et leurs affidés, les femmes et éventuellement l'argent[16] ; pour ceux qui viennent en visiteurs, le frisson…

En juillet 1927, Mac-Orlan publie dans *Le Crapouillot* sa première chronique « Disques ». Il constate : « La chanson parisienne est dédiée aux caprices pittoresques de cette “bonne vie” que dépeignait Galtier-Boissière dans un de ses romans les plus vrais qu’on ait écrits sur le “Milieu”. La chanson parisienne est inspirée par le “Milieu”. Elle est écrite à la gloire du “Milieu”, à celle de ses poules et de ses hommes. C’est à croire que l’admiration secrète et sentimentale du peuple de Paris est entièrement nourrie par la vie fainéante des petits mecs et par le labeur bien réglé des gallines, leurs femmes. » Non seulement le milieu, constatait déjà Carco dans *Chansons de Paris*[17], mais la langue du milieu. En effet, les termes par lesquels s’exprime l’amour dans la chanson parisienne de ce temps ont banni toute sentimentalité : « Ils sont grossiers, ils sont vulgaires… Ce sont ceux du langage courant et la poésie qui en émane a quelque chose de physique qui surprend avant de toucher. »

La chanson de Paris inspirée par le milieu

Ode sans partage à la ville, *Chansons de Paris*, texte puissant de Carco édité en novembre 1924, développait longuement les questions abordées par Mac Orlan deux ans et demi plus tard au sein de ce court article de juillet 1927. Carco y célèbre l’air de Paname, nuée constellée de refrains fredonnés aux quatre coins des rues le jour, susurrés en des endroits plus secrets la nuit : « La musique, elle aussi, d’un accordéon dans les bals ou d’un orchestre piaulant sa rengaine exotique dans les lieux de plaisir, ou d’un monumental piano-mécanique dans un décor de glaces et de femmes nues, m’est délicieuse à chérir. Elle emplit tout d’une caresse nostalgique. Ici, sur un tressautement appliqué de java, là, sur la houle parfumée et la lente possession de danses moins animales, elle unit trop étroitement les corps pour qu'ils ne se joignent pas, ailleurs, avec délices… »

Ce Paris-là chantait. Sa réalité tangible, palpable, était un foyer ardent, ses flammes léchaient la main de ceux dont le métier était d'écrire… Les paroliers transcrivaient Paname en des ritournelles à l'unisson de sa vie de tous les jours, de la rue, de son populo. La spontanéité en était la marque la plus manifeste, le côté à l'emporte-pièce, à la grouille : *En peinard* s'intitule une java d'Émile Vacher qu'on entend dans *Sous les toits de Paris*, le film de René Clair. Il faudrait réécouter les refrains chantés si simples, si drôles, si nature, voilà, de certaines compositions de Vacher pour le comprendre, encore que les titres parlent d'eux-mêmes : *Batignolles-Java*, *C'est à Montparno*, ou encore *Totor*, « le plus costaud d'la Bastille ». « Art populaire par excellence, la chanson en apprend plus long sur la mentalité d'une nation que le Gallup le plus poussé », a écrit Claude Sarraute[18]. Paname est omniprésent, sa réalité, avons-nous dit. La chanson réaliste, qui a remplacé la chanson bourgeoise, Carco l'explique, n'a pas d'autre origine : « La société s'est transformée… et la chanson – qui a toujours, étroitement, reflété l'image d'une époque – en est actuellement arrivée à prendre ses thèmes dans un nouveau milieu. » Ce nouveau milieu, nous y revenons, c'est le milieu tout court. Et Carco de s'alanguir sur *C'est mon homme* au gémissement amoureux et plaintif…

« Sans Paris qui lui prête ses modèles, la chanson ne serait point ce qu'elle est », ajoute-t-il en précisant que les bas-fonds dans leurs diverses incarnations fournissent ces modèles. Dans *Sous les ponts de Paris*, comme dans *En peinard*, ce sont les clochards : « L'parfum et l'eau sont à l'œil, mon marquis, /Sous les ponts de Paris. » Dans *C'est Mon homme* de Mistinguett, le couple julot-tapin : « Il m'fout des coups… /Il m'prend mes sous… /Je suis à bout, /Mais malgré tout, /Que voulez-vous ?… /Je l'ai tell'ment dans la peau… » Dans cette chanson de Fréhel, les rôdeurs de barrière : « Elle avait un jupon plein d'trous /Ell'fréquentait des tas d'voyous… » Dans *Soi-même java* qu'écrit Carco pour Fréhel, ce sera à nouveau un barbeau avec, pour cadre, le bal-musette. La boucle est bouclée, on retourne au milieu, à la Bastoche : « Quand l'gros Gégèn' /Soi-même /S'amène au bal musette /À petits pas il danse la java… » Femme au génie incomparable, Fréhel personnifie à elle seule ces bas-fonds, cette pègre, ces classes populaires et dangereuses, ce milieu, ces guinches. « Présence de l'ivrognerie, de la noce, du cafard, du meurtre, de la paresse, du mensonge, elle opère comme par envoûtement et s'installant enfin, monstre blasé, dans le terrain vague et funèbre de la chanson mise en vogue par cette femme, y règne avec de froides délices », l'hommage que lui rend Carco est à l'image de Fréhel et de son art, sublime. Avec elle, nous dérivons, nous accostons à d'autres rivages… Sans altération aucune de l'inspiration première, le réalisme s'évanouit au profit de l'onirique, nous pénétrons de plain-pied dans l'infinie poétique de la ville.

La poésie du Paris de 1924

Si Carco pousse jusqu'aux limites ultimes de la réalité, il n'en décroche jamais. Mac Orlan, lui, secrètement influencé par le surréalisme même s'il n'en souffle mot, a tendance à s'égarer dans la surréalité. *Aux Lumières de Paris*[19], recueil d'articles qu'il publie en 1924, est aussi magnifique que difficile à lire car trop tarabiscoté… Totalité concrète, j'entends par là sensuelle, Paris se dilue dans les extravagances de l'imaginaire. Où aboutit Mac Orlan dans ce livre ? Nulle part, peut-être… Son sujet ne manque pourtant pas de grandeur : l'exaltation de l'homme nouveau, l'homme de l'après-guerre. Il réussit ce tour de force d'unir, en une subtile réciprocité, ce qui semble aujourd'hui aux antipodes : le jazz et la java. Au début des années vingt, le jazz-band, aux yeux de Mac Orlan ainsi qu'à ceux de nombre de ses contemporains, s'affirmait déjà, par son rythme, son bruit, et sa fureur, comme la musique par excellence de l'époque, celle qui correspondait au développement sans pareil du monde moderne et à sa représentation esthétique la plus fantastique : la féerie lumineuse nocturne de la ville. *Aux Lumières de Paris* : l'intitulé est le plus beau salut qui soit à la capitale. En contrepoint ou en contre-chant à cette fulguration d'ordre universel, la java, l'accordéon, Mistinguett et Fréhel demeuraient les anges gardiens, les lares de la vérité profonde de Paris.

Malheureusement, si Mac Orlan aborde là un problème essentiel à la compréhension de l'époque, même s'il anoblit par la poésie les thèmes parisiens du temps : la nuit, le plaisir, le crime, la musique populaire, le cinéma, son style le dessert. Il ne cesse de digresser à tout propos… À part Montmartre, et encore, aucune description de rue, de quartier. Rien, donc, sur la Bastoche, et ce qu'il raconte de la rue de Lappe, quatre ans plus tard dans *Images secrètes de Paris*[20], me conduit à me demander si Mac Orlan y a jamais mis les pieds : « La neige, dans le quartier de la Bastille, confère au paysage une distinction désolée. Pour écrire ce nom, il me revient à la mémoire une des chansons de Bruant parmi les plus nostalgiques. » Hormis le goût prononcé que les hommes du milieu ont alors pour le smoking, un « idéal », écrit Mac Orlan, le fond de son texte est bien indigent. Entre 1880-1890, date d'*À la Bastille* et d'*À la Bastoche* de Bruant, et 1928, un demi-siècle presque s'est écoulé. Dans le coinsto, il s'en est déroulé de l'événement : Mac Orlan n'en a cure !

Retour à la Bastoche

Moins ambitieux littérairement mais autrement instructif pour la physionomie de la Bastoche, est le livre de Warnod de 1922, *Les Bals publics*, que nous avons déjà ouvert. Son chapitre sur les bals auvergnats nous replonge dans la réalité, moins interprétée, plus quotidienne, que nous tentons de restituer ici. Rue Basfroi, près de la rue de la Roquette, Warnod veut vraisemblablement parler du 51, chez Thérizols. Cayla l'évoquait déjà avant-guerre : un orchestre y joue, composé d'un vielleux et d'un « joueur de musette qui est admirable. » Rue de la Roquette Warnod relève un nombre considérable de bals sans rien ajouter. C'est rue de Lappe que, véritablement, on entre au « paradis des Auverpins. » Une rue de Lappe fidèle à ses origines, que personne, depuis Alphonse Daudet et Jules Vallès, n'a observée aussi attentivement que Warnod. On n'y vend que de la ferraille et des salaisons « qui donnent faim rien qu'à les voir pendues aux étalages, près des grosses miches de pain bis »… Comme souvent ses devanciers et ses confrères, c'est dommage, Warnod ne note ni le nom des bals ni leur compte précis. En 1914, nous en avions répertorié sept, lui se borne à en décrire cinq. « Les bals se suivent et se ressemblent », commente-t-il, ce qui, à la lecture, n'est vrai que de trois d'entre eux. Les lignes de Warnod sont précieuses – j'en reviens à ma notion de culture populaire mâtinée voyou –, elles permettent de saisir ce qu'était un bal-musette populaire en 1922 à Paris. Nous sommes loin du vieux bal auvergnat d'autrefois, quoique pas non plus dans un musette façon Carco, moderne, parisien, autrement dit voyou ou milieu : nous nous trouvons à mi-chemin de ces deux extrêmes.

Auvergne, populo et milieu : les trois pôles du bal-musette

Warnod nous le fait constater, la notion de bal-musette se diversifie, s'articule désormais selon trois pôles : l'Auvergne, le populo, le milieu. Dans les trois établissements dont parle Warnod, les guirlandes, qu'il avait remarquées pour la première fois avant-guerre aux Grav', font florès. L'estrade fixée au mur est à sa place, le balcon, qu'à un moment Warnod nomme « plate-forme », signe, peut-être, qu'il n'était pas si familier de ces endroits, des façons d'y parler.

Le point capital est que l'accordéon a définitivement remplacé la musette. Le joueur d'accordéon, Warnod ne dit pas l'accordéoniste, est juché là-haut, « l'indispensable litre de vin rouge posé près de lui ». Des grelots lui enrubannent sûrement les chevilles, Warnod ne le mentionne pas. L'ambiance est semblable à celle de jadis. Les femmes sont solides, noires de cheveux, rouges de peau, elles dansent avec entrain en riant aux éclats, des Auvergnates, probable. *Idem* ces soldats qualifiés de « gars du pays » en permission ou en garnison à Paris. Les hommes sont en casquette, mais des « casquettes très honnêtes » qui sentent leur populo… Non, ici le milieu n'est pas en odeur de sainteté, on lit en effet sur le mur : « La java est interdite », cette java « danse à la mode dans un certain monde peu fréquentable »… Bref ! « une bonne joie familiale » copieusement arrosée de vin rouge et de bière en canette. Le tour vaut 4 ou 5 sous, on prend les jetons à la caisse, on les refile en cours de danse. Dans l'un de ces bals, la patronne monte sur un tabouret pour crier : « La monnaie, passons la monnaie », la danse ne repart qu'une fois l'encaissement terminé.

Les deux derniers bals auxquels s'intéresse Warnod sont aux antipodes l'un de l'autre. Si le premier est un bal-musette auvergnat classique – point de départ du genre –, le second en est l'aboutissement, un bal du milieu. Aboutissement provisoire car, à partir de cette date, 1922-1923, on le verra plus loin, les caractères des guinches du mitan, comme ceux, d'ailleurs, qui drainent à eux le populo – c'est un ensemble –, se modifieront notablement.

Pour résumer, en 1922 la rue de Lappe circonscrivait à elle seule l'évolution du bal-musette depuis ses origines. Avec justesse, Warnod recommande de ne pas confondre les bals strictement auvergnats et les autres. La séparation est le plus souvent très marquée, encore que l'enseigne « Bal de famille » soit « mise quelquefois sur de singuliers repaires »…

De même que l'accordéon a fait perdre aux bals-musette, à part les auvergnats, leur signification propre, de même les bals de famille, petits bals-musette auvergnats à l'origine, désignent par un clin d'œil du langage, un guinche interlope. On le comprend en écoutant cette *Valse des costauds* de Fréhel que j'aime tant :

Moi je connais disait Fonfon
Un coin où les affranchis vont
C'est à deux pas d'la Bastille
Un petit bal de famille
Y a un fameux accordéon
Qui vous sort de ces variations
À faire pâmer les gigolettes
Écoutez-moi ça si c'est chouette…

Le bal auvergnat où pénètre Warnod a toutes les chances d'être les Barreaux Verts, au 19 de la rue. On est à quatre ans de l'Armistice, l'estrade est tendue d'un drapeau tricolore, un cabrettaïre y manie la musette. Ce qu'on voit dans cet établissement, ce qu'on y entend, ce qu'on y danse, la bourrée, l'âpreté de la musique, sa rusticité antique, la conviction des officiants, ne change pas des descriptions rencontrées antérieurement, aux XVIIIe et XIXe siècles.

Warnod a raison : « Nous voici bien loin des tangos et des schimmy » ! Quant au bal envahi par « l'aquatique population », litote aussi fine qu'ironique pour ces MM. les barbeaux, il s'agit du Bousca. Warnod le précise dans son chapitre « Les bals d'après-midi » – nouvelle litote délicate –, racheté en 1919 au sieur Corniault par la famille Carcanague. Warnod ne s'y attarde pas, sauf pour souligner qu'il est plus grand et plus riche que ses voisins, on le savait déjà.

En 1922, l'Auvergne est toujours présente au Bousca : le décor est constitué d'un immense paysage de montagnes chargé d'évoquer le Cantal, encore que, se gausse Warnod, « il paraisse bien représenter la chaîne des Alpes »... Notre explorateur nous entraîne aussi, aucune surprise, passage Thiéré au Petit Balcon, sanctuaire de la java, refuge des « enfants perdus du quartier »... Le plus beau jour de ces bals d'après-midi est le lundi, les filles de maisons closes en congé viennent s'y ébattre. À l'époque, une décoration Louis XV avait transformé le Petit Balcon en « Trianon du passage Thiéré ». Mais qui, hormis le décorateur ou quelque érudit en goguette, était capable de comprendre le subtil rapport entre la clientèle spécialisée du Petit Balcon et le souvenir de la Paris, de la Gourdan, « abbesses » du XVIIIe siècle et, à ce titre, mémorables pourvoyeuses du plaisir à Paris au temps de Louis le Bien-Aimé ?

Des dangers vieux comme le monde

À la différence de Warnod, l'aspect auvergnat et simplement populaire du quartier laisse Carco froid. À ses yeux, la rue de Lappe c'est le milieu et la poésie un brin inquiétante qui s'en dégage. Il ne se pencherait pas sur cette chanson, popu, en rien voyou, que fredonnait ma grand-mère, arrivée à Paris durant la guerre de 14, très illustrative des risques, pour les danseurs des deux sexes, à aller dans un bal-musette même bien fréquenté – c'est-à-dire à « fréquenter » –, et qui diffère tant, par sa psychologie et son ton, de la si affranchie *Valse des costauds* de Fréhel, encore que la morale ne soit sauve qu'au dernier carat ! On est à Paris, en France, il n'est pas surprenant que les histoires d'amour soient ramenées à de simples coucheries :

Au bal-musette le brave Larfouilla
Fit la conquête de la fille d'un bougnat
Pendant le bal ils se dirent des confidences tout bas
Puis quelque temps après il vint au monde un petit Auvergnat
Après ça devant le maire ou devant le magistrat
C'est pas moi le père répondit Larfouilla
Le petit lui disait : c'est toi mon papa, je t'ai vu souvent avec ma maman
Et la bourri, la bourra, dansons la danse des Auvergnates
Et la bourri, la bourra, dansons la danse des Auvergnats

Risques aussi vieux que le monde, on en conviendra, qui constituaient le sel et la rançon potentielle de l'attrait des bals-musette. On s'y rendait pour rencontrer quelqu'un, l'âme-sœur, l'amour, et advienne que pourra ! Le bal-musette, qu'il fût auvergnat, populaire ou voyou, n'était jamais innocent.

La rue de Lappe s'illumine à l'électricité

En revanche, nos ethnographes de la Bastoche sont unanimes sur les lumières : le contraste entre l'obscurité la plus épaisse et l'éclat le plus cru les saisit. « La rue noire est violemment éclairée par la lumière éblouissante qui vient des cafés », écrit Warnod, il en aurait la chair de poule. Neuf ans plus tôt, en 1913, il ne dépeignait la rue des Gravilliers qu'« obscure et sinistre ».[21] L'éclairage de Paris par les lampes électriques à incandescence a commencé en 1920. Cette accentuation de la lumière va avoir des répercussions dans la manière d'appréhender la nuit. Les chroniqueurs de Paris s'y attardent tous. Mac Orlan n'a pas choisi son titre, *Aux Lumières de Paris,* par hasard : les lampes à arc qui brillent le long des grandes artères le fascinent. Concernant la rue de Lappe toutefois, à suivre Warnod, en 1922 l'électricité ne semble pourvoir que les cafés puisque le dehors est si ténébreux[22]. C'est suffisant pour parer la rue d'un air de kermesse, les gens vont d'un bal à l'autre dans un va-et-vient continuel. Warnod est le premier d'une longue liste à avoir été touché, encore que hâtivement, par la magie nocturne de la rue de Lappe.

Le Petit Balcon, joyau du passage Thiéré

Trois ans plus tard dans *La Bonne Vie*[23], roman sur la vie quotidienne des barbeaux et de leurs gagneuses, qui met en scène le dénommé Gras-du-Genou apparu dans son article du *Crapouillot* du 16 juin 1919, Galtier-Boissière situe une scène à la Bastoche. Rue de Lappe, ses sensations épousent celles de Warnod : « Sombre boyau que trouent les devantures flamboyantes des bals d'Auvergnats où l'on danse la bourrée au son de la cornemuse »… Galtier ignorait-il le mot « musette » ? Ce n'est pas à exclure… Après un coup d'œil chez Bousca où il n'y a pas d'amis, nous gagnons le passage Thierré – je respecte l'écriture de Galtier. Le contraste entre ce coupe-gorge sinistre et la salle de bal étincelante du Petit Balcon laisse à Jo, l'un des personnages du livre, « une impression bizarre ». Salle, indique Galtier,

« récemment remise à neuf et pourvue d'un splendide bar américain aux pavillons multicolores. »

Nous l'avons laissé entendre, en ces années l'aspect intérieur changeait, se modernisait très vite. Le Petit Balcon, bal du milieu, n'a pas traîné à se mettre au goût du jour, à s'américaniser, à prendre des allures de dancing. Tic d'écrivain ou mode d'époque qu'il est le seul à signaler, je ne sais, mais, chez Galtier, le petit ouvrier qui rêve d'avoir des écailles de poisson, ou l'habitué des musettes qui s'amuse à faire comme s'il en avait, est toujours « mécano ». Sous sa plume, d'abord, la Liliane de *Mon homme* de Carco est « assaillie à la houzarde par un mécano »[24]. Ensuite, dans un papier qui s'attarde sur Les 4 Sergents de La Rochelle, un restaurant en vogue de la Bastille, 3, boulevard Beaumarchais[25], il évoque, « à quatre pas de cette fameuse rue de Lappe [...] les reines du dollar [qui], suivant la mode, vont frôler avec quelle angoisse voluptueuse, de soi-disant bandits (qui sont garagistes dans l'après-midi) ». Enfin, ici, au Petit Balcon – c'est un lundi, le jour « creux » des maisons –, en confirmant Warnod, Galtier remarque, parmi ces dames qui gloussent de joie à se retrouver ou à étendre dans le milieu le cercle de leurs relations, « une cohue de mécanos en cotte bleue et d'ouvrières vêtues de sarraux noirs, mais aux jambes gainées de soie... »

Si Jo Privat affirmait souvent que le musette était le terrain de chasse giboyeux par excellence, c'est bien que ces ouvrières, vraies, fausses, ou désireuses de sortir de leur condition, ne descendaient pas danser au Petit Balcon sans quelque intention, ne fût-ce qu'à l'état de velléité derrière la tête... Croire le contraire serait se tromper lourdement sur les mœurs de ces années. À noter la présence d'un « nègre géant, coiffé d'une casquette à carreaux » qui, à l'instar du superbe bataillonnaire qui avait enthousiasmé Galtier le 16 juin 1919, « tournait comme une toupie, faisant chavirer à la ritournelle sa danseuse sur son genou, suivant la mode d'avant-guerre ». La précision est d'importance mais, faute de renseignement complémentaire, il m'est impossible de l'étayer.

Galtier-Boissière, témoin du Paname de 1925

En quelques touches, Galtier rend l'ambiance assez mêlée du Petit Balcon. Son passage se termine, comme à l'habitude, rappelons-nous Péguri, non par un meurtre mais par une bagarre entre Gras-du-Genou et un « Corsico », « un petit mec olivâtre [...] avec une peau de citron, des cheveux frisés, l'air d'un méchant » qui, d'un direct au « plexus solar » doublé d'un crochet au menton envoie Gras-du-Genou à terre... Un Noir, un Corse : ce n'est pas qu'en 1925, la Bastoche devenait cosmopolite, elle l'était déjà, mais de nouveaux flots de populations, autres ou pas, venaient grossir le lot de celles en transit ou enracinées depuis le dernier tiers du XIXe siècle. Concernant les Corses, ils se sont montrés plus que discrets, rue de Lappe. À Paris, où ils commencent à apparaître dans les faits divers à partir de 1923, leur domaine d'élection a été Montmartre.

Le chapitre de Galtier mériterait d'être relu. Que ce soient la façon hâbleuse mais gouailleuse, argot, drôle, d'être, de parler de Gras-du-Genou ; celle qu'il a de se référer à la boxe en citant Carpentier, naturellement ; ou d'assaisonner Sarah, sa gonzesse, ça, on est à Paname ! Car, pour finir, c'est sur cette dernière que Gras-du-Genou, vexé d'avoir valdingué au tapis, passe ses nerfs...

Plus tard, aux Îles Fidji[26], restaurant très couru de la rue de la Gaîté, pour obtenir le pardon de Gras-du-Genou, et avec sa permission, la môme Sarah offrira à la tablée mousseux et belons... Carco ne se trompait pas dans son commentaire de *C'est Mon homme*, la chanson de Mistinguett : « I'm'fout des coups /Mais malgré tout /Que voulez-vous ?… /Je l'ai tell'ment ans la peau »… Ça ne se commande pas, l'amour ! l'amour vache, typique de ces années…

Dernier point à propos du Petit Balcon : à l'instant où l'orchestre entame la « vraie java », ce qui permet d'induire qu'elle ne l'est peut-être pas toujours, la salle n'est plus éclairée qu'à la lumière rouge, consigne Galtier. La même année, dans *Le Faubourg*[27], Jacques Valdour révèle que des bals du passage Thiéré, plus calme, plus sombre, plus désert que la rue de Lappe, seul le Petit Balcon s'est modernisé à l'exemple de Bousca. Ce qu'il voit complète Galtier : « Parfois, au milieu d'une danse, les cordons de lumière s'éteignent brusquement et les cordons de lumière rouge s'allument ; les danseurs s'agitent dans une atmosphère enflammée ; leurs visages se perdent dans les clartés vaporeuses d'un incendie. »

Jacques Valdour ? Nous en arrivons à lui, immédiatement.

CHAPITRE 4

RADIOGRAPHIE DE LA BASTILLE ET DES BALS-MUSETTE EN 1925

Un ethno-sociologue précieux mais plein de préjugés

Avec le temps, les deux ouvrages de Jacques Valdour, *De la Popinqu' à Ménilmuch'* (1924) et *Le Faubourg* (1925)[1], ont acquis une valeur documentaire exceptionnelle sur la vie de tous les jours à la Bastille et aux alentours, le quartier du fer – entre Popincourt et Ménilmontant – et celui du bois – le faubourg Saint-Antoine. Plume à la main, Valdour a visité ces pays ouvriers de Paris de fond en comble. Plus fouillées, plus développées que de simples reportages, ses enquêtes sont d'ordre ethnographique et sociologique. Malheureusement, Valdour ne se contente pas, comme le sous-titre l'indique à chaque fois, de consigner ses *Observations vécues*, il juge aussi en prenant position à partir de présupposés moraux d'une part, discriminatoires et politiques de l'autre. Aujourd'hui, Valdour serait qualifié d'antisémite, de raciste, et d'anticommuniste primaire. Ce sont des livres haineux, avertit Louis Chevalier[2], mais, pour son sujet, pleins « de remarques intéressantes », et, pour le nôtre, la Bastoche, sa culture populaire en 1924-1925, d'un apport unique. C'est au sein de ce paysage humain et laborieux, cadré, photographié, radiographié par Valdour, qu'ont germé les bals-musette. Sur ce terreau qu'ont éclos le plaisir et ses inévitables fleurs du mal, le crime… La Bastoche, oui, Valdour emploie le mot une fois en parlant de la place de la *Bastoche*, en italique dans son texte.

La rue de Lappe, de jour et de nuit

Durant les vingt ans de l'Entre-deux-guerres, les innombrables descriptions de la rue de Lappe auront toutes un air de parenté. Selon qu'on s'intéresse aux Auverpins, au populo ou au milieu, on se rend à la Bastoche de jour ou de nuit. En homme de terrain consciencieux, soucieux du devenir de la classe ouvrière française – qualificatif chez lui essentiel –, Valdour arpente ce « curieux quartier de Lappe », comme il dit, « ce vaste îlot Lappe-Thiéré […] habité presqu'exclusivement [*sic* !] par des Auvergnats », d'abord le jour, ensuite la nuit.

Aux heures ouvrables, Valdour répertorie ce qu'on y trouve : des marchands de « salaisons d'Auvergne », des marchands de vieux métaux ou « ferrailleurs », des fondeurs, des fabricants de comptoir en étain, de fourneaux de cuisine, de machines-outils pour le bois et pour le fer, des étameurs. Passage Thiéré, il recense un vernisseur de meubles. Rue de Lappe, Valdour compte cinq marchands de salaisons et de sabots, sabots et galoches qui s'entassent en rangs serrés sous une moitié de plafond – comme aujourd'hui encore chez feu Jean Bonnet à La Galoche d'Aurillac – et derrière une moitié de devanture, tandis que de l'autre côté s'empilent jambons et charcuteries. Parmi ces magasins, quelques épiceries et merceries et, bien sûr, « de nombreux bals, débits et hôtels meublés ».

Plus précis que Warnod, Valdour dénombre cinq bals passage Thiéré, une dizaine rue de Lappe. Quelques vieilles enseignes fixent son attention : au 45, le café du

Lion d'Or, au 19, les Barreaux Verts, installé au fond d'un débit « fortement grillé et surmonté d'un bas-relief représentant un joueur de cornemuse, coiffé d'un chapeau haut de forme à la mode d'il y a cent ans. »

N'éprouvant que dégoût pour le milieu, Valdour vitupère les « louches éléments du monde des grossiers plaisirs » qui, les nuits d'affluence, se mêlent à la population honnête et laborieuse. Le samedi soir, les bals ne s'emplissent pas avant 9 heures. Jusque-là, « les filles fardées », arrivées des environs, sont presque seules à tourner sur les parquets... Au début des années quatre-vingt ce genre de scène se voyait encore à la Boule Rouge et au Balajo, à ceci près que les filles étaient des femmes d'un âge certain : « Ah ! c'est pas des gamines », plaisantait Robert Lageat... « L'animation de la petite rue noire, traversée de zones de lumière crue, lui donne un aspect de fête, de foire permanente », le spectacle est le même pour Valdour que pour Warnod. Sur les dix bals de la rue de la Lappe, trois sont modernisés : « Peintures fraîches, plafonds surchargés de lampes électriques, étincelants de lumière, surtout le Bousca Bal, le plus vaste, meublé de confortables banquettes de cuir. » Les autres ont gardé leur physionomie fruste d'autrefois, l'enseigne « Bal de famille » paraissant les protéger d'une clientèle interlope... De partout s'échappent les accents nasillards des accordéons accompagnés de guitares ou, de façon plus rustique, de grelots. « Jeunes gens en casquette et parfois en chapeau, filles aux cheveux coupés au ras de la nuque tournent sans répit », note Valdour en regrettant, par souci de moralité, que « la gracieuse et honnête bourrée » soit devenue un épisode trop rare.

Mais Paris a changé. En ces années folles, le Bousca est le plus beau bal de la rue, avec ses cordons de lampes alternativement blanches et rouges, ses rosaces lumineuses au plafond, sa vaste salle. Même si, « là aussi, se pressent les cavaliers sans gilet ni faux-col, veston ouvert sur chemise fripée, un foulard autour du cou, la casquette en arrière », les danseurs ont la mise moins négligée, ses filles sont les mieux vêtues. À ce qui suit, « femmes aux joues poudrées, aux lèvres peintes, les unes en chapeau, une fourrure sur les épaules nues, les autres en cheveux, demi-dénudées sous la robe légère », on comprend que le monde, à moins qu'il ne s'agisse du demi-monde, a désormais ses habitudes dans l'ancien temple de la musette du père Bouscatel. Les étreintes de la danse, ses pas cadencés, ses contorsions, l'étourdissement qui en découle ajouté aux boissons, aux lumières, ont pour résultat « l'oubli de tout ce qui n'est pas l'ivresse de l'instant qui passe » : la joie est folle, constate Valdour impuissant[3]. Soudain, c'est la première fois qu'un commentateur en fait état, « une auto amène des jeunes gens à grandes casquettes ». Outre des soldats, Valdour remarque « quelques Algériens », une nouveauté également, et des « nègres »... J'ignore, de Galtier-Boissière dans *La Bonne Vie* où il était question d'un « nègre géant » au Petit Balcon ou de Valdour dans *Le Faubourg*, à qui revient la primauté d'avoir cité les Noirs – leurs deux livres datent de 1925. Forcément, de-ci de-là, « ces messieurs » surveillent leurs dames »... Rabat-joie sinon trouble-fête, Valdour conclut : « Contre le bal, s'entrouvre le meublé complaisant, s'allonge l'étroit trottoir, le ruisseau : et c'est toute la morale du lieu. »

Petit détour au caf'conc'

Aux yeux de Valdour, la débauche est partout. Par exemple au Concert Pacra, qu'il ne cite pas mais qu'on reconnaît, le célèbre établissement du 10, boulevard Beaumarchais, qu'affectionne « le Tout-Paris ouvrier du plaisir précoce, de la débauche affichée et admise comme règle des mœurs »[4]. Ce même Pacra, un « beuglant », Carco, deux ans plus tôt dans *Panam* en 1922, l'a dépeint sans, non plus, en donner le nom. L'entrée coûte un franc cinquante ; les loges, 19,25 francs. Ici prennent place les bourgeois du quartier en melon beige et gilet blanc, les guêtres tachées de boue et, dans l'œil de certains gros messieurs, « le monocle qui vous prend des manières de 100 sous. »

Valdour s'attache davantage au public ouvrier, à ce jeune type coiffé d'une « deffe » tenant tendrement enlacée sa « compagne » en cheveux ; à cette famille dont le père et le grand-père ont, eux, la « bâche » sur la tête et une chemise sans faux-col. Au Bataclan peut-être, « un Concert voisin de la place Voltaire », donc plutôt à la Popinc', « la salle compte quelques terreurs du quartier, avec leurs filles, un type à tête de poisse, un lacromuche et sa grognasse […] un tapin »… Valdour ne prononce ces termes d'argot qu'avec répulsion. Des mots qui d'ailleurs relèvent plus du vocabulaire populo-voyou que de celui, voyou-milieu, de M. Francis, s'il est permis d'établir une si subtile différenciation. Valdour donne aussi l'amusant « gratter le jambonneau » pour jouer du violon ou de la guitare. À Pacra on chante, au Bataclan on présente des pièces, des marivaudages ou des drames traitant, encore et toujours, de la prostitution : *Une affaire de mœurs*, *Manon l'apache*, ce dernier prouvant à quel point la légende, le mythe de Casque d'Or a inspiré la création populaire !

En poète du sordide qu'il est, Carco est séduit par l'assistance et le décor fatigué du Concert Pacra – malicieusement surnommé Cracra, je me souviens, dans les années cinquante ! –, son escalier de bois, sa porte à soufflets, ses corridors, son bar, et, au poulailler, « l'humidité qui perle sur la paroi des murs, la chaleur du gaz, l'épaisse fumée qui s'écrase au plafond et cette suave odeur de mandarine. » Dans *Le Crapouillot* du 1er septembre 1919, parlant des cafconc', Galtier célébrait les poulaillers pour leurs « filles à foulard noir, provocantes par habitude, les cheveux roulés en coques et portant à chaque doigt des bagues dorées gagnées à quelque roulette de la Foire du Trône »... Mais des poulaillers où, lorsqu'on écoute Emma Liébel, l'une des premières grandes chanteuses réalistes, on se découvre presque religieusement[5]. Où l'on se met à « chialer » quand Nine Pinson attaque de sa voix lasse les « lamentables amours des rôdeurs et des gigolettes[6] ». Terribles poulaillers où, s'ils sont mécontents de la prestation de l'artiste, les gars quittent bruyamment la salle en lançant à haute voix « qu'ils vont s'en jeter un au bar du coin » jusqu'au prochain numéro... Au bar de chez Pacra, Carco entend son voisin « s'il veut boire, [annoncer] : un glass ! et pour s'amuser : une paille ! »

L'esprit titi

Loin d'être des détails, ces divers traits relevés par nos chroniqueurs de Paris : attitudes, émotions, argot en veux-tu en voilà, plaisanteries sans chercher midi à quatorze heures, constituaient le suc si apprécié de l'esprit parisien. C'était ça, la rue ! ce petit ruisseau rigolo qui coulait dans le caniveau... ça, Paname ! En comparant aux passages consacrés à Gavroche dans *Les Misérables*, on serait frappé de la similitude des caractères psychologiques entre le populaire parisien de 1830 et celui de 1925. Un maître-mot se dégageait, la naïveté. Mais une naïveté en harmonie avec le gigantisme et le génie de la ville, qui, au gré de la situation, devenait tendresse, roublardise, effronterie... Gavroche, Hugo le dit, est le petit de Paris, son gamin, son titi quoi ! Un coup d'œil, hop ! il vous mettait Paris en bouteille, chantait encore Mick Michel dans les années cinquante. Hélas ! après avoir résisté aux révolutions du XIXe siècle, aux deux guerres mondiales du XXe, le titi, ce symbole de Paris, n'a pas survécu à l'urbanisme ravageur, aux bouleversements radicaux intervenus depuis 1960… L'âme du peuple de Paris est morte. Le loubard de banlieue, le keum des téci – verlan qui s'est beaucoup entendu, mais semble être passé de mode – n'a qu'un lointain rapport avec le titi parisien. La violence sauvage, gratuite, comme affirmation d'une identité, davantage de groupe d'ailleurs qu'individuelle, lui était pratiquement inconnue. Ce qui ne signifie pas qu'entre les deux guerres tout allât pour le mieux dans le meilleur des mondes, mais les actes répréhensibles, délictueux, crimininels, avaient une teinte différente. Le terme d'insécurité est récent. La rue apparaissait plus sûre, c'est pourquoi une telle incantation en émanait.

Telle qu'en elle-même, la rue de la Roquette

Cette incantation qui n'était pas nécessairement synonyme de plaisir, cela dépendait des rues. Dans *Paris vécu* (1929)[7], ses mémoires, Léon Daudet reprend la tradition qui faisait de la rue de la Roquette, à cause du souvenir de la guillotine et du Père-Lachaise à son extrémité, la « voie sinistre », celle où aussi, de part et d'autre, le canon avait grondé aux derniers jours de la Commune, place de la Bastille, place Voltaire, rue Basfroi. Du cimetière même avaient vrombi de formidables batteries[8]. La rue de la Roquette est « la principale voie douloureuse de Paris, le chemin des enterrements », en décembre 1897 Léon Daudet y a accompagné la dépouille mortelle d'Alphonse, son père. En novembre 1923, le catafalque de Philippe, son fils. Pour l'enterrement d'Alphonse Daudet, qu'aucun autre, « pas même celui de Victor Hugo, n'a dépassé », il est à noter que Zola à gauche et Drumont à droite – le terrible Drumont de *La France juive* – tenaient, chacun, un des cordons du convoi funèbre. On n'était, Léon Daudet a raison de le préciser, qu'au début de l'affaire Dreyfus.

Saisissant est son tableau de la rue, « pauvre, mais non misérable », longue suite « de logements lugubres et de garnos du genre "dégueulasse" » aux fenêtres desquels « on aperçoit des draps sales, des édredons crevés, des miroirs cassés, des toilettes cernées de noir »… Chaque bistrot est peuplé « d'alcooliques au teint verdi ». Quarante ans ont passé depuis l'article du *Matin* du 6 janvier 1890 qui redoutait que la Roquette n'acquît la célébrité de White Chapel à Londres : rien n'a changé, le quartier est toujours aussi calamiteux. Un extrait de Daudet montre, toutefois, qu'en 1929, l'ère moderne a commencé : « L'extension des métiers féminins par les magasins de mode et la machine à écrire fait que bon nombre de "mannequins" de petit style, de petites ouvrières et de dactylos ont ici leur taudis fixe, auprès de papa poivrot et ratiocineur, de maman la râleuse et de gosses criards. » Sinon, poursuit Daudet, parmi les « jeunes fauves à casquettes, hommes et femmes, tendus par une haine concentrée de la société […] l'ambiance est de gêne et de malaise social ». Une étincelle, l'émeute éclaterait ! Nous sommes bien dans le vieux Faubourg révolutionnaire célébré par Hugo, Vallès, Halévy, et consorts. En 1929, à sept ans du Front populaire de 1936.

Nuisances diverses et variées

Valdour va au-delà des impressions. La nuit, il dort dans les garnos, les hôtels minables. En 1977, Albert Simonin écrit[9] qu'on a oublié cette plaie qu'étaient les punaises. Presque à chaque fois, Valdour a maille à partir avec… De 11 heures du soir à 6 heures du matin, dans une chambre au cœur de la Popinc', il en tue six cent quatre[10]… Record qui l'empêche de dormir, d'autant que « ne cessaient de monter de la rue et des bars, soutenues par l'accordéon du bal voisin », mille rumeurs jusqu'à plus d'une heure… Sacré accordéon ! Quand ce n'est pas le guinche, c'est un père de famille, « ayant quitté veste et gilet » alors que sa femme berce le bébé, qui en joue… Accordéon parfois intempestif qui peut être à l'origine de violences, ailleurs qu'au musette. Le 4 septembre 1929, vers les 22 heures dans un hôtel de la rue de Charonne, une dispute éclate entre Jean Nicolas, monteur-électricien, un lève-tôt, et Joseph Courdert, terrassier, qui tire quelques notes de son soufflet. Ce dernier en est quitte pour une raclée. En août 1930[11] Nicolas déclare au président de la 13e chambre correctionnelle aimer l'accordéon mais avoir, surtout, le droit de dormir. Résultat : huit jours de prison avec sursis et 16 F d'amende.

Aperçu du coût de la vie

Les enquêtes de Valdour renseignent bien sur l'époque. Sa piaule pleine de punaises, il la loue trois francs cinquante la nuit, ce qui ferait du cent francs le mois, *grosso modo* le cinquième de sa paie mensuelle, quatre cent quatre-vingts francs, puisqu'il touche seize francs par jour comme perceur dans un atelier de robinetterie… À ce sujet, Georges Simenon se trompe quand, à son arrivée à Paris en décembre 1922[12], désargenté, il prend une chambre, aux Batignolles, à l'hôtel Bertha, 1, rue Darcet – et non rue Lancret comme il le dit, qui est dans le 16e – vingt-cinq francs le mois : c'est la semaine. Pour en revenir à la Popincourt, les restaurants d'ouvriers proposent des menus s'échelonnant de deux francs soixante-quinze (omelette, un franc cinquante ; fromage, soixante-dix centimes ; pain, vingt centimes ; eau, vingt centimes ; pourboire quinze centimes) à près de cinq francs pour un gigot aux nouilles, deux francs, accompagné d'une purée de marron, soixante centimes, d'un fromage soixante centimes, pain, vingt-cinq centimes, et chopine… quatre francs soixante[13].

Un pays cosmopolite

Valdour, nous l'avions annoncé, étudie de près la composition ethnique de la Bastoche. À tout seigneur, tout honneur : les Auvergnats, « vieux hôtes du Faubourg », ça n'est pas original, « des commerçants, non des ouvriers », qu'à l'exemple de Vallès il ne considère pas français à part entière puisqu'il les définit comme « des collaborateurs traditionnels de la vie des citoyens du Faubourg, des Français »… À sa décharge, rappelons-nous que trente-cinq ans plus tôt Louis Bonnet l'Auvergnat avait lui-même établi une différence nette entre ses compatriotes et les Parisiens. Parmi les étrangers qui pénètrent depuis « quinze à vingt ans la population si caractéristique et homogène des ébénistes parisiens du Faubourg », on trouve « des Belges et des Italiens qui se naturalisent et se fondent dans la masse française assez rapidement, et, depuis la guerre, des Espagnols, aussi aisément assimilables, des Tchèques, des Polonais, des juifs. »

Valdour pense que depuis le triomphe du fascisme, « plus de cent mille communistes italiens ont émigré en France, en particulier à Paris. » Il leur reproche avant tout d'être communistes car, reconnaît-il sans acrimonie, « la main-d'œuvre belge et italienne avait commencé, dès avant la guerre, à suppléer à l'insuffisance de notre natalité ». Dans le 12e arrondissement, des restaurants italiens ouvrent, rue du Dahomey, boulevard Diderot, avenue Daumesnil, un « piémontais » dans le haut de la rue du Faubourg-Saint-Antoine. Nulle mention du mot « pizzeria », il faudra attendre une trentaine d'années. En 1929[14], un de ces restaurants, situé avenue Philippe-Auguste, Au Refuge du hors-la-loi, était le rendez-vous des antifascistes italiens. Pour l'anecdote, les raviolis étaient à deux francs cinquante, les tomates farcies à un franc soixante-quinze... L'assassinat du nommé Savorelli, boulevard Magenta, s'y était noué, sous prétexte qu'il avait demandé sa grâce au gouvernement de Mussolini afin de pouvoir retourner en Italie.

Sa haine, Valdour la réserve aux juifs. Leur nombre « infime » avant la guerre, soutient-il – ce qui serait à vérifier puisque nous avons vu que leur présence remonte à loin –, s'est accru dans des proportions considérables depuis 1919. Leur ghetto occupe les abords du square Trousseau, les rues Saint-Bernard et de la Forge-Royale où Valdour compte « une vendeuse de journaux yiddish, deux bouchers, deux merciers, un petit restaurant, un marchand de légumes, quatre épiceries-fruiteries », c'est-à-dire « presque tout le petit commerce dont [les juifs] ont progressivement expulsé les Français. » Ce sont des juifs de Pologne, de Roumanie, de Russie qui « ignorent le français ou n'en connaissent encore que quelques rudiments. » Leur point de ralliement est un bar au coin de la rue de la Forge-Royale et du Faubourg-Saint-Antoine. Le samedi, beaucoup de ces juifs et juives, en vêtements de fête, se promènent à travers le quartier. J'ignore si, ainsi que l'affirme Balzac, les rues parisiennes ont une âme, mais, incontestablement, ce quartier a vocation à accueillir les immigrés. Vers 1880, rapporte Vallès, principalement rue Sainte-Marguerite – notre rue Trousseau –, les Italiens y étaient installés ; en 1925 donc, les juifs ; et aujourd'hui, rue de la Forge-Royale, des originaires du Sri-Lanka.

Au cœur de notre propos, Valdour[15], pense que « cette population exotique [les juifs] commence même à disputer aux Auvergnats le quartier qu'ils habitent dans le bas de la rue de la Roquette, entre cette rue et le faubourg

Saint-Antoine, où ils peuplent les ruelles, passages et cités disposés au voisinage de la rue de Lappe ». Effectivement, Nathan Korb est né 51, rue de Lappe, le 25 novembre 1917. En hommage à la rue de son enfance, il a même écrit les paroles d'une chanson que connaît la France entière, *Rue de Lappe*… On a compris que Nathan Korb est le nom véritable de Francis Lemarque, chanteur et auteur-compositeur parisien s'il en est : la liste de ses œuvres consacrées à Paris, au bal et à la rue est éloquente.

La Bastoche juive selon Francis Lemarque

Intitulée « Nathan Korb », la première partie des mémoires de Lemarque se déroule en majeure partie à la Bastoche où Francis a vécu vingt-deux ans, jusqu'à la guerre de 1939. Son père venait de Pologne, sa mère de Lituanie, ils s'étaient mariés à Paris. Lemarque a raconté sa vie, sans chercher à faire œuvre de sociologue. C'est pourquoi celui qui le lirait sans rien savoir de la rue de Lappe en acquerrait une vue un peu faussée. Forcément Lemarque parle beaucoup de voisins, d'amis, d'employeurs, juifs comme sa famille, « notre petite communauté » écrit-il. Sous sa plume, les Auvergnats, les bals-musette même n'apparaissent que par inadvertance : la rue de Lappe a davantage l'allure d'un ghetto juif que d'un ghetto auvergnat… Il arrive au jeune Nathan d'aller square Trousseau, répertorié par Valdour comme l'un des hauts lieux de la présence juive. Lemarque se rappelle la ruée des « immigrés des alentours » lorsque le cinéma Saint-Paul, aujourd'hui supermarché, 73, rue Saint-Antoine, à deux pas de la Bastille dans le 4e, a présenté le premier film sonore, parlant et chantant, *Le Chanteur de jazz*. Grimé en Noir, l'acteur juif Al Jolson y chantait *Mamy*… Lemarque évoque encore certains spectacles yiddish à L'Excelsior de l'avenue Ledru-Rollin. Dommage, par souci d'exactitude historique, que le nom de cet établissement ne corresponde pas à ceux que Valdour signale comme proposant des spectacles de théâtre yiddish dans la même avenue : le Royal-Ciné et l'Éden…

Dans ces salles ou à la maison, Francis entendait le fameux accent juif d'Europe de l'Est qui a fait rire plus d'un Parisien, il est le premier à s'en amuser : « Nathoon… Moriss ! où qu'vi soyez totes les deux, vainay tot d'souit', sinon vous allez verrey qand j'va dire à votr' père ! » les appelait sa mère, lui et son frère… Ça ne l'empêche pas, rue de Lappe, d'apprendre des rudiments de patois auvergnat : *« milledìou »*, *« macarel »* !… L'impression est que ces tous ces gens d'origine différente, aux conditions de vie communes, modestes voire franchement pauvres, étaient davantage rapprochés qu'éloignés les uns des autres. La racine de cette osmose serait à rechercher dans la fascination qu'exerçait alors Paris sur ceux qui venaient y habiter. Qu'on compare le témoignage de Francis Lemarque à celui de Joseph Charlemont quatre-vingts ans plus tôt sous Louis-Philippe : le modèle parisien avait vite fait de vous tourner un gosse en gavroche.

En 1845 ou en 1925, Charlemont et Lemarque suivent des itinéraires identiques, la rue est leur domaine, la place de la Bastille avec ses bateleurs – pour Joseph –, et sa kermesse – pour Francis –, un endroit d'émerveillement. Cantonnons-nous à l'exemple du parler : même si un imperceptible chuintement, un soupçon de cheveu sur la langue, s'observait dans l'élocution de Francis Lemarque, caractéristique, j'en induis, des Parisiens de parents de langue yiddish puisqu'on l'entend aussi chez feu Marcel Bleustein-Blanchet et la chanteuse Régine, tous trois parlent – ou parlaient – français avec l'accent de Paname, leur ville. La remarque vaut pour les enfants issus d'autres immigrations : Charles Aznavour, Lino Ventura, Clément Lépidis dont le père était grec. La situation est changée, de nos jours : les jeunes Parisiens – les définir ne serait pas une sinécure ! –

mêlent de plus en plus à leur prononciation l'accent arabo-banlieusard, beur donc, qui, à la périphérie de la capitale, a submergé les intonations du terroir…

Concurrencé par de nouveaux modèles, le modèle populaire parisien, parigot si on préfère, qui avait réussi pendant si longtemps à intégrer, à assimiler les non-Parisiens, provinciaux puis étrangers, a volé en éclats. Paris en tant que Paris s'étant dilué, la ville a perdu de son pouvoir d'attraction, et ainsi de sa force à socialiser les individus, à les acculturer. C'est ce que je sous-entends quand je répète que le Paris du populo est mort. « Je ne me sens bien que lorsque je suis au milieu de la foule » : d'une seule phrase, Francis Lemarque clame son appartenance à Paname !

Les judéo-espagnols de la rue Sedaine

En lisant Valdour, on constate qu'il y a neuf décennies, la présence juive à la Bastille était plus forte qu'aujourd'hui, plus apparente. Venue de l'Est, la culture judéo-allemande, moribonde dit-on en ce début du troisième millénaire, était bien vivante : partout des affiches étaient placardées, des théâtres fonctionnaient, en langue yiddish. Jusqu'à l'âge de 3 ans, Lemarque le dit, il n'a « jamais compris, jamais prononcé un seul mot de français. » À l'entrée du faubourg, le Casino de la Bastille avait été aménagé en synagogue… Avec le temps, ces juifs se sont ou assimilés ou disséminés dans la ville, sauf rue Sedaine. Là, dès 1925, rapporte Valdour, ils avaient « acheté toutes les boutiques de vêtements, chapeaux, chaussures, linge, bonneterie, mercerie, qui étaient à vendre »… Un Parisien s'en plaint : « Ils ont déjà accaparé tout le commerce. En dehors des marchands de vin, il n'y a pas un Français sur dix boutiquiers. Et maintenant qu'ils sont assis dans le quartier, rien à faire ! Plus ça ira, plus il y en aura. » Pour Valdour, un juif est un juif.

Tel ne serait pas l'avis, du moins de façon aussi tranchée, d'Annie Benveniste, historienne de la communauté judéo-espagnole de Paris, la sienne[16]. Les judéo-espagnols sont les juifs sépharades de l'Empire ottoman, chassés d'Espagne sous l'Inquisition, dont les premières arrivées à Paris remontent avant la guerre de 14. Sans explication autre au choix de cette rue que les activités artisanales et commerciales qu'offrait le 11e arrondissement à de nouveaux immigrants, « le premier s'est installé rue Sedaine, a ouvert une boutique de blanc. Puis d'autres ont suivi. »

Entre 1926 et 1936, montre Annie Benveniste, la population totale du quartier administratif de la Roquette s'élève à un peu plus de cinquante mille personnes : les judéo-espagnols en représentent le quart, le cinquième (mille sept cents en 1926, deux mille deux cents en 1931, deux mille six cents en 1936). De par son passé, sa façon de vivre orientale, cette communauté se différencie profondément des autres juifs de ce coin de Paris, d'origine ashkénaze comme l'est Francis Lemarque. Les noms sont souvent à consonance espagnole. Rue Sedaine, entre le boulevard Voltaire et la rue Popincourt, en plein fief juif oriental, Valdour entend des « Italiens, des Turcs, des Juifs [qui] se comprennent tous et parlent la même langue », juste après avoir mentionné qu'ils s'entretiennent en italien ou en yiddish, et avant de déclarer qu'ils s'expriment en yiddish ou dans leurs idiomes d'origine. En fait, ces juifs de l'Empire ottoman possèdent une langue à eux, le judéo-espagnol, littéralement le « ladino », le « latin »… D'où l'impression de Valdour qu'ils parlent italien, mais yiddish sûrement pas ! Son enquête pèche, cette fois, par superficialité.

Mais comment Valdour se pencherait-il sur le sort, l'histoire et les mœurs d'hommes qu'il décrit méchamment comme « plus ou moins pouilleux, mais peu à peu épouillés » ? On en revient à la façon qu'ont, à Paris, les communautés ethniques de se percevoir les unes les autres, et par ce biais, d'affirmer, chacune avec force préjugés on s'en doute, sa supériorité culturelle. En contrepoint au jugement de Valdour, je relève la « dégoûtation » de la mère de Francis Lemarque et de Mme Rissmann leur voisine lorsqu'elles s'en prenaient au maçon du troisième étage : « Il faut le voir, l'entendre, lamper son potage de vermicelle... un vrai cochon [...] Mais attendez le meilleur ! Vous savez pas ce qu'il fait pour terminer son potage... devinez ?... eh bien, il verse dans le reste de son potage... UN VERRE DE VIN ROUGE ! et il avale ce mélange en portant l'assiette à sa bouche... » Effectivement, « faire chabrot », avec en outre le vermicelle qui colle aux moustaches, n'est que d'une élégance relative. Une pratique française bon teint, celle-là, paysanne pur jus, de la treille si je puis dire, mais qui donc était courante à Paname, rue de Lappe en 1920, et après certainement encore !

Le 17 janvier 1933, un assassinat, ayant le vol pour seul motif, met en émoi la communauté juive ashkénaze. « Le Monstre du ghetto » titre *Détective*[17]. À leur domicile, 78, rue de Charonne, le dénommé Ronban (ou Ronbom) Elias, tricoteur de son état, tue un couple de juifs russes, Lubrela Tokar et sa femme Avina née Fernburg, cartomancienne. Accusé par Ronban, Jacques C., un de ses camarades, habitant 18, passage Thiéré, sera mis hors de cause. Aux assises, le 22 novembre 1933, une couturière juive polonaise du nom d'Edelztein née Szotkfisz est acquittée tandis que le meurtrier, condamné à perpétuité, réussit à sauver sa tête.

Le « sidis »

Dans la foule de la rue de Lappe, un soir Valdour avait recensé des Algériens et des « nègres ». Il ne revient que sur les « indigènes d'Algérie » qu'il remarque en trois points du 11e arrondissement côté Popincourt : « Dans un garni à l'entrée de la rue de la Folie-Méricourt », dans « un hôtel à l'entrée de la rue Popincourt », et enfin dans un « garni sordide, boulevard Richard-Lenoir, à l'angle d'un passage ». On ne rencontre qu'exceptionnellement des Algériens dans le Faubourg, pour la raison que très peu de manœuvres y sont employés. Ce qui n'empêche pas les conversations d'atelier d'aller bon train : « À l'hôpital Saint-Antoine, c'est empoisonné de sidis. – Ah ! ne me parle pas des sidis ! Ah ! là là ! ils ont la peste dans le corps ! » Renseignement peut-être pas inutile pour l'histoire des Algériens à Paris : à cette époque leur quartier général se trouvait aux Épinettes, rue Lecomte dans le 17e arrondissement, où était situé l'office des indigènes nord-africains[18].

La politique d'avant la langue de bois

Pour Valdour, cet afflux d'étrangers ne peut qu'être dirigé contre la France, au profit du communisme international. Images de ce temps : rue Basfroi, rue de Lappe, un jour sont apposées, rédigées en italien, des affiches de la CGTU convoquant ouvriers et ébénistes italiens à des conférences ; un autre, des affiches en yiddish ou en magyar…

Indépendamment des partis pris politique et racial de Valdour, certaines petites scènes qu'il capte sur le vif démontrent, une fois de plus, que la verdeur, la drôlerie du langage populaire parisien, sur lequel nous insistons tant, étaient une constante de tous les instants, de toutes les situations. Lors d'une réunion houleuse où se côtoient socialistes et communistes, une femme, qui affirme sa foi internationaliste, se fait ainsi tancer, « sans respect, ironise Valdour, « pour le dogme de l'émancipation intégrale de la femme : "Va donc raccommoder tes chaussettes !" » Genre de quolibet aujourd'hui impensable : le respect d'autrui, de tout et de rien a tué la franche rigolade !

Les mirages du bal

À propos des femmes, une conversation banale dans un restaurant de Ménilmontant rapportée par Valdour est révélatrice à plus d'un titre des pratiques de la vie courante. La serveuse, une provinciale à Paris depuis six ans, multiplie prévenances et avances auprès d'un jeune homme dont le visage lui plaît, « complètement rasé conformément à la mode qui se propage dans les milieux populaires », un ouvrier habillé d'un pantalon de velours, veste noire, chemise sans faux-col et casquette. Maintenant, on dirait de cette jeune femme qu'elle drague… en matière amoureuse l'audace féminine est plus ancienne que d'aucunes le prétendent. « Vivement le bal ! soupire la fille… – À Wagram ? demande le jeune homme. – Pourquoi Wagram ? Parce que c'est le bal des bonniches ? » Et elle lui avoue, souriante, les yeux brillants, les lèvres gourmandes : « J'aime mieux les bals musettes… » De façon lapidaire se trouve ainsi affirmé l'attrait comme magique du bal-musette sur les jeunes femmes du peuple, sa prééminence.

Pour les femmes aller au bal-musette comportait une part de risques, échelonnés selon le genre de l'établissement, et malaisés à évaluer avec justesse si longtemps après. Mieux fréquenté, prétendait-on, le Bal Wagram, le « bal des bonniches », on lui prêtait ce surnom, connut pourtant une tragédie. Yvonne Desvignes, une jeune bonne de Passy, y était allée danser un soir de juin 1932. Les témoins l'avaient vue s'amuser avec des jeunes gens « qui paraissaient la serrer de près », relate F. Dupin[19]. Elle part avec eux… Quelques heures plus tard, au lever du jour, avenue du Bois, notre avenue Foch, un garde entend le bruit d'une chute, d'un choc. Une voiture s'enfuit, un corps ensanglanté gît à terre…

Yvonne Desvignes mourra à l'hôpital. J'ignore l'aboutissement de l'enquête qui s'annonçait difficile, mais Dupin en profite pour se livrer à une réflexion sur les jeunes femmes appartenant à « cette classe sociale qui est la plus menacée, la moins défendue dans la jungle de Paris : la femme seule et pauvre […] C'est-à-dire qu'elles sont exposées, les mains liées, les yeux bandés aux étranges bêtes fauves de la rue, de la nuit. »

La prostitution

Le côté midinette, une caricature ?

La cause de la prostitution, il ne s'agit que de cela, est toujours la même, la misère : « Sur dix femmes qui font le trottoir, à Paris, sept sont d'anciennes bonnes séduites et abandonnées. Cinq ont un enfant. » La misère liée à la naïveté… Il ressort des lignes de Dupin, comme de celles de Valdour concernant les lectures, les plaisirs des jeunes ouvrières de la Bastoche, un côté midinette, fleur bleue, qui nous semble caricatural. Un effort est nécessaire pour appréhender cette âme populaire à l'écoute directe, naïve donc, des événements, de la ville, de la vie. Argot, chanson des rues, prostitution, et même explosion sociale, n'étaient que les lais circonstanciés d'un flot psychologique d'ensemble. L'immense majorité des gens, des petites gens, vivaient leur existence moins réflexivement, moins intellectuellement qu'aujourd'hui. L'esprit individuel n'était pas aussi encombré de schèmes culturels, de grands principes d'ordre collectif, universel… Le formalisme n'empâtait pas la langue quotidienne : si maintenant on s'engage, on s'implique, on s'assume dans la vie, verbes hérités du vocabulaire philosophique de Jean-Paul Sartre qu'une irrépressible vulgarisation culturelle a fait passer dans le parler courant, jadis on gagnait sa croûte, son bifteck… On se défendait, et marre !

Misère et défense

Elle se défend, disait-on justement d'une femme qui se prostituait. « Attention, petites filles naïves, quand vous allez au bal, quand vous en revenez », les met en garde Dupin. Certes, beaucoup étaient naïves. Cependant, comment ne pas croire que le désir, la volonté farouche d'échapper à la misère ne balayait pas les réticences, dans un grand nombre de cas ? La coïncidence de l'étymologie et du sens dans lequel se défendre est utilisé confère à cette locution un tour pathétique : faire tout, et même n'importe quoi, pour vaincre la fatalité de sa condition sociale, se battre bec et ongles, et plus encore, pour la terrasser, l'anéantir[20]. Six décennies après, Auguste le Breton, débarqué à Paris au début des années trente, a retracé le chemin que suivaient les « mômes des faubourgs », du taudis paternel au trottoir, ou plutôt alors, au bordel[21]. Sans en être inspirées, ses lignes recoupent celles de Léon Daudet à propos de la rue de la Roquette. Pour ces filles vivant dans une misère crasse, au milieu de voisins prêts à les violer, de parents qui s'en foutaient, et de flics qui se marraient s'il arrivait un pépin, « le bal était un refuge doré ». Au bal il y avait des hommes qui pouvaient les aider à se faire avorter… « “Ils ont du pognon pour !” Ce qui était réel mais ensuite il fallait bien rembourser. »

La fonction majeure du bal était d'offrir de l'illusion, de créer du rêve, les proxénètes s'y employaient, là était le piège, c'était leur boulot. Leur touche voyou était à la mode, les filles étaient attirées. La serveuse de Valdour a les yeux brillants, les lèvres gourmandes… Inextricablement mêlée à l'opiniâtreté de s'en sortir, l'ingénuité, la fausse ingénuité qui sait, faisait le reste : comment résister aux mirages lorsqu'on n'a qu'une vie de rien à leur opposer ? Le Breton aboutit à cette conclusion, surprenante qu'en apparence : « La chance à ces gosses était de tomber dans un bal, non sur une barbeau mais sur un casseur ». Les fricfraqueurs ne mangeaient pas de pain de fesse, ils les prenaient pour femmes sans les cloquer au tapin. Ce qui ne signifiait d'ailleurs pas une vie de tout repos, d'autres risques existaient, inhérents à l'activité de cambrioleur... Autant dire que, d'une certaine façon, le guinche était l'antichambre de la vie dangereuse : les filles parce qu'elles pouvaient se retrouver putains, les garçons parce qu'ils y liaient des amitiés douteuses...

En 1932, Max Zvaibaum comprendra vite les dangers encourus par Suzette, sa fille. Juif de Pologne, Max était arrivé à Paris vers 1910. Avec sa femme et Suzette il habite 46, rue de la Roquette, son atelier de confection est situé 56, rue Sedaine. une famille de la Bastoche donc, ou de « la Petite Pologne », *dixit* Suzette, le « cœur du quartier Popincourt ». Telle, trente-cinq ans plus tôt, Casque d'Or, elle aussi môme de la Popinc', Suzette aime danser. Non rue de Lappe, mais à L'Ange Rouge, 6, rue Fontaine dans le 9e. À 18 ans, en 1932, elle s'y fait harponner par le dénommé Gaston le Harpon, « mac notoirement connu ». Outre qu'il est dans la confection, Max appartient au milieu, Max le Polak on le surnomme. Devant sa détermination, le beau Gaston préfèrera rengracier. Sans Max, qui sait si Suzette n'aurait pas suivi les traces de Casque d'Or ? Max Zvaibaum était le grand-père de Jean-Pierre et de Francis Huster, les deux fils de Suzette. Cette péripétie, caractéristique de son époque, Jean-Pierre Huster l'a relatée dans *Le Livre de notre mère*[22].

Et si cette dévotion pour le milieu altérait la vérité historique ?

Le bal-musette, lieu privilégié des mauvaises fréquentation : telle est, selon l'écrit et les on-dit, sa réputation. Bals-musette du milieu, précisons à nouveau, sur lesquels écrivains et journalistes se sont penchés en priorité. Or, nous le savons, le vocable de bal-musette recouvrait d'autres réalités. Qu'y avait-il de risqué, pour une jeune femme, à danser dans un musette auvergnat ou seulement populaire ? Pas grand-chose. Mais voilà, ces bals, certains de famille, où l'on s'amusait, recherchait l'âme-sœur, n'ont guère retenu l'attention des commentateurs. D'un point de vue d'honnêteté socio-historique, les témoignages de Cayla et de Valdour nous obligent à faire la part des choses par rapport à cette Bastoche voyou que Carco a dépeinte. Une constatation s'impose : comparées aux anecdotes de Cayla et aux enquêtes de Valdour, les descriptions littéraires de la rue de Lappe, à l'esthétisme un rien suranné, sont finalement fragmentaires et datées. C'est curieux, mais, les textes de Valdour et de Cayla, rédigés au fil de la plume sans ambition stylistique, paraissent parfois plus actuels que le réalisme de Carco, de Galtier-Boissière. Parce que, précisément, ils négligent notre savoir sur la Bastoche, cette mémoire confuse des années apaches mythiques…

Chez Valdour, la rue de Lappe du plaisir n'est qu'un détail. Un appendice que Carco, au contraire, a aimé et exploité avec une telle conviction, une telle véracité, que, dans son sillage, nous en extrayons notre concept de culture voyou, fondamental pour l'histoire du Paris populaire. À partir des lacunes réciproques de Valdour et de Carco, l'un des buts de ce livre est d'expliciter les imbrications du populaire, objet du premier, et du voyou, celui du second. Avec, avouons-le, une préférence non dissimulée pour l'univers de M. Francis… Ce qui ne nous empêche pas, au vu de cette Bastille plus vaste, plus abordable sociologiquement, idéologiquement, quantitativement, que la Bastoche, de nous demander à quoi correspondait exactement ce qu'a décrit Carco. La charge passionnelle venant de ses pulsions, de ses désirs inavoués, n'a-t-elle pas contribué à exagérer une réalité, plutôt restreinte d'après Valdour ? Tout est affaire de démons intérieurs projetés, à travers le regard, sur ce qu'on observe. Ce même univers a plus tard constitué l'existence au jour le jour de Jo Privat à la Bastille, son pôle d'intérêt essentiel. C'est en fréquentant la rue de Lappe, en discutant avec des témoins, que s'est fortifié mon engouement : le milieu que nous montre Carco, ce mitan que Jo m'a raconté, cette vie voyou a bien existé…

J'écris cet ouvrage parce qu'à la fin des années 1970, début 1980, j'ai moi-même été fasciné par les survivants de cette Bastoche dont le dernier carré était le Balajo. Pourquoi cette fascination ? Dans *Le Blues du Musette*[23], un mot de Privat, pour lapidaire qu'il soit, l'explique. À Didier Roussin qui lui demande les raisons de son intimité avec les voyous, Privat réplique : « J'avais plus de plaisir à discuter avec les truands qu'avec un galtousard de chez Renault qui faisait ses dix heures par jour. Le pauvre mec, en sortant, il avait plus rien à raconter, tu comprends ? » Le milieu, c'est spécial… C'est une manière de paraître, et, plus que tout, de parler, qui hypnotise ou qui repousse. Privat est comme Carco, le populaire ouvrier ne retient pas son attention : le galtousard, dit-il moins par mépris que par compassion, n'a que des histoires sans attrait à relater… Le milieu, c'est autre chose : les combines, les coups, la monnaie, les femmes… Un certain brillant, de l'envergure… Des hommes qui se défendent, on en revient à ce verbe, qui se bagarrent, même si souvent leurs propos sentent le bluff… Si aujourd'hui ce genre d'ambiance fait désuet, tel n'était pas le cas en 1920, 1930, et encore 1950. Au temps de Carco, Paris était sous la magie, sinon du milieu, du moins de la mode milieu, ceci afin de faire admettre la légitimité de notre propre travail.

Authenticité et inauthenticité

Classique, la question du rapport entre la réalité en soi et le labeur de l'historien, qui en est la reconstitution, est le préambule à toute réflexion épistémologique sur la science historique. Elle est infinie. Abandonnons-la sans regret pour affirmer une vérité qui ne prêtera plus à discussion, à savoir qu'en 1925 la Bastille du plaisir était un quartier très couru. Socialement, Belleville, Ménilmontant n'avaient rien à lui envier, la misère était identique, mais le beau monde n'y allait pas. Le coin Gravilliers-rue des Vertus-rue au Maire représentait un intermédiaire. C'est la Bastille qui prédominait, et de loin, les témoignages écrits en font foi !

Françoise Raison-Jourde[24] laisse à penser qu'un soir rue de Lappe, André et Clara Malraux s'étaient fait attaquer à la sortie d'un bal. Clara Malraux rapporte cette agression dans *Apprendre à vivre*[25]. On est en 1922. Clara, petite oie blanche des beaux quartiers, est tombée amoureuse d'André. « Vous n'avez jamais été dans un bal-musette ? » s'enquiert-il, signe de l'attirance des musettes sur la bourgeoisie, ses intellectuels en l'occurrence. Et Malraux emmène Clara, non à la Bastoche qu'il jugeait déjà frelatée, mais « rue Broca où se trouvaient des bals-musette, précise-t-elle, plus secrets que ceux de la Bastille »... Des aigrefins les attendent dans un coin sombre, les Malraux ne doivent leur salut qu'au feu qu'André sort de sa poche. Bien que Clara Malraux ait narré la péripétie longtemps après, je note que la Bastille n'apparaissait plus authentique... en 1922 !

Nous n'allons cesser, désormais, de nous heurter à ces notions d'authenticité et d'inauthenticité. Avec, à la clé, ce constat dont ne se sont pas rendu compte nos explorateurs bourgeois de la nuit parisienne : plus ils se pressaient à la Bastoche dans l'espoir de tomber sur des vrais de vrais, plus ils en faisaient un lieu à la mode, moins elle demeurait authentique. On se souvient de quelle manière, au contact de la haute, les gonzes poilus d'avant 14 s'étaient mués en hommes du milieu après l'Armistice. D'où, de la part de Carco, sa nostalgie des apaches, sa quête de l'âge d'or quasi désespérée car intellectuelle, de l'ordre du fantasme… L'histoire, ne serait-ce que l'histoire populaire de Paris, ne repasse pas les plats, les situations changent, les conditions évoluent. Ceux qui les vivent pleinement, au premier degré si l'on veut, s'adaptent. Carco, poète de surcroît, avait un for intérieur chargé de mélancolie : à un moment il s'est mis à regretter un temps antérieur paré des magnificences de l'imaginaire… Sans me comparer à lui, je me languis tout autant d'une Bastoche que j'ai connue voici trente ans, plus authentique à mon sentiment, alors qu'un homme de terrain comme Daniel Schmid s'était fait aux transformations, aux exigences nouvelles. Une nuit, il y a déjà longtemps, je l'avais entendu préconiser que le quartier soit rasé, « toutes ces vieilles baraques ». Un comble, on l'avouera ! La perception populaire, celle des jouisseurs de l'existence plutôt, non réductible au seul populo d'ailleurs, est différente de l'appréhension torturée des peine-à-jouir, comme les nomme le langage de la rue, intellectuels souvent ou, simplement, cérébraux. Au regard des avatars ultimes de la rue de Lappe, du climat désagréable qui s'y est instauré, la nuit – les bandes qui viennent pour se battre, la police qui patrouille –, Schmitago était un peu revenu sur ses positions. Daniel avait passé la soixantaine : à savoir si je ne sais quelle nostalgie de ses débuts au Balajo en 1974 ne l'avait pas saisi par surprise ?

Je n'ai pas retrouvé de document d'époque sur les bals de la Glacière, sur ce guinche de la rue Broca mentionné par Clara Malraux. En quoi était-il moins frelaté, plus secret que les musettes de la Bastille ? Principalement dans sa clientèle… Reportons-nous à André Warnod. En 1922, il s'aventure au Bal Ramponeau[26], situé au 3 de la rue du même nom, à la frontière de Belleville et de Ménilmontant. Accordéon juché sur une sorte d'armoire, ouvriers débraillés et mal rasés, bonne humeur, ce genre d'ambiance nous est familière, le Ramponeau est à classer dans les bals-musette populaires. Encore qu'ici également, à la vue de « petits jeunes gens trop jolis pour travailler », Warnod observe que « la ligne de démarcation entre un souteneur qui commence et un jeune ouvrier qui glisse sur la pente fatale n'est jamais bien établie »… Mais contrairement au Bousca Bal, aucune femme de la haute aux épaules nues.

Outre Montmartre et Montparnasse dont ce fut la vocation, la Bastoche était le seul pays parisien populaire à connaître la promiscuité sociale en ces années où elle acquit sa renommée incontestée de saint des saints du musette. À ces jeunes filles chaperonnées par leurs parents du Bal Ramponeau qui gambillent tant qu'elles peuvent, à cette femme accompagnée d'un enfant de dix mois, à cette frappe yeux bleu clair et teint pâle, on comprend qu'on n'a pas quitté le Paris du XIXe siècle, de la Belle Époque. Celui où, plus pour longtemps, dominait la blondeur des Parisiens de souche, symbolisée par le « miel blond » de Mistinguett qu'évoque Mac Orlan, cette « étonnante figure de femme » du Paris de 1923[27]. Dommage que Warnod ne nous instruise pas de ce qu'on dansait au Bal Ramponeau, en 1922. Comme naguère l'accordéon par rapport à la musette, les musiques nouvelles d'origine étrangère ont à ce moment-là contribué à modifier les caractères des bals. Dans une large mesure, celle, qui sait, des nostalgiques, ces danses exotiques ont aidé à la perte d'authenticité, à « la mort du bal-musette » – Jean Oberlé *dixit*. Dès 1906, en tout cas, le

Bal Ramponeau n'avait pas hésité à innover. Lariche le rapporte : M. et Mme Minisclou, les patrons, avaient fait appel à un cabrettaïre et à un joueur d'accordéon – respectivement Auguy et Raynal – pour donner à danser.

Chapitre 5

Jazz-band et tango

En se remémorant Clara, *alias* la princesse Claire, avant ou aussitôt après-guerre chez Boule rue de Lappe, un des personnages de *Mon homme* s'extasie : « Elle dansait… les danses qu'on danse dans ces endroits-là… pas le tango soyez-en sûre… la java. » On est en 1920. Deux ans plus tard, dans *Panam*, Carco rectifie : « Mais on ne danse pas que la "java" au bal-musette »… En 1922 toujours, rue de Lappe, après s'être attardé sur les bourrées d'un bal auvergnat, Warnod conclut : « Nous voici bien loin des tangos et des schimmy… » Tango, shimmy (orthographe exacte), jazz : à l'instar de Paname et du milieu, ces mots paraphent l'étonnante mutation intervenue à Paris à l'issue des quatre ans de guerre.

Le jazz-band

Martin Cayla écrit : « Depuis l'arrivée des Américains en 1917, le jazz s'implantait en France et tout ce qui venait d'Amérique était à la mode et tentait de supplanter le folklore auvergnat. Je dois dire que, pendant six ans, de 1919 à 1925, j'ai résisté du mieux que j'ai pu à toutes ces tendances. » À l'époque, Cayla était installé

74, rue du Cardinal-Lemoine, au Bal du Printemps. Il ajoute : « Le bal voisin du mien s'était spécialisé dans le jazz et l'orchestre comprenait un accordéon, un piano, une guitare et même une harpe ! » Il s'agit, selon toute vraisemblance, de chez Mimile Vacher à la montagne Sainte-Geneviève. Sans s'être spécialisé dans le jazz tel qu'on l'entendrait aujourd'hui, le créateur du genre musette-accordéon suivait les tendances du temps. Il jouait des fox-trot, des shimmy peut-être... Au début, son père le secondait au tambour. Les voisins s'étant plaints du bruit, Mimile le remplaça par Jean Demarco, un talentueux harpiste. Cette association insolite – d'un côté l'accordéon l'instrument du peuple, de l'autre la harpe, l'un des symboles des concerts classiques[1], souleva plus tard l'étonnement et l'émerveillement de Louis Péguri[2]. Preuve que Vacher était alors la figure de proue du musette, un film franco-américain avait été tiré de *Mon homme* : eh bien ! mais je ne sais plus chez qui je l'ai lu, dans la scène du bal, à l'exemple de Mimile, une harpe accompagnait l'accordéon.

Dernier point : en couverture du *Crapouillot* du 1er novembre 1925, sur lequel je reviendrai, Jean Oberlé a dessiné l'intérieur d'un bal-musette. Lequel ? je l'ignore. Sur l'estrade, est-ce Vacher et son orchestre ? je ne sais davantage, la tête de l'accordéoniste pourrait être celle de n'importe qui... Toujours est-il qu'outre cet accordéoniste et un banjoïste, œuvre un harpiste. À l'intérieur du journal, un autre dessin, à la physionomie d'ensemble proche du précédent, montre le fameux Bousca Bal. Le balcon paraît être le même, on n'y distingue pas d'accordéoniste, seulement un joueur de banjo et une grosse caisse de batterie où est écrit « Bousca's Jazz ». Longtemps « un jazz » a signifié une batterie de jazz. C'est qu'au commencement, le jazz-band, synonyme de tintamarre pour les oreilles parisiennes abasourdies autant qu'envoûtées, reposait fondamentalement sur les tambours. Dans *Aurélien*, Aragon nous montre « l'unique Tommy, le meilleur "drummer" du monde [...] qui avec toute sorte de jongleries de ses bâtons et de ses petits balais métalliques jouait seul, sans accompagnement du tambour, des cymbales, des clochettes[3]. »

Le jazz symbole de l'époque nouvelle

« En France, écrit André Schaeffner[4], le jazz a été importé en 1918, sous forme embryonnaire, au Casino de Paris par Gaby Deslys et Harry Pilcer. » Warnod, qui ne le contredit pas, proclame : « Sitôt qu'on entendit les accents discordants des instruments qui le composaient, on comprit que quelque chose de grand venait d'être révélé[5]. » Où passait Mistinguett en 1923, au Casino de Paris, aux Folies-Bergère ? Sans préciser la date, en 1923 ou avant, Mac Orlan[6] signale que le Mitchell's Jazz King se produit sur la même scène que Mistinguett. À savoir l'orchestre de Louis Mitchell – un batteur, on n'en sera pas étonné –, le premier digne de ce nom à conquérir Paris. Dans *Mistinguett – La Reine du music-hall*[7], Martin Pénet montre que cet « orchestre qui deviendra un pilier du Casino [de Paris], The Mitchell's Jazz Kings » – *Kings*, au pluriel avec un *s* – y fait son apparition le 4 juillet 1919, à l'entracte et « également en attraction au cours de la revue. » Ainsi, dès les 13 et 14 juillet 1919, pour « la fête de la Victoire », puis à la fin de cette même année, et encore du 2 octobre 1920 au 26 février 1921 pour la revue *Paris qui jazz*, la Miss et Mitchell ont-ils été ensemble. Signalons que c'est à l'occasion de *Paris qui jazz* qu'a été créé *Mon homme*, la fameuse chanson de Mistinguett. Mac Orlan, pour revenir à lui, se répand en dithyrambes sur le jazz. La raison de l'engouement pour le fox-trot, le blues, le shimmy, puis, un peu plus tard, le charleston et le black bottom, tient à ce que ces émanations du jazz, musiques et danses à la fois, correspondent au nouveau rythme cérébral de l'homme de 1924 : « Si la chanson de Paulus évoquait un pantalon rouge dans les bois de Meudon, explique Mac Orlan, les fox-trots fameux : *Chicago*, *Bébé*, *Sweet one*, etc., chantent la présence des grandes filles souples, l'orgueil des firmes commerciales les plus tentaculaires, et qui montent, les bras chargés de dossiers, dans les ascenseurs étincelants[8]. »

Ce lien entre conjoncture économico-sociale et facteur psychologique permet l'appréhension parfaite du phénomène. Vers 1902, en effet, une danse « nègre », le cake-walk, avait déjà eu son heure de gloire. D'origine négro-américaine, ou plutôt afro-américaine comme l'on dit maintenant, elle ne pouvait qu'être du jazz, mais au sens très large du terme, c'est-à-dire un jazz rudimentaire qui commençait à peine à être baptisé ainsi. D'où cette constatation que, vingt ans plus tôt, les conditions n'étant pas toutes remplies pour la percée du jazz-band, la séduction du cake-walk n'avait pas dépassé le cadre restreint des fêtards parisiens. Au contraire, en 1924, tintant de sonorités hétéroclites, zébré d'éclats lumineux, multicolores, le monde moderne naissait, le jazz-band en soulignait le tempo infernal !

Batterie et banjo

Pour passionnante qu'elle soit, l'histoire du jazz à Paris ne nous intéresse ici que sous l'aspect des rapports de cette musique avec l'accordéon, de son influence sur le musette. Après l'Armistice, la jeune génération des joueurs de musette parisien se défait de sa composante auvergnate. La cabrette disparaît des orchestres qui se mettent à l'heure américaine, à l'heure du jazz-band, en s'adjoignant banjo et batterie. Si le banjo, utilisé par l'Amérique noire et lancé par elle en Europe, puise ses racines en Afrique[9], le tambour existait depuis longtemps sur le vieux continent. Le père Vacher en jouait à la perfection, ses rantanplans rythmaient les triolets de son fils bien avant l'arrivée du jazz… Ce qui est nouveau, c'est la batterie, le « jeu de tambours » l'appelle Mac Orlan dans *Images secrètes de Paris*, tambour et grosse caisse surmontée d'une cymbale. Son adoption dans les formations musette est due à l'apport du jazz, Mac Orlan le dit clairement : « Sur une estrade, un orchestre composé d'un accordéon, d'un banjo et parfois d'un tambour ou d'un jeu de tambours comme dans les jazz-bands impose une façon de danser. » Dès lors, on comprend mieux le dépit de Martin Cayla. Les épousailles de la musette et de l'accordéon auront été brèves. Les Auvergnats ont peut-être intégré l'accordéon mais ils ne veulent entendre que leur folklore. Les Parisiens, eux, très souvent d'ascendance italienne, s'en détachent complètement. Si valse, java, quelquefois encore polka et mazurka, en constituent le fleuron, la cadence native de Paname par excellence, les musiques exotiques étoffent maintenant le répertoire musette. Ah ! les fox-trot de Vacher[10] !

Sous la forme, au début, du mot jazz-band qui signifiait à la fois l'orchestre et la musique, le jazz s'est vite imposé à Paris. Il n'en était qu'à ses premiers vagissements, d'où certaines confusions. Aussitôt qu'un orchestre s'emballait, faisait un peu de bruit, on lui accordait du jazz-band. Écoutons Valdour : « Près de l'entrée de la rue Crozatier, dans un bar, un jazz-band se fait entendre »… Il y aurait gros à parier qu'en 1925, au cœur de la population ouvrière du faubourg Saint-Antoine, hommes en casquette et femmes en cheveux « aux vieux vêtements crasseux, décolorés », ce jazz-band n'était qu'un petit ensemble musette.

On est loin des quartiers rupins, des dancings de Montmartre et de Montparnasse, du Lulli's d'Aragon dans *Aurélien*, retentissant du vrai jazz, joué à tue-tête par des Américains blancs et noirs ! Ou même, et voilà qui n'est pas banal, du Bousca Bal de la rue de Lappe, si l'on en croit Jean Oberlé : « L'orchestre faisait un bruit infernal. Deux banjos et un jazz couvraient de leur frénésie un accordéon trop faible pour eux et qui subsistait par habitude. Les airs étaient ceux que chantent Dorville et Chevalier, voire Perchicot. Sans oublier les tangos et les fox-trots descendus de la rue Pigalle. »

Sans anticiper sur la suite, la transformation des bals-musette, le moins qu'on puisse affirmer est qu'un grand éclectisme, sinon un grand cosmopolitisme musical, régnait rue de Lappe dès 1925... du moins chez Bousca... Le jazz en question, ici, c'est toujours cette batterie qu'Oberlé a croquée, avec « Bousca's Jazz » écrit dessus. J'avais montré le dessin à Jo Privat, ainsi qu'un reportage de Marcel Montarron consacré aux musettes de Paris[11]. Sur une photo on voit à nouveau une grosse caisse, le nom de l'orchestre s'y étale : Melody-Jaz, avec un seul *z*... Jo avait eu un sourire mêlé de contentement et de mélancolie : « Ah ! c'était bien des trucs d'époque, ces blases... Melody-Jaz ! »

Quand le jazz est là, le jazz-band s'en va

Pour en terminer avec le jazz, deux citations. La première est extraite d'un questionnaire qu'en 1925, par le truchement du journal *Paris-Midi*, Schaefffner avait adressé au public, sur la valeur du jazz[12]. Elle résume parfaitement l'influence de la musique noire américaine sur l'esprit nouveau, au sens où l'entend Mac Orlan : « Le Jazz-Band a envahi l'Europe. Il fait partie de notre existence au même titre que la 5 CV, le Gillette, les wagons-couloirs, les cheveux courts et la prière d'insérer. » Se rendre compte de la simultanéité de certains phénomènes est toujours touchant... « C'est les Américains qui ont amené la mode des hommes sans moustache ! » me racontait ma grand-mère. Le rasoir mécanique et les lames de M. Gillette, Dos Passos le montre dans *Manhattan Transfer*, ont effectivement eu une répercussion qu'on qualifiera à bon escient de phénoménale, il n'est que de comparer des photos d'hommes d'avant et d'après 1914 pour le constater. Rappelons-nous, dans un restaurant de Ménilmuche, la remarque de Valdour à propos d'un jeune homme au « visage complètement rasé conformément à la mode qui se propage dans les milieux populaires ». Et dans les autres également !

La seconde citation figure dans le quotidien *L'Excelsior* du 5 septembre 1928. Un article consacré à la pièce d'Henri Duvernois et Robert Dieudonné, *La Guitare et le Jazz Band*, donnée au théâtre des Nouveautés, y estime que, désormais, le « jazz a définitivement pris place dans notre langue, remplaçant le mot "jazz-band". Précieuse et précise indication pour l'évolution du langage.

Le tango

Issu comme le jazz du bordel, « son lieu naturel » revendique sans ambages le poète argentin Horacio Salas qui en est aussi l'historien[13], le tango avait fait parler de lui dès avant 1914. Objet de scandale tout d'abord, il se civilisa jusqu'à devenir à Paris la danse chérie de la haute. À tel point que le 20 décembre 1911, *El Hogar*, un hebdomadaire de Buenos Aires, après avoir constaté que l'aristocratie parisienne accueillait avec enthousiasme une danse au passé si louche que la bonne société argentine s'interdisait d'en prononcer le nom dans les salons, se posait cette question : « Paris qui impose tout, finira-t-il par faire accepter chez nous le tango argentin ? » La suite permet de prendre la mesure du rayonnement international de Paris :

puisqu'il y avait été admis, le tango pouvait alors gagner ses lettres de noblesse, de danse nationale s'il vous plaît, auprès de cette même bonne société argentine ! Toujours est-il qu'à Paris, le tango « mène la dernière saison d'avant-guerre, rapporte Warnod[14]. On voit s'ouvrir les premiers dancings ; les bals et les fêtes costumées sont innombrables. » Pour Salas, l'Uruguayen Alfredo Gobbi a probablement été le premier à chanter des tangos à Paris vers 1900[15]. Si l'on omet le pianiste Alberto Lopez Buchardo et Ricardo Guiraldes qui ont peut-être interprété et dansé un tango à Paris en 1903, à moins que ce ne soit en 1913, hésite Salas, il faut sauter à 1911 pour lire, dans l'article du *Hogar*, qu'à Paris « cette année on danse le tango argentin autant que la valse. » D'autres sources font état, en 11 toujours, du succès international du tango, autant à Paris, Londres, Berlin, qu'à New York. Jean Richepin va jusqu'à en faire l'éloge à l'occasion d'une réunion publique de l'Académie française !

Avec la reprise à Paris, à partir de 1917 en pleine guerre, d'une vie nocturne éhontée, apanage des trafiquants et des mercantis qualifiés de « chacals » par Warnod, des dancings clandestins ouvrirent. Forcément, commente Warnod, « la danse ayant été interdite dès le premier jour [de la guerre], le tango gagnait en plus de ses autres séductions la saveur du fruit défendu. » On dansa dans les lieux les plus surprenants, dans les bordels bien sûr qui n'avaient pas fermé, dans les bouges, les hangars, les ateliers d'artistes. « Les tenanciers de ces établissements, poursuivis par la police, devaient faire fortune en quelques semaines, voire quelques jours. Mais rien n'était trop cher. La danse était devenue un plaisir des dieux... »[16]

« La lumière venait d'Amérique »

Entre l'Armistice et la réouverture des bals et dancings, on s'en souvient, le besoin était devenu irrésistible, les gens languissaient de ne pouvoir danser. Le 14 décembre 1918, raconte Warnod, jour de l'arrivée du président Wilson, place de l'Opéra jusqu'à une heure avancée de la nuit, deux par deux la foule se mit à gambiller, et ce, le fait est incroyable, sans aucune musique, uniquement par besoin !… « Souvent, le dimanche, rapporte-t-il encore, dans les quartiers populeux, au son d'un accordéon ou d'un violon, une petite sauterie commence et dans les établissements de Montmartre pensez-vous qu'on puisse toujours empêcher les gens de se trémousser au son des jazz-bands ? » Aussi comprend-on mieux l'explosion, la folie qui s'empara de Paris, une fois le chemin des bals retrouvé. « Les danses de nos pères, la valse, la polka, qui avaient survécu à plusieurs générations, parurent aussi démodées que la mazurka, la scottish ou le pas des patineurs […]. La lumière venait d'Amérique. Le tango, qui déjà avant la guerre affirmait son autorité, devint roi, devint dieu, et son seul concurrent, encore qu'il fît un peu figure de petit garçon à ses côtés, fut le fox-trot, bientôt accompagné de la maxixe, du paso doble. Le shimmy arriva à point pour couronner l'édifice. »

En 1930, Warnod affine la chronologie de ces engouements successifs : « La folie du tango dura plusieurs années, elle fut remplacée par la folie nègre. Le jazz régna en maître dès la fin de la guerre et l'on ne se contenta bientôt plus des nègres musiciens, il fallut avoir des nègres danseurs. Ce fut la grande époque du charleston et du black-bottom[17]… » Ces danses pénétrèrent aussitôt les milieux populaires, d'autant plus aisément que des paroles françaises étaient mises sur les musiques. À Charonne, dans une fabrique de meubles en série, Valdour entend un ouvrier entonner, « en scandant les syllabes, la chanson du jour », charleston ou « cul noir », traduction de *black bottom*[18] : « Elle s'était fait couper les ch'veux. /C'é-tait u-ne fil-le bien gent-till'... »[19] Conséquence du succès de la *Revue nègre* avec Joséphine Baker en 1925 au Théâtre des Champs-Élysées : « Danser avec les nègres devenait le vice à la mode », affirme Warnod dans ses souvenirs[20]. C'est à cette époque que le Tout-Montparnasse s'empara d'un petit bal, jusque-là fréquenté par les Noirs « des Isles » et des militaires de la coloniale qui venaient y danser avec les femmes de chambre antillaises, « alors très nombreuses à Paris » : le Bal Nègre du 33 de la rue Blomet dans le 15e. Paul Bringuier nous en décrit l'orchestre : contrebasse, violon, accordéon, piston, trombone et tambour plat, sans oublier la clarinette reine et la fameuse boîte à clous, l'ensemble assurant aux airs « le même rythme saccadé, exaspéré, maladif »[21]. Au début, le pianiste martiniquais Jean Rezard-Desvouves et son orchestre animaient l'endroit. Le violoniste et clarinettiste Ernest Léardée lui succède à la fin 1929, début 1930, pour deux ans et demi environ. Louis Jean-Alphonse, plus tard connu sous le nom d'Alphonso, prendra sa relève – des Martiniquais tous deux.

L'échange culturel n'était donc pas à sens unique : si le musette parisien se mettait à l'heure des musiques venues d'ailleurs, *a contrario* l'accordéon était adopté par celles-ci, le jazz lui-même l'utilisera... Quant aux Noirs, qu'il me soit permis d'évoquer ma grand-tante Isabelle Mathias qui aurait 121 ans aujourd'hui. Vers 1952-1953, le dimanche après-midi, juste avant d'arriver place de la Contrescarpe par la rue du Cardinal-Lemoine, on apercevait des Noirs à l'entrée du bal du 74, que Martin Cayla avait quitté depuis belle lurette. Après la Libération, Robert Giraud, spécialiste de l'argot et de la rue parisienne, mort en 1997, avait repris l'affaire. Aux Escarpes de la Contrescarpe, il l'avait rebaptisée, m'apprend Lariche. Louis Chevalier, qui habitait à deux pas de là, 71, rue du Cardinal-Lemoine, s'en souvenait : les derniers temps de sa vie, Fréhel y chantait – elle est morte le 3 février 1951, 45, rue Pigalle, dans un hôtel aujourd'hui démoli. « En 1952, la défaillance de ses associés conduit Giraud à fermer son bal, explique Lariche. Celui-ci est remplacé par un dancing antillais, Les Caraïbes, où les biguines et merungués, joués par un petit orchestre, attirent les femmes en mal d'exotisme. » C'est bien à cette date que je passais devant Les Caraïbes, le nom me revient en même temps que le néon de l'enseigne – verte ou rouge ? Avant de se marier sur le tard, ma grand-tante Isabelle avait couru les bals-musette. Je l'entends encore dire à sa sœur, ma grand-mère, en patois gascon de Langon, leur région d'origine : *« Lous nègues, té, qué saben bienn dansa, aquets-aqui ! »*

Le bandonéon

Si l'accordéon est l'instrument du musette parisien, le bandonéon est celui du tango argentin. « Même début difficile, même engouement par la suite. Comme l'accordéon à Paris, le bandonéon rencontra à Buenos Aires une hostilité persistante pendant quelques années[22] » : Péguri a raison de souligner cette trajectoire commune aux deux instruments, instruments de classe peut-on affirmer, puisque acceptés d'emblée par le populo dont ils expriment le génie musical, et boudés par la haute société. À l'instar de son homologue parisien, le bandonéon existe, soit en diatonique, soit en chromatique. Après avoir transformé des diatoniques avec son frère Charles en 1924, Louis Péguri inventa le bandonéon chromatique, du temps où il se produisait chez Volterra au Perroquet, un dancing de grand luxe, avons-nous déjà dit, situé rue de Clichy. Louis Péguri, nous le savons, fut de toutes les innovations musicales. Fasciné par la haute société, il préférait travailler au dancing qu'au bal-musette… Dans son livre il cite les premiers Argentins à être venus jouer en France : Ferrer, Pizzaro, Genaro Esposito en 1919, Ernesto Remondini et Lomuto en 1921, puis l'Inglese, Arolas, Canaro, Bianco, Bachicha, Falcon, Gentile, etc. Composés au début de deux bandonéons, d'un violon, d'un piano et d'une contrebasse, ce qui était déjà conséquent, les orchestres s'étoffèrent encore par la suite. Celui de l'Inglese, avec lequel collaborait Péguri, comprenait trois bandonéons, trois violons, une contrebasse et un piano. Les Français se mirent au tango, au bandonéon : Louis Ferrari, Colombo, Muréna sur diatonique… Balta, Émile Carrara, Viseur, d'autres, sur chromatique. Plus tard, vers 35, le jeune Privat tâta aussi du bandonéon dans la formation Bachicha.

En 2001, chez Epistoles, dans *Voyage de Paul à Pablo*, Pierre-Eric Droin a raconté la vie de Paul Chalier, *alias* Pablo Caliero, né en 1910, mort depuis. Chalier avait vu le jour dans le Puy-de-Dôme, à Brassac-les-Mines, aux confins de la Haute-Loire. Musicien né, il arrive à Paris en 1928. D'abord il joue chez Vigier, au Bal de la Gaieté à Vitry-sur-Seine, puis à la Boule Rouge, rue de Lappe, chez Pouyet. Alors, il est « au violon, au sax ou à la guitare, on appelait ça, accessoiriste. » Il manie aussi le banjo et un « bizarre monocorde, fabriqué par lui, qui intrigue et rameute les curieux : "Y'a un frisé à la Boule, c'est un as ! Il fait du violoncelle avec une seule corde et un manche à balai"… » Après son régiment, vers 1931-1932, Chalier décide d'apprendre l'accordéon, l'instrument-roi. Un jour il quitte Pouyet. Désormais accordéoniste, en fin de semaine il se produit à La Mascotte, 50, boulevard Pasteur, dans le 15e. Il finit par être engagé comme chef d'orchestre au Bal de la Marine, quai de Grenelle, dans le 15e. En 1937, Chalier s'essaie au bandonéon. Après un intermède à l'Eldorado, le dancing du 4, boulevard de Strasbourg, à la porte Saint-Denis, il entre au Tango, rue au Maire. Non seulement il se met à composer, mais il entreprend d'améliorer le bandonéon. Droin revient sur Louis Péguri : « Précédemment, Louis avait joué sur un vieux biniou “Alfred Anold”, qu'à la suite d'une circonstance professionnelle, un remplacement au pied levé en Allemagne, il transformera, aidé par son frère Charles, lui-même compositeur, en bandonéon chromatique. » Près de quinze ans ont filé, Chalier trouve que « le Péguri » laisse à désirer. Il l'améliore donc et, en 1938, dépose les plans du « modèle Caliero ». Néanmoins, il faudra attendre 1958 pour qu'apparaisse le « système Caliero », fabriqué par la maison Crosio. On l'a compris : quand il était au bandonéon à la tête d'un orchestre tango, Paul Chalier se faisait appeler Pablo Caliero. On le voit sur une photo de 1938, son ensemble se composait de huit musiciens : deux bandonéonistes-accordéonistes, un pianiste, un contre-bassiste, un violoniste, un guitariste et deux saxophonistes, dont le chanteur. Tous portent un foulard genre *gaucho*.

Folie du tango et dancing

Historiquement à Paris, dancing et tango sont consubstantiels. Selon Warnod, c'est rue Caumartin que leur épopée s'est en partie nouée, avant 1914, dans de petits établissements fréquentés par des « danseurs argentins, dont raffolaient les dames souvent d'un certain âge[23] »…. Si le julot est le roi des musettes, le gigolo l'est des dancings ! On s'en est rendu compte, la littérature n'a pas été chiche avec le tango, d'autant qu'à un certain moment on l'a dansé partout. « Comment le peuple fut-il initié à la folie du jour ? » se demande Warnod avec pertinence[24]. La réponse est invariable :

cette initiation résulte de l'immense maelström social d'après les hostilités, d'une démocratisation certaine des goûts, des mœurs… « La folie gagnait les faubourgs », souligne Warnod. Il est utile de se souvenir que Carco et Warnod ne trouvent jamais la moindre vulgarité à la java. « Quelle stricte pudeur, quelle distinction physique », s'exclame Carco, un soir aux Grav'…

Le ton change avec le tango. Coupable déjà de s'être mise à mal parler, la bourgeoisie est à nouveau en accusation. Warnod s'en prend aux « jeunes femmes, petites bourgeoises » prêtes à tout sacrifier pour le « plaisir secret », l'« envoûtement un peu démoniaque » de la danse. Non seulement « elles ruinaient leur ménage » financièrement parlant, mais surtout, « dans l'intimité des danses nouvelles, les jeunes femmes s'apercevaient vite que d'autres hommes étaient bien plus adroits et disposaient d'autres moyens physiques que leurs conjoints. À quoi pensaient ces jeunes femmes ? Le diable le savait. » Pour éviter à Warnod d'être taxé de misogynie, empressons-nous d'ajouter que les hommes ne sont pas logés à meilleure enseigne. Il ressort de ces quelques remarques que, sinon la bourgeoisie dans sa totalité, du moins sa frange marginale, a, comme toujours, été l'élément moteur des changements sociaux. Elle a été le catalyseur véritable de la fusion, d'ordre psychologique avant tout, qui a marqué la société parisienne de cette époque.

Dancing et bal-musette

À sa manière, Jo Privat traduit l'écart qui, nonobstant les rapprochements, séparait le dancing du musette[25] : « Les musiciens de dancing et ceux du musette formaient deux clans différents, parce que le dancing c'était déjà un peu plus huppé : on jouait des valses boston, des slows, des pasos-dobles, des tangos, des trucs chic, qui, à l'époque, n'étaient pas encore joués au bal-musette… Au musette on se serait fait siffler… Au dancing, les gens venaient en tenue habillée, les femmes portaient de belles robes etc. Dans les bals-musette, c'était débraillé : on dansait des polkas, des fox-trots. La rumba, on appelait ça la "frotteuse". Dans les dancings, les couples ne dansaient pas collés. Les valses se dansaient "écartés". Les formations étaient plus importantes et comportaient des cuivres. Au bal-musette, même pas une clarinette. Quelquefois un mec jouait du "monocorde" ou "boîte à cigares", une grosse boîte à cigares avec un manche à balai "branché" dessus. On ajoutait une corde pour faire contre-chant, genre violon. La boîte à cigares faisait caisse de résonance, c'était marrant dans les tangos. » À Pinguet qui l'interroge sur l'immédiat après-guerre de 1914 que, né en 1919, il n'a pas vécu en tant que musicien, Privat explique : « Le charleston marchait très fort. Le black-bottom aussi, c'est un dérivé du charleston. Cela se jouait avec des cuivres, et on ne les dansait que dans les dancings. Après c'est venu au bal-musette et on les a joués à l'accordéon. À l'époque les batteurs avaient des grosses caisses énormes. Je me souviens d'un batteur qui jouait au bal musette : Toto, il était tout petit, on ne le voyait plus, et pour jouer un coup de cymbale il fallait qu'il se lève. »

Autant de détails qui montrent, à rebours, que le bal-musette des années trente dont Jo Privat a été l'une des gloires, avait bien changé par rapport à celui que nous avons vu jusqu'ici. Jo l'affirme d'ailleurs à Roussin : « La valse c'est la base du musette, avec la java. Un paso doble ou un fox-trot, ce n'était pas du musette… » Des témoins étaient parvenus à cette conclusion, bien longtemps avant Jo, à l'époque même. Des témoins qui n'hésitèrent pas, tôt, très tôt donc, à signer l'acte de décès du bal-musette !

CHAPITRE 6

OUI OU NON LE DANCING-MUSETTE A-T-IL TUÉ LE BAL-MUSETTE ET LE MILIEU ?

« Mort du bal-musette »

Avec, en couverture, un guinche animé peut-être par Émile Vacher, son banjoïste et son fameux harpiste, où l'on remarque, sacoche en bandoulière, le taulier ventripotent s'apprêtant à réclamer la monnaie : « Mort du bal-musette – Texte et dessins de Jean Oberlé », – titre *Le Crapouillot* du 1er novembre 1925. Autant sur le moment que neuf décennies plus tard, pour qui découvre ce journal, l'événement est de taille ! Encore que, à suivre les modifications intervenues rue de Lappe depuis la réouverture des bals, il s'agisse moins d'une surprise *ex nihilo* que d'un constat. Conséquence du renouveau éblouissant de ses mille feux, au propre comme au figuré les établissements se sont électrisés… Ça c'est Paname ! pourrait-on parodier la Mistinguett de décembre 1926, au Moulin Rouge. Jailli des cendres de la guerre, un Paris ambigu, soumis à la fois à la brillance de la vie moderne et à la mémoire de ses réalités anciennes. Tout est allé trop vite en quelques années. On le sent bien en relisant ceux qui observent et ressentent la ville, à l'époque. Ils gardent en leur cœur le souvenir de certaines mœurs populaires et voyous d'avant 1914. Tel est, à l'instar de Carco et des autres, le sens des mots d'Oberlé affirmant le premier, avec un infini regret : « Voilà donc la mort du bal musette »… Mais ce trépas, pour important qu'il soit dans les péripéties du plaisir parisien, n'est triste que pour l'historien ou le chroniqueur affecté de nostalgie chronique. Le populo, auquel on doit les bals-musette, l'accordéon et tout ce qui s'ensuit, n'en a cure, lui. Pire, il pousse à la roue : si les bals doivent s'agrandir, qu'ils s'agrandissent, qu'ils s'embellissent ! En ce début de XXe siècle marqué au sceau du progrès, du modernisme et du confort, qui, à part les bohèmes et autres poètes, se lamenterait que les guinches soient moins enfumés, mieux fréquentés ? Ce hiatus ne cessera de s'amplifier, les bals de se mettre au goût du jour, les commentateurs de progressivement s'en détourner. C'est alors que la Bastoche atteindra son apogée auprès des amateurs de plaisir simple, auprès du populo. La légende fera le reste, ce que, précisément nous sommes en train de raconter.

La rue de Lappe, « rue de la Danse »

Ce 1er novembre 1925, accompagné d'un copain de régiment qui a répudié pour toujours la casquette et le chandail de jadis au profit d'habits – feutre baissé sur les yeux, pardessus à martingale, chemise à rayures orange, cravate gorge-de-pigeon, chaussures pointues et vernies à empeignes de cuir clair – qui lui donnent, jazz et tango obligent, à la fois le « genre américain » et le « genre argentin », Oberlé fait une descente rue de Lappe. Qu'au passage il soit saisi par le contraste entre la « sombre embouchure de la rue de la Roquette » et l'agitation de la rue de Lappe, corrobore ce qui a été dit des traditions différentes de ces deux voies pourtant voisines. Chaque porte ouvrant sur un bal, « la rue de Lappe devrait s'appeler rue de la Danse », préconise Oberlé.

Nous connaissons déjà le Bousca Bal. Oberlé, de son œil de dessinateur, en précise le décor, l'ambiance. Le comptoir est immense, les banquettes en cuir, les ventilateurs font un bruit d'avion. Dix garçons portant le tablier blanc et la veste noire des « endroits respectables » s'agitent au milieu d'une « foule de gens étonnants ». On croirait « exactement une brasserie à l'heure des repas ou un des cafés "Dupont tout est bon" où l'on crie sa commande dès le trottoir et où l'on trouve son verre déjà servi, en se frayant un passage vers le comptoir ». Certaine rombière emperlousée sidère littéralement Oberlé : « Croyez-vous que c'est amusant de venir chez les apaches !!! » glousse-t-elle en se laissant entraîner à la danse par l'ami d'Oberlé... On aurait envie de lui répondre ce que, chez Carco[1], un assidu des musettes réplique à un touriste en quête d'apaches : « Il n'y a pas d'apaches nulle part. Tous réguliers. » L'autre continue : « Et cet instrument désagréable qui fait un bruit affreux ? *What is it* ? Accordéon ? ». Et la gouape, la bouche en coin, de lui clouer le bec : « Probable. »

Le Bousca Bal, modern style

Même si, forcément, cette description du Bousca par Oberlé a un air de déjà vu, trois raisons font qu'elle est, jusqu'à présent, la plus complète de toutes. D'abord, et c'est une première littéraire rue de Lappe, Oberlé relève la présence d'homosexuels. Oh ! de façon furtive : « Au bar, raconte-t-il, quatre jeunes Américains, têtes nues, l'œil équivoque, la boutonnière fleurie et les pieds recouverts par leurs pantalons, semblaient aussi à l'aise qu'au bar du Ritz. L'un d'eux offrait des cigarettes à bout doré à un marin ravissant ». J'avoue n'être pas parvenu à dater l'apparition des corydons à la Bastille, ainsi qu'on les appelait en ce temps-là. Depuis le meurtre de Boutry par Vaubourg son amant, trente-quatre ans plus tôt en 1891 rue de Charonne, aucun commentateur n'avait évoqué les homosexuels dans le quartier. En revanche, on reparlera souvent d'eux dans le futur. Ensuite, et cette deuxième raison annonce la troisième, la modernité du Bousca a de quoi surprendre. À peu de choses près, la musique, et encore, les lignes d'Oberlé ne dépareraient pas l'article d'un journaliste d'aujourd'hui se baladant rues de Lappe et de la Roquette… les ventilateurs ne sont-ils pas redevenus à la mode ? Donc, une Bastoche des lumières, du bruit et de la promiscuité qui emplit Oberlé de cafard.

Le cafard d'Oberlé

Ce cafard et l'explication qu'en donne Oberlé constituent un tournant capital dans l'appréhension de la rue de Lappe. Désormais en effet, deux jugements contradictoires accompagneront, implicitement ou explicitement, les peintures de la rue : ou bien « tout est foutu », ou bien « rien n'a changé ». En 1979, quand j'ai rencontré Robert Lageat, je pensais que rien n'avait changé… L'intimité de la rue de Lappe m'était inconnue, mais ce que j'y découvrais – le Balajo, le musette, le milieu – traduisait le savoir confus que j'en avais, et me permettait de formuler mon opinion que le passé – sa fantasmagorie plutôt – habitait encore le présent, bref ! que les choses étaient toujours comme avant… Un avant de légende sans datation, un avant mythique. Puis, sentant la rue se défaire petit à petit, j'ai fini par énoncer que tout était foutu… Sans me douter qu'un processus affectif et intellectuel, inconscient, dictait mes propos. Ce rabâchage, qui prétend ne pas en être un, remonte aux années vingt, mais, à ma décharge, depuis Oberlé, je n'ai été ni le premier ni le seul à être conditionné, façonné par l'étonnant tellurisme de la Bastoche. Les caractères, les stigmates de la rue de Lappe sont si burinés dans ses pierres et ses hommes qu'au fur et à mesure qu'on la pénètre, elle devient le symbole d'un Paname qu'on voudrait confit dans un âge d'or relevant plus, hélas ! de désirs cachés que d'une réalité palpable à un moment T de l'histoire.

Personne ne l'avait exprimé aussi clairement qu'Oberlé, ce jour de Toussaint 1925 : « Voilà donc la mort du bal-musette, me disais-je en remontant les boulevards. Il est mort de sa belle mort, comme le mac-farlane, le mail-coach, l'absinthe et les épaulettes rouges. Tout se démode. Le charme de certains aspects de Paris se transforme. On perce le boulevard Haussmann, on démolit le passage de l'Opéra et sa marchande de mouchoirs[2] […]. Cassons tout ! marchons avec notre époque même si elle boite ! […] Il faut que chacun ait l'illusion d'avoir des souliers vernis, même s'ils sont en carton, et de boire des cocktails, même sans goût. De plus en plus, le bal-musette deviendra le Musette's-dancing. Il l'est déjà. Allons-nous coucher. Mais en passant devant le Pathéphone, allons une dernière fois, pour les cinq sous d'une danse, entendre Emma Liébel chanter la "dernière java". Elle y croit encore ? Pauvre femme ! »[3]

Du bal-musette au dancing-musette

Oberlé vient de lâcher le maître mot de son article : « Musette's-dancing ». Un néologisme plus rafistolé qu'inventé qui, selon toute vraisemblance, flottait dans l'air du temps sous sa forme plus logique de « dancing-musette ». C'est ce terme, la réalité nouvelle qu'il exprime, que nous allons maintenant rencontrer. Le dancing-musette est l'aboutissement des métamorphoses du bal-musette autant que de sa dérive sémantique. Du bal auvergnat avec musette on est passé au bal-accordéon qui, continuant de s'appeler bal-musette, recouvrait trois genres d'établissements assez distincts aussitôt après la guerre : le bal des familles auvergnat où l'accordéon n'avait pas partout remplacé la cabrette, le bal-musette populaire, le guinche du milieu… Roger Girard le précise : « C'est dans les années vingt que, pour la dernière fois, les bals auvergnats se qualifièrent de bals-musette. Les plus en vogue étaient rue au Maire, près de la République, où on en trouvait quatre[4]. »

Les derniers beaux jours des musettes auvergnats

Cette fin du bal-musette auvergnat, vieux de plus d'un siècle et demi, point de départ de notre saga, mérite un ultime regard. En 1922, Warnod[5] a exploré la rue au Maire évoquée par Girard. Il n'y mentionne que trois bals auvergnats : un au 25, un au coin de la rue Beaubourg – probablement au 39 –, et le dernier, « au café du Roi de Sardaigne, qui porte sur sa façade une des plus vieilles enseignes de Paris au n° 13[6] ». Le *Guide des plaisirs de Paris* de 1928[7], qui s'inspire beaucoup du livre de Warnod, précise qu'au 25 on danse sous une voûte de guirlandes en papier vert qui imite le feuillage, qu'au coin de la rue Beaubourg l'assemblée est intime et débraillée, et qu'au Roi de Sardaigne une foule joviale s'empresse dans une grande salle… Ces bals étaient-ils plus courus que ceux de la Bastille ? Rien de moins sûr. Warnod dit seulement qu'ils « sont des bals d'Auvergnats, comme ceux que nous avons vus rue de Lappe » où il nous a emmenés, dont un, souvenons-nous, dirigé par une cabrette. Rue au Maire, il ne parle ni d'accordéon ni de musette. Ces établissements de pure obédience arverne battront progressivement en retraite, sur plusieurs années. Sans changer pour autant de patrons, ils se modifieront en musettes parisiens, bals puis dancings… Preuve de cette intense fusion à laquelle l'Entre-deux-guerres soumet Paris : leurs danseurs suivront, les Auvergnats s'intègrent !

La Bastoche à l'avant-garde

Pour Girard, les dancings-musette se caractérisent « à la fois par une décoration spéciale à base de lumières tamisées et multicolores et par l'importance des danses "typiques", c'est-à-dire sud-américaines, puis plus tard de la musique de jazz. » À propos du Bousca, « le plus célèbre d'entre eux », dont on a suivi les transformations avant 1914, on ajoutera l'agrandissement et un certain confort, par souci d'exactitude. L'ambiance nouvelle sera la résultante de ces multiples facteurs. D'après ces témoignages on peut penser que, chronologiquement, le Bousca Bal du 13, rue de Lappe et le Petit Balcon du 15, passage Thiéré ont été les premiers et, pendant une période, les seuls à être qualifiés de dancings-musette à Paris. Afin d'apprécier l'événement à sa juste valeur, il n'est pas superflu d'avoir à la mémoire les images de misère du quartier décrit par Valdour et Daudet : en 1925, quelle innovation dans ce vieux coinsto auverpin délabré de Paname ! En contrepartie toutefois, qu'Oberlé n'ait évoqué que le Bousca donne une idée faussée de la rue de Lappe dans son ensemble[8].

La rue de Tanger entre dans la danse

D'autres textes portent à croire que le voisinage d'établissements anciens et modernes a duré longtemps encore. À quel stade de changement affirmait-on d'un bal qu'il était devenu dancing ? Voilà qui est difficile à déterminer. Selon leur clientèle, selon leurs fonds, il arrivait que les patrons hésitent à se lancer dans des travaux. Si changements il y avait, peut-être n'étaient-ils que restreints, entrepris au fur et à mesure… Prenons l'exemple du Tourbillon, 6, rue de Tanger, dans le 19e, à une enjambée du boulevard de la Chapelle, à Stalingrad[9]. Carco y fait un tour, en 1932[10]. Même si d'emblée il est question de ces lumières caractéristiques pour Girard du dancing-musette et si, explique Carco, « conformément au rite, on y faisait parfois jouer dans la salle un double éclairage d'ampoules tour à tour rouges ou violettes, tandis qu'un orchestre scandait un rythme de java », pour M. Francis le Tourbillon n'est pas « autre chose qu'un "musette" »… Un guinche certes amélioré, mais davantage dans la tradition des « barrières » qu'un dancing-musette ressemblant aux établissements de Montmartre. Six ans plus tard, en septembre 1938, *La Revue de l'accordéon* s'émerveille des transformations du meilleur goût que son propriétaire M. Bernard vient d'y apporter : « Quel changement lorsqu'on se rappelle le Tourbillon d'il y a quelques années. Une évolution constante suivant ou plus exactement prévenant le goût de la clientèle a fait de ce bal musette un dancing musette parfait que ce soit au point de vue décors, lumière et naturellement orchestre et attractions. » D'après cet article, le Tourbillon serait le premier musette à avoir engagé une femme dans l'orchestre pour chanter les « refrains des tangos et valses en vogue pour la plus grande satisfaction des danseurs. » Jane Chacun s'appelait cette chanteuse qu'accompagnaient le pianiste Geo Andy et l'accordéoniste Jean Salimbéni[11]. Salimbéni et Jane étaient, je crois, mari et femme ou amant et maîtresse. L'article concluait : « Fortement concurrencé par la rue de Lappe – le Bal Bousca, le Balajo, la Boule Rouge –, le Tourbillon peut maintenant prétendre à la même place, non seulement dans sa clientèle habituelle mais également vis-à-vis des étrangers qui visitent Paris. » En 1938 le Bousca et le Petit Balcon n'étaient plus les seuls dancings-musette de la capitale, la concurrence était sérieuse. Treize ans avaient coulé depuis 1925, mais n'anticipons pas !

« Que les temps sont changés ! »

Le passage du bal au dancing-musette a fait couler beaucoup d'encre. Il consacre la fin d'un monde, toujours le même : le Paris d'avant-guerre, les affranchis, la rue et ses dangers, un Pantruche moins riche, moins rutilant, moins cosmopolite que Paname. En s'interpénétrant, l'esprit et la tradition des différents quartiers vont faire perdre de leur authenticité aux rues populaires. C'est ce mimétisme importé de Montmartre, de Montparnasse à la Bastille, ce mélange social, ce luxe tapageur, qui indisposent les commentateurs qui ont connu la Bastoche autrefois. Bref ! cette fête très années folles qui est tout, sauf native, indigène, et en jouant sur les mots on dirait apache.

Écoutons Galtier-Boissière, en 1930[12] : « Je me souviens des bals musettes d'avant-guerre, que j'explorais à 17 ans, poussé par le démon de l'aventure. C'étaient des bouges enfumés ; un portillon à volets séparait la salle de bal du zinc où roulait à flots l'aramon ; une suspension à gaz éclairait un modeste carré de plancher luisant. » Qu'il est étrange de constater que les bals-musette d'avant 1914 n'ont jamais été ni autant ni mieux décrits qu'en 1925 lorsqu'ils ont commencé à disparaître ! Personne jusque-là n'avait remarqué ce portillon à volets, pourtant typique, qu'Oberlé a mis en valeur sur l'un de ses dessins du *Crapouillot* du 1er novembre 1925. En revanche, que le démon de l'aventure ait incité le jeune bourgeois qu'était Galtier à partir en expédition dans les bas-fonds n'a rien d'original, on le sait. Pas davantage la fusillade qu'il nous raconte, un soir aux Gravilliers. Mythe du danger ou vérité, il faut corser le réalisme littéraire afin que la réalité écrite rejoigne le fantasme qu'on a de la réelle réalité de naguère…

Galtier a beau poursuivre : « Le danger consistait moins à être dévalisé qu'à se faire ouvrir le ventre par quelque énergumène, pointilleux sur l'étiquette, qui ne tolérait point qu'un fâcheux s'introduisît dans ses agapes intimes sans y avoir été convié », de par la connaissance des faits divers que j'ai eue, je ne suis convaincu qu'à moitié. Pour le bourgeois, jeune ou vieux, qui se hasardait au bal-musette, c'était sous son crâne que l'aventure agitait d'abord ses démons ! Et la conclusion survient, on y est habitué : « Que les temps sont changés ! » Effectivement, la rue de Lappe de 1930 est embouteillée par les Packard, les Hispano, les Graham-Peage ! Non seulement la bonne vie, pour parodier Galtier, mais la grande vie, princière sinon présidentielle : au Petit Balcon, commente-t-il, « il y a autant de policiers en bourgeois qu'à la porte de l'Élysée » !

Le diabolo, signum de la culture musette

Les détails permettent souvent de bien cerner une époque. L'aramon, évoqué par Galtier, est un cépage du Languedoc. Du « rouge », donc ? Que non ! du « violet », nous instruit Claude Blanchard[13], un ami de Galtier, d'ailleurs. Jadis rue Simon-le-Franc dans le 4e, les aramonistes vivaient dans l'ivresse perpétuelle… des cloches « buveurs de “violet” »… Pensez ! ironise Galtier, chez Bousca « le vulgaire “picolo” n'est plus de mise, on sert des boissons distinguées, le “diabolo” rosâtre, des menthes vertes, des citronnades avec des pailles. » Le diabolo, mélange de sirop de fruit et de limonade, n'a pu naître qu'à cette époque : tous nos auteurs s'y attardent. Oberlé, dans son papier du *Crapouillot* et six ans plus tard à nouveau dans « Passons la monnaie »[14] : « Filles et garçons s'attablent devant la boisson consacrée des bals-musette, le “diabolo” acidulé et inoffensif. » Inoffensif vraiment ?... En même temps qu’il signale la présence de menthes à l’eau sur les tables du Petit Balcon, René Héron de Villefosse rapporte, certes entre guillemets, qu’elles « rendent amoureux[15] » ! Dans « Crépuscule rue de Lappe », qui date de 1932, le très caustique Léon-Paul Fargue[16] remarque que les hommes, les barbeaux, les harengs, obligent leurs femmes à en boire... Dans son *Parisien de Paris*, écrit juste avant la Seconde Guerre, Blanchard considère le diabolo comme un véritable symbole social : « Le “diabolo” est une boisson essentiellement parisienne. Dans les bals-musette, chez tous les bougnats et les bistrots, on aime cette façon de servir la limonade gazeuse en y laissant tomber, d’un peu haut, un nuage de sirop de groseille. Dans les quartiers riches ce rafraîchissement est inconnu, et l’on pourrait presque diviser Paris selon une ligne de partage du diabolo, tant cette boisson marque exactement l’étendue de la vie populaire[17]. »

Autre boisson prisée des musettes : les cerises à l’eau-de-vie, dans *Mon homme* Bob en commandait à la mère Boule. Chez Bousca, sacrément retapé par rapport au Bal Boule de Carco, Oberlé observe les loufiats qui s’agitent et servent « sans arrêt “les diabolos” et les cerises à l’eau-de-vie. » 1925, le diabolo existait déjà. Même si, un goût amer de mélancolie à la plume, Fargue brocarde ces établissements, « palais de la cerise à l’eau de vie » où le populo « s’enfonce dans les premières vases du snobisme », ce sont de telles broutilles qui, longtemps après, nous font nous rendre compte que les musettes engendraient des façons de vivre et d’être, une culture, quoi ! Celle du populo de Paname.

Au fait, bals ou dancings-musette ?... En 1931, Oberlé reparle des bals-musette, plus tard encore Blanchard. Surprise autant que paradoxe : tout en s’imposant progressivement, le dancing-musette va, non moins progressivement, être renommé, ou continuer à être nommé bal-musette ! Ce sont les spécialistes, les revues, les bottins qui disent dancing-musette. Pour les danseurs, dancing-musette est trop long, malcommode à prononcer. Dire simplement dancing reviendrait à le confondre avec le dancing non musette, aussi ceux qui les fréquentent continuent-ils à appeler les dancings-musette, bals-musette… Et là, on en a fini avec les tours et les détours imprévus de ce mot.

Cette louche et regrettable sensualité des bals-musette

Et, de nouveau, à tout seigneur tout honneur ! Dans son roman *Paname*, daté de 1934, dont l'action est centrée rue au Maire, orthographiée Aumaire, Francis Carco raconte la transformation d'un bal en dancing-musette, chez Blanche. « Spécialité d'omelettes au lard, frites ondulées » : pareil à certains établissements d'avant 1900, on s'en souvient, chez Blanche première manière, on casse la croûte ! Habitude qui, dans le cas des vieux bals-musette, n'avait probablement jamais cessé. D'où la nécessité du portillon à volets pour séparer la salle du devant, le bistrot proprement dit, de celle de derrière, le bal. Chez Blanche, là-haut sur l'estrade, accompagné d'un batteur et d'une guitare, Toto l'accordéoniste joue des javas, les couples guinchent, Papa le patron a sa sacoche sur le ventre… Le microphone n'était pas encore utilisé. Nouveau détail : c'est au porte-voix que Toto souhaite la bienvenue aux visiteurs et qu'il se met à chanter[18]. Autre élément constitutif de l'ambiance d'un bal-musette que, jusqu'ici, personne encore n'a souligné : l'odeur. Chez Blanche, écrit Carco, « l'odeur de la friture, du vin blanc se mêlait à celle des apéritifs et au relent des femmes en sueur qui, sans vergogne, s'essuyaient le visage, les paumes, les aisselles après avoir dansé. » Encore qu'en ce domaine l'appréciation ait évolué avec le développement de l'hygiène, les musettes offraient à l'odorat ample matière à s'exalter ou à se dégoûter...

Chez Marius, surnommé la Gueule en or, rue des Vertus, tout près de la Blanche de Carco, Privat m'avait expliqué que l'estrade où jouait l'orchestre était installée au-dessus des « cabinces » : « Avec les r'lents, t'en prenais plus dans l'pif que d'bémols dans les esgourdes ! »... Que ce soient le goût, la vue, l'ouïe, l'odorat, au bal, on s'en aperçoit, les sens étaient à la fête !

Reste le cinquième, le toucher[19]. *La Valse des costauds*, d'Alcib Mario, peut-être ma préférée de Fréhel, l'évoque à mots couverts, en argot... On est à la Bastille entre affranchis, dans un petit bal de famille : « Pour cette valse à sensation /Afin de s'donner d'l'émotion / On éteint toutes les lumières /Alors parlez d'une affaire /Y en a qui vont aux renseig'ments /Et qui n's'en font pas et comment /Les yeux chavirés ils fredonnent /Ce refrain qu'ils ont à la bonne /C'est la valse des costauds »... Qui comprend encore « aller aux renseignements », de nos jours, expression parlante à souhait pourtant, avec les mains je spécifie ? Elle signifie, pour un homme, les aventurer le long du corps de sa partenaire, la peloter quoi ! En nous faisant passer à la sensualité et même, on y arrive, à une forme de sexualité, le toucher nous permet de définir la fonction majeure du bal-musette qui était de favoriser les rapprochements, moins sentimentaux souvent qu'érotiques. « Le plaisir vient du frottement » rappelle, dans *L'Amour vénal*[20], Francis Carco à un gros tenancier de maison de province que le spectacle de femmes en train de danser en gigotant à La Taverne de l'Olympia, un dancing, offusque : « Ça n'travaille pas... ça s'amuse [...] et j'me frotte... et j'te frotte [...] Autant d'gonzesses qu'est là à s'chatouiller, autant coups d'pied au c... qui s'perdent, mon cher monsieur », conclut-il sans rire !

Jo Privat m'avait affirmé qu'à l'instant où s'éteignaient les lumières certains danseurs, ayant pris la précaution d'enfiler un préservatif, précisait-il, parvenaient au plaisir en se frottant contre leurs cavalières, consentantes, spécialistes du genre !... La rumba, qu'on appelait « la frotteuse », était propice à de tels ébats. Le Petit Paul, un autre ami, se rappelait l'immense miroir qui recouvrait le mur du fond chez Marius. Ainsi les danseurs avaient-ils, de surcroît, le privilège de regarder la femme dans leurs bras s'y trémousser le postérieur... le « valseur » en langue verte comme chacun sait, le mot n'a pu naître qu'au bal-musette ![21] « Ah ! les odeurs, mon pote ! de ces remugles ! » s'ébaudissait Jojo... Raison de plus de penser que, depuis longtemps, le Petit Balcon avait été converti en dancing-musette d'une certaine tenue, en 1932, Héron de Villefosse émet cette « importante remarque : aucune odeur désagréable n'incommode. »[22]

La lumière, fée de la métamorphose des bals en dancings-musette

Depuis plusieurs années, on l'a mentionné, des jeux de lumière électrique améliorent la décoration interne des bals. Chez Blanche, les ampoules répandent soudain dans la salle « une lumière d'un rouge brutal. Cette mise en scène accentuait – paraît-il – le caractère d'une java ponctuée de roulements de tambour et de détonations. » Dans *Voyage de Paul à Pablo*, Chalier se souvient : « La Boule Rouge était éclairée par des centaines de petites ampoules de toutes les couleurs... Les musiciens étaient remisés sur une espèce de minuscule balcon où ils accédaient par une trappe que le patron refermait sur eux dès l'ouverture du bal, et qu'ils ne pouvaient quitter sous aucun prétexte... pas même le plus naturel… Alors, le spectacle commençait. Nous avions une vieille tôle pour imiter le tonnerre, un piston-bouchon au fulminate pour faire du pétard et lancer *Les Nocturnes*, valse en mineur. Quand il y avait des Américains, malgré leur pleine période de prohibition, Pouyet servait un blanc, un seul, et c'était parti. […] *Les Nocturnes* débutaient toujours ainsi : le batteur secouait la tôle, le patron, du bar, faisait les éclairs avec le bouton électrique et tirait un coup de pistolet au milieu du morceau… Ça faisait un bruit épouvantable et, par là-dessus, il se mettait à gueuler : “Ah ! la vache, y m'a crevé !” C'était ça le vrai bal-musette qu'on venait visiter de loin par curiosité. »

Dans *Images cachées*[23], faubourg Saint-Martin, chez Ladira qu'il ne cite pas, Carco est frappé par l'extase trouble qui luit dans le regard des filles. Le taulier en profite pour plonger la salle dans une lumière d'un rouge sinistre. Les gambilleurs affluent alors de tous côtés et la recette passe « de celle d'une dizaine de couples à trente » qui, littéralement, s'écrasent. Les clients ne sont pas les seuls à y trouver leur compte, Carco a raison de le souligner : les tenanciers de bal aussi ! Tôt ou tard, le sens des affaires a obligé ces derniers à se conformer à la demande, au goût du jour…

Exemple donc : chez Blanche. Papa a été assassiné, l'établissement a fermé, Blanche, Bob et Petit-Bleu s'apprêtent à le rouvrir. En présence de M. Francis, ils s'entretiennent de « la nouvelle décoration de la boîte ». Petit-Bleu explique qu'il veut « changer le genre, mettre des drapeaux l'long des ampoules… des drapeaux de tous les pays et arranger le balcon de l'orchestre avec des lanternes vénitiennes. » Bob grommelle : « Ça perdra. Ça va faire 14 Juillet… international. » Blanche, elle, désirerait des « guirlandes de fleurs en papier, de la verdure, des glaces partout. » Avec un à-propos typiquement parisien, Bob lui rétorque : « On va prendre la taule pour un bobinard »… Ce qu'il souhaite, c'est faire « chic. Au plafond une grosse boule à facettes qui tournerait, des réflecteurs aux quatre coins et les murs laqués en rouge », comme à La Java, faubourg du Temple. Cette « boule de cristal », chantée plus tard par Léo Ferré, qui « balance aux quatre coins du bal/ Tout un manège d'étoiles filantes », c'est la deuxième fois que Carco en fait mention. Où et quand est-elle apparue en premier à Paris, chez Bousca ? Je sais seulement que deux ans plus tôt, en 1932 donc, Carco avait remarqué celle du bal de la rue Polonceau à la Goutte d'Or – au 51, chez Jonas, patron de 1923 à 1936, comme il ne le mentionne pas. La « sphère lumineuse » disait-il… rien de plus. Au Ladira, à la fin de la danse, on assiste à « un embrassement général des ampoules de toutes les couleurs qui garnissent le plafond et les murs, ainsi que la tribune des musiciens. » Que Carco n'oublie pas « d'marquer dans son canard », lui recommande un type, « qu'un bal, au jour d'aujourd'hui n'est pas miteux comme autrefois. Y a d'la lumière. C'est propre. L'orchestre sait y tâter… »

Voilà qui récapitule, sans emphase aucune, les points essentiels de la métamorphose des vieux bals en dancings-musette, même si le bal des Grav' avait étonné Warnod par sa propreté dès 1913. Je suppose qu'il en était de même au Petit Balcon et chez Bousca. Quant à l'accordéon, au fil des années il a pris du galon et de la patine. Une nouvelle génération de musiciens l'a élevé au grade d'instrument suprême du Paris de la rue. Puisqu'on en est au Ladira, *La Revue de l'accordéon* de décembre 1935 nous apprend que Michel Péguri l'avait inauguré. Sur le bottin, le nom de Ladirat – avec un *t* indéfectiblement manquant dans l'orthographe de son bal qui, au vrai, s'appelait le Petit Saint-Martin – apparaît en 1912. Louis Ladirat, le patron, rapporte Lucien Lariche, « profite des fêtes de fin d'année pour » inaugurer l'établissement. Celles de 1911 avec, donc, Michel Péguri.

Le bal-musette, fleuron de la culture voyou

Cette précision quelque peu obsessionnelle de l'avant ou de l'après-guerre, façon indirecte de revenir au Paris d'avant 14, m'est imposée par les chroniqueurs eux-mêmes. Quand Bob s'exclame que « ça va faire 14 Juillet… international », que veut dire Carco ? Primo, qu'un établissement qui se respectait, n'avait rien à voir avec ces p'tits bals populaires style 14 Juillet ainsi qu'on a tendance, par ignorance, à nous le faire accroire aujourd'hui. C'est le milieu qui déterminait le standing d'un musette, pour la simple raison que les affranchis avaient plus d'argent que les caves. Briller, c'est-à-dire paraître en dépensant beaucoup, est une règle fondamentale chez les voyous. Ceci explique cela, et notamment le lien indissociable, consubstantiel, qui unit milieu et bal-musette. Deuzio : en faisant récuser par Bob ce côté international, M. Francis signifie ni plus ni moins que les bals, obligés de se mettre à la page, doivent demeurer dans la tonalité vrai de vrai. Vœu pieu, c'est à craindre, mais, en tous les cas, pétition de principe : celle de l'affirmation de l'identité voyou que Carco et les autres sentent s'étioler depuis plusieurs années. En 1934, Carco a 47 ans, un âge où la mémoire, à moins que ce ne soit une incapacité hormonale à s'adapter au présent, pare le passé, synonyme de jeunesse, de qualités mirifiques… Carco a vieilli : même s'il ne s'y montre pas particulièrement nostalgique, *Paname* sera son dernier roman sur le milieu, une sorte de testament du Paris des rues noires violemment éclairées çà et là de la lumière des bals. Il joue le jeu, pourtant il n'y croit plus. À preuve, trois ans auparavant, dans *La Rampe* du 1er avril 1931, Carco avait déjà intitulé son article « Adieu au musette » : « Le musette n'est plus ce qu'il était. Ce n'est plus qu'une banale salle d'attente ripolinée à neuf où des voyageurs de toutes classes se rencontrent dans l'espoir d'un train qui n'arrive pas »... Si ce n'est une épitaphe, qu'est-ce donc ?

La fierté d'être pauvre

Ite, missa est ! et Fréhel d'entonner sa *Vraie de vraie*[24], hymne véritable des voyous parisiens : « C'est la vraie de vraie/Celle que l'on dansait/Avant la guerre /Au bal de la Glacière /Les javas d'maint'nant /C'est pour élégants /C'est trop rempli d'chichis /C'est pour les gavés / Qui s'croyent affranchis /Mais nous les voyous /Quand on est chez nous /Nous guinchons toujours /Sur nos vieux amours »... On y retrouve bien sûr cette lancinante référence à l'avant-guerre comme âge fondamental, archaïque, au sens où la psychanalyse comprend le concept d'archaïsme, de la vérité vraie de vraie de Paris. Avec cette constatation que, dans la mesure où, avant 1914 ni le milieu ni Paname n'avaient d'existence, ces deux réalités font finalement figure de succédanés pâlichons aux apaches et à Pantruche, notamment au tournant des années trente lorsque s'accentue la fusion sociale. Si Héron de Villefosse souligne que les gens du monde connaissent la rue de Lappe, c'est pour s'en plaindre aussitôt : « Elle a donc perdu beaucoup de son intérêt[25] »

Ce qu'on ne peut qu'appeler la « démocratisation », naissante alors, des plaisirs, contribue, simultanément à la disparition des territoires voyous, au viol des derniers sanctuaires musette de la capitale. Que cette défense de la culture voyou, donc de la diversité de Paris et, ainsi, de ses inégalités, soit le fait d'écrivains et d'artistes, d'origine bourgeoise, ne surprend qu'à la condition de ne pas se replacer dans le contexte de ce temps-là. Les pauvres avaient non seulement leur façon d'être, mais la fierté de leur culture propre, *Le Pain quotidien* d'Henry Poulaille de 1931 ou le chapitre de Marius Boisson consacré au boulevard Sébastopol dans ses *Coins et Recoins de Paris* de 1927 nous en persuadent infiniment. Ce qu'avaient compris les commentateurs bourgeois des années vingt est devenu inconcevable aujourd'hui, les manières de penser et de parler sont différentes, moins poétiques, plus politiques, trop politiques !… Pour ma part, je pense simplement que l'amélioration des conditions de vie, impossible à regretter, d'autant que 1936 était proche, s'est malheureusement muée en une uniformisation des modes d'existence qui fait l'unanimité contre elle en ce début de XXIe siècle. Paris enchante moins parce que, de nos jours, tout se ressemble… Ou plutôt, pour demeurer dans notre sujet, de nos nuits !

Florilège antimoderniste

Consacré à la mort du bal-musette, le numéro de *La Rampe* du 1er avril 1931 est un florilège nostalgique. Ceux qui y collaborent comparent sans relâche ce qu'ils voient à ce qu'ils voyaient jadis dans les guinches. Que ce soient Warnod qui écrit un article illustré de dessins de Blanchot montrant l'intérieur de La Java et du Ça Gaze à Belleville, Oberlé, Robert de Gagemont, Mac Orlan qui se contente d'un court papier sur l'accordéon, ou Robert Brisacq dont j'extrais cette appréciation : « Et maintenant, rue de Lappe, Roquette chère des accordéons et des diabolos […] rue de Lappe, chaque maison est un bal avec trop de lumière et un agent devant ; chaque bal est séparé par le couloir d'un hôtel », tous éprouvent le cafard du petit bal obscur et prétendument mal famé qu'a éliminé l'établissement bruyant et clinquant.

« Prospérité » et « rationalisme », les deux mamelles nouvelles de la rue de Lappe

Dans « Crépuscule rue de Lappe[26] », Léon-Paul Fargue acère sa description d'une critique féroce de la Bastoche nouvelle manière. Au milieu de spécimens du haut snobisme, sans faux col pour faire « sport », venus ici en Delage ou Bugatti, qui profitent des portes cochères pour se soulager la vessie, Fargue déplore l'« ancien joyau d'ombre » qu'était cette rue et la « varice gluante d'enseignes électriques » qu'elle est devenue. Il le clame : les transformations lumineuses et la promiscuité sociale ont balayé la « vérité populaire » et le « vice naïf » de jadis… Jusqu'aux chansons de Chevalier, de Constantin Rossi[27] ou de Lucienne Boyer, qu'il vitupère sous prétexte qu'on les entend aussi dans les beaux quartiers : c'est dire si Fargue aurait préféré que la rue de Lappe reste un ghetto !… À la Boule Rouge, semblable en moins bien au Bousca, il relève quelques mots d'argot : « cure-dent » – parapluie –, « crosses » – histoires, dans chercher des crosses –, « nougats » – doigts de pied –, « gring » – cour, dans faire la cour –, « osier » – argent –, et deux reparties drôles : « Hé, remonte un peu les châsses ! [les yeux] – Ferme-la, dis, fesse d'huître ! » qu'il étaye d'un commentaire ambigu : « Ces messieurs se croient obligés de dominer les drames moraux de la conscience humaine et la recherche de l'absolu par l'engueulade courte et ciselée. » Ambigu parce que si la forme l'amuse, l'esprit qui y préside lui paraît un rien forcé.

Deux pages avant, en effet, à propos d'un voyou « modern style », Fargue écrivait que son « parler était assez plaisant à entendre malgré l'afféterie qui s'en évaporait »… Voire ! Si le langage populaire parisien a su, à ce point, faire feu de tout bois dans la spontanéité de ses images et la vivacité de ses reparties, c'est qu'à Paname, la rue et ce qu'elle sous-entendait – le bal, le bistrot, les salles de boxe etc. – était le lieu, sinon de joutes oratoires, du moins de balançages de vannes constants. Bien sûr que les uns et les autres en remettaient. Qui s'en plaignait ? Surtout pas les mondains qui avaient fait le déplacement exprès, rue de Lappe ou n'importe où ailleurs… Mais le désespoir de Fargue est sans retour : finis n-i les « malabars », les « mecs à la redresse », les « potes réguliers » et les « tôliers costauds » ! Ici, « des hommes semblaient avoir vu jour entre le pernod et la cerisette de ces bouges libres comme champignons en clairière. Aujourd'hui, se moque-t-il, le “Conseil général” lui-même serait derrière les hors-la-loi et les hors-la-morale que les gens oseraient à peine s'en étonner… » Tout est foutu ! « Prospérité » et « rationalisme » civilisateurs ont fait abjurer à la rue de Lappe sa nature.

Pareil à Carco qui, déçu des musettes, dit que c'est « dans les arrière-salles des bistros, que ces messieurs-dames prolongent la tradition »[28], Fargue explique que « les vrais hommes » se réfugient chez Dupont Tout est Bon[29] où la banalité est encore de mise, dans des tabacs rebelles aux effets, et tapent leurs parties de cartes sur le tapis de tout le monde sans verser dans un académisme de sages-femmes. »

C'est bien le modernisme niveleur, corollaire du progrès social, dont Paris est le fer de lance, que Fargue attaque : « Je ne retrouve plus, pas même au Petit Balcon, cette puanteur noble et ces sourires de pègre sentimentale qui honorent encore Marseille ou Hambourg. » Où sont passés les accordéonistes en espadrilles d'antan[30]. Fargue reproche à ceux de 1932 un côté guindé genre ville balnéaire, Cannes ou Wiesbaden… Encore qu'il exagère ! Héron de Villefosse nous en administre la preuve en notant qu'au Petit Balcon, le balcon, la tribune de musiciens la nomme-t-il, « est bardée de litres de blanc », ce qui ne fait pas spécialement chic ! Et le jugement de Fargue tombe, impitoyable : « La rue de Lappe n'est plus guère qu'un carrefour à peine suspect, aux flaques posées là par les machinistes de l'Opéra-Comique, un Tabarin pour concierges lettrés, que les Chinois de Billancourt et les garçons de bains revendeurs de "pornos" empêchent de dormir. » Tout est foutu !... Huit décennies plus tard, je suis le premier à reprendre le refrain, signe qu'en 1932 tout n'était pas aussi foutu que Fargue le prétendait. Au moins, et en 1931 Carco ne l'aurait pas démenti, restait-il encore des vrais « hommes ». En ce début de troisième millénaire, il n'y a plus d'homme rue de Lappe, plus d'affranchi... Puisque désormais Paris est un laboratoire de vie en conserve, un espace aussi mégalopolitain que mégalomaniaque d'expositions culturelles, je souscris à la conclusion de Fargue : « Que ne reconstitue-t-on un fragment de la vraie rue de Lappe dans quelque encoignure de l'Exposition, ne serait-ce que pour apprécier le chemin parcouru ? » Quel édile débloquera jamais des crédits pour la création d'un musée consacré à la civilisation du Paname des affranchemans ?

L'homosexualité à la Bastoche

La Vraie de Vraie de Fréhel

Fargue écrit encore : « On trouvait rue de Lappe de jeunes éphèbes aux ongles douteux, aux chandails reprisés et aux joues fraîches, qui vous dérobaient délicieusement votre pochette en murmurant des "mon tout petit, mon mignon, ma fleurette", à vous réchauffer l'ennui... » Dommage que cet ultime passage, qui laisse supposer l'homosexualité de son auteur, ne soit pas daté. Si nos chroniqueurs de la rue de Lappe avaient mieux subodoré l'intérêt historique qu'elle acquerrait un jour, mes lignes y gagneraient en certitude. Nous voici nonobstant revenus à l'homosexualité rue de Lappe qu'Oberlé avait effleurée en 1925 au Bousca. Dans sa *Vraie de vraie*, Fréhel y fait allusion : « Pour mieux l'apprécier/V'nez donc l'essayer/Avec les frappes/Au bal de la rue d'Lappe/ Quel quartier charmant/Brrrou… c'est rempli d'jeunes gens/Tous à l'amour réel/Et au corps tatoué/De serments éternels »… Durs ou lopes, la mode était aux tatouages, les bousillages en argot. Le 15 octobre 1931, dans *Détective*, Marcel Montarron publie un long papier au titre sans ambages : « *Fils* de joie ». En illustration quelques photos, dont l'une, représentant un homosexuel, est ainsi libellée : « Un corydon, les bras nus, le foulard de soie autour du cou, une inscription triviale inscrite au fusain sur le bras, est en train de se poudrer. » Au-dessus d'un cœur percé d'une flèche, « Vive les lopes » proclame l'inscription…

Le Musette, 23, rue de Lappe

C'est encore Carco, dans *Images cachées*, indispensable relevé des mauvais lieux de la capitale, qui nous mène au « guinche des tantes » de la rue de Lappe. Ou plutôt Toto, un jeune prostitué de 28 ans, le guide de M. Francis. Carco voudrait entrer chez Bousca, que, sans le nommer, il décrit « comme un immense bocal d'où s'échappait un air vif de java ». On comprend que c'est rempli de proxénètes, raison suffisante pour que Toto ne s'y affiche pas : « On s'rait mal vus », il se défend. D'autor' les poisses lui demanderaient, comme aux femmes quand ils les font danser : « T'es marié ? […] et si les poules répondent qu'elles n'ont personne, ils s'présentent pour de bon »… Et

Toto de conclure, laconique : « C'est pas un bal, c'est un commerce. »

« Vingt pas plus loin », le bistrot où ils pénètrent est probablement le Musette, au 23, chez Noailles, dit Carco dans *Nostalgie de Paris*. L'orthographe exacte de « Noailles » est Noygues. Dans le *Détective* du 17 juin 1937, Montarron effectue un « curieux » reportage sur les musettes, Jean Noygues y est photographié. En 1923, ce natif d'Aurillac avait racheté le bal du 23 à Albert Vernet qui, en 1926, acquerra celui du 9, le futur Balajo. Au Musette, Montarron voit un « comptoir de zinc de mastroquet » que Carco, lui, juge en étain. Les habitués sont de « blêmes garçons » aux « traits fatigués », « lèvres peintes » et « manières affectées ». La reine du guinche s'appelle Blanchette, la Blanchette, « visage de boxeur noir » illuminé de superbes dents blanches : « Il portait un chandail rosâtre et ses joues trop fardées tournaient au lie de vin. » Carrément la Blanchette attaque M. Francis : « Tu m'plais. T'es bien pope, t'es bien blanc. » Sans se démonter, Carco lui répond « en langage nègre » : « Bono kaïkaï ? », bon à manger, et l'autre, goulûment : « Oh ! voui ! » Toto avertit alors notre chantre de la Bastoche : « Vous y fiez pas. […] La Blanchette s'rait capable d'vous prendre au mot, […] tout c'qu'on y d'mande elle vous le fait et, vous savez, pas à la manque ! »

Au Musette, le spectacle est permanent. Des « hommes du voyage » tentent d'embaucher les éphèbes « pour les Amériques ou la province »… Des messieurs parfumés, embrassés à pleine bouche par d'affreux gigolos, poussent « des gloussements et, tournoyant avec ivresse », s'abandonnent. Aux invertis se mêle « une pègre sordide et agressive », « de louches individus, au mouchoir sale tordu autour du cou en guise de cache-col, des Arabes, des rôdeurs en casquette », sans oublier les matelots, vrais ou faux, comme de bien entendu… La fête bat son plein, hommes et femmes s'étreignent, hommes entre eux, femmes entre elles à de rares exceptions, et l'accordéon couvre « l'épaisse rumeur de son gargouillement. » Mai 1968 a libéré les mœurs affirme-t-on souvent. Force est d'admettre que trente-neuf ans auparavant, ladite libération était entamée ! L'histoire oblige à moduler certaines idées, sinon fausses, du moins trop hâtivement convenues. Qu'en outre l'homosexualité fleurît en des établissements, toutefois limités, de la rue de Lappe, dont on croirait qu'elle était le paradis exclusif des souteneurs et des putains, conduit ici comme là à faire litière de la légende…

Vers 1931, Louis Chevalier, alors élève de khâgne à Henri-IV, allait souvent rue de Lappe. Place de la Bastille, un gars se livrait à une retape curieuse. Il proposait la visite des toilettes du Musette… Un peintre célèbre, mais Chevalier a oublié son nom, y avait peint un vieux monsieur en train de regarder… quoi donc ? qui donc ?… eh bien ! un jeune et joli matelot en train de pisser ! À cette époque également, en compagnie d'un de ses camarades, aux yeux pailletés d'or, sur lequel nous reviendrons, Chevalier pense avoir entendu chanter la môme Piaf dans un bistrot, rue de Lappe à gauche en entrant…

Les Trois Colonnes, 47, rue de Lappe

Toujours dans *Images cachées*, une autre fois Carco se rend aux Trois Colonnes, plus loin dans la rue de Lappe, au 47, presque arrivé à la rue de Charonne. Fréhel avait fréquenté l'endroit dans les années dix… Trois jeunes femmes, les épaules couvertes de riches fourrures, descendues d'une somptueuse limousine, précèdent M. Francis, nullement gênées des « regards qu'autour d'elles une bande de gigolo miteux » leur jette. Par souci d'exactitude, remarquons que dans sa *Vie de garçon*, Galtier-Boissière se trompe quand il nomme cet établissement « dont l'enseigne flamboie au bout de la ruelle » les 2 Colonnes… Dans son article du 17 juin 1937, Montarron nous apprend que « le bal des Trois Colonnes, célèbre par sa clientèle d'invertis a fermé ses portes » – en 1934, exactement. Dix ans auparavant, la noce donnait à tout-va. Un des personnages de Carco raconte : « C'est un vrai bal où qu'il y a qu'des marlous et des tantes. Vous verrez voir. On est entre gens du milieu. Quant aux poules qui dansent là, toutes des femmes à partouse. » Et les trois femmes du monde, de s'enthousiasmer, exactement comme Liane la petite grande-bourgeoise de *Mon homme*, une décennie plus tôt : « Des tantes ? » questionne l'une sans se troubler… « Et les poules ? […] Des vraies poules du trottoir ? » s'informe une autre, tout émoustillée… Parquet minuscule surmonté d'une estrade où, dit Galtier, un accordéoniste et un guitariste jouent sans entrain, les Trois Colonnes n'avaient rien de reluisant. Henri Mahé, le décorateur du Balajo, précise que chez la Marie, celle qui dirigeait l'établissement, « les lardoires sortaient facile »… les couteaux, les « lardoires », pour larder : l'image est suggestive[31]. Petite précision : la Marie en question était peut-être Marie Prigent-Manéat, une Bretonne des Côtes-du-Nord – c'est notable, rue de Lappe. Peut-être, car, j'y reviendrai, l'imbroglio règne à propos de la mère Casse-Bites du 21, rue de Lappe, et de la Marie du 47. Après avoir tenu les Trois Colonnes de 1925 à 1929, Marie Prigent le revendra aux Duffier, les derniers propriétaires. Retournons à la description de Mahé.

Annoncé par une première salle, un guinche qui, donc, tenait plus du bal miséreux traditionnel que du dancing-musette aéré. Cet anachronisme explique son succès, les caves venaient s'y arsouiller, écrit Mahé… Les caves, c'est-à-dire les riches en quête de sensations rares, à l'image des trois belles dames de Carco. Étant donné son côté authentique, ou illusoirement authentique car on sait la duplicité que recouvre cette notion rue de Lappe, sa clientèle bigarrée, les Trois Colonnes ont vraisemblablement été, pendant un temps, l'attraction n° 1 du quartier[32]… Frappes et putains s'y côtoient, une nuée d'éphèbes équivoques « appartenant à des milieux divers » mais aux goûts identiques… Galtier aperçoit le directeur d'un petit théâtre, un peintre connu, un acteur de cinéma « presque » célèbre, « attablés en face d'individus crasseux, aux lèvres faites, aux yeux cerclés de khol. » La mode est alors aux favoris à l'espagnol « très longs et si noirs qu'on les dirait tracés au charbon sur des joues pâles. » Les hommes en casquette minaudent avec les vestons cintrés et un grand noiraud dégingandé, « le cou ceint d'un foulard pourpre » à l'apache, crée la sensation en gambillant avec sa cavalière, « un svelte Nordique aux cheveux pâles », à la veste sombre ajustée et aux « pantalons gris perle à pattes d'éléphant, ornés d'une ganse noire. » L'amie de Galtier semble reconnaître André Gide, il ne s'agit que d'un « marchand de contremarques du bal Tabarin »… Ce quiproquo révèle le goût qu'on avait à l'époque de se déguiser, surtout de se faire la tête de personnages renommés, et les corydons plus que quiconque.

Les corydons et leurs faits divers

Trois assassinats homosexuels impunis ont défrayé la chronique dans les années trente : celui de l'écrivain Alec Scouffi auteur, en février 1929, d'*Au poisse d'or*[33] ; celui, en septembre 1933, d'Oscar Dufrenne, conseiller municipal de Paris, directeur du Casino de Paris et du Palace faubourg Montmartre, probablement par un faux petit marin ; enfin, en avril 1936, celui de Louis Leplée, ami de Dufrenne, le fondateur du Liberty's Bar, 5, place Blanche, puis du Gerny's, rue Pierre-Charron, l'impresario de la môme Piaf. Aucun n'a de rapport avec la Bastille. Les faits divers liés aux corydons, rue de Lappe, sont moins dramatiques. Ce sont des histoires de prostitution, d'entôlage, des historiettes… Le 15 octobre 1931, Montarron relate les exploits d'une lope et de son souteneur. Dès qu'au bal le prostitué – la lope – sentait qu'un amateur mordait à ses charmes, il laissait tomber son chapeau… À ce signe, le julot rejoignait un hôtel de la Bastille. Il montait se cacher « sous le tapis de la table », dans la chambre où bientôt arrivait le couple. Là, tandis que le client se déshabillait, deux attitudes. Soit le « môme » se grattait, signe qu'il n'y avait rien à gratter, à prendre en argot… Soit il se traçait sur la plante des pieds des traits représentant les billets entrevus dans le portefeuille du miché… Au plus fort des ébats amoureux, le barbeau sortait de sa planque et raflait la mise !… Vraiment de la très petite délinquance, les Pieds Nickelés à la Bastoche pour tout dire !

Et les femmes ?

Plus réservée que celle des hommes, l'homosexualité des femmes a traditionnellement été perçue avec moins de sévérité[34]. Indulgence qui n'est que la marque d'une supériorité millénaire phallocratique, penseraient les féministes… On juge l'amour saphique quantité négligeable, une affaire de femmes entre elles qu'on dédaigne, dont on se moque plutôt, sans chercher à savoir ce qu'il recèle. Rue de Lappe, nos chroniqueurs viennent de le signaler, des femmes dansent entre elles au Musette et aux Trois Colonnes. Ils effleurent le sujet, mais, conséquence peut-être de cet état d'esprit général, ne le déflorent pas. Or, les lesbiennes fréquentaient les bals-musettes : rappelons-nous qu'à la Belle Époque Casque d'Or et Hélène de la Courtille, sa protectrice, hantaient les guinches. Deux autres témoignages l'attestent. Celui de Louis Combaluzier d'abord, qui dans « L'Évangile de Nana »[35], montre comment une femme en convainc une autre : « Le dancing montmartrois n'est pas un bal du milieu. Nana ne tient pas à révéler, du premier coup, à la néophyte, les trémoussements de la rue de Lappe. La blonde serait capable de prendre la fuite »…

Le second, qui étaye le premier, émane de Marcelle Parisys, vedette en 1922 de *La Môme*, la pièce de Carré et Acremant, comédienne et chanteuse. « La blonde et espiègle Parysis », la dépeint Carco, qui « débitait avec une ironie charmante » cette chanson qui avait l'heur de faire rire les « p'tits hommes » généralement si chatouilleux de leur respectabilité : « Julot, ah ! c'que t'es beau /Quand tu dans's le tango /Julot, c'est toi l'costaud/Le roi du Sébasto[36] ». Dans *La Rampe* du 1er avril 1931, elle raconte : « J'étais aux Gravilliers… Je dansais… Pensez donc, quel entraînement pour des tableaux de revue. Ça collait, les vrais de vrai y allaient en mesure. Soudain une femme, d'aspect fort réaliste, m'abordait. Elle était nature, et me dit : "Allons, viens-y." Je dansais une java avec elle. Elle me serrait en cadence. À l'instant de passer la monnaie, comme je portais la main à mon sac pour donner mes cinquante centimes, elle se retournait vers moi en me disant : "Alors quoi c'qu'est que ça… Tu ne m'as pas regardée… Puisque c'est moi qui ai le béguin." Et l'aventure se termina sur cette déclaration. »

Question de génération
Les rigolos de la Bastoche

Ah ! quel folklore, me confiait Auguste le Breton voici quelques années[37]. Question de génération : aux yeux de Carco, il s'agissait d'un dévoiement. Dans *Traduit de l'argot,* il donne un panorama précis de la pègre parisienne en 1932. Des voleurs, on trouve à la Bastille, puis des éléments plus mêlés : « Le cambrio, le serreur y frayent avec le hareng à deux thunes par jour, l'inverti et le dévoyé. Genre : chandail et casquette, moins sales. Charonne, Popincourt, la Roquette, voilà le quartier »... M. Francis en est si peu ravi qu'on est en droit de se demander si, à partir de 1925, le vrai milieu fréquentait encore la Bastoche. Mais la quête du « vrai » milieu ressortit à celle de la pierre philosophale. Le milieu parisien de cette époque n'est pas assimilable à ces organisations fortement structurées, puissantes par leurs ramifications, telles les mafias sicilienne et américaine. En 1929-1930, des gangsters d'outre-Atlantique, dont le célèbre Jack Diamond, sont venus en Europe pour tenter d'y étendre le champ de leurs opérations, rappelle Louis Chevalier[38]. Leur avis fut qu'à côté des maffiosi de New York et de Chicago, « les rigolos de Pigalle étaient de petits garçons. » Jusqu'à la mainmise des Corses sur Pigalle, poursuit Chevalier, « le sérieux des gangsters américains restera étranger aux voyous de Montmartre » Alors ceux de la Bastoche !

Le milieu vers 1930 ou les déceptions de M. Francis

« Parler l'argot, y a rien d'meilleur pour s'faire poisser »

Au fur et à mesure de ses expéditions à travers le Paris louche, Carco sent croître sa déception. La réalité du milieu se dilue d'autant, M. Francis ne retrouve nulle part les images d'antan. Au bal du Saint-Martin, chez Ladira, les vrais de vrais sont devenus d'« élégants gentlemen ». Scène du temps : certains de ces messieurs tiennent au bras les petits chiens de luxe de leurs femmes pendant qu'elles dansent entre elles, « très dignes, l'air réservé »... « Des ménages ? » s'inquiète Carco, « Non. Des doublards », lui répond Bob, son guide. Ces messieurs sont souvent attelés à deux ou à trois femmes qui, leur jour de sortie, s'amusent ensemble, ce qui, d'ailleurs, n'exclut pas absolument l'homosexualité... Quelle évolution depuis *Mon homme* !... Dans *Images cachées* encore, Carco s'étonne qu'on n'entende plus parler comme naguère. Bob lui explique alors que « parler argot, y a rien d'meilleur pour s'faire poisser et les hommes l'ont compris. [...] Argot ou javanais, j'laisse ça aux gnières pas affranchis et j'jacte français. » Quant à ceux qui continuent de jouer les argotiers, méfiance ! le plus souvent ce sont des indicateurs, des « salopes »... La leçon coule de source : « L'plus marle, c'est encore çui qu'a l'air d'une bille. » Le flirt des classes sociales aide à ces travestissements passe-partout... Ainsi s'achève le livre, mais l'amusant est que Bob, qui prétend jacter français, parle encore argot ! Il faudra attendre des décennies pour clouer son bec à la langue verte.

« Les bals, hein ? c'est fini c'truc-là »

Décidément, le jugement de Carco sur le milieu est plus que mitigé dans les derniers ouvrages qu'il lui consacre. « Le milieu vaut c'qu'il vaut », s'exclame Bob dans *Traduit de l'argot*, litote pour signifier qu'il ne vaut pas cher. Forcément : « Ce fameux "milieu" dont tout le monde parle, comprend non seulement les malfaiteurs, mais encore ceux qui les traquent. Sans gibier, il n'y aurait pas de chasseur. Aussi rien n'est-il plus naturel que de voir les policiers – ces chasseurs salariés – prendre, pour ne pas effaroucher leur proie, l'apparence des gens qu'ils ont la mission d'appréhender. » Mais, il suffit de se rappeler Vidocq, pègre ou milieu, il en a toujours été ainsi : comment un homme aussi averti que

Carco du monde interlope et de son histoire l'ignorerait-il ?

La raison essentielle de sa désillusion se trouve ailleurs, davantage dans sa subjectivité que dans la réalité objective. Le temps est le maître de Carco et sa nostalgie, lorsqu'elle s'applique à ce qu'il observe du Paris qu'il aime, ne peut que se traduire en une impression de décadence omniprésente. Débarquant à Paris en 1910 à l'âge de 24 ans, Carco s'était voué aveuglément à la fantasmagorie de la nuit. Signe patent et symbole tout autant qu'en quinze, vingt ans des changements se sont produits, la lumière électrique l'affecte de nyctalopie. À trop voir clair, il ne voit plus rien de ce qui naguère fascinait sa naïveté, stimulait son exigence de poésie. C'est l'affadissement du pittoresque captivant des hors-la-loi qui fonde son amertume… Pareil pour Auguste le Breton lorsque, dans ses dernières années, il regrettait tant le folklore truand de sa jeunesse ! Je note seulement que le Breton avait débarqué à Paname juste au moment où Carco se plaignait que ce folklore fût mort… L'âge d'or, finalement réductible au fait de répéter et de se persuader qu'avant tout était mieux, n'est qu'une façon de retrouver le temps perdu, une façon de survivre alors que commence à poindre la mort.

Mais restons-en à Carco, à propos duquel on se demande souvent s'il a autant connu le milieu qu'il y paraît. Là n'est pas l'important, je ne crois pas qu'il l'affirme lui-même. Ses livres expriment davantage des atmosphères qu'elles ne démontent les ressorts de combines embrouillées. Les Corses à Paris ne retiendront pas son attention. Carco n'était qu'un poète, un homme de la rue, qu'il a magnifiée mieux que quiconque à une période où la rue était le royaume des classes laborieuses et dangereuses de Paris et, partant, une source d'inspiration poétique de chaque instant. Chez lui, on est à mille lieues de notions comme le grand banditisme ou la délinquance en col blanc, apparues plus tard. Elles sont un corollaire de cette évolution sociale au début de laquelle Carco assiste et qu'il rejette parce que destructrice de l'univers de ses jeunes années. Pour Carco, à partir d'un certain moment, tout est foutu, même s'il ne l'admet pas de gaieté de cœur. Aussi n'est-ce pas lui, mais l'un de ses personnages, Bob, qui affirme : « Les bals, hein ? c'est fini, c'truc-là. Les hommes bien n'y vont plus. On n'rencontre que des figurants qu'est payés pour avoir l'air terrible, et des paumées, des filles de rien. » Et Bob de se gausser des guinches où maintenant on va voir « des apaches en famille » ! On le sait, les seuls bals-musette qui attiraient M. Francis étaient ceux où paradait le milieu. La réciproque est vraie : le milieu n'intéresse Carco que dans la mesure où il finit par le retrouver dans les guinches… Ah ! la java…

« C'est comme ça… C'est la vie ! »

À la fin de *Traduit de l'argot*, Carco nous présente un certain Binèche, une vraie gouape qui résume « par sa fausse élégance tout le vernis poisseux qui constitue l'élégance vestimentaire de ces messieurs », un tatoué qui joue à la belote, danse évidemment la java comme personne, et qui « a quatre femmes sur le tas ». Au passage, arrêtons-nous sur le bal où il a ses habitudes, rue de Lappe : « Un musette aux bancs de bois, crasseux, mal éclairé, sans air, au plafond bas, culotté comme un brûle-gueule et bourdonnant d'un bruit crapuleux, geignard, sentimental d'accordéon », par sa vétusté il aurait de quoi ragaillardir Carco ! Sans qu'il le nomme, j'ai tendance à penser qu'il s'agit de chez Vernet, au Vrai de Vrai, au 9 de la rue. Notables sont les noms des protégées de Binèche : Rirette-les-Belles-Dents, Paillasson, Queue-de-Vache… Alors, ce Binèche, « un vrai de vrai… un malabar » qui, à l'instar de la madeleine de Proust permettrait à Carco de savourer le temps retrouvé ? Que non !... Binèche n'est qu'un auxiliaire de police, une vulgaire salope de plus ! Au terme de *Paname*, Carco dépose le bilan du milieu, son passif est lourd : « C'est fini, le milieu. Avant la guerre, y avait encore des hommes et il en reste. Mais voilà, les plus forts sont obligés maintenant de mettre les pouces... Qu'est-ce que vous voulez... C'est comme ça... C'est la vie ! »

Si Carco est nostalgique, il n'est cependant pas atrabilaire. Lui se range des voitures mais son « c'est la vie ! » est une façon de passer la main aux jeunes générations. À elles maintenant de tomber dans les enchantements de leur âge ! Et, de fait, les Auguste le Breton, les Privat, les Lépidis sont arrivés dans les lieux de prédilection de Carco lorsqu'il s'en retirait... Ainsi va Paris, ainsi va la vie...

Les tauliers de la rue de Lappe se sont adaptés

Quant à la transformation des bals en dancings-musette, dont celle du milieu est un parallèle, dans *Envoûtement de Paris*, publié en 1938, Carco nous en donne une explication plus terre à terre. À une date qu'il ne précise pas, le fisc a assimilé les bals et les bastringues à la catégorie des boîtes de luxe. Hormis le milieu, et encore, leur clientèle de base était pauvre : mettre les consommations à douze francs dans un musette aurait équivalu à ne plus y voir un chat... Ainsi les tenanciers ont-ils été amenés à moderniser leurs vieux guinches, et « c'est pourquoi, la rue de Lappe, donnant l'exemple, les autres tentent désormais de le disputer avec Montmartre pour l'élégance du cadre, l'éclat des lumières et la qualité du plaisir[39]. » Le percepteur s'y retrouve-t-il ? mystère... En tous les cas, commente Carco : « Le pittoresque y a perdu. Les "musette" ont en majeure partie disparu des quartiers où jadis ils foisonnaient, à la grande joie des honnêtes gens et des coquins, des petites ouvrières et des “radeuses” : de mirifiques dancings les ont remplacés. » Une dernière fois Carco revient sur cette évolution dans *Nostalgie de Paris*[40] quand il écrit que les tenanciers n’ont point ménagé les frais pour attirer la clientèle : « Le danger est que les bals risquent ainsi de perdre leur ancien caractère : ils tiennent déjà du dancing et on voit à leur porte tant de sergents de ville que les véritables amateurs en sont estomaqués et peut-être éblouis. » Éblouis : rue de Lappe sûrement ! Telle est la cause de son prestige. « Or, nous n’y pouvons rien », ajoute, philosophe, le chantre de la Bastoche des années vingt… Depuis lors ces établissements ont-ils, pour autant, été voués à l’illusion, à l’inauthenticité si j’ai bien compris la démarche de Francis Carco ? Ceux qui ont connu les années trente et plus tard encore ne disent rien de semblable.

Chapitre 7

Le crime : gros titres et statistiques

Les faits divers répertoriés aux archives de la police, du début de la guerre à 1929, sont rares concernant le quartier de la Bastille. Le 8 janvier 1916, face au 20, rue Saint-Antoine, un mécanicien reçoit des coups de couteau à l'issue d'une discussion avec des individus paraissant être étrangers. Le 16 mai de la même année, 161, rue du Faubourg-Saint-Antoine, une bagarre éclate entre deux hommes des suites d'une inimitié, l'un est blessé. Le 6 mai 1917, on relève une tentative de meurtre avec le vol pour mobile contre une dame Rigoulot débitante de vins, 19, rue de Charonne ; un aide-maçon de 18 ans est inculpé. Le 14 février, une rixe boulevard de Charonne fait une victime, le soldat David Van Stiphout. Le dénommé Jean Exbrayat, né en 1887, est arrêté sans autre précision. 113, rue de la Roquette, le 20 mars 1923, Fernand Gaston Leclerc, machiniste, 24 ans, tue à coups de couteau et de revolver sa maîtresse Marcelle Gibrat, 23 ans, qui l'avait éconduit. Le 23 juin, Leclerc est condamné à mort. Enfin, le 24 avril 1924, 36, boulevard de la Bastille, Pierre Joseph Pechaubes, un toupilleur, est mortellement frappé à la tête par Étienne Pannier, manœuvre, à l'aide d'un morceau de bois.

Mis à part les noms auvergnats que portent beaucoup des victimes ou agresseurs de ces faits divers, qu'en dire ? Aucun n'a un rapport direct avec la rue de Lappe et le plaisir[1]. De là à penser que la Bastoche était d'une sérénité olympienne, il n'y aurait qu'un pas… Qu'on se gardera de franchir ! Les archives de la police sont incomplètes. L'absence de meurtres en série ne surprend pas : rue de Lappe, on le sait, l'image d'Épinal dépasse de loin la réalité. En revanche tout porte à croire que délits mineurs, bagarres et, à un moindre titre, agressions constituaient le lot quotidien d'une rue comme celle-ci, domaine d'une faune avide de se dépenser, au propre et au figuré. Carco et ses confrères nous auraient bluffés, sinon !

La police veille, rue de Lappe

Une rubrique du *Guide des plaisirs à Paris*[2] de 1928, s'intitule « Les bals des dessous de Paris ». Relevons qu'« en général, ces bals de la rue de Lappe, malgré le public souvent de mauvaise mine, ne sont guère dangereux. » Étant donné leur mauvaise réputation il est toutefois recommandé de ne pas s'y aventurer seul : « On peut aussi (et cela vaudra beaucoup mieux), en s'adressant à la préfecture de police, se faire accompagner par un agent de la Sûreté en bourgeois »… Une tournée des grands-ducs avec chaperon, quoi ! Pratique courante ? Je l'ignore. Si elle l'était, alors Carco a raison qui affirme que la rue de Lappe était truffée de policiers et de faux voyous.

Dans *Traduit de l'argot*, son M. Paul Trique, inspecteur de la Sûreté générale, avec ses grosses pattes, son faux col tenu par une épingle, ses lourds souliers et sa douteuse bonhomie, se confond « avec nombre d'individus plus ou moins mornes, bourrus, suspects. » En tout cas, il a l'œil et, grâce à son réseau d'informateurs, de ces « souteneurs-indicateurs, à cheval sur le turbin et sur la bourrique », comme dit Léon Daudet, il noyaute suffisamment le milieu pour qu'un certain ordre règne à la Bastoche[3].

Les rafles

Cependant, si tout avait été pour le mieux dans le meilleur des mondes, pourquoi les rafles, mises à l'honneur par Jean Chiappe, préfet de police à Paris de 1927 à 1934 ? Une pratique efficace : dans le *Bulletin municipal officiel* du 18 mars 1928, Chiappe se félicite que « depuis le mois de septembre dernier, 766 garnis ou hôtels meublés ont été visités, certains d'entre eux à plusieurs reprises, [ce qui a] donné lieu à plus de 20 000 interpellations. » À cette époque, 323 235 personnes habitaient en garni, 228 461 Français et 94 774 étrangers. Autre précision : en 1926, 125 personnes ont été poursuivies pour trafic ou usage de stupéfiants. De septembre 1927 à mars 1928, 100 personnes ont été déférées au parquet.

Évoquant les bals et les rafles, Louis Chevalier n'hésite pas à écrire que le bal est, pour le milieu « le lieu social par excellence » et, surtout, qu'il ne croit pas « qu'aucun autre groupe social en ait de comparable, du moins à Paris. C'est là qu'il faut aller pour le voir, pour le comprendre, pour le connaître, pour être informé de ce qu'il fait, de ce qu'il a fait : c'est essentiellement dans les bals que les agents de M. Chiappe et de son successeur opèrent ce qu'ils appellent leurs rondes, ce qui est évidemment une manière savoureuse de s'exprimer. La comparaison semblera excessive : pour comprendre la société féodale, c'est le château qu'il faut observer ; pour comprendre la société religieuse du Moyen Âge, la cathédrale, ce que Victor Hugo explique en long et en large au début du livre troisième de *Notre-Dame de Paris* ; pour la monarchie d'Ancien Régime, le château de Versailles ; pour le milieu montmartrois dans les années 1930, comme avant d'ailleurs, le bal[4]. » Dans *Ils ont dansé le Rififi*, les longs passages qu'Auguste le Breton consacre au Petit Jardin, bal par excellence du mitan de Montmartre, nous en convainquent aisément[5].

Récupération et théâtralisation

L'analyse de Chevalier vaut autant pour la Bastoche ou les Grav'. La première rafle décrite dans *Détective*, le 16 avril 1931, par F. Dupin, se passe rue de Lappe. La photo de couverture est splendide. Types en casquette, petits marins, un seul mec en chapeau, deux ou trois filles seulement, aux murs ces « glaces déteintes » que Dupin remarque dans son texte : on est aux Trois Colonnes, que Dupin ne cite pas, mais dont la localisation et la description correspondent à ce qu'on en sait. « La rafle au musette » annonce la légende tandis que le sous-titre explique : « Rue de Lappe… l'accordéon sanglote… Les mauvais garçons s'étourdissent au rythme d'une java ou combinent quelque coup un prochain soir… Dehors, les cars de la préfecture ont déversé un flot de policiers ; c'est la rafle : l'armée du crime va laisser entre leurs mains des prisonniers… » Un renvoi indique : « Lire en page 3 : "Un coup de main", reportage sur la rafle monstre qui vient d'avoir lieu dans les musettes de la Bastille, de Montmartre et de Clichy. » Du côté de *Détective*, Carco, qui d'ailleurs y collabore, a fait des émules !

Depuis leur instauration, les rafles sont devenues une attraction supplémentaire des rues chaudes de Paname. Dans *Traduit de l'argot*, mais au Bal Polonceau[6], M. Francis avait dépeint une rafle. Une photo d'Albert Préjean et d'Annabella, vedettes d'*Un soir de rafle*, film de Carmine Gallone, paraît dans *L'Excelsior* du 15 mai 1931. La rafle est à la mode, même si Dupin parle d'un

« spectacle qui serre le cœur » Intransigeant sur les devoirs de sa fonction, il ajoute : « Le reporter, dans certaines circonstances est dans l'obligation de faire taire ses sentiments, pour se contenter de décrire ce qu'il a vu. » Ce soir-là, la rafle est dirigée magistralement par M. Priolet, commissaire spécial à la Police judiciaire[7], et, aussitôt, Dupin met sa déontologie à mal. En effet, comment peut-il nous amener à la fois chez Bousca, qu'il écrit avec un *t*, et chez Carcanague, puisqu'il s'agit d'un établissement unique ? Il se trompe et nous trompe, ensuite, en prétendant que par le passé la rue de Lappe a été « une dépendance du royaume d'argot » et qu'à l'époque d'Eugène Sue les bouges y pullulaient. Jamais des « tapis-francs », cabarets d'affranchis selon la définition d'Alfred Delvau – à l'image du Lapin Blanc de la rue aux Fèves – où Sue situe le repaire du Chourineur et autres Maître d'École dans ses *Mystères de Paris*, à propos duquel le même Delvau est plus que circonspect[8], n'ont existé rue de Lappe, et, ainsi, n'ont été fermés « sous les assauts répétés de la police »...

Comme Sue pour l'île de la Cité, Dupin enfle la légende de la rue de Lappe jusqu'à lui conférer une réalité passée qu'elle n'a pas eue. Mais, bref ! tout le joli monde présent cette nuit-là rue de Lappe est embarqué dans le panier à salade. Chez Carco, rue Polonceau, un grand type sans faux col, « au cou tatoué d'une petite ligne de points bleus et de cette inscription : "Pointillé pour Deibler" », c'est-à-dire le bourreau, gouaille : « Paris la nuit ! C'est palace. » Chez Dupin, rue de Lappe, un loustic jette : « Trois francs. Longchamp, première !... » Rafle ou pas, on est à Paname ! Et comme il manque de cars, aux Trois Colonnes, dans l'attente de leur retour, sous l'œil amusé du commissaire, les corydons se mettent à guincher une dernière java en chantonnant l'air « entre leurs dents serrées ». Que fait-on de tous ces gens raflés ? M. Priolet répond : « Les étrangers expulsés, les interdits de séjour et les filles seront emmenés en prison… Et nous enverrons les enfants dans leur nouvelle prison de Fresnes !… » Quant aux personnes honnêtes, dénichées en ces lieux de perdition, elles en seront quittes pour une admonestation : « N'éprouvez-vous pas la honte de vous être trouvés dans les bas-fonds avec la crapule ? »[9]

Muet sur les activités délictueuses du milieu de la Bastoche, Dupin a en revanche le mérite d'insister sur sa théâtralisation permanente, même si, comme on dit, il en rajoute. Que les mauvais garçons et les filles préparent leurs mauvais coups dans les bals « a fait, écrit-il, admirablement le jeu des agences spécialisées qui, au moment de la hausse de la livre, ont pris l'habitude de véhiculer dans les bas-fonds de Paris, les étrangers qui acceptent de voir chez les autres ce dont ils ne voudraient pas chez eux. Et chaque soir, des autocars bondés de touristes vident, rue de Lappe, une cohue préparée à l'effroi et qui vient s'y griser du stupéfiant des marlous et des pierreuses… » Pareils aux chroniqueurs de la décennie précédente, Dupin et ses confrères journalistes participent de la rue de Lappe, de son image, de sa renommée. Effrayer le bourgeois, le touriste, juste ce qu'il faut, dans le but, toujours, de l'inciter à se rendre rue de Lappe pour ressentir le grand frisson. À moins qu'il ne s'agisse seulement d'appâter, d'exciter le lecteur : après s'être affiché « le grand hebdomadaire des faits divers », *Détective* se veut « le premier hebdomadaire des faits divers »!

Du louffiat de la Bastoche aux aminches de Charonne

Le 24 mars 1932, dans *Détective* à nouveau, Luc Dornain intitule son papier : « Les bandes maîtrisées ». Celle qui nous intéresse opère en voiture : attaques nocturnes de passants, une quinzaine entre le 26 février et le 14 mars, généralement dans les beaux quartiers. Une « même menace, leitmotiv vulgaire : “Aboule ton pèze, ou l’on te tue !”» Police la nuit, une équipe spéciale chargée des rondes en auto, finit par intercepter les « nouveaux gangsters », rue Stanislas à Montparnasse. Trois jeunes gens de 20 ans qui, en dépit de leur « chargement de revolvers, de balles, de casse-têtes et un loup noir… le masque que portait le gangster qui se chargeait de dévaliser les passants », ne semblent pas être des vrais de vrais. Ils dénoncent aussitôt leurs deux complices : Gaston Léobon dit le Bordelais et Henri Jamain, le louffiat – avec deux *f* – de la Bastille, « en argot, garçon de café… » Comme quoi, être de la Bastoche mène à tout ! Le Bordelais raconte aux policiers qu’il est entraîneur de java dans les bals… C’est vague, ça, entraîneur ! Heureusement, l’un des complices, René Le Guiffault est plus bavard : « C’est moi qui ai appris aux copains qu’il était facile de voler les voitures, cela rue de Lappe, entre deux danses, quand Gaston le Bordelais abandonnait ses moujingues »… « Moujingue » c’est un synonyme de « môme » en langue verte, de sexe masculin. Gaston le Bordelais protégeait-il des lopes ? il semblerait. « Nous avons volé trente voitures, poursuit Le Guiffault. Nous avons attaqué quinze passants. Nous étions prêts à leur tirer dessus. Nous avons tiré. Cela nous a rapporté 727 francs. » Une misère ! Et *Détective* de conclure que, pour si peu, cinq mauvais garçons de 20 ans iront sans doute au bagne.

La guerre, personne ne l’oublie, a eu son mot à dire dans le destin des jeunes délinquants[10]. Ainsi, pour ceux que, le 12 mars 1931, l’hebdomadaire appelle « les quatre aminches de Charonne », du surnom dont ils s’affublent eux-mêmes, et qu’une photo montre, casquette sur la tête. Le plus vieux n’a pas 22 ans. Ils volent aux étalages des commerçants du quartier des marchandises, que leur chef, Maurice Rolla dit Mario, s'efforce d'écouler. Il se prend pour un « homme », un « dur », et exerce son ascendant sur les trois autres, « pâles figures de jeunes voyous » répondant aux blases de Paulo, l'Escargot et Chiftir… « En 1914, ils avaient 8 ans. La guerre et l'après-guerre – six ou sept ans de terrible laisser-aller – n'a pas permis qu'un redressement fût opéré sur leurs âmes troubles. »

Sales affaires

Comparées à la gravité de celles qui vont suivre, ces affaires n'étaient que menu fretin, tout-venant. Elles ont contribué, la première surtout, à asseoir les bals-musette dans leur réputation dangereuse, tragique. À un moment, légende et réalité se rejoignent. Si légende il y a, c'est qu'une réalité, fût-elle lointaine dans le passé, l'a engendrée. Pour qu'elle se survive, il est nécessaire que, de temps en temps, les faits l'alimentent. En ces années-là, le drame qui endeuille le monde des bals-musette se déroule, non à la Bastoche mais 105, faubourg du Temple, à La Java, Carco nous y a déjà menés. Avant d'entrer dans le vif du sujet, quelques précisions sur cet établissement. Dans *Django mon frère*, Charles Delaunay[11] raconte que lorsque Maurice Alexander l'a inauguré, Django Reinhardt, qui avait commencé comme guitariste musette, faisait partie de l'orchestre. C'est même une nuit, en revenant de La Java, que Django a manqué de périr dans l'incendie de sa roulotte et a perdu l'usage de sa main gauche. On devait être en 1927. Je ne sais jusqu'à quand Alexander est resté dans ce bal, mais, à cette époque, Antoine Tedeschi, « musicien cultivé, curieux d'autres univers musicaux », joueur de bandonéon qui, plus tard, conseilla à Privat de se mettre à cet instrument[12], s'y produisait en vedette. Tedeschi surnommé, précisément, « Antoine la Java »[13].

Le double meurtre de La Java, faubourg du Temple

Aujourd'hui, l'affaire de La Java est oubliée. Je l'ai retrouvée chez Carco, même Privat n'en avait pas entendu parler. En préface à la réédition de 1929 d'*Images cachées*, paru en 1927, Carco, expliquant comment, en deux ans, certains endroits bizarres de Paris ont disparu – chez M. Tagada rue Foyatier, le Roland's, Le Trèfle rose, boîtes homosexuelles, l'« équivoque maison du Faubourg Saint-Martin » spécialisée dans les partouses –, écrit : « le patron lui-même de la "Java" n'est plus. Il fut tué dans une bagarre que les journaux ont relatée au lendemain du drame, dans sa sanglante brutalité. » Dans le livre, Carco présente La Java comme un guinche pas si mal famé : « Des p'tits gars du quartier », « de la radeuse »... Le Paris plus populaire que dangereux, semble-t-il. Le patron, un « brave homme », fait de bonnes affaires, quatre cents billets par an... Il mène son bal de main de maître, n'hésitant pas à vider Bob, le compagnon de M. Francis, sous prétexte qu'il insulte deux types que, d'ailleurs, le patron préférerait ne pas voir chez lui. Des ex-légionnaires, mi-voyous, mi-homosexuels...

Trois fois encore, Carco évoquera ce drame. Dans *La Rampe* du 1er avril 1931 d'abord, déplorant la fin du musette, M. Francis sous-entend que l'évolution du milieu n'est pas étrangère à cette disparition : « Adieu musette ! Adieu, petite fleur dans les mains d'assassins ! La dernière a, je crois, orné le cercueil du patron de La Java, voici trois ans, lors de la rouge bagarre où il perdit la vie, le corps percé de cinq balles de browning. » Ce bal n'était peut-être pas aussi bon enfant que Carco l'avait cru. D'autant que l'année suivante, en 1932, dans

Traduit de l'argot, un de ses guides, qui évidemment s'appelle Bob, lui sort, juste devant la porte : « L'patron a été tué et plus personne du “milieu”… j'parle du vrai… n'a idée d'y r'tourner », ce qui, en clair, signifie qu'auparavant le milieu y allait… Enfin, en 1934 dans *Paname*, après avoir dit que le futur dancing de Blanche devrait être rouge car à « La Java […] la peinture est de cette couleur », Carco se reprend : « Je ne m'étais pas avisé que, plusieurs années auparavant, le tenancier de ce bal avait été tué, de même que Papa, dans son dancing ; aussi mon approbation jeta-t-elle un froid… »

Ce crime, dont Carco ne donne pas la date, est absent des archives de la police. Je suis tombé dessus au petit bonheur dans *L'Excelsior* du 1er juillet 1928 : « Vendredi [30 juin], M. Auguste Boers, tenancier d'un bal-musette 105, faubourg du Temple, se prenait de querelle avec Joseph Faivre, un de ses clients. La dispute dura cinq minutes. Un peu plus tard Joseph Faivre revint et M. Boers le saisit par les épaules et le jeta à la rue. Vers une heure du matin, quand M. Boers s'apprêtait à fermer son établissement, il vit sortir de la pénombre son adversaire revolver au poing. Les balles sifflèrent, blessant mortellement Faivre et grièvement M. Boers qui fut admis dans un état grave à l'hôpital Saint-Louis. Une passante, étrangère au drame, Mme Esther Sanse, qui regagnait son domicile, fut blessée à la jambe. » *Détective*, qui, jusque-là, n'avait pas évoqué ce drame, en livre une explication fort différente dans « La Loi du silence », un article du 29 juin 1933, cinq ans plus tard. La vérité est que Boer (sans *s*), aurait dénoncé à la police l'auteur d'un crime commis dans son établissement, sur lequel rien n'est dit, le frère de Joseph Faivre. Le 30 juin 1928, à 22 heures, en plein bal, Faivre provoque Boer. Ils sortent pour s'expliquer, Faivre blesse Boer d'un coup de poignard à l'épaule. À minuit trente, Boer rentre de l'hôpital et du commissariat où il a porté plainte. Jugeant sa vengeance insuffisante, Faivre l'attendait, tapi sous un porche, pistolet à la main : « Sale mouchard ! cria le souteneur. Prends encore ça !… » Touché de deux balles dans le ventre, Boer roule à terre. Lui aussi est armé, lui aussi tire et tue Faivre qui s'écroule, dit *Détective*, près de sa victime sur « laquelle il se penchait pour lui donner le coup de grâce. » Cette exécution connut un tel retentissement dans le milieu que l'expression : « Rappelle-toi Boer de La Java ! » signifia pendant un moment y regarder à deux fois avant d'aller parler « à la maison Poul'mins, à la renifle », à la police, quoi[14] !

Le 17 juin 1937, soit neuf ans après ce double meurtre, dans *Détective* toujours, Marcel Montarron juge la version précédente fausse : « Boer, écrit-il, a été tué à propos d'une femme qui avait été placée en province, et dont il avait détourné les faveurs à son profit. » Il s'agirait alors d'un conflit, classique dans le milieu on le verra, entre un placier de bordel, Boer, et Faivre, un homme vivant de pain de fesse, un souteneur. Boer aurait donc volé à Faivre son pain, son gagne-pain, sa femme autrement dit… La fureur légitime de ce dernier permet de comprendre l'épilogue, que Montarron fixe à 7 heures du soir : après le coup de couteau, raté je pense, le pistolet : « Tu n'es pas encore crevé, tiens, salaud ! » Faivre meurt aussitôt, et Boer deux jours plus tard à l'hôpital.

Cette explication s'apparente en partie à celle donnée, en 1933, par Henri Drouin, autre collaborateur de *Détective*, dans *La Vénus des carrefours* – Gallimard. Sans dire expressément qu'il s'agit de l'histoire de La Java, Drouin le laisse entendre : à la fin de son développement, deux hommes se tuent mutuellement. Si l'on en croit Drouin, Boer, surnommé « La Frite », était un vieux barbeau longtemps parti en remonte à Londres avec sa gagneuse. Une fois qu'ils eurent économisé

« cent cinquante sacs », ils rentrent « au Belleville natal » et acquièrent « le musette de leur rêve ». La description de La Frite correspond à celle de Carco : un « bon garçon » et un « bon commerçant ». Quant à médème, maintenant au chaud à la caisse, elle n'a plus « à vendre que son sourire. » Les affaires prospèrent, mais l'ennui, la Frite boit et alors il fait « du rentre-dedans » aux « gonzesses ». Ce soir-là, par exemple, « à une nouvelle qui s'était aventurée au musette avec un monsieur d'un certain âge, lequel, arguant de sa qualité de beau-père, prit la défense de la petite. » Après quelques injures, l'incident est clos, « la fille et son protecteur s'en furent. » Une heure plus tard, un homme se présente, il demande « le patron. Celui-ci vaguement inquiet suivit cependant l'intrus dans la rue. La Frite n'était pas né d'hier, il vit bien que l'homme maintenait obstinément sa main droite dans la poche de son veston [et] avant qu'une seule parole ait eu le temps d'être échangée, deux claquements secs, deux éclairs : La Frite et l'homme tombaient. » Des détails sont omis, on ne comprend pas tout, mais voilà la morale de ce fait divers : « Telle fut l'inglorieuse mort d'un vrai de vrai, qui avait su maintenir vingt ans la lutte selon les justes lois de la Jungle, et qui mourut pour les avoir, une fois, transgressées. » Pour que cette morale soit plausible, il faut que La Frite ait commis une faute : il savait avec qui était maquée la môme à qui il avait fait du plat. Or donc, pas de pitié pour les canards boiteux !

Quelle que soit la raison exacte de ce règlement de comptes, le « brave homme » de Carco porte un sacré *doul'*, un sacré chapeau ! Dans un cas c'est un donneur, une salope… dans l'autre un marchand de viande, et dans le troisième, un homme qui ne respecte pas le code d'honneur de messieurs les amis ! Ainsi que conclut Montarron : « Un tenancier qui veut imposer le respect aux plus durs de ses clients doit, pour être craint, rester le taulier, et seulement cela. Auguste Boer eut le tort de ne point demeurer à son rang. » Fatale erreur ! Si cette ultime explication est la bonne, on conviendra qu'en dépeignant le taulier de La Java comme il l'a fait dans *Images cachées*, Carco, apparemment, ignorait ses activités parallèles. Activités de placier, de marchand de viande, qui, à l'époque, ne se cachaient pas... Et à nouveau la discussion repartirait sur ce que Carco savait exactement du milieu.

L'assassinat de Loulou Bataille

Une question demeure : pourquoi *Détective*, dont le premier exemplaire sort le 1er novembre 1928, quatre mois seulement après cette affaire de La Java, attend-il cinq ans avant d'en parler noir sur blanc ? Car, en relisant ses anciens numéros, on se rend compte que l'établissement du faubourg du Temple intéresse beaucoup l'hebdomadaire. L'assassinat d'une prostituée de 23 ans, Marie-Louise Bataille, dite Loulou, découverte dépecée sur les bords de Marne à Saint-Maur, sert de prétexte à ses reporters pour faire une descente à La Java, le 12 septembre 1929. « La dernière disparue », titre *Détective* avec, en pleine page, la photo de Loulou en chapeau cloche et petit chien sous le bras. « Des amants de Loulou Bataille, quel est l'assassin ? s'interroge Paul Bringuier l'auteur de l'article, Smadja le Tunisien son souteneur ou Dédé de la Java, son béguin ? » Le papier est passionnant. De même celui, « Au son de l'accordéon », qu'Henri Danjou consacre à La Java elle-même, huit jours après. Ni Bringuier ni Danjou ne mentionnent les meurtres mutuels de Boer et de Faivre, vieux d'à peine quinze mois. Explicitement du moins car, en catimini, Danjou y fait allusion : à propos d'une certaine Louisette la Tricoteuse, Tintin le Malabar et Lulu de la Mocobo – la Maubert en argot –, personnages vraisemblablement inventés, ont une discussion qui s'achève, ce n'est pas un hasard, à coups de revolver et de la même façon que le 28 juin 1928… Et comme d'habitude, tandis que les deux moribonds sont emportés à l'hôpital, on éponge le sang sur les dalles, et la vie reprend « dans le bal-musette, au rythme d'une nouvelle java »… Tradition apache respectée ! *Détective* avait-il subi des pressions pour ainsi demeurer muet sur le drame du 28 juin 1928 ? On est en droit de s'interroger.

Alors que le bal du 105, faubourg du Temple attire tant le magazine, on peut se demander pourquoi, ni le 10 novembre 1929, date du crime, ni le 2 avril 1930, date de la condamnation d'Alphonse Boband – un coupeur chemisier de 26 ans, le coupable – à huit ans de travaux forcés et dix d'interdiction de séjour, *Détective* ne couvre pas le meurtre d'André Merle, garçon boucher, tué, à coups de revolver par Boband, pour les beaux yeux de Noëlla Paillard surnommée Nono de La Java, en raison des habitudes qu'elle y avait. L'affaire avait fait du bruit : le 3 avril, une photo de Boband, au banc des accusés, en costume avec pochette et nœud papillon, paraît en première page de *L'Excelsior*. L'histoire voudrait qu'Alphonse ait fait la connaissance de Nono à La Java, mais, ironie ! c'est dans un musette du faubourg Saint-Martin, chez Ladira probablement, qu'il l'avait rencontrée. Nono de La Java était volage. Faisant passer André pour son mari, elle explique à Alphonse qu'elle doit le rejoindre à Angoulême… En fait d'Angoulême elle se rend aux Lilas, Boband à ses basques, et c'est le drame, un de plus avec La Java en arrière-plan, sur lequel *Détective* reste inexplicablement muet.

En revanche, l'assassin de Loulou Bataille n'a jamais été démasqué. Smadja le Tunisien, connu aussi sous le nom de Charlot l'Algérien, dénoncé par un indélicat ou une indélicate, est ceinturé par l'inspecteur Moreux et ses hommes en plein boulevard Saint-Denis. Il nie, et les présomptions à son encontre sont insuffisantes. Quant au béguin, Dédé de La Java – « Quel Dédé ? il y en a trois ou quatre, des Dédés… » répondent aussi sec les habitués du bal aux reporters de *Détective* –, je le soupçonne d'être simple prétexte à reportage… À la façon de Carco, Bringuier va faire un tour à La Java où jouent un violoncelle, une mandoline et un accordéon, sans précision aucune des noms des musiciens. Danjou, lui, dépeint avec exactitude l'estrade à droite – transportée au fond depuis, m'avait appris Privat – où « se tiennent les musiciens, instrumentistes, et chanteurs de jazz. » L'assimilation, déjà notée, du jazz et du musette, se confirme… « Ils sont vêtus en rouge et éclairés par en dessous par une rampe, ce qui, lorsque les danses commencent et que les lumières blanches sont éteintes, leur donne une apparence démoniaque. Ils trépignent, se lèvent, se penchent, poussent des cris, font entendre des sons rauques, comme s'ils voulaient échapper au feu qui les environne pour rentrer eux aussi dans l'ombre rouge où des corps tournoient suivant un rythme cadencé. Des peintures murales, fort anciennes ma foi, et qui représentent marlous, gigolettes et vieux marcheurs d'aujourd'hui et d'autrefois ajoutent une note hurlante à cette atmosphère canaille. Entre les bancs et les tables circulent, chargés de verres, des serveurs – “louffiats” [deux *f*] en veste blanche – corrects, aimables et familiers, et qui savent parler à la fois le langage du “milieu” et celui des autres hommes. À intervalles réguliers, la voix du maître de danse chante comme une litanie : – Faites passer la monnaie ! »

L'article se poursuit en une enquête sur le mitan, ses histoires, son parler, ses mœurs. Les rapports des « mecs-à-la-redresse » avec leurs « morues » sont abordés, ce qui nous vaut ce commentaire peu galant mais drôle du dénommé Bébert : « Les morues à leur naissance, c'est entortillé de peau de vache ! » On est à Paname, est-il besoin de le répéter !

Francis Carco fait école

Ces extraits de collaborateurs différents le démontrent : *Détective*, c'est du Carco ! Et sous le nom de Carco, j'entends aussi ses confrères qui ont gravé à tout jamais le bal-musette et son époque dans la mémoire écrite : Galtier-Boissière, Warnod et consorts. Ou encore Joseph Kessel, dont le frère Georges a créé *Détective*, et Georges Simenon qui participe aux débuts de l'hebdomadaire. S'interroger sur la nécessité qu'à un certain moment, les années vingt et ce n'est pas fortuit, des patrons de presse ont ressentie de lancer cette nouvelle forme de journalisme axée sur le fait divers serait passionnant mais nous éloignerait de notre sujet. Dans *Splendeurs et misères du fait divers*, livre posthume sorti en 2004 chez Perrin, Louis Chevalier aborde la question : en 1928, *Détective* tirait à 250 000 exemplaires et à 300 000 en 1930. Les articles du magazine sont contemporains des premiers reportages radiodiffusés. Leur style, une caméra au bout de la plume dirait-on aujourd'hui, annonçait ceux de la télévision et, partant, même si cela est paradoxal, la victoire irréversible auprès du public, de la technologie sur le stylo. L'apport de *Détective* ne s'arrête pas là. D'une part, étant donné l'abondance de ses enquêtes consacrées aux bals, à la rue de Lappe, au milieu, aux Corses quelques années plus tard, à leurs règlements de comptes qui ont endeuillé Montmartre, *Détective* a photographié de la façon la plus exhaustive qui soit le Paris interlope de l'Entre-deux-guerres, sa culture voyou. De l'autre, et cette conséquence en découle, *Détective* a, je pense, été à l'origine de la Série noire française vingt ans plus tard

– je parle d'Albert Simonin et d'Auguste le Breton. Dommage que ces questions de filiation littéraire n'aient, à ma connaissance, fait jusqu'ici l'objet d'aucune étude.

Pour en revenir aux musettes et à leur milieu, c'est-à-dire à leur apologie, constatons que *Détective* survient à point nommé pour prendre le relais de la génération Carco lorsque celle-ci s'en détourne. Si pour Carco tout est fichu, pour les jeunes journalistes de *Détective* rien n'a changé ! La question ne se pose même pas : le bal-musette existe, les faits divers s'y rattachant de près ou de loin en témoignent. Ces journalistes sont de leur temps, ils vivent avec. En 1930, à la Bastoche, aux Grav', Paname a encore de belles nuits devant lui... La rupture ne sera consommée qu'un demi-siècle plus tard, conséquence de l'évolution sans retour possible au passé des conditions sociales, l'émergence d'une vie autre, moins sauvage car plus protégée, et ainsi d'un état d'esprit fonction de cet embourgeoisement généralisé. Jusque-là il ne s'est agi que des premières manifestations de la modernité, du progrès, ces maîtres concepts de notre siècle. En 1930, même si la rue parisienne, au sens large du terme, n'est plus tout à fait ce qu'elle était quinze ou vingt ans auparavant, elle n'en diffère pas essentiellement. Carco et les autres auraient pensé le contraire, mais que diraient-ils aujourd'hui que cet univers-là est mort, enterré, oublié... que seul survit ce désir mien de le raviver – de le momifier plutôt, je ne suis pas dupe ! – en une dérisoire culture populaire mâtinée voyou, dont le spectacle *in vivo*, les pratiques quotidiennes, pour reprendre la terminologie sociologique, ont définitivement disparu, donc, au début des années quatre-vingt à la Bastille ?

Ceux du milieu

Variation sur le mot « morue »

En s'ouvrant, en exhibant son folklore, le milieu, avons-nous soutenu, a, d'une certaine façon, trahi la vieille pègre, après l'Armistice. Les bénéficiaires en ont été les caves, ébaudis de certaines des façons les plus voyantes des hommes de s'habiller, de certaines de leurs manières les plus savoureuses de parler… J'en reviens à Paul Bringuier, à son détonant : « Les morues, à leur naissance, c'est entortillé de peau de vache » entendu à La Java en 1929. Quoique répertorié en 1866 par Delvau[15], le mot « morue » continue de ravir. Claude Blanchard n'hésite pas à lui attribuer valeur de *signum* social, comme il l'avait fait pour le diabolo. Dans la lignée nostalgique des Carco et Galtier, quelques années avant la Seconde Guerre mondiale, Blanchard écrit dans *Le Parisien de Paris*[16] que : « Hélas ! depuis longtemps déjà le bal-musette a perdu ses dernières naïvetés » et, refrain connu, « chemise de soie mauve et coiffure à la gomina », il regrette que « la rue de Lappe resplendi[sse] de toutes les lumières d'un manège de chevaux de bois ; [que] les Gravilliers organisent, pour le grand ébahissement des Américains, des éclairages genre *Mon homme* »… Le sous-sol de La Java regorge de danseurs tourbillonnant au son de « Rosali…e /Elle est partie… » Refusant de danser, une fille de 14 ans s'éloigne d'un garçon de 16… Alors « gentiment, avec un sourire d'envie, un sourire câlin, il la rappelle : "Viens ici, eh ! morue !" » L'accent du gars, son emploi du mot à bon escient sont convaincants : la môme revient aussitôt. Matée, elle se laisse enlacer. Et Blanchard d'exulter : « Allons, tout n'est pas mort au musette ! » C'est bien notre avis.

« Morue » était un mot de reconnaissance, de connivence. C'est ce qui ressort de ce passage de Francis Lemarque[17] où il évoque une bagarre devant un musette rue de Lappe. La gerce de l'un des antagonistes s'est mise à injurier l'adversaire de son homme. « Fais taire ta gonzesse ! » demande l'adversaire… En moins de deux l'autre s'exécute, une paire de baffes retentissantes ponctuées d'un impératif : « Ta gueule, morue ! » Jacques Cellard a peut-être raison de faire dériver l'apparition de ce mot au XIXe de l'emploi plus ancien de « dessalé[18] », je ne sais, en tout cas il est révélateur du milieu auquel appartiennent ceux qui l'utilisent, des dessalés, des affranchis[19]. Ou du moins des jeunes hommes qui risquent de le devenir, sans qu'ils le deviennent nécessairement…

De la gentillesse à la pureté

Cette culture populaire que nous cernons n'était que mâtinée voyou. Tous les garçons de 16 ans ne finissaient pas barbeaux, mais la plupart, en revanche, forçaient sur l'argot. Un moyen de s'affirmer, bien sûr. Blanchard souligne que son petit danseur rappelle « gentiment » sa cavalière : à l'adolescence, le vice n'a pas encore pris racine. Ni Carco ni Héron de Villefosse n'en disconviennent. Dans *Traduit de l'argot,* Carco assiste à une scène de ce genre, à La Java toujours. Un jeune voyou, bouche bée, n'ose aborder une « jolie créature » de 18 ans qu'il ne quitte pas des yeux. Soudain elle allume une cigarette, il fait de même… Il s'approche et lui dit, l'air détaché : « Veux-tu la mienne ? » La fille sourit, donne sa cigarette « en échange de celle du petit gars » et ils se mettent à danser. Carco ne nous le cache pas, même s'il se garde « d'avouer pareille faiblesse » à Bob son cornac, il est « séduit » par « cette gentillesse ». Il l'écrira dans

Paname à propos de Rirette, une petite prostituée : « J'ai toujours éprouvé une tendresse secrète pour certains êtres en qui les désordres n'excluent pas la sincérité. » De la sincérité à la pureté, il n'y a qu'un pas. Un pas de deux, bien sûr…

C'est encore dans un bal-musette que Héron de Villefosse suit des yeux une vivante idylle « dont les traits étaient plus vigoureux qu'on ne les pourrait peindre ailleurs. Lui avait 18 ans, poursuit-il, la tenue du quartier de la Roquette : casquette de travers, un peu en arrière, foulard, ceinture de même et espadrilles. Elle, 16 ans, la tenue du quartier : noire et rouge. Lui de sa pochette, laissait pendre un mouchoir brodé aux initiales J. M. Elle, elle s'était fait tatouer dans le pli du coude gauche, que l'on voyait lorsqu'il n'entourait plus le cou de son homme, contre lequel elle était blottie : les initiales J. M. Voilà, je l'espère, de la pureté[20] ! » Pour Carco, c'en est. Cette authenticité sous-jacente et profonde, cette innocence, naturelle, consubstantielle aux filles perdues de Paris, sont même le gage de leur rédemption future. Le vice n'est qu'un mot, un masque qui traduit le poids de la réalité, écrasant jusqu'à la fatalité souvent.

Quand une femme a son homme dans la peau

Puisqu'il est question de gentillesse, revenons-en à Smadja le Tunisien. À défaut d'avoir été inculpé du meurtre de Loulou Bataille, Smadja passe en correctionnelle pour brutalités envers ses protégées, feu Loulou, Lucette, et Élise Kunkler en particulier, cette dernière présente à la 13e chambre[21]. Dans le box, « le beau Charles… mouchoir à la main, pleurniche » : « Jamais… Je n'ai eu pour elle que des bontés. » Appelée à la barre, Élise va-t-elle témoigner contre son homme ? Ce serait le moment : « Mais non, mon président, elle se récrie, il ne m'a pas battue, ni donné de coup de couteau au genou, comme on l'a dit. Il ne m'a jamais fait de mal. » Pourquoi, contre toute vraisemblance, ce mensonge ?

Une nouvelle fois je me tourne vers Carco qui, dans *Chansons de Paris*[22], a si subtilement analysé le lien qui attache la putain à son souteneur : « Outre qu'une femme doit éprouver une intérieure satisfaction à gagner l'argent du ménage, il lui faut au surplus se montrer éblouie d'être dépouillée par l'homme qu'elle s'est donné. Autrement que signifie l'autorité ? » Les coups du proxénète vont au-delà d'une simple démonstration de force physique pour soumettre la femme. Carco cite deux chansons. Celle de Mistinguett : « I'm'fout des coups/I'm'prend mes sous/Je suis à bout/Mais malgré tout/Que voulez-vous/ Je l'ai tell'ment dans la peau... », et cette seconde : « I'm'cogne, i'm'fout des coups, i'm'crève/Mais que voulez-vous, moi, j'aime ça !/Après, j'm'endors comm' dans un rêve/En m'p'lotonnant bien dans ses bras », puis M. Francis conclut : « "Qui aime bien, châtie bien", répètent tous les parents. Je n'en doute pas. Aussi ces malheureuses qui, dès leur plus jeune âge, ont pu apprécier quotidiennement l'amour d'un père ivrogne ou d'une mère au nombre des taloches, y sont tout à fait résignées. » Analyse sommaire ? voire... Cinquante-huit ans plus tard, la féministe Nancy Huston se penche sur les « Proxénètes de l'immoral[23] ». J'ignore si elle a lu Carco, mais toujours est-il qu'elle reprend un peu plus longuement chacune des deux chansons qu'il a citées. La seconde est intéressante à écouter : « En m'p'lotonnant bien dans ses bras /J'me r'vois lorsque j'étais tout' goss' /Et que m'câlinait ma maman /Qu'j'ai tuée d'chagrin en f'sant la noce /Aussi tout c'qui m'rest' maint'nant /C'est toi mon homme ! » Psychanalyse mise à part, la conclusion de Nancy Huston rejoint celle de Carco : « Dans un monde [le nôtre] qui a nié, stigmatisé, et nommé de façon exclusivement péjorative la sexualité des femmes, toute femme porte une certaine dose de culpabilité. Et rien n'est aussi efficace que la punition pour lui faire avaler cette dose [...] Les prostituées, dont c'est la mission d'incarner "la" sexualité féminine à l'état pur, risquent évidemment d'avaler des overdoses de culpabilité. Certaines deviennent capables d'aimer jusqu'aux coups de leur maquereau parce que, rejetées et méprisées [...] elles n'ont guère le sentiment de compter pour quiconque en dehors de lui. Au proxénète sont cédés tous les pouvoirs qui appartiennent traditionnellement aux parents : celui de décider des habits et de la nourriture, celui de gérer l'argent, celui d'approuver et de désapprouver le comportement, celui de contrôler les allées et venues. Et c'est seulement dans ce cadre de contrainte [et, partant, de sécurité] qu'elles peuvent aimer. » La conduite du proxénète à l'égard de la prostituée ne peut ainsi se conjuguer que sur le mode de la duplicité : gentil et méchant selon les circonstances. Gentil jusqu'à l'innocence quand il est très jeune ou qu'au bal-musette il charme sa proie, méchant quand il a à affirmer son autorité, sa domination, sa possession, et qu'en échange il demande à la femme son appartenance totale. On appelait ça l'amour vache.

Bien sûr qu'Élise Kunkler n'allait pas, par son témoignage, faire envoyer Smadja, qu'elle aimait, en prison ! Fille soumise, elle respecte les lois de son milieu, elle raconte n'importe quoi aux juges. Peine perdue : Smadja est condamné à treize mois de prison et à cinq ans de « trique », d'interdiction de séjour dans la langue du code pénal.

Les gros titres et les chiffres

À s'en tenir aux gros titres de *Détective*, le Paris de l'Entre-deux-guerres pourrait sembler effrayant.

« L'armée du crime », « Les bandes maîtrisées », j'en passe et des meilleurs, *Détective* ne fait pas dans la dentelle. Or, à mainte reprise, on a lu que ces dangers étaient exagérés. Ceux qui avaient vécu l'époque, Louis Chevalier le premier, prétendaient même que jamais la vie n'avait été aussi agréable, facile, à Paris, qu'on se rappelle, dans *Pépé le Moko*, la lancinante mélopée qu'entonne Fréhel exilée dans la Casbah d'Alger : « Où est-il mon Moulin d'la place Blanche ?/Mon tabac et mon bistrot du coin ?/Tous les jours là-bas, c'était dimanche ».[24] Concernant la dangerosité parisienne pour cette période, que disent les observateurs et les chiffres qu'ils présentent ?

Georges Simenon mène l'enquête

En 1987, quelques articles de presse de Georges Simenon ont été réunis en un volume intitulé *À la découverte de la France*, d'un intérêt exceptionnel pour la criminalité du Paris des années trente. Dans l'un d'eux, « Les coulisses de la police », paru à l'époque dans *Paris-soir* en janvier et février 1934[25], Georges Simenon révèle que, ces dernières années, à Paris et en banlieue, seuls six assassinats sont restés sans solution. Parmi les victimes, trois prostituées. Avec Loulou Bataille dont il ne donne pas le nom, le compte est juste puisqu'il cite Marcelle Puissant, 32 ans, tuée le 28 juin 1933 dans sa chambre 31, rue Germain-Pilon à Pigalle, et Pierrette Audoine, assassinée dans une chambre d'hôtel, le 12 mai 1931, 5, rue des Tournelles, dans la partie 4e arrondissement de la Bastille. À propos de ce dernier forfait, sur le rapport de police qu'a examiné Simenon, il est écrit : « Pas de témoin. Pas d'empreinte. Aucun élément de recherche. On ignore le mobile du crime. » Dans son papier « Caresse de mort »[26], G. Rougerie, lui, affirmait que le meurtre de Pierrette Audoine était un crime de sadique. La police avait relevé des ecchymoses sur tout le corps et, sans doute, des traces de morsure… Pour *L'Excelsior*, Pierrette avait été frappée à la tête à l'aide d'un instrument contondant puis « fortement serrée à la gorge ».

« Pierrette Audoine sortait de la rue de Lappe… »

Pierrette était une fille galante, insiste Simenon qui les aimait tant. Une Bretonne de Quimper, née le 5 juillet 1912, qui n'avait pas 19 ans. Une brune au visage rond, coiffée à la garçonne, des yeux très noirs. Elle habitait Maisons-Alfort, 81, rue de Vincennes, et se prétendait coiffeuse, ce qui n'était qu'à moitié faux puisqu'elle avait travaillé avec son père lorsqu'il était établi coiffeur rue Saint-Antoine. D'après *L'Excelsior*, Pierrette aurait été fiancée à un jeune homme. L'allégation, reprise par *Le Journal* du 19 mai 1931 qui parle d'une certaine Mme Champion, « sa future belle-mère », est passée sous silence chez Rougerie. La reconstitution de l'emploi du temps de Pierrette permet d'affirmer qu'elle rentrait de la rue de Lappe la nuit du 11 au 12 mai quand un client l'a abordée. Le numéro 5 de la rue des Tournelles, au débouché pile de la courte rue de la Bastille, n'existe plus. C'était un hôtel en ce temps-là. L'hôtel de l'Aurore dont la couverture de *Détective* montre le tableau électrique avec ses interrupteurs et ses lampes témoins[27]… Au-dessous une erreur s'est glissée dans le commentaire qui parle de « l'hôtel du quai des Tournelles » au lieu de la *rue* des Tournelles… Rougerie donne tous les détails. On entend des cris puis la chute d'un corps. L'assassin, un « homme jeune encore, à l'accent étranger, de taille moyenne, au teint basané, vêtu d'un complet marron », selon le témoignage de M. Mayréal, le patron, se sauve par la fenêtre de la chambre n° 5… *L'Excelsior* conclut : « Un certain nombre de vérifications dans les milieux spéciaux de la Bastille et de la rue de Lappe, où fréquentait la jeune femme, n'ont apporté aucun élément nouveau à l'enquête. » Trois ans plus tard, l'enquête n'a pas abouti, Simenon ne peut que terminer : « C'est tout. Imaginez ce que vous voulez. On n'en saura jamais davantage[28]. »

Le temps des gangsters

Vers 1934-1935, Blaise Cendrars[29] et Georges Simenon constatent que, conjointement aux transformations de Paris, à l'intrusion du luxe et à la profusion des lumières, la pègre ou le milieu a changé. Sans s'y attarder, tous deux partent de l'époque apache qu'à la différence des Carco, Galtier et Warnod, Simenon, arrivé à Paname en 1922, n'a pas connue. Cendrars, qui pourtant s'est trouvé à Paris avant 1914, ne l'évoque nulle part.

Vogue de l'Amérique oblige : après le mot « apache », aux alentours de la fin des années vingt, c'est « gangster » qui fait fureur. Dans la presse et auprès du grand public, précisons. Jamais, en effet, le milieu ne reprendra ce néologisme de caves… Cendrars innove, lui, en nommant « gangsland » le territoire des gangsters qui, montre-t-il, comprend non seulement Montmartre à cheval sur le 9e et le 18e arrondissement, mais encore le 17e qui empiète sur le 8e, les Champs-Élysées. Se pavanant désormais dans les beaux quartiers, les gangsters se civilisent et s'embourgeoisent. La tendance, relevée dix ans auparavant par Carco, n'a fait que croître et embellir… Par exemple, c'est 8, rue du Dôme, dans le 16e cette fois, à l'hôtel de Chartres chambre 53, que Georges Simenon réussit enfin à rencontrer Georges Hainaux, dit Jo le Boxeur, ou les Cheveux gris et plus tard les Cheveux blancs, inquiété lors de la mort jamais élucidée du conseiller Prince, corollaire de l'affaire Stavisky.

En lisant cet article haletant, « À la recherche de l'assassin »[30], paru dans *Paris-soir* fin mars et avril 1934, on constate qu'on est loin des vrais de vrais de la Bastoche, à la vérité peut-être simplement des demi-sels. Pour ce qui est des façons d'être et de faire, de s'habiller, de paraître, chapeau et pistolet, le rapprochement entre milieu parisien et gang américain – j'entends par là la mafia et non des bandits du genre John Dillinger, fils naturels des hors-la-loi du Far-West – semble judicieux. À ceci près que Jo le Boxeur était un ancien vrai de vrai, familier des bals-musette dès avant la Grande Guerre, qui avait grimpé dans la hiérarchie du milieu en empruntant la route des affaires juteuses[31]. Cendrars n'a pas tort d'écrire : « Quels que soient les noms dont on les pare, les gangsters sont de vulgaires bandits, et malgré le surnom ou le sobriquet désuet ou suranné ["très 1900 !", dirait Paul Morand] dont peut s'affubler encore tel malandrin ou tel voleur, par ailleurs dénué de pittoresque, qui s'habille comme tout le monde, parle comme tout le monde, est à la page, conduit son auto, fait des sports d'hiver, prend des bains de soleil, et danse, et boit, et flirte, élégant, voire mondain, le bandit 1935 qui fréquente les Champs-Élysées est avant tout un homme d'affaires, tout comme ses émules de Chicago. »

Cendrars est néanmoins emporté par son imagination lorsqu'il voit la pègre parisienne se structurer sur le modèle des « grands Konzern industriels » et « s'assurer l'exclusivité et l'exploitation du crime dans tel ou tel port, gare, ville, région, zone frontière, littoral ou pays. » À Paris, non, même du temps de la mainmise des Corses sur Pigalle, l'équivalent du syndicat du crime et de la mafia façon américaine n'a jamais existé. Que sous-entend Cendrars alors, quand il conclut qu'il faut

« bien convenir que la poésie du “milieu” est morte et que dans ce domaine tout romantisme littéraire est périmé » ? Signe-t-il, sans l’avouer, l’acte de décès de la littérature de Carco qui, l’année précédente, a encore publié *Paname* ? Vise-t-il aussi des journaux comme *Détective* et *Police-Magazine*, son imitateur et concurrent ?

Les apaches étaient plus dangereux que les gangsters

Dans « Les coulisses de la police », Simenon donne des statistiques annuelles pour Paris : « 19 868 garnis à surveiller, 1 921 arrestations d’étrangers, 165 homicides et tentatives d’homicides, 6 899 vols avec effraction, 1 756 vols d’autos, 3 101 escroqueries et abus de confiance, 29 127 arrestations. » D’où ce constat, trois ans plus tard dans « Police-Secours ou les Nouveaux Mystères de Paris » (1937)[32], que « l’époque des gangsters est moins dangereuse que celle des apaches. » Ces chiffres démontrent « qu’il y avait plus de crimes crapuleux en 1900 ou en 1913 qu’aujourd’hui. On ne disait pas les gangsters, mais on disait les apaches. » Les apaches étaient plus dangereux, explique Simenon, car, dans les années trente, « les professionnels ne se tuent qu’entre eux ». Finalement ils se tuent et tuent moins, surtout.

Sur ce dernier point, Luc Dornain a son idée[33] : « L’époque romantique [du milieu] est passée. Autrefois, un caïd pouvait avoir participé à cinquante bagarres, être balafré dix fois, avoir reçu dix de ces balles en plomb, peu dangereuses, des mauvais pistolets de ce temps-là. Maintenant, avec les parabellums et les automatiques à balles blindées, chaque coup tue son homme. Avec les méthodes mélodramatiques du temps de Casque d’Or, les carrières seraient courtes dans le “milieu”. Aussi a-t-il fallu composer. Et ceux qui suivent, par une attirance de dilettante, la vie du “milieu”, doivent enregistrer une diminution très nette des crimes entre mauvais garçons officiels, inscrits au registre des traitants. D’abord, la police est de mieux en mieux organisée et impitoyable. »

Paname moins criminogène que la Suisse !

Simenon en vient maintenant aux statistiques pour l’année 1935 à Paris : « 69 meurtres pour plus de quatre millions d’habitants. Une proportion moindre que celle du pays le plus calme en apparence : je veux parler de la Suisse. » Paris moins criminogène que la Suisse, il y a de quoi tomber des nues ! Sur ces soixante-neuf crimes, douze, précise Simenon, ont été commis par des Nord-Africains. Trois arrondissements voient à eux seuls presque autant de meurtres que le reste de Paris : le 18e – Montmartre, Clignancourt, la Chapelle – fort de neuf homicides volontaires en 1935, soit un huitième de la criminalité à Paris ; le 19e, « tout à côté vers la Villette, et enfin [le] 10e, de Belleville au quai de Jemmapes et de Valmy. » Parmi ces crimes, la plupart de ceux du 18e se sont déroulés dans la zone, entre Portugais et romanichels. Les huit du 19e proviennent de querelles entre ouvriers étrangers ou de règlements de comptes opposant des souteneurs de bas étage. Sur les sept du 10e, une prostituée coupée en morceaux… Le 15e arrondissement, Grenelle, Javel, la Convention, arrive en quatrième position avec cinq homicides volontaires. On en est à vingt-neuf…

Et la Bastille ? À mon vif désappointement, Simenon ne la mentionne pas sauf dans ce commentaire, révélateur du déplacement des dangers à Paname : « Récemment, dans un film américain, dont l’action se passe en France vers la fin du siècle dernier, l’héroïne, une jeune fille du meilleur monde, considérait comme un acte d'héroïsme de se rendre seule à la Bastille, donnée comme un endroit particulièrement dangereux. L'adaptateur français – qui est académicien – a jugé plus vraisemblable, moins choquant pour le public d'aujourd'hui de remplacer la Bastille par la Chapelle. En réalité, en 1936, pour montrer quelque bravoure, l'héroïne devrait aller plus loin, dans la zone tout au moins et mieux encore en banlieue, vers Aubervilliers, par exemple, vers Charenton, Montreuil ou Pantin. C'est là que les “terreurs” se sont réfugiées. La pègre peu à peu, a été refoulée par les maisons neuves, par les rues larges, par l'accroissement d'une petite bourgeoisie propre et laborieuse. » Dommage, Simenon ne cite pas le titre de ce film.

La Bastaga, un coinsto pépère alors ?

En comparant avec le registre des assassinats des archives de la police et les faits divers rapportés dans *Détective,* on peut induire que les statistiques de Georges Simenon sont sérieuses : prenons-les comme telles. Mais une criminalité moins élevée, proportionnellement, à Paris qu'en Suisse, que de légendes qui s'évanouissent ! Du coup nos insinuations à propos de la rue de Lappe depuis l'Armistice, sa théâtralisation, son authenticité ambiguë, trouvent une justification d'ordre quantitatif. Dans l'Entre-deux-guerres, les crimes de sang en rapport avec les bals-musette ou le milieu sont exceptionnels à la Bastille. D'où notre insistance lorsqu'il s'en produit, reduplication de celle de la grande presse.

La fascination du fait divers en général nécessiterait de longs développements. Celle du fait divers lié à la Bastoche et aux guinches est immédiatement compréhensible. Elle confirme la rumeur, la légende : en dépit d'observations dignes de foi montrant qu'en 1935 les gangsters ont pris leur relève, les apaches hantent toujours la Bastaga et continuent d'y perpétrer leurs pires forfaits, la preuve ! Or, c'est ce qui en a détourné Carco et ses amis : le quartier attire de plus en plus de monde. En cela le côté populaire aurait tendance à l'emporter sur l'aspect voyou, on se souvient des regrets de Fargue. Cette apparence de contradiction s'explique d'elle-même : si véritablement on y risquait sa peau, la Bastille n'attirerait pas autant le monde.

Les raisons de sa vogue tiennent à son étonnante harmonie. En effet, la sécurité, à relativiser nonobstant, de ce coin interlope de Paris ne signifie pas qu'on se retrouve au couvent des Oiseaux ! Outre le fait que la police y remplissait bien sa tâche, l'évolution générale de la société – qu'on l'appelle modernisme, progrès social ou même progrès moral, peu importe ici – avait commencé de raboter les instincts primaires les plus redoutables. Comme cette évolution n'en était qu'à son début, les façons d'être, de se conduire, de parler, étaient encore natives. La langue des bals-musette était crue, autre adjectif pour signifier qu'elle restait verte, l'emploi d'un mot tel « morue » en est une illustration. L'univers musette gardait sa culture de base pour quelques décennies encore. Accent grasseyant, gouaille à toute épreuve, langage rigolo, esprit débrouillard, le titi parisien irradiait. Véritable modèle sociologique, il plaisait. Autant aux provinciaux attirés par Paname qui découvraient rue de Lappe des paysans comme eux, mais des paysans de Paris, qu'à la bourgeoisie dont le goût pour les apaches était moins simple[34]. Les hommes et les femmes de la haute ont été les grands pourvoyeurs du mythe de la rue de Lappe…

Bref ! à la Bastoche les hommes avaient l'air de sauvages mais ils n'en étaient plus tout à fait, les chiffres sont là pour démontrer leur hésitation à sortir le surin ou le riboustin pour un oui pour un non. L'important toutefois reste le qualitatif, l'ambiance de ces bals, de ces bistrots, la rue, quoi ! En cela, la rue de Lappe et le passage Thiéré étaient insurpassables avec leurs contrastes de lumière et d'obscurité, leurs airs d'accordéon, ces mondes qui se côtoyaient, Auvergnats, juifs, mecs frusqués à la façon d'avant-guerre à l'apache tel Binèche ce personnage de Carco, hommes du milieu chapeautés, gagneuses en goguette ou au turbin, midinettes, toutes ces trognes, le toutime enveloppé de bonne humeur, d'innocence peut-être comme le prétend M. Francis, l'innocence native du Paris des rues... Et c'est parce qu'on ne s'y tuait pas chaque soir mais qu'on y vivait au sens exaltant du terme qu'en des années et des années la Bastoche a assis sa réputation.

Simenon et le musette

Biographe du Simenon des années vingt, qui publiait sous des pseudonymes, Jean-Christophe Camus[35] signale que par deux fois le Liégeois a traité de la rue de Lappe. Entre autres reportages pour les éditions Paris-Plaisirs, réunis en 1927 en un volume intitulé *Paris-Leste*, « galerie complète de l'amour à Paris », Simenon en a écrit un répondant au titre de *Bals-Musettes*, signé Georges Sim comme ces autres textes. « Le nombril de la Bastille, annonce-t-il, c'est la rue de Lappe, sale petit boyau inquiétant où foisonnent les bals-musettes. Là, on fabrique des poules ! Je dis bien, on les fabrique en grande série. Et vite ! Et bien !... Petites ouvrières "en service bourgeois", Bretonnes, Auvergnates ou Basquaises... » La suite doit être passionnante, malheureusement je ne l'ai pas lue, pas davantage qu'*Un Petit Corps blessé*, roman de 1928, paru sous le nom de Gaston Vialis chez Jules Ferenczi & fils, collection « Le Petit Roman ». Son héros, le peintre Jacques Duvivier qui va chercher ses modèles rue de Lappe, emprunte beaucoup à Simenon lui-même qui partait à Montparnasse ou à la Bastille en quête de jolies filles à rabattre dans l'atelier de Tigy sa femme, artiste peintre, explique Jean-Christophe Camus. « Lui qui avait maintes maîtresses dans la haute société ou dans les théâtreuses à la mode, dit Simenon à propos de Duvivier, il s'attendrissait souvent sur quelque trottin au minois gai et tendre. » Toujours ce désir d'innocence et de pureté, décelé chez Carco, Héron de Villefosse et Claude Blanchard, plus faciles à rencontrer chez les apaches, chez les vrais de la Bastoche que chez les civilisés des beaux quartiers… Relent ultime de rousseauisme ? Rien n'empêche de le penser.

Néanmoins, comment ne pas regretter que Georges Simenon n'ait pas écrit sur la rue de Lappe et le guinche de façon plus intime, de l'intérieur, en s'attachant à circonscrire le musette et sa pègre, microcosme ô ! combien révélateur de la vie à la va-comme-je-te-pousse du Paris populaire de ce temps-là ? À la lumière de ce livre, et tant pis s'il y a quelque présomption à le soutenir, de la part d'un génie tel Simenon si porté à l'étude de ses contemporains, cette lacune me paraît assimilable à une faute d'attention. Ou, qui sait, à un certain dédain. Dans les deux passages cités plus haut, en effet, quand il évoque les « poules » ou « quelque trottin au minois gai et tendre », Simenon a l'air de considérer ce monde-là un peu par-dessus la jambe… À moins qu'il n'ait pas voulu empiéter sur un terrain occupé de main de maître par Carco ? Que pensait Simenon de M. Francis ?

Le silence de Simenon nous laisse d'autant sur notre faim que, dans ses reportages, le Liégeois fait deux nouvelles allusions au bal-musette, remarquables par leur justesse. La première figure dans « Police-

Secours »[36] : un jeune gars se prépare à faire un coup chez un bougnat de la rue Monge. Il se donne du courage : « Les copines du musette chuchoteront : – Je t'avais toujours dit que c'était un dur… » L'autre, plus développée, plus percutante, se trouve dans « Les coulisses de la police »[37]. Rue Custine, dans le 18e, une vieille femme a été tuée. Crime typique d'assassins de moins de 20 ans, l'enquête ira vite. Quai des Orfèvres, un renseignement est fourni par un patron de bal-musette qui tient à son « condé », pacte en vertu duquel la police ferme les yeux sur des choses d'ordre mineur en échange d'informations importantes. La tradition est aussi vieille que le couple pègre-police : un demi-siècle auparavant, en 1887, Emmanuel Patrick, on l'a vu, accusait déjà les tenanciers de musettes de rendre « des services à l'administration »… « Raide » d'habitude, un certain Dédé paye tournées sur tournées depuis quelques jours… Le plus vrai, ce sont les dialogues, au moment où « gentiment » les inspecteurs arrêtent Dédé. Même époque, 1931, aussitôt me revient l'ambiance de *La Tête d'un homme*, film de Julien Duvivier tiré du roman de Simenon qui porte ce titre. Revoir le jeu de Harry Baur dans le rôle du commissaire permettrait de mieux savourer encore l'enchantement de ce passage : « Pas de pétard, hein ! On a quelques renseignements à te demander… » Dédé « est allé dix fois au quai des Orfèvres, pour des histoires sans importance. Il est à son aise. Il rigole, salue les inspecteurs qu'il connaît. – Assieds-toi. Fais pas le fortiche […] tu es dans le bain […] tu n'y couperas pas. » La réponse de Dédé jaillit une première fois, goguenarde : « Sans blague ! » Les policiers annoncent la couleur : « Tout le monde sait que t'as descendu la vieille de la rue Custine… » Et là, plus insolent que jamais, Dédé du tac au tac : « Tout le monde y était, alors ? » Il a suffi de quelques mots, Simenon a transcrit l'esprit de Paname en captant la bagoulette du gars à qui on ne la fait pas… Quel orfèvre ! Du Carco.

Faits divers variés…

À la Bastille, le climat de sécurité, relative, ai-je précisé, n'empêche pas les événements imprévisibles, mortels parfois, d'ordre très différent. Ainsi, le 13 septembre 1928, dans cet hôtel du 234, rue de Bercy dont j'ignore s'il s'appelait déjà des Deux Gares, tout près des rues d'Austerlitz et Crémieux qui, jusqu'à il y a une vingtaine d'années, avant la réfection du quartier, s'égayaient de quelques ultimes professionnelles… L'établissement, à la porte duquel on accède encore après avoir gravi les trois marches du trottoir surélevé à cet endroit, est pratiquement au coin de l'avenue Ledru-Rollin, et à deux pas du boulevard de la Bastille et du canal Saint-Martin, côté 12e arrondissement. *L'Excelsior* du 14 relate qu'un couple y est entré vers 15 h 30. Un quart d'heure plus tard, la femme ressort… Ne voyant jamais redescendre l'homme, l'hôtelier finit par s'inquiéter. Il tape à sa porte, personne ne répond, il ouvre : l'homme gît une balle dans la tête, l'arme à ses côtés. L'enquête ne sera pas longue. Il s'agit d'amants. La victime s'appelle Jean Martin, 47 ans, comptable, marié et père d'une jeune fille de 15. Émilie Lesaule, sa maîtresse, a 44 ans. Tous deux habitent Vigneux-sur-Seine en Seine-et-Oise. Mariée elle aussi, Émilie avait décidé de rompre avec Jean. Meurtre ou suicide ? Deux raisons détermineront la police à opter pour le suicide : le matin Martin a laissé chez lui une enveloppe contenant cent soixante-dix francs au nom de sa femme, et il est parti avec l'arme dans sa poche[38].

À la réflexion, cette tragédie a fort bien pu inspirer, quelques années après, Marcel Carné et Henri Jeanson dans *Hôtel du Nord*, leur adaptation cinématographique du roman d'Eugène Dabit, *L'Hôtel du Nord*. Le drame de l'amour fou, désespéré entre Jean-Pierre Aumont et Annabella, qui ont décidé de se supprimer mutuellement dans la chambre donnant sur le canal, est absent dans le livre, il a été rajouté. Dans « Police-Secours », Simenon aborde rapidement ces passions sans issue... Comme dans *Hôtel du Nord*, celui qui tire fait tout pour rater son coup, se gausse-t-il... 234, rue de Bercy, non, Jean Martin s'est bel et bien tué.

Toujours dans *L'Excelsior*, le 17 septembre 1928, la police arrête un ivrogne, Petitbrouault, auquel l'agent Sablon avait intimé de cesser son scandale sur la voie publique, place de la Bastille. À coups de pied, Petitbrouault a grièvement blessé à l'épaule, à la face et au bas-ventre le gardien de la paix. Quinze jours plus tard, le 1er octobre, il est mis fin, rue de la Roquette, aux agissements d'une bande de plombiers, cambrioleurs et receleurs, sévissant sous le couvert de débits de boissons et de petites entreprises de plomberie, du quartier Popincourt vraisemblablement. On retombe dans le genre de délinquance constatée par Carco à la Bastille.

Les coups de feu sont fréquents à la Bastoche. Le 22 juillet 1930, Simon André Bernier tire sur Paul Raoul Sarrazin et le blesse pour une affaire de recel, 13, boulevard Voltaire. Dans la tradition du quartier, les drames passionnels continuent de faire des victimes. Le 2 mars 1931, Philomène Petit, née Guyot, larde son mari Albert Léopold, un Marnais, de plusieurs coups de couteau. Le 31 mars, 6 passage Bouchardy – nom que je ne retrouve nulle part –, un manœuvre russe, Simon Odininskoff, tue sa maîtresse Kataryna Smolyts, épouse Karyloco, de plusieurs balles dans la tête pendant son sommeil, puis se fait justice. En novembre, le 11, Augustine Boulanger, née Guérin, tire sur Jean son mari dans l'hôtel qu'ils tiennent rue Godefroy-Cavaignac. Le

6 juin 1932, Augustine est condamnée à deux ans de prison et à cinq mille francs de dommages et intérêts. Le 23 septembre 1932, une autre femme, Émilie Ferrari, une Italienne née Dimascio, abat Henri, son mari, à coups de revolver encore, 8 rue Saint-Sabin, cette voie qui part du carrefour Daval-Roquette-Lappe, fait rapidement un coude et, après avoir traversé la rue Sedaine et le Richard-Lenoir, devient, sur une bonne distance, parallèle à la rue Amelot. Henri avait quitté le domicile conjugal. Le 16 mars 1933, la meurtrière écopera de deux ans de prison avec sursis. Le 18 décembre, un peintre décorateur, Arthur Ruf s'acharne sur Antoine Camia son domestique. Camia mourra à Saint-Antoine.

Il serait intéressant de savoir à quelle heure chacune de ces mauvaises actions s'est déroulée. *L'Excelsior* du dimanche 2 septembre 1928 révèle en effet que la majorité des accidents d'autos, cambriolages, et autres délits nocturnes, se produit quand « Paris est plongé dans l'obscurité la plus profonde de 5 heures jusqu'à l'aube », entre l'aube administrative et le jour réel. C'est pourquoi le journal critique aussi sévèrement un règlement ancien toujours en vigueur, qui stipule que « la lumière des rues de Paris doit être coupée le matin à 5 heures au mois de septembre ».

CHAPITRE 8

LA BASTILLE, *URBI ET ORBI*

Ni pour les années trente, ni pour la suite, il n'existe, sur la Bastille, d'étude ethno-sociologique du genre de celle de Jacques Valdour en 1924-1925. Même si, ce qui n'était pas le cas auparavant, nous avons eu à notre disposition les souvenirs de personnes qui ont vécu cette période, bribes d'articles de journaux et lignes volées à tel livre restent notre moyen privilégié de cerner le paysage physique et humain de la Bastoche au seuil du second conflit mondial. Pourquoi ? Parce que, sur les questions d'ordre général, ces témoignages sont flous, sujets à caution souvent. En contraste, grâce à la justesse de certains détails, les mémoires d'un Francis Lemarque, par exemple, présentent un aspect documentaire indéniable, quoique insuffisant : Lemarque a d'abord écrit sa propre histoire… En comparant le tout, lectures et souvenirs personnels, on peut affirmer que, depuis les enquêtes de Valdour, le décor général n'a pas changé à la Bastille, pas davantage les métiers, les activités. En dépit de leur composition ethnique mêlée, les occupants de la rue de Lappe et des alentours sont comme inamovibles : Auvergnats, juifs, anciens et nouveaux arrivés. Sinon des pauvres tous, du moins des gens qui s'en sortent à la force du poignet sans renier leurs origines : la terre pour les uns, les pays et ghettos lointains pour les autres, et quand même le pavé parisien pour beaucoup, d'où cette impression que l'ensemble, hommes de peu et pierres lépreuses, ne fait pas riche.

Les souvenirs de Léon Agel

Né en 1910 à Paris et mort voici quelques années, Léon Agel a compté dans le monde musette. Batteur, auteur-compositeur – il a, en particulier, sur une musique de Daniderff, écrit les paroles du célèbre *Dénicheur* –, éditeur musical, créateur en 1945 de *La Revue des accordéonistes*, plus tard rebaptisée *Variétés*, Agel a, des décennies durant, tenu un magasin de musique à son nom, 96, rue René-Boulanger, à la porte Saint-Martin, face à la fameuse Croix-de-Malte. En 1993, il avait publié le premier tome de ses souvenirs intitulé *Titi des Enfants-Rouges*[1], son surnom, puisqu'il est du quartier des Enfants-Rouges dans le 3e, à deux pas de la rue des Vertus et à quatre de la Bastille.

La description physique que donne Agel de la rue de Lappe en 1928, quand il commence à y jouer, concorde avec ce que nous en savons : « Sale avec des façades lézardées. » Après avoir dit qu'on est là dans le coin des plombiers-zingueurs, que presque tous les commerçants sont du Massif central, marchands de comptoirs, sabotiers, salaisons, et relevé « qu'il y avait huit bals musette célèbres par leurs histoires qui faisaient danser quotidiennement »[2], il apporte une précision aussi pittoresque qu'instructive sur le goût auvergnat de s'amuser et de danser, en même temps que sur la persistance de la musette : « En plus, s'ajoutaient les petites boutiques où se réunissaient, les samedis soir et dimanches, les “pays” des quatre coins de la capitale. Dans ces salles minuscules, la marchandise évacuée on empilait les chaises sur les tables et les bancs les uns sur les autres. Puis, on hissait le cabrettaïre sur une barrique, avec une bouteille de Cahors ou de Marcillac à portée de sa main. Pour donner la cadence, on lui attachait à la cheville un collier de grelots, et il devait frapper du talon pour rythmer : la bourrée, le scottish-valse, la polka piquée, etc. Dans les grandes occasions il arrivait qu'on lui adjoigne un vielleux ou un accordéoniste. » En fin de journée, les boutiques fermaient, la rue changeait de physionomie : « Les rideaux de fer tirés, les volets mis, les auvents cadenassés, l'accordéon s'emparait de la rue pour faire guincher de vingt heures trente à minuit et demie » Comparé à aujourd'hui, minuit et demi c'est tôt, mais, la journée, la rue de Lappe était laborieuse, ses habitants avaient le droit de se reposer… Encore qu'elle ne s'endormît pas aussi vite : « Quand les tauliers avaient lâché leur dernier “Passons la monnaie”, une à une les rampes électriques s'éteignaient dans la rue. Seuls, les bistrots qui avaient le “condé” pour rester ouverts jusqu'à deux plombes, illuminaient les rues. » Les attardés, poursuit Agel, en profitaient pour boire une dernière rincette, « la consolante » dans le langage de Jo Privat, tandis que les hommes jouaient aux cartes « en attendant le retour de leurs femmes pour vérifier la comptée. » Comme tant d'autres, Agel était fasciné par la Bastaga, son décor et sa faune hétéroclite.

La Bastille *urbi*

Quelques années plus tard, en 1935, l'électricité a eu beau progresser, certains dancings rutiler de lumière, la Bastoche est toujours le coin miséreux décrit par les

Valdour, Léon Daudet, et Agel. D'autant que, dès avant le krach de Wall Street de la fin 29 et la crise qui s'est ensuivie, la situation avait commencé à se détériorer. De plus, se souvient Agel, les rafles du préfet Chiappe eurent « pour effet de chasser une partie importante de la clientèle. » On le comprend, « les "petits boulots" qui ne tenaient pas à finir la nuit au violon, désertèrent la rue de Lappe. » Peut-être exagère-t-il un brin car, c'est lui-même qui l'écrit : « Dès que la rafle était signalée par le téléphone arabe, la pègre disparaissait comme par enchantement. Presque toutes les maisons communiquaient avec des passages. Les marlous et les radeuses du coin les connaissaient et s'évaporaient dans la nature. Dans le cas où ils ne pouvaient traverser le passage Thiéré et la rue des Taillandiers, ils avaient la ressource de se cacher dans les caves ou de monter dans les escaliers »… Avec le recul, ces péripéties, bien dans le ton du quartier, font burlesque. Sur le moment elles n'arrangeaient pas les affaires des patrons de bals : « Ce fut le père Pouillet [*sic*], de la Boule Rouge, raconte Agel, qui le premier, en début de séance, planté sur le pas de sa porte se mit à racoler les filles. Il offrait une consommation gratuite aux femmes seules. L'idée était bonne pour que les hommes entrent à leur tour. »

Pour aiguës qu'elles soient, ces précisions d'Agel contredisent passablement ce que, concernant les mêmes années, nous ont appris, sur le moment, les divers commentateurs auxquels nous nous sommes référés. Certes, une chose est de fréquenter quotidiennement un quartier, une rue, comme Agel à l'époque, et une autre d'aller s'y promener la nuit pour en respirer les fragrances, pour s'entêter de ces émanations éminemment poétiques, comme éternelles… Et l'on revient alors à cette misère, à cette pauvreté qui prévalaient quand on arrivait dans le coin Lappe-Thiéré et qu'à même les murs noirs éclaboussaient les mille couleurs des enseignes lumineuses.

Le magnétisme de la rue de Lappe et du passage Thiéré résidait tout entier dans ce puissant contraste. Faut-il qu'il ait été évocateur, que ses alcools aient parfaitement répondu aux fantasmes de ceux qui y venaient pour que la Bastoche ait acquis un tel renom ! Mac Orlan avait raison : cette alchimie nocturne coïncidait exactement avec la demande cérébro-affective de l'époque. Vers 1982, ces eaux-fortes agissaient si magiquement encore qu'elles ont suscité la colonisation, définitive cette fois, de la Bastille par, comment la nommer ? la bohème néo-bourgeoise branchée, comme je la dénommais en 1997 – les bobos. Malheureusement, en rénovant de fond en comble les vieux immeubles, ou en les détruisant et en les remplaçant par des neufs, promoteurs et édiles ont tué le moteur originel du sortilège, craspec si l'on veut, « dégueulasse » pour reprendre Daudet, de ce quartier de Paris… Ce qu'ils se sont refusés à considérer, ces fossoyeurs, c'est ce que nous racontons : le passé de ce pays parisien, son rayonnement, non seulement local, *urbi*, mais, on le verra, national et international, *orbi*, engendré par la nuit, autant la vraie, l'écrin temporel du plaisir, l'ivresse, que la métaphorique, la cruauté de la misère sociale et du crime. Encore que cette dernière, la nuit criminelle, ait plus été une flambée poétique sécrétée par la légende de la rue de Lappe qu'une réalité de tous les instants… Mais vétilles que ces précisions ! Aujourd'hui, et déjà depuis longtemps, le mal est fait, le cadre physique et humain de base de la Bastoche est rayé de la carte de Paris.

Détour par Les 4 Sergents de La Rochelle

On l'a noté, l'implantation de restaurants et de brasseries place de la Bastille ne date pas d'aujourd'hui. L'ambiance d'il y a quatre-vingts ans et mèche était, cependant, toute autre. Au 3, boulevard Beaumarchais, Les 4 Sergents de La Rochelle qu'a décrit Galtier-Boissière dans un article déjà ancien du *Crapouillot*, le 16 décembre 1925, donne une bonne idée du décor et de la clientèle de ce temps : « À deux pas de ce concert Pacra qui est bien l'une des plus pittoresques salles de café-concert à l'ancienne mode, à trois pas de la mystérieuse boutique de ce monstrueux Flaoutter qui, en cour d'assises, vomi par les anarchistes, lançait cette profession de foi inoubliable : “Mouchard soit, mais pas permanent”[3] ! À quatre pas de cette fameuse rue de Lappe où les reines du dollar, suivant la mode, vont frôler, avec quelle angoisse voluptueuse, de soi-disant bandits (qui sont garagistes l'après-midi)… une salle d'un goût épouvantable avec moult glaces et une surcharge d'ornements ripolinés qui s'efforcent de faire cossu, on trouve des commerçants du faubourg qui, après avoir refilé quantité de chambres à coucher Louis XV et salles à manger Henri II, viennent une fois la semaine, faire céans un plantureux gueuleton. » Les spécialités en sont : la sole 4 Sergents et le poulet sauté normande… Effectivement, une chose est l'impression de pauvreté, une autre la pauvreté réelle. À la Bastoche, les gens du bois, ceux de la ferraille et consorts, ont, brassent, et dépensent de l'argent. Issu du populo, le parvenu a toujours été un objet de moquerie. Si Carco nous a montré ces nouveaux riches installés dans leurs loges du concert Pacra, Galtier les brocarde en train de s'en mettre plein les trous de nez aux 4 Sergents, du côté impair du boulevard Beaumarchais dans le 4e, l'endroit le plus chic de la place de la Bastille, bien différent, avec ses immeubles à belles pierres de taille, des taudis du 11e derrière le Richard-Lenoir…

L'Auvergne à Paris (suite)

Là-bas, rue de Lappe, la curiosité constituée par la présence auvergnate est quelque peu retombée. Qu'écrivains et journalistes s'y attardent moins ne signifie pas qu'elle se raréfie : Paris s'y est habitué, voilà. D'après François-Paul Raynal[4], en 1926, sur 2 408 000 habitants, la grand'ville compte 212 000 originaires du Massif central, ce qui lui permet de proclamer : « Auvergne, capitale Paris ». La Bastille en est le bourg, le cœur. Raynal y est né : ses grands-parents maternels s'étaient établis 13, rue d'Aligre raccommodeurs de parapluie avant 1870, à la boutique ils parlaient patois. Parmi les plats auvergnats qu'on dégustait rue de Lappe, en 1890 dans *Le Figaro*, Ajalbert citait le « cantamerlou » – pommes de terre au fromage –, le « picoussel » – sarrasin, lard, œufs, fines herbes –, la soupe aux choux, les salaisons et la fourme. Trente-six ans plus tard, Raynal nous met l'eau à la bouche en évoquant la « patranque » toujours – la soupe aux choux –, la « roulhade » – côtes de porc –, les « bourriols » ou « pompes » – galettes de sarrasin chaudes et ointes d'un beurre fondant – dont on peut se délecter dès les neuf heures du matin. Le tout arrosé d'un « sens interdit », verre de rouge servi et avalé aussi sec !

Les Auverpins, maîtres de la France ?

Cela pour la vie de tous les jours, la culture populaire arverno-parisienne, car, politiquement, les Auvergnats n'en sont pas restés au folklore ! Les rêves de Louis Bonnet, le créateur de la Ligue, ont été exaucés. En effet, le 13 mai 1931, jour de l'élection de Paul Doumer, originaire d'Aurillac dans le Cantal, à la présidence de la République, Pierre Laval, de Châteldon dans le Puy-de-Dôme, était président du Conseil, et le cardinal Jean Verdier, natif de Lacroix-Barrez dans l'Aveyron, archevêque de Paris ! En clair, la France était gouvernée par les Auvergnats. Selon Martin Cayla, lorsque Pierre Laval l'entendait jouer une bourrée à Aubervilliers, dont il était maire, des larmes coulaient sur ses joues. Quant au cardinal, sa préférée était *De delaï lou ribotel*...

Martin Cayla a connu Hemingway...

Nous voici revenus à Martin Cayla. Martin Zizique, son surnom avant-guerre rue de Lappe, qui a connu, le monde est petit... Ernest Hemingway sans savoir qui était et qu'il était Hemingway ! Dans le condensé de ses mémoires paru dans *Paris-Centre-Auvergne* en 1972 auquel je me réfère, Cayla ne fait aucune allusion à son illustre voisin qui, de janvier 1922 à août 1923, a habité à « l'étage au-dessus » du bal-musette du 74, rue du Cardinal-Lemoine, le Bal du Printemps de Cayla. Pas plus qu'Hemingway ne cite le nom de cet établissement, il n'a retenu celui de Cayla et su son importance pour la musique auvergnate...

C'est en relisant *Paris est une fête* qu'un court passage a soudain attiré mon attention[5]. Ford Madox Ford, une relation d'Hemingway, le convie aux « petites soirées [qu'il organise] dans cet amusant bal-musette près de la Contrescarpe, rue du Cardinal-Lemoine. » Et pour cause, Hemingway connaît ! il enchaîne : « Le propriétaire de l'endroit avait un taxi et un jour où je devais prendre l'avion il m'a emmené à l'aérodrome et nous nous sommes arrêtés pour boire un verre de vin blanc sur le zinc, au bar de ce petit bal, dans le noir, avant de partir vers le champ d'aviation. » Pas de doute, il s'agit de Cayla qui faisait aussi taxi[6]. Hélas ! ses affaires allaient mal, la clientèle préférait s'encanailler rue de Lappe : le 10 mai 1926, Cayla quitte définitivement la rue du Cardinal-Lemoine. Les petites soirées de Ford Madox Ford dans cet « amusant bal-musette [...] un endroit très gai » avaient-elles lieu du temps de Cayla ou après son départ ? Le texte d'Hemingway est trop imprécis pour le déterminer. J'aurais cependant tendance à penser qu'elles s'y sont déroulées après, Cayla était un tenant de la musique strictement auvergnate. Obstination qui expliquerait le déclin de son bal : fin des années vingt, dans un bal-musette, le seul folklore n'était plus rentable.

Après quelques vacances au pays, en septembre 1926 Martin s'installe, et on ne s'en étonnera pas, à la Bastille... Peu de temps après il ouvre, 26, rue des Taillandiers, un magasin de musique et de phonographes. Martin Cayla enregistre les premiers disques du folklore auvergnat. En 1930, son catalogue en contient déjà plus de cent. Des mauvaises langues ont prétendu alors qu'il avait vendu des airs du folklore à la Société des auteurs, ce dont il se défendait : les airs folkloriques appartiennent au domaine public et à l'Auvergne. Certaines personnes mal intentionnées, raconte Cayla, l'ont même mis en scène dans une pièce présentée à la mairie du 18e, *Buffoleret*, l'histoire d'un berger descendu à Paris jouer de la cabrette, faire des disques et surtout vendre des chansons... Lointaines querelles oubliées aujourd'hui dans le milieu auvergnat parisien, et Roger Girard avait raison de lui rendre hommage : « Les Auvergnats sont reconnaissants à Martin Cayla d'avoir contribué à mettre de l'ordre dans une musique qui risquait de s'étioler et d'aller à la dérive en lui conférant puissance et unité. »[7]

Le corporatisme musical auvergnat

Les temps ont changé : l'accordéon chromatique occupe désormais la place principale dans les orchestres auvergnats, au détriment de la musette. Batterie et grelots marquent la cadence, la vielle a un rôle minime, les autres instruments ont à peu près disparu. En 1925, la Ligue auvergnate patronne, sous la direction de M. Gandilhon-Gens-d'Armes et du maître Joseph Canteloube, la création de La Bourrée, l'un des meilleurs groupes folkloriques. Depuis, sa réputation a dépassé le cadre de la France. En 1930 Cayla en sera le premier cabrettaïre. De nombreux musiciens, rencontrés précédemment, prêtent leur concours : Bouscatel, Bonnal, Allard, Barrier, Thérizols, Lagaly, Dourdou… et, par la suite, deux neveux de Cayla : Marcel Bernard et, plus tard encore, Georges Cantournet. Mais, suivre le développement de l'amicalisme auvergnat nous entraînerait hors de la Bastille, même si tout en est parti…

Que, rue de Lappe et ailleurs, la fête nocturne ait maintenant acquis une image parisienne *sui generis*, n'empêche pas ses *dei ex machina* d'être plus que jamais auvergnats. Aux archives de la police, dans une lettre n° 2000.627 de septembre 1937, figurent les noms des dirigeants de la chambre syndicale des propriétaires de bals-musette, déclarée à la préfecture le 2 novembre 1895 sous le n° 1026, dont le siège se trouve 8, rue de Lappe, à la Boule Rouge. Le président en est Carcanague[8] Paul, Pierre, né le 25 mars 1884 à Paris 12e, marchand de vins demeurant 15 rue de Lappe, le patron du Bousca Bal. Le trésorier général : Pouyet Léon, né le 18 avril 1885 à Paris 7e, demeurant 8, rue de Lappe, marchand de vins, le patron de la Boule Rouge. Le trésorier adjoint : Gailhac, Alexandre, Antoine, Marius, né le 19 octobre 1900 à Paris 20e, marchand de vins 13, rue Aumaire. Et enfin le secrétaire adjoint : Bernard Roger, né le 8 juillet 1900 à Périgueux, marchand de vins 6, rue de Tanger dans le 19e, le patron du Tourbillon.

Amitiés italo-auvergnates

En 1927, Girard le montre, le souvenir des épousailles italo-auvergnates, accordéon et cabrette, est vivace. Charles Péguri préside l'Association des musiciens musette, entouré de MM. Antonacci, Bruzzi, Clavière, Estrade, Therizols (sans accent et avec un *s*) et Cayla, soit trois « Italiens » et quatre « Auvergnats ». Vers 1930-1932, Frédo Gardoni « et son bel accordéon » comme on disait au Vél'd'Hiv' où il animait les Six-Jours, enregistre quelques morceaux avec Bouscatel. Éric Montbel et Philippe Krumm les ont retrouvés et intégrés à un CD consacré à la musette et à ses meilleurs interprètes[9]. En mai 1937, une autre association voit le jour, celle, française, des accordéonistes et musiciens de bals-musette, dont les Auvergnats paraissent être absents. Autour du président Médard Ferrero, on trouve Adolphe Deprince, vice-président, Abel Barthelomo, secrétaire, César Albertini, trésorier-adjoint, et encore V. Marceau. Parmi les membres : Henri Bastien, Louis Péguri, Casimir Coïa... Cette association se donne pour tâche première, en s'efforçant d'unir les musiciens du bal-musette et de leur trouver du travail, de défendre et propager l'accordéon. Elle comporte un comité artistique qui a en charge de distinguer les meilleures créations musicales, ainsi, en avril 1937, *Mendoza*, un pasodoble de Jenner et Prudhomme ; *Idylle provençale*, une valse de Jenner et Barthelomo ; *Simonette*, une valse de César Albertini ; et *Invitation* « jolie valse de Muréna et Ferrari. » Dans sa revue, Louis Péguri conseille d'aborder cette dernière avec beaucoup de délicatesse : « 1er motif : bien détailler, sans rudesse, jusqu'aux huit dernières mesures que l'on jouera plus brillamment », etc.

Preuve, cependant, que les musiciens musette, au sens large du terme, auvergnats ou italiens – désormais Italiens de Paris – forment un tout[10], dans cette même *Revue de l'accordéon* de mai 1937, Louis Péguri consacre un article au banquet des cabrettaïres et accordéonistes du Massif central qui a réuni trois cent cinquante convives. Cayla, Garrigoux, Dulac, Dourdou en sont les organisateurs et l'on y remarque Canteloube, Carcanague le patron du Bousca, Gineston de la rue Aumaire, Paul Saive le professeur de Jo Privat… Enfin, en avril 1938, sous le titre « Une intéressante initiative », la revue rapporte que Martin Cayla a décidé de créer une assurance-vie et maladie pour les gens de la profession.

L'apogée du musette

Outre ces renseignements d'ordre corporatiste, chaque mois, dans sa rubrique « Où jouent-ils ? Bals musette et dancings », *La Revue de l'accordéon* indique les établissements de Paris, de banlieue, et même de province, où se produisent les vedettes. En mai 1937, Deprince joue chez Grosgnier à La Varenne, Barthelomo au Petit Robinson à Alfortville, Albertini à l'Élysée-Montmartre, Casimir Coïa père chez Bigot à Courbevoie, tandis que Casimir Coïa fils partage la vedette avec Fernando au Bousca rue de Lappe. Jo Privat n'est pas cité mais il est au Petit Jardin avenue de Clichy, Gus Viseur au Bal Polonceau, Tedeschi au Tourbillon, Roger Labbe au Balajo qui vient d'ouvrir. Mentionnons encore quelques musiciens réputés : Garnero, qui passe au Petit Balcon passage Thiéré, Muréna à la Coupole de Montparnasse, un dancing… Prudhomme à la Coupole de Montmartre, Salembéni à l'Ermitage de Maisons-Alfort, Balta à la Taverne de l'Ambigu, Duleu chez Durand, une brasserie de la place de la Bastille. Malheureusement sans les adresses, environ quatre-vingts établissements et sept brasseries sont recensés dans cette rubrique. Quelle floraison de l'accordéon, non seulement dans le Paris populaire, mais dans le Paris tout court de cette époque ! Or, par ignorance, par dédain de l'instrument, les reconstitutions cinématographiques, si elles encensent le jazz, omettent invariablement de rendre hommage à l'accordéon, musette ou jazz…

À cette liste de bals et dancings il conviendrait d'ajouter celles des théâtres, des cinémas, des salles de sport, des bistrots et des bordels, pas loin de deux cents… Dans les années vingt et trente, Paris est la capitale du monde. La vie y est facile, miracle d'une ville plus que millénaire ayant réussi à répartir de façon très subtile, sans projet socio-urbanistique préétabli les différents villages et groupes qui la composent humainement. Bien sûr, d'un point de vue strictement sociologique, on opposerait avec raison les quartiers résidentiels aux quartiers miséreux. Leurs attitudes politiques contraires, ainsi, c'en est un corollaire, que l'histoire politique chargée du Paris de cette période, n'ont cependant guère eu d'incidence sur la matière du sujet qui est le nôtre : la Bastoche, le bal-musette, le plaisir et le crime. Sujet qui, par certains côtés, ressortit au domaine de l'impalpable, du senti… Encore qu'en évoquant une notion comme l'esprit de Paris, chacun comprenne immédiatement ce nous voulons dire. Le sentiment fort, indéniable, d'une appartenance commune à la ville en était la caractéristique primordiale : autant les riches que les pauvres, autant la bourgeoisie que la crapule, sous le terme de Parisiens chacun se reconnaissait : on est de Paris, on est de Paname et tout était dit !

Le populisme, fils esthético-bohème du populo

Dans son article « Un vernissage au son de l'accordéon »[11], Géo-Charles Véran fait bien comprendre ce sentiment *évident*. Quai de l'Horloge, galerie Fermé la nuit – Véran dit simplement « boutique » – se trouve réuni, un soir, « tout le beau monde de Montmartre et de Montparnasse » devant un tonneau de « bon vin de Chinon », sous les auspices de l'accordéoniste « Raymond Calmels, le musicien d'un bar fameux de la rue de Lappe », pour fêter le lancement d'une exposition de peintres populistes, Jacques Lechantre, Maggy Monnier, Pierre Villin, entre autres[12].

Popu roi, ainsi Henri Béraud a-t-il intitulé, en 1938, un de ses livres stigmatisant le Front populaire. Ce soir-là, quai de l'Horloge, c'est le populisme qui est roi, ce mouvement littéraire et artistique dont le maître mot, en matière d'inspiration et d'esthétique, est le peuple… le populo et ses lieux d'aisance, j'ai envie de dire : « hôtels aux chambres à deux thunes ; cafés-tabacs et bals-musette de romans de Carco ; réverbères incertains des ruelles de banlieue… » Qu'il s'agisse de l'écrivain Eugène Dabit, le grand nom de cette tendance, sur lequel on reviendra, ou des artistes du quai de l'Horloge, la façon de procéder populiste est la même : montrer, peindre « tels qu'ils sont, les gens de petite condition, ceux qu'on oublie et qui pourtant sont les plus près de la pauvre vie de tous les jours ». Nulle surprise si les toiles exposées ont « presque toutes, un seul sujet : la rue », le territoire par excellence du populaire, thème privilégié chez Carco, Dabit, Warnod. Et Véran de s'enflammer, avec un rien de paternalisme : « Le vin et l'accordéon : voilà les armes du populisme. » C'est si vrai que, aussitôt que Raymond Calmels entame une java, les invités – la bohème riche de Montparnasse – se mettent à guincher… « Populisme… » conclut Véran. Avant-guerre, répétons-le, le populo imposait ses modèles, ses types, à la bourgeoisie qui les acceptait avec enthousiasme. Dans *Mon homme*, on s'en souvient, ces messieurs et dames de la haute quelque peu Montparnos sur les bords, n'ont qu'une envie : jouer les apaches et les gigolettes, gambiller la java et jacter le jars…

Après la guerre les bals de faux apaches, de gens smart déguisés en apaches, avaient pullulé à Montparnasse. Grâce à Paul Colin, dont l'affiche de la *Revue nègre* avait contribué à propulser Joséphine Baker, Georges Simenon les remet à la mode près d'une décennie plus tard. Pour « assurer le "départ" d'une collection policière » chez Fayard, plus de deux ans avant la soirée populiste du quai de l'Horloge, Simenon convie, le 20 février 1931, à 21 heures, le Tout-Paris à la Boule Blanche, 33, rue Vavin à Montparnasse, habituellement bal nègre. « Et si la tenue de soirée n'est pas de rigueur, il faudra se déguiser en Apache ou en gigolette, gambiller la java et jacter le jars… Paul Colin s'est en fait inspiré de la mode du "Milieu" qui avait pris cours avant la guerre à un dîner mémorable à l'Abbaye de Thélème » : cette dernière précision de Jean-Christophe Camus[13], des plus importantes, confirme ce qui a été dit précédemment sur la fascination exercée par la pègre new-look. Le succès de cette nuit fut sans pareil. Damia, Carco, Maryse Choisy, Warnod, entre autres bien sûr, en étaient.

La rue de Lappe en chansons

Si, alors, le jazz c'était l'Amérique, l'accordéon c'était Paris, sa teinte sonore de base, la sonorité indigène de Paname. Le populo, terme flou sûrement, l'esprit du populo encore plus, mais qu'importe ?…. en constituait la sève. Les chansons des vedettes de l'époque sont plus parlantes que les grands discours. Maurice Chevalier, qui a exporté cet esprit de Paname aux quatre coins du monde ; Mistinguett, chérie des étrangers en goguette à Paris ; Fréhel, la vraie de vraie ; les chanteuses réalistes : tous et toutes se réclamaient de l'accordéon, et partant, à un moment ou à un autre, du musette, de la java, et de la Bastille. Pourquoi ? Parce que ces artistes, à l'instar de Jean Gabin et d'Arletty au cinéma, venaient du peuple… Mine de rien, une chanson comme *Ma poule*, de Chevalier, en portant la rue de Lappe au pinacle, lui confère ses indélébiles lettres de noblesse. En effet, que ce soit « de New York à Liverpool », ou « de la rue de Lappe – simple coin de Paris – à Honolulu », si on la connaissait, la poule à Chevalier, on en tomberait « tous mabouls »[14]. Dans *Sous les ponts*, une java qu'elle goualе accompagnée à l'accordéon, Mistinguett évoque aussi la rue de Lappe : « Pour voir les dessous de notre capitale, /Chaque nuit dans des autocars, / Les étrangers visitent Montmartre, les Halles, /Belleville et le quartier Houssard[15]. /Si rue de Lappe, /La vue des gouapes/Les fait un peu trembler, /Pour voir des types, /Des drôles d'équipes, /Ils f'raient bien mieux d'aller, /Du Point-du-Jour à Charenton, /Sous les ponts… »

À ma connaissance, Fréhel a rendu trois fois hommage à la rue de Lappe dans ses chansons : dans la *Vraie de vraie* déjà citée deux fois[16], la *Valse des costauds*, trois[17], et également dans cette *Rue de Lappe*[18] bien oubliée de nos jours, hymne de la rue vingt ou vingt-cinq ans avant celle de Lemarque. En quelques mots et au premier degré, contrairement à la *Rue de Lappe* de Lemarque qui ironise doucement, celle de Fréhel rend l'atmosphère trouble, très érotisée du saint des saints du musette parisien :

L'rendez-vous des purs, des vrais, des plus chouettes,
C'est à la Bastille tout près d'la Roquette.
Y a là réunis plusieurs bals-musette,
Où tous les rupins,
Les gens du gratin,
Viennent voir les coquins…
Dans la rue de Lappe quand l'soir s'enfuit,
Des couples s'avancent, tout en chaloupant vont dans la nuit…
Piquant une danse,
Ils entrent au musette faire un p'tit pas, la valse des frappes,
Tenant dans leurs bras jusqu'au petit jour
Une belle môme d'amour…
Dans la rue de Lappe… [refrain]
Il arrive souvent qu'en mômes ils chahutent.
Pour le cœur d'une femme deux hommes se disputent.
On sort dans la rue, ça n'dure qu'une minute,
Car sitôt dehors, on r'connaît ses torts et on s'met d'accord…
Dans la rue de Lappe… [refrain]
Y en a qui s'en vont, en traînant leur peine
Dormir tout l'hiver au bord de la Seine.
Mais les affranchis trouvent les berges malsaines,
Et le soir ils vont
S'endormir au son
De l'accordéon…
Dans la rue de Lappe… [refrain]

Sans crier gare, cette chanson est passée de la rue de Lappe à ses hommes, ceux du milieu bien sûr… du contenant au contenu, en quelque sorte. Ou plutôt, elle montre que, contenant et contenu étant indissociables, rue de Lappe et milieu ne font qu'un. Et nous voici revenus à ces inévitables lascars du mitan sur lesquels Mac Orlan, en juillet 1927, dans sa première chronique du *Crapouillot*, rendant hommage à Damia, ne peut que tomber : « Damia chante, accompagnée par l'accordéon, une chanson fort bien faite. Cette idylle peut documenter un curieux sur l'emploi du temps d'un petit mec paresseux qui, vêtu “d’un petit costard à carreaux” » épate les copains en dansant la java. Le titre de cette chanson est : *Il a les bras retournés*. Le mois d’après, Mac Orlan célèbre Émile Vacher et le musette pur, ce qui confine au pléonasme : « C’est à l’Odéon que vous trouvez de bons disques d’accordéon, admirablement joués à la manière des bals-musette de Paris où l’on entend de véritables prodiges. Je dois signaler les disques de M. Émile Vacher dont la virtuosité est étonnante. Prenez ce que vous voudrez : ces disques sont tous très bons et surtout très “bal-musette”. Je vous signale néanmoins : *La Bourrasque* et *L’Entraînante*, deux valses populaires. » Puisque j’en suis à Vacher, comment ne pas rappeler *Totor*, cette valse de lui que j’aime tant[19] ? Sans précisément citer la rue de Lappe, elle aussi célèbre la Bastaga : « Le plus costaud d’la Bastille, c’est Totor !… » Ce qui nous permet d’aboutir, pour l’avant-guerre, à un total de six chansons inspirées de la Bastoche ou de la rue de Lappe. Nulle surprise s’il y en avait d’autres !

Dabit et le musette

Parmi les écrivains qui aiment le musette : Eugène Dabit l’auteur de *L’Hôtel du Nord*. En quelques mots au détour d’un passage de son *Journal intime*[20], le 18 novembre 1929, Dabit montre bien la vogue de la java dans le peuple. Même si, en l’occurrence, Eugène se trouve chez un parvenu, son oncle Émile, à Chartrettes en Seine-et-Marne, qui ne déparerait pas en train de gueuletonner aux 4 Sergents : « Je n’y avais pas été depuis 1925. Nouveau bourgeois. Il nous a fait visiter sa villa. L’Oasis. Il a tout chamboulé, creusé, agrandi, percé, diminué. “Hein, Toto, qu’est-ce que tu dis de ça. Et le garage ? Chauffage central, 10 000 balles, etc.” On déjeune. On fait marcher le phono. On joue des “javas” et du Bérard. Jamais je ne me suis senti si proche et à la fois si éloigné de mes oncles – cela pour mille raisons. Vulgarités, bassesses, bonté, sottise, avarice, défauts et qualités, tout ça pêle-mêle. »

Dabit, l'anti-Carco

En avril 1935 dans « Un bal à Belleville »[21], Dabit s'attache à décrire un bal de quartier, tout là-haut à Belleville, à Saint-Fargeau. Le samedi et le dimanche, deux cafés « font » bal. Intéressante est la précision qu'il apporte : « Je ne dis pas que ce sont des bals musettes. Les musettes de la Chapelle, de la rue de Lappe sont visités par des maquereaux, des bourgeois, des snobs, et, malgré que la grande vogue soit finie, ils gardent tous, je crois, une clientèle. Celle de mes bals est différente. Je ne leur en souhaite jamais une autre. » La salle de l'un est « trop vaste », Dabit préfère le second – « on se sent en famille, un peu. » Les jeunes qui le fréquentent sont, comme à l'hôtel du Nord de ses parents, des « employés, ouvriers, très petites gens », l'atmosphère par excellence de Dabit. Au contraire de Carco qui ne jure que par la veine dangereuse, l'aspect voyou de la culture populaire, Dabit ne s'intéresse qu'à son côté laborieux, ouvrier. Dabit c'est l'anti-Carco… Une fois posé que leurs univers sont les mêmes et que seule une question d'intensité, d'éclairage, les différencie. La meilleure preuve en est que l'animation prodiguée par le patron du bal de Dabit copie celle des guinches que montrait Carco dix ans plus tôt : « Le patron de l'établissement n'ignore rien de ce qui se passe dans les bals musettes. Par exemple, son orchestre – pardon, son jazz – commence à jouer une biguine, ou un tango, et soudain la salle baigne dans une lumière rougeâtre, suggestive… » Et mieux, ou pire, à un moment démarre un numéro de music-hall qui, obligé, met en scène un souteneur et sa protégée : « Un drame qui nous fait souvenir de Damia et des romans de Francis Carco ; qui se termine par une valse chaloupée et un simulacre d'assassinat. “Ah ! la vache !” râle le souteneur, une “lame” plantée entre les omoplates. » On aura beau faire, la culture populaire parisienne est par essence mitigée voyou, classes laborieuses et dangereuses, quoi ! Dabit, sans donner son appréciation, remarque les « applaudissements sincères » qui accueillent ce drame apache.

Dignes d'intérêt également sont ses développements tout en sous-entendus sur le désir qui naît de la danse, sur l'excitation que lui, Dabit, ressent à enlacer une femme : « Quelques couples ont disparu, il faut en finir, peut-être, avec son désir ! Mais on est venu là pour danser sans fin, sentir un corps sensible contre le sien. C'est un désir de vie qui vous pousse, vous tient. Joie pure, bonheur de vivre. Et l'on ne pense pas que ce bonheur vous quittera jamais. » Ces lignes vaudraient autant pour les guinches de la rue de Lappe ou de la rue des Vertus… Peu de commentateurs du musette ont insisté sur le plaisir tout simple d'être dans un bal, d'y danser, bref ! de vivre pleinement. Telle est, pourtant, la première fonction du bal : sécréter du plaisir, celui de s'y trouver. Feu Jean Deschamps, ancien directeur du Balajo, ne comptait plus les gens qui s'y étaient connus, s'étaient mariés, et qui ne manquaient jamais une occasion de le lui rappeler. Mais, voilà, je le répète, le musette était prisonnier de son image louche, trouble. Pour attirer la clientèle, un petit bal de famille se devait d'être un peu olé-olé, du genre famille tuyau-de-poêle… Le contraire de cette « joie pure », de ce « bonheur de vivre » vantés par Dabit qui, en l'occurrence, font un tantinet cucul la praline…

À Ménilmuche Le Boléro, à Belleville le Ça gaze et l'Alhambra

« Les habitants de "Ménilmuche" vont, poursuit Dabit, au Boléro, sur le boulevard de Ménilmontant. » Erreur, le Boléro était situé boulevard de Belleville, au 54. Selon *La Revue de l'accordéon* d'avril 1935, ce dancing-musette possédait un « cadre merveilleux ». On était là dans le fief d'Albert Carrara, le plus vieux de la famille Carrara. À la tête de son orchestre, Émile y jouait tous les jours en soirée, avec matinée les samedi, dimanche et lundi, « consommations de premier choix à partir de 3 francs ». Les gens du quartier allaient aussi, 27, rue de Belleville, au Ça Gaze. De 1926 à 1934, le taulier s'appelait Antoine Madérieux, un Limousin de Corrère. À sa mort, Jeanne, sa veuve, dirige seule l'affaire. En avril 1935, la date la plus proche du fait divers qui suit, jouait Brajou… S'il y avait beaucoup d'ouvriers à Belleville, il y avait aussi « beaucoup d'autres genres de monde, explique Maurice Chevalier[22]. Le brave et honnête gars y côtoie sans étonnement le souteneur soupçonné des plus affreuses besognes »… Ainsi, rien d'étonnant à ce que le 20 mars 35, *Détective* relève la condamnation à dix ans de réclusion d'un habitué du Ça Gaze, le nommé Robert Drouot. Le 1er septembre 1934, au cours d'une discussion, il avait tué José Cavalhès à coups de revolver. Drouot argue de la légitime défense mais la vérité est qu'il s'agit, on en a l'habitude, d'un différend entre mauvais garçons à propos d'une femme : « Son avocat n'a pas réussi à réduire son affaire aux proportions d'un procès en propriété commerciale », conclut l'hebdomadaire ! Et avantage à Carco au détriment de Dabit, trop pur, trop axé sur l'idéologie.

D'ailleurs, puisqu'on évoque le Ça Gaze, Jo Privat se souvenait qu'à une époque il avait été rebaptisé… je vous le donne en mille : La Rafale !… « En souvenir, probable, d'une giclée de bastos ! » souriait Jojo. Sans se prononcer sur la raison de cette nouvelle enseigne, Lariche raconte qu'en 1938, Jeanne Madérieux avait rouvert son établissement fermé provisoirement en 1936. C'est à elle qu'on doit ce nom de La Rafale. En 1938, Émile Prudhomme présidait aux réjouissances musicales du 27, rue de Belleville.

En 1935 Privat passait chez Duret, à l'Alhambra située aux confins des quatre arrondissements : 10e, 11e, 19e et 20e, 26, boulevard de La Villette. Une nuit, une bataille opposa Lulu la Frappe à Marcel la Bohème, le taulier… un as du schlass de surcroît, qui, d'un coup sec, trancha net l'oreille de son antagoniste ! Une histoire authentique qui se termina par un sonore : « Jo, à toi ! » lancé par la Bohème en guise de point à la ligne. Et Jojo, comme si de rien n'était, rembraya sur *Les Nocturnes*, la valse préférée à Marcel… Dans *Paris gangster* (Parigramme, 2004) j'en ai écrit davantage sur la Bohème, alors âgé de 28 ans. En 1937, Montarron le qualifiait d'« authentique aristocrate de la pègre. » Privat aurait rigolé : « Il fumait que du maïs, il avait les lèvres et les doigts tout jaunis… En plus, il avait des paluches d'assassineur et un œil qui disait merde à l'autre… Tu parles d'un aristo de la pègre ! »

La Bastille *orbi*

Réel ou surajouté à l'attention des gogos, le crime était partie intégrante du plaisir bien particulier fourni par le bal-musette. Et c'est ce plaisir comprenant, dans son essence même, sa probabilité de dérapage crapuleux, voire de débordement homicide, que, clé en main, pour ne pas dire le couteau à la main, Paris exportait partout… en province et plus loin encore, aux quatre coins du globe… Sur un air d'accordéon, et mieux encore, de java, vache de préférence, Paris irradiait de Paname !

En province

En cherchant des prolongements au double meurtre de la Java du 28 juin 1928, je tombe sur ce fait divers dans *L'Excelsior* du 28 septembre 1928. Place Franklin à Mulhouse, une bagarre oppose un troufion à des sous-offs à la sortie d'un bal-musette. Un sergent du 2e bataillon de chasseurs se saisit de son « grand revolver d'ordonnance » et tire : résultat, un mort et un blessé au bas-ventre dans un état désespéré. Qu'il n'y ait ni pègre ni règlements de compte en Alsace, non ! Je dis seulement qu'étant donné que ce drame se déroule à la sortie d'un guinche et qu'il ressemble à celui de La Java, ce fait divers, typique de Paris, me paraît une pièce rapportée en plein Mulhouse. Dommage que ne soit pas précisée l'origine géographique de ces militaires : il n'y aurait rien de surprenant à ce que des Parisiens en aient été les protagonistes…

À ce propos, me revient l'enthousiasme de Cendrars, engagé volontaire dans la Légion en 1914, lorsqu'au front il entendait « le langage le plus vert et le vocabulaire si extraordinairement riche d'images, de trouvailles, d'invention […] qui coule de la bouche des Parigots […]. Quelle poésie dans la bouche du peuple, cette frangine des faubourgs ! […] Et dire que nous étions tous des étrangers, des fils d'étrangers, certes, mais à quelques exceptions près tous ceux qui tenaient le crachoir étaient nés à Paris. »[23] Que l'armée, notamment la Légion et les bataillons d'Afrique, ait été, d'une certaine façon, phagocytée par la rue parisienne, on en trouverait d'autres exemples chez Mac Orlan, dans *Le Bataillon de la mauvaise chance*[24], et jusque chez Pierre

Benoît dans *L'Atlantide*[25]. Le capitaine de Saint-Avit relate sa première garnison à Bohgar, dans le Sahara, où il débarque sous-lieutenant au 1er bataillon d'Afrique, avant 1900. En route vers son poste, à Camp des Zouaves il rencontre « une troupe de *joyeux* et de disciplinaires, conduite [...] vers les tas de cailloux du Sud. Les uns, suppôts de geôles d'Alger et de Douéra, en uniforme [...] les autres, en civil – quels civils ! les recrues de l'année, les jeunes souteneurs de la Chapelle et de la Goutte d'Or. » Nous y voici ! Et que chantent-ils en allant vers leur destin ? « Maintenant qu'elle est grande, /Elle fait le trottoir, /Avec ceux de la bande/À Richard-Lenoir. » Et les autres de reprendre en chœur « l'horrible refrain : À la Bastille, à la Bastille, /On aime bien, on aime bien /Nini Peau d'Chien ; /Elle est si belle et si gentille /À la Bastille. » Et ce, quinze ans avant 1914 et trente avant l'époque où nous sommes parvenus. Depuis Bruant, et même avant, elle date, la renommée de la Bastoche !

Aux colonies et à l'étranger

Dans l'Entre-deux-guerres, le reportage a constitué un genre littéraire à part entière, et, l'exotisme, réciproquement, un thème privilégié de littérature. Carco, Cendrars, Albert Londres, Jacques Roberti, les écrivains sont nombreux à avoir décrit les mauvais lieux des villes lointaines. Dans *Rues secrètes*[26], Mac Orlan, voyageur patenté, amateur d'ambiances interlopes, apporte sa contribution à cette revue des quartiers réservés. À Berlin, au Caire, à Barcelone, dans les rues sombres trouées de flaques de lumière, l'accordéon nasille. En 1932, dans la sinistre Mulackstrasse, la rue des *Tippelschickse*, les « tapins » berlinois, non en argot allemand mais en yiddish[27], un établissement s'appelle le Mikado, comme à Pigalle, et un autre, mieux encore, le Tartempion-

Diele !… À Barcelone, au Barrio Chino, le quartier chinois, se côtoient grands dancings et petits bals-musette… La culture de la Bastoche a prospéré à ne pas croire… jusqu'au Caire où, mêlé à des flûtes piaillantes, tinte l'accordéon dans le quartier de Fish-Market, le marché au poisson, « nom peut-être symbolique » relève, sans rire, Mac Orlan. Mais le plus beau reste, à Fès au Maroc, le quartier de Mouley Abdallah : « Quelques maisons clandestines se transforment le soir en une sorte de dancing-musette. On danse au milieu du patio sur lequel s'ouvrent les petites fenêtres des chambres des filles. Les jazz sont assez curieux : on danse parfois au son de l'accordéon ou d'un orchestre de musiciens indigènes, souvent aveugles, qui jouent et chantent des fox-trot en vogue curieusement traduits en langue arabe. » Le Fès de ces années-là donne raison à Francis Pinguet qui, dans son *Monde musical métissé*, a montré l'inanité du concept de musique pure : un demi-siècle avant le rock arabe, le raï, avait sévi le musette arabe ! Mais ce n'est pas tout car, déjà, dans *Le Crapouillot* du 1er juillet 1919, Jean Riorges parlait du « jazz band négro-montmartrois », et, treize ans avant, en 1906, Maurice Chevalier, qui devait tant au danseur anglais Little Tish, pour définir son genre, l'« école Chevalier » dont on commençait à s'inspirer, évoquait un certain « mélange anglo-Ménilmontant »…

La rue de Lappe à… New York !

Si chacune des villes citées par Mac Orlan adaptait le musette à ses caractères propres, New York, elle, adoptait la Bastoche jusque dans ses moindres détails ! Du moins chez Jacob Rosen, *alias* Rosen le Boxeur, où, le 13 octobre 1933, dans *Détective*, Étienne Hervier relate ce qu'il a vu. À deux pas de Broadway, dans une rue obscure, flamboie une enseigne rouge sur laquelle, en lettres blanches, se détache le nom d'un dancing. Lequel ? Non ! impossible de trouver : À la rue de Lappe !

« Sous la lumière brutale qui tombait d'une lanterne de fer forgé, raconte l'article intitulé "Pègre des mers", un agent, vêtu de l'uniforme des agents parisiens, arpentait le trottoir, se précipitait aux portières des automobiles. Il portait une longue barbe… il était célèbre à New York, car il était la vivante réplique du fameux agent de la porte Saint-Denis.

« Un étroit escalier, aux murs dégoulinant de sang de bœuf, plongeait sous terre. Nous le descendîmes. Le bruit d'un orchestre se rapprochait… Un orchestre de chez nous, où l'accordéon fleure la tristesse des faubourgs salis de boue et de fumée, où le jazo-flûte[28] gazouille son inquiétante chanson de voyou. Un musette… C'était un vrai musette, semblable à ceux qui se groupent près des Halles. Rien n'y manquait, ni les musiciens à tête de souteneurs à la Carco, ni les filles en jupes plissées et en tabliers rouges. De petites lampes, serties entre des pétales de soie, fleurissaient le plafond. Comme nous entrions dans la salle, une énorme fille passa devant nous, criant avec cet indéfinissable accent des banlieues parisiennes, où traînent toute la veulerie des longs crépuscules s'effilochant aux cheminées des usines, toute la lassitude des hommes qui ont traîné leur existence entière, toute la désespérance morne des ivrognes attardés dans la nuit. – Allons, grouillez-vous !… Passons la monnaie. C'était un peu de l'air de Paris que je respirais : un air pauvre peut-être, de médiocre qualité, mais un air parisien tout de même. »

Je n'ai rien trouvé d'autre sur cette Rue de Lappe new-yorkaise. Quand a-t-elle ouvert, quand a-t-elle fermé ?…. En octobre 1933 on est à deux mois de la fin de la Prohibition instaurée en 1919. Donc, dans le New York de la grande époque, des bootleggers et des gangsters aux ordres de Lucky Luciano, le chef des chefs de la mafia, à l'époque aussi où Duke Ellington venait de quitter le Cotton Club à Harlem pour imposer, grâce à Maurice Chevalier[29], à la ville blanche et au monde le génie de son jazz noir, eh bien ! dans ce New York-là, on dansait aussi la java, et ce, quarante ans avant la chanson de Michel Sardou : *La Java de Broadway* ! Les Américains nous étonneront toujours : qui le savait, qui l'eût cru ?…. Il est regrettable que Hervier ne soit pas Carco ou Mac Orlan, qu'il n'apprécie guère le Paris populaire, nous en aurions appris davantage. Car, comment peut-il, en plein Manhattan, tomber sur un guinche appelé À la rue de Lappe et l'associer, non aux musettes de la Bastille, mais à ceux « près des Halles », ceux des Grav', de la rue des Vertus et de la rue au Maire ?

Retour intra-muros

Moins de deux mois avant, le 24 août 1933, *Détective* a encore évoqué la Bastille par la plume de René Girardet. Son long article, « La Secrète », compare les musettes de la Montagne Sainte-Geneviève à ceux de la rue de Lappe, au détriment de cette dernière. Pourtant, outre-Atlantique, c'est à elle qu'on se réfère ! Pour Girardet, la clientèle de la rue de Lappe est « d'un rang social inférieur à celui de la Montagne Sainte-Geneviève. » L'erreur de Girardet consiste à n'entrer que dans un seul établissement, qu'il ne nomme pas, mais qui, de par sa « voûte étroite, en forme d'arche sacrée » paraît être les Barreaux Verts, au 19. L'article, anodin, met plus en valeur le côté ouvrier que le côté dangereux de la rue de Lappe. En revanche, Girardet a bien fait de consigner ses impressions olfactives : « Dès l'entrée… on est saisi à la gorge par un triple relent de poussière remuée, de fumée et de parfums vulgaires. Flotte une odeur spéciale de chair humaine en sueur... » À noter qu'ici aussi « deux invertis échangent un baiser furtif », ce qui laisse à penser qu'on n'est peut-être pas aux Barreaux Verts mais au Musette... Bref ! si on n'avait que ce papier pour cerner la Bastoche, on serait bien en peine de comprendre comment le Paris du musette, son imagerie, son ambiance, ont pu exhaler à travers le monde, et à New York en particulier.

Jo Attia, rue de Lappe

En parlant des Barreaux Verts, Jo Privat aimait à rappeler que, conséquence d'un incident qui s'y était déroulé, il était devenu l'ami de Jo Attia, grand nom du milieu français, déporté à Mauthausen durant la guerre, et associé, après la Libération, à Pierre Loutrel, dit Pierrot le Fou, au sein du gang des tractions avant, et qu'on retrouve impliqué dans de multiples affaires jusqu'à sa mort en 1972. Jo pensait que l'événement remontait à l'avant-guerre... mais quand ? À lire, sous la plume d'Antoine Martini, le pedigree d'Attia dans *Le Crapouillot* d'automne 1973 consacré aux truands, on apprend qu'en août 1936 le Grand Jo, surnom d'Attia, est condamné à deux ans de prison, et qu'en avril 1938 il est aux bataillons d'Afrique à Tataouine. Selon Jean Marcilly[30], en décembre 1936, Attia, alors âgé de 20 ans et demi, est déjà à Tataouine. À partir de ses 16 ans, explique Marcilhy, en 1932 donc, il avait habité rue des Taillandiers, la rue de Martin Cayla et de Sudre l'accordéoniste, et il fréquentait la rue de Lappe – le fait m'a été confirmé par Jean Deschamps du Balajo. Attia était un habitué de La Bastoche, le premier cabaret-bar de Jo France, le créateur du Balajo – on y reviendra. Deschamps se souvenait qu'un ami de Attia attirait ce dernier dans un drôle de jeu. Ils étaient devant la porte du

32, La Bastoche, et le premier gusse qui passait, ils se le faisaient[31]… Deschamps les avait convaincus de l'imbécillité d'une telle conduite : « Et si c'est un père de famille, hein ? »

L'amitié des deux Jo, Attia et Privat, est née au Balajo, ouvert une première fois en 1935 et la seconde en 1936, où Privat n'a joué qu'à partir de mai 1937. Or, à cette époque, Attia paraît avoir été sous d'autres cieux… Autant de recoupements qui me portent à croire que Privat n'a fait la connaissance de celui qu'on surnommait aussi Jo le Boxeur qu'après la Libération… Aux Barreaux Verts, une salade avait mis aux prises Paulo le Loqué, l'élégant, maquereau, et Angelo dit Gorgonzola, un Sicilien, un confrère aussi, pourvoyeur de bordels, celui du 12, rue de Lappe tout spécialement. Gorgonzola avait sorti son feu… Quelqu'un avait appelé la Maison Royco, voilà la rue de Lappe bouclarès, et descente des poulets dans les règles de l'art… partout, au Balajo plus qu'ailleurs. Attia était là, enfouraillé. Tour de passe-passe, il refile son flingue à Privat qui le planque… où ça ? dans son étui d'accordéon, il était temps[32] !

Le lendemain, les deux Jo étaient devenus les meilleurs amis du monde. Somptueusement, à la manière du grand seigneur qu'il était, Attia, billets en fouille et champ' sur la table, invita Privat à la Tour d'Argent. « Pas celle de la Bastille, Les Grandes Marches aujourd'hui, à côté de l'Opéra, mais l'autre, la plus grisolle », insistait Privat. Le plus drôle, concluait Jo de son sourire impassible, c'est qu'il avait eu comme maîtresse la femme d'Attia, Carmen C., mais, s'empressait-il de préciser, « avant que le Grand la connaisse ! »

Chapitre 9

La prostitution, une spécialité de la Bastoche

Le 24 août 1933, dans *Détective*, la fin de l'article de Girardet tranche avec le reste, guilleret jusque-là : « La rue de Lappe, où presque chaque porte marque une boîte concurrente, a sorti toutes ses lumières, jaunes, rouges, et bleues, comme si c'était jour de fête. Pourtant, il y a des ruelles inquiétantes, "Hôtel"... "Hôtel"... et des couloirs bien noirs analogues à ceux que l'on voit dans les films allemands. » Impressionner le lecteur, l'exciter tout en moralisant, ou peut-être en faisant comme si on moralisait, a toujours été la façon de procéder de *Détective*. En évoquant les films allemands, leur climat souvent duplice, lugubre et tentant à la fois, Girardet ne s'est pas écarté de la ligne de son journal. Le cinéma allemand, c'est *Nosferatu le vampire* de Murnau, *M. le Maudit* de Lang et aussi, bien sûr, Marlène Dietrich dans *L'Ange bleu* de Sternberg : la prostitution, que Girardet effleure sans plus, est synonyme de tous les désirs, de tous les vertiges, de tous les dangers.

Alors, ces noirs couloirs d'hôtel ? Girardet a vraisemblablement à l'esprit le meurtre, vieux de deux ans, de Pierrette Audoine, rue des Tournelles, et les inquiétudes, la panique, que, sur le coup, il a suscitées parmi les prostituées de la Bastoche. Mais de là à charger l'amour vénal parisien des tares d'un certain aspect de l'âme allemande, il y a une marge ! L'inattendu de la mort, sa violence, font partie intégrante des risques du *métier* de fille publique, si l'on peut s'exprimer ainsi : la prostitution « est le trait d'union entre l'amour et la mort » l'a définie Maurice Dekobra[1]. En France, à Paris, ces risques ne semblent jamais avoir été démesurés. Revenons aux chiffres et aux analyses de Georges Simenon, qui, dans « Les coulisses de la police »[2], compare Paris à Londres à propos des « crimes de mœurs » en général. En ce début des années trente, à Londres, 50 % des assassinats sont le fait de maniaques sexuels, révèle Simenon, pourcentage que n'atteint probablement pas Paris : « Ce chiffre effrayant de 50 %, vrai pour Londres, l'est-il pour Paris ? se demande Simenon en fournissant aussitôt un élément de réponse négative. Il est permis de croire que le puritanisme anglais a sur la conscience nombre de cas de "refoulement" que la France ne connaît pas. » Si les crimes de mœurs sont moins nombreux à Paris qu'à Londres, on peut légitimement en induire que les crimes de prostituées sont également plus rares.

Quoi qu'il en soit, en cet avant-guerre, le plus vieux métier du monde faisait florès à la Bastille. Dans les rues ou en maison, les clients n'avaient que le choix, certains écrivains en ont témoigné *manu scribendi*. L'un des grands succès de Damia, la Tragédienne de la chanson, s'intitule *En maison* et commence par un clin d'œil au quartier : « À 18 ans, déjà belle fille, /Du côté d'la ru'd'la Bastille, /Mon père m'a mise en maison… /En maison, en maison… /Et bien que le travail fût rude / J'ai vit' pris mes petit's habitudes /J'aimais les accordéons… /En maison, en maison… »[3]

Une certaine grande presse de l'époque, mieux et plus abondamment qu'aujourd'hui, on le sait, passionnait ses lecteurs en relatant avec minutie les faits divers survenus dans le Paris de la rue. Il est certain que les potins, les ragots du trottoir trouvaient des yeux attentifs auprès de la clientèle populaire, et bourgeoise à n'en pas douter, qui en raffolait. Les mœurs étaient ce qu'elles étaient, et la relation d'histoires scabreuses attenantes à la prostitution, donc au sexe, trouvait preneurs, d'autant qu'à l'instar du Tartuffe de Molière : « Couvrez ce sein que je ne saurais voir », la morale était sauve, ou, peu importe – on était à Paris capitale de la France réputée de tout temps pour ses plaisirs –, paraissait l'être... Quant aux faits divers tragiques en rapport avec le trottoir, à la Bastille, l'actualité de ce temps-là a été plutôt généreuse... hélas ! pour les victimes, tant mieux pour l'histoire de ce quartier de Paname !

Une tradition immémoriale

Redisons-le, la prostitution est d'implantation lointaine dans le quartier de la Bastille. Du temps de l'Hôtel Saint-Paul – la résidence du roi Charles V au XIVe siècle, qui s'étendait entre les quais, la rue Saint-Antoine, le boulevard Bourdon et la rue Saint-Paul – une rue perpendiculaire à la rue Saint-Antoine avait été baptisée, on comprend pourquoi, de la Pute-y-muse... La pudeur a progressivement transformé ce nom en notre actuelle rue du Petit-Musc. De même que la rue Jean-Beausire – qui, parce qu'elle suivait intérieurement l'enceinte de Charles V, s'appelait la rue du Rempart et dont une dépendance, le passage Jean-Beausire, est, de plus, situé sur l'emplacement d'une ancienne cour des Miracles[4] –, de l'autre côté du boulevard Beaumarchais, établi sur le tracé de ladite enceinte, démolie en 1670, la rue Amelot reprend celui de son fossé occidental. Au cours des siècles des amours furtives, la plupart tarifées, s'y cachèrent... Sans oublier que Ninon de Lenclos, femme parmi les femmes d'amour du XVIIe siècle avait ses appartements 36, rue des Tournelles, soit à quelques enjambées de la place Royale, notre place des Vosges, bâtie sous Henri IV, et réputée – Tallemant des Réaux en a narré maintes *Historiettes* – pour la licence de ses mœurs. Un jour, écrit-il, le duc de Candalle promet un écu d'or à un soldat, « si tu veux, le met-il au défi, baiser demain ta garce en plein midi place Royale ». Qu'à cela ne tienne, le lendemain l'autre relève gant et jupons, et « toutes les dames mirent la teste à la fenestre et virent ce beau spectacle » ! Le scandale est une notion avec laquelle le pouvoir, quel qu'il soit, ne badine pas. Quelque temps après, on était en 1656, un édit de police fut promulgué contre les péripatéticiennes qui avaient fait des arcades de la place leur promenade favorite et inlassable.

Dans les années qui intéressent notre sujet, deux sortes de prostitution sévissaient, celle dans la rue, celle en maison. Cette dernière se subdivisait en maisons de tolérance, en maisons de rendez-vous, ainsi qu'en salon de massage-bains. À la Bastille, côté 11e, ces couloirs noirs d'hôtel, évoqués par Girardet, dans le voisinage immédiat de la rue de Lappe, étaient situés rue de la Roquette, rue Daval. Aux alentours, les femmes raccrochaient un peu partout : boulevard Richard-Lenoir, rues Amelot et du Pasteur-Wagner et, côté 4e, le long de l'espèce de fer à cheval constitué par les rues Jean-Beausire, de la Bastille et des Tournelles, et plus loin, à l'angle de cette dernière et de la rue du Pas-de-la-Mule – à quelques dizaines de mètres de la place des Vosges. À ce qui se colporte, des femmes de qualité physique inférieure ou âgées… La vérité est qu'il s'agissait d'une prostitution très populaire, à l'image du quartier où elle s'exerçait. Aux yeux des journalistes ou commentateurs d'un rang social plus élevé, la pauvreté généralisée des femmes et de leurs clients avait tôt fait d'être changée en basse prostitution, apanage des femmes laides ou vieilles…

La Germaine de Henry Miller

Dans *Tropique du Cancer*, Henry Miller ne se cachait pas d'être monté en client avec Germaine, une putain de la Bastille, dont il gardait un souvenir des plus intenses. Publié officiellement en 1961 aux États-Unis, *Tropique du Cancer* y était interdit par la censure depuis 1934, date de sa parution à Paris. La rencontre de Miller avec Germaine se déroule en 1932-1933, au coin des rues Amelot et du Pasteur-Wagner, un jour de printemps « empoisonné, maléfique », que Miller déambule sur le Beaumarchais. À ma connaissance, ce passage très évocateur, très érotique de *Tropique du Cancer*, constitue le seul témoignage littéraire *in vivo*, *live* comme disent les Américains, que nous possédions de ces années sur le sujet, à la Bastoche. Le lieu était hanté, raconte Miller enflammé, de « diablesses jolies et rapaces qui ne vous laissaient même pas le temps de reboutonner votre pantalon quand c'était fini. Elles vous amenaient dans une petite piaule à côté de la rue, une piaule sans fenêtre la plupart du temps, et là, assises sur le bord du lit, la jupe retroussée, elles vous examinaient rapide, vous crachaient sur la queue et la plaçaient elles-mêmes pour vous. Pendant que vous vous laviez, une autre était déjà à la porte, tenant par la main sa victime, et, tout en vous regardant, attendait nonchalamment que vous ayez terminé votre toilette. »[5]

Pendant une période Miller rencontrera Germaine tous les jours, l'après-midi ou le soir, à L'Éléphant, un « tabac », en français dans le texte, 40, boulevard Beaumarchais. Voici quelques années L'Éléphant a disparu, l'établissement se nomme La Cantoche maintenant. On est à quelques mètres de la librairie de Le Flaouter, où le jeune Philippe Daudet s'était rendu avant de mourir, le 25 novembre 1923… Rue Amelot, Miller paye cinq francs la chambre d'hôtel qui abrite ses amours avec Germaine. L'Américain ne mentionnant pas le prix de la passe, je pense qu'elle était incluse dans les cent sous. En effet, pour cette somme, une « thune » en argot, au bordel aussi réputé que populaire, le Fourcy, au 10 de la rue qui porte ce nom à Saint-Paul, on s'offrait une femme. La description qu'il donne de l'allure de Germaine : « ses bijoux de quincaillerie », « ses chaussures éculées, rapiécées », « ses talons à moitié cassés », les « trous dans ses bas », le « géranium de son chapeau », ses « dents en or », et la quantité de « café, cognac, apéritifs, pernods, et de tout et n'importe quoi » qu'elle ingurgitait au long de la journée, n'incitent certes pas à croire que Germaine appartenait au gratin de la prostitution[6] ! En outre, son maquereau la surveillait de près, signe que la vie était dure, qu'il s'agissait de turbiner et non de batifoler… Un « julot casse-croûte », l'homme à Germaine. Un « maquereau café-crème », comme on entendait encore dans les années quatre-vingt-dix et aujourd'hui pratiquement plus. À la Belle Époque, on aurait dit un « maque à la côte de brie ». Bref ! pour les lascars de cet acabit, un sou était un sou : Germaine ne peut pas prêter d'argent à l'Amerloc pour la raison que môssieu compte les clients qu'elle monte !

À la même époque, 1931, Louis Chevalier était en khâgne, une aventure qui aurait pu tourner mal, en rapport avec celle de Miller, lui est arrivée. Au Petit Balcon qu'il fréquentait, Chevalier avait fait la connaissance d'une fille qui l'avait emmené dans une chambre, rue Saint-Martin près des Arts-et-Métiers. Quand ç'avait été terminé, elle lui avait demandé de l'argent. Eh non !, ce n'était pas un coup au béguin. La meilleure preuve, la môme l'avait montré à Chevalier de l'autre côté de la fenêtre au pied de l'église Saint-Nicolas-des-Champs : son barbeau était là à attendre qu'elle redescende pour prendre sa comptée, ou encore « relever son compteur » !

Pourtant, en dépit du maque et du côté misère, Henry Miller ne tarit pas d'éloges sur Germaine. Des éloges de client à ce point comblé, épris, que Miller avoue lui avoir été fidèle. Enfin, précise-t-il : « pas à Germaine mais à cette chose broussailleuse qu'elle se trimbalait entre les jambes »... La vertu de Germaine, c'est qu'« elle était putain dans toute sa splendeur », à savoir que son sexe, sa « broussaille » (*bush*, en anglais), grâce à la maestria incomparable avec laquelle elle l'utilisait dans l'accomplissement de l'acte galant, représentait pour Miller le plus haut degré du *sex*, pour reprendre la terminologie américaine. Les attitudes et les façons avec lesquelles Germaine s'adonne à ce qui, pour le lecteur subjugué à son tour, n'est plus un métier mais une vocation, un sacerdoce authentique, envoûtent littéralement Miller... son jeu sauvage, féminin et si excellemment professionnel à la fois, de pute véritable, de vraie pute. Longtemps Miller se souviendra de la manière, qui n'appartenait qu'à Germaine, qu'elle avait de s'étendre sur le lit, d'écarter largement les jambes et de se caresser en murmurant ce qu'« un homme veut entendre quand il grimpe une femme »... Nouvel aveu de notre auteur : « À chaque fois que je regardais une autre femme je pensais immédiatement à Germaine, à ce buisson ardent qu'elle avait laissé dans ma mémoire et qui paraissait impérissable »... « Buisson ardent », à moins que ce ne soit « broussaille flambante », en anglais Miller écrit *« flaming bush »*.

Les goûts de Miller

Genius loci Daniel Halévy intitule le neuvième chapitre de ses *Pays parisiens*[7] : le génie du lieu. *Genius loci !* ai-je moi aussi envie de m'exclamer à propos de la Bastille et de ses putains en lisant, à la suite, Henry Miller et Jacques Borel. Sans m'être livré à un examen exhaustif de la littérature traitant, au passage, de la prostitution, je ne sache pas que d'autres auteurs que ces deux-ci aient analysé leurs réactions au spectacle d'une putain enfourchant le bidet pour se laver avant de faire l'amour.

À propos de Germaine, Miller écrit qu'elle « s'asseyait sur le bidet et se savonnait en [lui] racontant des petits trucs marrants », avant de la comparer avantageusement, dans la même posture, à Claude, une femme qui, elle, ne vivait pas de ses charmes. En effet, « quand elle se mettait sur le bidet », raconte Miller, Claude lui demandait qu'il tourne le visage, et cette pudeur avait le don de l'horripiler. « On a rien à foutre d'une pute délicate ! » éclate-t-il à la fin de son énumération des qualités érotiques inégalées de Germaine. « Quand un homme brûle de passion pour une femme, il veut voir des choses ; il veut tout voir, même comme elle fait pipi. »

Le « dégoût fasciné » de Jacques Borel

S'il est un avis que ne partage pas Jacques Borel, c'est bien celui de Miller. Dans *L'Adoration*[8], roman autobiographique de facture très proustienne, prix Goncourt 1965, pas une seconde Borel n'envisage qu'on puisse s'enflammer pour une prostituée. Une douzaine d'années après Miller, à la Libération, presque au même endroit que son glorieux devancier, il va éprouver des sensations radicalement différentes avec Blonblon, une putain de la Bastille, originaire, c'est notable, du Massif central. Le jeune Borel, qui n'a pas 20 ans, la connaît depuis longtemps, en voisin, en copain[9]. Un soir de bourdon, il se met à lui parler et elle, tout naturellement, l'emmène dans sa chambre, un hôtel de la rue des Tournelles. Là, dans *L'Adoration,* Borel se rappelle son « dégoût fasciné » quand il voit Blonblon, « à peine entrée dans la chambre, se diriger vers le bidet[10] et s'y accroupir le plus naturellement du monde, sans même se déshabiller, en se contentant de retrousser haut sa jupe après avoir fait glisser sa culotte »... Avant le sida, la pratique était classique, aucune prostituée ne s'y serait soustraite. Depuis qu'en 1987 l'utilisation du préservatif s'est généralisée, les prostituées ont, pour reprendre le Michel Leiris de *L'Âge d'homme*, délaissé ce rite, de même que celui de laver l'homme qui excitait si fort, et Leiris et Aragon... Il s'agissait pour la femme de constater, autant *manu militari* que *de visu*, que le sexe du client n'était pas affecté de quelque « chtouille » ou « chaude-lance »...

Les prostituées n'ont pas compris, ou plutôt n'ont pas voulu comprendre que ces ablutions, surtout la seconde, plaisaient en elles-mêmes aux hommes. Le « chapeau », comprenez le préservatif, étant devenu passeport pour l'amour, dans leur majorité les putains ont abandonné la pratique qui, en soi, était pourtant un délice... relire Aragon !... Pour en revenir à Blonblon, ce jour-là, rue des Tournelles, elle laisse Borel, plus que perplexe, interloqué : qu'une femme se lave après est compréhensible, mais avant ?... « Je ne concevais pas la raison d'un tel commencement » insiste-t-il. Horreur, honte, stupeur, culpabilité enfin, tels sont les sentiments qui s'emparent de lui en s'enfuyant de l'hôtel comme un voleur. Encore que, ruse de la raison *putassière* ou *genius loci*, ce qui, en l'occurrence à la Bastille, relève du pléonasme, ce spectacle, si dégradant aux yeux de Borel, ne lui ait aucunement fait perdre ses moyens !

La Bastille, Borel en avait honte

Borel a 9 ans et demi à la rentrée 1935 quand, avec sa mère, il arrive à Paris en provenance de Saint-Gaudens, Mazerme dans *L'Adoration*. Issu de la moyenne bourgeoisie, le jeune Borel sera humilié d'habiter au deuxième étage de l'immeuble de l'angle des rues de la Bastille-Jean-Beausire, au-dessus du restaurant L'Escargot, devenu La Mousson, La Cabane, Diana, et aujourd'hui le Génie d'or. En effet, ses fenêtres donnaient directement sur le spectacle des prostituées du début de la rue Jean-Beausire, à côté de la célèbre brasserie Bofinger. Borel avait à moitié travesti la réalité. Avant ce logement, cette « grande pièce à alcôve » – « le Capharnaüm », l'appelle-t-il – plusieurs années durant il avait vécu dans l'hôtel de son oncle, à gauche, au 5, en venant de la rue de la Bastille, après Bofinger. *L'Aveu différé* de Borel, c'est qu'il avait été dans la place !

Cette Bastoche côté 4e arrondissement, m'avait confié Borel un jour de 1988 que nous nous étions promenés dans le quartier de sa jeunesse, était un curieux mélange de taudis effroyables et de belles demeures. « La honte sociale, ça existe » soupirait Borel qui devait se contenter d'un taudis. « J'avais, écrit-il, au début de mon séjour à Paris, été frappé par ces grappes de femmes violemment maquillées qui fumaient debout contre des portes, faisaient les cent pas toujours à la même place, parlaient bruyamment entre elles ou engageaient soudain une conversation à voix basse avec un passant. » Sa mère lui avait expliqué que c'étaient des manucures… Très vite, par ses cousins, Borel connaîtra leurs noms et activité véritables. Au hasard des courses qu'on les envoyait chercher, Borel et sa cousine Paulette s'arrêtaient volontiers « pour observer le manège de ces grandes filles peintes qui accostaient les hommes et montaient ensuite avec eux dans un hôtel de la rue Amelot ou de la rue des Tournelles. » Il n'est pas sans intérêt de constater que ses cousins, natifs du coin, n'étaient pas le moins du monde choqués par les allées et venues des putains. Mieux même, ces dernières adressaient un sourire ou un mot gentil à Paulette lorsque, le soir, elle allait au pain.

Une convivialité de village en quelque sorte, et un mimétisme que Borel finira par acquérir de curieuse façon. L'un de ses jeux favoris avec Paulette était ce qu'ils nommaient le jeu des amants : « Paulette était la putain et j'étais le client. Elle s'adossait au mur de la chambre en prenant l'air le plus provoquant possible ; je passais devant elle et elle me disait, comme si elle m'eût proposé un bonbon ou une partie de nain jaune : "Tu viens, chéri ?" Comme nous l'avions vu faire lors de nos promenades dans les rues du quartier, je m'arrêtais alors ou je la dépassais en faisant de la tête signe que non ; si je m'arrêtais, nous débattions gravement d'un prix fictif, et nous allions [...] nous allonger sur le lit, où nous nous contentions de nous embrasser [...], et où parfois je caressais les maigres jambes de ma cousine sous sa jupe, sans jamais toutefois m'aventurer bien haut. »

Jacques Borel a fait ses études au lycée Henri-IV. Il s'y rendait en autobus. L'arrêt était situé boulevard Henri-IV, de l'autre côté de la rue Saint-Antoine au bout de la rue Lesdiguières. Balzac a habité cette dernière en 1819, une partie de son roman *Facino Cane* s'y déroule. Borel le savait-il, s'en souciait-t-il ? Toujours est-il qu'alors, rue Lesdiguières, il était surtout intrigué par le 12, une maison à l'apparence calme, voire compassée. La longue façade de marbre lui faisait penser à une poissonnerie. Mais de poisson, point... hormis le certain nom de poisson, sur lequel nous nous sommes déjà appesantis, servant à désigner, on me pardonnera ce très mauvais jeu de mots, les pensionnaires de ce genre de maison... maison close naturellement, puisqu'au 12, rue Lesdiguières était Le Phare, bordel réputé de la Bastille. Une nouvelle fois, Borel sera dessillé par ses cousins. Mieux même, ils lui apprendront que, rue Jean-Beausire-même, sa rue, au 15, se tenait un autre lupanar. À travers la brume des années, Borel le voyait peint en orange vif.

La galanterie à la Bastille, côté 12e arrondissement

Verlaine, cour Saint-François

Avant de pénétrer plus avant les bordels de la Bastoche et alentour, voyons un peu comment s'agençait la prostitution dans le versant 12e arrondissement de la Bastille, son parent pauvre. Rue de Lyon, avenue Daumesnil, sous les arches de la voie ferrée qui partait de la gare de Vincennes, *alias* de la Bastille, depuis belle lurette racolaient les filles, Verlaine en savait quelque chose ! De mai 1885 au 15 avril 1887, il a habité 6, cour Saint-François, l'hôtel du Midi tenu par le père Chanzy, un Auvergnat. La cour Saint-François s'ouvrait au 5 de la rue Moreau, qui relie la rue de Charenton à l'avenue Daumesnil. Inutile de chercher une trace du passage de Verlaine dans cette rue où, de plus, au 17, marchait un bal-musette, chez Tauplan… On est ici sur les arrières de l'hôpital des Quinze-Vingts. De l'avenue Daumesnil au 21, tout a été démoli dans les années quatre-vingt-dix et reconstruit.

Le 5, la cour Saint-François, l'hôtel du père Chanzy se trouvaient à l'emplacement de l'Institut clinique et biomédical de la vision. Pendant quatre mois, après la mort de sa mère, le pauvre Lélian a connu là des amours passionnées, avec une de ces « Notre-Dame du galetas / Que l'on vénère avec des cierges /Non bénits », la dénommée Marie Gambier. Dans *Verlaine tel qu'il fut*[11], François Porché explique qu'aux yeux du poète, Marie ressuscitait le mythe de la femme dans toute sa splendeur érotique : « Accroupie sur la cuvette, une éponge à la main, elle est Vénus qui sort de l'onde », et nous en revenons au spectacle de la putain sur le bidet, chantée par Miller et vilipendée par Borel… Éprise de Verlaine ou pas, Marie, de 7 à 11 heures le soir, s'éclipsait pour aller raccrocher le miché sur l'avenue Daumesnil. Elle finira par quitter Paul pour le prénommé Célestin, tonnelier de son état, « mais régulièrement sans ouvrage » insiste Porché : un « alphonse », quoi !

Le coup du portemanteau

Aux alentours de la gare de Lyon, non seulement passage Raguinot dans ce coin sinistre, connu, avant sa démolition récente, sous le nom d'îlot Chalon, mais encore à mi-chemin de la gare et de la Bastille, rues Crémieux, d'Austerlitz et de Bercy, les dames de petite vertu occupaient le pavé. Le 16 juin 1936, dans *Détective*, Jean Morières relate une affaire d'entôlage et complicité, jugée à la XIVe chambre correctionnelle, qui porte plus à rire qu'à pleurer. Au 21, rue d'Austerlitz, à l'hôtel de Marseille qui existe toujours tel quel avec sa façade très entre-deux-guerres en petits carreaux de faïence beige, propriété alors d'un certain M. Choux, se pratiquait ce qu'en termes de métier on appelait le coup du portemanteau. « Toujours le même procédé : le portemanteau est près de la porte, la porte bien graissée s'ouvre silencieusement et le portefeuille est enlevé... Bon procédé !... » explique le président Teillard de Nozerolles. Il faut préciser qu'afin que les victimes n'entendent rien, la prostituée coupable – ce jour-là Mlle Marcelle Maurel, fille soumise – prenait une « position extravagante », redoublait de soins attentionnés envers elles, particulièrement en leur blottissant la tête dans un nid d'oreillers, et se montrait de plus en plus caressante... Le complice pouvait agir ainsi en toute impunité : il ouvrait la porte, et hop ! s'emparait du « larfeuil »... Un client arménien avait été allégé de trois mille francs lors d'une passe à vingt... Preuve à charge contre l'hôtelier : s'étant aperçu du vol, le client s'était plaint à M. Choux qui, spontanément, sûrement un peu trop, lui en avait rendu deux mille. M. Choux est condamné à un an de prison et l'entôleuse à huit mois.

Le passage Raguinot, alias la Petite Chine, alias l'îlot Chalon

Autre affaire plus grave, le 20 juillet 1933 : « L'Énigme du passage Raguinot déchiffrée ». Il s'agit d'un règlement de comptes entre souteneurs, probablement doublée d'un drame passionnel. Arturo Golemenato, en fuite, est identifié comme l'assassin de Jean Donadio père de l'enfant d'une prostituée, Lili, exerçant rue de Charenton qui, on le sait, prend à la Bastille. L'article nous vaut une description du passage Raguinot, nouvelle cour des Miracles : « Algériens, groupés dans leurs bars comme des truands à la Maubert ; des Espagnols bruyants et violents ; des Italiens méfiants et volontaires ; et aussi quelques Chinois bien abrités derrière leurs vitres, silencieux et mystérieux comme Bouddha, quasi insaisissables, comme s'ils avaient toujours quelque chose à cacher, et qui vont jouer dans des estaminets à peu près interdits aux Européens… C'est Manille, Gênes, et Chinatown. C'est le cloaque Raguinot. »

Des fumeries d'opium clandestines y prospéraient, des tripots… Vingt-cinq ans plus tard, le coin était devenu totalement chinois. Dans *Boulevard de la mondaine*[12], le commissaire Jacques Arnal, ancien patron de la brigade mondaine, raconte comment, en 1956, mis au courant d'un marché aux filles au sein même de cette Petite Chine, nouveau nom pour le cloaque Raguinot, il ne réussit, après une patiente et difficultueuse enquête, qu'à réduire « le "marché" aux dimensions plus modestes, mais non moins inquiétantes d'un relais de prostitution pour mineurs. » Il avait fouillé, conclut-il, « dans l'une des poubelles sociales les plus immondes ! »

Jusqu'où s'étend la Bastoche, dans le 4e arrondissement ?

Le quartier Saint-Paul regorgeait de bordels

Les frontières de la Bastille en tant que quartier, au singulier et surtout au pluriel, ont toujours été malaisées à déterminer. Un petit fait divers nous y aide. Le 21 février 1935, *Le Journal* rapporte une bagarre de la veille entre deux maquereaux. Vers une heure du matin, le dénommé Dédé a tiré sur Jean David, un « confrère », un Auvergnat né le 7 avril 1897 à Nasbinals en Lozère. Le fait que, sans autre précision, l'affaire s'est passée rue Saint-Antoine, permet au *Journal* de lier la Bastoche à Saint-Paul tout proche, pour ce qui est « du monde spécial qui évolue des alentours de la Bastille au quartier Saint-Paul », autrement dit du milieu… Obligé, quand même, de nous limiter, nous ne citerons les bordels de Saint-Paul dans le 4e, que pour mémoire.

À tout seigneur tout honneur, 10, rue de Fourcy, le Fourcy, de son vrai nom le Moulin galant, le plus célèbre. Au 11, en face, existait une maison de rendez-vous, et, avant 1937, une autre encore, au 4. Rue des Rosiers, trois établissements fonctionnaient : aux 38 (ou au 3[13] ?), 40 et 44, respectivement chez Marie, Marcelle et Anne… Mais de Madeleine, point. C'est pourtant là, aux Rosiers, chez Madeleine, qu'en 1927 Jacques Roberti, dans *Maisons de société*[14], sur la foi d'un renseignement du fameux Gégène des Gravilliers, retrouve Amélie Hélie *alias* Casque d'Or, alors âgée de 48 ans, « sous-maqsé » de l'établissement depuis sept ans… Rue des Écouffes, au 6, marchait la maison de rendez-vous tenue par Yvonne, la tante de Jo Privat, évoquée dans *Monsieur Jo*… En repartant vers la Bastille, sur la droite, le 42, rue Saint-Paul offrait des femmes.

Face à la rue Saint-Paul, en léger décalage, la rue Caron mène à la place du Marché-Sainte-Catherine. Courte mais bien pourvue, la rue Caron présentait deux établissements d'amour, au 2, et au 6 le très réputé Soleil, au coin de la rue d'Ormesson. Le 3 ne devait être qu'un simple hôtel de passe.

Nuits rouges, place du Marché-Sainte-Catherine et rue de Fourcy

C'est là, au 3, à moins que ce ne soit au 9, rue Caron, puisque, dans les *Détective* du 31 août 1933 et du 29 novembre 1934, ces deux numéros sont respectivement donnés comme le lieu du drame, que Marcelle Laubuge, une jeune prostituée de 21 ans, perdra la vie dans la nuit du 22 au 23 août 1933. « Fille de campagne », elle aussi « attirée par le miroir de la capitale », Marcelle était originaire de Sarlande en Dordogne, explique Étienne Hervier, le 31 août 1933. « Bonne à tout faire, elle avait connu les bals-musette de la rue de Lappe et de la rue de la Roquette, hanté les cafés-bars et les cinémas. Elle était ardente au plaisir »... À chaque affaire de ce genre revient toujours le même commentaire type. La naissance d'un enfant oblige Marcelle à se prostituer.

Le 22 août 33, elle est abordée par un homme ivre : « Attends, lui demande-t-elle, tu n'as pas travaillé à la Bastille ? – Si, il répond, j'ai été garçon de café. » Il faut que Marcelle ait eu confiance car, généralement, les putains ne montent pas des clients saouls... Les voilà qui entrent au 3 (ou au 9) rue Caron. On leur donne la chambre 27, l'homme règle sans sourciller : vingt francs pour la nuit. Les choses s'étaient embringuées sous les meilleurs auspices, alors que s'est-il passé là-haut ? Marcelle serait demeurée sourde à certaines propositions de son « client », c'est-à-dire qu'elle l'aurait rembarré sans prendre de gants. Des propositions comme quoi il pourrait la protéger ? Ça paraît vraisemblable, surtout si l'on se reporte à l'article d'Emmanuel Carr, un an et demi plus tard, le 24 novembre 1934.

Faisant des rapprochements entre diverses tragédies ayant eu pour victimes des femmes du trottoir, Carr, après avoir rappelé la mort de Louise Ramette, une fille de salle, « perverse et très sensuelle » selon G. Rougerie[15], tuée dans sa chambre de la rue de Fourcy par son amant, Émile Urbain, à coups de bouteille et de fer à repasser, Carr, donc, dit sans ambages qu'Urbain était « un homme du "milieu" ». Ce qui n'est qu'à moitié vrai de René-Jean Person, 23 ans, le meurtrier de Marcelle Laubuge, qu'il définit comme un « "demi-sel" dépité »… En somme un hareng, et un autre qui s'essayait à le devenir. Fou de rage que Marcelle lui résiste, Person lui porte plusieurs coups d'un couteau à manche de corne, brun et blanc… probable, un laguiole… sous le sein gauche. Marcelle mourra à l'Hôtel-Dieu.

Un demi-sel, Person n'était sûrement rien de plus. Garçon de café et père de famille, il habitait 2, rue Descartes à la Montagne Sainte-Geneviève. Sa femme et ses enfants étaient partis en vacances, il se retrouvait seul avec son destin : « C'était cette solitude, aussi, qui l'avait perdu, analyse Hervier. Il était sevré, depuis un mois, de plaisir, de tendresse. Une femme s'était offerte… » Mais de là à aussitôt lui faire la réclame qu'elle travaille pour lui, il y a une marge, que Person, pris de « vertige », le titre de l'article de Hervier, franchit. Un demi-sel, oui, car, deux jours plus tard, pris de remords, Person se livre de lui-même à la police.

Légitime défense, rue d'Ormesson

À quelques mètres du 3, ou du 9, rue Caron, la rue d'Ormesson longe la place du Marché-Sainte-Catherine. Une « rue peu fréquentée, écrit en préambule M. Lecoq le 10 octobre 1935 dans *Détective*, qui, le soir venu, s'éclaire, d'enseignes multicolores. Les hôtels y fleurissent en nombre. » Aucune mention de chez Savine, une maison de rendez-vous, je pense, au 5 rue d'Ormesson, qui figure dans la liste du commissaire Arnal. Par là, un autre drame s'est passé, trois jours avant, le 7 octobre, vers 10 heures du soir. Où exactement, un quart d'heure plus tôt, Yvonne Lassiaille, prostituée de son état, a-t-elle amené Daniel Ernest, son client ? En tout cas dans un hôtel de passe, puisque l'enquête découvrira que le couple avait choisi, au premier étage, la « chambre spéciale dont les décorations murales relèvent des graffiti obscènes d'un corps de garde ». Ernest, ouvrier typographe, en était un habitué. Et il avait aussi pour coutume de ne payer qu'après, ce qui est contraire aux us putassiers. C'est ce qui provoque la querelle entre Yvonne et lui. Ernest la frappe, Yvonne crie puis s'empare d'un canif, ou de ciseaux, et elle se défend en touchant le « Don Juan vulgaire », ainsi que Lecoq le qualifie, à l'artère fémorale. Ce coup malheureux sera suffisant pour qu'Ernest perde son sang et meurt en arrivant à l'hôpital. Mais, après être sorti de l'hôtel et avoir réussi à monter jusqu'au premier étage du 5, rue d'Ormesson, où il habitait. Arrêtée quelques jours plus tard sur dénonciation, l'œil gauche tuméfié, une photo de *Détective* en apporte la preuve, Yvonne Lassiaille, invoquera et bénéficiera du droit à la légitime défense.

Les bobinards de la Bastille

En continuant rue Saint-Antoine, deux cents mètres plus haut on parvient dans le périmètre de la Bastoche. Le Phare, rue Lesdiguières et le 15, rue Jean-Beausire ont déjà été cités. Rue des Tournelles, le 28 abritait une maison de rendez-vous, ainsi que le 72, dans le

3e arrondissement, passé le Pas-de-la-Mule où les femmes ont tapiné au grand jour jusqu'en 1975. Le 11e était beaucoup moins riche en bobinards que le 4e. Rue de la Roquette, au 18, marchait une petite maison de rendez-vous. Rue Amelot, au 161, un bric bien achalandé, Le Caprice. Boulevard Richard-Lenoir, plus loin, au 138, à l'angle de l'avenue de la République – chez Clémence, comme l'appelle le commissaire Arnal, mais plusieurs témoins m'affirment que c'était chez Blanche –, roulait un lupanar réservé exclusivement à la sodomie. Ça existait… La liste du commissaire Arnal, qui comporte quelques erreurs, indique une maison, 79, rue Beaumarchais, or cette rue n'existe pas, il n'y a que le boulevard. Je ne suis pas parvenu à savoir si, 79, boulevard Beaumarchais, un claque avait marché, chez Jeanne… Toujours est-il qu'Arnal signale que cet établissement fut transféré 56, rue du Temple dans le 4e. Je pense qu'il s'agit du même qui, en avril 1947, nonobstant la fermeture, continuait de proposer des femmes. « Ah ! s'il fallait s'inquiéter de toutes les lois qu'"ils" nous fabriquent, soupire un commerçant du quartier, un fervent du 56, au journaliste de *Détective* qui l'interroge, le pauvre monde ne pourrait plus s'amuser. La vie n'est déjà pas si gaie !… » Autre oubli de cette liste, pourtant officielle : le 12, rue de Lappe… Nous nous y rendrons en temps voulu !

En mémoire de mon père…

J'en viens maintenant à l'évocation de souvenirs qui, pour n'être pas les miens, n'en sont pas moins qu'à moi, fils unique, maintenant que mon père est mort, tragiquement, en avril 1990, et que ma mère l'a suivi, de façon aussi pathétique quoique différente, trois mois et demi plus tard. Lorsqu'il s'est établi à Paris, à la fin de son régiment en octobre 1936, mon père avait 22 ans et demi. Il habitait le quartier Saint-Paul, une petite pièce qui est devenue la cuisine du bureau où j'écris… Je l'avais interviewé dix-sept mois avant son suicide, sur magnétophone, le 13 novembre 1988 – ma femme fêtait son quarante-cinquième anniversaire. Jusqu'à son mariage le 1er juin 1940, et probablement aussi après, « pour le coup d'œil » et pour consommer, il ne s'en était jamais caché, il avait fréquenté les bocards, ceux du centre de Paris en priorité. Il y allait avec certains de ses nombreux frères, mon oncle Maurice surtout, de six ans son aîné, et les copains. Ils étaient tous jeunes « flicards », agents en tenue.

Ses souvenirs, mon père, étaient extrêmement précis. Si, rue de Fourcy, la passe était d'une thune, cinquante – cinq francs, cinquante ou encore cent dix sous – « la chambre et la dame », plus dix centimes la serviette, au Phare, rue Lesdiguières elle s'élevait à vingt francs, un louis. Le Fourcy pratiquait l'abattage, les femmes se présentaient, le client faisait son choix… Rue Lesdiguières il y avait moins de monde, c'était plus chic. Mon père acquiesçait à la description de Jacques Borel : la devanture du Phare avait bien un air d'une poissonnerie. On accédait au « bobi » proprement dit par un escalier à pic qui existe toujours, au 12. Le salon de réception était agrémenté de petites tables, de sofas. Si l'on s'asseyait, il fallait consommer – prendre une consommation, précisons les mots. La bière était à deux francs, quarante sous le bock, quoi. Les chambres étaient au-dessus. Le Phare avait un côté famille… Les gardes républicains de la caserne des Célestins, boulevard Henri-IV, allaient y boire le coup, la patronne leur consentait des prix. On évoque souvent, à tort ou raison, l'hypocrisie de ces temps reculés, en matière sexuelle. En tous les cas, ces gardes républicains ne se gênaient pas de paraître au Phare en tenue.

Un autre frère de mon père, Francis, François de son nom de baptême, était le chef de la maréchalerie aux

Célestins. Vieux garçon ayant dépassé la quarantaine – il était de 1895 –, il se présentait toujours en uniforme impeccable d'adjudant-chef, cigarette à la main ou *nina*, si on était dimanche. La patronne le gratifiait d'un onctueux et respectueux « Bonjour, monsieur François ». Cette patronne, pour mon père l'affaire était entendue, était une ancienne, mise avec élégance et qui se tenait bien. Dans la liste du commissaire Arnal, elle s'appelle Joséphine. Louis Chevalier, aussi et entre autres, avait fréquenté le Phare. Il lui était même arrivé de descendre des hauteurs du lycée Henri-IV, où il était en khâgne, puis de la rue d'Ulm, où il faisait Normale-Sup, jusqu'au trente-sixième dessous du Fourçaga, en compagnie d'un camarade qui plus tard devait tenir un rôle phare, c'est le cas de le dire, dans les destinées de notre pays… Il suffit de lire *L'Assassinat de Paris*[16] pour comprendre de qui il s'agit… Georges Pompidou. Comme quoi, ces « messieurs », j'entends mon père, ou ici, futurs messieurs, ne rechignaient pas à pousser la porte des bouics ! Une fois donc, au Fourcy, m'avait raconté Chevalier, avec le rôle phare en devenir, ils s'étaient cotisés pour éclairer un de leurs condisciples, plus tard figure de proue d'un parti politique avancé, auquel il manquait quelques « bougies » – sous en argot –, pour arriver à la thune cinquante. Puisqu'on en est à l'éclairage, au Phare, ce coup-là, panne de lumière… Pour y parer, vite, vite, la patronne, madame Joséphine, était passée distribuer des bougies, des vraies cette fois, dans les chambres.

Un amour qui tourne mal, 12, rue Lesdiguières

Dans la nuit du 31 mars au 1er avril 1936, un drame endeuilla la quiétude de ce même établissement, Le Phare. Un policier répondant au nom de, soit Bridet dans *L'Excelsior* du 1er avril 1936, soit Bidet dans le *Détective* du 1er avril 1937, et alors on ne peut s'empêcher de sourire à son nom, mauvais esprit, esprit *millérien* oblige… y tua Lucie Rochut sa maîtresse, 30 ans, fille de salle pour *L'Excelsior*, sous-maîtresse pour *Détective*. Mon père optait plutôt pour une serveuse, une blonde. Selon *Détective,* le couple se serait connu du côté des Galeries Lafayette, un jour que l'agent était de service et que la belle y faisait des emplettes. Une histoire d'amour passionné qui fit perdre la tête au meurtrier : « Il avait Lucie dans la peau et cette peau lui coûtait cher » : vingt mille francs en quelques mois. Et Lucie était de plus en plus exigeante… Le 31 mars 1936, Bidet est surexcité. Il a touché sa paye, il boit, il va et vient entre le Caprice, rue Amelot, et Le Phare. Après être monté avec Mlle Loulou au Caprice, en sa compagnie il retourne au Phare, manière de tester Lucie. Scène de Lucie, ça ne rate pas, engueulade… Pourquoi il prendrait des gants, lui, il se rebiffe, elle-même le trompe bien ?

Content de son numéro, Bidet ramène Loulou au Caprice puis revient au Phare. Lucie le rattaque, et, cette fois, menace de le plaquer sous prétexte qu'il ne lui donne pas assez d'argent. À la fermeture, à 3 heures du matin, Lucie refuse le prochain rendez-vous de son amant. « Veux-tu que je me fiche une balle dans la peau ? il lui lance à bout d'argument… – Tu es trop lâche pour le faire », lui rétorque-t-elle du tac au tac. Bidet sort son pistolet et, c'est elle, Lucie, qu'il tue de quatre balles ! Lors de sa plaidoirie, Me Gaston Weill réussit à convaincre les jurés d'accorder les circonstances atténuantes à son client : il est condamné à cinq ans de prison.

Maisons de tolérance et maisons de rendez-vous

En 1926, dans *Les Bazars de la volupté*[17], Willy et Pol Prille écrivent qu'« il existe certaines maisons de rendez-vous où s'arrête la curiosité gênante de la police ». Dans *Femmes de cinq heures,* en 1930[18], Madame Luc Valti renchérit : « Y fréquentent celles qui ont des pudeurs à ménager, une façade à conserver, qui tiennent à une quelconque situation sociale. Demi-mondaines, ou même petites noceuses sans prétention à la vertu mais qui ont un ami, des relations, une vie au grand jour [...] elles ont trouvé le biais qui met d'accord et leurs besoins et leur désir de respectabilité apparente : la maison de rendez-vous ! » En 1922, un conseiller municipal de Paris avait déclaré que les maisons de rendez-vous constituaient « la forme moderne des maisons de prostitution. »

Par rapport aux tolérances, la législation des maisons de rendez-vous était plus souple. D'abord, elles n'étaient pas soumises à autorisation, même verbale. Partant, elles pouvaient accueillir n'importe quelles femmes, pas uniquement des prostituées. Longtemps les filles de bordel avaient été pensionnaires : contrairement à celles des maisons de rendez-vous, elles logeaient sur leur lieu de travail. À Paris, en 1937, si l'on en croit Jean-José Frappa dans *Enquête sur la prostitution*[19], les mœurs avaient notablement évolué : les filles habitaient en dehors de la tolérance qui les employait. Autre différence entre maisons de tolérance et de rendez-vous : les premières occupaient un immeuble dans sa totalité, les secondes se contentaient d'un appartement, voire d'un étage, pas davantage. Les règlements sanitaires divergeaient. En résumé, les femmes étaient plus libres en maison de rendez-vous qu'en tolérance. D'où la progression des maisons de rendez-vous : plus de deux cent cinquante à Paris en 1922, pour trente de tolérance, aux dires du même conseiller municipal[20].

Désir d'illusions

Madame Luc Valti décrit une de ces maisons de rendez-vous, dans le quartier de la Bastille, chez Paulette. Aucune adresse n'est indiquée, seulement cette annonce : « Hautes relations. Discrétion absolue. Ouvert de deux à sept et la nuit. » Mais la Bastoche, c'est la Bastoche : « Dès qu'il est ouvert la nuit l'établissement baisse de ton. C'est tout de suite la zone de démarcation entre la maison de rendez-vous, silencieuse et discrète, et sa cousine germaine la maison close. » Ici, il s'agit d'un établissement qui se donne les apparences d'une maison de rendez-vous mais qui travaille avec des femmes jouant aux grandes dames sans l'être le moins du monde… La Bastille faisait partie des quartiers un tantinet déclassés. C'est pourquoi en 1937, Frappa, croyant se répéter, arrête son *Enquête sur la prostitution* au moment où il aborde la Bastille[21]. Enfin, il nous aura livré les tarifs pratiqués à l'époque : cinquante à cent francs dans les claques de luxe, trente à quarante dans les demi-luxe, et cinq, six, et dix francs dans les populaires, plus un franc pour la serviette et le savon… Minutieux est aussi l'inventaire qu'il fait de la pute de base : dans le tiroir de la table de nuit il y a un tube de pommade au calomel, c'est-à-dire de chlorure mercureux… sur le lavabo, un petit flacon d'eau de Botel que les « “sidis” utilisent généralement comme du shampooing », et, posée à côté du bidet, une bouteille de permanganate.

Après avoir visité des maisons de haute volée à l'Étoile, à l'Opéra, et aux Champs-Élysées, Madame Luc Valti est frappée, dans cette maison de la Bastille, par la « familiale atmosphère », le « couloir qui sent le réfectoire et le patchouli », les ongles qui « broient du noir », et la piètre qualité physique des clients… Elle remarque toutefois, et c'est ce qui importe le plus puisqu'on est dans un bordel, que les femmes savent parfaitement créer l'illusion que les habitués viennent chercher dans cette maison minable. Un tel joue et se fait passer pour grand écrivain : aussitôt une telle de lui servir du « Maître !… vous ici ? » Tout est faux, simulacre, on est dans *Le Balcon* de Genet… Le sexe n'est pas la seule motivation, d'autres désirs s'y mêlent, oublier sa condition, ne serait-ce que quelques minutes, quelques heures, le temps de vivre le rêve… la grande vie avec une grande dame qui, à la vérité, à l'image de son miché, est une « pas grand-chose »… Où pouvait se situer chez Paulette ? Rue des Tournelles, peut-être, au 28… Mon père s'était rendu là, une fois ou deux. On entrait par un haut portail, passait une porte, montait. Quatre, cinq femmes se présentaient, comme chez la Paulette du livre. Pas une maison des plus intéressantes ni des mieux achalandées. Mon père préférait les vraies professionnelles, c'était plus drôle… Sacré Fourçaga où l'on entendait la sous-maque houspiller, et exhorter à la fois, les filles par trop pusillanimes : « Ici, faut baiser ! » Les chichis, c'était pas le genre de la taule !

Le Fourcy a-t-il ou non déménagé rue Jean-Beausire ?

Au 15, rue Jean-Beausire, le prénom de la taulière est Jeanne sur la liste Arnal. Effectivement une dame Chispels, Jeanne, femme Lacoste, le tenait. Aux archives de la police je retrouve des traces d'un déménagement éventuel du Fourcy au Jean-Beausire dans une lettre du 10 septembre 1942. Le 10, rue de Fourcy était situé dans l'îlot 16, insalubre, menacé d'une démolition totale qui, c'est heureux, n'a été que partielle. Après leur mariage, mes parents avaient habité 21, rue Charlemagne, tout proche. Le pâté de maisons compris entre les rues Charlemagne, du Figuier, de l'Ave-Maria et du Figuier a été rasé. Les rues de Fourcy et du Prévôt ont échappé à la destruction. La date pour quitter les lieux avait pourtant été fixée au 1er octobre 1943. Qui donc n'a pas été respectée puisque, le 15 octobre 1943, dans un rapport de l'inspecteur Saulnier, on lit que M. Bofinger, le restaurateur, « consulté au sujet d'un transfert éventuel de la maison de tolérance située 10, rue de Fourcy au 15, rue Jean-Beausire, a fait connaître que personnellement il s'opposait à ce transfert, mais que néanmoins si les services compétents de la préfecture de Police décidaient autrement, il se rangerait à leur avis. » Ses raisons étaient que « la maison de tolérance aurait comme clientèle après-guerre (!)[22] les Nord-Africains et, de ce fait, des bagarres seraient à prévoir ; d'autre part, cela ferait un va-et-vient dans la rue Jean-Beausire en raison de l'importance de la maison, alors que celle qui existe actuellement n'a qu'une clientèle restreinte. Monsieur Bofinger a ajouté également qu'il redoutait le stationnement des clients dans la rue Jean-Beausire. »

Alors, transfert ou pas transfert ? Il est difficile d'apporter une réponse précise. Mes parents pensaient qu'effectivement le Fourçaga avait déménagé rue Jean-Beausire, ce qui, de façon plus que symbolique, nous permet de conclure à la parenté, sinon à l'unité, de ces deux quartiers, Saint-Paul et la Bastoche… Mais si oui, comment expliquer que la liste Arnal mentionne les deux établissements, au moment de la fermeture ?… Je n'ai rien trouvé d'autre aux archives de la police, hormis cette précision que le Fourcy a fermé le 15 avril 1946, ainsi qu'en fait foi la note du commissaire de police chargé de la brigade mondaine en date du 16 avril 46. Ah ! souvenirs, souvenirs…

Mon père, 138, boulevard Richard-Lenoir

Des souvenirs, mon père en avait d'autres. Au 138, boulevard Richard-Lenoir, chez Blanche, par exemple. Mon père le répétait souvent : en arrivant à Paris de sa Saône-et-Loire natale, il était « con… vraiment con ». Il voulait dire mal dégrossi, pas débrouillard, « pas culotté » non plus, une de ses expressions favorites pour se caractériser, à l'égard des femmes surtout. Mon père avait compris, en observant son propre comportement, les différences qui séparaient un campagnard d'un Parisien, une fois sur le tas, à Paris même : « J'étais paysan, quoi… Je ne connaissais rien. » Un jour, des collègues, des vieux flicards, lui apprennent que, chez Blanche, « si tu veux, tu casses une lune »… « Casser une lune », sodomiser, l'expression ne manque pas de poésie ! Ah ! il faut entendre, sur la bande que j'ai de lui, mon père avouer ne pas croire, « que c'était vrai »… Au moins, ce qui est bien avec Paris, c'est que l'acculturation, l'adaptation à ses usages ne traîne pas. Mon père, alors, a « voulu tenter l'coup », et, « c'était vrai » !… Le 138 était à l'étage, au premier, il était composé de trois ou quatre chambres, avec w.c. sur le palier. Même que ce n'était pas facile pour uriner après, précepte que suivaient à la lettre les hommes « avertis » car, ils l'affirmaient, « pisser, ça brûle la maladie. » Le « coup du sapeur », j'ai lu, adolescent, dans un petit livre, appartenant à mon père, traitant de la sexualité et de ses problèmes divers, qu'à la réflexion, il devait laisser traîner pour moi, en bonne vue…

Pour en revenir à chez Blanche, dans le petit salon d'attente se trouvaient quelques clients, ils choisissaient parmi les cinq ou six filles. La reine du 138, un demi-siècle plus tard mon père se rappelait son nom, était Sonia, une belle blonde décolorée, roberts appétissants et mirettes de braise. Vingt francs ça coûtait, le « spécial »... Et Sonia, sans plus de fleurs de littérature, d'annoncer la couleur avec alacrité : « Allez, viens m'enculer ! » Détail qui parachève l'énumération de Jean-José Frappa : le pot de vaseline était à portée de main de Sonia... Sa position favorite n'était pas, comme on pourrait le penser, la levrette, à genoux, mais sur le dos, les jambes très haut levées... Le plus drôle, sur la bande mon père en rit encore, c'était son accent berrichon, ou approchant. Sonia, qui devait plutôt se nommer Berthe ou Fernande, roulait les *r* !... « Sûrement qu'elle était mieux là qu'à garder les vaches dans les odeurs de bouse », concluait mon père pour qui la vie rurale n'avait jamais été une partie de plaisir... Peut-être.

Le commentaire du Fakir

Mes parents sont morts en 1990, le Fakir au printemps 1993... Le Fakir est le premier, rue de Lappe, à m'avoir parlé de chez Blanche. Manière de vérifier ce qu'il avançait, que le 138 était spécialisé dans la sodomie, j'avais ensuite interrogé mon père. Fort de ses souvenirs brûlants, j'avais remis ça sur le tapis avec le Fakir. À l'égard du 138, son appréciation, à lui, était plus mitigée que celle de mon père. Casser une lune, bien sûr, le Fakir était de 1921 ou 22, il connaissait : autant le signifiant que le signifié ! Avec son air de ne pas y toucher, en vrai Parisien qu'il était, accent incroyable, traînant et tout et tout, le Fakir aimait rigoler : « La lune, Jean-Claude... le Fakir m'appelait toujours Jean-Claude... ça fait longtemps qu'i' y en avait plus... C'était une bouche de métro !... Pour un peu qu'on dérape, tout y passait, la bite, les couilles... Y en a qui ont disparu, chez Blanche ! »

CHAPITRE 10

LE BORDEL DU 12, RUE DE LAPPE

Le 21 novembre 1989, j'étais convié à déjeuner aux Champs-Élysées, 11, rue Jean-Mermoz, au Matignon chez Jeannot le Polak. Après avoir tenu ce restaurant une vingtaine d'années, Jeannot l'avait revendu en 2003, 2004. L'étonnant était qu'à huit stations de métro de la Bastoche, on était là dans l'un de ses hauts lieux de mémoire.

Jeannot avait travaillé trois décennies rue de Lappe, au Balajo puis aux Barreaux Verts, il en avait connu du monde, du beau… Jeannot, on le branchait, il démarrait. Comme Jo Privat, des nuits entières il pouvait parler de la Bastille… Ce jour-là, des amis au Polak, qui ont compté dans le secteur, acceptaient de répondre à certaines de mes questions. Les derniers seigneurs de la Bastagache, je les qualifierais en parodiant le commissaire Le Taillanter… Des caïds, des grossiums ? Oui, non, méfions-nous des poncifs de la Série noire. Des hommes bien en tout cas, rangés des voitures, en roue libre, pré- ou même retraite…

Ah ! ce bistrot-restaurant que l'un deux a eu jusque vers 1985, rue Basfroi, pour avoir de la couleur, il en avait. Le milieu c'était, atmosphère à part, *corporatiste*, détendue il n'empêche : le patron, un homme que j'aime beaucoup, qui vit encore, y était pour quelque chose… Ce 21 novembre 1989, il était accompagné de Jean Deschamps, un vieux monsieur très classe, ancien directeur du Balajo, je l'ai déjà cité, ex-associé de Jo France le créateur de l'établissement. Deux fois, après, j'ai déjeuné chez Deschamps. Je n'ai eu que le temps de l'interviewer, il est mort l'été 90. De même le Petit Paul, Paul le Chanteur, parti en 2006, présent ce 21 novembre-là. Onze ans plus tard, en septembre 2000, l'occasion d'un reportage sur les bords de Marne pour *Le Figaro-Magazine* nous avait permis de devenir très liés.

Rue Jean-Mermoz, à un moment, la conversation a bifurqué sur le bordel de la rue de Lappe, sur Marthe la taulière… Le temps de fouiller dans mes papiers, j'ai créé la sensation en sortant à mes commensaux, non seulement les nom, date et lieu de naissance, de Marthe, mais du mari, le nommé Beretta, Ettore de son prénom, Totor si on veut… Sensation agrémentée d'une pointe de soupçon, vite envolé quand j'ai eu expliqué qu'archives de la police et police étaient deux choses différentes…

Mon père, Louis Chevalier, Jo Privat, Clément Lépidis, le Fakir, Jean Deschamps, les amis au Polak : ça, le bobinard du 12 rue de Lappe ne manquait pas de témoins, voici encore quelques années. Deschamps se rappelait un habitué, le genre rond-de-cuir. À jour fixe, une fois par semaine, petite valise à la main, il se pointait. Les indiscrétions avaient révélé la manie du bonhomme. Sa valoche contenait une robe de mariée. Une fois dans l'endroit, il la revêtait, se maquillait, et, joli bouquet de fleurs blanches à la main, il partait à jouer la pucelle effarouchée, le jour de ses noces… « Moi veux pas ! moi veux pas ! » il trépignait et courait autour de la chambre, tandis que le *marié*, la prostituée déguisée en homme, le pourchassait et finissait par avoir raison, brutalement raison, de ses résistances –

tout l'art et la manière résidant dans cette brutalité savamment dispensée…

La mémoire et les dates

Ah ! anecdotes, ah ! souvenirs, matière première de la science historique… Une fois, eh bien ! Louis Chevalier est convenu d'avoir été trahi par sa mémoire, par les dates, à propos du Grand 12 de la rue de Lappe. Avant que je tombe sur le dossier aux archives de la police, Chevalier était persuadé l'avoir fréquenté durant ses années de khâgne, en 1931-1932. Il me racontait même une historiette des plus saugrenues qui, depuis, figure dans *La Bibliothèque imaginaire du Collège de France*[1], à ceci près, me semble-t-il, si ma mémoire non plus ne me joue pas des tours, qu'elle était advenue à lui-même et non à un tiers, un camarade surnommé Paillettes d'or par la tenancière dudit Grand 12… Paillettes d'or, because les yeux du garçon en question en recélaient. Or, lui avait appris cette taulière, les paillettes d'or portent bonheur. Paillettes d'or entrait au 12, aussitôt la taulière, à moins que ce ne fût la sous-maque, lui faisait la fête. Un jour, avant de se mettre à une dissertation de philosophie sur « Causalité et finalité » donnée par le célèbre Alain, son professeur de khâgne à Henri-IV, Paillettes d'or était descendu rue de Lappe. Mais, au moment de quitter le 12, « J'te garde ! » avait décrété la patronne avec laquelle, j'en induis, Paillettes d'or entretenait quelque doux rapport… Ainsi fut conclu un pacte étonnant : moyennant l'engagement de Paillettes d'or à rester, elle lui fournissait papier, porte-plume, encre, pour travailler. Le résultat eut du bon : 18, lui donna Alain, dit Chevalier, sans se rappeler « s'il avait préféré la partie "Causalité" ou la partie "Finalité", ce qui n'est pas sans importance »… Et le lendemain, re-nouba pour fêter l'événement ! Comme quoi, dans les maisons closes, tout pouvait se produire, tout !

Seulement, voilà, de deux choses l'une : ou cette anecdote s'est déroulée après le 2 septembre 1935, date d'ouverture de l'établissement, ou elle ne s'est pas déroulée 12, rue de Lappe en 1931-1932... *Idem* à l'attention de Clément Lépidis qui ne démordait pas d'avoir perdu sa fleur au Grand 12 en 1934, et pour Jo Privat qui croyait dur comme fer avoir profité des flûtes qu'on y servait et qu'on y faisait, le jour de l'inauguration... Ç'aura été à une autre occasion : le 2 septembre 1935, âgé de 16 ans, Privat ne jouait pas encore au Balajo.

Mme Bertrand est autorisée à ouvrir le 2 septembre 1935

Sur la date d'ouverture du Grand 12, les rapports de police sont formels. Une note du 31 août 1935 signale que Mme Bertrand, la future tenancière, « a fait savoir qu'elle ouvrait son établissement lundi prochain 2 septembre. » Le 17 mai, une précédente lui en accordait l'autorisation. Elle faisait suite à une enquête à son sujet menée par l'inspecteur Lechat. En marge, sur le rapport, on lit : « Avis favorable de M. le chef de service, les élus du quartier et le commissaire de police étant consentants. » Cette précision parce que, le 23 novembre 1935, *Le Voltaire*, un journal de quartier, avait polémiqué sur l'installation de ce bordel rue de Lappe. Il y est dit, non sans ironie, que Camille Renault, ancien conseiller municipal, « a tout ignoré de la maison de la rue de Lappe. La préfecture de police ne l'a jamais consulté. » Quant au nouveau conseiller, « le communiste Frot, [il] n'a pas eu à donner son avis. Quand il fut proclamé élu, la maison bordelière avait déjà ouvert sa porte. »

Concernant le député, Lucien Besset, le journal soutient que « c'est parce que les services de la préfecture de police connaissent l'honnêteté foncière de Lucien Besset, qu'on s'est abstenu de le prévenir. » Vrai ou faux, « que cache ce mystère ? » demande le journal en soupçonnant lesdits services d'avoir été « intéressés à mener rondement l'affaire. »

Marthe et Totor

Avec les seuls rapports de police on bâtirait un roman sur le 12, rue de Lappe et sa taulière, Marthe, Jeanne, Bertrand… Née le 9 avril 1902 à Paris 12ᵉ, elle s'était mariée le 20 juillet 1932 à Ettore, Paolo, Gaetano, Berreta, né le 11 novembre 1886 à Milan, de Norberto et Teresa Ferrari. Ettore, qu'effectivement les anciens de la rue de Lappe surnommaient Totor, avait été naturalisé le 2 mars 1932. Depuis 1920 il habite, est-il précisé le 5 août 1932, 32, rue du Faubourg-Saint-Denis. Depuis 1928, il exploite un hôtel au 50, rue Galande, dans le 5ᵉ, derrière l'église Saint-Julien-le-Pauvre. Juste à côté, mais le numéro est le même, apprend-on dans une note antérieure du 20 septembre 1930, seul un bar sépare les deux entrées, Marthe tient, elle, une maison de rendez-vous.

Le 50, rue Galande

Dans les années 1927-1928, révèle son dossier, et avant qu'elle regagne Paris *via* New York en septembre 1928, Marthe Bertrand avait séjourné dix-huit mois au Brésil, à São Paulo, rue Demais au 24 chez une de ses tantes qui « exploiterait » – est-il écrit au conditionnel sur une note du 25 octobre 1928 – une maison de couture à cette adresse. Ce conditionnel laisse à penser que le policier rédacteur est plus que circonspect quant à la véritable raison sociale de ladite maison de couture… Du 5 mai au 23 juin 1994, à la mort de Marcel Montarron, *Détective* a repassé certaines de ses chroniques. Elles montrent qu'en ces années les pensionnaires des maisons, non de couture mais de tolérance, au Brésil et en Argentine, étaient souvent françaises. À São Paulo, où, remarque Montarron, leur implantation paraît avoir été moindre, les « quelques Françaises » étaient « la plupart patronnes ou gérantes. »[2] Étant donné la suite de la carrière de Marthe Bertrand, on peut supposer qu'à São Paulo, grâce à sa tante, elle a appris la manière de tenir un établissement de tolérance… En effet, aussitôt rentrée à Paris, âgée de 26 ans pas plus, elle fait une demande pour reprendre la maison de rendez-vous du 50, rue Galande citée plus haut, composée d'une chambre au rez-de-chaussée et de trois autres au premier étage, dont la tenancière se retire.

Faut-il que, si jeune, Marthe ait déjà, non seulement une solide expérience pour se lancer dans ce métier, mais aussi et surtout, d'une part, des accointances avec le milieu et les prostituées, et de l'autre, des entrées auprès de la police… Comment expliquer en effet qu'étant à Paris depuis à peine un mois, le 25 octobre 1928 elle postule officiellement cette maison ? Plus curieux encore est le fait que, cinq jours avant sa lettre, apparaisse, sur une fiche rédigée le 20 octobre[3], la conclusion d'une enquête menée sur elle : « On recueille à son sujet de bons renseignements tant au point de vue de la conduite, que de la moralité. Très discrète, elle est considérée comme une personne sérieuse. » Mais, de plus en plus étrange, en remontant le temps, une semaine auparavant, le 13 octobre, la police s'enquérait de savoir si « la nommée Bertrand paraît agir pour son compte ? » Pieuse question, jamais gratifiée de réponse…

Je relève également que, le 17 octobre, soit, à nouveau, avant l'enquête de moralité, Marthe Bertrand a acquis pour cinquante mille francs – environ trente-cinq mille de nos euros au pouvoir d'achat moindre – le fonds de commerce de la rue Galande et le matériel qui s'y trouve… À chaque fois la charrue est mise avant les bœufs : à savoir que notes et fiches ont été établies *après* aboutissement des tractations entre la police et Marthe Bertrand. De la pure routine administrative, quoi ! Qui était derrière Marthe ? mystère… Il est assez cocasse de lire, sur une fiche du 20 septembre 1930, qu'à cette date elle est la maîtresse d'Ettore, son futur mari, alors que, depuis deux ans, ils tiennent le 50, rue Galande ! Comment ne pas croire qu'en prenant ces deux affaires qui n'en font qu'une, lui l'hôtel, elle le bobi, Marthe et Totor étaient déjà ensemble ? Ce qui conduit à la question primordiale : qui était et qu'était exactement Ettore Beretta ? Les archives de la police ne disent rien de plus que ce que j'ai écrit.

Pour en terminer avec cet épisode, lors de sa séance du 31 décembre 1934, le conseil municipal ayant décidé la démolition de l'îlot n° 3, frappé d'expropriation, dans lequel est inclus le 50, rue Galande, en janvier 1935 Marthe dépose son livre sanitaire et quitte les lieux.

Ce que fut ce bordel de la rue de Lappe

Avec Louis Chevalier, pour tenter d'expliciter sa méprise à propos de la date de ses aventures 12, rue de Lappe, nous nous étions demandé si, par hasard, avant d'être un bordel, ce 12, qui était un hôtel, n'aurait pas été un hôtel de passe. Le rapport du 16 avril 1935, de la main de l'inspecteur Lechat, récapitulant les antécédents et donnant le descriptif de l'immeuble avant le 12 novembre 1934, date à laquelle il a été vidé, ne relève rien de tel. Le 12, rue de Lappe était un hôtel sans mention particulière, hormis la partie gauche du rez-de-chaussée occupée par un marchand de comptoirs, activité dans la tradition de la rue et du quartier. L'inspecteur Lechat poursuit : « Au cas où la demande de la femme B. serait agréée, les propriétaires de l'immeuble lui consentiraient un bail d'une durée de dix-huit années qui commencerait à courir du 1er avril dernier [1935] moyennant une location annuelle de 18 000 francs. » Autant penser, dans la foulée du *Voltaire*, et à l'instar de la rue Galande en 1928, qu'avant les autorisations officielles noir sur blanc, l'affaire était dans le sac ! Le bordelier du 12, rue de Lappe, commente le journal, « doit avoir des relations bien puissantes pour avoir réussi, dans le minimum de temps, à décrocher les autorisations nécessaires. Des relations et le reste ! » Toujours est-il que, le 31 août 1935, Louise, Françoise, Muller, femme Richaî, est agréée comme sous-maîtresse à dater du 2 septembre.

L'immeuble du 12 transformé dans sa totalité

Nous possédons le projet de transformation de l'immeuble, propriété de M. Couly Martin et Co., en maison bordelière, « pressé par l'architecte soussigné, le 1er avril 1935, A. Tamburin, le Clair Logis, Saint-Germain-en-Laye, Tél. : 8.59 », accompagnant, toujours le 16 avril 1935, la demande de Marthe Bertrand de transférer son établissement de la rue Galande à la rue de Lappe. Si les quatre étages sont aménagés en chambres, au premier on remarque un petit et un grand salons ; au troisième, une salle de visite, une salle de bains, deux chambres personnelles ; et au quatrième, deux chambres de bonne, une salle à manger et une cuisine. Le cinquième comporte un débarras et une buanderie. Quant au rez-de-chaussée, ouvrant sur la rue par une porte tambour, il est agencé en estaminet muni d'un bar, au fond duquel sont indiqués des w-c et des urinoirs. L'escalier pour monter aux étages est à gauche de l'entrée. Mon père se rappelait la décoration du rez-de-chaussée : un satyre cornu, bouc et sabots, coursait des filles nues… Il ne se trompait pas. Le peu qui reste de ces fresques apparaît dans *Gueules d'atmosphère*, notre documentaire, Jacques Baker et moi-même.

Le 6 septembre 1935, suite à une visite inopinée effectuée le 5, trois jours après l'ouverture du Grand 12, le commissaire spécial Lefebvre constatait que « la disposition des locaux était en conformité avec le plan joint au dossier. »

Incidents

Une semaine plus tard, le 13, un incident se produit au Fourcy. Un individu du nom de Jacob Stresa, domicilié 75, rue de l'Hôtel-de-Ville, y distribue des cartes de visite ainsi libellées : « Mme Florianne, 12, rue de Lappe (près de la Bastille) Paris (11e), Roquette 59-23 ». Appelés par Paulette Schmitt, la patronne de l'établissement, les agents Devresse René et Huguet Maurice établissent un rapport. Le 14, le commissaire du quartier Saint-Gervais envoie une note au chef de la brigade mondaine « pour avertissement auprès des tenanciers de la maison Florianne, 12, rue de Lappe dont la publicité semble indésirable et de nature à provoquer des incidents inutiles sur [son] quartier. » En échange de ses services, Stresa recevait quarante francs par jour.

Parmi mes témoins, personne ne se rappelle ce nom, Florianne. On disait le 12 ou le Grand 12 et, au début, en effet, un gros numéro lumineux éclairait la façade de l'immeuble. Il fut vite enlevé sur plainte, le 7 octobre 1935, d'un voisin, Edmond Robert, 35 ans, demeurant au 14-16 rue de Lappe, qui ne supportait pas le bruit du moteur. En date du 22 novembre, de nombreuses plaintes ont déjà afflué, la plupart sans fondement. Les locataires du 14-16 se montrent les plus virulents : « La police du quartier à qui nous portons plainte, constatent-ils, va boire le champagne dans la maison. » D'autres plaintes restent anonymes, celle-ci par exemple : « Hier dimanche passant avec ma fille âgée de 16 ans nous avons aperçu de la rue une jeune femme nue. » Une enquête est menée, une sorte d'expertise qui conclut que, de la rue, il est impossible d'apercevoir les pensionnaires… Je ne résiste pas à la tentation de recopier *in extenso* cette description de la rue de Lappe, signée de l'officier de police judiciaire J.P.A. Martin, le 22 novembre : « La rue de Lappe présente un caractère bien spécial, en raison de son étroitesse et des nombreux bals bruyants et fréquentés par une clientèle interlope qui y sont installés. Ce n'est évidemment pas une voie à laquelle on peut donner l'épithète de tranquille. Au milieu des devantures et placards publicitaires multicolores, la maison de tolérance avec sa façade noire, ses volets fermés, donne plutôt l'impression d'être une maison de retraite pour vieillards »… Les quatre derniers mots sont rayés et remplacés par « sévère », qui est souligné.

Une maison d'abattage, « pourvue des derniers conforts »

Un an plus tard, le 17 novembre 1936, le même inspecteur procède au contrôle sanitaire du 12, rue de Lappe. Pour ce faire, il consigne ses observations en répondant aux questions de la fiche de tolérance T 232. Une fois remplie, cette fiche constitue la véritable carte d'identité de l'établissement. Le Grand 12, y apprend-on, fonctionne de 9 heures du matin à 2 heures 30 la nuit. L'estaminet bénéficie, non de la grande, mais de la petite licence. Le « réfectoire », à l'usage des pensionnaires et du personnel, correspond, je suppose, aux salle à manger et cuisine du quatrième étage signalées sur le projet de transformation. Le personnel du 12 se compose de deux sous-maîtresses, de trois femmes de chambre, et de trois serveuses au bar. Les prostituées inscrites, « femmes inscrites », sont au nombre de trente-six. Ce jour, 17 novembre 1935, vingt-huit sont présentes, parmi lesquelles dix ont oublié ou n'ont pas de carnet de traitement puisque l'inspecteur Lechat n'en note que dix-huit… À la rubrique « tenue des femmes », le policier écrit : « fantaisie ». Par jour, la fréquence des passes est de douze la semaine, et de vingt le dimanche. Question : s'agit-il d'un constat ou d'un nombre limite à ne pas dépasser ? La clientèle est française et étrangère, « arabe » écrit entre parenthèses. Civils, militaires, ou étrangers, *idem*, le prix est unique : huit francs et le pourboire.

Dix-neuf chambres, alimentées par chauffage central, sont indiquées, pourvues, chacune, d'eau courante et d'un bidet. Il y a une, peut-être plusieurs salles de douche dans l'établissement… outre les chambres, en effet, un dortoir est signalé. Des alèses protègent le matelas des lits, le linge sale est donné au blanchisseur. Concernant l'hygiène et la santé, une pièce est aménagée en cabinet médical, munie d'une table « spéculum ». Douze spéculums sont répertoriés, enfermés dans une boîte métallique. La stérilisation a lieu à l'eau bouillante. La fiche T 232 relève encore que l'établissement dispose de tubes de vaseline, de pommade prophylactique, de préservatifs, de canules individuelles, de permanganate, ainsi que d'affiches prophylactiques. Le médecin de la maison est le docteur Netter, 57, avenue Victor-Hugo. À la mention « observations », l'inspecteur Martin écrit : « Maison en totalité dite d'abattage, pourvue des derniers conforts, en état de propreté excellente. »

Le Grand 12 a compté neuf sous-maîtresses

Cette madame Anita que chante Clément Lépidis

Qu'il y soit allé au plus tôt, non en 1934 mais fin 35, n'empêche pas Clément Lépidis d'être, avec Louis Chevalier, le seul écrivain à avoir évoqué le 12, rue de Lappe dans son œuvre. « Chez Madame Anita » dit-il. Je désespérais de jamais trouver trace de cette Mme Anita lorsque, subitement, je suis tombé sur elle dans le dossier des archives de la police. Elle est mentionnée dans une note signée Warin – sur d'autres on trouve Varin –, chef du 4e bureau, du 10 juin 1940. Marthe, la patronne est autorisée à s'absenter pour un mois, du 8 juin au 7 juillet 1940… dates rêvées pour partir en vacances, les Allemands entrant à Paris le 17 juin ! « Elle sera remplacée pendant la durée de son absence par la nommée Anita Marguerétie, sous-maîtresse. »

En reprenant la liste des sous-maîtresses du Grand 12, on s'aperçoit que, dès le 8 octobre 1935, mais sans que soit précisé son surnom d'Anita, Pauline, Louise, Milliary, femme Marguerétie, demeurant 119, avenue d'Italie, née le 13 octobre 1898 à Paris 13e, avait été agréée comme sous-maîtresse. Elle était la deuxième en date, la première ayant été Louise, Françoise, Muller. Le 8 janvier 1936, Marthe, la tenancière, s'absente un temps indéterminé pour raisons de santé, elle pourrait être atteinte de tuberculose pulmonaire. C'est Milliary, *alias* Mme Anita, sa « secrétaire », qui présidera aux commandes du Grand 12 pendant son absence. On est à l'époque où Lépidis fréquentait l'endroit, il était jeune, il a cru qu'Anita en était la taulière…

Cette liste fait état de neuf sous-maîtresses qui se sont succédé ou côtoyées durant les onze années de fonctionnement du Grand 12, certaines, dont Anita, se retirant quelque temps et revenant plus tard. Au moment de leur agrément, la plus vieille a 53 ans, la plus jeune, 36… Anita, elle, allait bientôt souffler ses 37 bougies… L'une de ces sous-maques, Madeleine, Marie, Louise, Barthélémi, originaire d'Orléans, âgée de 41 ans, est déclarée habitant au 12 même. La police effectue des enquêtes de moralité. Anita, par exemple, est inconnue aux sommiers de la police au moment où elle reprend du service, rue de Lappe, en mai 1938. La dernière sous-maîtresse, Hélène, Augustine, Pelletier, née en 1891 à Beauvais, enregistrée le 19 janvier 1945, âgée donc de 53 ans et demi, demeure depuis dix ans dans un petit logement 173, rue du Temple, qu'elle loue mille quatre cents francs annuels, régulièrement payés. « Elle est seule, révèle la note de police, et ne reçoit aucune visite masculine. On ne dit rien de défavorable sur son compte en ce qui concerne sa conduite et sa moralité. »

Le jour que Lépidis a perdu sa fleur

Pour en rester à Mme Anita, un soir de fête, Lépidis nous la montre « poitrine apparente, moulée à l'abri d'un corsage noir, transparent. »[4] Chaque fois qu'il prononçait ce nom, il était ému, l'ami Clément : « Mme Anita ! » Outre *Monsieur Jo*, Lépidis la fait revivre dans *Le Mal de Paris*[5] et, surtout, dans *Des dimanches à Belleville*[6], le récit de sa jeunesse, au cours duquel il ne manque pas de nous relater la perte de sa virginité, chez Mme Anita justement…

Sous prétexte d'étrenner sa nouvelle voiture, une traction, une onze-chevaux Citron, Citroën c'est-à-dire, Maurice, le grand copain de Clément, l'invite à faire un tour rue de Lappe. Au passage, arrêtons-nous sur la description dudit Maurice, immanquablement parisien par l'allure et la faconde : « Le chapeau mou planté de côté, la bouille ronde, le sourire toujours prêt et sa manière de parler. » Sa scie, Maurice, quand on lui posait une question embarrassante, c'était de répondre à la manière du chanteur Milton : « J'ai ma combine ! » Clément l'apprendra plus tard : son propre père a soudoyé Maurice pour qu'il l'emmène au bobinard… Les souvenirs de Lépidis sont extrêmement vivaces. Toutes ces femmes nues, « il me semble, avoue-t-il sous l'émotion, aujourd'hui encore, en ressentir le frôlement contre moi. » Des Bretonnes, des Normandes, deux Alsaciennes, une Provençale, une Marseillaise de la rue Tubano, le Grand 12 était bien achalandé. Il y avait aussi Tiza, là nous revenons à *Monsieur Jo*, une Hongroise « qui se faisait appeler Danube à cause de son origine bien sûr, mais pour la grâce de sa chevelure qui lui tombait à flots sur les fesses et parvenait à lui cacher la raie ! »

Un soir de fête, toutes les notabilités du quartier ont été conviées, commissaire et député y compris, Privat a une aventure avec elle. Et après qu'il eut joué les *Nocturnes*, en l'honneur des deux poulets de faction devant la porte du bousin, « Danube, qui par atavisme en pinçait pour Johann Strauss, admit que la valse musette, grâce à Jo, c'était aussi quelque chose… La Hongrie connais pas, lui dit-il en s'égarant sur les deux faces de sa médaille, mais Belleville ou Ménilmontant, je pourrais t'y conduire pendant ton jour de repos ! Incorrigible Jo… »

« Je faillis l'appeler maman »

Clément, c'est avec Mado, une fille aux seins lourds, ronde un peu aux épaules et au ventre, le visage encadré d'une chevelure cendrée, ni belle ni laide mais sensuelle ô ! combien, qu'il monte pour la première des premières. Elle l'appelle « mon p'tit puceau » car, c'est bien connu, en ces lieux, qui plus est 12 rue de Lappe, à l'instar de l'or et des paillettes d'or, un puceau ça porte bonheur… Clément se déshabille puis, « de main de maître, se souvient-il, j'eus droit à une toilette en règle où je faillis l'appeler maman. »[7] Le ton de la suite est à l'avenant, narquois, autrement dit parisien, et même, pour saluer les origines de Lépidis, bellevillois en diable… La grivoiserie a ici pour fonction de masquer le sérieux de l'affaire en déguisant l'émotion en fanfaronnade. Se faire dépuceler à 15 ans, il n'y a pas vraiment de quoi en faire une affaire, même si, en sortant du 12, le jeune Clément aurait envie de dire aux flics en faction devant, que sans avoir l'âge réglementaire, il l'a fait quand même ! On est plus près de Gavroche que de l'effarement coupable de Borel ou de l'excitation intense mais retenue, toute en discours ethno-psychanalysant de Leiris. Que les façons respectives de ces trois hommes de rendre une réalité peu ou prou similaire sont différentes ! Un monde sépare l'intellectualisme parisien d'origine grand-bourgeoise de Leiris de celui, petit-bourgeois et provincial de Borel, et bien sûr, des repues popu et goulues de Lépidis.

On peut néanmoins être franc jouisseur et connaître des états d'âme. Quelques lignes plus loin, un demi-siècle après cette si exaltante première fois, l'humeur de Lépidis se rembrunit. En lui apprenant le plaisir, Mado lui a aussi fait le cadeau de la souffrance : « Ce que Mado m'avait offert – enfin ce qu'elle vendait – s'appelait l'amour, un mot qui me donne aujourd'hui à penser. Il ne se contente pas d'unir les êtres et de célébrer leurs noces. Il tue comme à la guerre, parfois sans prévenir, d'une balle dans le dos. » Clément Lépidis avait ses jardins secrets, il me l'avait confié un jour. Je ne pense pas qu'il s'en soit ouvert dans ses livres, respectons-les.

Le mal de la rue de Lappe

Dans *One Two Two*[8], Fabienne Jamet, l'ancienne taulière du 122, rue de Provence, l'un des plus chics bordels de la capitale, écrit : « Les femmes du 122 n'auraient jamais mis les pieds rue de Lappe, au Panier fleuri ou rue de Fourcy, et l'inverse était vrai. [...] Entre une femme d'abattage et la femme sélecte, il y avait une énorme différence. On aurait pu offrir à la première trois fois ce qu'elle gagnait rue de Lappe, elle ne serait jamais venue rue de Provence. La conversation, les poses, ce n'était pas son truc, ça l'aurait emmerdée. Elle, ce qu'elle voulait, c'était : Hop ! envoyez-moi un client après l'autre. [...] Comparé à la rue de Fourcy, où c'était toc, toc, toc, on aurait dit le jour et la nuit. » Fabienne Jamet a le mérite de préciser ce qu'était un bordel de classe et un bordel d'abattage, mais je pense qu'elle enjolive un peu la prétendue pute de luxe... Ce pouvait être les mêmes femmes qui allaient là ou là[9]. Admettons que, selon le niveau de l'établissement, elles devaient se conduire de façon un rien différente. Si j'en crois mon père, ni les femmes du Fourcy ni celles du Grand 12 n'étaient de si piteuse qualité. Rue de Lappe, Lépidis n'a que de bons souvenirs de cette maison aux banquettes en moleskine rouge et aux chambres tapissées de jaune et de rose. Les bruits de la rue frappaient les murs de plein fouet, il note encore... « On y entendait les autos, l'accordéon bien sûr, mais aussi des cris, des conversations, des voix mêlées à la démarche des filles. Rue de Lappe ! Rue des Auvergnats ! Rue à Bouscatel ! Rue à Péguri ! » Comme il conclut : « Il est loin ce temps-là ! » Et dire que depuis *Le Mal de Paris*, d'où ce cri du cœur est extrait, plus de trente ans ont encore foutu le camp...

Passe le temps…

Il remonte à loin, aussi, ce rapport administratif concernant l'état de santé d'une des quarante-deux pensionnaires soumises à la visite, le 31 mars 1939 entre 18 et 20 heures. Une maladie vénérienne, c'est vraisemblable. La chose était sérieuse car, avant que la direction le sache, la malade pouvait fort bien avoir contaminé un client. La sous-maîtresse en est quitte pour une convocation aux services de police concernés.

En novembre 1940, les Allemands occupent Paris depuis cinq mois. Les bals sont fermés mais les maisons closes ouvertes. Pour agrémenter l'ambiance de la sienne, Mme Bertrand a été autorisée, le 28, à y installer un phonographe automatique muni d'un amplificateur. Le rapport du 19 novembre, signé du commissaire de police, nous apprend que l'appareil « est un Busso-Phono avec disques, lequel est placé dans la salle d'estaminet. En face de la maison de tolérance se trouve le bal Balajo [qui est fermé], à droite un commerce de sabots, à gauche un commerce de comptoirs pour cafés [fermé également]. D'autre part, continue le policier, avant de pénétrer dans la salle d'estaminet, il y a un tambour qui attire le bruit. Mon expérience faite le 13 novembre a permis de constater qu'aucun bruit n'était perçu dehors et qu'il ne pouvait en résulter aucun trouble pour le repos et la tranquillité des voisins. Dans ces conditions, explique le commissaire, j'émets un avis favorable à la demande formulée par la pétitionnaire. »

Le 9 juin 1942, une lettre signée d'une des pensionnaires du 12, qu'elle appelle « chez Florianne », parvient à la brigade mondaine. Encore qu'elle soit bien dans les mœurs d'une époque réputée pour ses dénonciations, la fin de cette missive est surtout à mettre au compte des habitudes de certaines prostituées de collaborer avec la police, en échange du condé. Son auteur semble, il est vrai, choqué par certaines pratiques, certaines brimades, qu'elle et ses consœurs ont à subir de la part de la direction. La guerre et le marché noir ont tout pourri, c'est pourquoi cette femme se déclare prête à rendre des services, autrement dit à « passer à table », à « becter chez les poulets »…

Je livre, telles quelles, ses lignes : « J'ai constaté qu'au 12 rue de Lappe chez Florianne on faissai (*sic*) des amendes quand les femmes venai en retard 5 francs de 14 h à 14 h 30 10 F 14 h 30 à 14 h 45. 20 francs mais je crois que ce n'est pas marqué sur les livres car l'autre jour elle a réclamé mêmes à une personne qui était arrivé à l'heure. Pas supplémentaire même aux femmes se trouvant indisposée Enfin bien des choses que marché noir a tous cassé les types qui sont là font bien des échange tous monde fait son petit tripot depuis 2 ans que je suis la maison et bien d'autres si vous aviez besoin de mes services je vous les rendrais avec plaisir. Je vous envoie mes meilleures salutations respectueuses. »

Pendant l'Occupation, certains bordels, sélect pour les officiers et bon marché pour les soldats, étaient réservés aux Allemands, Romi en donne la liste dans son monumental *Maisons closes*. Il devait arriver que les interdits soient transgressés puisque, le 21 juin 1943, le 12, rue de Lappe reçut la circulaire B.T.B. Nr 324/43 II du commissaire divisionnaire Georges Veber de la police judiciaire stipulant qu'« en exécution en date du 18 courant des directives de M. le Chef de la Section Sanitaire du Grand Paris : 1) Il est formellement interdit de recevoir des ressortissants allemands en uniforme ou en civil. 2) L'affiche concernant cette interdiction sera apposée à la porte d'entrée d'une façon bien visible. 3) La maison devra être fermée à 23 h. 3) Toute infraction sera punie. La première infraction d'un mois de fermeture, la seconde de six mois, la troisième de la fermeture définitive. »

Le 26 avril 1944, une note de police est ainsi libellée : « La tenancière nous informe que le 24 avril 1944 dans le courant de la soirée, un client qui était monté en “passe” est décédé subitement d'une embolie au cœur. Le décès a été officiellement constaté par le commissaire de police du quartier. » Rue Lesdiguières, le commissaire Arnal m'avait appris qu'un accident de ce genre était survenu à un important personnage. « Il est mort sur le coup ! » la taulière avait eu ce mot, apparemment involontaire.

Le 6 octobre 1946, on ferme !

Mais, même les meilleures choses ont une fin… Par une lettre datée du 2 octobre 1946, en vertu de la loi du 13 avril 1946 et par arrêté du 23 septembre 1946, le commissaire Marcel Galy, commissaire principal de la ville de Paris, écrit, pour la dernière fois : « Avons mandé et notifions à la dame Beretta la fermeture de son établissement à dater du 7 octobre 1946. »

Chapitre 11

La création du Balajo

9, rue de Lappe, avant le Balajo

9, rue de Lappe, Martin Cayla ne mentionne aucun bal avant 1914. Question : depuis quand y danse-t-on ? Grâce à André Nussas, fougueux amateur corrézien du musette et de son histoire, et à Lucien Lariche, j'ai pu établir la lignée des patrons qui se sont succédé 9, rue de Lappe, à partir de 1903, date la plus ancienne à laquelle apparaît un nom sur le bottin : Bras (1903-1906), Lascroux (1906-1907), Guy (1907-1908), Dumas (1908-1914). Précisons encore que les inscriptions annuelles s'effectuaient le dernier trimestre de l'année précédente, si bien que Brel, répertorié en 1915, était rue de Lappe au minimum depuis octobre 14. On a dansé chez Brel, c'est une certitude : Lariche a un jeton à son nom. Ainsi n'est-il pas déraisonnable d'induire que la réouverture des bals en 1919 après l'Armistice est le point de départ de la danse, 9, rue Lappe. En 1920, Brel est encore marqué. Mais, hélas ! les bottins 1921 et 22 étant, soit introuvables, me dit Lariche, soit, aux Archives de Paris, en restauration, on ignore qui a tenu l'établissement ces deux années-là. En 1921 du moins, car, en 1923, donc en 22, Aldebert succède à Brel. Pour M.J.D., *alias* Henry-Jacques Dupuy, qui l'écrit dans « Du côté du musette », en juin 1971 dans *Variétés*, Aldebert, « était le véritable petit bal auvergnat, l'authentique petit musette, et fort connu des amateurs. » Aldebert restera jusqu'en 1927. M.J.D. fait arriver Albert Vernet, originaire de la Haute-Loire en 1930. D'après le bottin, et les souvenirs de Léon Agel, il y est déjà l'année 28, 1927 à la vérité.

Chez Vernet, au Vrai de Vrai

Que Vernet ait appelé son bal Au Vrai de Vrai traduit chez lui une volonté de prendre ses distances avec un musette et une clientèle essentiellement auvergnats, le souci affiché de faire parisien, à la coule. D'où l'intérêt de Carco qui, en 1932, dans *Traduit de l'argot*, nous a emmenés 9, rue de Lappe[1]. Des décennies plus tard, Henri Mahé et Agel, respectivement en 1969 et en 1993[2], nous entraînent aussi au Vrai de Vrai. Saisissante, la description de Mahé s'accorde avec celle de M. Francis : « Le Bal Vernet était certainement, parmi les musettes de Paris et de la rue de Lappe en particulier, de loin et de beaucoup le plus sordide de tous : murs nus jaunes et crasseux, à droite un triste zinc, quelques verres, quelques bouteilles… Au fond une estrade, accordéon, batterie et tout à côté une porte branlante indique W.-C. tracé d'un large pinceau noir malhabile… Des tables, des banquettes défoncées, pas de chaises [interdit par la police] ! Au plafond s'entrecroisaient, pendouilleuses, des guirlandes en papier, rebut de quelque ancien 14 Juillet… Fête et liesse ! Et aussi, au bout de leur fil, deux ampoules électriques, une blanche, une rouge alternant les effets d'éclairement miteux… »

En 1928, c'est chez Vernet que Léon Agel atterrit en premier, rue de Lappe. L'orchestre se composait, non de deux, mais de trois musiciens, Mahé a oublié le guitariste, Frédo. Charles Paroboschi, qu'Agel nomme Parachini, était à l'accordéon, et Dédé les Gros Yeux à la batterie, au jazz. Agel a commencé à « taper », à battre, à jouer de la batterie, là, au Vrai de Vrai, quand Dédé lui permettait de faire un bœuf. Contrairement à Mahé, Agel ne s'attarde pas sur l'aspect du bal. En revanche, ses précisions sont bien utiles à circonscrire, autant l'atmosphère du guinche que certaines mœurs oubliées.

À en croire Mahé, « pauvre Vernet » s'était laissé envahir par les « jeunâbres du mitan » qui, voulant prouver, imposer leur loi, « sortaient le soufflant en pétochant, mais qui tiraient à balles, les vaches » ! D'où ce jugement que « fallait les avoir franchement bien accrochées pour risquer une java chez Vernet » ! Celui d'Agel est moins tranché : « La clientèle ne se composait pas d'enfants de cœur. Il y avait un mélange de "petits boulots", midinettes et ouvriers, dont je faisais partie. Des petites bonnes qui venaient chercher l'aventure et les émotions fortes. Puis les durs, les macs, les gars de l'infanterie coloniale ou de la marine en perm'. Des "joyeux" et des "tricards" venus passer leur dernière "neuil" rue de Lappe avant de quitter la capitale, ainsi que les dames qui, entre deux passes, venaient en tourner une, avec leur homme ou une copine. » Le tout-venant auquel la Bastoche doit sa réputation… Pour ce qui est de la loi, charbonnier étant maître chez lui, grâce à Nénesse, un garçon de salle taillé en déménageur, Vernet la faisait respecter. Un client entrait, aussi sec Nénesse se pointait : « Qu'est-ce que vous buvez ? » Si le gars se montrait hésitant, Nénesse devenait familier : « Qu'est-ce que tu bois ? » Et, ma foi, si le velléitaire ne donnait pas de réponse claire, il « était vidé illico et se retrouvait projeté dans le rideau de fer de la boutique d'en face, avec des bleus et une bosse sur le crâne. » Ailleurs[3], Agel soutient que cette méthode expéditive pour laquelle Bousca, le Petit Balcon, Vernet et Noygues rivalisaient de virtuosité, était « indispensable, non seulement au fonctionnement, mais à la survie de l'établissement. » À l'égard des barbeaux à la mie de pain qui étaient « coupés », trop fauchés pour s'offrir un verre et que, vraisemblable, il connaissait, Nénesse transigeait : « Ça va, mon pote, donne-moi vingt ronds. » Explication d'Agel : « C'était le pourboire. Vernet n'avait rien encaissé mais Nénesse n'avait rien perdu… »

Comme quoi les habitudes persistent : Robert Lageat m'avait raconté comment le dénommé Delsouk, employé du Balajo, s'arrangeait pour, sur la feuille où sont pointées les consommations, en faire sauter, trois, quatre à la douzaine… Quant aux armoires à glace, que ce fût Nénesse en 1928, les regrettés Rémy Bayle, Daniel Schmid et consorts voici quelques années, le Grand Thierry aujourd'hui, le 9, rue de la Lappe en a toujours été pourvu ! Seulement, si, du temps d'Agel, c'étaient des gars de l'infanterie de marine qui, en bordée chez Vernet, cherchaient du suif aux caïds du coin, maintenant c'est une équipe de rugby qui se frottera aux videurs du Balajo… Enfin, une fois… J'entends Schmid, comme si c'était hier : « Un à un sur le trottoir, on les a couchés en raie de chocolat ! »

Le coup de la corde

Un détail instructif, un usage, que je relève pour la première fois, est signalé par Agel. Probablement était-il répandu dans tout Paris, mais Agel, sans s'y attarder outre mesure, ne le donne que pour l'As de Cœur de la rue des Vertus et le Vernet. Le voici : afin que personne n'échappe au paiement de la danse, à l'instant où les musiciens s'arrêtaient de jouer, les ramasseurs de jetons – achetés à la caisse –, ou de liquide – cinq sous –, encerclaient les danseurs « à l'aide d'une corde »… Chez

Vernet, écrit Agel, c'était le patron, son fils Albert et un gorille, Nénesse je suppose, qui se chargeaient d'emprisonner les guincheurs. L'encaissement terminé, « Roulez ! » ordonnait le taulier, musique et gambille repartaient… Un jour, raconte Agel, rue Basfroi, « Roulez ! » vient de lancer Thérizols, le maître des lieux. Milo le Chevelu, le batteur, descend de son perchoir et se couche sur la piste, comme pris de convulsions. « Qu'est-ce que tu fais ? hurla le taulier. – Tu dis : “Roulez”, je roule ! » Les plaisirs de la Bastoche étaient simples.

À relire nos sources utilisées jusqu'ici, à les comparer aux descriptions et avis d'Agel et de Mahé, il devient probant que ce dernier a commis quelques confusions. Pour Agel, à l'approche de 1930, et je le crois davantage puisqu'il a joué dans chacun de ces musettes, « incontestablement La Grille était le bouge le plus sordide de la Bastoche. » Plus que chez Vernet, qui, aux yeux de Mahé, battait tous les records… Aujourd'hui le Bar des Familles, La Grille se trouvait 21, rue de Lappe. Cet établissement, continue Agel, était tenu par la mère, soit Cas' Tout – dans ses écrits de 1954 –, soit, plus vraisemblablement et foin de la bienséance, Casse-Bites – dans *Titi des Enfants-Rouges*. Une ancienne sous-maîtresse haute en couleur, dépassant le quintal, qui ramassait elle-même la monnaie et se bagarrait si nécessaire… Mahé passe cette Grille totalement sous silence. Toutefois, lorsqu'il note que « chez la Marie, aux Trois Colonnes […], les lardoires sortaient pourtant facile, mais moins vicelardes encore que chez Vernet », j'ai l'impression qu'il commet une erreur en situant aux Trois Colonnes la mère Casse-Bites de La Grille qui, ainsi, se serait appelée Marie… Et ce parce que, d'après Agel, aux Trois Colonnes « les chercheurs de rififi avaient intérêt à réfléchir avant de s'y frotter. » La précision que, secondé par le garçon de salle et un videur, Marcel le gérant savait se faire respecter, laisse en effet supposer qu'on s'y battait peu. Entre outre, Agel ne mentionne aucune femme aux Trois Colonnes.

Le fait que les représentantes du sexe dit faible n'ont pas été légion à diriger un musette me permet d'inférer que Marie et la mère Casse-Bites étaient une seule et même personne… À ceci près que Lariche possède un jeton des Trois Colonnes ou est spécifiée la mention « Maison Marie ». Il l'attribue à Marie Prigent-Manéat, aux commandes de l'établissement de 1925 à 1929. Cette attestation est-elle suffisante pour qu'en désignant ce bal on ait dit : « Chez la Marie » ? Je ne sais quoi trop répondre à cette question… Nouveau mystère : à l'adresse des Trois Colonnes, 47, rue de Lappe, ce nom de Marie n'apparaît jamais sur les bottins. Lariche a trouvé Manéat en 1926, et seulement aux Trois Colonnes ensuite…

L'esprit et la mentalité de la rue de Lappe

À propos des Trois Colonnes, les souvenirs d'Agel cadrent assez mal avec ce qu'en relate Carco en 1929 dans *Images cachées*[4]. Agel passe vite sur la clientèle homosexuelle, pourtant le grand attrait de l'endroit : Carco, Galtier-Bissière, Lemarque, Montarron l'ont attesté. Agel cite simplement la « demi-douzaine de Jules et de Nénettes fringués à la mode de 1914 » chargés d'accueillir, à l'apache, les cars d'étrangers en goguette… Cette fois, je me demande s'il ne confondrait pas avec le Petit Balcon dont c'était, précisément, la spécialité… L'orchestre des Trois Colonnes comprenait l'accordéoniste Scatto et Agel – Carco avait dit un accordéoniste et un guitariste. À voir le brassage des musiciens à travers le Paris des bals, il est vrai que les choses étaient mouvantes. Titi Agel est dans le fil de Paul Chalier à la Boule Rouge : dès l'entrée des touristes, Scatto et lui attaquaient *Les Nocturnes* « accompagnés du bruissement d'une tôle, que j'agitais pour imiter l'orage. Pour corser l'effet, je tirais des coups de revolver "à bouchon" » Autre pratique, poursuit-il : « sur les conseils de Scatto, j'avais accroché un petit sac sur le côté de ma grosse caisse. Quand un client demandait une chanson, du bout de ma baguette je lui désignais la tirelire. »

Quelque temps après, en 1929, au Ladira, 18, faubourg Saint-Martin, bal réputé du milieu que nous avons visité antérieurement, Agel jouait avec Étienne le Bougnat, l'accordéoniste, et Albert Dubuque, banjoïste alto. Je ne résiste pas au plaisir de citer à nouveau Agel. À l'attention des femmes mariées qui fréquentaient chez Ladira en quête d'aventures, à 6 heures et demie, sur un coup de cymbale bien sonore, Titi annonçait : « Mesdames, la gambille est terminée, il est l'heure d'aller faire la soupe. » Sortie impensable de nos jours ! À l'époque des tapas et autres guacamole tex-mex, quel jeune connaît encore l'expression « faire la soupe » ? Quelle femme, mariée ou pas, s'en soucie ? Enfin, évolution des mœurs oblige, au XXIe siècle, hommes et femmes sont moins nombreux qu'autrefois à aller au bal l'après-midi.

Après ces quelques mots de mauvais esprit, revenons à la rue de Lappe, à sa mentalité. Agel insiste sur cette règle de conduite : « Dès que l'on pénétrait rue de Lappe on laissait son identité au coin de la rue. » Ses amis les musiciens du Vernet lui avaient en effet murmuré ce précieux conseil : « Si tu as l'intention de jouer à la Bastoche, tu devras imiter les petits singes. "Ne rien voir, ne rien entendre, ne rien dire" et faire ton boulot sans t'occuper des salades. » C'est à ce prix, en s'en tenant à ces principes, en restant à sa place, qu'Agel a pu être « accepté et respecté par les voyous ». Chalier était encore davantage sur ses gardes : « Jamais dans le métier, je ne me suis frotté aux maquereaux, aux petits barbillons qui hantaient les dancings. […] Je me méfiais. Bien des circonstances pouvaient provoquer des bagarres, des aventures dramatiques. Les musiciens n'étaient pas tous exempts de provocations… » se rappelle-t-il dans *Voyage de Paul à Pablo*.

Certes. Mais peut-être la mentalité, la mental' en argot, la loi du silence trop bien respectée, a-t-elle son revers de la médaille obscur, on s'en doute… Voici.

Le meurtre de Véronique Leclant

Fin 1934, le nouvel assassinat d'une prostituée à la Bastoche, Véronique Leclant, dite Monique, 30 ans, fait grand bruit. Le 29 novembre, *Détective* consacre à l'affaire une double page avec photos, dont celle d'un gamin vendeur de journaux brandissant *Paris-Midi*. En gros caractères on y lit : « Une femme ligotée et étranglée rue de Lappe ». Rue de Lappe, mais pas n'importe où… au 9, dans l'immeuble au-dessus du Vrai de Vrai de Vernet !

Macabre comptabilité

L'article de *Détective*, signé Emmanuel Carr, récapitule les assassinats de prostituées, à Paris, ces dernières années. 1) Pierrette Audoine, 5, rue des Tournelles, le 12 mai 1931. 2) À la même époque, rue de Fourcy, Louise Ramette, qualifiée par Carr de « fille de la Bastille » et Urbain, son assassin, d'« homme du milieu », alors que le 21 mai 1931, G. Rougerie, dans *Détective* déjà, voyait Louise en fille de salle et son meurtrier en garçon d'hôtel et frotteur… 3) Marcelle, ou Marcelline, Laubuge, rue Caron en 1933. 4) Marcelle Puissant, rue des Martyrs, tuée par un client furieux d'avoir été entôlé. La remarque est d'importance : trois de ces crimes sur quatre ont été commis à la Bastille, ou tout près[5].

Ce n'est pas tout ! Carr nous apprend qu'en juin 1934, une certaine Gisèle, « une brune au corps maigre qui vivait rue des Tournelles, avec son homme », lasse de faire le pied de grue, « s'en était allée danser rue de Lappe. On a vu sa mince silhouette traverser la place aux pavés gras et disparaître rue de la Roquette. » Pareil pour « la petite femme en noir », dont tout le monde ignore le nom, prostituée boulevard Beaumarchais, qui n'est jamais revenue après : elle aussi était partie gambiller rue de Lappe… J'ai l'impression que la rue de Lappe, à défaut de sa chaussée, a le dos large ! À tout prix, *Détective* veut sauvegarder la légende, l'« appel mystérieux des musettes », le magnétisme de la « ruelle lépreuse aux mille feux ». Je me garderai bien d'en tenir rigueur à ses journalistes, mais enfin, où se situe le sensationnel, où la vérité ? Je ne crois pas, non, que la rue de Lappe, ainsi que conclut Carr, ait jamais été ni soit « redevenue la rue maudite ». Antérieurs ou ultérieurs, les témoignages tendent à prouver le contraire.

Mais qu'incriminer alors ? Paris… le fait même de la grande ville, sa multitude, sa promiscuité… Au Moyen Âge, parmi leurs attributions, les *crieurs*, corps municipal officiel créé par Philippe-Auguste, avaient celles de *crier* les disparitions de personnes : « Aucune bonne certaine nouvelle /C'est une fille gente et belle /Qui n'a que l'âge de 15 ans /Qui s'est égarée en dansant »… La danse a toujours été associée au danger, à la perdition des êtres…

« Ma pauvre môme était courageuse à l'ouvrage »

En tous les cas, Véronique Leclant est retrouvée étranglée et ligotée au deuxième étage du 9, rue de Lappe, le mardi 20 novembre 1934, même si le docteur

Paul, médecin légiste, est formel : la mort remonte au dimanche 18, vers 3 heures 30 du matin. D'où le mystère et le début d'une enquête qui, comme beaucoup de ce genre, n'aboutira pas… À caus de la mental' de la Bastoche, de la loi du silence trop bien respectée, qui sait ?… Passionnant, le papier de Carr serait trop long à résumer ici. Au hasard de ses lignes on comprend que les lois réprimant le proxénétisme étaient moins strictes qu'aujourd'hui. En effet l'« homme » de Véronique, Lucien Laguet, qu'une photo nous montre, 28 piges, beau mec, chapeau à bord avant rabattu posé sur le côté et foulard, s'exprime en toute liberté : « Ma pauvre môme était courageuse à l'ouvrage ». Dès que Véronique l'a connu, explique-t-il aux enquêteurs : « elle ne voulut plus me voir travailler ! » De quoi vérifier l'adage selon lequel, le maquereau, c'est la femme qui le fait !… Lucien et Véronique habitaient ensemble à l'Olympic-Hôtel, mitoyen de l'hôtel de France où, à partir de l'année suivante, Jacques Borel demeurera plusieurs années.

Vraisemblablement, un homme introduit, ce Lucien, un homme du milieu car, aux boulevards il préférait que Véronique fréquente des « “maisons de rapport”, où j'ai des amis », il précise. Par exemple : rue Amelot au Caprice, rue Lesdiguières au Phare, puis au Soleil rue Caron, tantôt sous le nom d'Yvette, tantôt sous celui de Simone. Nulle méprise : Véronique était bien une femme de la Bastoche, même si elle avait aussi travaillé 106, rue de Suffren, puis au Caveau, rue Monsieur-le-Prince, au 9, et encore dans une taule d'abattage du quartier d'Italie, celle du 9, boulevard Auguste-Blanqui, chez Eugène. Emmanuel Carr ironise à froid, me semble-t-il, lorsqu'il rapporte que, dans un sanglot « d'une sincérité étonnante », Lucien Laguet lui déclare : « Elle serait toujours au “travail” si on ne me l'avait pas tuée »… Comme cynisme, on ne fait pas mieux que cette lapalissade, à moins que les mœurs de l'avant-guerre aient radicalement été différentes de celles d'aujourd'hui, ce n'est pas impossible…

Alibi médical, prostitution masculine et phénomènes sexuels…

Un habitant du 9, rue de Lappe, Raymond Tramecourt, sera finalement relâché par la police après avoir été interrogé vingt-huit heures. Des cheveux, des poils de fourrure « semblables, dit Carr, à celui [à ceux ?] du col du manteau de la victime », un mouchoir qui aurait pu lui appartenir avaient été retrouvés chez lui.

Un autre suspect s'en tirera par un alibi étonnant. Trois fois, *Détective* évoque ce cas : le 11 mars 1937, le 17 juin 1937 sous la plume de Montarron, et encore le 2 février 1939 sous celle de René J. Piguet. Voilà l'histoire : à l'heure du crime le suspect en question était chez le docteur x…, grand spécialiste des maladies pulmonaires. « Même qu'il était venu me chercher au Tambour, place de la Bastille, s'explique-t-il, pour lui rendre un service qui m'a rapporté deux cents francs… pour donner des soins à sa femme… » Encore fallait-il prouver la véracité de ces soins très particuliers ! Eh bien, vexé de la façon dont il avait été congédié « après satisfaction », le type avait relevé le numéro de la voiture du médecin. Interrogé à son tour, le célèbre Esculape reconnut courageusement les faits. Ainsi évita-t-il au « vigoureux escarpe » de se retrouver dans de « beaux draps » ! Ah ! ces grandes dames avides de la sueur des voyous et ces beaux messieurs scoptophiles…

Si l'alibi est étonnant, la pratique qu'il révèle l'est moins, elle est même consubstantielle au Paris interlope. Sans chercher midi à quatorze heure, la raison d'être de la rue de Lappe, c'est ça, le désir, l'amour. On se souvient, dans *Mon homme*, de Liane, la petite héroïne grande-bourgeoise de Carco, qui frétillait de s'être fait prendre à la hussarde par un vrai dans un coin sombre de la rue… Dans *Un mois chez les filles*[6], reportage sur la galanterie à Paris à la fin des années vingt, Maryse Choisy est invitée par Mrs Knox, une Américaine, à aller, à l'Étoile, dans une « maison d'hommes pour femmes ». Mrs Knox s'extasie : « Pas de vulgaires gigolos, vous savez ! Oh ! no ! des gentlemen, pour la plupart des princes russes. Le tarif commence à partir de deux cents francs… » Entre parenthèses, la même somme que le gars de la Bastaga a touchée, la nuit du meurtre de Véronique Leclant… Mais en guise de princes russes, Maryse Choisy reconnaît immédiatement deux têtes qu'elle a vues chez Roland, une « maison d'hommes pour hommes » de la rue Foyatier au pied du Sacré-Cœur : « L'un deux travaille l'après-midi ici, le soir chez Roland pour entretenir une jeune femme de Montmartre. »

À la lumière de ces deux exemples, il ressort que la prostitution n'était pas qu'une spécialité féminine. Les hommes s'y adonnaient également, encore que de fortes nuances seraient à établir entre prostitués mâles. Apparemment, le gars de la Bastille mis hors de cause par son alibi médical n'est pas homosexuel. Pour la morale phallocratique du Paris interlope, d'avoir été payé pour honorer la femme d'un monsieur de la haute n'entache en rien son honneur d'*homme*. Le garçon rencontré par Maryse Choisy chez Roland et dans le bordel pour dames, ne pourrait en dire autant : un bisexuel le qualifierait-on aujourd'hui – une *lope* ou une moitié de *lope* aurait-on ricané jadis…

Agel raconte que le patron des Trois Colonnes était aussi propriétaire d'un hôtel particulier près de la Madeleine « où l'on pratiquait kinésithérapie, bains et massages. » S'agit-il de Pierre Manéat, qui assistait Marie Prigent-Manéat, sa mère, à la tête de l'établissement ?

Agel évoque aussi le gérant, Marcel. En 1929, un Marcel Duffier a remplacé la mère et le fils aux Trois Colonnes. Il était né à Paris en 1903 et Marcelle, sa femme, dans l'Aisne en 1908. Plusieurs fois par semaine, poursuit Agel, le gérant, Marcel – Duffier ou pas Duffier ? – portait à la Madeleine au taulier des Trois Colonnes la recette de la rue de Lappe. Il est arrivé à Titi Agel de l'accompagner. La clientèle de ces bains était « spéciale » : « On y rencontrait des messieurs très chics. Certains étaient décorés, d'autres portaient une fleur à la boutonnière de leur veston. Rarement on croisait un couple. » Des filles et des jeunes gens y prodiguaient leurs « soins » pour reprendre le type du soir de la mort de Véronique Leclant. Derrière une glace sans tain, Agel est invité par Marcel à regarder « les ébats de deux hommes qui se faisaient sodomiser par des voyous. Je les reconnus, écrit Agel, comme faisant partie du "comité d'accueil" des Trois Colonnes ». Et à nouveau, voilà !… Finalement ils en faisaient, des choses, ces frappes de la rue de Lappe !… Et alors, comment ne pas se souvenir du chapitre « Les grands Fanandels » dans *Splendeurs et misères des courtisanes* de Balzac[7].

Les grands fanandels, ce sont, un siècle avant ce que nous racontons, la « fine fleur de la haute pègre. » Brossant la psychologie de ces « hommes énergiques » dominée par la passion, Balzac insiste sur « l'amour excessif qui les entraîne, *constitutionnellement*, disent les médecins, vers la femme »… D'où cette hypothèse, ce jugement, qui fait la part extrêmement belle à cette morale phallocratique dont les hommes de la pègre ont toujours été les thuriféraires : « L'amour physique et déréglé de ces hommes serait donc, si l'on en croit la faculté de médecine, l'origine des sept dixièmes des crimes. La preuve s'en trouve toujours, d'ailleurs, frappante, palpable, à l'autopsie de l'homme exécuté. Aussi l'adoration de leurs maîtresses est-elle acquise à ces monstrueux amants, épouvantails de la société. » On ne peut mieux dire !

Pour en revenir à nos escarpes de 1930, il est certain que ceux qui prodiguaient leurs soins à droite et à gauche étaient, sinon de monstrueux amants, du moins des individus qui, par leurs attributs le laissaient accroire ! Rue Saint-Denis, à Pigalle, théâtres érotiques et sex-shops commencent à passer de mode. J'ignore si les hommes qui s'y produisent, ou les acteurs de films pornos, sont des fanandels, des escarpes, mais toujours est-il que, pour ce qui est de l'apparence du spectacle, la règle première est qu'ils doivent *assurer* ! Il y a encore peu, rue de Lappe, il était un garçon réputé et envié pour ses mensurations intimes, nettement au-dessus de la moyenne à ce qui se colportait. Attention ! je n'ai pas dit qu'il était un voyou ni quoi que ce soit de désobligeant à son égard...

Quel méli-mélo que la naissance du Balajo !

Les débuts de Jo France, de la Bastoche au Balajo en passant par le Charonne's

D'après ce qui se dit depuis bientôt huit décennies, le meurtre des Véronique Leclant est à l'origine de la naissance du Balajo. En 1931-1932 rue de Lappe, son fondateur Jo France avait ouvert un bar, un cabaret, nommé La Bastoche que Georges Brassaï a immortalisé dans une de ces photos violemment contrastées de lumière électrique et de nuit dont il a le secret. Devant l'entrée de l'établissement se trouvent cinq personnes, à l'arrière-plan deux d'entre elles sont cachées par les trois autres, un homme et deux femmes. Casquette sur la tête, main négligemment mise dans la poche droite de son pantalon, l'homme fait affranchi. Je pense qu'il s'agit d'un modèle à qui Brassaï a demandé de frimer les durs car le gars apparaît sur d'autres photos. Il tient sa compagne par le cou, une blonde frisottée aux épaules recouvertes d'un grand châle. À la gauche de cette dernière, une brune, accroche-cœur sur le front, cigarette à la main droite et la main gauche posée sur la hanche, est adossée à la devanture constituée de petits carreaux que le flash de l'appareil de Brassaï blanchit d'un éclat brutal… Des mecs à la redresse et aussi des artistes fréquentaient La Bastoche. La rue de Lappe, et ça ne datait pas d'hier, était déjà une rue à la mode…

Des conversations des uns et des autres, je retiens le nom d'une certaine Jeanne, associée et amie de Jo France, sa maîtresse je suppose, plus âgée que lui. Ensemble, ils dirigeaient aussi le Charonne's Hôtel au 67, rue de Charonne, qui devait appartenir à cette Jeanne, Restani selon toute vraisemblance, ainsi que mon bottin de 1950 le révèle… Dans *La Brinquebale avec Céline*, une carte de l'écrivain de septembre 1936, est adressée à son ami Henri « Chez Jojo 67, rue de Charonne ». Mahé en profite pour donner quelques détails sur cet hôtel : « Bouge… Non, minute !… Rectification !… C'était un vrai cercle privé… », cénacle des lascars du milieu. « Au Charonne's, 67, rue de Charonne, pas un locataire ne bosse… Chacun tire sa pitance de coupures qu'il exploite peinardement, en sourdine et sans remords… » Pour y être admis, et Mahé se doit de rester dans le refrain bien connu d'une Bastoche mythique, « fallait être parrainé par des caïds saignants »… Des durs, des vrais, des tatoués ! comme lance peu ou prou Fernandel dans *Raphaël le Tatoué*, un film d'époque…

Le rachat du 9, rue de Lappe, et les révélations d'Auguste le Breton

Le vieux Vernet – car il y avait le fils aussi, Albert, qui ensuite a travaillé au Balajo –, le patron du Vrai de Vrai donc, était-il en relation d'affaires avec la malheureuse Véronique Leclant ? je ne l'affirmerai pas, mais il m'est arrivé d'entendre cette version. On se souvient qu'Auguste Boer, le patron de La Java du faubourg du Temple, avait été tué en 1928 pour une histoire de femme. Nonobstant sa bonhomie décrite par Carco, Boer était un marchand de viande, il plaçait les femmes dans les bordels. En tout cas, il avait été barbeau. Est-ce pour une raison analogue, pour intimider Vernet en quelque sorte, pour « lui faire ça à l'influence », que Véronique aurait été tuée ? On épiloguerait à perte…

Toujours est-il qu'à la suite de ce meurtre Vernet prit peur, raconte-t-on. Or le jeune Jo France, « le môme pour les potes », se sentait « le poids, poursuit Mahé, et aussi les possibilités de fournir de la belle marchandise », autrement dit une clientèle choisie, il acquit l'affaire. Enfin, lui, Jeanne Restani et Yves Didou, le Grand Yves, dont un portrait, peint par Mahé, orne l'entrée du Balajo. Privat me disait même que le dénommé Raymond, surnommé le Bien-Aimé, vu que les autres étaient un peu justes, avait avancé dix mille francs, sur les quatre-vingt mille que coûta l'établissement… Par rapport à la participation du Grand Yves, Auguste le Breton, qui savait beaucoup de choses du monde interlope, affirmait que c'est grâce à « une madame qui se défendait sur le bitume[8] » que Didou avait pu y aller de son pied… Dommage qu'il fût impossible à Auguste de révéler le nom de ce ténor du barreau qui contribua si généreusement à la création du Balajo !

Henri Mahé, pote de Jo France et de Louis-Ferdinand Céline

Mahé et France s'étaient rencontrés à l'armée, fin 1932, au Val-de-Grâce, où, malades l'un et l'autre, ils se retrouvaient alités, Jo pour son asthme chronique, Henri pour une sclérose pulmonaire. L'amitié naquit aussitôt et trois, quatre ans plus tard, Jo n'eut qu'à demander à Henri pour la décoration de son nouvel établissement. Mahé, dit Riton la Barbouille, s'était fait connaître dès 1927 à l'âge de 20 ans, par ses peintures de personnages et de scènes de cirque ainsi que par ses enluminures de *Carnaval* d'André Doderet chez Marcel Seheur, éditeur. En 1929, c'est décidé, Mahé vit sur la Malamoa, une péniche qu'il amarre d'abord quai d'Anjou puis quai des Tuileries. Il y reçoit tout Paris, relate son biographe Éric Mazet[9]. Le personnage est étonnant, fantasque, argotier en diable, il est de la rue Mouffetard. Il se pourrait bien que Céline lui ait emprunté le rythme oral de sa fameuse petite musique… À lui et à Gen Paul, autre peintre, natif de Montmartre, autre dévideur de jars de renom, et habitué du Balajo de cette époque : « Voyez terrasse ! » tonitruait-il à l'adresse des louffiats pour se faire servir. Mahé, c'était de notoriété, était porté sur la bouteille. Et aussi les « goélettes », « trois-mâts », et « clippers », comme, avec Céline, en Bretons amoureux de la mer, des bateaux, et des femmes qu'ils étaient, ils s'amusaient à classer ces dernières par ordre croissant… Encore qu'en évoquant les ardeurs de Mahé, Jean Deschamps ne m'ait parlé que de Maguy, son épouse, qui, au bout de quelques années, avait des difficultés à tenir le rythme élevé d'étreintes quotidiennes auxquelles il la soumettait : dix, voire douze, ce qui fait vraiment beaucoup ! À savoir si une particularité physique de Maguy n'était pas à l'origine de ce désir irrépressible ? En 1991, chez Gallimard, dans *Eliza-*

beth & Louis – Elizabeth Craig parle de Louis-Ferdinand Céline, ladite Elizabeth – la compagne américaine de Céline entre 1924 et 1934 – a révélé à Alphonse Juilland le « problème de la pauvre » Maguy. « Cela n'avait pas dû être facile, raconte Elizabeth, mais elle m'avait attrapée par l'épaule, et m'avait dit : "Viens dans ma chambre, il faut que je te montre quelque chose." Je me demandais bien de quoi il s'agissait. Elle dégrafa son corsage, et il y avait des poils sur la totalité de sa poitrine et de ses bras. Elle était comme un petit singe. » En recoupant ce témoignage avec celui de Deschamps, force est de constater que les poils, ceux des femmes, Mahé en était probablement grandissime amateur.

En 1930 il décore le 31, cité d'Antin, un bordel à propos duquel Céline écrit un texte. Puis c'est le Rex de Jacques Haïck, le Biarritz, cinéma de la rue Quentin-Bauchart, le Paramount, et le Normandie, le paquebot qui terminera sa carrière dans les flammes à New York en 1942, que Mahé agrémente de deux fresques. À noter qu'avant le Balajo et avant de connaître Jo France, Mahé fréquentait la rue de Lappe puisqu'en 1929 il expose au Salon d'automne un tableau intitulé le Bal Vernet. Dans les bras de Roger Lécuyer, un ami commun, compositeur de chansons, en train de guincher, Mahé a immortalisé Elizabeth Graig, à qui est dédié *Voyage au bout de la nuit*. Ce qui nous permet d'induire que Céline, à la fin des années vingt, allait rue de Lappe, endroit à la mode de Paname. On peut même se demander si, avant le Val de Grâce, France et Mahé ne se seraient pas rencontrés à la Bastoche… J'ai tendance à le croire.

Le décor du Balajo

Au début, le Balajo, le petit Balajo, comme on le désigne, avait les dimensions du Bal Vernet, c'est-à-dire du bar actuel. Pour résumer son inspiration du décor du 9, rue de Lappe, Mahé a une phrase superbe : « C'est dans l'humide grisaille que je conçus le Balajo exaltant, magnifiant mon rêve d'une lèpre parisienne vibrante sous la tendre lumière d'une nuit étoilée… » L'humide grisaille étant celle de Camaret où il passe l'hiver 1935 à bord de son cinquième bateau, l'Enez Glaz. Pour les dancings-musette, rappelle Mahé, la mode, jusqu'alors, était « à la fresque entrelardée miroirs, et lumière ampoulée guirlandes », celle-là même que Carco a autrefois détaillée avec minutie. Eh bien : « Fini ! Tintin ! gouaille Riton. Moi j'allais construire un décor et sans bouffer un centimètre carré sur l'emplacement ! Ah !… » Ce que signifie la décoration du Balajo, Mahé l'explique lui-même, et là on ne peut oublier que son ami le médecin Louis Destouches, *alias* Louis-Ferdinand Céline, était un hygiéniste, un spécialiste de la médecine sociale. On est dans la misère bien parisienne de l'entre-deux guerres à l'hygiène incertaine : « Le miteux claquemuré, au premier rayon de soleil ou de la lune se cloque à rêver, écrit Mahé dans son style, un style célinien à la vérité… Son taudis, sa cour, la rue prennent des airs de fête. La pierre chante, la crasse se dore sur tranches, le tas de gravats se déguise carrosse, les rats sapés cochers velours et rubans… C'est le conte de fées ! Il est chez lui et chez lui c'est vachement chouette !… Entre deux pans de murs, tout là-bas, il aperçoit la Butte aux mille fenêtres scintillantes, surplombant la ville ! Mince de rêve ! Il refilerait tout son oseille pour que ça dure un rêve comac… » Étonnant !… Qui aurait jamais soupçonné que le décor du Balajo était un antidote esthétique, onirique, à la pauvreté ?

Quant à savoir ce que représente ce décor : « Voilà ! C'est une petite place : la "Place des bons garçons" ! Au fond ! La Butte ! La Butte qui, sous un ciel étoilé, reluit de toutes ses fenêtres chaotiques. Au-dessous, un carrosse abandonné !… On juchera l'orchestre dessus ! Ceinturé lampions ! Tout autour des relans (*sic* !) de zone : l'hôtel du n° 3 ! L'assommoir "O.20.100.O." ! La palissade aux affiches multicolores caf' conc'! Le petit pommier en fleur ! C'est le printemps qui pousse ! Et jusqu'à l'humble marchande de violettes. Tout ça, relié géométrie et perspective, lumières indirectes tamisées et becs de gaz se reflètent dans le mur de droite tout en glace planimétrie, illusionne et double le volume du bocal exigu… » Un mot de Céline daté par Mahé de 1936, à en-tête du 98, rue Lepic où il habitera jusqu'en 1940, ne tarit pas d'éloges sur ce *bal à Jo* : « Je sors de chez Jojo. Tout à fait ébloui par la qualité de son bal. Un vrai petit triomphe de goût, d'amusette, de malice et de coquine poésie. » Et il ajoute : « S'il y avait un tyran je l'emmènerais tout de suite ce bal au musée. Ce serait du temps de gagné pour nos fils qui n'en reviendront jamais. C'est assez curieux, ne sauront plus en faire autant. »

L'ouverture du Balajo

1935 : le petit Balajo, 1936 : le Balajo

Après le décor, Mahé évoque le jour de l'ouverture du Balajo, l'anecdote du piano qu'il fallut scier « sur toute sa longueur, au ras des cordes » car il était trop grand pour le « plateau suspendu au fond » où devait se nicher l'orchestre – Roger Labbe, phénomène de l'accordéon, premier du *hot*, Frédo la Guitare et Albert la Batterie… Mais, de quelle ouverture s'agit-il ? D'après ce que je comprends et sur la foi de documents compulsés en

1979 quand j'ai écrit *Robert des Halles*[10], le Balajo a ouvert deux fois : en 1935, lorsqu'il n'était que le petit Balajo, et la seconde, un an plus tard, agrandi. Or, si je suis bien Mahé, il décrit le grand Balajo, la place des bons garçons, etc., mais en évoquant le petit Balajo... Voici en effet la suite du courrier de Céline : « Jojo est un peu démonté par les dimensions du bocal. Il le trouve trop petit pour la traite des miteux. Il n'en tient, n'en dégage pas assez d'un coup. Vive l'ypérite ! » La « traite des miteux » : fidèle à lui-même, Ferdine, que Mahé appelle plutôt Louis, son véritable prénom, n'y va pas de plume morte avec la clientèle du Balajo, à moins qu'il ne faille y voir, pourquoi pas, un jeu de mots sur miteux et mitan, le milieu... La « traite des miteux », la façon de traiter ceux du milieu, les petits du milieu, les seconds couteaux, les porte-flingue...

Et Mahé de poursuivre : « Jojo, avec son sens des affaires, acheta la cour attenant au bal, et j'agrandis le Balajo... » Ce qui montre bien que les explications précédentes, et vraisemblablement aussi les lignes de Céline, renvoient à 1935, à l'ouverture du Balajo première manière. Je l'ai dit dans *Robert des Halles* et Éric Mazet l'affirme également[11], l'inauguration du grand Balajo s'est faite le 18 juin 1936 en plein Front populaire. Il a fallu à Mahé et à ses compagnons, « moitié ouvriers spécialisés, moitié truands que ça faisait rigoler de se salir les pognes », soixante-trois jours pour ficeler le boulot, du 15 avril au 17 juin donc.

La Revue de l'accordéon et Détective retardent !

En juin 1936, dans le n° 13 de *La Revue de l'accordéon et du bal-musette*, le Balajo n'est toujours pas mentionné. Dans la rubrique « Où jouent-ils ? », on lit : « Paraboschi Ch., au Bal Vernet ». Peut-on penser que, des mois durant, la revue de Louis Péguri ait continué de citer le Bal Vernet en ignorant que le Balajo, fût-ce le petit, lui avait succédé ? Voilà qui est étrange. En tout cas, aucune mention du Balajo avant le n° 15 de septembre 1936 : « Labbe, au Balajo ». Je ne sais qu'en conclure. D'autant que, dans son n° 22 de juin-juillet 1937, un an après l'ouverture du 18 juin 36, *La Revue de l'accordéon* signale : « Après d'importantes transformations, le Balajo vient de faire sa réouverture. C'est maintenant un des principaux bals-musette de la rue de Lappe, avec un cadre que ne renierait pas un dancing à la mode. L'orchestre, toujours sous la direction du réputé et sympathique accordéoniste Labbe, a été renforcé de plusieurs éléments, ce qui ne sera pas pour déplaire à une fervente et nombreuse clientèle. » Combien donc d'ouvertures et de réouvertures y a-t-il eu ? Avec Privat, même lui, d'un côté, Mazet de l'autre, nous nous sommes perdus en conjectures. Il est vrai que la Chatouillette, le petit espace qui sépare la salle de danse du bureau, a été aménagée plus tard, cette fois-là qui sait ?... Toujours est-il que *Détective* n'annonce la création du Balajo que le 17 juin 1937, sous la plume de Marcel Montarron : « Un autre bal, l'ancien Vernet, qui s'appela aussi le Vrai de Vrai, va s'ouvrir sous le nom de Balajo. » Va « rouvrir » passerait encore, mais « va s'ouvrir » ?... C'est à ne plus rien y comprendre : en juin 1937 le Balajo existait depuis, au minimum, un an !

Le Balajo et Bousca

Sans modestie aucune, Mahé affirme que le Bousca Bal, le roi de la rue de Lappe avant le Balajo, essaya vainement d'en copier le décor : « Duraille !... Loupé ! Le grand bal tabou Bousca périclita... Et il sombra... Corps et biens... Petits et grands effets d'un décor... » Rappelons quand même à feu Riton que Bousca ne ferma ses portes qu'en 1963, et que, jusqu'à cette date, en près de trente ans, il eut le loisir de connaître des belles nuits à foison ! La vérité est qu'au milieu des années trente, les dancings-musette ont presque partout remplacé les bals-musette et relégué la pratique du « Passez la monnaie » au musée des us et coutumes parisiens. À des fins de prestige, d'attrait de la clientèle, et ainsi de rentabilité, chacun de ces établissements est en quête de perfection. D'où ces travaux, ces remises à neuf répétées dont le but est l'éclosion d'un style, d'un esprit renouvelé portant en lui tous les charmes et sortilèges inclus dans le vocable de « Paris » ou de « Paname » qui, à l'orée de la Seconde Guerre mondiale, reste la référence en matière de plaisir. Rue de Tanger, on s'en souvient, en se métamorphosant en dancing-musette, le Tourbillon a acquis ses lettres de noblesse. Rue de Lappe, ça sera le Balajo… Aussitôt, c'est de bonne guerre, le Bousca cherchera à se mettre au diapason de son voisin, comme il l'avait jadis fait par rapport au Petit Balcon du passage Thiéré. De mai 1936 au 1er juillet, simultanément au Balajo, ce qui surprend puisqu'ainsi la rue de Lappe était privée de deux de ses établissements phares, Bousca avait fermé.

En février 1937, dans *La Revue de l'accordéon*, une photo montre le nouveau décor derrière l'orchestre Fernando-Casimir Coïa fils : la proue d'un immense paquebot. Huit musiciens en chemise et cravate sont sur l'estrade : les deux accordéonistes, deux guitaristes, un banjo je crois, une contrebasse et, me semble-t-il, un pianiste et un jazz, un batteur. En juin-juillet 1937, *La Revue de l'accordéon* revient sur ce tout récent masque de beauté : « Le Bal Bousca vient d'effectuer son 4e ou 5e agrandissement. C'est maintenant une très grande salle qui, à notre avis, malgré de très jolis décors, a perdu de son ambiance. Question d'habitude, peut-être. En tout cas, il nous semblerait de toute utilité d'augmenter l'excellent orchestre Fernando-Casimir de deux unités, étant donné l'importance de la salle. » Alors

Henri Mahé aurait-il raison de dater le déclin du Bousca de l'éclosion du Balajo.

Jo France inaugure son bal…

Éric Mazet, biographe et aussi légataire d'Henri Mahé, m'a aimablement communiqué un article du *Sourire* du 27 juin 1936, n° 999, relatant l'inauguration du Balajo. « La guerre des bals », il s'intitule, ce qui ne correspond pas à la teneur générale du papier signé A. Barancy, Aimée Barancy, une journaliste amie de Mahé, puis de Céline. « Qu'est-ce que Jo ? – Jo France bien sûr, se demande Aimée Barancy – Un gars qui s'intéresse à la peinture : il a commencé par ouvrir le bar de La Bastoche, et puis il a tant bossé, tant ramassé de clous et de bouts de ficelle, et veillé au grain (comme les Cognacq-Jay dans le temps, à la Samar…), que le voilà maître d'une bâtisse considérable qu'il a confiée au peintre Mahé. » Effectivement la vie de Jo France, plus tard patron du Rex, du Moulin Rouge, du Quick Élysées, et d'autres établissements de renom, inspirateur du casino du Ruhl à Nice, a démontré son sens aigu des affaires. « Un garçon prodigieux ! » s'enthousiasmait Jean Deschamps à son propos et, à lire le passage qu'André Pousse lui a consacré dans son livre *Touchez pas aux souvenirs*[12], je subodore que Dédé, qui avait été son directeur au Moulin Rouge, se serait associé à l'éloge… Comme quoi, à l'instar du journalisme, la rue de Lappe mène à tout, à condition de… Jo France est mort en juillet 1993.

Le soir de l'inauguration du Balajo, Aimée Barancy note la présence du docteur Camus, ami de Céline et de Mahé, alors médecin-colonel, « ami des belles lettres et des belles tout court, critique avisé », le dépeint Mahé ; du compositeur Lécuyer, déjà évoqué, et qui, pour la circonstance a écrit *La Java du bal à Jo* ; de la chanteuse

Lys Gauty aux beaux yeux verts… Orane Demazis, Marguerite Moréno étaient de la fête ; Romi, écrivain et dessinateur qui « croque sans trêve des profils aux bouches nouées »… Si, maintenant, on se reporte à *Monsieur Jo* de Clément Lépidis, il y avait aussi Mistinguett ; Boubal, le patron du Flore ; Derval, celui des Folies-Bergère ; O'dett, le prince de Pigalle ; Georgius le chanteur… Et également, si l'on retourne à l'article de Barancy qui l'annonce ainsi : « Regardez bien… c'est par ici que va apparaître Louis-Ferdinand Céline… » Cinquante-sept ans plus tard, alors qu'avec Robert Lageat nous nous apprêtions à fêter la sortie de notre *Des Halles au Balajo* – le 22 février 1993, au Balajo bien sûr –, le hasard a voulu que je tombe, vingt jours plus tôt, le 2 février, rue Mouffetard, sur mon vieux condisciple du lycée Charlemagne, Frédéric Vitoux, biographe de Céline, aujourd'hui académicien. Outre son épouse, une dame âgée, belle et très alerte l'accompagnait. « Madame Destouches », Vitoux me l'a-t-il présentée… Mme Céline, oui !… La conversation vient sur mon livre, sur le cocktail du 22 février suivant au Balajo… Mme Destouches me déclare qu'elle aussi était à l'inauguration, le 18 juin 36, avec Céline, son futur mari.

« Le chef-d'œuvre des bals-musette »

Le Balajo qui, en ce début de XXIe siècle, a *grosso modo* gardé sa décoration, était qualifié par Aimée Barancy de « plus grand bal-musette du monde », superlatif qui n'était pas usurpé. La photo accompagnant l'article du *Sourire* a, pour légende : « Un bal “atmosphérique” rue de Lappe ». Outre la surface, c'était ça la nouveauté du bal de Jo France, ce côté ventilé, atmosphérique… Les bals-musette étaient bas de plafond : au contraire, le Balajo est vaste de volume. « Ça a fait sensation, m'avait raconté Jo Privat, le cadre de Mahé, ce truc atmosphérique… des espèces de grosses cheminées en hauteur aspiraient la fumée tandis qu'en dessous des banquettes venait de l'air frais, ou de l'air chaud… Dans les bals-musette, d'habitude y avait une fumée terrible… avec ce système ça sentait pas mauvais, ça planquait toutes les odeurs… » À dire vrai, si l'on a bien suivi les mues du bal-musette en dancing-musette, *stricto sensu,* le Balajo, par sa taille, par le luxe de son décor, par son modernisme, n'était en rien un bal-musette mais, de façon plus précise, la forme la plus achevée, la plus parfaite, la plus bath du dancing-musette. Sur l'une des nombreuses affiches qu'il a dessinées ou peintes pour le 9, rue de Lappe, Mahé n'hésitait pas à écrire : « Balajo, le chef d'œuvre des bals musette ». Je pourrais le chicaner sur le terme de « bal musette », mais pas du tout sur celui de « chef-d'œuvre »… Est-ce parce qu'effectivement le Balajo était un dancing, ou plutôt parce que Jo France n'était pas auvergnat, je l'ignore : il n'appartenait pas à la chambre syndicale des propriétaires de bals-musette, mais au groupement des cabarets, m'a appris Jean Deschamps. Bal à Jo, Balajo, au fait, qui a eu l'idée, réussie de ce nom ? D'après Mazet, c'est Mahé. Dont acte.

Mahé s'emmêle crayons et pinceaux…

Mahé a bien failli décorer La Java. C'est l'occasion pour lui de nous présenter une figure de la Bastoche, le Grand Phonse, un fortiche qui « maquereaute les truands. » À l'estomac il les cloque dans des combines imaginaires, aider Truc ou Machin : « J'en mets dix, mets le reste ! » Et le Grand Phonse de s'enfouir vingt sacs dans la fouille, à fonds perdus…

Un jour, dans sa tire grand luxe, il emmène Riton la Barbouille à La Java, faubourg du Temple : « Ils te veulent pour le décor !... » Et, légende du musette oblige, Mahé nous fait le coup des brownings qui claquent, un lascar perd son raisiné, etc. De retour rue de Lappe, Mahé en cause avec Roger Labbe, l'accordéoniste du Balajo, qui s'exclame : « La Java ! La Java ! J'en sors ! Très peu pour moi ! Les deux patrons d'avant ils ont sorti leur pétard, ils ont tiré chacun un coup et ça a fait deux morts !... » Indubitablement, il s'agit de l'affaire Boer, vieille de plus de quarante ans à la parution du livre de Mahé, en 1969. Ce ne sont d'ailleurs pas les deux patrons qui se sont tués, mais le patron et un type avec lequel il avait un contentieux. Labbe, un soir, avait affuré « une bastos dans le biniou », l'accordéon en argot des musiciens... Quant à Mahé, le temps de faire les esquisses, « le patron s'est fait flinguer dans son bal et "de famille" encore !... » Assertion fantaisiste, j'en suis à peu près convaincu, car, ni dans les témoignages que j'ai entendus, ni dans les faits divers que j'ai lus, je n'ai eu vent d'une autre taulier de La Java, blessé ou tué.

Hélas ! Céline n'a rien écrit sur la rue de Lappe...

Que l'avis de Céline lui importât beaucoup, Mahé nous le fait sentir. À preuve cette carte qu'alors il reçoit : « Que te conseiller pour ce bal ? Cela dépend de l'état de tes finances [...]. Réussir c'est ruser, tromper la vie. Trompe. Trompe. Louper ce bal, c'est peut-être grave. Un os en amène un autre. Je suis si petit de nature qu'il me semble toujours effrayant de chichiter sur un boulot... » J'ai sciemment omis un passage que Mahé redonne plus loin, après le prétendu nouveau meurtre du patron de La Java, passage des plus céliniens : « C'est la vie. Le banc, la galère et la rame. Petit temps, gros temps. C'est tout et du fouet. La réalité, toute la réalité n'est qu'horreur et souffrance. » Ah !

dommage que Céline n'ait rien écrit sur le musette, sur le quartier de la Bastille, un Guignol's Band qui se serait déroulé, pas à Londres mais à Paname… Appréciait-il la Bastoche, dansait-il ? Je l'ignore. En revanche, à deux reprises, Mahé, dans sa *Brinquebale*, évoque Céline par rapport à l'accordéon. La première, dans un mot non daté d'avant 1931, Destouches écrit à Mahé et sa femme : « Voulez-vous monter chez moi dimanche avant d'aller dîner. On irait ensemble à l'accordéon »… Quelques lignes plus loin, Mahé explique que l'accordéon en question, c'est le Petit Jardin : « Puis nous partîmes vers l'accordéon… Au Petit Jardin, un bal musette avenue de Clichy… » De la rue Lepic, Céline n'en était pas très éloigné. La seconde fois, le 2 octobre 1933, il s'adresse encore à Mahé : « Veux-tu accueillir amicalement M. Marceau Verschuren, accordéoniste et compositeur de grand talent, dont je t'ai parlé. Tu sais mieux que moi le sens et la portée de cet art. » Ledit Marceau (1902-1990) était un nom de l'accordéon[13]. Céline le sous-entend, il ne s'y connaît pas trop, et moins que Mahé…

Jean Deschamps m'a dit avoir vu Céline quelquefois, sans plus. Il semble, je reprends Mazet, que les rapports entre Céline et Jo France, tous deux proches de Mahé, aient été de franche camaraderie. Je suppose que le premier taulier du Balajo était un marrant, tout à fait dans le ton de la Bastoche de ces années-là… Romi, un jour, me l'a appris : France n'avait pas son pareil, lorsque recevant un ami en son établissement, il lançait à ses serveurs : « Et une rouille dans le pot de chambre, une ! » À savoir : « Une bouteille de champagne dans le seau à glace ». Nul doute que les oreilles de Céline n'aient été enchantées de ce genre de vanne à la grouille !

Chapitre 12

Instantané : les musettes de Paris en juin 1937

Le prétexte de l'assassinat de Laetitia Toureaux

À plusieurs reprises nous avons cité la série des trois articles, « Les musettes de Paris », de Marcel Montarron, parue dans *Détective* les 10, 17, et 24 juin 1937. Sa justification en est le premier meurtre à avoir eu lieu dans le métro, celui de Laetitia Toureaux, retrouvée tuée le 15 mai 1937 à Porte-Dorée dans la rame qu'elle avait prise à Porte-de-Charenton, la station précédente. Histoire bien connue, montée en épingle par la presse, dont l'énigme n'a, une fois de plus, jamais été résolue… Ce jour-là, Laetitia, d'origine italienne, revenait de Maisons-Alfort, de l'Ermitage, un dancing situé au bord de la Marne dans le quartier de Charentonneau, 2, quai d'Alfort, où, tout l'après-midi, elle avait dansé au son de l'accordéon de Jean Salimbéni. En 2001, dans *36, quai des Orfèvres – Le dossier*, paru chez Grancher, Roger Le Taillanter fait état d'une « bien étrange lettre » reçue, en 1962, par Max Fernet, le directeur de la police judiciaire. Sans révéler son nom ni son adresse, un médecin à la retraite s'accusait du forfait. Plusieurs fois, Laetitia l'avait éconduit. Le dimanche fatal, furieux et jaloux, le carabin qu'il était alors l'avait attendue à la sortie de l'Ermitage. Il avait « suivi en voiture le bus dans lequel elle était montée, explique Le Taillanter. À la porte de Charenton, il était entré derrière elle dans la voiture de 1re classe et l'avait poignardée sans lui laisser le temps de pousser le moindre cri. Il avait ensuite redressé et calé le corps qui s'effondrait, avant de quitter le wagon pour remonter aussitôt dans le suivant, en seconde classe, avant que les portes se referment… » Le Taillanter précise que certains détails, inconnus du public, accréditaient le fait que l'auteur de la lettre pouvait être l'assassin. Mais voilà, la prescription imposait sa loi : « la lettre fut classée. »

À l'époque de sa mort, Laetitia tenait le vestiaire chez Fageon, le musette du 24-26 rue des Vertus dans le 3e, à l'As de Cœur, ce qui explique le battage qui s'ensuivit sur le Paris louche des musettes et du milieu… « L'As de Cœur, quel mirage pour un cœur de 20 ans ! Ici on danse ! Et tandis que se nouent les valses à petits pas, le fantôme d'une morte rôde sous la lueur rouge des néons… » lit-on le 3 juin 1937 dans *Détective*. Toujours ambigu du point de vue de l'éthique, l'hebdomadaire, tout en mettant en garde, ou plutôt, en *paraissant* mettre en garde contre la perversion qui peut naître des bals et des dancings-musette, ne cesse d'en exalter la poésie, sanglante de préférence… Il n'est que d'examiner les sous-titres des trois articles de Montarron pour s'en persuader. Le 10 juin, à la une, on lit : « À travers les "guinches" où l'accordéon entraîne les couples des faubourgs vers le plaisir et l'amour » ; le 17 juin, toujours en première page : « Sous les feux des rampes électriques, les couples "guinchent". Des romans d'amour s'ébauchent qui se terminent parfois dans le sang » ; et le 24 juin, enfin, en dernière page cette fois : « Suite de l'enquête de Marcel MONTARRON à travers les bals où les excès de la pègre d'autrefois ne sont plus qu'un souvenir décoratif… »

L'âme populaire hantée par la fatalité

Au-delà des contradictions qu'on y relève, on peut se demander si cette fascination de la mort et la teneur scabreuse de ces manchettes et des papiers en général de *Détective* sont tant son fait propre à des fins mercantiles que celui du réalisme, maître-mot de l'art populaire, du moins pour ce qui est d'une certaine littérature, d'une certaine chanson et d'un certain cinéma. *Détective*, c'est la diffusion à très grande échelle, à très bon marché l'unité, le numéro chaque semaine, de cet inlassable cache-cache de la vie et du trépas, avec victoire finale de la mort, qui hante l'âme populaire de l'époque, qu'on nomme la fatalité.

Ainsi, aucune surprise si, des textes de Montarron, se dégage une impression à la Carco, le Carco des mutations inéluctables. Thème majeur appartenant autant à Paris qu'à M. Francis, ce qui, en l'occurrence est un pléonasme, la nostalgie prime. Mais un cafard dont, à la différence de Carco qui, submergé qu'il était par ses souvenirs, s'est tourné vers d'autres sujets, Montarron parvient à se défaire en montrant que si la rue de Lappe, la rue des Vertus ont évolué, elles n'en continuent pas moins de palpiter alors que Carco pense qu'elles sont mortes… En 1937, Montarron avait la trentaine, un âge susceptible encore de s'émouvoir, de s'extasier. Loin de croire que tout est foutu, il accorde du crédit à l'idée qu'en dépit des changements tout est comme avant… D'où le succès de ses articles et du journal où il les publie.

La manière de procéder, la facture des textes de Montarron relèvent du classicisme en la matière : retour à l'âge d'or, ou supposé tel, de la pègre, du musette, et observation des modifications au cours des années. De toute nécessité, Montarron ne peut qu'évoquer le temps des apaches, Leca, Manda, Casque d'Or, les équipes de la Courtille, et, plus tard, de la bande à Fromage et de celle à Sardine, sur lesquelles on aurait apprécié qu'il nous instruisît davantage. Bref ! évocation du mythe ou des mythes fondateurs, commenterait la psychanalyse.

Ah ! ah !, monsieur Montarron...

Je reprocherai tout de même à Marcel Montarron d'avoir repris à son compte, mot pour mot pratiquement, une anecdote, réelle ou inventée je ne sais, censée se passer à La Java, figurant dans un papier de *Détective* intitulé « Au son de l'accordéon », narrée huit ans plus tôt par son confrère Henri Danjou, le 19 septembre 1929[1]... À Louisette, Montarron préfère parler de Gina-la-Gitane, mais laisse son nom à l'un de ses amants, Tintin, qui, chez Danjou, avait pour surnom le Malabar... L'autre n'est pas nommé. Quant à l'histoire, il s'agit toujours de celle de Boer puisque, comme dans cette affaire décidément phare de la culture voyou de Paris ou, au choix, de la culture musette de Paname, les deux amants de Gina-Louisette s'entretuent !... « Histoires du passé » s'en lamente, mine de rien, Montarron. « Le sang des rixes ne tache plus, depuis longtemps, le plancher des musettes », là, à l'instar de Carco dix ans plus tôt, il observe : « Ce qui frappe maintenant, c'est la stricte politesse où chacun tient son voisin, l'élégance affectée des danseurs, la gravité avec laquelle ils cachent cette violence naturelle qui ne s'éduque point. » Et aussi, constatation qui figurait déjà dans *Mon homme* en 1920, dix-sept ans auparavant : on s'embrasse « parfois bouche à bouche, mais avec cette parfaite correction, cette gravité, ce respect de l'étiquette et des belles manières qu'affectent, depuis que les gens du monde se tiennent mal, les mauvais garçons et leurs compagnes. »

Encore que, bien sûr, les plus grandes réserves s'imposent sur ces belles manières des gens du milieu ou des musettes. Moins de deux ans avant, le 9 octobre 1935, un drame, que *Détective* n'évoque pas, s'était produit à la Boule Rouge, je l'ai trouvé aux archives de la police. Suite à une vengeance, le dénommé Fernand Adolphe Pataud, 22 ans, avait mortellement blessé de coups de couteau à la cuisse, un jeune tapissier de 20 ans, Jacob Avramovici, décédé à l'Hôtel-Dieu.

Ceux et celles qui fréquentent les guinches…

Danse, frottage et levage…

Ces menues restrictions mises à part, le reportage de Montarron est du plus haut intérêt, sociologique, ethnographique, pour ce qui est du bal ou du dancing-musette à Paris en 1937. Par exemple, les femmes qui fréquentent les guinches se divisent en trois catégories : « celles qui viennent pour danser, parce qu'on y danse mieux qu'ailleurs, celles qui viennent pour "frotter", et celles qui viennent pour des levages. » Mais attention, moralité oblige, selon le guide de Montarron, un affranchi cela va de soi, la femme qui vient danser en priorité est la « tapineuse » qui cherche à « se dégourdir les cannes entre deux michetons », sans plus : « Essayez un peu de lui faire du gringue, elle vous enverra à dache… » Sauf, naturellement, si l'occasion est trop tentante, parce qu'on est à Paname, qu'on a la gouaille aux lèvres et que, « comme de juste, faut rien exagérer »!

Petit glossaire des (faux) vrais de vrais

L'après-midi, le samedi surtout, les femmes mariées viennent chercher l'aventure, « des vicieuses qui désirent s'arsouiller »… Montarron montre, de façon très réaliste, cela va de soi, comment les jeunes loups – en fait des « boulots » qui veulent se dessaler – s'y prennent pour jouer « leur rôle d'affranchis avec application. – Vous travaillez ? demandent les curieuses. – Moi, je m'défends grâce aux femmes. – Si jeune ? – Bédame. – Pression des bras. Longs regards. – Et vous, qu'est-ce que vous faites, vous avez un turbin ? – Je suis mariée. Mais comme j'aime la danse, que mon mari est très pris… – Voui, ma gosse, on dit toujours ça. Si tu n'avais pas envie de t'envoyer un petit homme, qu'est-ce que tu ferais ici ? – Mais non, je vous assure… – Dis-le bien en face, sans rougir ! – Longs regards. Nouvelle pression des bras. Voilà le travail… Le lendemain, entre copines, on se confie : – Oui, ma poule, un vrai de vrai, hier, rue de Lappe. Il m'a serrée fort dans ses bras. J'ai eu peur. J'ai cédé. – À cette minute même, le petit "mac" aux joues fraîches, aux bottines vernies, et qui avait au petit doigt une bague trop rutilante, débite, derrière son comptoir, du macaroni en boîtes ou du tissu en solde. »

Les vrais, faut pas les chambrer !

Les années n'y ont rien fait : en 1937, la mode est toujours à celle de l'affranchi, comme l'avait superbement mise en valeur Carco en 1924 dans *Chansons de Paris*. Montarron reprend les remarques désobligeantes d'un Galtier-Boisière à l'égard de ceux qui n'en sont pas mais s'en donnent l'air, « toute une clientèle de jeunes commis ou de jeunes mécanos aux allures d'affranchis, de mecs à la redresse et de potes garantis réguliers. En un mot, la mode est, au musette, de passer pour un barbeau, alors que les barbeaux authentiques, dont le métier est de vivre des femmes, ne s'affichent pas aussi aisément et s'efforcent de masquer sous des dehors corrects leur goût instinctif de la violence et du risque. » Aussi, contrairement à ce temps, moins réel que mythique n'en doutons pas, où il était aisé de distinguer, dans une salle de bal, un garçon fruitier, un « boulot » d'un gars du milieu, en 1937 faire la part des choses est devenu malaisé… Le milieu, victime de sa force d'attraction, en quelque sorte !

Néanmoins, pour se faire respecter, seuls les vrais, les durs, ont la manière… Et aussitôt le cicérone de Montarron de le lui démontrer. Une fille se met à danser avec un jeunot en casquette claire, le compagnon de Montarron se lève, s'approche de la môme et lui reproche de lui avoir refusé la danse : « Où c'est qu'tu l'as entendue, cette chanson-là ? » La gosse s'excuse, mais elle n'a rien entendu… La réplique est cinglante : « La prochaine fois, tu te déboucheras les oreilles. Allez, va t'asseoir. » Son cavalier ne moufte pas… « Tu m'excuseras, mon petit pote, s'explique l'ami de Montarron, mais moi faut pas me chambrer. – C'est régulier », ne peut que répondre l'autre, puisqu'il cherche à en être… Chacun regagne sa place. C'est alors que Montarron s'enquiert de savoir si, vraiment, son guide avait invité la fille… « Non, mais faut bien vous instruire », laisse tomber le gars sans se démonter, « toujours sérieux » ! Comme quoi, les durs ont de l'estomac. Ils aiment « faire ça à l'influence », aurait commenté Robert Lageat. Paul Chalier l'a dit, il se méfiait de la gent à nageoires : « Il suffisait d'un rien n'est-ce pas… qu'une fille dans les bras d'un marlou me décoche une œillade, depuis la piste, pour qu'aussitôt le gars s'en mêle : "Alors, t'es dans la course ?" » C'est pour cette dernière phrase, datée, expressive, pour ce langage sauvage qui s'entendait à l'intérieur des musettes ou dans la rue, que je cite ce passage.

Argot d'époque

Au contraire de Carco, Montarron n'aborde pas le thème de la disparition de l'argot, liée à l'acquisition des « bonnes manières » par ceux du mitan. Cet article nous donne l'occasion, on s'en est déjà rendu compte, de répertorier un certain nombre de mots, d'expressions, bien sentis, bien parisiens, bref ! argot, même si, par rapport au jars d'avant 1914, les puristes auraient pu rechigner… Je note : « julot », proxénète aujourd'hui, mais que Montarron entend définir ainsi : « un mec, un dur ». « Prix à réclamer », en parlant de la malheureuse Laetitia Toureaux, ce qui, pour l'ami de Montarron, veut dire « qu'on n'aurait pas joué nos liquettes sur ses chances de séduction. » Mais enfin, une brave fille, qui « renaudait » – rechignait, rouspétait – quand on jactait argot devant elle, vu qu'elle n'y entravait pour ainsi dire que « balle-peau », peau de balle à l'envers, en vers-l'en. « Faire un vanne » dans le sens de faire une offense, mal se conduire alors que, de nos jours, vanne, que les jeunes emploient le plus souvent au féminin, n'est pas aussi fort… une plaisanterie de mauvais goût qu'on adresse à quelqu'un. « Jouer les "hommes" », jouer les durs, que Daniel Schmid, le directeur du Balajo aimait utiliser. « Demi-sel », pour un jeune qui n'est pas vraiment un vrai et que les vrais nomment ainsi, entre eux – les vrais ou les hommes « bien ». Une « clientèle d'emballage » : des femmes à emballer, à lever, à draguer, dirait-on maintenant. On comprend, à l'écriture, que le cornac de Montarron prononce « dancinge » et non « dancing » à l'anglaise… « C'est tartignolle » pour c'est moche, ça ne convient pas, ça ne va pas.

Nostalgie

Sept décennies et mèche plus tard, la description que nous donne Montarron fait très parisien, très authentique. La nostalgie est bien fonction du vieillissement. Montarron achève son reportage en s'exclamant : « Crépuscule des musettes de Paris ! » et laisse la parole à Victor, celui même dont Carco disait qu'il tenait un vrai guinche du milieu, à la République, 39, boulevard du Temple, où lui a succédé la brasserie Jenny[2]. « Je regrette le temps où l'on passait la monnaie, se lamente Victor, l'époque où le musette ne se donnait pas des allures de simili-dancing. Il y avait peut-être moins de tenue, plus de débraillé, mais il y avait plus de caractère. » En somme la même plainte que celle d'Oberlé dans *Le Crapouillot* du 1er novembre 1925, douze ans auparavant[3], sauf que ce n'est pas un écrivain qui l'exprime mais un patron de guinche, voilà qui est inédit. Quant à la solution qu'il préconise, pour surprenante qu'elle soit : « Il y a, à l'Exposition, un coin du vieux Paris, pourquoi ne pas y reconstituer, à l'usage des amateurs, les vieux guinches de barrière ? », elle est identique à celle de Léon-Paul dans *Le Piéton de Paris*[4]. Autrement dit : pourquoi ne pas constituer, déjà, en 1937, des réserves de vrais de vrais… je n'ai pas écrit d'apaches ni de peaux-rouges !… Il resterait à savoir, puisque le copyright du *Piéton de Paris* est double, 1932, avant l'Exposition de 1937 mais après l'Exposition coloniale de 1931, et 1939, deux ans après 37, s'il y a eu, similitude de vœu entre Fargue et Montarron, ou si l'un s'est inspiré de l'autre… De même quand le premier considère que « la prospérité » et « le rationalisme » sont à l'origine de la perte de l'identité de la rue de Lappe, et que le second renchérit en évoquant « modernisme » et « rationalisation »… Ou encore quand tous deux, on l'a vu plus haut chez Montarron, se moquent des « garçons fruitiers » qui veulent frimer les hommes du mitan…

Même du côté de la zone, Montarron raconte qu'il a, en vain, cherché des bals où, à la façon d'autrefois, de jeunes rôdeurs à pattes d'éléphant feraient tourner des pierreuses à rouflaquettes. L'occasion pour lui de citer quelques bals du passé : l'Alcazar – vraisemblablement l'Alcazar-Nation, 276, boulevard Voltaire –, où avait été tué le « cipal » de service ; le Gigoletta – dont je ne retrouve pas l'adresse –, théâtre des affrontements entre les gars d'Ivry et de Bicêtre ; le Valence, bal des Gobelins, 6, rue de Valence, où Bifteck avait été occis en 1925… Dommage, pour l'histoire de Paname, que Montarron soit si lapidaire. Il conclut : « Il ne reste peut-être, sur la zone, que le Bal des Bossettes, rendez-vous des Italiens et des gitans, où l'on puisse retrouver le pittoresque sentimental et canaille des bastringues de jadis. » Ce bal se trouvait à Ivry, 10, sentier du même nom, aujourd'hui rue René-Villars.

Le drame du Bal des Fauvettes à Bobigny

Il faut croire que Montarron n'avait pas poussé assez loin. Le 16 septembre 1937, trois mois plus tard, dans *Détective*, son confrère Henry Malric nous brosse l'ambiance des voyous de la banlieue nord, Pantin, Bobigny, Drancy, que, plus âgés, « barbillons » devenus « barbeaux », « bricoleurs » devenus « casseurs », on retrouvera « du côté de la Bastille ou de Montmartre. » Là, pour ce qui est du pittoresque, tout y est : les mastroquets les plus poisseux, les musettes de carrefours, les terrains vagues où ces escarpes en herbe jouent à la belote, la tête couverte de « ces horribles petites casquettes plates, étroites et blêmes comme leur teint, dont les visières cassées évoquent fâcheusement les viscopes de leurs copains bataillonnaires », ceux des bat' d'Af', bien sûr… fringués, ah ! Marcel Montarron, les voilà, de « désuets pantalons à pattes, le cou orné de cravates gueulardes, ou libre dans des chemises au col ouvert, les pieds gantés de souliers à pointes et à claques. » Le cadre du drame : le Bal des Fauvettes chez le bon père Langiano, route de Saint-Denis à Bobigny. Le nœud de l'affaire : Titine, une gamine plus que délurée de 16 ans, dont la spécialité est de laisser de « cuisants souvenirs », des chaudes-pisses, quoi, à des amants dont on ne compte plus le nombre. La victime : Dédé, un jeune accordéoniste de 21 ans, tué de trois balles de revolver sur le trottoir du pont de la Grande-Ceinture à cinq cents mètres du Bal des Fauvettes. Le meurtrier : un garçon encore plus jeune, Teobaldo, d'origine espagnole. Le motif : l'honneur, la vengeance, on ne sait au juste, le désir de « jouer les hommes »… Ce fait divers tragique, qui a les terrains vagues pour décor et l'accordéon triste pour fond sonore, fait irrésistiblement penser à Auguste le Breton, à sa jeunesse à Saint-Ouen, à sa *Loi des rues*, à *Fortifs*…

Le trépas du « Passons la monnaie »

Comparée à la banlieue, cet archaïsme qui, symboliquement confine à l'archétype – sur ce point les fameux pantalons à pattes d'éléphant, mode de l'ancien temps, sont éloquents –, en 1937 la rue de Lappe de Paname, même située à la Bastoche, fait bien plus huppée, bien plus assise. Jean Deschamps me racontait que les touristes qui y venaient ne manquaient pas d'aller en face, au 12, chez Florianne, le bordel. Les touristes, et ceux qui n'avaient pas levé… La rue de Lappe était une rue de plaisir à tous les sens du mot : lumières des établissements, musique qui en jaillissait, la danse… le plaisir de tenir une femme dans ses bras, de la séduire, de la convaincre… la maison close pour les affamés… sans oublier la présence auvergnate, la senteur des salaisons… Bref, la farandole des sens qui ont tôt fait de s'habituer aux innovations. Ainsi pourrait-on se risquer à prétendre que, contrairement aux apparences, il est de la nature de la rue de Lappe de changer continuellement…

À propos d'une habitude qui, pourtant, on s'y est appesanti, a marqué son époque, le guide de Montarron fait remarquer à ce dernier que, « dans la plupart des musettes de Paris, on ne passe plus la monnaie ». Et, très pertinemment, il ajoute : « Ça, c'est une drôle de révolution, et qui n'a pas fait de bruit », en se demandant : « Viendra-t-il un jour où le dancing des gigolos, des poules de luxe et des rombières en folie aura tué le bon vieux guinche de nos vingt ans ? » Pour l'instant, en tous les cas, au musette, en 1937, les hommes continuent d'inviter les femmes à danser, en sifflant… Pourquoi ? parce que, dans les vrais *dancinges*, ça fait tartignolle d'aller jusqu'à la table d'une gonzesse, « de s'incliner devant elle comme un larbin, et si vous essuyez un refus, de retraverser la piste, les mains vides et les bras ballants »… Crénom ! au guinche le mâle se doit de rester le mâle, la différence d'avec les us et coutumes du dancing est révélatrice !

« L'éternelle romance du peuple de Paris »

S'il y a des vieilles femmes rue de Lappe, explique Montarron, ce ne sont pas les « vieilles coquettes en perlouses » qui, dans les dancings, « s'évertuent au son du jazz, et minaudent aux bras de gigolos et des danseurs-maison. » Ce sont celles qu'amènent les cars de touristes de « Paris la nuit », pour la tournée des bouges, la tournée des grands-ducs… Ça, elles en auront pour leur argent : « Roulements de tonnerre à l'orchestre, ténèbres dans la salle zébrée d'éclairs, coups de sifflets et simili coups de pétards… » Les nocturnes !… À ce propos, je contredis formellement Georges Brassaï qui, dans son *Paris secret des années 30*, écrit en 1976, laisse entendre que, rue de Lappe, Jo France bouleversa la tradition des petits bals de famille pépères et fut à l'origine du *Paris by night* : « Avec le *Balajo* – Bal à Jo –, la rue des bals musette fut livrée aux cars de tourisme, aux visiteurs étrangers en mal de nuit crapuleuse et de sensations fortes à la Bastille ».[5] Nous avons vu que cette théâtralisation, depuis longtemps inhérente aux autochtones par rapport aux visiteurs, n'avait fait que prendre de l'ampleur au cours des ans : avant 1930, Léon Agel tirait déjà des coups de pétard à bouchon aux Trois Colonnes quand débarquaient les touristes… Le Petit Balcon a été, je pense, le premier des établissements de la Bastoche à inclure une partie ludique dans ses soirées. Au grand dam de Carco qui, dans *Envoûtement de Paris*, en 1938, après avoir évoqué le Petit Balcon de sa jeunesse, d'avant 14, compare : « Aujourd'hui dans le même bal, détonations de revolver, roulements de tambour, cris, hurlements, accompagnés d'éclairs et de heurts de cymbales accueillent, dès qu'ils sont installés, les touristes qu'on déverse des autocars. Mais les armes sont chargées à blanc et c'est un électricien qui, devant le manomètre, coupe et donne la lumière pendant que les musiciens poussent des clameurs stridentes et que des figurants, pour corser le tableau, déchirent l'air à coups de sifflet. » Énième acte de la querelle des anciens et des modernes, à n'en pas douter. C'est néanmoins à Marcel Montarron d'avoir le mot de la fin car, nonobstant les changements, en 1937 la rue de Lappe était *encore* la rue de Lappe : « Pourtant, malgré leur modernisme de commande, malgré leur trompeuse métamorphose, gardons aux musettes de Paris notre affection. Il faut avoir le cœur blasé pour ne point les aimer. Ils sont, comme les chansons des rues, comme les squares, comme les quais de la Seine, l'éternelle romance du peuple de Paris. »

Chapitre 13

Jo Privat *in memoriam*

Le moment est arrivé de parler de Jo Privat. Jo l'ami, Jo qui a joué près de cinquante ans au Balajo, Jo, mémoire privilégiée du Paris qui nous occupe, qui m'obsède, ce Paname de la rive droite et, en l'occurrence, des quartiers de l'Est. Jo Privat le témoin, l'acteur, le symbole de cette culture parisienne dont nous essayons de rendre compte ici, populaire mâtinée voyou… Jo, qui nous a quittés, le 3 avril 1996.

Nous n'allons pas, point par point, reprendre la vie de Jo Privat. Clément Lépidis s'y est attelé en 1986 dans ce précieux *Monsieur Jo* dédié à Francis Carco, auquel nous faisons souvent référence. Notre but, par le biais de Jo, est de mettre en exergue la spécificité, les caractéristiques de la culture populaire de Paris. L'existence de Privat, ou d'Agel, ou de Lageat, est, à elle seule, dans son déroulement temporel, une manifestation, une illustration de cette culture, et peut-être mieux vaudrait dire, à la façon de Louis Chevalier, *civilisation*. Loin de tenter d'extraire des concepts de la *pratique* parisienne de Privat, qu'afin de leur conférer une valeur *scientifique*, il faudrait comparer à d'autres tirés de vies semblables, celle d'un Émile Vacher par exemple, je me contenterai de paraphraser le dire de Privat, son vécu du Paris quotidien.

Ragot et bagoulette

En effet la paraphrase, avec le petit recul par rapport à ce qui est paraphrasé, est déjà un exercice de culture populaire parisienne puisque l'une de ses marques primordiales est le ragot. Qu'on prenne l'œuvre de Carco, reflet de la rue, du trottoir... qu'on écoute Privat, Lageat, Schmid... chaque fois s'impose la parole, une sorte de petite musique à plusieurs voix qui n'en finit pas de colporter ce que Colle-au-fion a entendu, que File-au-train répète, et que Serre-aux-miches attend d'apprendre pour le redire... Après tout, Céline, Parisien s'il en est, sa langue, son vocabulaire, en introduisant l'émotion du parlé dans l'écrit, obéissait à pareil impératif. Gen Paul et Henri Mahé, les deux hommes qui, par leur argot, par le rythme de leur *bagoulette*, pour reprendre ce mot de Lageat que j'aime tant, ont leur part dans l'élaboration du génie célinien, ne cessaient de raconter, encore et toujours en donnant à leur discours, le plus d'effet possible, rigolo surtout. Privat ne fait rien d'autre. Et même si d'être, ici, dans un ouvrage à prétentions historique et ethnographique, m'oblige aux rigueurs explicatives, donc à un style moins ouvert que dans un roman, je m'en voudrais de ne pas rendre, dans les lignes qui vont suivre, un zeste du suc de la parole si drôle, si *conviviale*, pour céder à la mode terminologique actuelle, de Jo, aussi grand jacteur qu'il est musicien de qualité et compositeur de talent.

« La quintessence du langage parigot »

Certes, le cas de Privat, enfant de Ménilmontant qui atteint les sommets, n'est pas unique. Maurice Chevalier, originaire aussi de Ménilmuche, Édith Piaf, de Belleville, sa jumelle, ont accompli des carrières auxquelles celle de Jo ne peut se comparer. Eddy Mitchell, également. Et aussitôt perce la première particularité du destin de Jo, d'avoir été de bout en bout parisien, inscrit dans le cadre de la Bastoche, même si Jo avait vendu des milliers de *Danse du balai* au Japon, ce dont il était plus pécuniairement content qu'intimement fier… Cette particularité ressortit-elle à Jo Privat lui-même, ou au musette, à tout musicien musette en général ? La réponse sera du genre « blanc bonnet et bonnet blanc ». Le musette c'est Paris, donc l'artiste musette qu'était Jo ne pouvait, raisonnablement, sentimentalement veux-je dire, faire l'essentiel de son parcours qu'à Paris, à l'image de ceux, plus âgés, qui l'avaient précédé : Émile Vacher, Émile Prudhomme, Toni Muréna etc. Jo Privat était le dernier d'un temps qui s'est achevé avec lui.

Manière de faire plaisir à Francis Pinguet de *La Revue musicale*, accordons-lui que, tout en étant, on peut difficilement plus, parigot, Jo Privat était un *métis* : son père, né à Paris, était d'origine auvergnate, sa mère italienne, Ursula, née Fornara. Difficilement plus parisien : Robert Plen, le Fakir, longtemps le second, le remplaçant de Privat au Balajo, l'était, lui dont tous les parents et grands-parents étaient nés à Paris, dans le Faubourg. Son accent grasseyant est, avec celui de Gen Paul, natif de la butte Montmartre, le plus purement parigot, qu'il m'ait été donné d'entendre. Avec sa voix mêlé-cass', celui de Jo se posait pourtant un peu là… Eh bien ! le Fakir, qui savait que je me passionnais pour de tels détails, ne manquait jamais de me lancer : « Il est un peu rital, t'trouves pas, l'accent à Privat… » Pour rigoler ! Comme quand Muriel, la Môme du Balajo, la chanteuse de Jo, descendait de l'estrade, il fallait qu'il lui balance : « Alors, t'as fini d'aboyer ? » Ah ! au Balajo, même à dix ans du XXIe siècle, on était encore essentiellement à Paname. Le Fakir, je me souviens, *perlait* comme *çin*, du nez un peu… cette intonation lente du Faubourg, cet « accent traînant » qui, l'a anobli Claude Blanchard avant guerre, « plus encore que celui de Belleville, est la quintessence du langage parigot »[1].

Depuis l'assassinat de Paris, depuis que, dans les années 1980 la bohème néo-bourgeoise et le monde entier ont fondu sur la Bastille, la culture populaire parisienne s'est délitée. Des métis tels Jo Privat ou, mieux encore, Francis Lemarque, pour en revenir à Pinguet, se sont tellement intégrés à Paris qu'ils en sont devenus les plus beaux fleurons *indigènes*. Aujourd'hui, soumise aux modèles extérieurs, *allogènes*, tout-puissants, la ville ne crée plus rien qui lui soit propre. Maintenant que l'accent s'est transformé jusqu'à être méconnaissable, qui peut encore comprendre ces arguties à son sujet, ces questions de préséance entre le Fakir représentant le Faubourg et Privat, Belleville-Ménilmontant, à propos de Paname et de la quintessence de sa langue ? Ne reposant plus sur quoi que ce soit de tangible, elles sont caduques, ou objet de culture, d'érudition surannée.

Le cafard

Avec un père auvergnat et une mère italienne, on admettra que, héréditairement ou culturellement, peu importe, Georges Privat, né le 15 avril 1919 à l'hôpital Saint-Antoine, à la Bastoche quoi, était comme prédisposé à être accordéoniste. C'est ce qu'en 1925 entrevit le Père Noël qui, par l'entremise de la tante Yvonne, la sœur de son père, offrit un accordéon au petit Jo, « un diatonique tout neuf avec clavier à boutons sur un corps de bois noir… un joli petit instrument sur lequel le Jojo allait pouvoir, tout en s'amusant, apprendre à en jouer. » Chère tante Pauline, dite Yvonne, blonde et platinée, parfumée et habillée chic ! Que faisait-elle ? On l'a dit : tante Yvonne tenait une maison de rendez-vous forte d'une douzaine de pensionnaires, 6, rue des Écouffes, à Saint-Paul. Une récidiviste : auparavant elle était au 13, rue Rochechouart. Culture populaire, répétons-le, mâtinée voyou… le passage de l'un à l'autre était imperceptible, et l'accordéon faisait le lien, le musette, ce fameux champagne en intraveineuse, une expression de Jo encore. Au fait, « Jo » est le diminutif, non de Joseph, mais de Georges. En la circonstance, il conviendrait d'écrire « Geo » comme, d'ailleurs, on l'écrivait autrefois, et comme l'orthographie Henri Mahé, parlant ainsi de « Geo Privat ».

L'accordéon, Jo se souvenait que son père, fervent amateur, l'emmenait, le dimanche matin, en entendre au Thermomètre de Ménilmontant. Là officiait Marcel Bertino, qu'on appelait le Rémouleur. Ce surnom, ah ! il faut lire Lépidis, parce qu'« il donnait dans la dentelle en demi-teinte, les yeux clos comme s'il tournait une meule pour affûter les bémols de ses rengaines et les embellir. Il avait un visage épais et les oreilles en feuilles de choux, le front caché par la visière d'une casquette à petits carreaux. La plupart du temps il jouait, aux lèvres le mégot, triste toujours, des airs qui semblaient se coller à la fumée du café dans des attitudes qui ébranlaient le jeune Jojo déjà fasciné par la musique des bouges de son quartier. Maintenant qu'il possédait un accordéon, si mignard fût-il, un sentiment de camaraderie germait dans sa caboche de môme à l'égard de Bertino, ce vieux routier du soufflet à douleurs »… Passage admirable tout entier empreint de cette si parisienne notion de cafard[2], omniprésent dans l'art du Paris d'avant-guerre. *Ciel de cafard* s'intitule un livre de Marcel Montarron, consacré à l'armée d'Afrique. *J'ai l'cafard*, une chanson de Fréhel, composée par Despaz et Eblinger : « J'ai l'cafard, j'ai l'cafard… /Je le sens qui me perc' comme avec un poignard /La cervelle d'part en part /Je m'débats dans l'brouillard /J'ai beau faire, je suis prise et bien prise au traquenard/Du cauchm'ar / J'ai le cafard ! » Dans *Gabin*, le livre qu'André Brunelin lui a consacré[3], d'après sa première femme Gaby Basset, Gabinos, surnommé ainsi par Arletty, était souvent ailleurs, dans la lune… « J'gamberge ! » il en donnait la raison, et s'il gambergeait, c'est qu'il avait le cafard… En relisant les vieux *Détective*, je revois, au hasard des pages, des photos de la Bastoche, l'entrée du passage Thiéré la nuit, la chaussée, ses pavés glissants, les lumières qui éclaboussent de partout… On frissonne. Selon qu'on est bien ou mal luné, on frissonne de contentement ou l'on s'ébroue de cafard… Lépidis aime la mélancolie : « C'est bon la mélancolie… Je me gave de mélancolie, je suis un passéiste. J'entretiens mon cafard, d'ailleurs, et il me suffit d'écouter un air d'accordéon pour que mon cafard se nourrisse, vous voyez[4]… » Comme quoi tout est lié, la ville, le sentiment qui en suinte, la musique qu'en tirent les accordéonistes, le vague à l'âme qu'elle inspire à l'écrivain… le cafard, le bourdon qui s'ensuit…

« Votre fils a de l'or au bout des doigts »

Paul Saive, un des pionniers de l'accordéon, a été le professeur du jeune Privat. Saive, autrefois l'élève de Bonnal Sabatier, avait développé une technique nouvelle dans laquelle les cinq doigts de la main jouaient, pouce compris. Quand il « tricotait », Privat se servait de son pouce… Dans *La Revue de l'accordéon* d'avril 1935, l'annonce que publiait Saive était ainsi libellée : « Si vous voulez faire un accordéoniste d'Orchestre de Bal Musette, adressez-vous en toute confiance au Professeur consciencieux et expérimenté Paul Saive, 93, rue de

Reuilly – Paris, 12e – Leçons : lundi, mardi, mercredi de 17 à 22 heures ».

« Votre fils a de l'or au bout des doigts » : les paroles du professeur au père de Jo Privat se sont vite avérées exactes. Jo était un doué, un surdoué de l'accordéon. Dans son livre, Lépidis, parce qu'il était de Belleville et du même âge que Jo à un an près, 1920, a su admirablement établir le rapport entre la vie de tous les jours, le contexte social, et la musique que, plus tard, créera Privat : « Enfant de Ménilmontant, des bouffées de valses et de javas lui trottaient dans la tête. Il devinait le pouvoir magique qui faisait de lui peu à peu son esclave et son représentant à la fois. De l'âme de son quartier marqué par la misère, il sera plus tard le dépositaire [...]. Un jour, lui aussi composera des airs et des mélodies qui ressembleront à ces drames de la vie dont il se retrouvait parfois l'involontaire témoin. Marqué par la musique des faubourgs, quand, chez sa grand-mère, il écoutait sortir du gramophone à pavillon les chansons de Berthe Sylva et d'Emma Liébel, l'aiguille qui grinçait au fond du sillon lui piquait la peau avec son parfum des coins à misère et de pavés. »

La difficulté à laquelle je suis confronté est la suivante : la musique musette a tellement été délaissée, mise au rencart, oubliée, qu'il est malaisé en ce début de XXIe siècle, de faire comprendre le sens profond d'une telle analyse. Quant à Belleville, ou Ménilmontant, tout a tellement changé là-haut : les rues, les maisons, la population, qu'on ne retrouve plus rien de ce coinsto de Paname des années 25-30, lorsque le petit Jo dégringolait à la kermesse de l'angle des rues de Belleville – Jouye-Rouve, écouter, écouteurs sur les oreilles, les derniers morceaux à la mode... Frédo Gardoni, Émile Vacher... Écouter pour apprendre... Être rapide à retenir les airs était préférable, le disque passait, à chaque coup il fallait remettre une pièce. Comme ça coûtait cher, que Jo était passionné, en cachette il allait jouer dans les rues, les cours, les lavoirs… Ayant eu une telle jeunesse, comment Jo Privat n'aurait-il pas été le gavroche que, soixante-cinq ans plus tard, il était resté ?

Jo a débuté à la Bastoche

Ses débuts véritables, Jo les a effectués à La Colonne, célèbre brasserie de la Bastille, au 14 de la place, au coin du Richard-Lenoir. C'était en 34, il avait 15 ans à peine. Et un bel accordéon Ruffina-Giovani que sa chère grand-mère, qui venait de gagner dix mille francs au premier tirage de la Loterie nationale, lui avait offert, elle qui ne voulait pas qu'il joue dans les cours et les rues… L'orchestre de La Colonne était féminin. Jo devait se coltiner des valses de Vienne, *Le Danube bleu*, *La Vie d'artiste…* sans oublier les assauts gourmands de ses partenaires, Eugénie la saxo en particulier !

Dès qu'il avait une minute de libre, il quittait La Colonne par une porte dérobée et partait traîner le quartier. La rue de Lappe, « paradis du musette avec son ambiance, sa clientèle de filles et de mauvais garçons » : avant même d'y avoir posé les pieds, Jo en avait entendu parler par son père. On n'insistera jamais assez sur le poids de la filiation, le bouche à oreille du père au fils dans l'élaboration de la mémoire, ici, familiale et afférente à Paris à la fois. « Mon père connaissait la rue de Lappe, m'avait expliqué Jo. Avec tout le respect que je lui dois, il était un peu voyou sur les bords. Jeune homme, il habitait rue des Haies à Charonne, il avait pour amis des garçons, des truands, comme Louis le Garibaldien… Ça remonte à l'époque Casque d'Or, ça ! » Autant pour elle, cette chère Mélie… Et Jo d'évoquer à nouveau cette sorte de rite en pratique dans les guinches du temps de son père, et que, tout content d'apporter de l'eau au moulin du discours de ce dernier, il m'avait appris qu'il figurait dans une scène des *Enfants du paradis* de Marcel Carné que, j'en suis confus, je n'ai toujours pas vu… Pour affirmer sa supériorité, sa domination sur tel établissement, le caïd du coin mettait une rose à sa casquette. Si un autre s'en ressentait de lui disputer cette suprématie, il en faisait autant et n'avait qu'à entrer où se trouvait le premier : « Fallait pas qu'ils soient deux à avoir la même rose… Ça voulait dire que c'étaient deux battants. Comme il n'en fallait qu'un dans le truc, ils sortaient dehors "s'donner ça", pour parler vulgairement »… Le plus fort gardait la rose[5]. Privat ajoutait que les bals, certains à tout le moins, servaient aussi de cadres à des matches, à des défis de boxe. Dans le quartier Popincourt, le journaliste Emmanuel Patrick l'avait déjà attesté en 1886-1887. Lorsque la boxe anglaise a pris son essor à Paris, quelques années avant la Grande Guerre, il est arrivé que les salles d'entraînement se montent dans des arrière-salles de bistrot, là même où, samedi et dimanche, ou à d'autres heures, on donnait à danser. L'ASL du 11e par exemple, avait son siège et sa salle, 6, rue Popincourt, chez Champredonne, qui faisait café et bal-musette[6].

En 1934, rue de Lappe, Louis Péguri jouait à la Boule Rouge, et Fernando chez Bousca. Jo était trop jeune pour pénétrer dans les bals, il fallait avoir 18 ans. Fernando a fortement impressionné Privat : « Il distillait nostalgie et cafard, repoussant toujours plus loin les frontières du chagrin. En transformait l'univers. Un air revenait souvent dans son répertoire : une valse en mineur que le Jojo s'empressa de solfier pour en fixer la mélodie. » Cette valse, signée Morelli, s'intitulait *Espoir perdu*… du crémant en sous-cutanée[7]… Dorénavant l'espoir, le but de Jo Privat sera de « jouer enfin ici et y avoir mieux qu'une place, un trône. »

Émile Vacher a été le premier maître de Jo Privat

Trois ans seront nécessaires à l'exaucement de ce vœu, la concrétisation de cette volonté plutôt : se produire rue de Lappe. Avant, Privat sera passé par toute une suite de guinches que nous avons visités : l'Alhambra de Belleville, La Java du faubourg du Temple, chez Marius rue des Vertus, le Petit Jardin avenue de Clichy… Le hasard, personnifié par la tante Yvonne, va permettre à Jo de rencontrer Émile Vacher alors roi du musette. Épris de la dénommée Suzanne, Mimile fréquentait assidûment le 6, rue des Étouffes… d'où l'idée qui avait germé dans l'esprit d'Yvonne. « Jouer devant Émile Vacher ! Encore un miracle de la rue des Étouffes où décidément il s'en passait des choses », s'extasie Lépidis… « De la fesse et de l'accordéon » : pour un peu on se croirait dans les bouges et les bordels de Storyville, le quartier réservé de La Nouvelle-Orléans, berceau du jazz au début du xxe siècle… L'appréciation de Vacher est lapidaire mais élogieuse : « C'est bien l'môme, tu promets… t'as la cadence ! » En ces années 1934-1937, Jo jouera souvent avec Mimile, à l'Ange Bleu notamment, 6, impasse de la Défense dans l'avenue de Clichy. Et, bien sûr, les recommandations de Vacher l'aideront à être engagé çà et là.

D'écrire son livre, m'a confié Lépidis, lui a souvent donné la sensation de manier le soufflet à douleurs. Déterminer ce qui, dans *Monsieur Jo*, est à lui et ce qui est à Privat, n'est pas toujours aisé. Une belle page encore est consacrée à la composition vers quoi, très vite, se tourne Jo. L'œil vif, Jo, grand bagouleur d'argot devant l'Éternel, n'a pas la langue dans sa poche pour croquer une scène et, itou, l'agrafer sur une portée de musique. Ce jour-là, chez Marius, gambille une gosse pas plus haute qu'un brin de muguet. Elle sur la piste, cézig sur l'estrade, ils échangent des regards. Trois jours passent. L'esprit toujours chipé par la môme, légère, si légère, Jo pianote quelques gammes… « En deux bémols à la clef, il écrivit enfin sa première valse, souvenir d'une inconnue enjolivé de noires et de croches, de blanches et de soupirs, chaque note empreinte de mélancolie. De plaisir [il] mit une heure à peine pour raconter en musique cette vision du bal, cette historiette […]. *Brin de musette* était né »… une valse en mineur comme il se doit. Le mineur, cette façon de teinter la musique de nostalgie, de lui conférer sa tonalité nativement parisienne.

Jo et les manouches

« J'ai commencé un peu à jouer comme Émile Vacher, continuait Privat. Il jouait piqué, détaché, cadencé… Il jouait le diatonique de la main droite et, de la gauche, il jouait des basses composées en chromatique. Il avait une cadence extraordinaire et il canardait pas ! Il y avait deux orchestres à l'Ange Bleu : je doublais Vacher et je jouais aussi du bandonéon avec Bachicha l'Argentin. Des gitans sont venus nous voir : Matelot et Saranne Ferret avec leurs guitares. Cette guitare, qui a remplacé le banjo traditionnel du bal-musette, m'a énormément touché. J'ai ressenti autre chose que le musette saccadé… Ensuite j'ai entendu Gus Viseur, Charley Bazin… Guérino qui, avant eux déjà, jouait ce système d'accordéon sans vibrations beaucoup plus harmonieux… Muréna… les plus grands… Ce sont eux qui m'ont influencé, les gitans, et, bien sûr, Django Reinhardt… Quand il arrivait, l'œil noir, dans le guinche tout le monde avait les copeaux, tout le monde était paralysé. Mon style a changé… Enfin, j'y étais prédestiné, car jamais je n'ai joué de ces notes piquées comme beaucoup tapent sur l'accordéon. J'ai continué dans ce style, puis le swing est arrivé, je m'y suis mis… Le Petit Jardin était le bal des gitans. T'avais Maruzzo, Spazzo, Niglo, Mac-Kac, tous ces gens-là… De jouer avec eux, t'étais obligé de suivre… de balancer en douceur ces valses nostalgiques dont aime à parler Lépidis »… Ces précisions à l'appui, force est de constater que le Balajo a, non seulement constitué la nouveauté *nec plus ultra* de la Bastoche par son cadre, son volume, son décor, mais aussi par le rythme neuf de sa musique, celle de Privat à partir de 1937. Sans qu'il rompe avec le musette originel, Jo a néanmoins pris ses distances avec la cadence des débuts… Privat a amené rue de Lappe une manière autre, moins rustique, de donner de l'accordéon… plus coulée, plus *cool* pour employer cet adjectif du vocabulaire actuel qui dit bien ce qu'il veut dire… « C'est très doux le bal-musette, c'est pas le bal champêtre ! », là-dessus il était catégorique voire sectaire, le Jo !

L'apport de Jo Privat au musette

Les appréciations de musicien que portait Robert Plen, le Fakir de la Bastoche, sur Jo Privat permettent d'évaluer la part, essentielle, de Privat dans le renouveau du musette après la Seconde Guerre et la nouveauté incontestable qu'a constituée sa musique : « Privat, c'est un style particulier. C'est le meilleur compositeur pour les valses-musette modernes, avec *Mystérieuse, Sa préférée, Balajo*… Il a eu des idées terribles de composition, il a fait des trucs, il a eu des intuitions sensas'. Ça plaisait, ses morceaux. Quand c'est qu'c'est sorti, ça nous semblait drôle, tu penses… On avait l'habitude de jouer *Reine de musette, Retour des hirondelles*, qui étaient de gros succès… Puis, tout d'un coup, on entend *Mystérieuse*. On s'dit : d'où qu'ça vient, ça ?… Qu'est-ce que c'est qu'ça ?… Ça faisait drôle, ce musette moderne. Puis un bon musicien, Privat, vraiment un mec terrible ! Pour la composition c'est le plus fort, et qu'est-ce qu'il en a fait des morceaux ! Ça plaît vachement aux danseurs : ça tourne, et malgré tout c'est moderne, c'est ça qu'est chouette ! *Mystérieuse* est en mineur, oui, c'est plus triste, ça fait musette moderne triste… *Balajo* est en majeur… Privat, il a une façon de jouer qui coule et qui tourne. Il a trouvé un style, le musette swingant… Viseur s'était déjà embarqué sur cette voie, mais en plus dur. La différence entre lui et Privat c'est que Viseur était plus difficile à jouer. Il partait dans les harmonies, les danseurs ne suivaient pas. *Flambée montalbanaise* : pour être du musette swingant, c'était swingant… Viseur en rajoutait un peu trop en jazz, *Swing-Valse*, tout le monde pouvait pas la jouer. Tandis que chez Jo, tu sens le swingant mais tu retrouves tout de même le musette dedans… Moi j'ai copié sur Privat, c'est lui qui m'plaît le plus ! »

Autre avis autorisé sur l'art de Privat, celui de François Billard, critique et historien, à la fois du jazz et du musette[8]. Dans le numéro 2 de la revue *Tango*, en avril 1984, Billard relate l'histoire d'un des plus beaux disques de Jo, *Manouche partie*, gravé en l'honneur de Django Reinhardt avec Jean Ferret – dit Matelot – ou Matelo, ou encore Matlow – et Jacques Montagne à la guitare ; un violoniste, tzigane c'est certain, mais dont personne ne se rappelle plus le nom… le contrebassiste Dubois et, à la batterie, André Reilles, autrement dit Mac-Kac. « Dans *Minor Swing* [de Reinhardt et Grappelli], écrit Billard, qu'on est loin de l'accordéon matraqueur. Sous les doigts de Privat le soufflet aspire, un grand souffle qui donne sa valeur à chaque note […]. Et l'on sent ici, comme jamais, cette invraisemblable nature de l'accordéon qui est un être à part, à mi-chemin entre la classe des instruments à vent et celle des claviers. Ce "piano du pauvre", comme on dit un peu naïvement, est doté d'ailes ou de branchies, selon le point de repère qu'on choisit dans le règne animal. » Et encore, à propos de *Chez Jacquet*, une valse de Django : sa « substance est comparable aux plus belles valses de Tony Muréna et de Jo Privat (peut-être le plus grand orfèvre en la matière), comme *Sa préférée, Mystérieuse, Balajo, Nuit blanche* et d'autres encore. Leur magie incite au mouvement perpétuel et l'on n'a plus qu'un désir, celui de s'y engloutir et de disparaître en tournant sur soi-même emporté par l'accordéon qui risque fort de renverser après nous la tour Eiffel, la grande serre du Jardin des Plantes, et tous les buildings de New York pour peu qu'ils aient le cœur à la danse. » On remarque que Billard compare *Chez Jacquet* de Django aux valses de Jo, donc, dans le domaine du musette, Reinhardt à Privat, et non le contraire. C'est dire les qualités de compositeur de l'homme. Jo, apprécié des manouches depuis ses débuts et qui, en retour, ne tarissait pas d'éloges, autant sur leur *feeling* musical que sur leur humanité, était parfois appelé le Gitan blanc. Insigne honneur : il ressentait et jouait la musique comme eux… les gitans le considéraient comme un frère.

Pour en terminer avec les jugements sur Privat, citons celui de Francis Pinguet de *La Revue musicale* dans son *Monde musical métissé*[9] : « Les valses enregistrées par Jo Privat dans la collection "Reines de Musette" chez A.Z. représentent pour moi une sorte de perfection. Je les ai écoutées et réécoutées bien des fois, et toujours avec le même plaisir ». Il est éloquent.

Le premier concours international d'accordéon de Paris en 1936 au Moulin de la Galette

Retournons à la biographie de Jo Privat. Son nom apparaît en mai 1937 dans *La Revue de l'accordéon*, rubrique « Où jouent-ils ? » Jo passait alors au Jardin, il avait succédé à Charley Bazin. À cette époque, nous apprend la revue de Louis Péguri, Tesdeschi était au Tourbillon, Bazin dit Charley à La Grande Roue de Montmartre, Labbe au Balajo, Muréna à La Coupole de Montparnasse, Prudhomme à la Coupole de Montmartre dont, selon le numéro d'avril 1937 de la revue, il était également le patron. Privat restera au Jardin jusqu'en juillet.

Un an auparavant, les 7, 8, et 9 mai 1936 à Paris, au Moulin de la Galette, avait eu lieu le premier concours international d'accordéon de Paris, organisé par Max Francy et l'Association internationale des accordéonistes, sous le patronage du *Petit Parisien*. Dans *Monsieur Jo,* Lépidis évoque l'événement. En catégorie « virtuoses », Privat avait obtenu le deuxième prix *ex – æquo* avec Parachini, le hors concours et excellence étant attribué à Joseph dit José ou Joe Rossi, âgé de 13 ans, et le premier prix à Freddy Balta et M. Florent. Quant à Verschueren, je pense qu'il s'agit d'André, orthographié Verchuren aujourd'hui, il était huitième. Notons l'« impression personnelle » de Louis Péguri : « Privat a une très jolie technique mais manque parfois d'allant, ce dont il doit se corriger. »

Au concours « orchestres musettes » en revanche, Jo se classe premier. Il était accompagné de Paulo Lucien au banjo, José Garcia au piano, Paul Zimmerman dit Gros Pif à la batterie, Fil de fer à la guitare et Petit Cygne à la basse. Jo avait choisi d'interpréter *Auteuil-Longchamp*, une polka de Vacher. Ce titre parce que Mimile était un joueur de courses acharné. Quand il était malchanceux, ma foi, histoire de se refaire une santé, il composait un morceau en l'honneur d'un cheval ou d'un pari perdu… « *Auteuil-Longchamp*, dit Lépidis à propos de Jo, préparait ce qu'il aimait de mieux, ce ton mineur qui lui permettait de cultiver malgré son âge un cafard qu'il partageait avec ses valseurs. Il ne pouvait mieux jouer ce qu'il cachait au fond de l'âme, le musette, sa vocation. Son oriflamme. »

À l'annonce des résultats, la grand-mère de Jo, trop empressée d'aller embrasser son petit-fils, glissa sur l'estrade et se retrouva les quatre fers en l'air… À la maison, un gigot de mouton flageolets, plat préféré des Privat, attendait le lauréat, une tarte aux poires, le tout arrosé du meilleur « pinard ». Le bougnat du coin et une amie de la mère de Jo participaient à la ribouldingue. Elle se termina en chansons, Jo accompagnant sa grand-mère qui, debout sur une chaise, entonna *Les Bouges*, le succès d'Emma Liébel…

Pour la petite histoire, Privat s'en était amusé, donnons encore l'« impression personnelle » de Louis Péguri sur Jo, en orchestre cette fois : « Privat a une technique de premier ordre mais est un peu monotone », et aussi, un extrait de la lettre à ce même Péguri du deuxième du concours, un certain Paul Simon, un Parisien du 150, boulevard de Charonne, qui conteste le résultat « orchestres musettes » : « L'orchestre Zeltner, qui a été classé 3e, méritait une bien meilleure place et je n'hésiterai pas à dire que l'orchestre classé 1er ne méritait pas cette place. Je crois connaître les raisons, toutes commerciales, de ce classement, raisons connues de beaucoup de concurrents. Il ne faut pas oublier que cet orchestre avait été classé 3e lors de l'élimination. » Toujours est-il que depuis cette lointaine épreuve du Moulin de la Galette, Jo Privat avait fait son chemin. Quant à son dépité adversaire, qui sait ce qu'il est devenu ?

Jo Privat, mémoire de la culture voyou de Paris

Musette et proxénétisme

Selon Henri Mahé et Jean Deschamps, Roger Labbe était un phénomène de l'accordéon, Privat reconnaît qu'il jouait « sacrément bien ». Mahé le dépeint avec une

« gueule d'empeigne frimant les durs de durs », Jo va droit au but : Labbe faisait carrément le maque. Rien d'étonnant, au « temps du tapin tranquille », pour reprendre la chanson de Patachou, champions sportifs et accordéonistes étaient extrêmement sollicités... Dans *Paname*, Francis Carco fait dire à la mère Antoine, à propos de son fils Toto, qu'elle « admettait que de joueur d'accordéon il fût devenu hareng » : on est, on ne peut mieux, dans le ton du Paris d'alors. Même chanson au Ladira, faubourg Saint-Martin : le batteur que remplace Léon Agel et l'accordéoniste avec qui il joue, Étienne dit le Bougnat, étaient barbeaux... Revenons-en à Labbe : « Deux casse-croûte arpentaient le Sébasto pour sa frime », précise Jo : Gina et Amanda. Cette dernière n'avait pas bonne réputation. Pour obtenir son condé, elle avait balancé un lascar aux poulets, on racontait. Le Roger était obligé de l'avoir à l'œil. Comme, de plus, il ne jouait jamais aussi bien que lorsqu'il avait bu, son sérieux laissait à désirer. La coupe déborda un soir de septembre, octobre 1937, que, parti relever ses compteurs, « démouler sa pâte à tarte », Privat *dixit*, Labbe n'était pas revenu. Au pied levé, Frédo, le guitariste, s'était substitué à lui à l'accordéon... Le lendemain, Labbe se représenta, la place était occupée par Toni Muréna. « Muréna, rentré de la Roseraie à Vichy, a remplacé Labbe au Balajo pendant une quinzaine de jours », lit-on dans *La Revue de l'accordéon*. Deux semaines parce qu'en effet Muréna, qui « jouait comme un dieu, sans vibration, glissant ici et là entre chaque note un frisson », ne manquait pas de travail et qu'il était redescendu à Vichy. Résultat, l'établissement phare de la rue de Lappe était en quête d'un accordéoniste.

Comment Jo est entré au Balajo

C'est grâce à ce concours de circonstances que Privat est entré au Balajo. Un jour qu'il était en attente d'un contrat un peu long à venir, à l'As de Cœur ou au Massif Central, il était allé se changer les idées à la fête foraine du boulevard de Belleville. Aux autos tamponneuses, rien à faire pour lever une jolie blonde qui s'amuse un point c'est tout. Jo n'est pas le seul à le regretter et voilà qu'avec l'autre prétendant malheureux, histoire d'oublier leur déconvenue, ils poussent faire un cent au billard de la Vielleuse. « Auguste L'Hôtellier », le gars se présente, cinq ans de plus que Jo, et… ça alors ! accordéoniste. Ni une ni deux, Auguste, Gusto pour les poteaux, lui propose de monter chez lui, rue des Maronites, tâter de leur gagne-pain. Le jeu de Privat laisse L'Hôtelier baba d'admiration, un gars si jeune… Gusto parlera de lui à Jo Lallemant, le second de Jo France au Balajo, à la recherche d'un remplaçant à Labbe, et il tient sa promesse. Quelques jours plus tard, Lallemant se déplace rue des Panoyaux, écoute Jo, et banco ! l'engage à raison de cent francs la séance… On était fin 1937, Privat était sapé de son costard « gris à soufflet, pantalon patte d'éléphant et pli cousu », la grande mode, et il jouait sur un accordéon Crosio. Au Balajo, son premier orchestre était composé de Frédo Ciraldo à la guitare, un Sicilien, Maurice Portenbois à la basse, Mirandola au piano.

Interrogé par Didier Roussin[10] sur les conditions de son engagement au Balajo, Privat raconte simplement qu'après l'épisode Labbe et Muréna, les tauliers cherchaient un accordéoniste. Frédo Ciraldo le guitariste l'avait entendu au Petit Jardin, il a cité son nom, et, « grâce à lui, j'y suis entré. »

1937-1939 : l'âge d'or de la Bastoche, pour Jo Privat

Aux yeux de Jo, la grande époque de la Bastoche, son âge d'or, c'était, indiscutablement, ces deux années qui ont précédé la Seconde Guerre mondiale. On retrouve dans ce qu'il en relatait le caractère joyeux de la rue de Lappe mis en évidence par Martin Cayla un quart de siècle plus tôt, avant la Première. Autant dire que depuis que Charles Péguri y avait introduit l'accordéon, si plus de trente ans avaient passé, si les musiciens s'y étaient succédé, le monde qu'entre eux ils formaient, l'ambiance, n'avait guère changé. Près de soixante ans plus tard, Jo se rappelait ses confrères qui, à un moment ou à un autre, s'étaient produits de son temps à la Bastille : Fernando, Jean Salimbéni, Prudhomme qui, en 38, avait joué chez Bousca… Labbe, qui, étant donné son talent, avait vite retravaillé. En janvier 1938, avant de rejoindre le Petit Jardin, il était au Petit Balcon que Jean Raymond venait de quitter. À la Boule Rouge, Hoffmann, plutôt musicien de brasserie, remplaçait Frédo. Au Bousca on a également entendu Maurice Muno dit le Frisé ou l'Élégant, toujours tiré à quatre épingles, canne à la main, chapeau, un homme du mitan aussi. « La mère Bousca en avait une peur bleue, se souvient Privat, je ne sais pas pourquoi »… Jo cite encore Brajou l'Aveyronnais, Charlot les Claquettes, et aussi Raymond la Lope, qui faisait les beaux soirs du Musette, chez Noygues, le bal des tantes. Autant de noms passés à la trappe de l'oubli, et dont Jo était l'un des ultimes, à cinq ans de l'an 2000, à garder le souvenir…

Cette pléthore de musiciens, de personnages, qu'on multiplierait à l'infini si l'on en effectuait la nomenclature exhaustive, prouve sans conteste combien la rue de Lappe est vivante, depuis des lustres qu'on y danse, qu'on s'y amuse. Culture du ragot et du mot pour le mot, oui ! Sans méchanceté, simplement pour mettre de la bonne humeur, quand il évoquait ce Raymond la Lope, Privat ajoutait : « Il portait bien son nom, çui-là ! » Et aussi sec, à l'image de son biniou lorsque, sous ses doigts jaillissaient les triolets, le langage de Jo se mettait à enfler, véritable avalanche de drôleries… Donc, le Raymond allait souvent chez Jabiol, le bistrot-restaurant auvergnat en face de chez Noygues, au 20. Pourquoi ? demandait Privat faussement naïf : parce qu'il y avait des saucissons pendus au plafond, que la Lope s'en délectait les yeux, et que, lui aussi, pour faire rire les copains, il avait surnommé ce troquet… comment ? « Au bonheur des dames »… Mieux que paraphraser Privat *manu scribendi,* il fallait l'entendre !

À côté de chez Jabiol, au 18, le café Bastide, est devenu un bar de nuit à la mode, mais, grâce à Khader qui le dirige depuis longtemps, il a gardé son enseigne. « C'était très réputé, m'expliquait Jo, il n'y avait que des truands, mais attention ! des truands de haut niveau… Gaston Bastide, quand un client lui plaisait pas, qu'i'commandait un beaujolais, il lui disait : "C'est cinq cents balles !" pour l'éliminer »… Chez Jabiol, musique différente : pour six francs, prix unique, on avait droit à un repas pantagruélique : rillettes, pain à volonté, tout ce qu'on voulait… Une fois Jabiol avait augmenté son tarif de vingt sous, un franc, ç'a été la révolution !

Par rapport aux prix donnés par Valdour, en 1924-1925, moins de quinze ans plus tôt, on constate que concernant les restaurants du quartier, la vie n'avait pratiquement pas augmenté. Tout se déroulait à la bonne franquette. Le Grand Jim, Jim le Goulu, par exemple, ne prenait qu'un fromage, Jo me racontait sa combine, mais « c'était le fromage d'à côté, il en bouffait un wagon, puis il en mettait dans ses fouilles, tu vois »… Tel était le climat de la rue de Lappe, la rue du musette, le genre de vie de ceux qui la fréquentaient régulièrement, qui lui conféraient son cachet, son âme. Les anecdotes de Jo correspondaient tout à fait à ce qu'en a écrit Henri Mahé. Ils se sont connus, naturellement : « C'était un sacré gars, se rappelait Privat, il parlait l'argot, il aimait les canailles ! Il canonnait surtout le champ'… Il voulait m'emmener au Mexique pour faire des Balajo… Heureusement que je suis pas allé avec, car, moi aussi j'étais porté un peu sur la boutanche, j'aurais fini comme lui… » Mahé est mort en 1975, il avait 68 ans. Cet été-là, je me rendais aux États-Unis, il m'aurait plu de le rencontrer, le destin en a décidé autrement. Henri Mahé, Riton la Barbouille, Riton la Jacte, Henri le Parisien, a été enterré le 25 juin 1975, déjà quatre décennies, à Greenwich, dans l'État de New York.

Personnages de la rue de Lappe

Avec Jo, nous avions évoqué les personnages que Mahé a cités dans *La Brinquebale avec Céline*. Le dénommé Baratin : « Ah ! Lulu ou Dédé ?… parce qu'y en a eu deux, des Baratin : Lulu Baratin et Dédé Baratin… Baratin, c'était vraiment un baratineur. Il arrivait avec de grosses bagnoles extraordinaires. Il tenait un bistrot après le boulevard Davout. Il avait une gueule d'empeigne, quoi ! » S'agit-il de l'un des deux, je l'ignore, mais, le *Détective* du 29 janvier 1948 relate une mésaventure arrivée à un certain Lulu « le » Baratin, le roi du boniment, qui « n'a pas son pareil pour endormir le "pigeon" et l'endormir sans douleur. » Prévenu d'escroquerie, il est aussi soupçonné d'avoir trempé dans plusieurs affaires de cambriolage. Un jour, l'officier de police Salavert le fait sortir de prison pour une confrontation avec sa femme, « la brune Margot ». Celle-ci en profite pour apporter quelques douceurs à son homme, en particulier « un magnifique kil de rouge, de Bourgogne ». Passant outre le règlement, le policier accepte que Lulu « accole longuement le flacon ». Résultat : Lulu raconte à Salavert tout ce qu'il veut ! Plusieurs mauvais garçons en feront les frais, arrêtés dans les jours qui suivent. « Comme quoi, conclut *Détective*, le vin parfois, fait plus d'effet que le "tabac" », le tabac en question étant, on s'en doute, celui du passage à tabac, pratique alors en usage…

Doudou, le Grand Phonse, Jo Privat les avait côtoyés, connus. Le Grand Yves : « C'est Yves Didou, qui était l'associé à Jo France », dont un splendide portrait à l'huile, silhouette allongée on croirait Le Gréco, signé Henri Mahé, orne, je le répète, la sortie du Balajo. Poil au Naz, c'est-à-dire Poil au Nez. Le Breton, qui peut être, soit Auguste, l'écrivain qu'on sait, soit Raymond. Jusqu'au bout, ce dernier a été un fidèle du Balajo : je le revois au bar, près de l'entrée… On disait de Raymond le Breton qu'avec Dédé, *alias* du Ponceau, ils tenaient la rue du Ponceau, une rue alors très chaude perpendiculaire à la rue Saint-Denis, près de Réaumur-Sébastopol. Au 9, ils avaient ouvert un tapis, le Pub berrichon. Au-dessus, marchait un hôtel au nom de Charton André, selon le bottin 1977 : est-ce le Dédé en question ?… Il y avait aussi Jean la Tire… « Nectar, le garçon du Balajo, avec Bébert le Boîteux son associé », Marcel Petit-Bleu que Mahé appelle, comme certains, le Beau Marcel… Et Jo d'allonger cette liste : Gaston la Peugeot, Raymond la Tomate, Riton les Pieds pourris… « Et Dédé les Diam' ?…. réputé, lui alors… Il le cite pas, çui-là, Mahé ? ah ! merde… Il avait toujours une chevalière, une perlouse à la cravate… en diam' ou en zircon, ça brille encore plus que le diamant, ça fout des éclats terribles. Tu mets ça sur l'épingle à cravate, puis la bagouse… Tous les julots, tous les maques portaient des choses comme ça ! »

Dans ses articles de juin 1937, Marcel Montarron écrit : « L'une des figures les plus connues en tout cas [de la rue de Lappe], c'est sans doute, à l'heure actuelle, Dédé-les-Diams, qui eut jusqu'à dix femmes, et qu'on rencontre encore chez Bousca, dansant la valse comme un vrai jeune homme. » Ah ! que j'aimerais pouvoir entendre *Soi-même java,* cette musique de Daniderff, qui en quelques mots ciselés sur mesures dessine cette réalité du musette dont m'enthousiasmait Jo : « Quand l'gros Gégèn' /Soi-même /S'amène au bal musette /À petits pas il danse la java /Et tout's les poul's /Comm' saoul's /Lui riboul'nt des mirettes /Mais question de plat il leur répond /Ça va ! va ! va ! va ! /Avec son diam' planté dans la cravate /Quell' tomate ! il épate[11]... » Pas de doute possible, le Gégène de cette chanson est le frère, le décalque de Dédé les Diam' !

Petites précisions ethnologiques sur la mode *maque*

Le joli monde de la Bastille et même de Paname, m'a appris Jo Privat, s'habillait, se chaussait rue Caffarelli, du nom d'un général de la Révolution, dans le 3e du côté de la rue de Bretagne. La mode *maque,* pour les chaussures, était d'être pointues, on les faisait faire sur mesures. Et Privat de me fredonner une chanson d'époque : « Ils se chaussent rue Caffarelli, /On les voit à la terrasse des bistrots, les maques, les hiboux. /Ce sont les apaches, les hiboux, /Qui n'en foutent pas un coup. /Leurs nénettes travaillent pour eux, /Ils s'habillent rue Caffarelli »... « Chez Michel rue Caffarelli » précisait déjà Carco en 1932 dans *Traduit de l'argot,* au numéro 10. Certains allaient aussi chez I. Lapidus, 69, rue de Charonne, à côté du Charonne's Hôtel au 67 évoqué par Mahé, peut-être le père de Ted Lapidus, feu le roi du prêt-à-porter, les avis divergent sur la question.

Quel était le prix moyen d'un costume, avant guerre ? Cent dix francs m'avait répondu Privat un jour. Cinq cent cinquante, avait rectifié mon père, un costume trois pièces, chez Schwartz, 18, boulevard Rochechouart. Avec, s'il vous plaît, des poches revolver au pantalon, c'était la grande vogue, et Jo n'aurait pas démenti cette précision de mon père qui me la donnait à la façon du tailleur, clin d'œil à l'appui, signe que marchand et client étaient dans la combine, à la coule de ce qui se faisait… Jo, qui a vite bien gagné sa vie, mettait, lui, sept cent balles dans ses costards… « La mode, c'était les épaules carrées. On disait : il s'habille chez Alba[12]… il a un porte-manteau dans l'dos, l'mec ! Ç'avait fait scandale, à l'époque, de s'loquer comac'… Ah ! toi, va chez Alba, t'as pas d'épaules… Les gringalets, ils étaient contents, ça leur faisait des endosses de lutteur, de durs, quoi… La mode, c'étaient les rayures, le bleu marine avec la rayure blanche. C'était le costume de maque, de gangster »… Signe que l'événement avait été retentissant, Jo m'avait évoqué le passage de Jack Diamond en France en 1928, sur lequel, on s'en souvient, Louis Chevalier s'était penché : « Quand il est débarqué à Paris, tout le monde est v'nu l'attendre… Le p'tit chapeau blanc, le borsalino, il en a pas fallu plus pour qu'les jeunes se mettent à suivre la mode… »

« Jules des Sables, son p'tit chapeau, il était sur la troisième ride… »

La casquette ou le chapeau signalait le standing, au sein du milieu, de celui qui l'arborait : « Le chapeau, disait Jo, c'était déjà le gars arrivé, qui f'zait plus taulier… Le mec qui avait deux, trois pouliches dans son écurie, c'était déjà quand même un monsieur. Les mômes le r'gardaient, ils avaient du respect… » En exemple, Jo me citait un certain Jules des Sables, un ancien associé d'Yves Didou, connu pour ne jamais plaisanter : « C'est lui qui avait balafré Marius, du bal chez Marius, rue des Vertus. Il lui avait cassé un verre dans la tranche et lui avait filé une balafre terrible… Jules des Sables, il se pointait avec son p'tit chapeau, il était sur la troisième ride, i'bougeait plus, hein… I'mettait son chapeau, l'matin… Là, mon vieux, si quelqu'un passait, l'bousculait, et qu'i'déformait un peu la forme de son chapeau, l'mec il y était, hein… C'était un mauvais ! » Pourquoi Jules *des Sables* ? Tout simplement parce que ce Jules-là avait une taule, un bordel aux Sables-d'Olonne[13]. Comme Dédé *du Jura* en avait une dans le Jura, et Bébert *de Clermont*, à Clermont-Ferrand…

Les tauliers constituaient une confrérie à part dans le milieu interlope, une sorte de syndicat. Ils se rencontraient pour causer bizness. Depuis longtemps le coin porte Saint-Denis – porte Saint-Martin était l'un, sinon leur domaine d'élection. À la Belle Époque, dans *La Maison Philibert*[14], Jean Lorrain fait se rencontrer Philibert Audigeon, taulier de province, et un *marchand de viande* dans un bistrot du boulevard de Strasbourg mitoyen de La Scala, alors music-hall des plus réputés de Paris, en face de L'Eldorado, autre établissement de renom… Les trois personnages évoqués par Privat appartenaient donc au monde spécial des portes Saint-Martin et Saint-Denis. Pour danser, ou, du moins pour se montrer, ils allaient plutôt du côté de la rue des Vertus toute proche. Encore que la Bastille ne fût pas loin. Les clients tournaient, un soir rue de Lappe, un soir rue au Maire, et même les deux dans la soirée. À cela s'ajoutait la fidélité des amateurs de tel ou tel accordéoniste : « Émile Prudhomme, se rappelait Privat, un jour, a quitté le Tourbillon pour le Bousca, la moitié de la clientèle du Tourbillon l'a suivi ! »

Détour par les portes Saint-Martin et Saint-Denis

Le quartier des portes Saint-Martin et Saint-Denis a été le théâtre de quelques drames sanglants. Au 53, boulevard Saint-Martin, à l'angle de la rue du même nom, la célèbre brasserie de La Croix de Malte, agrémentée d'un ensemble musette, marchait nuit et jour. Les hommes du bizness, souteneurs, placeurs, tauliers, y fréquentaient. Une nuit de janvier 1935, Édouard Grandclaude, un mutilé de guerre amputé d'une jambe, y fut abattu à 4 heures et demie du matin. Un proxénète, un placeur, le dépeint Noël Pricot dans son article « Aube rouge » du *Détective* du 17 janvier. Deux ans et demi plus tard, le 24 juin 37, toujours dans *Détective*, Pricot intitulera un nouveau papier « La Nuit rouge ». Dans la même nuit en effet, celle du 15 au 16 juin, deux morts et un blessé grave !

L'une de ces trois affaires se déroule encore à La Croix de Malte. Un demi-sel, Van Hassche, est grièvement atteint de coups de couteau… pour s'être mêlé, peut-être, de ce qui ne le regardait pas… Auparavant, mais à la porte Saint-Denis cette fois, vers minuit et demi, sur le seuil du bar La Madelon, 3, rue du Faubourg-Saint-Denis, Raymond Bussart, dit le Grand Raymond de la porte Saint-Denis, domicilié 66, rue des Gravilliers, avait été tué par un rival, Robert Loly surnommé Bébert l'Enjôleur, qui lui reprochait, doléance classique à l'origine de tant de règlements de comptes, de lui avoir emprunté sa femme et, à son insu, de l'avoir placée en maison à Limoges… Autrement dit le Grand Raymond avait chouravé son pain de fesse à l'Enjôleur !

Une heure plus tard, à quelques mètres de là, devant le Petit Pot, la brasserie de l'angle faubourg Saint-Denis – boulevard Bonne-Nouvelle, « à quelques mètres de la flaque de sang du "Grand Raymond" [transporté à Lariboisière où il était mort en arrivant] c'était un autre souteneur, habitué du "coin", un certain Georges Morice, qui agonisait à son tour au pied d'un réverbère, lardé de coups de couteau par un inconnu. » Morice était mort en défendant sa *lamefé*, Annie-Marguerite S… une prostituée de la rue Nicolas-Flamel, à la tour

Saint-Jacques, qu'un autre homme, un mulâtre, un « bronzé », tentait de lui ravir…

Si, en préambule de son article, Pricot n'a pas tort d'écrire que « Montmartre, la Bastille, les Ternes et la Montagne Sainte-Geneviève ne sont plus les seuls points de ralliement de la pègre », il a tort cependant de ne pas souligner que la porte Saint-Martin et la porte Saint-Denis en étaient un des lieux chauds où, la nuit, depuis belle lurette, les mauvais garçons, la « casquette ou le chapeau baissé sur les yeux, les poings dans les poches, la cigarette collée à la lèvre inférieure », pour reprendre Carco, avaient leurs habitudes… Une photo de *Détective* montre le Grand Raymond coiffé d'un bada relevé sur le devant. Signe hiérarchique ? En tout cas le chapeau est bien posé sur la troisième ride du front, et, en regardant ce Grand Raymond, je pense aussitôt au Jules des Sables de Privat ! Peut-être tous ces *arcans* s'étaient-ils connus, à savoir ?

Plus loin encore, le Petit Jardin, sa faune et ses mœurs…

Au détour d'une phrase, Montarron, dans son article sur les musettes, signale qu'au Petit Jardin fréquentaient les Corses de Montmartre et, chez Bousca, les Algériens et les Marseillais. Rue de Lappe, les Marseillais ? Privat en était resté interloqué. Ce qu'en revanche il affirmait, c'est qu'à la Bastille et avenue de Clichy, le milieu était différent : « Au P'tit Jardin, c'étaient vraiment des méchants. Il y avait pas de mômes, pas d'tocards au P'tit Jardin, pas de sprats, tu vois, les p'tits poissons, les anchois… En argot le sprat c'est un p'tit maque, un dos-vert, un bizet, un barbillon… oui, un barbeau d'pissotière, pour être vulgaire… Attention ! c'étaient des durailles au P'tit Jardin, le coin des Corses et des gitans, un cercle plus fermé. À l'époque c'est les Corses qui dét'naient le pavé d'Montmartre. T'avais pas beaucoup d'Français dans c'camp-là… Trois clans y avait : gitans, qu'étaient rue La Rochefoucauld, Corses, et Siciliens aussi. Au P'tit Jardin, entrait pas n'importe qui… »

Et Privat me renvoyait à Auguste le Breton qui l'a raconté dans son livre, *Les Maqs*, et me l'avait répété de vive voix[15] : « Au bal du Petit Jardin, ils avaient de la gueule, les lascars ! Maques, casseurs, fricfraqueurs… Maurice la Gouine, il avait même fait mettre un diam' dans la canine de son chien… ça en jetait ! […] En semaine il y avait que les forbans qui avaient le droit d'entrer, et les femmes, toutes les femmes… Les naves, les gens qui voulaient aller danser, aussitôt qu'ils avançaient dans le long couloir d'entrée, les pieds s'allongeaient, ils tombaient… Le samedi et le dimanche c'était à eux, aux naves, en semaine : "verboten" ! » Au Balajo, Privat était catégorique, ce genre de pratique n'a jamais eu cours : « Le Balajo c'était déjà plus évolué. Les grands cracks étaient au comptoir… La démarrante c'était la première tournée, la consolante, la der' des der'… Entre, ça y allait le champ', les roteuses ! » Dans le quartier de la rue au Maire, pour Jo, le bal le plus réputé était l'As de Cœur, rue des Vertus : « Y avait aussi des julots, mais c'était moins sélect, moins méchant, moins chauvin qu'au P'tit Jardin. C'était peut-être plus populaire, plus zonard si tu veux… »

Les mots étant susceptibles de glissements de sens et de travestissements, on comprendra qu'établir une typologie des bals-musette voyous à l'orée de la Seconde Guerre serait malaisé. Comparant ces mêmes bals, de la rue de Lappe et du coin Vertus-Gravilliers-rue au Maire, mais après la Libération, Jeannot le Polak me disait que les seconds étaient plus *canailles*. Faudrait-il dès lors croire que *populaire*, *zonard* et *canaille* étaient, dans la bouche de Jo et de Jeannot, tous deux Parisiens et connaissant bien leur sujet, synonymes ? Il semblerait.

La fin du Ladira, 18, faubourg Saint-Martin

Victor, 39, boulevard du Temple, et Ladira, faubourg Saint-Martin, ont été, on s'en souvient, de très hauts lieux du milieu, du niveau du Petit Jardin, dans les années vingt, et avant 1914 même pour Ladira. Si, avant que Lucien Lariche ne m'éclaire de ses lumières, j'avais trouvé par hasard l'adresse de chez Victor sur le dépliant publicitaire de la brasserie Jenny, j'avais eu plus de mal à situer le Ladira.

Le 16 mai 1935, *Détective* parle des coups de pistolet qui, maintes fois « ponctuèrent la musique langoureuse des accordéons. C'est là, au Ladira, continue l'hebdomadaire, que Dédé-le-Nez-Cassé, une terreur, tomba assassiné par le Petit Dudule. » À la suite d'une série de bagarres sanglantes la préfecture retira sa licence à la patronne du bal, la veuve de Charlot. « Et, conclut *Détective*, les “hommes de la Porte” devinrent clients d'un modeste guinche de la rue des Gravilliers », tandis que Ladira était remplacé par un bouillon populaire, Au Bœuf saignant. En 1950, ce Bœuf saignant existait encore. Son adresse sur le bottin m'indique celle du Ladira *alias* le Bal du Petit Saint-Martin : 18, rue du faubourg Saint-Martin.

Léon Agel, on le sait, a joué au Petit Saint-Martin, qu'il ne nomme jamais « Ladira ». Entre 1929 et 32 d'après mes recoupements : en effet, le *Détective* du 16 mai 1935, s'il ne se trompe pas, précise que l'établissement a été fermé cette année-là. La boîte avait de la tenue : « Aucune comparaison avec celles de la rue de Lappe », écrit Agel[16] en se référant aux musettes où il a travaillé mais en omettant, je pense, Bousca et le Petit Balcon… Convenablement payé – quatorze séances à trente francs –, il pouvait désormais vivre uniquement de sa musique. Et tant pis si le minuscule balcon des musiciens, « sous une verrière en forme de pyramide », était inconfortable. À part l'accordéoniste, les autres devaient « avoir la tête légèrement inclinée vers lui pour ne pas toucher les vitres. J'avais été obligé, poursuit Agel, de scier les pieds de ma chaise pour pouvoir caler ma grosse caisse, ma caisse claire et ma cymbale charleston » !

À l'époque, cette « veuve de Charlot », sur laquelle *Détective* ne s'attarde pas, dirigeait effectivement le Ladira. Elle s'appelait Jeanne, « une très belle femme dans la trentaine [qui] lançait avec autorité le traditionnel "Passons la monnaie", la dépeint Agel [...]. Elle avait pour ami un taulier de Versailles, un beau gosse qui venait plusieurs fois par semaine, avec des potes et quelques-unes de ses pensionnaires [...]. La Jeanne recevant le gratin du milieu exigeait une tenue correcte. » Comble d'ironie : pour affirmer la respectabilité de son établissement, Jeanne louait les services d'un garde municipal ! D'après Agel, le Ladira était le seul musette à Paris « à se permettre d'entretenir un "cipal" qui n'avait rien à faire d'autre que de siroter les guindals qui lui étaient servis à discrétion »... En revanche, non, Agel n'a pas connu Charlot, Charles Péricaud, le mari de Jeanne. Sur le bottin, son nom apparaît en 1924, remplacé en 1928, 29 et 30 par « Veuve Péricaud ».

Les raisons fournies par Agel sur la fermeture du Ladira sont précieuses pour Paname. D'abord, la péripétie a son importance, un après-midi avant la séance, un musicien a le tort, en chahutant, de passer ses propres menottes au cipal et de l'attacher quelques instants au radiateur. En dépit des excuses du responsable de l'incident et de Jeanne, le fonctionnaire prend très mal la chose, il ne reviendra pas. Ni aucun remplaçant, il n'y a plus de gardes disponibles pour chez Mme Péricaud… Ensuite, en face du Ladira, bal du milieu, marchait les Deux Chevrons, lui-même bar du milieu[17]. Un jour, Charly le Stéphanois, homme de poids tout frais rentré de Caracas, y est abattu. « Comme un nuage de sauterelles, dit Agel, les poulets s'abattirent sur le faubourg et le Sébasto. » Jeanne et le personnel du Ladira sont sur la sellette, l'incident du garde municipal remis sur le tapis, la police veut les noms des « jules » qui viennent danser. « Comme si on demandait l'identité des mecs à l'entrée du bal ! » commente Agel. Forte de ses relations policières et politiques, Jeanne ne s'en fait pas trop : « Il n'y avait jamais eu de bagarres chez elle et encore moins de crimes », étaye Agel, en cela en parfait désaccord avec les assertions du *Détective* du 16 mai 1935… Mais voilà, le commissaire du quartier ne la lâche pas et un jour, bouclarès, le Ladira ! « La Jeanne avait trop parlé », termine Agel, entendant par là, je suppute, qu'auprès de ses accointances policières, elle avait chargé plus que de mesure le commissaire du quartier. « Elle avait oublié qu'un commissaire est le patron de son quartier et que ses supérieurs vont rarement à l'encontre de ses décisions. »

Fort du jugement de Louis Chevalier : « Décidément, l'Étape mérite de passer à l'histoire », ce détour par les Deux Chevrons, le Ladira, et les précisions de Léon Agel, trouve sa justification. Et puis, Jo Privat, que nous avons un peu délaissé… si peu… ne m'avait pas contredit, Agel est aussi une mémoire de la Bastaga et du musette. C'est lui d'ailleurs, Agel, qui m'apprend[18] qu'une fois mobilisé, Privat[19] fut remplacé au Balajo par Carrara, Émile je suppose… Agel l'accompagnait à la batterie, et Jacques Cahan au piano… Quelle formidable symphonie, jamais inachevée, que cette histoire de la Bastoche !

CHAPITRE 14

DIRE, FAIRE, ET RACONTER ENCORE

La parole, moteur premier de la culture populaire

Rue de Lappe, vivier privilégié du potin, du ragot, du racontar, et, revers de la médaille, de la médisance, à l'origine, bien souvent, du fait divers tragique, les anecdotes sont infinies. En même temps qu'ils vivaient, les gens emmagasinaient ce vécu, le leur et celui des autres, qu'ils voyaient autour d'eux ou apprenaient par le bouche à oreille, et le colportaient aussitôt à l'entour, devant un comptoir de préférence... C'est ce que sous-entendait Jo Privat quand, à ma question de savoir si, entre eux, les musiciens se réunissaient pour parler musique, il avait rétorqué, pince-sans-rire, qu'ils se réunissaient pour parler apéro. Comme si ce qui comptait, au premier chef, c'était cette jouissance, cette dérive extatique permanente qu'engendre la parole stimulée par l'alcool. Je reviens sur ce point parce qu'à, peu ou prou, la même question, Jo, plus sérieux avec Francis Pinguet qu'avec moi qu'il considérait de la Bastaga, lui avait tenu un autre langage : « En finissant le bal, nous allions dans le bistrot d'à côté. Et là on s'amusait, on jouait pour nous, on jouait ce qui nous plaisait, nos trucs. Gus Viseur venait souvent. À l'époque si un guitariste par exemple arrivait et jouait un passage de basse original, on se le répétait, on disait : “Attention, il y a un nouveau guitariste qui vient d’arriver”, et tout le monde se déplaçait pour aller l’écouter, pour copier sur lui. » Au cours de ces réunions, ajoutait Privat, les musiciens s’essayaient aux nouveautés : « Si un accordéoniste avait un nouveau morceau à son répertoire, tous les autres venaient pour essayer de l’apprendre. On faisait venir un copain guitariste, qui sortait de son bal lui aussi, et on jouait pour nous [...] des chorus, on jouait des swings. Chacun montrait un peu ce qu’il savait aux autres. C’est comme cela qu’on pouvait s’instruire, en voyant plus fort que soi »[1].

Dans *Voyage de Paul à Pablo*, Chalier est moins enthousiaste que Jo. À la Boule Rouge, de temps en temps, Léon Pouyet faisait appel à des têtes d’affiche. Las ! commente Pierre-Eric Droin, le biographe de Chalier, « il ne faut pas compter sur ces cabots capricieux pour en soutirer telle ou telle subtile invention par laquelle ils trouvent à dépasser les autres. Lorsqu’à plusieurs reprises, Paul s’avisera de questionner Gus Viseur sur des difficultés qui lui résistaient, l’énorme vedette esquivera la réponse : “Mon p’tit pote, le secret, c’est ça !” Il voulait dire qu’il fallait beaucoup travailler ses doigts extrêmes au lieu de toujours utiliser ses doigts forts, insigne erreur des débutants. Encore fallait-il comprendre. » *Idem* avec Charley Bazin : « Ils craignaient tous la même chose... de se faire tomber de leur piédestal par un plus jeune, un plus fort qu’eux », conclut Chalier.

Dans l’histoire du jazz moderne, la 52ᵉ rue de New York tient un rôle essentiel puisque c’est là, au début des années quarante qu’est né le style be-bop, phase première de ce renouveau du jazz, de la rencontre de Charlie Parker, Dizzy Gillespie, Thelonious Monk, Bud Powell, Kenny Clarke, Max Roach, d’autres encore. Dans *The Bird*, film qu’il a consacré à la vie de Charlie

Bird Parker, Clint Eastwood n'a pas manqué de montrer la 52e rue, son ambiance chaleureuse, à l'époque où, au Minton's, les jeunes loups du jazz aiguisaient leurs riffs aux acrobaties risquées des mélodies bop. Comment ne pas établir un parallèle entre la 52e rue à New York et, à Paris, la rue de Lappe, berceau d'événements équivalents : épanouissement de la musique auvergnate avec la musette, son instrument de prédilection… essor, grâce à Bouscatel et Péguri de l'accordéon-musette, le musette tout court… puis développement de cette musique dans les années vingt, et affinement stylistique, rénovation a-t-on dit parfois, plus tard, du temps de Jo Privat ?

J'ignore si des livres ont été consacrés à la 52e rue sous cet angle de la vie et de la musique, comme rue de Lappe, sa quintessence esthétique directe. Il est probable que les faits divers y ont aussi pullulé, propagés par la parole des habitués. Ce que je nomme culture populaire, c'est cela simplement : la vie de tous les jours et la parole qui la raconte – le *dit* au premier degré sans reprise intellectuelle aucune – mais débitée et redébitée à la façon de chacun, avec, à la clé, le désir jamais caché d'émouvoir… faire rire les amis, ou, à l'inverse, si l'occasion se présente, qu'ils compatissent à la conclusion fatale d'une histoire qui aura mal tourné. D'où fréquemment, pour celui qui parlait, le locuteur ou le « bonisseur », mais ce mot a déserté le vocabulaire argotique, l'utilisation de la caricature, de la moquerie, et du sous-entendu empreint de connivence lorsque la prudence conseillait de surveiller ses propos… L'argot, la parole sauvage plutôt, le sirop du trottoir parisien si l'on préfère, trouvait là un terreau de choix pour germer en toute luxuriance. De façon catégorique, à la Bastoche, le *faire*, l'*agir*, le *dire* et sa charge nécessairement émotionnelle ayant pour but de rendre plus vivant le récit inlassable des péripéties des uns et des autres, l'histoire même au jour le jour du quartier, étaient indissociés.

La place primordiale du *cul* dans les anecdotes

À chaque acteur de la rue de Lappe correspondraient des pages et des pages de souvenirs, impossibles à colliger. Ils sombreront avec leurs dépositaires. Jean Raphaël a été, pour beaucoup, le plus grand chanteur français de tango. C'était un ami de Privat. Jeune, il se produisait dans un bistrot de Bagnolet, il imitait Dranem, Mayol, Chevalier. Jo l'avait alors incité à venir à la Bastoche, à La Colonne, et, d'après *Monsieur Jo*, Jean « n'a pas chômé auprès des musiciennes qui se le partagèrent à tour de rôle : la Mado, l'Émilienne, surtout Eugénie, spécialiste en alto et reine de l'embouchure, laquelle excellait dans le travail rapide et bien fait. Du sans bavure. » Voilà le langage, gavroche, grivois, certifié caniveau de Paname, allusif, tout en catimini, qu'affectionnait Jo pour raconter ses histoires en pagaille… Le 9 mai 1990, je l'interviewais devant les caméras, la conversation tournait une nouvelle fois autour de son confrère Raymond la Lope[2]. Il a eu cette sortie : « Ah ! lui il était de l'entonnoir, il était pas d'la pointe !… » On pige ou non, mais le parler titi de la rue c'était ça, la rapidité dans l'évocation, le crobard. Et ce désir de faire partager sa bonne humeur à ceux à qui l'on s'adresse. Sur ce plan, l'Entre-deux-guerres parisien a été, on ne peut mieux, convivial.

Au hasard des numéros de *Détective*, je suis tombé sur des faits divers qui ont eu le plaisir, le sexe, pour moteur, et que, dans un souci de ne pas désunir le faire et le dire, les journalistes ont eu à cœur de rapporter sur le ton qui convenait, badin mâtiné ironique. Bien que n'ayant pas le bal-musette pour cadre, la menue histoire de mœurs qui suit, du 5 décembre 1935, est drôle. Elle se déroule aux bains de vapeur de la rue de la Roquette, au 93 je pense, les bains Voltaire, à la limite septentrionale de la Bastille. Elle met en scène un professeur de philosophie, un certain M. Jérôme. L'article de *Détective* nous le montre dans la contemplation d'un homme, nu naturellement, que le hasard biologique aurait pourvu de… trois testicules ! Émerveillé, M. Jérôme va jusqu'à toucher cette anomalie de la nature… Mais voilà, l'inspecteur Métra, sans moustaches ni semelles à clou ni melon, donc, suis-je fondé à supposer, dans la tenue d'Adam, est, lui aussi, entré dans le bain. Il interpelle M. Jérôme qui, pour sa défense, ne veut pas reconnaître « autre chose que d'avoir par souci de savant, “palpé” ! »… «Je ne faisais qu'une expérience d'anthropologie ! » soutiendra-t-il. Notons, en guise de conclusion, que cette « anomalie » n'était qu'une hernie scrotale…

Aussi *amusantes*, si je puis me permettre, car inattendues, sont certaines des conséquences du viol de Louisette, une petite bonne, que *Détective* relate, le 7 avril 1938, en y insistant un tantinet. Issu de la rue, le public de l'hebdomadaire était, est encore, je pense, friand de détails croustillants mais relatés avec une certaine componction, juste ce qu'il faut pour que la pudeur soit sauve… Au bal, du côté de la rue des Vertus, Louisette rencontre une bande de méchants garçons. Sept au total qui, après lui avoir proposé une balade en voiture qu'elle accepte, lui font subir « les derniers outrages ». Sur les trois hommes arrêtés, deux nient, et le troisième, avec lequel Louisette a terminé la nuit dans un hôtel de la rue Saint-Martin, affirme qu'elle était consentante. Le problème de la cour d'assises est de déterminer si, oui ou non, il y a eu violences criminelles. Désignant celui de ses violeurs qui s'est montré « le plus acharné, le plus exigeant », Louisette déclare avoir conservé de ses « “relations” forcées avec lui, un souvenir de souffrance épouvantable, due à l’énormité des moyens dont il disposait. Elle avait pu faire la comparaison avec les six autres, dont l’anatomie ne lui avait pas semblé anormale, tandis que celui-là… » Une expertise des plus originales est confiée au toujours même éminent docteur Paul : celle de vérifier, *de visu*, les accusations de la victime !… *De visu* mais centimètre à la main puisque, ainsi « armé […] il prit les mesures des “objets”, en long, en large, calcula les volumes, mais il se heurta à une difficulté capitale »… celle « de rechercher la véritable ampleur de l’“attribut” dans son état de super-activité. Car le docteur Paul ne pouvait songer, par sa seule présence, à émouvoir suffisamment les inculpés, pour que leur virilité se manifestât dans toute son ampleur. Ce qu’il constatait, c’était une virilité assoupie : il aurait fallu l’examiner dans son réveil triomphant » ! Tout en ellipses, en détours, l’article ne dépare pas la tonalité du Paris coquin de l’époque. Aucun mot cru, le journaliste se contente de suggérer… même s’il cherche à suggérer au maximum !… Terminons en spécifiant que l’expertise valable n’ayant pu être effectuée, chaque accusé écopa de la même peine : deux ans de prison.

Le fait divers se racontait au premier degré

Dans ses éventualités, pathologiques nommons-les, le bal-musette, on l’a vu à plusieurs reprises, a constitué un marchepied de choix pour, par ordre croissant, l’escroquerie ou le vol, l’incitation à la prostitution, le viol, et, bien plus rarement, le crime. À la base de ces comportements, la même constante : le désir, le besoin d’argent. À lire les faits divers de ce temps-là, on constate que l’imagination ne manquait pas à ceux qui s'adonnaient, seulement, aux activités délictueuses. Si l'on se souvient qu'au tournant des années trente, aux yeux de nombreux observateurs, la Bastoche, en étant plus fréquentée, plus populeuse, était devenue moins réservée par rapport aux périodes précédentes, on conviendra qu'elle ouvrait effectivement le champ aux crapuleries les plus variées.

C'est ce que montre *Détective,* à l'approche de la Seconde Guerre. Mais toujours avec un côté bon enfant, si je peux dire, moins geignard qu'aujourd'hui. Paris, alors capitale du monde ne l'oublions pas, avait la faculté de faire passer le mauvais, sinon le pire, aux profits et pertes, tant était grande sa force d'attraction et d'intégration… C'est pourquoi les quelques faits divers que nous avons choisis en illustration de la rapide typologie à laquelle nous nous sommes livrés ont pris, en huit décennies, un côté petit drame qui les ferait presque tous passer pour anodins. La croyance en la fatalité, ressort primordial du réalisme dans la chanson et le cinéma, permettait d'accepter davantage les coups. La substitution de l'aveuglement du destin par la désignation d'une pathologie sociale à éradiquer a eu, au-delà du sémantique, une incidence sémiologique certaine, à savoir que la manière de raconter les faits divers, devenus d'ailleurs faits *de société*, en a forcément été affectée. La narration des faits divers s'est muée en appréhension, en explication de faits sociaux avec marxisme et psychanalyse à la clé, ce qui a eu pour conséquence de tuer le fait divers en soi, qui se contentait d'être au premier degré…

En découvrant les péripéties qui suivent, gardons cet esprit primitif, primaire si l'on veut, de l'époque : il contribue à les faire palpiter comme les lointaines images des illustrés de notre enfance. Longtemps après, il y a un plaisir *sui generis* à se plonger dans les fièvres quotidiennes d'un Paris disparu. Plaisir du texte, des textes de *Détective* et de la presse ancienne, qui est sûrement l'une des origines profondes de ce travail.

Les barbeaux de pissotière, pour reprendre Privat, quand ils avaient une touche avec une femme mariée, ne tentaient pas de la mettre sur le trottoir. Mais de lui soutirer de l'oseille, c'est l'enfance de l'art !… L'affaire relatée par Paul Chalier concerne un musicien. On le sait, pas mal des collègues de Chalier avaient des écailles : « Parmi eux, certains étaient de fieffés salopards. Je me souviens d'un en particulier qui, un jour, ayant rencontré une femme d'aviateur, la fit chanter d'une manière odieuse. Je ne sais ce qu'il lui avait fait : le parasol japonais ou la fourmi dans les blés ! mais elle était tombée follement amoureuse de ce gars-là !… à lui écrire des lettres enflammées dont il se fichait pas mal, hélas !… Ce béguin-là lui avait donné une drôle d'idée : "Tu vois, ces bafouilles ! m'avait-il dit, me tendant les lettres d'amour, elles vont me rapporter du pognon…"»

Le 17 juin 1937, Montarron raconte une histoire similaire. Le tort de la victime, une femme marida, était de trop aimer la gambille et la rue de Lappe. « Par caprice, écrit-il, elle avait voulu se farcir un petit mac de la porte Saint-Martin, qui était venu traîner ses guêtres dans le secteur. Le caprice passé, le petit mac fit du chantage, faucha, comme gage, les bijoux et fourrures de l'imprudente qui, ainsi dépouillée, n'osait plus reparaître chez elle. Elle implora, elle trépigna, elle supplia tour à tour », rien n'y fit. En désespoir de cause, la dame demanda aide et protection à un caïd qu'elle avait fini par connaître dans le bal où elle fréquentait. Le caïd accepta d'intervenir et fut contraint de jouer du pétard sur le ventre du gars de la Saint-Martin qui s'était montré dur d'oreille lors d'une première tentative à l'amiable. Enfin, il restitua le tout. Il aurait suffi qu'il fût irascible ou eût à prouver qu'il était un vrai, l'affaire dégénérait… Et aussi : comment la dame de la rue de

Lappe remercia-t-elle son défenseur ? Peut-être par ce simple mot, merci… Car, à l'occasion, certains du milieu pouvaient être chevaleresques, par et pour le panache…

La Valse à l'envers, de Maurice Pasquelot

Au bal-musette, le terrain, donc, était giboyeux, selon l'expression de Privat, témoin privilégié de cette chasse à la femme dont le but était de la mettre en maison ou sur le trottoir. En 1979, dans *La Valse à l'envers,* chez Julliard, Maurice Pasquelot a écrit la vie de Marion. Née en 1917 dans un milieu bourgeois, Marion est la nièce d'une tendre amie de Léon-Paul Fargue. En 1936-1937, à l'angle de l'avenue Denfert-Rochereau et du boulevard Raspail, elle rencontre Cyrille. D'une dizaine d'années son aîné, Cyrille est mime dans une baraque foraine. « Un soir qu'il faisait très chaud », le destin de Marion va se nouer… Ce Cyrille-là est un demi-sel qui cherche plus à être mauvais garçon qu'il ne l'est vraiment, un sprat, un anchois, pour utiliser le vocabulaire de Privat, un maque à la mie de pain qui fréquente le Balajo et ne va pas droit au but avec Marion. Sa plus grande réussite, mais en l'occurrence c'est essentiel, consiste à, charnellement et sentimentalement, s'attacher cette *fillette* ainsi qu'aurait dit Mac Orlan. Dès lors, les dés sont jetés.

C'est en fonction de ce lien, l'amour, qui fait de l'imprudente Marion, comme la qualifierait *Détective,* sa prisonnière, que Cyrille parviendra à ses fins. Le jour qu'il se retrouve en prison pour une escroquerie de bas étage, Marion va tout tenter pour l'assister. Jusqu'à se prostituer dans une maison de Cherbourg, L'Excelsior. Par amour, oui, on se rappelle les analyses de Carco à ce sujet et, voici plusieurs années, la célèbre Ulla a expliqué qu'aimer un homme et se prostituer pour lui[3] ne sont des conduites divergentes qu'en apparence. C'est par amour qu'elle a fait le trottoir. Dans *Paris gangster*, j'ai relaté les extrémités auxquelles pouvaient aller des femmes éprises. Je pense à Nénette, l'une des deux poneyttes de Papillon quand il tue Legrand en 1930, et, en 1962, à Dany, maquée par Antoine Mondoloni, le Petit Guérini. Sans oublier Martine Willoquet qui, elle, ne se prostituait pas. Retournons à Marion. *Deus ex machina sine qua non*, il aura fallu l'intervention du dénommé Szabo, un ami de Cyrille, pour que son destin s'accomplisse. « Habillé avec plus de recherche [...], costume gris, une chemise bleu clair et une cravate de bon goût », Szabo est un marchand de femmes. Ses assises, il les tient dans un bar de la rue de Douai. Livre terrible, *La Valse à l'envers* raconte le Charybde en Scylla de Marion et de ses camarades d'infortune, prostituées aux quatre coins de la France, à Londres... un livre à deux doigts de se terminer dans la vengeance la plus extrême.

Les années ont passé : dans une clinique de Grasse, le beau Szabo est cloué sur une chaise de paraplégique, Szabo « souteneur cruel hier, bouffon dérisoire aujourd'hui », Szabo qui « avait réussi à obliger six femmes à se prostituer. » Renversement des rôles, à son tour Marion est devenue bourreau. D'abord, elle éteint des cigarettes sur les mains, sur le sexe du paralytique. Ensuite, elle lui annonce qu'elle s'apprête à le châtrer : « Tu vas pisser le sang ». Mais un *happy end* intervient, s'il est possible de nommer de cette façon la crise cardiaque qui permet à Szabo d'échapper, par la mort, au châtiment suprême pour un maquereau : l'émasculation.

Les tentatives maladroites, inavouées, de Cyrille pour forcer Marion à se défendre sont décrites avec minutie et véracité. Au début Cyrille aussi est amoureux. La nuit, ils font l'amour, l'après-midi ils partent danser

« dans des dancings de la rue Pernety, au Moulin de la Gaîté », sur lesquels Pasquelot ne s'appesantit pas. Le Bal du Moulin ou encore Bal Royal Musette, plutôt connu sous le nom de Bal Pernety, était situé au 46 de cette rue, dans le 14e. À l'époque de Cyrille et de Marion, dans *Le P'tit Cheval de retour*, paru en 1975 chez Julliard, Michel Audiard raconte avoir apprécié les « petites frotteuses de la rue Pernety » et « la boule étoilée du Bal Pernety ». Cyrille itou, mais affirme Marion : le « Balajo était devenu notre quartier général… Les filles, des habituées comme je le devenais jour après jour, m'appelaient par mon prénom et les garçons me saluaient poliment. J'étais, disait le patron, “la petite protégée de Cyrille”. C'était tous les soirs la fête. » Cyrille lui apprend le tango puis la valse à l'envers… Du plaisir de la danse ! « J'aimais être étourdie, j'aimais voir tout tourner, les lampes du plafond, les pieds des danseurs… »

Un jour, au Balajo, Cyrille demande à une danseuse de ses connaissances qu'elle prête des « fringues » à Marion qu'il veut voir nippée en fille, jupe courte de satin noir et corsage échancré sur les seins. Marion qui, jusqu'à présent, chandail et petit tailleur beige, est habillée en fille de famille, refuse. Le prétexte est tout trouvé à Cyrille de, non pas la chasser de sa roulotte, mais d'en faire mine, assuré qu'il est de la tenir et qu'elle reviendra. C'est chose faite, peu après. Marion a Cyrille dans la peau, elle est « vicieuse » : elle-même l'affirme en s'en persuadant. Plutôt que d'être abandonnée par celui qui lui a révélé le Plaisir avec un A majuscule, Marion est prête à tout… à se vêtir selon le désir de Cyrille… Avant de l'amener dans cette tenue au Balajo, Cyrille tient à vérifier son pouvoir sur Marion. Il lui fait répondre oui à tout ce qu'il lui susurre : « Tu es ma petite femme, ma petite pute, je ferai de toi ce que je voudrai »… Au lieu de lui dire « je t'aime », ce à quoi

Marion s'attend puisqu'elle a satisfait à ses exigences, il lui envoie : « Tu es vraiment faite pour ça… » Et elle, les sens affolés, redoublant d'amour, ne peut qu'encore répondre « oui »… En parfaite lucidité, Marion reconnaîtra plus tard que si, dès le début, elle avait dit non, les choses se seraient enclenchées différemment, « les fautes étaient partagées. »

L'entrée à petits pas de Marion dans le langage, les mœurs de la prostitution et du milieu, est intéressante à suivre. Quand Cyrille lui apprend que Szabo « est tombé », Marion s'exclame : « Et il s'est fait mal ? » En éclatant de rire, l'autre se promet « de raconter ça aux amis du Balajo. “Ils vont passer un bon moment.” » Car « tomber » dans le milieu, c'est être agrafé par la police… « Tu es une merveilleuse petite cavette », savoure presque gentiment Cyrille.

M. Robert, nom inventé, le patron du Balajo, a vite remarqué la classe de Marion : « Elle est mignonne ta gosse, complimente-t-il Cyrille, elle a l'air bien élevée, ça change des paumées qu'on voit ici. » Paumées parmi lesquelles certaines « avaient fendu leur jupe, pourtant courte, et l'on voyait le bas de leur jarretelle noire ou violine… » Pourquoi ? demande Marion à Cyrille en espérant qu'il ne lui demandera pas d'en faire autant. Et Cyrille de répondre : « Pour être mieux à l'aise pour danser et puis, des cuisses quand elles sont belles, pourquoi ne pas les montrer ? » Surtout il ajoute, ce qui peut être considéré comme la base du credo du souteneur qu'il est : « Les hommes aiment bien ça, tu sais. »

La « fiction » de la *Valse à l'envers* en prise directe sur la réalité

Cette *Valse à l'envers,* que sa jaquette présente comme un roman, fourmille de trop de détails véridiques pour n'avoir pas eu à son origine une expérience vécue, celle de ladite Marion, nom d'emprunt probablement. Dans *Détective*, je trouve des relations de séances de correctionnelle, des entrefilets qui montrent la même réalité. Le 28 mars 1935, un ancien souteneur et placeur à la porte Saint-Denis, à la porte Saint-Martin et à la Bastille, Jules Boraley, écope de deux ans de prison et de cinq ans d'interdiction de séjour. « Retiré » à Olivet, il louait une villa, Mon rêve, dans laquelle trois filles travaillaient pour lui, dont une mineure qu'il « dresse à coups de fouet ». Dans *La Valse à l'envers*, au 4 bis à Perpignan, par où Marion transite, c'est M. Tony, l'homme à Mme Amanda la taulière, qui corrige et mate les femmes qui ne filent pas droit en les obligeant à demander pardon… Le 30 décembre 1936, voici l'histoire de Marguerite, une boniche originaire d'Autun qui, comme Louisette précédemment, s'en est allée danser rue au Maire. Après avoir guinché avec Antoine Rath, dit Tony le Frisé, elle passe la nuit avec. Le lendemain, ça ne traîne pas, il l'oblige à faire le ruban en se servant du même genre d'arguments : il la frappe. Là, un ami de Tony s'interpose, Charles Erny, qui achète Marguerite à Tony « régulièrement », cinq cents francs… même pas le prix des costumes de Jo Privat !… Lucie, la sœur de Charles, lui apprend les rudiments du métier, et elle se retrouve au turf rue Nicolas-Flamel, à la tour Saint-Jacques : « Marguerite ne devait pas se déshabiller à moins de dix francs ; pas de "fantaisies" à moins de trente ; ne jamais rester longtemps avec le même homme, parce que cela faisait du tort aux autres femmes… » Le code de déontologie de la radeuse, en quelque sorte. Seulement, Marguerite, dégoûtée, porte plainte : les deux hommes sont condamnés à treize mois de prison, et Lucie à six.

On vient de le constater, dans le milieu de la prostitution, les femmes ne sont pas forcément solidaires entre elles. C'est ce qui ressort aussi de la suite des péripéties de la Marion de *La Valse à l'envers*. S'étant mise avec M. Tony, de putain elle passe taulière. Elle l'avoue : devenue « vacharde », elle éprouve du plaisir à prostituer d'autres femmes. Ainsi, confie-t-elle : « je pensais avec une joie sadique que très bientôt Florence travaillerait en maison et que Tony la corrigerait au fouet »... Le 16 juin 1938, une affaire évoquée par *Détective* le montre : dans le mitan, une femme qui se respecte est d'abord solidaire de son homme. La plaignante s'appelle Julie, une belle fille de 28 ans. Toujours dans un bal, non précisé c'est regrettable, elle a été « chambrée » par un couple. Lui, Robert, est souteneur, elle est en carte. Julie les suit chez eux en expliquant : « Le “monsieur” était habillé chic, avait des allures sympathiques. Alors, moi, je suis rentrée en confiance. Il m'a invitée avec son amie au restaurant. On a bu du mousseux. Cela m'a tourné les idées. Je les ai suivis chez eux car, étant en chômage, ils m'avaient proposé du travail facile, bien payé, pour la demi-journée. » À entendre parler cette Julie, on comprend qu'on est en présence d'une oie blanche parfaite, victime désignée... Chez eux, la femme s'adresse à elle : « Ce soir, je suis indisponible, alors Robert va être ton mari. Tu lui dois obéissance. » Le journaliste note des rires dans l'assistance... La suite est moins drôle, quoiqu'on la pressente : sur le trottoir et vivement ! Après bien des hésitations, Julie avertit la police... Les deux prennent six mois de prison chacun.

Histoires de femmes, toujours...

La vraie de vraie ne saurait trahir son homme, on s'en était déjà rendu compte avec Smadja le Tunisien le jour que, en correctionnelle, il avait à répondre de violences envers sa gagneuse. Dix ans presque ont passé, l'histoire se répète. Dans le *Détective* du 17 août 1939, Totor, « bellâtre au teint olive cuite, veston ajusté, épaules carrées », la mode à la fois Alba et maque rappelée par Privat, est poursuivi pour avoir corrigé sa « régulière » en la « piquant » de deux coups de couteau au sein.

En effet, nouvelle histoire de bal, la belle Lélia avait surpris Totor en train de danser avec une copine, porte Saint-Martin. « Cela m'a vexée », explique-t-elle. Mais, amnésie subite, elle ne se souvient plus des « deux “lardées” » : c'est elle qui se les est faites toute seule avec sa lime à ongles ! Si Totor est d'accord pour reconnaître « une ou deux torgnoles », aussitôt, bravache, il se donne de bonnes raisons : « J'étais dans mon droit. Elle me cherchait du bruit. J'aime pas ça »… Le hareng qui ne se laisse pas monter sur les pieds par une gonzesse, quoi !… Savourons au passage « chercher du bruit », et revenons à Lélia qui affirme maintenant que si elle a chargé Totor, c'était pour se venger. « Je retire ma plainte », elle lance au président. Totor s'en tire avec cinquante francs d'amende. En bombant le torse, il quitte le prétoire « suivi d'une blonde à talons gigantesques et jupe à plis aussi courte que celle d'un highlander. » Quant à Lélia la brune, « épouse délaissée et domptée », elle suit !… Ça c'est un homme, Totor !

Le fait divers des faits divers de la Bastoche

Le « feu » fait plus milieu…

Rien n'avait changé dans les dernières années trente à la Bastoche. Fréquentant les guinches autant pour le plaisir que pour le bizness, le monde interlope ne variait guère de celui dépeint antérieurement par Carco, les affaires précédentes viennent de l'attester. Dans ses éclats, le monde laborieux restait assujetti, pour un oui pour un non, *à pas de chance*, à des discussions qui, sous l'emprise de la colère ou de la boisson, parfois les deux, dégénéraient. Le couteau y mettait souvent un point final. C'est ainsi, le 28 juin 1937, au 48, rue de la Roquette, que, en pleine dispute, André Alexandre Cousin est tué par Alphonse Jean Barbat, journalier, originaire du Puy-de-Dôme. Ainsi encore que, le 5 février 1938, Jean Ousko, d'origine tchèque, tombe, à la sortie d'un débit du faubourg Saint-Antoine, sous les coups d'Hector Delerve, un manœuvre, et que, un mois plus tard, le 15 mars, dans le bistrot du 130, rue de Charonne, des suites d'une « chicaya », Dehar Larbi frappe Paul Saillant, chapelier, au côté gauche. Toujours de la même manière que, de nouveau dans le Faubourg, en face du 33 bis, rue Faidherbe, conséquence d'une querelle qui a mis Louis Henri Wautier, électricien, aux prises avec René Raoul Dautigny, un plombier, le premier est grièvement atteint. On citera, pour finir, la bataille opposant, le 11 juin 1939, deux habitants du passage de l'Asile-Popincourt, Jean Gidel, démolisseur, et Marceau Ferry, polisseur. À l'aide d'une « lame », d'un « lingue », ou d'un « surin » – comme chantait Maurice Chevalier, en exaltant l'argot et en reprochant aux bourgeois de l'avoir chipé au populo : « Vous gênez pas, y a du choix dans les mots ! » – Ferry blesse gravement son antagoniste.

Dès que l'arme à feu est employée, on peut davantage induire qu'on a affaire à un règlement de comptes. Le « feu » fait plus milieu, sans que ce soit une règle générale. Le 10 janvier 1938, Jean Antoine Font, représentant en huile, domicilié rue de la Roquette, est touché au ventre à coups de revolver place de la Bastille. Le 12 avril, rue Guilhem, entre les rues du Chemin-Vert et Saint-Ambroise, une bagarre oppose Aimé Louis Hostettler à Henri Saluzzo et à André Dumas surnommé Cabane. L'un des deux tire cinq balles de « riboustin ».

Transporté à Saint-Antoine, Hostettler y meurt peu après. Le 15 juin 39, Saluzzo et Dumas sont « sapés » de dix ans de travaux forcés chacun, accompagnés de relégation. On sent dans ces deux drames, un côté mauvais garçon… En revanche, c'est la mésentente conjugale, cause de nombreuses tragédies dans le quartier, qui occasionne la mort, place de la Bastille, où, décidément, des comptes se règlent, de Maria Gabrièle Poulin, femme de Gilbert Duché qui, le 22 juin 38, la tue à coups de pistolet. Il resterait à savoir la provenance de l'arme pour cerner la personnalité du meurtrier.

Coups de couteau oubliés, rue de Lappe

Les trois faits divers suivants sont, cette fois, en relation directe avec le monde musette de la Bastille. Sur les deux premiers qui, chronologiquement, sont les deux derniers avant la guerre, je n'ai pu retrouver de témoins. Personne, parmi les gens de ma connaissance qui fréquentaient les guinches de la Bastoche, ne s'en souvenait. Ce qui, moins qu'une mise en défaut de la constatation selon laquelle le quartier était une infini dévidage de potins, prouve son hétérogénéité. La population était composite, les métiers multiples, chaque bal avait sa clientèle spécifique. Les salades entre « boulots » ou « pue la sueur » n'intéressaient guère les hommes du milieu… Dans *Hôtel du Nord*, la sortie d'Andrex, l'ouvrier, à Jouvet, le hareng : « Restez dans votre milieu, M. Edmond, vous mêlez pas au nôtre », montre parfaitement la volonté de compartimentage qui existait entre le populaire et le voyou dès lors que le premier, l'ouvrier, avait décidé de ne pas céder aux mirages du mitan, le monde du second… Plus qu'un tout, la Bastoche était un ensemble. Si on voulait à toute force accoler à ce coinsto une image musicale, c'est, répétons-le, symphonie qui conviendrait. À moins que, sans anticiper sur les années 1980, on ne préfère opéra… à la manière de Berthold Brecht, *Opéra de quat' sous*, il va de soi !

Les deux premiers faits divers opposant plus des demi-sel que des vrais, ceux du milieu n'en ont guère été émus. D'autant qu'il n'y a pas de mort. La presse n'en a rien retenu non plus. Pas une ligne dans *Détective*. Quant à la collection *Paris-Soir* de la Bibliothèque historique de la Ville de Paris, le numéro du 16-17 mai 1939 est manquant, et les jours d'après, black-out… Donc, récapitulons : le 15 mai 1939, des coups de « rapière » sont donnés à la sortie de chez Bousca. La victime, transportée dans un état grave à Saint-Antoine, est un cordonnier de 34 ans, Albert Ouate. L'inculpé, un garçon de café, Henri Louis Bonbetemps. Des boulots ou des mauvais garçons ?… Autre rixe, le lendemain, le 16… Décidément, mai 1939 n'était pas joli-joli à la Bastoche ! Elle se déroule à la sortie d'un bal non déterminé. Raoul Atlan, camelot, a l'œil crevé. Il s'agit d'un juif d'Algérie originaire de Sétif. Son adversaire, d'Algérie également, est né à Blida : Alfred-Charles Manchet, journalier. Et, à nouveau, on se demanderait s'il s'agit ou non d'affranchis…

George Raft, le second de *Scarface*, au Balajo

Un jour d'été, écrit Lépidis dans *Monsieur Jo*, Chicago fut de fait jumelé à la Bastille !… Si Privat insistait sur le monde canaille qui fréquentait la rue de Lappe et le Balajo, Jean Deschamps, lui, aimait évoquer les artistes qui s'y pressaient : Paul Bernard, Raymond Bussières et Annette Poivre rois de la toupie… Mistinguett… Lépidis cite encore Piaf, Chevalier, Jules Berri, Lucien Bornoux, Henri Garat… L'événement qui mit la Bastoche en émoi fut la venue, un jour d'été, de l'acteur George Raft, l'un des deux gangsters héros de *Scarface*[4]. Une magnifique photo de famille fut prise au Balajo, m'avait appris Privat. Il pensait qu'elle avait été publiée dans *Détective.* J'ai eu beau être attentif, je ne l'ai pas trouvée, c'est ailleurs qu'elle est parue : George Raft, Jo Privat, et un lascar tout content de figurer sur le cliché alors qu'il n'avait rien à y faire : François la Mitraille, un habitué… Et voilà la raison du jumelage *de facto* de Chicago et de la Bastaga, probablement l'été 38, celui de 39 s'étant subitement couvert…

La visite de George Raft avait eu lieu quelques mois avant que ne se produise le drame le plus typique de la Bastoche pégriote. Un drame dont on se dit, en en lisant le récit dans *L'Excelsior* du lundi 19 décembre 1938 ou dans le *Détective* du 28 décembre 1938, qu'il ne pouvait pas ne pas survenir ici, rue de la Roquette à l'entrée de la rue de Lappe. Cette fois-ci, les éléments épars rencontrés dans les autres faits divers se trouvent tous réunis, comme si une logique souterraine, en marche depuis l'Armistice, avait brusquement décidé de signer de façon spectaculaire, en un feu d'artifice sanglant quoique exemplaire, répétons-le, du cœur voyou du quartier, la fin de cet Entre-deux-guerres qui a si longuement retenu notre attention…

« Un “coup dur” commenté chaque nuit tout au long de la rue de Lappe… »

L'article de *Détective*, signé Noël Pricot, est à soi seul une Série noire. Long d'une double page écrite serré sur fond blanc représentant un soufflet d'accordéon, ce papier est agrémenté de plusieurs photos. Parmi celles-ci, c'est notable, un portrait souriant pleine page de l'assassin en quatrième de couverture où le titre de l'article intérieur est repris : « La vengeance du mauvais garçon ». Je ne me rappelle plus précisément qui, de mon père ou de Privat, m'a parlé le premier de cet assassinat. Toujours est-il qu'étant donné la personnalité de la victime, sa « surface », son « standinge », comme, pour être dans le ton de l'époque il faudrait prononcer, la rue de Lappe fut ébranlée. Si, cinquante-huit ans plus tard, en 1997, on savait qu'à La Rotonde un crime avait été commis, je crains qu'aujourd'hui on l'ait oublié. La Rotonde a été revendue, son agencement intérieur chamboulé. Surtout, la Bastoche a changé de nature… Sur le moment, Pricot, pour bien donner à l'affaire le poids qu'elle mérite, sa valeur emblématique, nimbe, abreuve ses lignes de ce réalisme poético-noir dont son journal s'est fait le champion. Ce « coup dur » affirme-t-il, est « commenté chaque nuit tout au long de la rue de Lappe aux comptoirs des bouges ou dans les bals-musettes surpeuplés qui se succèdent dans ce boyau sordide, fardé d'éclairage, de néon, dont *Détective* a tant de fois décrit l'aspect et l'atmosphère équivoques. »

Or, on s'en souvient, aucun témoin de l'Entre-deux-guerres n'exprimait de cette façon l'ambiance de la rue de Lappe qui paraît ici, non seulement louche, mais sinistre. Je soutiens que tel n'était pas le cas : il va de soi que la gaieté constituait aussi un aspect de la Bastoche. Si *Détective* en fait fi, c'est que, nous le savons, il a, concernant le fait divers dont il se veut le thuriféraire, une conception indissociable de ses principes rédactionnels… Dans ce qui est la dernière grande description du genre que la presse nous livre de la rue de Lappe avant la guerre, Pricot s'en donne à cœur joie.

Il nous offre une décoction concentrée de vague à l'âme maléfique : « S'il est un lieu pour évoquer le crime, n'est-ce point, en effet, cette rue de Lappe, d'universelle réputation, qui, animée dans la journée par l'honnête travail des artisans, voit affleurer, chaque nuit, tant de mauvais garçons et de filles perdues, amateurs de javas canailles, de valses à l'envers, de trémoussements corps à corps, de rythmes scandés par l'accordéon ou le jazz tour à tour brutal et langoureux. Sous le luminaire, alternativement rouge, verdâtre, doré où baigne l'atmosphère des bals musettes, joue contre joue, dansant à petits pas ou glissant un entre-jambes persuasif, le corps libre mais l'esprit "travaillé" par d'anxieux secrets ou par de ténébreux espoirs, que de couples ont associé, dans ces dancings qui font la célébrité du quartier, leurs destinées à la dérive : que de louches accointances, de néfastes combinaisons ont été nouées à ces comptoirs qui attirent ceux qui ne dansent pas mais qui aiment la caresse du rythme. » Pour être franc, rien de nouveau depuis près de vingt ans que Francis Carco a inauguré les descriptions blêmes de la rue de Lappe. Mais, « universelle réputation » oblige, il faut s'attacher à conserver cette force magnétique que Paname exerçait sur le reste du monde !

Alors, au sein de ce sacro-saint cadre spécial, typique mitan 1938, que se passe-t-il le samedi 17 décembre de cette même année, à 23 heures, à la brasserie La Rotonde, 17, rue de la Roquette, où, au cinquième étage de l'immeuble, Verlaine avait habité de décembre 1882 à septembre 1883 avec sa mère ? D'abord, précisons que contrairement à l'allégation du journal *L'Excelsior*, pour faire couleur locale à n'en pas douter, on ne danse pas à La Rotonde. Ensuite, il ne fait pas chaud. Le 16 décembre la température est de 5 degrés, le 17 elle tombe à 0, à moins 6 et à moins 8 les 18 et 19, les deux fontaines de la Concorde sont prises par les glaces… Donc, une heure avant minuit, au comptoir de La Rotonde, tenue alors par Roger Lamy, le dénommé Louis Verrechia[5], « chapeau sur les yeux », boit un café en attendant Simone Chauzal. Verrechia, c'est le Grand Louis, un Sarde selon Jo Privat, un Corse d'après *L'Excelsior*. Les photos de *Détective* montrent que son surnom n'est pas usurpé, Verrechia est du genre costaud. De tête il ressemble un peu à Raimu, mais un Raimu plus tonique… Âgé de 37 ans, Verrechia habite 1, rue des Tanneries dans le 13e arrondissement. Simone Chauzal n'a pas tardé à le rejoindre. 24 ans, blonde, Simone est sa maîtresse si l'on en croit la police, une « bonne copine » seulement si l'on se réfère à *Détective*… Elle est domiciliée 47, rue La Rochefoucauld, dans le 9e, sur les pentes de la colline de Montmartre, à cinq minutes de Pigalle. Un cliché repris par l'hebdomadaire les montre tous deux, Simone en maillot rayé, le Grand Louis en casquette et bras de chemise, le col ceint d'une cravate à pois, en train de manger des huîtres…

Retournons 17, rue de la Roquette. Au moment que le Grand Louis et Simone s'apprêtent à quitter La Rotonde pour aller au cinéma à la dernière séance de nuit, dehors une auto s'est arrêtée. Deux hommes en jaillissent qui pénètrent, arme au poing, dans le bistrot, fringués de « manteaux marron et de chapeaux sombres au rebord baissé », selon *Détective*, mais « de costumes marine et coiffés de casquettes », d'après *L'Excelsior*. Ils tirent aussitôt sur Verrechia. « Neuf balles de parabellum dans le cigare », gouaille Privat dans *Monsieur Jo* ; sept de « 7/35 » – de 7,65 plutôt – pour *Détective*, « tant à l'omoplate que dans le crâne » ; et seulement cinq dans la version de *L'Excelsior* : « deux au ventre, une au sein gauche, une au cou et une au bras gauche »… La fusillade n'épargne pas Simone Chauzal, atteinte dans le haut de la cuisse. Tandis qu'un propriétaire de bal-musette se charge de la transporter à Saint-Antoine, police-secours y emmène le Grand Louis. Il trépasse deux heures plus tard.

L'enquête échoit au commissaire Roches, chef de la brigade spéciale de la police judiciaire, assisté de ses collaborateurs Mayzaud, Schmitt, Hillard et Nouzailles. Eu égard à la loi du silence – qui, ne plaisante pas

Détective, « est, comme chacun le sait, une des règles les plus implacables du milieu » –, ou simplement à la rapidité des faits, les premiers éléments recueillis sont succincts. L'un des tueurs était beau, mince, grand, 1,75 m environ, tout rasé ; l'autre beaucoup plus petit, brun, glabre également, le visage anguleux… La victime, elle, n'est pas inconnue des services de police. Verrechia est fiché comme trafiquant de femmes et de stupéfiants. *Détective* ajoute qu'il est bookmaker et aussi qu'il possède une maison close à Oran que dirige sa femme légitime, la Rabouine, la Gitane en argot… À son actif, six condamnations. Un homme à « coups durs » le dépeint *Détective* : « Il avait, notamment, subi une condamnation à un an de prison à la suite d'une bagarre politique survenue à Bagnolet en 1935 au cours de laquelle avait été tué l'agent Fargeas. » Difficulté de la concordance des diverses sources : dans *L'Excelsior* cette même affaire se solde par un non-lieu. Mais, on l'a compris, le Grand Louis, le M. Louis en question, n'était pas un enfant de cœur.

La réalité rejoint le mythe : l'assassin est un accordéoniste !

L'Excelsior se montre moins complaisant que son confrère quant au respect de la loi du silence. On croirait lire le Carco des mauvais jours dénigrant le milieu. Il est vrai que, le 29 janvier 1939, *L'Excelsior* a ses raisons : « Le “milieu” n'est que délation, et, en quelques jours d'enquête, les deux meurtriers de Verrechia furent identifiés avec certitude. Il s'agissait de Victor Généraud dit Jean le Frisé, né à Paris en 1912, et d'Aimé Jacono, dit Dédé. » La police précise : Généraud, Victor, Jean, accordéoniste, et Jacono Aimé dit Dédé ou Iacono, Tunisien, chaudronnier – « en chômage », apprend-on dans *Détective* – qu'elle qualifie tous deux de « trafiquants et placeurs de femmes ». Victime et exécuteurs des basses œuvres appartiennent donc au même monde.

Cette fois-ci la réalité rejoint, coïncide avec la mythologie de la rue de Lappe et lui confère comme un surplus d'être… Généraud, de son nom d'artiste Gen-Rau – Privat disait Gendrau – est à la fois accordéoniste, barbeau et assassin !… Privat tempérait mes exaltations en affirmant d'un air entendu qu'« il était surtout maqu'reau, hein… Il jouait de l'accordéon comme ça, bon, c'était une couverture c'qu'on app'lait, une berlue, une couvrante… Il jouait d'l'accordéon mais, enfin, on l'a jamais vu jouer nulle part. J'sais même pas si on l'a entendu jouer d'l'accordéon… Il avait composé une java, *La Java des p'tits drapeaux*, j'ai toujours la musique chez moi »… *Détective* publie toutefois deux photos du meurtrier où on le voit, l'une les mains posées sur son accordéon déplié, souriant, l'autre, un portrait d'artiste, en train de jouer, ainsi légendé : « Gen-Rau, le Virtuose des Radio-Concerts, joue sur Instrument Crosio, 29, rue de Reuilly. » Notons qu'à la Bastille, d'après la seule personne vivant encore qui l'ait connu, Jacono, le complice de Généraud, était surnommé Mémé, et non Dédé ainsi que prétendent police et presse, ce qui, somme toute, correspond mieux à Aimé son prénom.

Ces précisions étant faites, entre le Grand Louis et les deux autres, le Frisé et Mémé, il s'agit, une fois encore, d'un règlement de comptes en relation directe avec le commerce des femmes, leur exploitation sexuelle. Le fameux *Pain des jules* pour reprendre le titre de la Série noire d'Ange Bastiani, ou bien le « pain de fesse »… Et à *fameux*, au XXIe siècle, certains et certaines préféreraient un autre adjectif, *honteux*, ou *ignoble*… En m'expliquant le drame de La Rotonde, Jo Privat, dont décidément la mémoire était infinie, m'en évoquait un autre, énième du genre : à Belleville, Charlot le Menteur avait piqué la gagneuse d'un petit barbeau, et comme le môme n'avait pas apprécié, qu'il était allé au renaud, en plus Charlot l'avait mis à l'amende. Mais au jour dit, en guise d'amende, le môme avait ciglé, payé le Menteur à coups de pétard. Même processus peu ou prou à la Bastoche : selon Jo, le Frisé avait une femme, Sandra, qui travaillait pour lui à Versailles. Verrechia lui avait promis : « J'vais t'la plaçader »... Le temps pour le lecteur d'aujourd'hui d'apprécier la déformation argotique en *ad*, sorte de javanais – « plaç*ad*er » pour placer –, le Grand Louis avait envoyé la fille en villégiature à Port-Vendres, où Jo pense qu'il avait une taule. Et là, à l'instar de Marion, l'héroïne de *La Valse à l'envers*, mise en punition au 4 bis à Perpignan, un bordel d'amende, régime sévère avec, en particulier, l'interdiction d'écrire. En un mot comme en dix, le Grand Louis avait volé Sandra au Frisé...

Dans *Détective,* ce n'est pas cette histoire qui est révélée. À l'hôpital Saint-Antoine, la police a découvert sur Verrechia un télégramme en provenance de Port-Vendres. Marthe et Jeanne, ses signataires, y informent le Grand Louis qu'elles ont raté le bateau d'Oran et qu'elles sont, sans argent, à attendre le prochain départ. Dépêché à Port-Vendres, l'inspecteur Nouzailles retrouve les deux femmes et comprend aussitôt : Verrechia avait en charge le transport de ces deux « colis », terme qui désignait les prostituées expédiées ainsi en maison, en province ou à l'étranger, par des hommes de l'acabit du Grand Louis. Et de la bouche même de Marthe et de Jeanne, Nouzailles apprend ce qu'il cherchait, à savoir qu'elles ont été « présentées » à M. Louis par « deux jeunes "pourvoyeurs" Jean-le-Frisé et Dédé »... « Vendues » serait plus juste.

Dès lors l'enquête progresse à pas de géant. À Paris, le Frisé et Mémé ont trois filles sur le trottoir : Malou, Solange, et Nénette. Nénette, une jolie fille brune, très maquillée, grosses boucles d'oreilles, dont *Détective* montre deux photos : un portrait et une autre alors qu'elle danse, chapeautée, avec Gen-Rau dans « un musette de la rue de Lappe »... En les filant, les inspecteurs Mayzaud, Schmitt et Hillard aboutissent à un bande d'individus, amis des deux assassins en cavale. Les langues se délient. Non seulement la police a maintenant la véritable identité du Frisé et de Mémé, mais, mieux encore, elle sait qu'ils viennent de déménager le garni qu'ils occupaient jusqu'alors avenue Corbera, dans les lointains de la Bastille entre la rue de Charenton et la rue Crozatier, pour un nouveau domicile à Malakoff. Les enquêteurs s'y précipitent et tombent sur une chemise ensanglantée qui, la suite le montre rapidement, a appartenu à Victor Généraud, *alias* Gen-Rau, *alias* Jean le Frisé. « Pourquoi cette chemise était-elle rougie de sang, alors que ni l'un ni l'autre des agresseurs n'avait été blessé au moment du meurtre de Verecchia ? s'interroge *Détective*. C'est la réponse à cette question qui allait éclairer l'affaire, démontrant que celle-ci était la suite d'un premier drame. » Il avait eu lieu la veille, continue l'hebdomadaire, le vendredi 16 au soir. Le Frisé et Mémé étaient allés demander leur part au Grand Louis, leur « taf », leur « fade », leur « pied », en argot... Là, coup d'arrêt du Grand : sa règle, cézig, c'est de casquer à la réception de la marchandise. Qui, pour l'instant, est en rade à Port-Vendres... Un mot en entraîne un autre et, finalement, Verecchia « leur avait enjoint de lui f... la paix jusqu'à nouvel ordre », écrit Pricot dont le classicisme, « enjoindre », traduit mal les propos qui avaient dû s'échanger... Seulement, être pris pour un cave comme on parlait à l'époque, avec le Frisé, c'était pas bon !... Bang ! une châtaigne en pleine poire il balance à Verecchia. Le Grand Louis n'est pas davantage homme à reculer, il sort une lame et en file un coup au Frisé « vers le ventre, mais que l'accordéoniste a évité de justesse, non sans être blessé à la main »...

On connaît la suite : le lendemain, à La Rotonde, le Frisé bute le Grand Louis.

Pour différentes qu'elles apparaissent, la version de *Détective* n'infirme pas celle de Jo Privat. Encore que, dans le milieu, une mauvaise parole suffisait à faire de celui à qui elle s'adressait un meurtrier, l'explication de Privat permet de donner à Généraud un mobile plus fort de se venger, de tuer Verrechia de plusieurs coups de pistolet… Rien n'empêche d'ailleurs de supputer que les deux affaires se soient superposées. Car, lorsque Privat m'a sorti le nom de Sandra, il l'a fait spontanément : il savait… Bref ! dans un cas comme dans l'autre, ou dans les deux à la fois, on en revient toujours au schéma classique : non seulement Gen-Rau a été doublé par Verrechia mais il a pris un coup de couteau. Au lieu de rengracier, il a tenu à être à la hauteur de sa réputation. En dur de dur il a fait front, il s'est vengé, et tout est dit, sauf, bien sûr, qu'il eût été intéressant d'avoir accès au dossier d'instruction pour mieux connaître sa personnalité : était-il nerveux, émotif ? Autant d'indications qui ne sont jamais fournies par la presse.

« Des grosses têtes comme ça, j'entends encore Jo, ils leurs piquaient leurs nénettes. Qu'est-ce tu voulais qu'i' fassent les p'tits, ils pouvaient pas les mettre à l'amende, ils étaient trop gros… Alors, de temps en temps, y en avait un qui se fâchait et il flinguait ! C'est ça qui est arrivé à Verrechia… Ça s'faisait fréquemment des trucs comme ça. Ça s'fait toujours, et dans tous les domaines !… Autrement dit, quand tu trouves une mine d'or, faut pas l'faire voir ! » Dans la mesure où la *défense*, le fait de se battre pour survivre, est l'impératif premier de ceux de la pègre, telle est effectivement la morale qu'on peut tirer de ce genre d'histoire.

Cinq semaines après son forfait, le 24 janvier 1939, Gen-Rau est arrêté. En planque à l'adresse des deux tueurs en cavale, les policiers Coquibus et Nouzailles remarquent une jeune femme qui, plusieurs fois par semaine, vient prendre leur courrier. En filochant cette dernière, dont l'identité n'est pas révélée, Coquibus et Nouzailles parviennent chez un autre ami de l'accordéoniste, 189, rue de la Croix-Nivert. D'après *L'Excelsior* du 26 janvier 1939, celui-ci prétend ne connaître Gen-Rau que sous le nom de Simonet… Est-ce cet ami qui livre, qui « balance » Gen-Rau ? ce n'est pas dit. Toujours est-il que Gen-Rau est appréhendé. Au quai des Orfèvres, il invoque la « légitime défense »… Dans le *Détective* du 2 février 39, une photo montre Gen-Rau sortant de l'instruction, menotté et se cachant le visage derrière son chapeau, « pris d'une pudeur tardive » ironise la légende. Ou peut-être, lui le beau gosse, pour cacher « sa barbe et ses lunettes d'écailles », puisque *L'Excelsior* nous le dépeint ainsi au moment de son arrestation. Mémé aussi est « alpagué ».

L'épilogue du drame a lieu le 14 décembre 1940. Victor Jean Généraud est condamné par les assises de la Seine à quinze ans de travaux forcés et à dix ans d'interdiction de séjour, Aimé Jacono à cinq ans de réclusion et à dix ans de défense. *Le Matin* relate le jugement le 15 décembre, le jour du retour des cendres du duc de Reichstadt, le fils de Napoléon 1er, aux Invalides.

Dans la dernière partie de son article au sous-titre laconique, « À qui le tour ? », le 29 décembre 1938, Noël Pricot prenait plaisir à restituer l'ambiance de la rue de Lappe. Une ambiance d'autant plus propice au bouche à oreille, à la convivialité crapuleuse, que l'assassinat de Louis Verrechia, familier, à l'instar de ses meurtriers, de la Bastoche et du Balajo en premier lieu, fournissait matière à dégoiser : « Ici, quel habitué n'a connu Verecchia, l'accordéoniste Jean-le-Frisé ou le jeune souteneur Dédé, les trois héros du drame qui ensanglanta La Rotonde ? Si ce n'est pour leur propre plaisir, c'est du moins pour “piquer” à la faveur de la danse quelque proie facile ou imprudente que les trois trafiquants de femmes, aujourd'hui victime ou assassins, venaient assidûment guincher. Ils n'y reviendront plus, disent maintenant bien d'autres de leurs pareils et de leurs concurrents, fidèles au tourbillon des bals musettes. Mais parmi ceux-là, il en est plus d'un assurément qui, un soir, à deux pas du Bousca, du Balajo, ou du Petit Balcon tomberont, tout comme le Grand Louis, sous les balles vengeresses de leurs ennemis, cependant que les accordéons des “musettes” continueront de verser, tout au long de la rue de Lappe, leurs nasillards trémolos… » Optimiste Noël Pricot qui, loin de crier gare, sous-entendait une sorte d'éternité de la Bastoche. Il ne prévoyait pas que, moins de neuf mois plus tard, le 3 septembre 1939, jour de la déclaration la Seconde Guerre mondiale, l'histoire allait mettre à mal cette illusion d'éternité…

Une époque s'est achevée. Quand Généraud et Jacono sont condamnés, les Allemands occupent Paris depuis déjà six mois… Quelques jours après, le 18 décembre 1940, un article du *Matin*, orné d'une photo, déplore, avec la fermeture des bals, la ruine des « rebouteux d'accordéon », autrement dit des réparateurs, des accordeurs de l'instrument-roi de la rue parisienne en général, et de la rue de Lappe en particulier.

Quatre ans plus tard, à la nuit succéderait à nouveau le crépuscule. Si Généraud ne reparaîtrait plus à la Bastoche, Jacono y retrouverait ses habitudes. Au hasard de *M… comme milieu*, de James Sarazin[6], Mémé se signale dans une tentative de racket. Non dans le 11e, mais dans le 5e, au quartier Latin. En compagnie de quatre complices, il est interpellé le 24 janvier 1958. Parmi ceux-ci, Roger la Bricole et Jules Fausti, noms qu'il m'a été donné d'entendre, rue de Lappe. Un jour, quelqu'un m'affirmait qu'à ses yeux, dans les années soixante, soixante-dix, Fausti y était le cador des cadors. Toujours est-il qu'en 1958, la Bricole, Fausti, Jacono et consorts tentaient « d'extorquer 100 000 F (anciens) à la patronne du bar Le Trou du Cru, rue Monsieur-le-Prince ». L'année d'après, j'écoutais souvent du jazz dans cet établissement réputé pour sa collection de disques – « discothèque » commençait juste à s'employer. J'étais loin de penser qu'un jour je serais l'historien de la Bastoche et que ce fait divers, aujourd'hui, au moment où j'en parle, m'emporterait si fort dans la rêverie d'un temps révolu. Mémé, pour revenir à lui, j'ai un ami qui l'aimait sans l'aimer, il le pensait bavard. Les deux étaient en froid depuis belle lurette quand, une nuit, Mémé se pointe dans son rade. Le champ' aidant, pris par l'ambiance, l'ami en question lui fait la bise… « Ah ! merde, il se rend compte le lendemain, c'était Mémé. Il avait vioqui, moi j'avais forcé sur la gobette, je l'ai pas remis ! » Autant pour lui et pour Aimé Jacono qui, à l'heure présente, a rejoint Louis Verrechia dans l'au-delà. C'est pourquoi je me suis autant attardé sur ce personnage qui, comment le nier, avait connu son heure de gloire, une nuit de décembre 1938, en faisant parler la poudre à la Bastaga du musette, du plaisir et du crime. Et si ce n'est lui, c'est donc Jean Généraud, son frangin en truanderie.

Postface de la présente édition

Près de soixante-quinze ans ont passé depuis 1939

Initialement, *La Bastoche – Bal-musette, plaisir et crime* devait mener le lecteur de 1750 à 2000. En s'achevant, le livre aurait embrassé l'époque actuelle. C'est pourquoi, en 1997, j'avais donné un aperçu de la Bastille de ce temps. Les personnages cités réapparaîtraient au fur et à mesure que *La Bastoche* approcherait de son terme.

Un livre est fonction de bien des aléas. Avant de signer avec les éditions du Félin en 1996, un premier contrat avait manqué aboutir. Ensuite, deux autres ont été conclus puis dénoncés. En ces années 1990, j'ai cru que jamais *La Bastoche* ne verrait le jour, comme si ce passé-là de Paris était quantité négligeable. Découragé, je m'étais arrêté en 1939 – soit 400 pages.

Yves Lemoine et Bernard Lefort, mes interlocuteurs au Félin, voulaient sortir l'ouvrage au plus vite. Poursuivre la relation de la Bastille de 1940 à 1997 en aurait retardé la parution. Nous en sommes restés à 1939.

Après « 1750-1914 » et « 1918-1939 », la troisième partie de mon livre se serait intitulée : « De la Libération à aujourd'hui ». J'avais pris des notes et déjà rédigé une quarantaine de feuillets. J'aurais aimé les offrir au lecteur de cette seconde édition, mais j'ai estimé qu'ils ne pouvaient être imprimés franco de port.

« L'essentiel est dit », j'entamais cette ultime partie en essayant d'expliquer pourquoi. J'effectuais de rapides incursions dans la mentalité collective :

« Les plus vieux ont constaté que le monde avait profondément changé au lendemain de la Seconde Guerre mondiale. Des saloperies avaient eu lieu, certains s'en étaient bien sortis, avaient profité du marché noir… Ma mère a toujours dit : "Après la guerre c'était différent, les gens sont devenus arrivistes, égoïstes, ils ne pensaient plus qu'à l'argent…" »

Progressivement, la conscience naïve qui avait présidé aux destinées de la rue de Lappe jusqu'en 1939 s'altèrerait. Elle finirait par devenir pesante, lourdingue – on s'en rendra compte plus loin. *« Ils sont lourds ! »* Céline juge quelque part les hommes.

« Bien vite surviendront les années cinquante, l'envol économique de la France, les prémices de l'époque actuelle. »

Dans le préambule, on a constaté que longtemps la Bastille a conservé certains de ses caractères traditionnels. Durant les Trente glorieuses, elle ne s'est pas laissé faire aussi facilement.

« "L'essentiel est dit". Et j'entends Jo Privat et les autres se récrier : "Comment ça, l'essentiel est dit ?" Un demi-siècle s'est écoulé depuis l'Occupation, depuis la Libération. Les amis que j'ai à la Bastoche, les témoins qui m'ont raconté la rue de Lappe, ont, pour la plupart, fait leur vie durant cette période, des hommes qui ont entre 55 et 70 ans… Des hommes qui n'ont vécu l'avant-guerre qu'enfants ou adolescents. »

C'est sur le témoignage de ces personnages qu'aurait reposé « De la Libération à aujourd'hui ». On mesure ainsi la différence avec les parties précédentes qui, hormis les témoignages de Jo Privat, proviennent de sources écrites. Après la Libération, les descriptions littéraires de la Bastoche sont rares. Vingt-cinq ans plus tôt, Carco ne se lassait pas des musettes de la rue de Lappe. En 1949, dans *Morsure*, son avant-dernier roman, il écrit :

« Du côté de la Bastille, la rue de Lappe devait, comme chaque soir à cette heure, flamber de feux multicolores et résonner allègrement des gargouillements sonores de ses accordéons. La rue toutefois manquait d'animation. Seuls, des agents de service y faisaient les cent pas et leur vue tout à coup permettait d'établir qu'une certaine relation n'était point impossible entre ces bals et la prison.

— Eh ! Jojo, lui confia de la porte de chez Bousca un type à chemise de soie rose. T'es au courant ? Bernard et le gros Riton se sont expliqués chez Albert, Bernard y a cloqué une balle en plein bide, à Riton. Tu parles d'un résultat : comme rafles on sera servis ! »

Quoique *ad hoc*, l'ambiance manque de conviction. Que Carco soit si bref m'incline à penser qu'en 49, il n'allait plus rue de Lappe. Le Bousca marchait encore, mais le *Balajo* lui avait damé le pion. Encore que ce genre d'estimation soit difficile à établir, je me fonde sur Jo Privat, le Petit Paul, Jacky l'Arménien, Jeannot le Polak.

Au *Balajo*, les seigneurs de la nuit se la faisaient coquette au champ', m'a raconté le Polak. Chez Bousca fréquentaient boulots et jeunâbres du mitan, impatients de se tailler une cote. Et chez Pouyet alors, au 8, à *La Boule Rouge* ? De sa voix traînante, le Fakir m'avait confié une anecdote. L'ancien boxeur Robert Charron, l'Enfant terrible de la boxe et du catch du jour où il était passé du noble art au *catch as catch can*, était réputé pour ses frasques. Au passage, je rappellerai qu'en catch il combattait sous la houlette de Robert Lageat, loin de supposer en ce temps-là qu'il terminerait patron du *Balajo*. Ourdé à zéro, Charron s'était bagarré avec le père Pouyet et son fils, se souvenait le Fakir. Une dure bataille, « il avait la gagne, oui et non ». Étonnant quand on sait que le 25 mai 1946, Charron avait tenu douze rounds devant Cerdan. Grâce aux *Jetons du Bal* de l'ami Lucien Lariche, j'apprends que le vieux Pouyet était de 1885. En 1950, il avait 65 ans. Plus qu'avec le père, n'est-ce pas plutôt avec Raoul, le fils, et ce *« solide garçon de salle »* évoqué par Lariche, ou les trois, que l'Enfant terrible s'était chiqué ? À mainte reprise je me suis rendu compte de la fragilité du témoignage spontané, constamment susceptible d'erreur, surtout si beaucoup d'années ont fui.

Littérature absente, témoignages sujets à caution, une lecture minutieuse de la presse serait nécessaire. Je le sais, les faits divers n'ont pas manqué, du même genre qu'aux époques précédentes : larcins, combines, prostitution. La raison que *« l'essentiel est dit »*, qu'il a été entre 1750 et 1939, tient à ce constat d'une sorte de répétition, d'ailleurs dans l'ordre des choses puisque la Bastoche survivait.

Après l'Armistice de 1918, la rue de Lappe avait bénéficié d'un engouement exceptionnel, là est la différence fondamentale avec les années qui ont suivi la Libération. La haute allait au contact des costauds, des réguliers, des purs, des vrais, des vrais de vrai, sur leur territoire même. Ces beaux messieurs et ces belles dames ont fini par corrompre l'ambiance vraie d'autrefois – « vrai de vrai » dit bien ce qu'il veut dire. La nostalgie de Carco, d'Oberlé, de Fargue est ainsi expliquée :

l'âge d'or, c'était avant, à la Belle Époque – Casque d'Or, les apaches.

Au chapitre 6 de la deuxième partie, je me suis attardé sur ces chimères suscitées par la puissance d'évocation des lieux, de la ville. *Genius loci*, les pierres et les hommes, disait Louis Chevalier. Dans les années cinquante, le regret sera gros de tout ce qui avait précédé, Belle-Époque et Entre-deux-guerres. Le plaisir de la danse s'était déplacé sur la rive gauche, au quartier Latin et à Saint-Germain-des-Prés. Non que la rue de Lappe fût désertée, mais elle n'était plus l'endroit à la mode de 1925. Elle vibrait, mais recroquevillée sur un passé qui émoustillait les visiteurs épisodiques – le vieux Paris gardait son pouvoir de fascination.

Dédié au *Balajo*, en décembre 1955, un article non signé de *Paris-Froufrou* retraçait les trois étapes de la rue de Lappe : le Paris voyou, le Paris touriste et, pour finir, le Paris canaille. Son auteur tombait dans le panneau des exagérations, les mêmes immanquablement lorsque, *a posteriori*, il est question du temps de Casque d'Or : coups de surin et meurtres en veux-tu en voilà. Or, rue de Lappe, les Auvergnats, patrons des bals, tenaient leurs établissements – on l'a vu au chapitre 3 de la deuxième partie. Puis le Paris touriste, celui de « Paris by Night », l'Entre-deux-guerres je suppose, rien n'est précisé. Ensuite, laisse tomber le journaliste : « *Le marasme vint. Puis le vide.* » Sans explication comme d'habitude. Pour avoir écouté Jean Deschamps, ancien directeur du *Balajo*, évoqué dans ce texte, Privat et les autres, je m'étonne d'une telle affirmation. Sur les dix ans qui courent de la Libération à 1955, personne ne m'a fait état d'une quelconque période de vaches maigres. Le jazz, les caves du quartier Latin et de Saint-Germain-des-Prés n'empêchaient pas l'accordéon d'attirer les as de la gambille. Comme jadis, le musette intégrait les musiques exotiques, le cha-cha-cha. En 1955, le rock'n'roll naissait en Amérique, il n'y avait pas péril en la demeure – il ne paraissait pas y en avoir, plutôt. *Paris-Froufrou* livre sa conception du Paris canaille :

« *Ç'aurait pu être la mort de la rue de Lappe... C'en est devenu une nouvelle vie, simple et gentiment canaille. C'est désormais Paris canaille.*

Paris populaire, Paris non pas des faubourgs mais de partout où une certaine conception de la vie entraîne hommes et femmes vers la danse, première expression de l'acte d'amour. Nul quartier n'est aujourd'hui plus animé et plus calme que la rue de Lappe livrée aux amoureux, aux couples tournoyants, aux petites ouvrières en mal d'évasion, aux artistes en mal de simplicité.

Paris canaille, tendrement canaille, un refrain aux lèvres, une blague au sourire et peut-être aussi une petite fleur bleue au cœur. »

Je retiens cette définition du Paris populaire : « *Paris non pas des faubourgs mais de partout* ». Dans *Je me souviens de Paris – Visages, façons, histoire et historiettes du Paris populaire*, j'ai montré que, depuis le développement des grands boulevards grâce à l'éclairage au gaz au milieu du XIXe siècle, le Paris populaire était devenu plus vaste que le seul Paris des quartiers populaires, ouvriers, « *faubourgs* » pour reprendre *Paris-Froufrou*. Le reste de l'article est trop idyllique, quelque chose ne colle pas. Quatre ans auparavant, en 1951, dans le « Paris-Guide » du *Crapouillot*, René Lefebvre portait un regard plus juste sur la rue de Lappe :

« *Ces voitures "Vedette" françaises, ces cabriolets dispendieux rangés dans la rue, à qui appartiennent-ils ? À cet homme replet, balafré à la joue, boudiné dans un pardessus havane, ou à cet autre grisonnant et hautain, vul-*

gaire, à figure d'ex-évadé du Maroni défunt ou retour de Buenos-Aires ? ou aux barmen calamistrés ? À moins que ce ne soit aux patrons de bals eux-mêmes, les premiers qui comprirent que le milieu les mènerait à tout à condition d'en sortir. »

En 1974, un quart de siècle après ce texte, Schmitago avait été surpris en commençant à travailler au *Balajo* : l'un des barmen roulait en Lotus Elan. Je ne peux dire son nom, on comprend seulement que, tout loufiat qu'il fût, il en retroussait.

Pour faire revivre la rue de Lappe des années cinquante, mieux vaut s'appuyer sur *Pas plus pute qu'une autre* de Danièle Burel[1] que sur le *Paris-Froufrou* de décembre 1955. Même si un passage de l'article montre que son auteur connaît davantage la chanson qu'il n'en a l'air :

« *On leur donnerait, comme dit Simonin, un bon vieux sans confession à ces petites qu'au passage Jean Deschamps salue d'un mot piquant, d'une boutade, d'une gentillesse de bon papa dont le gâteau serait la joie d'une soirée entière, au tarif raisonnable affiché dans la salle…* »

J'en viens à Danièle Burel. « *Adolescente riche et gâtée* », se définit-elle, elle passe des surboums « *aux bals populaires rue de Lappe* » :

« *Non au* Balajo *– ce bal-musette était à la fois le rendez-vous des femmes mariées en goguette, en mal d'amour, et celui des voyous et des filous en quête d'une aventure facile et sans lendemain – mais chez Bousca, un Auvergnat. Là se retrouvaient les nanas, jeunes et belles, au regard brillant, à l'allure élancée ; pleines de fougue, nous dansions sans discontinuer dans les bras de jeunes* *mecs au regard allumé, nous nous perdions contre leur poitrine musclée et c'est bien là que je continuais à m'encanailler avec ces petits voyous qui, bien plus tard je le sais, devinrent ou bien des personnes rangées ou bien des truands au regard dur dans lequel ne brillait que l'éclat de l'argent facile à gagner. »*

La naissance de Fabrice, le fils de Danièle, *« un jour de printemps de l'année 1956 »,* date ces escapades de l'époque de l'article de *Paris Froufrou*. La description de Danièle coïncide avec ce que m'ont appris mes amis, le Polak notamment. Dans « Ceux et celles qui fréquentent les guinches » – *cf.* deuxième partie, chapitre 12 – on a surpris des femmes mariées fréquenter la rue de Lappe. On était en 1937 : vingt ans plus tard, et au-delà, cette passion n'avait pas faibli. Retournons chez Bousca lorsque Loulou a quimpé Danièle :

« Violent, il se battait tout le temps et menaçait les filles si elles ne succombaient pas à son trouble désir. Mais avec moi il avait une tout autre attitude : doux et timide, il osait à peine m'approcher et devenait l'obscur objet d'un inconscient plaisir. Oh ! comme j'aurais dû m'en éloigner puisque avec lui je commençai une vie ratée. J'avais donc seulement 15 ans, lui 19, et tout ce que je souhaitais, c'était qu'il soit à mes pieds. Il se saoulait et criait partout qu'il m'aimait et moi je le croyais puisqu'il me cherchait partout ».

Ces lignes expriment au mieux la sentimentalité de la rue de Lappe. Le désir fleur bleue qui, dans les faubourgs, pousse une fille vers un garçon et réciproquement, écrivains et journalistes l'avaient relevé autrefois. À la fin du chapitre 7 de la deuxième partie, dans « Variation sur le mot "morue" » et « De la gentillesse à la pureté », j'ai noté quelques scènes saisies sur le vif. La supériorité de Danièle Burel est qu'elle a vécu son coup de foudre. C'est plus tard que Loulou a été *« un homme du milieu, un homme du mitan. »* Plus tard que Danièle s'est prostituée.

Dans *Paris gangster*, j'ai relaté le meurtre de Jo l'Italien par le môme Armand, le 14 janvier 1962. Armand n'avait pas 23 ans mais Janine, déjà, une belle de nuit surnommée l'Ascenseur, avait transformé le boulot qu'il était en lascar sapé bon faiseur, les pieds chaussés de belles et fines pompes italiennes. Danièle Burel a évoqué ces petits voyous *« qui, bien plus tard* […] *devinrent* […] *des truands au regard dur »*. Elle ne se souvient ni d'Armand ni de son crime. Peu importe : en même temps qu'elle et Loulou, Armand fréquentait chez Bousca. Au *Balajo*, Janine avait été giflée par l'Italien, l'un de ces seigneurs qui ne carburaient qu'à la rouillarde. Chevaleresque, Armand était allé demander le quoi du qu'est-ce, il avait pris des coups. L'histoire ressemble à celle de décembre 1938 : pour solde de toute explic', le Grand Louis avait accueilli Jeannot le Frisé d'un coup de lame. On est là dans le milieu des femmes de mauvaise vie et des mauvais garçons. Vu leur petit pedigree, le Frisé et Armand devaient rengracier. C'eût été faire fi de leur tempérament, de leur honneur sali : certains ne se laissent pas insulter impunément, avoiner à plus forte raison. L'un et l'autre ont tué.

Dans *Le P'tit Gars de la rue de Lappe – Marius Dori, un boxeur des années cinquante-soixante*[2], Jeannine Guérémie-Dori retrace l'histoire de Marius, son mari. Il est né le 1er mai 1930 à l'hôpital Saint-Antoine et a passé son enfance et adolescence, partagé entre le 32 et le 47, rue de Lappe. Louis Dori, son père, et sa compagne, habitaient au 32. Louisette, sa mère, au 47, avec son compagnon et la sœur de Marius. Des numéros-phares de la rue de Lappe, le 32 et le 47. Au 32, flamboyait *La Bas-*

toche, le cabaret chantant que Jo France avait ouvert avant d'acquérir le 9 et d'en faire le *Balajo*. Au 47, le bal des *Trois Colonnes*. Les derniers patrons de ce musette, les Duffier, se sont séparés en 1934, m'apprend Lucien Lariche : « *Ce sera la fin des Trois Colonnes.* » Marius a-t-il le souvenir de ces deux établissements ? Enfant, il allait à l'école de la rue Keller qui, au XIXe siècle, avait succédé à celle de la rue de Charonne, précise Joseph Charlemont dans ses Mémoires. Charlemont y avait été élève, mais lui était de 1839 et vivait 139, rue de Charonne. J'évoque Charlemont parce qu'il a été le Phénix de la boxe française et le codificateur de la spécialité. Encore que Dori ait été professionnel de boxe anglaise, par-delà le temps le noble art le lie à Charlemont.

Après son service militaire en Allemagne, Marius rentre à Paris, Jeannine écrit :

« À son retour en France en 1952, nous nous rencontrons à la sortie de chez Bousca, bal de la rue de Lappe. Cette première rencontre faillit ne jamais avoir lieu car, à l'arrivée de Marius, il était minuit et je sortais pour prendre mon dernier métro. Nous avons juste le temps de danser un tango avant de nous séparer. Lors de notre deuxième rencontre, au cinéma, il y eut deux mensonges qui auraient pu compromettre la suite de notre relation :

Marius – Quel âge avez-vous ?

Jeannine – 18 ans (au lieu de 16), faites-vous du sport ?

Marius – Non (après plus de 120 combats amateur).

Naïve, je l'ai cru mais il faut dire qu'il n'était pas marqué au visage. C'est à l'entracte que l'un de ses copains vient nous voir pour demander "comment s'est passé ton combat de boxe samedi dernier ?" »

Identique à celle de Danièle Burel, une sentimentalité native émane de ces lignes. L'histoire de la rue de Lappe des années cinquante-soixante passe nécessairement par Marius Dori, italien du côté paternel. Cette fois, l'Italie n'aura pas conduit l'un de ses (demi) rejetons vers l'accordéon, mais vers les salles de boxe. La raison, la voilà. Dori a 15 ans :

« En revenant du cinéma, Marius rencontre André Février, accompagné d'un boxeur professionnel poids léger : Homber. Ce dernier l'insulte, le traite de "sale macaroni", Marius réagit et lui met sa première gauche. Plusieurs jours après, il le rencontre dans la rue, discute et ce dernier l'entraîne au Balto*, café situé à Montreuil-Robespierre. »*

Le titre de gloire de Dori, c'est sa ceinture de champion de France poids moyens. Il l'arrache à Jean Ruellet, le 9 décembre 1961, à Blois. *« Le match de sa vie »*, commentera Andy Dickson dans *Le Parisien libéré*. Ensuite, Dori avait tenu la buvette du jeu de boules de la porte des Lilas. C'est chez lui, le jour des obsèques de Jo Privat, que j'ai lié amitié avec Jacky l'Arménien. Marius était absent. L'Ami et le Petit Paul m'ont présenté à lui lorsque j'ai appris la parution du *P'tit Gars de la rue de Lappe*. Je suis féru de boxe, de son histoire. En rapport avec la rue de Lappe mais alors je l'ignorais, avec le nom de Privat, celui de Dori a été l'un des premiers que j'aie connus. Voici le troisième.

Au temps de mon enfance boxait aussi Germinal Ballarin, pugiliste fameux, ami de Dori. Dans l'échelle des poids moyens, Ballarin venait juste après Charles Humez. Minal avait et a encore des bacchantes à la Brassens, il fallait être glabre pour boxer, il les coupait avant chaque combat. Dans *Mes boxeurs et moi*[3], Jean Bretonnel, son manager, dit de Minal :

« Il était né en 1929, au Luxembourg, de parents italiens. Son père, fervent militant de gauche, appartenait à cette longue lignée de républicains italiens, issue en droite ligne de la Révolution française et de Garibaldi, pour qui “Liberté, Égalité, Fraternité” n’étaient pas de vains mots. Obligé de fuir sa patrie devenue fasciste, Ballarin père avait émigré au Luxembourg puis était venu s’établir à Paris, sans jamais cesser d’inculquer à ses enfants sa foi révolutionnaire. »

Quand j’ai rencontré Ballarin en 2004 pour mon documentaire *Gueules d’atmosphère*, il m’a fait part de cette tradition de gauche. Pas loin du Faubourg, boulevard de Charonne, où par la suite il a tenu un bar, il n’était pas dépaysé.

Dans le Faubourg Antoine, comme « *la tradition locale et populaire, fixée dans le langage, refuse le patronage du Saint* », observe Daniel Halévy dans *Paris parisiens*, « *habite un peuple d’artisans, menuisiers, tapissiers, ébénistes, passionnément attachés, depuis plus de cent cinquante ans, à fabriquer de beaux meubles et à cultiver l’idée révolutionnaire (l’Idée, prononcent-ils sans plus, et il suffit d’un mot), à chercher la science et la justice, disons d’un seul mouvement la Science de la Justice, cette alchimie sociale qui produira dans la Cité l’or d’une humanité heureuse.* »

Sur un journal des années cinquante, je me rappelais avoir lu qu’à l’issue de son combat, vainqueur ou vaincu, Ballarin conviait ses amis au *Massif Central*. Avec Dori, c’est là, 44, rue Basfroi, en face du 47, chez l’Ami, qu’ils fréquentaient. Jeannine Guérémie-Dori cite des noms que j’ai souvent entendus : le Coréen, Marcel Barokhel, dont il a rapidement été question dans le préambule, Jean Bout et Marcel Israël, des catcheurs célèbres dans le quartier, d’autres. Bout est mort, Israël aussi. Je me souviens de Marcel. J'étais en compagnie de Schmitago : « Avec ton ami, d'main, j' vous invite au 47. Si j'étais pas là, vous bectez, vous buvez, tu mets sur mon compte ! » C'était ça, l'ambiance bon enfant de la Bastoche.

Jeannine donne également le nom des frères Launay, Maurice et Marcel, Danièle Burel les connaissait. La réputation de Marcel lui venait de sa droite, ou de sa gauche, je ne sais plus, venimeuse – l'expression est de Robert Lageat. Au *Balajo*, du temps de Deschamps, Marcel s'était illustré en knockoutant Robert Mitchum d'une praline magistrale. « J'encoule les pétites Fraonçaises », répétait l'Amerloc complètement poivre. À défaut d'instruc', Marcel avait de l'éduc' : bing ! descendez, on vous demande. L'anecdote avait étonné Michel Wyn, en 1981, ensemble nous avons fait un petit documentaire sur Robert des Halles. Mitchum était costaud, se rappelait Michel. Une nuit qu'il l'avait emmené au *Massif Central*, Mitchum avait mis le bazar. Ni Germinal ni Marius ne devaient y être. Pour en terminer avec Marcel Launay, la vérité est qu'il n'avait pas laissé le loisir à Mitchum de voir venir : pang ! direct.

Écrivant ces lignes, je vérifie mon paquetage si, un jour, l'envie me prenait d'apporter une suite à *La Bastoche*. Que *« l'essentiel est dit »*, je le maintiens. En nature, les histoires d'après la Libération ne diffèrent pas d'avant. L'amour de Danièle pour Loulou, celui de Jeannine pour Marius s'insèrent dans le cadre, la structure plus générale de celles des mômes de Paname. *Idem* ces bagarres. Les années cinquante, soixante encore, restaient soudées au passé ancien. Pourtant, insidieusement à partir de 1950, 55, l'accordéon a commencé à subir une désaffection. Comment l'expliquer ? Qu'est-ce qui a fait que le rock, le yé-yé et la suite aient réussi à transformer le goût parisien – celui de la danse, celui de la fête ? Même si l'ambiance particulière du *Balajo* et de certains établissements n'avait pas l'air de changer, la modification de l'ambiance générale était amorcée. En décembre 1955, *« Ç'aurait pu être la mort de la rue de Lappe »,* écrivait *Paris-Froufrou* en se réjouissant du contraire. Vingt-sept ans plus tard, le 20 mars 1982, dans *Le Monde* : « Le *Balajo* n'a pas une ride », je claironnais. Après avoir vertement attaqué *« la "piazza" Beaubourg, cette concetée »*, je continuais :

« Las ! déjà qu'en pleine rue de Lappe badaboument les congas à La Chapelle des Lombards, *l'insolence !… les bruits qui courent sont alarmants : port de plaisance canal Saint-Martin, opéra à la gare de la Bastille. Depuis un quart de siècle, tout, à Paris, commence par le prestige et s'achève par l'expropriation, la dénaturation… la panade complète.*

"Salut les hommes et tant pis si je me trompe !", pour le plaisir esthétique, à la limite de l'indicible, de voir mon vieux Robert des Halles prêt à se la donner, froncer le sourcil, et l'entendre, le réentendre encore, répondre : "Dis voir, comment tu parles aux hommes, toi ?", de sa voix inimitable, son accent plus vrai que vrai, roulant dans ses intonations magnifiquement vulgaires tout le patrimoine du caniveau parisien, d'un trèpe à genoux auquel cette fois-ci les bulldozers aveugles donneraient le coup de grâce définitif, à toute sorte d'opération "Paris capitale du monde" à la Bastoche je réponds : "Ballepeau, vive le Balajo *!" »*

Peu importe que je sois l'auteur de cette charge, aujourd'hui, ce ton-là me paraît impossible dans un journal. « Le *Balajo* n'a pas une ride » : je ne pressentais que trop ce qui se produirait – et qui est advenu. J'ai eu beau tempêter, l'assassinat de ce Paris-là était programmé. Ce vieux *Balajo* où j'ai passé de si belles nuits…

Raconter l'histoire de la Bastoche de la Libération à maintenant commanderait que je me départe de ma mauvaise humeur. Calmement, j'aurais à montrer comment les choses se sont déroulées. Le Bal Bousca avait fermé voici longtemps, en 1963. Le *Petit Balcon*, le *Musette* s'y sont résolus vers 1985, *La Boule Rouge* l'été 1987.

J'ai rouvert mes archives. Dans le chamboulement de la rue de Lappe, quelques années plus tôt, le 23 janvier 1981 est un jour qui a compté. Au 19, *La Chapelle des Lombards* succédait aux *Barreaux Verts*, le plus vieux des bals-musette de la rue – on y dansait au moins depuis 1850, selon Lariche. Musicologue averti, Francis Pinguet était un homme d'une grande curiosité intellectuelle. En 1984, dans « Un monde musical métissé »[4], il remarquait :

« *Il ne s'agit plus ici de développer un "folklore parisien" : cette musique* [de *La Chapelle des Lombards*] *est à l'écoute de ce qui se passe un peu partout dans le monde, parce qu'elle provient de diverses régions du monde, particulièrement de ce "Tiers Monde" dont les soubresauts occupent de plus en plus la Une de l'actualité en Occident.* »

Je n'avais pas relu ce passage depuis longtemps. « *Il ne s'agit plus ici de développer un "folklore parisien"* » : qu'ajouter à ce constat, annonciateur du futur ? Pinguet avait compris la situation. Plus loin, il interviewait Jean-Luc Fraisse, le créateur de *La Chapelle*. J'aime le blues, le jazz, la salsa. Loin de moi l'idée d'opposer le musette à ces musiques, mais, même si je portais et porte encore Ray Barretto aux nues, lui, le roi des congas, rue de

Lappe, non ! À l'époque, du moins. Barretto est mort, j'avais oublié ma colère d'il y a trois décennies, déjà. À la demande de Fraisse, Barretto a été le premier grand musicien américain, latino, à se produire au sein de ce qui avait été le saint des saints de la boîte à frissons. Barretto à la Bastaga, c'était la Bastoche qui partait en brioche. « Fraisse » – le frêne en auvergnat – a beau être un nom qui fleure bon son Massif central, les réponses du patron de *La Chapelle* à Pinguet montraient l'abîme entre l'ancien état d'esprit de la rue et celui en germe. Je me rappelle l'Auverpin de la rue Daval, Riton le Bougnat : « Quoi, un café à 11 heures du matin, vous êtes pas à l'apéro ? Les gars, vous êtes malades, faut foncer à l'hôpital ! »

Si Riton manifestait cette conscience naïve évoquée plus haut, chez Fraisse, le discours n'était que politique :

« Oui, il y a au Balajo *un univers un peu macho. On dit : "On va aller au* Balajo, *on va rencontrer des macs, des truands, des tapineuses en goguette", etc. Le patron du* Balajo *est un ancien manager de catch, moi je suis un ancien militant gauchiste, et j'ai fait Sciences Po : toute la différence, elle part de là. »*

« Militant gauchiste », « Sciences Po », Fraisse avait probablement de l'instruc'. De l'éduc' ? je ne sais. En tout cas, à l'égard de Robert Lageat, l'*« ancien manager de catch »*, il faisait montre de suffisance. Depuis lors à Paris, cette impudence s'est généralisée. L'intellectualisme ou le pseudo-intellectualisme a nimbé la ville. Par avance, « Le *Balajo* n'a pas une ride » tentait de contrer ces genres de prétention. Le plus triste, pour revenir à l'histoire de la rue de Lappe, est que Fraisse était tombé sur le 19 par hasard. *« Je connais quelqu'un qui a un dancing rue de Lappe, qui veut vendre »*, lui avait appris

un jour la patronne du *Tango* – il avait d'abord jeté son dévolu sur ce fleuron de la rue au Maire. À l'époque, le gérant des *Barreaux Verts* était Jeannot le Polak. Si Jean Salles, le propriétaire, songeait à se défaire de l'établissement, c'est que le musette se portait mal. Due aussi au hasard, la décision d'édifier l'Opéra Bastille a été le point de départ des bouleversements de la Bastille. Jean-Luc Fraisse n'a pas été le mauvais génie des métamorphoses de la rue de Lappe, seulement un saint Jean-Baptiste à l'envers, une sorte d'oiseau de mauvais augure.

« Pinguet – Mais l'histoire même de la rue de Lappe, vous la connaissiez ?

Fraisse – Oui quand même, parce que je venais de temps en temps, une ou deux fois par an. J'ai toujours aimé cette ambiance. »

Quelle ambiance ? Nul besoin d'être grand clerc pour rectifier que Fraisse ignorait le passé de la rue de Lappe, qu'il s'en moquait à tout le moins. Lui si disert sur la musique latina, Cuba, les cultures d'ailleurs, sur ses amis Siné et Pierre Goldman, ne répond rien à la question de Pinguet. Il ressort de cet entretien que Fraisse se hausse du col : il se veut la conscience du monde.

Ou *La Chapelle des Lombards* sera le moteur de cette conscience ou elle ne sera pas. *La Chapelle des Lombards* « capitale du monde », en quelque sorte. Dans *Le Monde* j'avais écrit : à *« "Paris capitale du monde" à la Bastoche je réponds : "Ballepeau, vive le Balajo !" »* Pauvres de nous, nous sombrions dans l'idéologique, Fraisse et mézigo ! En cherchant dans mes *Titi* du *Figaroscope*, je retrouverais des articles où je dénonce la colonisation de la vieille Bastoche par la bohème bourgeoise – « les bobos » ne s'est pas entendu avant 2000, 2001. À quand l'autodétermination des indigènes de la rue de Lappe et le retrait des colonisateurs ? Le programme est beau mais caduque, il reste si peu de *« Bastochis »* – je reprends le néologisme d'Auguste le Breton.

Au *Balajo*, en juin 1982, Pinguet avait aussi interrogé Jo Privat et le Fakir. Il avait remarqué combien roulait l'argot. À un moment, il s'éloigne de son magnétophone placé sur le comptoir. L'appareil continue d'enregistrer. Voilà *« ce petit dialogue »* qu'il aura la surprise d'entendre, plus tard :

« – Ah ! Rémy, viens un peu jacter au micro. Le mec, i' s'est taillé, là.

— Alors les crache-au-cul ?

— Hé ! Ça enregistre, y a l' point rouge… Le mec, i' r'vient. Attention, v'là qu'i' rabat… C'est un mec qui doit toucher ! »

À nouveau, consigné par un homme de culture, on a une illustration de l'atmosphère bon enfant de la Bastoche, de gamins presque. Pinguet était pour la première fois au *Balajo*, l'échange l'avait enchanté. Rémy, c'était Rémy Bayle, l'ancien catcheur. « Crache-au-cul » était le mot-fétiche de Daniel Schmid, quelquefois décliné en « crachemanndouille ». Le terme a une histoire amusante, salace, je l'expliquerai un jour.

Ce que je redoutais il y a trente ans est survenu. Raconter cette longue période avec modération serait ardu, j'en suis partie prenante. En 1997, ma préface s'intitulait « La Bastoche parce que Paname ! » Je me battais, je voulais démontrer à toute force la persistance d'un Paris populaire voyou dont la Bastille demeurait le noyau essentiel, m'apparaissait-il. Aujourd'hui qu'à Paris, le cours des choses a été infléchi d'une manière tellement incroyable, j'ignore si je serais aussi pugnace. M'enferrer serait jouer les Don Quichotte, tomber dans une nostalgie stérile, rabâcheuse, égrotante. Pour autant je ne me suis pas adapté, je ne renie rien ni n'oublie quoi que ce soit. Sur la Bastille, il reste à dire. À un moment j'y étais souvent avec Gégé le Catcheur, ensuite j'ai connu Gilbert de la Butte-aux-Cailles. Au *Balajo*, j'ai eu d'autres amis : Jean-Pierre, Marco de Paname. Des embrouilles se sont montées, certaines récentes, il est trop tôt pour les dévoiler.

Alors, consigner ces péripéties, ces historiettes afin qu'à l'image de celles de 1750 à 1939, elles demeurent ? Il s'agit de Paname, la tâche en vaudrait la peine. La question est : sous quelle forme ? Un ouvrage d'histoire comme *La Bastoche*, ou un récit, un livre de souvenirs plus personnels ?

Début 2011.

Principaux bals-musette à Paris vers 1930

Nous devons cette liste à l'obligeance de Lucien Lariche qui a effectué de patientes recherches historiques sur les bals publics.

1er arrondissement

Rue Rambuteau, 80 : Maison Reboule
Rue Sainte-Anne, 75 : Maison Corte

2e arrondissement

Rue Beauregard, 10 : Maison Burnier
— 14 : Maison Caillet
Rue Notre-Dame-de-Bonne-Nouvelle, 7 : Grande Brasserie alsacienne
Rue Saint-Joseph, 20 : À l'ami Rey
Rue Saint-Sauveur, 42 : Bal Saint-Sauveur
Rue Sainte-Foy, 14 : Maison Canton
Rue du Tracy, 5 : Maison Bonafé

3e arrondissement

Rue des Archives, 53 : Maison Bommelle
— 13 : Maison Gailhac
— 22 : Maison Vidalenc
— 23 : Maison Ienzer
— 24 : Maison Conard
— 25 : Maison Rouzaire
— 28 : Maison Hasler
— 35 : Maison Cavargna
— 39 : Maison Raynal
Rue Blondel, 8 : Maison Beaumont
Rue des Gravilliers, 65 : Bal des Gravilliers, Maison Malafosse

— 85 : Maison Rey
Rue du Grenier-Saint-Lazare, 24 : Bal du Grenier, Maison Debrulard
Rue Notre-Dame-de-Nazareth, 82 : Maison Seiler
Rue Pastourelle, 35 : Au Lion d'Or
Boulevard du Temple, 39 : Maison Ladira
Rue des Vertus, 15 : Maison Cristina
— 25 : Chez Marius
— 24-26 : À l'As de Cœur

4e ARRONDISSEMENT
Rue François Miron, 46 : Maison Renoux
Rue des Nonnains-d'Hyères, 6 : Maison Joffredo

5e ARRONDISSEMENT
Rue des Anglais, 6 : Bal des Anglais, Maison Bénézet
Rue du Cardinal-Lemoine, 74 : Bal du Printemps, Maison Frantz
Rue de la Huchette, 11 : Au Petit Bousca, Maison Bouscatel
Rue de Lanneau, 10 : Le Petit QuatZarts
Rue Monge, 83 : Bal du Petit Monge, Maison Hamon
Rue de la Montagne-Sainte-Geneviève, 30 : Maison Cabrespine
— 46 : Bal de la Montagne
Passage des Patriarches, 2 : Maison Glarey
Rue Saint-Jacques, 17 : Maison Castan
Rue Saint-Séverin, 6 : Au Tango du chat, Maison Petit
Rue de Valence, 6 : Bal de Valence, Maison Séguin

9e ARRONDISSEMENT
Rue Fontaine, 6 : L'Ange Rouge

10e ARRONDISSEMENT
Rue de Bondy [actuelle rue René-Boulanger], 52 : Maison Pélissier
Rue Corbeau [actuelle rue Jacques-Louvel-Tessier], 37 : Maison Lacomme
Rue du Faubourg Saint-Martin, 18 : Au Petit Saint-Martin, Maison Péricaud
— 262 : Marly's Dancing
Rue du Faubourg du Temple, 105 : La Java
Boulevard de la Villette, 151 : Bal Terminus, Maison Dino

11ᵉ ARRONDISSEMENT
Rue d'Angoulême [actuelle rue Jean-Pierre-Timbaud], 72 : Maison Potier
Passage Basfroi, 9 : À la Tour d'Auvergne, Maison Tourret
— 44 : Le Massif Central, Maison Riols
— 51 : Maison Thérizols
Boulevard de Charonne, 45 : Maison Delbor
Rue du Chemin-Vert, 137 : Maison Espié
Rue Guilhem, 3 : Maison Lefèvre
Rue Lacharrière, 7 : Maison Garin
— 15 : Brasserie-Trois Épis, Maison Moesch
Rue de Lappe, 8 : À la Boule Rouge, Maison Pouyet
— 9 : Au Vrai de Vrai, Maison Vernet
— 13 : Bal Bousca, Maison Carcanague
— 19 : Aux Barreaux Verts, Maison Monteil
— 21 : Maison Delpuech
— 23 : Maison Noygues
— 27 : Maison Souliès
— 45 : Maison Charbonnel
— 47 : Aux Trois Colonnes
Rue de Montreuil, 125 : Maison Beuvain
Rue Neuve-des-Boulets, 13 : Maison Carita
Rue Popincourt, 6 : Maison Marquetti
— 26 : Maison Delmas
Rue Richard-Lenoir, 34 : Maison Issaly
Rue de la Roquette, 90 : Maison Comini
Rue du Faubourg Saint-Antoine, 213 : Bal Tabatière, Maison Sidoli
Rue Sedaine, 46 : Bal Sedaine, Maison Peretto
Passage Thiéré, 8 : Maison Caldayroux
— 9 bis : Maison Dumas
— 15-17 : Au Petit Balcon, Maison Jacques

12ᵉ ARRONDISSEMENT
Impasse Barrier, 7-9 : Maison Perucca
Rue de Charenton, 136 : Maison Dumail
— 209 : Maison Monminoux
Avenue Daumesnil, 94 : Maison Laroche
— 101 : Maison Labati

13ᵉ ARRONDISSEMENT
Place des Alpes, 5 : Bal de L'Excelsior, Maison Belli
Boulevard de la Gare, 151 : Maison Chauvet

Boulevard de l'Hôpital, 58 : Bal-dancing des Fleurs, Maison Leone
Rue Nationale, 110 : Au Café du Brésil, Maison Blondeau

14e ARRONDISSEMENT
Rue de l'Ouest, 37 : À la Belotte Plaisance, Maison Sérieys
Rue du Texel, 6 : Bal du Texel, Maison Sénezergues

15e ARRONDISSEMENT
Rue Cambronne, 6 : Maison Massabuau
Rue de la Croix-Nivert 14 : Maison Lafon
— 18 : Maison Sournac
— 28 : Maison Valadier
Rue Fallempin, 4 : Maison Guégan
Rue Frémicourt, 47 : Maison Deltheil
Quai de Grenelle, 71 : Palais de la Danse
Rue Lecourbe, 70 : Maison Rousseau
— 142 : Maison Navarre
— 279 : Maison Buanic
Rue Olivier-de-Serres, 37 : Le Petit Tabarin, Maison Hostalier
Boulevard Pasteur, 50 : Bal Mascotte, Maison Boucaud
Rue Plumet, 10 : Allain Dancing
Avenue de Suffren, 46 bis : L'Ambassade d'Auvergne, Maison Massabuau
Rue de Vaugirard, 191 : L'Élysée Vaugirard, Maison Le Goff
Rue de Vouillé, 54 : Maison Arnaud

16e ARRONDISSEMENT
Rue Boileau, 102 : Salle Boileau, Maison Monteil

17e ARRONDISSEMENT
Rue du Mont-Dore, 11 bis-13 : Bal de la Grande Roue de Montmartre
Rue de Puteaux, 6 : Bal de l'Abbaye

18e ARRONDISSEMENT
Rue des Abbesses, 37 : Maison Moreau
Avenue de Clichy, 26 : Bal du Jardin, Maison Combet
Rue Lepic, 77 : Moulin de la Galette
Rue Myrrha, 47 : Bal Adrien
Rue Polonceau, 49-51 : Bal Polonceau, Maison Rouquette
Boulevard Rochechouart, 120 : La Boule Noire
Rue Tholozé, 15-17 : Au Bouquet du Moulin, Maison Barnay

19e ARRONDISSEMENT
Rue de Belleville, 27 : Ça Gaze, Maison Madérieux
Rue du Général-Brunet, 10 : Maison Cayla
Avenue Jean-Jaurès, 33 : Maison Lestrade
Rue de Meaux, 48 : Bal Fauvette, Maison Piana
Avenue du Pont-de-Flandre [actuelle av. Corentin-Cariou], 27 : La Java des Abattoirs, Maison Lemort
Rue de Tanger, 8 : Le Tourbillon
Boulevard de la Villette, 22 : L'Alhambra, Maison Brière
Rue de la Villette, 19 : Maison Regalli

20e ARRONDISSEMENT
Rue de Belleville, 296 : Maison de Varese
Rue des Envierges, 18 : Maison Rispal
Rue Pelleport, 136 bis : Bal du Stade

Notes

Préambule

1. Éd. Les Empêcheurs de penser en rond, 2003.

2. *La Bibliothèque imaginaire du Collège de France – Trente-cinq professeurs du Collège de France parlent des livres qui ont fait d'eux ce qu'ils sont*, Le Monde-Éditions, Paris, 1990.

Prologue

1. Lorsque dans *Les Misérables* (III, livre sixième, II), Hugo écrit que ce « tuyau de poêle [...] était encore enveloppé en 1832 d'une immense chemise en charpente [...] et d'un vaste enclos en planches », il prend une liberté certaine avec l'histoire de la colonne de Juillet. Dans *La Bastille. Histoire vraie d'une prison légendaire* (Robert Laffont, 1989), Claude Quétel rappelle que si la première pierre d'un monument, une colonne, a été solennellement posée par Louis-Philippe le 27 juillet 1831, un an après le déclenchement des Trois Glorieuses qui l'avaient porté au pouvoir, le projet de colonne en bronze ne fut officiellement présenté par l'architecte Alavoine que le 12 décembre 1833. Achevée le 30 avril 1840, la colonne sera inaugurée le 28 juillet de cette même année. Mais peut-être Hugo, en trichant un peu, évoque-t-il le « simulacre d'obélisque », pour reprendre Quétel, qui avait été élevé sur le socle existant déjà, en attente de ladite colonne... Quant à l'éléphant, également prévu en bronze, décision de Napoléon reprise d'une idée de 1758 de l'architecte Ribart, il ne vit jamais le jour. Le logis de Gavroche n'en est que la maquette. Sa construction – soit « en bois et en maçonnerie », soit « de plâtre » pour Hugo, alors que Quétel la donne « en bois et en

ciment » – est due à l'architecte Cellerier en 1813-1814. L'éléphant fut détruit trente-deux ans plus tard, en 1846.

LA BASTOCHE, CONFLUENT GÉOGRAPHIQUE ET HISTORIQUE

1. Arthaud, 1980.

2. *Journal de ma vie,* Montalba, 1982.

3. Théophile Lavallée, *Histoire de Paris*, Michel Lévy frères, 1857.

4. *Belleville-Ménilmontant*, Arthaud, 1989.

5. Marcel Seheur, 1929.

6. *L'Amour à Paris par arrondissement*, Gilles Delfos, 1966.

7. Cf. Jean Prasteau, *L'Affaire Sylvie Paul*, Fleuve Noir, « Crime Story », 1992.

8. Cf. *Dictionnaire historique des rues de Paris*, Minuit, 1985.

9. Aubier, 1986, p. 298 et 330.

10. *« Le Faubourg », Observations vécues*, Spes, 1925, p. 114-115.

11. Flammarion, 1947, t. III, 4e partie, livre Ier, chap. V.

12. Bernard Grasset, 1932, p. 171.

13. *Op. cit.* p. 172.

LES AUVERGNATS

1. « Un Monde musical métissé », *La Revue musicale*, 1984.

2. In « Le Balajo », *Paris-Villages* n° 6, 1985.

3. *Robert des Halles*, Lattès, 1980.

4. *La Colonie auvergnate de Paris au XIXe siècle*, Ville de Paris, Commission des travaux historiques, 1976, p. 91.

5. François Maspéro/La Découverte, 1982, p. 144.

6. *L'Aubrac*, CNRS, 1975, t. V, p. 298. Le livre de Jean-Baptiste Pujoulx est sorti en 1801 chez Brigitte Mathé.

7. *Quand les Auvergnats partaient conquérir Paris*, Fayard, 1980, p. 58.

8. *Les Auvergnats de Paris*, Éditions internationales, 1946, 22.

9. Françoise Raison-Jourde, *La Colonie auvergnate de Paris au XIXe siècle, op. cit.* Cf « Les chaudronniers-ferrailleurs, premiers modèles de réussite auvergnate », chap. IV, auquel nous renvoyons pour un approfondissement de ces questions.

10. Roger Girard, *Journal d'un Auvergnat de Paris*, Fayard, 1982, p. 27-29.

11. Sous la dénomination « Auvergnats de Paris » sont regroupés les originaires des sept départements du Massif central: Puy-de-Dôme, Cantal, Haute-Loire (l'Auvergne historique), plus l'Aveyron, la Lozère, le Lot et la Corrèze. C'est la raison pour laquelle Jacques Chirac, quoique étant corrézien, est un authentique Auvergnat de Paris. Quand en 1977 il s'est présenté à la Mairie de Paris, les patrons de café lui ont immédiatement apporté leur soutien. La ligue créée par Louis Bonnet s'appelle précisément Ligue auvergnate et du Massif central.

12. L'orthographe du mot varie selon les auteurs, parfois avec un trait d'union, parfois sans, même le *Petit Robert* manque d'assurance. Pareil pour le pluriel: faut-il mettre un *s* à « musette » ou non? Pour ma part, si j'emploie le trait d'union, je n'accorde pas « musette » au pluriel. Tout au long de mes citations, l'orthographe de chacun sera respectée.

13. François Gasnault, *Ginguettes et Lorettes*, op. cit., p.288-290.

14. Alexis Redier, 1re partie, « Paysages d'insurrection, Au faubourg Saint-Antoine », p. 106.

15. *Le Tableau de Paris*, Messidor, 1989, p. 228-242.

16. *Les Misérables, op. cit.*, 5e partie, livre Ier, p. 5.

17. *Les Parisiens*, Hachette, 1967, p. 206.

18. *Dictionnaire du français non-conventionnel*, Hachette 1980, p. 730.

MUSETTE, BAL-MUSETTE… ET POURQUOI PAS BAL-ACCORDÉON ?

1. Francis Pinguet, *op. cit.*, p. 53.

2. *L'Aubrac, op. cit*. t.5, 2e partie, « Musique et phénomènes paramusicaux », chap. 2, p. 186 et suivantes, auquel je renvoie pour une connaissance exhaustive de cet instrument.

3. *Bouscatel, roi des cabrettaïres – Les Origines du bal musette*, disque 33 tours, Les Musiciens Routiniers, 1983.

4. Le mot s'orthographie soit avec deux *t*, soit avec un seul. De même, que l'on désire marquer la diphtongue dialectale ou

pas, on met ou non un tréma sur l'i. Tout en respectant les façons de chacun, j'écris personnellement « cabrettaïre ».

5. « Mémoires de Martin Cayla », transcrits par R. Manoury et Mme Cayla, in *Paris-Centre-Auvergne* n° 8, 1972.

6. *À travers Paris inconnu*, Georges Decaux, 1876.

7. Le 29 novembre 1873, pourtant, *Le Journal amusant* regrette que le bal ou le salon du Vieux Chêne, « bal public » non auvergnat, n'ait « rien d'excentrique, rien qui le distingue des autres bals populaires de nos faubourgs. [...] Il y a seulement dix ans [on n'y] pénétrait qu'à ses risques et périls et [on n'en] sortait guère sans avoir eu des explications. »

8. Aujourd'hui décédé, Pierre Roux a été maire de Nasbinals. Une stèle à son effigie a été élevée à l'entrée de cette petite ville de Lozère.

9. « Vive les Auvergnats! /Vive les Auvergnates! /Ils vont bien pour danser; /Vive les Auvergnats! /Ils aiment bien chanter, /Aussi rire et boire, /Et pour faire l'amour, /Se distinguent toujours. »

10. *Les Jetons de Bal (1830-1840) – Lieux de danse célèbres et petits bals de quartier*, Association des Collectionneurs de Jetons-Monnaie, 2006.

11. Dans sa *Belle Époque au temps de Bruant*, Gallimard, 1954, p. 44, Francis Carco ne fait que suggérer cette origine de « guinguette ». Quant à Gasnault, dans son *Guinguettes et lorettes, op. cit.*, p. 29, il dit que « le mot lui-même serait une déformation de guiguet ou guinguet, qui signifie vin aigrelet. » Rien n'empêche de penser que ce guinguet provenait de chez Guinguet.

12. *Guinguettes et lorettes, op. cit.*, p. 288-289.

13. Voir, *infra*, p. 109.

14. *Journal, op. cit.* p. 40.

15. *La Prostitution à Paris au XIXe siècle*, Le Seuil, 1981, p. 73.

16. *Journal, op. cit.* p. 94 et *sq.*

BASTILLE ET BASTOCHE

1. À l'emplacement du 117, rue Saint-Antoine, exactement.

2. *La Petite Revue*, 4 juin 1864.

3. E. Dentu éditeur, 1864; rééd. Marcel Valtat, 1979.

4. *Anthologie de la Littérature argotique*, Mazarine, 1985, p. 261.

5. Théophile Lavallée, *Histoire de Paris, op. cit.*, p. 88.

6. Denis Roche, *Le Peuple de Paris*, Aubier-Montaigne, 1981, p. 31.

7. *Vivre dans la rue au XVIIe siècle*, coll. Archives Gallimard/Julliard, 1979, p. 146.

8. Louis Fiaux, *Les Maisons de tolérance*, Georges Carré, 1896, p. 347.

9. *La Belle Époque au temps de Bruant, op. cit.*, p. 37.

10. Dans *La Boxe française historique et biographique – Souvenirs, notes, impressions, anecdotes*, À l'Académie de boxe, 1899, p. 147 et 148, Joseph Charlemont, né en 1839, légende et symbole de ce sport qu'il a codifié et promu au XIXe siècle, décrit les réjouissances qu'enfant de la rue de Charonne il découvrait place de la Bastille sous Louis-Philippe: le grimacier qui vendait du poil à gratter, le casseur de cailloux, le père la Pêche qui engageait les enfants à lutter pour s'emparer du pain d'épice suspendu à sa ligne, l'homme aux pavés… en pains d'épice également, les escamoteurs, les chanteurs… « La place de la Bastille paraissait être une fête permanente », il se rappelle un demi-siècle plus tard. À propos de l'éléphant, détruit en 1846, Charlemont écrit: « En sortant de l'école, on se détournait de son chemin ; on allait à la Bastille jouer dans le grand éléphant, dont parle l'illustre poète Victor Hugo, dans ses *Misérables*. On racontait des histoires de voleurs qui vous donnaient la chair de poule. On affirmait qu'il en venait coucher toutes les nuits, que Fradiavolo en était le chef ; on regardait où ils avaient bien pu laisser des traces, on croyait en voir partout dans les coins sombres, on avait des émotions. Mais en rentrant à la maison il était tard, on faisait connaissance avec le martinet et on allait coucher sans souper, c'étaient aussi des émotions. »

11. *L'Argot*, PUF, coll. « Que sais-je », 1958, p. 70 sq.

12. *Les Argots*, Delagrave, 1939, p. 101.

13. *Mémoires de Canler*, J. Hetzel-Librairie Claye, 1862, p. 246 sq.

14. Yves Lemoine, *Paris-sur-crime – L'impossible histoire*, Jacques Bertoin, 1993, p. 57-58.

15. Cf. Emmanuel Cab, « Un Louis Philippe au siècle dernier », *Détective*, 23 mars 1939.

16. *Le Tableau de Paris, op. cit.* p. 240.

17. Cf. Philippe Rivoirard, « Le Faubourg Saint-Antoine », *Paris-Villages* n° 6, 1985.

18. *Les Plaisirs de la rue*, L'Édition française illustrée, 1920.

19. Firmin-Didot, 1930, p. 256.

20. Denoël et Steele, 1931.

21. Comme l'écrit M. Claude, chef de police de sûreté sous le Second Empire, dans ses *Mémoires* – Jules Rouff, 1881, t. 1, p. 89 *sq* –, il y aurait beaucoup à dire sur « la maison la plus suspecte de la Cité, le fameux cabaret du *Lapin-Blanc*, illustré plus tard par le romancier Eugène Sue », dans ses *Mystères de Paris*, situé rue aux Fèves, démolie par les travaux d'Haussmann.

ETHNIES ET TRIBUS PARISIENNES

1. *La Maison Philibert*, Lattès, « Les classiques interdits », 1979, p. 136.

2. *Goualantes, op. cit.* p. 122.

3. Dans *Ils ont dansé le Rififi*, Le Rocher, 1991, p. 125, Auguste le Breton affirme que le Dénicheur était « un indicateur, une balance, une mouche ainsi qu'on les surnommait vers 1911, époque où il fut abattu. » Son exécution fut tirée à la courte paille entre Jo le Miro, Théo la Bonté et Riton de la Moule: « Ce sort désigna Théo la Bonté qui trucida le renégat au 6,35. Ah! les légendes… » Interrogée par Jacques Roberti dans *Maisons de société*, Fayard & Cie, 1927, alors qu'elle était devenue sous-maîtresse de bordel rue des Rosiers, chez Madeleine, Casque d'Or ne va pas si loin que le Breton. Elle affirme simplement: « Théo Beauté, de Montparno, mit en l'air le Dénicheur… »

4. Pierre Drachline et Claude Petit-Castelli, *Casque d'Or et les Apaches*, Renaudot, 1990.

5. *Histoire du milieu*, Plon, 1969.

6. L'ultime guerre apache, menée par Geronimo contre l'armée américaine, se déroule entre 1883 et 1886. En 1889, le *Wild West Show* de Buffalo Bill s'installe à Paris, près de la

porte Maillot, c'est une première. La résistance apache devait y être évoquée, sa défaite finale.

7. Jacques Delarue et Robert Giraud, *Les Tatouages du milieu*, La Roulotte, 1950.

8. Cité in *Histoire du milieu* de Marcel Montarron, *op. cit.*, p. 26.

9. *In Bouscatel, roi des cabrettaïres, op. cit.*

10. Une précision s'impose sur « laripette ». En ces époques, « Toto Laripette » c'était le Parisien, le titi gentiment apache, Gavroche quoi. Tout porte à croire que « laripette » est une déformation en largonji ou louchébem, l'argot des bouchers, de « Paris ». Le louchébem est une variante du largonji. En remplaçant la première lettre d'un mot par l, puis en la reportant à la fin et en lui attribuant un suffixe i, oc, em, ou autre, « jargon » donne « largonji » en largonji et « largonjem » en louchébem, lui-même codification de « boucher » Chez les bouchers, « Paris » se dit « Laripoc »... On obtient « Laripette » grâce à une terminaison fantaisiste, « ette » en l'occurrence. Ainsi « Toto Laripette » signifie-t-il, ni plus ni moins, Toto de Paris.

Le temps de l'accordéon

1. *In Un Monde musical métissé op. cit.*, « L'Accordéon », p. 43-116.

2. Hélas! disparu en juillet 1996, il n avait pas 50 ans. Un ami, lui aussi.

3. Climats-INA.

4. Sous un titre identique, *L'Accordéon*, Monichon a publié deux ouvrages, l'un dans la collection « Que sais-je? », 1971; le second chez Payot, 1985.

5. In *Les Rues de Paris*, n° 1, 11 rue de Valenciennes, 75010 Paris, décembre 1988.

6. Ces dernières années, l'accordéon semble être sorti de son purgatoire. Grâce à Jo Privat à la fin de sa vie, et à ses nouveaux maîtres, Richard Galliano et Daniel Collin. Sous la direction de Philippe Krumm, *Accordéon et Accordéonistes* distille, chaque mois, les nouvelles de l'instrument, en France ou à l'étranger. On y évoque autant Juju – *id est* Jo Privat Jr, le fils de Jo – que Michel Pruvot – l'héritier d'André Verchuren –, Armand Lassagne – vedette de La Croix de Malte dans les

années cinquante puis du Petit Jardin – ou Jean-Claude Laudat, jeune et fin disciple de Privat. Tous des amis chers.

7. *Op. cit.* p. 121.

8. Selon Sylvie Clerfeuille, 11 mai 2007, Afrisson (accessible sur Google), *La Revue musicale* n'existe plus, et Francis Pinguet est mort en février 2006.

9. Philippe Krumm qui, aimablement, m'a prêté sa collection de *La Revue de l'accordéon*, ses documents, et fait part de ses avis très éclairés.

10. J'ignore quand Antoine Bouscatel a été familièrement surnommé « Bousca », avec ou sans *t* au bout. Le Bousca Bal, plus tard, s'écrira sans *t*.

11. *In* François Billard et Didier Roussin, *Histoire de l'accordéon, op. cit.*, p. 22.

12. Nathan-Image, 1988, p. 36.

13. *La Colonie auvergnate de Paris…, op. cit.*, p. 299.

14. Thérizol sans *s* et Thérizols avec *s*, les deux orthographes existent. Cayla ne met pas de s au nom de son ami Thérizols que, toujours, *L'Auvergnat de Paris* et les jetons de bal gravés au patronyme dudit Thérizols affublent d'un *s* terminal, Lucien Lariche *dixit*.

15. Dans *Fréhel* de Nicole et Alain Lacombe, Belfond, 1990, p. 71, une coquille date cet article de *La Rampe* d'avril 1911. C'est avril 1931 qu'il faut lire.

16. *Ma route et mes chansons*, Julliard, 1946, p. 54.

17. *La Vie étrange de l'argot, op. cit.*, p. 120.

18. Eugène Figuière & Cie, p. 195 *sq.*

19. *Images secrètes de Paris*, René Kieffer, 1928.

20. Le Rocher, 1991.

21. Entre les deux guerres, si j'en crois Péguri, Carco, Mac Orlan et consorts, belote s'écrivait avec deux *t* : belotte.

22. « Chansons de Paris », *Demain*, n° 8, novembre 1924, p. 136.

23. *Envoûtement de Paris, op. cit.*, p. 36.

24. Après l'école, Pleigneur avait été placé en apprentissage. Son tuteur le destinait à être polisseur sur métaux. Pleigneur préférait déjà traîner les rues. Menacé d'être envoyé en maison de correction, Pleigneur s'enfuit en compagnie de deux copains. Vivant à leurs crochets, il leur racontait qu'un mandat l'attendait où ils avaient décidé de se rendre. Mensonge, bien

sûr… Toujours est-il que ce surnom de « mandat » transformé en « Manda » resta à Pleigneur.

25. Un fait divers qu'il aurait été dommage d'omettre… Louis Clavière, patron d'un musette, 103, rue Saint-Maur dans le 11e, était un cabrettaïre connu. Une photo le représente avec Jean Baynat à la guitare et Léon Felhmann à l'accordéon, assis devant son bal. Dans la nuit du 1er au 2 janvier 1914, deux clients se prennent de querelle dans son établissement. En tentant de les séparer, Clavière reçoit deux balles, l'une à l'aine, l'autre à la cuisse. Heureusement, raconte *L'Auvergnat de Paris* du 10 janvier 1914, son état « s'est beaucoup amélioré ». Dans *Bouscatel, roi des cabretaires, op. cit.,* il est dit qu'après s'être remis, Clavière repartit en Auvergne. Il était originaire d'Aurillac, il avait alors 33 ans.

26. En mai 1911 toujours, sans autre précision de *L'Auvergnat de Paris* qui rapporte ce drame le 27, Mme Euphrasie Boutié, tenancière, avec son époux, du bal du 44, rue Basfroi, y meurt des suites d'une chute due à un coup. La raison? Une dispute entre clients qu'elle avait voulu apaiser. Mme Boutié avait 38 ans. Elle était à la tête de son établissement depuis 1902. Le 44, rue Basfroi deviendra plus tard Le Massif Central.

À mots nouveaux, réalités nouvelles

1. *Op. cit.,* p. 311.

2. Vérification faite, le titre français de ce film était *Les Fantastiques années 20.*

3. Plon, 1992, p. 104-105.

4. Pierre Merle, *Dictionnaire du français qui se cause,* Milan, 2004.

5. Cosignée par Lucienne et Jacqueline Boyer, et Vincent Scotto.

6. *Le Milieu du Monde*, Genève 1941, p. 18.

7. Albert Dauzat, *Argot de la guerre,* Armand Colin, Paris 1919, p. 42.

8. Albert Dauzat, *Les Argots, op. cit.,* p. 57.

9. Delvau, *Dictionnaire de la langue verte,* E. Dentu, 1866.

10. *Dictionnaire historique des argots,* Larousse, 1965.

11. Claude Dubois, *Réverbères et becs de gaz,* éd. Autrement, série « Mutations » n° 125, novembre 1991, p. 48.

12. *Op. cit.,* p. 48.

13. *Paname,* Le Livre moderne illustré, J. Ferenczi & fils, 1938, p. 35.

14. *Op. cit.,* p. 306. C'est nous qui soulignons, ainsi que plus loin, pour Galtier-Boissière et Francis Carco.

15. Les Éditions de France, p. 263-264.

16. *Les Bals de Paris,* G. Grès, 1922, p. 95.

17. *In Une histoire du Milieu – Grand banditisme et haute pègre en France de 1850 à nos jours,* Denoël, 2003, p. 147-148.

18. *Op. cit.,* p. 47.

19. *Op. cit.,* p. 41.

Mon homme de Francis Carco, ou la vraie culture de la rue de Lappe

1. *In La Main courante – Les archives indiscrètes de la police parisienne (1900-1945),* Albin Michel, 1997, p. 280-281.

2. *Op. cit.,* p. 36 *sq.*

3. *L'Âge d'homme,* Le Livre de poche, 1946, p. 187.

4. Le Livre de poche, 1964, p. 164-173.

5. *Le Bal du comte d'Orgel,* Le Livre de poche, 1967, p. 31-33.

6. *Le Crapouillot,* 16 mars 1920.

7. *Monsieur Jo, op. cit.,* p. 111-112.

8. *Fils de Montmartre. Souvenirs,* Arthème Fayard, 1955, p. 160.

9. *Paris-Théâtre,* n° I7, 15 octobre 1948.

10. Je me permets de signaler à Annie Morvan, la traductrice du très beau livre de l'Argentin Horacio Salas, *Le Tango* (Actes Sud, 1989, p. 27), sur lequel on reviendra, qu'elle pouvait donc traduire « dar la vuelta » littéralement, « faire le tour », au lieu de « gambiller ». Carco en témoigne!

11. *Ma Route et mes Chansons, op. cit.,* p. 189.

12. *Goualantes de la Villette et d'ailleurs, op. cit.,* p. 123.

13. *Revue de l'accordéon,* n°4, mai 1935; et *Accordéon-Monde,* n° 1, décembre 1946.

14. *Revue de l'accordéon,* août 1938, p. 18.

Le milieu dans ses hautes œuvres

1. *Au beau Temps de la Butte,* Albin Michel, 1963.

2. « Soirée au bal musette », *Le Crapouillot,* 1er janvier 1920.

3. *Op. cit.*, p. 42.

4. Le poilu, « c'est l'homme qui a du poil au bon endroit – pas dans la main ! – symbole ancien de virilité », le définit Dauzat dans son *Argot de la Guerre*, Armand Colin, 1919, p. 48. Un gonze poilu, c'était donc un gars courageux, un dur, quoi ! Un siècle plus tôt, le terme appartenait déjà à l'argot militaire. Chez Balzac, tel général de Napoléon trouve quarante-deux pontonniers « assez poilus » pour construire un pont sur la Bérésina, c'est-à-dire courageux, téméraires. Avant 1914, dans les casernes, poilu désignait, et celui qui n'avait pas froid aux yeux, et l'homme tout court. Ainsi, un gonze poilu, avec l'adjonction de l'argot gonze, c'était un gars courageux, un dur. Aujourd'hui on dirait un « battant », un « moelleux », un « gars qui tient debout », etc.

5. Selon Maurice Chevalier (*Ma Route et mes Chansons, op. cit.*, p. 116), la mode du melon en arrière avait été lancée, dans le monde, dès 1904, par le même Max Dearly, le créateur, avec Mistinguett de la valse chaloupée, « le premier Français que l'on vit enfonçant son chapeau melon en arrière, au lieu de le porter sur le devant du crâne, comme tous les Parisiens élégants de l'époque. » Dearly avait alors le genre... anglais ! Selon Fabian Lloyd *alias* Arthur Cravan, poète et boxeur, dans *L'Écho des sports* du 10 juin 1909, cité par Claude Meunier (*Ring noir, op. cit.* p. 75-76), la première imitation des Américains commença en 1902 à l'époque du *cake-walk*. Mais lorsqu'à partir de 1905, 1906, les boxeurs yankees, noirs, arrivèrent, « Paris les idolâtra à bon droit [...]. Chacun se rasa et porta un melon de travers... » Parmi les « tuyaux » que Cravan donne « pour devenir le plus poli des gentlemen américains », celui-ci: « Soyez glabres. » La haute société et le monde artiste, dont Cravan faisait partie, se mirent rapidement à la mode américaine. Le populo, plus tard, durant la guerre et à l'Armistice.

6. *Plaisirs de la rue, op. cit.*, p. 38-39.

7. Dans *Le Moulin de la Sourdine*, Gallimard, 1936, p. 134, Marcel Aymé évoque le « complet de costaud à la mode de 1925, pincé sous les pectoraux et le pantalon au-dessus de la cheville » avec, comme chapeau, un melon.

8. *In Traduit de l'Argot*, Les Éditions de Paris, 1932, p. 68.

9. En fait, Viseur se prénommait Gustave. Mais Gus, ça faisait mieux : plus moderne, américain, je me rappelle Jo Privat me l'expliquer. Jo, qui, lui-même, avait Georges pour véritable prénom.

10. Durant sa prestigieuse carrière – il fut champion du monde des mi-lourds et échoua devant Jack Dempsey, le 2 juillet 1921 à Jersey-City, pour le titre des lourds –, le grand Georges (1894-1975) gagna suffisamment d'argent pour s'acheter plusieurs bars et demeurer longtemps l'une des figures de proue du Tout-Paris.

11. Francis Carco, « Chansons de Paris », *Demain, op. cit.*, p. 107-108.

12. Interview de Jo Privat par Vicky Sommet, *L'Air de Paris*, RFI, 28 décembre 1987.

13. D'après un *Crapouillot* d'époque, ladite expression de comparaison vulgaire était « figure d'anchois… »

14. Cet emploi inversé des mots, qui n'a fait que s'accentuer depuis, a conduit à une complète révolution. Si, de nos jours, les petites jeunes filles bourgeoises parlent à cor et à cri de leurs « mecs », de leurs « jules », mots infâmants jadis, les prostituées, elles, soucieuses de respectabilité, donc d'elles-mêmes, décernent du « mari » en veux-tu en voilà à leurs souteneurs… Monde à l'envers? En vertu de ces analyses: voire! En en extirpant la logique interne, Carco pressentait le monde à venir, le nôtre.

15. *La Vie de garçon*, Les Éditions de Paris, 1930, p. 146.

16. Pour ce qui est des seuls affranchis, cet « éventuellement » a tout de la litote! Dans *Mon homme*, à zyeuter les diams des belles dames emperlousées, Fernand fait preuve de franchise : « Ça me rend fou! »

17. *In Demain, op. cit.*, p. 107.

18. *In* Louis Chevalier, *Sous la Dictée de Paris, op. cit.*

19. G. Grès et Cie.

20. *Op. cit.*, p. 61-64.

21. *Bals, Cafés et Cabarets, op. cit.*

22. Dans *J'ai la mémoire qui chante*, Presses de la Cité, 1992, Francis Lemarque, natif de la rue de Lappe, date de la fin des années vingt, début trente, l'installation de l'électricité au logis paternel, au 51 de la rue.

23. *La Jeune Parque*, 1946, p. 70 et *sq.*

24. *Le Crapouillot*, 16 mars 1920.

25. *Ibid.*, 16 décembre 1925.

26. Probablement *Les Îles Marquises*, 15, rue de la Gaîté, d'implantation ancienne. Une guinguette ou un bal avait précédé ce restaurant au XIXe siècle.

27. *Op. cit.*, p. 187.

Radiographie de la Bastille et des bals-musette en 1925

1. « La Vie ouvrière », Éditions Spes,

2. *Les Parisiens*, Hachette, 1967, p. 204.

3. En 1924-1925, de retour du service militaire, l'accordéoniste Maurice Alexander, « Parisien à 100/100 », né en 1900, jouait en vedette au Bousca. Il ira ensuite au Petit Balcon puis aux Gravilliers... (*Revue de l'accordéon*, janvier 1936,n° 11). À la même époque Jean Lacassagne, au jeu simple et très plaisant, passait à la Boule Rouge chez Pouyet, orthographié Pouillé (*Revue de l'accordéon*, mai 1935).

4. *De la Popinqu' à Ménilmuche, op. cit.* p. 72 et *sq.*

5. *Le Crapouillot*, 16 juillet 1924.

6. *Ibid.*, 1er septembre 1919.

7. *In* Léon Daudet, *Souvenirs et polémiques*, Robert Laffont, « Bouquins », 1992, p. 934 et *sq.*

8. Ville de Paris, 30 août 1881.

9. *Confessions d'un enfant de la Chapelle*, Gallimard.

10. Dans *J'ai la mémoire qui chante, op. cit.*, p. 41-45, Francis Lemarque se souvient de ce fléau, 51, rue de Lappe. La première façon qu'avait sa mère de s'en débarrasser, raconte-t-il, était l'imprécation en yiddish!... Malheureusement les autres moyens, pétrole et soufre étaient tout aussi inutiles!

11. *Détective*, 18 août 1930.

12. *Un Homme comme un autre*, Presses de la Cité, 1973.

13. Dans *Je me souviens de Paris – Visages, façons, histoire et historiettes du Paris populaire*, Parigramme 2007, j'ai étudié dans le détail les questions attenant à la *sociologie* du peuple parisien.

14. *Détective*, 31 janvier 1929.

15. *De la Popinqu' à Ménilmuche, op. cit.*, p. 84.

16. *Le Bosphore à la Roquette*, L'Harmattan, 1989.

17. N° 222, 26 janvier 1933.

18. *L'Excelsior*, 3 septembre 1928.

19. *Détective*, 30 juin 1932.

20. « J'ai lutté toute ma vie contre cette misère qui m'collait au cul comme une maladie! » : mieux qu'un long discours, le vanne de Robert Lageat, grave en soi mais comique dans sa forme, résume en l'illustrant cette idée de défense, d'existence qui se bâtit à la force du poignet.

21. *In Ils ont dansé le Rififi, op. cit.*, p. 16 et *sq*.

22. Préface de Francis Huster, Calmann-Lévy, 2009, p. 60 et *sq*.

23. Documentaire de 52 minutes consacré à Jo Privat, de François Billard et Didier Roussin, réalisé par Stephan Rabinovitch, produit par la Sept et l'INA, diffusé sur FR3 le 23 novembre 1991.

24. *La Colonie auvergnate… op. cit.*, p. 307.

25. Tome I, Le Bruit de nos pas, Grasset, 1979, p. 277.

26. *Les Bals de Paris, op. cit.*, p. 113 et *sq*. Officiellement, dans les guides de Paris que j'ai à ma disposition, et dans le *Dictionnaire historique des rues de Paris, op. cit.*, de Jacques Hillairet, « Ramponeau » s'écrit avec un seul *n*. J'ai respecté cette orthographe, pourtant Warnod avait raison de mettre deux *n*. En 1998, chez L'Harmattan, Michèle Viderman a publié *Jean Ramponneau – Parisien de Vignol*, la vie de celui à qui cette rue est dédiée. Les deux *n* y sont. À la Courtille, à partir de 1750, Ramponneau avait tenu le cabaret fameux, la guinguette du Tambour Royal, situé à l'angle de la rue Saint-Maur – au 160 – et du chemin des Moulins – la rue de l'Orillon actuelle. Il l'acquiert en 1754. Plus tard, en 1772, sans revendre le Tambour, il achètera la Grande Pinte aux Porcherons. L'établissement se trouvait au coin de la rue Saint-Lazare et de la rue de Clichy – *grosso modo* à l'emplacement des jardins de l'église de la Trinité.

27. *Aux Lumières de Paris, op. cit.*, p. 134.

Jazz-band et tango

1. Philippe Krumm, *Émile Vacher, créateur du genre musette*, CD ADD Y225101, Silex-Mémoire.

2. *Revue de l'accordéon*, avril 1935.

3. *Aurélien, op. cit.*, p. 111-112. Je pense que le mot « drummer », qu'Aragon d'ailleurs enserre de guillemets, a dû se popu-

lariser bien après les années folles, n'oublions pas que son roman, qui se passe en ces années-là, a été publié en 1944.

4. *Le Jazz,* 1926, rééd. Jean-Michel Place-Bibliothèque du musée de l'Homme, 1988, p. 105. Cet ouvrage a été réédité du temps où Jacqueline Dubois, ma défunte épouse, dirigeait ladite bibliothèque du musée de l'Homme.

5. *Les Bals de Paris, op. cit.*, p. 291.

6. *Aux lumières de Paris, op. cit.,* p. 132.

7. *Mistinguett – La Reine du music-hall,* Le Rocher, 1995.

8. *Aux lumières de Paris, op. cit.,* p. 188.

9. *In* André Schaeffner, *Le Jazz, op. cit.,* p. 56 et *sq.*

10. Je pense en particulier au subtil, au si aérien *Quelle est donc la femme?,* morceau avec refrain chanté, qu'interprète Mimile, accompagné de Peyronnin au piano, d'un violon et d'un banjo… Odéon, KI 4016, 238.292.

11. *Détective*, 20 juin 1937.

12. *Le Jazz, op. cit.* p. 116 et *sq.* « L'immense majorité des réponses […] fut favorable au jazz », en conclut Schaeffner.

13. *Le Tango, op. cit.*, p. 86.

14. *Les Bals publics de Paris, op. cit.*, p. 271.

15. *Le Tango, op. cit.*, p. 121 et sq.

16. *Les Bals publics de Paris, op. cit.*, p. 271 et *sq.*

17. *Visages de Paris, op. cit.*, p. 313.

18. D'après le *Larousse mensuel illustré,* « revue encyclopédique universelle », de juin 1927, n° 244, le *black bottom* signifie exactement le *black bottom river's*, le fond noir de la rivière et non le « derrière noir ». Cette danse comique n'est exécutée qu'à la scène, en Amérique. Ses pas « imaginent les mouvements et l'attitude des négrillons qui […], traversant à gué un fond de rivière boueux, s'enlisent et tentent, pour se libérer et se débarrasser des paquets de boue qui les paralysent, des efforts désespérés. […] Un professeur parisien en a fait une danse de salon,[on y] retrouve le style de certains pas de charleston ». Á Paris, lit-on encore, la *Revue nègre*, au théâtre des Champs-Élysées, « consacrera définitivement [le charleston] en novembre 1925 ». Depuis, le charleston a supplanté le fox-trot qui, longtemps, a été « la danse moderne la plus en vogue ». Elle a franchi l'Atlantique à la fin des hostilités. Ses pas ont évolué plusieurs fois, mais sont restés « toujours gais et variés. Citons parmi ces derniers: le "jazz",

qui fut longtemps la base même de cette danse et dérive, en quelque sorte, du pas polka de nos pères »... Le shimmy aussi est venu d'Amérique. Il y est né en 1920. Sa vogue, immense, a duré trois ans: « Il évolua plusieurs fois; on le dansait sur toutes les musiques de fox-trott. » Sa caractéristique était de faire trembler les épaules... « Aujourd'hui, continue le *Larousse*, le shimmy a complètement disparu des salons, bals et dancings et le fox-trott, un moment délaissé, a repris son rang, mais le charleston semble, à son tour, le mettre en danger. » D'autres danses sont citées : le two-step, qui date de l'avant-guerre, le boston, le double-boston – né en 1910, « qui est la première danse où les couples, ayant à leurs dispositions plusieurs pas adaptés à un même rythme musical, les mélangent et les répètent à leur gré [d'où] le succès des danses actuelles qui permettent aux exécutants de déployer toute leur initiative, en opposition avec le travail purement “mécanique” des danses anciennes ». Le tango apparaît en 1911, la maxixe brésilienne, etc., le one-step, la valse-hésitation... Concernant la java, cette danse « est la seule d'origine française [...]. Sa mesure est en trois temps [vitesse métronomique: battement à la noire = 184] ; le rythme est analogue à celui de l'antique mazurka, et son pas celui de la valse, mais plus allongé, sans atteindre toutefois les dimensions du pas de boston ».

19. *Le Faubourg, op. cit.*, p. 16.

20. *Fils de Montmartre*, Arthème Fayard, 1955, p. 284.

21. *Détective*, 17 octobre 1929.

22. *Du Bouge... au Conservatoire, op. cit.*, p. 37.

23. *Visages de Paris, op. cit.*, p. 231.

24. *Les Bals de Paris, op. cit.*, p. 285 et *sq.*

25. Je m'inspire ici de deux interviews de Jo où il répond, sur le même sujet, d'une part à Francis Pinguet – *Un Monde musical métissé, op. cit.*, p. 153-154 –, de l'autre, à Didier Roussin – *Histoires de l'accordéon, op. cit.*, p. 24.

Oui ou non le dancing-musette a-t-il tué le bal-musette et le milieu ?

1. *Nuits de Paris*, Au Sans Pareil, 1927.

2. Cf. évidemment Aragon, *Le Paysan de Paris*, Gallimard, 1926, même si, dans le fond, ce qui le préoccupait était,

davantage que la marchande de mouchoirs, le « bouleversement des modes de flânerie et de la prostitution » !

3. Dans le n° 4 de la *Revue de l'accordéon*, de mai 1935, Louis Péguri nous apprend que vers 1924-1925, « Joseph Colombo est appelé chez Henry pour enregistrer une série de disques musette ; il accompagne la fameuse chanteuse Emma Liébel ; ce qui constituait les premiers disques musette avec refrain chanté. » Corroborant ce qu'a écrit plus haut Oberlé des « tangos descendus de la rue Pigalle », mais lui sans mélancolie, Péguri poursuit : « Ces disques obtiennent un grand succès et c'était pour Joseph un avenir plein de promesses, mais la grande vogue du tango, qui lui offrait une brillante situation, devait changer sa destinée. »

4. *Quand les Auvergnats… op. cit.*, p. 204.

5. *Les Bals de Paris, op. cit.*, p. 99.

6. D'après le bottin, dont l'inscription pour une année signifie que l'inscrit gère tel établissement au moins depuis le dernier trimestre de l'année précédente, le 25 a été tenu de 1914 – donc octobre 1913, au minimum – à 1924 par le dénommé Amouroux, le 39 par Pons de 1923 – octobre 1922 – à 1926, et le 13 par Gailhac (parfois orthographié Gaillac) à partir de 1908 pour plusieurs décennies, le fils Alexandre ayant pris, à un moment, la succession de Jean, son père. Dans son *Guide pratique à travers le vieux Paris* (Hachette, 1905), le marquis de Rochegude fait remonter la création du Roi de Sardaigne à 1725 et signale que « devant ce cabaret, en 1848, on trouvait une barricade ». En 1948, pour la première fois, Le Tango, le nom du Bal Gailhac apparaît dans le *Bottin*. Dans *Voyage de Paul à Pablo, op. cit.*, Chalier est néanmoins formel : avant la guerre, c'est bien au Tango qu'il jouait. En 1950, le bottin indique à nouveau Gailhac, noté au 11 d'ailleurs – l'établissement empiète sur les deux numéros. Aujourd'hui, l'enseigne est toujours là. Je n'ai pas vérifié si, comme en 1997, sur la porte d'entrée on lit : « Club privé. Entrée réservée aux garçons accompagnés », mais, sous la houlette d'Hervé Latapie, Le Tango continue d'être un dancing gay et lesbien. Après de multiples transformations, le 39 est actuellement un restaurant chinois, sans nom compréhensible, puisque sur les vitres ne figurent que des idéogrammes. Quant au 25, longtemps il y

a été écrit : « Fabricants maroquiniers, Sté Paris Changhaï », avec un *c* initial et non un *s* à l'anglaise. Le rideau de fer demeure imperturbablement baissé, la moitié de l'enseigne a disparu, il n'apparaît plus que « nghaï ».

7. 53, quai des Grands-Augustins, p. 131.

8. Dans la *Revue de l'accordéon* de mai 1937, Louis Péguri nous révèle que c'est le fils Garrigoux, Georges, qui avait repris le bal du 21, rue de Lappe, qui a imposé, en 1926, le tango à la clientèle très auvergnate de ce musette fameux. Tout en demeurant « un ferme soutien de la musique auvergnate à Paris ».

9. Le 6 octobre 1942, les deux stations de métro Aubervilliers (ligne 2) et Boulevard de la Villette (ligne 7) ont fusionné en une seule Aubervilliers-Boulevard de la Villette, rebaptisée Stalingrad le 10 février 1946, après que le nom de Stalingrad eut été donné en 1945 à cet endroit de Paris. Chute du communisme oblige, si la station a gardé son nom, la place a pris celui « de la Bataille de Stalingrad » le 26 novembre 1993.

10. *Traduit de l'argot*, *op. cit.*, p. 61.

11. Jean Salimbéni – surnommé le Boutonneux, non parce qu'il avait des boutons, mais parce que, depuis longtemps, un « boutonneux », par métonymie, désignait un accordéon en argot des musiciens, avait, plus tard, compris Jo Privat qui me l'a appris – était, selon Louis Péguri, « un de nos meilleurs accordéonistes [...], excellent instrumentiste doublé d'un non moins excellent musicien [...] et aussi l'un des meilleurs accordéonistes "hot" de la capitale ». Au passage, notons une fois de plus l'immixtion du jazz, le « hot » comme on disait, dans le musette.

12. *La Vie de garçon, op. cit.*, p. 144.

13. *Le Parisien de Paris,* La Jeune Parque, 1946, p. 181.

14. *La Rampe*, 1er avril 1931.

15. *Paris vivant,* Éditions de la Madeleine, 1932, p. 205.

16. *Le Piéton de Paris*, Gallimard, « Folio », 1982, p. 127.

17. *Op. cit.,* p. 89.

18. Le célèbre Jean-Marc Thibault a débuté de cette façon, en chantant au porte-voix, au mégaphone, après la Libération, Jo Privat *dixit*. Jean-Marc Thibault est né en 1923.

19. Précaution afférente, à la fois au toucher et à la sueur, la mère de Pierre Merle, l'écrivain, qui, avec son mari, avait beaucoup dansé dans l'Entre-deux-guerres, tenait constamment un fin mouchoir de fil blanc dans sa main droite. En effet, le contact de la paume moite des danseurs pouvait être désagréable. La pratique était assez répandue et, ajoutait Mme Merle, acceptée rue de Lappe.

20. Albin Michel, 1927, p. 188-189.

21. Un mot typique bal-musette en effet qu'Auguste le Breton affirme, dans les diverses éditions de son dictionnaire d'argot – *Langue verte et noirs desseins, L'Argot des vrais et de vrais, Argotez, argotez...* – et, encore, dans *Ils ont dansé le Rififi,* ses mémoires, avoir créé et lancé au Petit Jardin en 1937.

22. *In Paris vivant, op. cit.,* p. 205.

23. Albin Michel, 1929, p. 71.

24. De E. Deloire et À. Decaye.

25. *In Paris vivant, op. cit.*, p. 204.

26. *In Le Piéton de Paris, op. cit.*

27. Je n'ai jamais vu ailleurs Tino Rossi appelé par son prénom entier, Constantin qui, en corse, doit être Constantino...

28. *In La Rampe,* 1er avril 1931.

29. Situé 1, boulevard Beaumarchais dans le 4e, à l'angle de la rue de la Bastille à deux pas de la rue Jean-Beausire où fleurissait la prostitution, le Dupont recouvert de fresques murales très Bastoche est devenu un Hippopotamus vers 1987.

30. L'espadrille s'est beaucoup portée. Dans *L'Amour vénal,* Carco écrit qu'entre autres c'était « aux silencieuses espadrilles qu'un apache se silhouettait ». Quant aux pantoufles – que Privat se rappelait avoir vues aux pieds de confrères plus âgés –, dans *L'Amour vénal* toujours, un taulier de bal sûrement philanthrope explique que chez lui les « d'moiselles sont autorisées à ôter leurs godasses [...] Elles ont leurs pantoufles à la caisse et ça leur est bien commode, parce que faire le tapin dehors et venir danser ici, pour s'reposer les pieds, elles le savent toutes et, entre nous, c'est ma meilleure publicité » !

31. *La Brinquable avec Céline,* La Table Ronde, 1969, p. 152. Plus loin – chap. 11, « La création du Balajo » – on verra que les souvenirs de Léon Agel, qui a joué à cette époque

aux Trois Colonnes, montrent une certaine confusion dans ceux de Mahé.

32. Effectivement, Francis Lemarque, dont les fenêtres de l'appartement de ses parents, au 51, donnaient juste au-dessus des Trois Colonnes, au 47, n'hésite pas à écrire que ce bal était « le plus fameux de toute la rue de Lappe ». Le soir il s'endormait au son des *Nocturnes* ou de *Perles de cristal* : c'est ainsi, conclut-il qu'il a été vacciné « à la java ». Dommage qu'il ne s'étende pas davantage !

33. Ce livre a été publié aux éditions Montaigne. En dépit de mes efforts je ne l'ai pas trouvé en bibliothèque.

34. Dans son *Paris secret des années trente,* Gallimard, 1976, p. 171, Brassaï, après avoir remarqué que, dans les bals, « si les femmes pouvaient danser entre elles, la danse entre les hommes faisait partie des plaisirs prohibés », abonde dans notre sens quand il ajoute : « Curieusement même, dans la littérature française, l'amour saphique obtenait une sorte de dispense, alors que jusqu'à Gide et Proust, un interdit pesait sur l'amour entre hommes. » Dommage que, 47, rue de la Montagne Sainte-Geneviève, à propos du Bal de la Montagne, d'après Émile Vacher, il ne développe pas suffisamment : « Les couples de garçonnes consommaient sagement avec des couples de garçons et évoluaient ensuite sur la piste, dès que la musique retentissait… »

35. *Détective*, 13 août 1931.

36. *In Chansons de Paris, op. cit.*, p. 150.

37. « Du Rififi chez un homme », *Le Monde*, 8-9 décembre 1985.

38. *Montmartre du plaisir et du crime, op. cit.*, p. 395.

39. *Envoûtement de Paris, op. cit.*, p. 35.

40. *Op. cit.*, p. 37.

Le crime : gros titres et statistiques

1. En revanche, voir p. 165, l'agression essuyée par le toujours même Thérizols, l'ami de Martin Cayla, avait pour seul but la recette de son bal du 51, rue Basfroi.

2. *Op. cit.*, p. 131.

3. Au début des années trente, paraît-il, deux policiers en civil faisaient respecter l'ordre rue de Lappe. Accompagné de

son collègue Maréchal, un grand, le dénommé Ferroud-Plattet, un petit carré surnommé Maurice la Vache, était réputé pour, à coups de claques, remettre au pas les récalcitrants.

4. *Montmartre du plaisir et du crime*, *op. cit.*, p. 409.

5. On disait généralement « Bal du Petit Jardin » ou le « Petit Jardin ». Sur une photo de *Détective*, le 17 juin 1937, l'entrée du 26, avenue de Clichy est pourtant surmontée de l'enseigne suivante : « Bal du Jardin ». À l'instar des habitués de ce temps, le Breton emploie indifféremment « Petit Jardin » ou le « Jardin ».

6. Dans *Paris vécu*, *op. cit.*, p. 941, ce qui nous reporte vers 1925, Léon Daudet prévient que les rues qui se jettent, au nord, dans les boulevards de la Villette et de la Chapelle « sont, à partir d'une certaine heure, par la sortie des bals musette et de quelques repaires dits "hôtels meublés" de véritables coupe-gorge. » Ces bals ne peuvent être, pour le boulevard de la Villette, que : l'Alhambra – au 22-26, au coin de la rue Rébeval –, le Bal Fauvette, chez Piana – 48, rue de Meaux –, chez Lestrade – 33, avenue Jean-Jaurès –, le Tourbillon – 8, rue de Tanger –, et l'Aquarium – face à la rue de Tanger, sur le trottoir méridional du boulevard de la Villette, au 151, à l'angle de la rue de l'Aqueduc – évoqué par Carco. Pour le boulevard de la Chapelle : le Bal Adrien, car tenu de 1921 à 1950 par Adrien Cayla, mais plus communément appelé le Myrha – au 47 de la même rue –, et le Polonceau – au 51 de la rue qui porte ce nom –, les deux guinches de la Goutte d'or.

7. Le nom du commissaire Priolet apparaît lors de l'affaire Papillon alias Henri Charrière, meurtrier le 26 mars 1930 de Roland Legrand à Pigalle. Au terme de sa remarquable enquête, *Les quatre vérités de Papillon*, La Table Ronde, 1970, à propos de Priolet Georges Ménager écrit : « Commissaire divisionnaire au moment de l'Occupation, il payera rapidement son activité au deuxième bureau du temps de [la] Première Guerre mondiale. L'occupant a bonne mémoire… Alors que midi sonnait aux cloches de Notre-Dame, un vendredi d'août, les miliciens de la rue Lauriston sont venus le cueillir au mess de la préfecture de police. On ne sait même pas dans quel camp nazi il est mort… » Très élégant, chapeau à bords

roulés style Eden, comme on a dit plus tard, le commissaire Priolet est photographié dans le *Détective* du 16 avril 1931.

8. *Les Dessous de Paris*, Poulet-Malassis & De Broise, 1860, p. 205 et *sq*.

9. Dans *Paris vécu, op. cit.*, p. 1031, l'intéressant dans une râfle (écrit avec un accent circonflexe), met en garde Léon Daudet, c'est son utilisation ultérieure par la police : « D'où l'expression policière, pour désigner cette opération, en apparence si morale : "Un garde-manger" ! »

10. Dans *Le Larousse mensuel illustré, op. cit.*, de juillet 1917, n° 215, on constate une importante recrudescence des crimes et délits commis par les enfants et les adolescents. Si du 1er octobre 1914 au 30 septembre 1915, 1 178 mineurs de 13 à 18 ans ont été déférés au tribunal correctionnel pour enfants, du 1er octobre 1915 au 30 septembre 1916, ce chiffre est monté à 2 419. Beaucoup d'« arrachements » de sacs sont à déplorer dans les rues de Paris. Arrêtés, les jeunes expliquent qu'ils veulent de l'argent « pour aller au cinéma ». C'est pourquoi la mauvaise influence des films dits « policiers » est soulignée, comme *Les Mystères de New York, Le Masque aux dents blanches, Les Bandits tragiques*… Quoique venant d'Amérique, ces « films démoralisateurs » pouvaient être soumis à une « action occulte de l'Allemagne », pensait-on, la guerre faisait rage.

11. Éric Losfeld, 1968, p. 39 et *sq*.

12. *Histoires de l'accordéon, op. cit.*, p. 35.

13. Sans autre précision, *La Revue de l'accordéon* d'octobre 1937 signale que Tedeschi, « un des premiers à jouer du bandonéon chromatique au musette » est « resté cinq ans à La Java ».

14. *In Traduit de l'argot, op. cit.*, p. 30.

15. *In Dictionnaire de la langue verte, op. cit.*

16. *Op. cit.*, p. 155.

17. *J'ai la mémoire qui flanche, op. cit.*, p. 40.

18. *Dictionnaire du français non-conventionnel, op. cit.*

19. Dans *L'Aveu différé* (Gallimard, 1997), Jacques Borel, dont il sera question plus loin, révèle – ce qu'il avait celé sa vie durant – avoir, à partir de 1935 (il avait 10 ans) passé son enfance 5, rue Jean-Beausire dans un hôtel de passe tenu par

son oncle maternel et sa tante. À un moment Borel, désireux « d'éclairer les mystères de la rue aux putes et les déconcertantes manifestations langagières qui, à leur façon, les incarnaient », intitule un de ses chapitres : « Des morues ? » Il y est, bien sûr aussi, question des « barbeaux »…

20. *In Paris vivant, op. cit.*, p. 285.

21. *Détective*, 30 janvier 1930.

22. *Op. cit.*, p. 152.

23. *In Mosaïque de la pornographie – Marie-Thérèse et les autres*, Denoël-Gonthier, 1982, p. 101-102.

24. *In Montmartre du plaisir et du crime, op. cit.*, p. 354.

25. *À la découverte de la France*, « Grands Reporters », 10-18, 1987, p. 107.

26. *Détective*, 21 mai 1931.

27. Si dans *L'Aveu différé, op. cit.*, Borel avoue sa « fascination » pour le « tableau des ampoules-témoins » de l'hôtel de son oncle, dans un court chapitre, il en était « scandalisé », aussi, « de ces témoins-là, de ces espions, de ces cafards ». Tant que la lumière n'était pas éteinte dans la chambre, l'ampoule-témoin restait allumée. Alors que, chez Eugène Dabit, Lecouvreur, le patron de l'hôtel du Nord, se réjouit : « Une bonne invention ces lampes témoins, on voit quels clients usent trop de lumière », Borel, lui, parle d'« un viol de l'intimité, en somme ». Mais il y avait plus : Un « tableau jumeau […] qui, au tableau délateur des ampoules-témoins, faisait pendant ». De la chambre, en actionnant une poire, on pouvait signaler, sans bruit, qu'on avait sonné : sur ce tableau, alors « des paupières de hibou […] sur [des] vertes orbites […] s'abaissaient ». Dommage pour nous que Borel n'ait voulu « n'écrire à aucun prix une chronique de la Bastille dans les années trente, les années quarante »…

28. Pour la petite, ou peut-être la grande histoire, rappelons que le président Paul Doumer fut élu président de la République française le lendemain du meurtre de la malheureuse Pierrette, le 13 mai 1931, et qu'un an plus tard presque, le 7 mai 1932, il était assassiné par Gorguloff… Grands ou petits, la criminalité ne fait pas de quartier.

29. *Panorama de la pègre*, « Grands Reporters », 10-18, 1986, réédition d'articles de presse des années trente.

30. *À la découverte de la France, op. cit.* p. 260.

31. *Les Pégriots*, coéd. Laffont – Plon, 1973, la biographie de Georges Hainaux par Auguste le Breton.

32. *In À la découverte de la France, op. cit.*, p. 199.

33. *In Détective*, « Le demi-sel », 26 septembre 1932.

34. « Mais celui dont les yeux brillent, c'est Totor » susurre le refrain d'une valse superbe de Mimile Vacher qui, à lui seul, résume notre propos en exprimant la tentation des femmes d'aller à la Bastoche… « Celui qui tombe les belles filles, c'est Totor/Aux femmes il fait dire les mots polissons/Il sait leur faire passer le grand frisson/Mais l'plus costaud d'la Bastille, c'est Totor ! »

35. *In Les Années parisiennes (1923-1931) Simenon avant Simenon*, « Grands Documents », Didier Hatier, Bruxelles 1990. p. 28, 46-47, 252, 256.

36. *In À la découverte de la France, op. cit.*, p. 187.

37. *Ibid.*, p. 121.

38. Autre genre de suicide : la colonne de Juillet. *L'Excelsior* note que trois désespérés s'en sont jetés : une femme, le 15 avril 1930, et deux hommes, le 12 août 1930 et le 27 août 1931.

LA BASTILLE, *URBI ET ORBI*

1. *La Pensée Universelle.*

2. À sa liste, composée, non de huit mais de sept bals – il en manque donc un – : La Boule Rouge au 8, le Vernet au 9, le Bousca au 15, les Barreaux Verts au 19, La Grille (l'ancien Mouminoux, puis Garrigoux, où Martin Cayla avait joué avant son départ au régiment en 1910, et après son retour en 1911) au 21, le Musette au 23, les Trois Colonnes au 47, il faut ajouter le guinche du 11. Quand Cayla l'avait inauguré en 1913 puis dirigé quelque temps avant la guerre, il s'appelait le Bal Chambon. Dans *Les Jetons du Bal*, Lariche révèle que Chambon est tombé au champ d'honneur. Après l'Armistice, sa veuve se remarie avec Léon Lassaigne, un violoniste, originaire de Mauriac, dans le Cantal – elle et son premier mari venaient de Falgou, une localité voisine. Lassaigne fait danser sa clientèle, principalement auvergnate, jusqu'en 1926. Un autre natif du Cantal, Félix Roussel, lui succède. En 1929, Carcanague

rachète l'affaire et agrandit son Bousca Bal du 13. À cette énumération il convient d'ajouter : le 27, qui s'appelait peut-être déjà le Bal des familles, tenu par André Souliès, et le 45, qui en 1928, était sous la houlette de Baptiste Charbonnel.

3. Le 25 novembre 1923 vers 16 heures 25, dans un taxi à la hauteur du 126, boulevard Magenta mourait, d'une balle dans la tête Philippe Daudet, le fils de Léon, âgé de 14 ans mais en paraissant 18. Reprenant les dires du chauffeur, la version officielle conclut au suicide. L'enquête révéla qu'aux alentours de 16 heures, le jeune Philippe était allé 46, boulevard Beaumarchais dans la boutique du libraire Le Flaouter, anarchiste et indicateur de police, avec qui il avait rendez-vous. Pour Léon Daudet et l'Action française, le doute n'était pas permis : alertée par Le Flaouter de la venue de son fils, la police l'avait tué puis avait maquillé ce meurtre en suicide. Cette tragédie passionna l'opinion française des années durant. Pour plus de précisions, consulter *Léon Daudet – Souvenirs et polémiques*, Robert Laffont, coll. « Bouquins », 1992, p. 1335 et *sq*.

4. *Les Auvergnats de Paris, op. cit.*

5. Ernest Hemingway, *Paris est une fête*, Gallimard, Folio, 1987, p. 101.

6. Lorsque La Mémoire des lieux a décidé d'apposer une plaque en l'honneur d'Hemingway, 74, rue du Cardinal-Lemoine, j'ai convaincu M. Gouze, Mme Schlumberger et Mme Teissèdre, les dirigeants de cette association, de ne pas oublier Martin Cayla. Si la plaque, inaugurée le 4 juillet 1994, rappelle les « relations familières » entre l'écrivain et « le patron du bal-musette attenant », le nom de Cayla n'y est malheureusement pas écrit noir et blanc.

7. *Quand les Auvergnats… op. cit.*, p. 206.

8. Dans le film d'Alain Beaurenaud, *Paris-Musette*, diffusé le 14 juillet 1993 sur Arte, une photo de l'extérieur du Bousca Bal montre qu'au-dessus de l'entrée était écrit le nom du propriétaire « P. Carcanague » souvent orthographié à tort avec un *s* terminal. Ce cliché, magnifique, des frères Seeberger, a été reproduit, p. 54-55 dans mes *Apaches, voyous, et gonzes poilus – Le milieu parisien du début du siècle aux années soixante*, Parigramme, 1996.

9. À propos de ces bonnes relations entre Italiens et Auvergnats, le batteur Roger Paraboschi, fils de l'accordéoniste Charles Paraboschi, né en 1900, l'animateur du Bal Vernet, l'ancêtre du Balajo, qui a joué rue de Lappe jusque dans les années soixante, a un avis original. Natif de la rue de Lappe, il se souvient qu'avant-guerre, son père, originaire du nord de l'Italie, se comprenait parfaitement avec les Auvergnats lorsqu'il s'entretenait avec eux dans son patois italien et qu'ils lui répondaient en auvergnat… De là à affirmer qu'alors la rue de Lappe était non seulement auvergnate, juive, mais encore italienne, il n'y aurait qu'un pas…

10. *In Cabrette – L'Âge d'Or de la Cornemuse d'Auvergne – Enregistrements historiques 1895-1976* – Silex-Mémoire Y225104.

11. *In Le Miroir du monde*, 30 décembre 1933, p. 658.

12. Le « bon vin de Chinon » en question est une première manifestation de snobisme : Léon Agel vient de nous dire que les cabrettaïres auvergnats *travaillaient* au Marcillac et au Cahors et, plus certainement encore, je pense, au rouge à la tireuse !

13. *In les Années parisiennes… op. cit.*, p. 211 et *sq*.

14. Preuve que Chevalier connaissait la matière de ses interprétations, Léon Agel se rappelle qu'un soir qu'il jouait à La Grille, 21 rue de Lappe, avec l'accordéoniste Paulo la Brocante, était apparu Pierre Mac Orlan accompagné de… Maurice soi-même qui avait chanté *Valentine*.

15. Je retranscris d'oreille cette chanson signée Scotto, Varna, Lelièvre, De Lima, à partir du CD PMF 1993, 90723-2, *Mistinguett*. J'avoue ignorer ce « quartier Houssard », si c'est bien cela qui est dit, ou ignorer sa signification s'il s'agit d'une expression imagée… On notera que les paroles de cette java se moquent des gouapes de la rue de Lappe, un rien surfaites faut-il entendre sous les mots…

16. Cf. p. 304 et 309.

17. Cf. p. 14, 238 et 299. Dans cette chanson, pour être précis, Fréhel ne cite pas la rue de Lappe mais la Bastille : du kif !

18. Son libellé exact, sur l'Idéal Saphir 9236 Matrice 1700 d'où elle est extraite est : *À Paris dans la nuit (Dans la rue de*

Lappe) de Gavel, Combe, Seider et Nargand, *Fréhel de l'Olympia 1900,* orch. Julien Rousseau.

19. Cf. p. 233 et note 34, p. 590.

20. Eugène Dabit, *Journal intime*, Gallimard, 1989.

21. *In Ville-Lumière,* Le Dillettante, 1987. Le Bal Saint-Fargeau, évoqué par Dabit, se trouvait 216, rue de Belleville.

22. *In Ma route et mes chansons, op. cit.,* p. 12.

23. *In La Main coupée*, Blaise Cendrars, *Œuvres complètes*, vol. V, Denoël 1960, p. 349.

24. Les Éditions de France, 1933.

25. Le Livre de poche, 1956, copyright 1920, p. 30 et 31.

26. Gallimard 1934, réédité chez Arléa, 1989.

27. Cf. Jacques Solé, *L'Âge d'or de la prostitution*, Plon 1993, sur le rôle des malfaiteurs juifs dans la traite des blanches et la prostitution.

28. Dans son *Titi des Enfants-Rouges, op. cit.*, p. 76, Léon Agel écrit qu'à la fin des années vingt « Deux nouveautés étaient en vogue : la scie musicale et le jazzo-flûte (avec deux z, ce qui paraît aller de soi). La scie musicale ressemblait à une grosse égoïne de menuisier. On pouvait en tirer des sons très harmonieux, soit à l'aide d'un maillet, soit avec un archet de contrebasse. Le jazzo-flûte avait adopté le principe du trombone à coulisse. On soufflait dans un tube, muni d'un piston, que l'on actionnait pour obtenir les notes. »

29. Dans *Maurice Chevalier raconté par François Vals*, Plon, 1988, de Pierre Berruer, p. 78., il est expliqué comment, en 1930-1931, Chevalier a proposé à Ellington, non seulement qu'il assure la première partie de son spectacle, mais également qu'il l'accompagne pendant son tour de chant.

30. *Vie et mort d'un truand*, Fayard, 1977.

31. Ce genre de pratique, à allier à la susceptibilité des jeunes truands, des demi-sels, est bien connue dans le milieu. Ainsi *L'Auvergnat de Paris* du 3 septembre 1932 rapporte-t-il que, quelques jours auparavant, « un groupe de mauvais garnements déambulait [...], vers minuit, rue de Lappe et l'un d'eux, Marcel Mauny, né le 5 mai 1912 à Amboise (Indre-et-Loire), demeurant en hôtel 47, rue Basfroi, se vantait d'être d'une susceptibilité au service de laquelle il mettait, au besoin, couteau ou revolver. Ces paroles éveillèrent l'attention d'un

jeune homme, Julien Calloch, 20 ans, originaire de Quimpre (Quimper ?), et logeant en hôtel 40, rue Verger (Berger ?). Calloch regarda Mauny qui, mécontent d'être ainsi dévisagé, engagea une querelle au cours de laquelle Calloch reçut, à l'aine, un violent coup de couteau ». On est exactement dans le cas de figure de l'ami d'Attia relaté par Jean Deschamps. A M. Poggi, commissaire du quartier de la Roquette, Mauny, rattrapé par des agents place de la Bastille, déclare « qu'il a voulu montrer à ses camarades comment il défendait son honneur outragé ». Entre-temps, Calloch avait été conduit à « Saint-Antoine où l'on jugea son état grave ».

32. La pratique paraît avoir été courante. À La Grille en particulier, guinche des plus mal fréquentés, Léon Agel raconte : « En cours de séance, plusieurs fois dans la soirée je devais me lever pour permettre à des messieurs soigneux de déposer, sous mes fesses, dans le coffre, leur artillerie ou leurs accessoires encombrants. »

La prostitution, une spécialité de la Bastoche

1. *In La Prostitution*, « Enquête, de Maurice Hamel et Charles Tournier », CGEP, 1927, p. 21.

2. *In À la découverte de la France, op. cit.*, p. 142.

3. *In Maisons closes*, Romi, tome premier, p. 156, un livre superbe sorti après la guerre et réédité chez Michèle Trinckvel en 1979.

4. Cf. *supra*, p. 99 et *sq*.

5. *Tropic of Cancer*, Grove Press, Inc., 1961, p. 42 et *sq*. Traduction de l'auteur.

6. Pour ce qui est des dents en or, en 1926, chez Mme Jehanne – Massage –, 27 ter, passage de l'Opéra aujourd'hui démoli, Aragon écrit, dans *Le Paysan de Paris*, Gallimard, 1926, p. 125, que la blonde qu'il choisit monnayant dix francs, a « une dent en or bien visible sur le côté »…

7. *Op. cit.*, p. 233.

8. Gallimard, 1965, p. 330.

9. Dans *l'Aveu différé, op. cit.*, Borel révèle d'autant mieux connaître Blonblon qu'elle avait travaillé au 5, rue Jean-Beausire, à l'hôtel de son oncle. Et surtout, p. 261 *sq.*, il raconte comment, par le trou de la serrure de la chambre 6, il a vu Blon-

blon, « avec une régularité goulue et appliquée, occupée à sucer [...] le vit, à [ses] yeux démesuré, qui [...] surgissait d'entre les plis du pantalon dégrafé, entrebâillé » d'un client, « l'ouvrier en bleus ». Borel démarre alors sur l'expression « se faire brouter la tige »... Une autre fois, p. 286 *sq*., par le même trou de serrure, il observe un homme debout prendre, « à coups réguliers », la grande Denise tandis que, « accroupie ou agenouillée » derrière le micheton, Borel se demande à « quelle sale caresse [Blon-blon] se livrait »... Grâce à Borel, Miller n'est plus le seul à avoir apporté un témoignage littéraire *in vivo* sur les filles de la Bastille de ces années, leurs pratiques sexuelles... *Genius loci* qui a fait écrire à Borel 510 pages sur la rue Jean-Beausire ! Dans *Je me souviens de Paris*, je reviens longuement sur Borel, ses émois sexuels et ses premières amours.

10. On comprend dans *L'Aveu différé* que Borel ne peut pas aimer les bidets. Vers 1939, il invite deux camarades d'Henri-IV dans sa chambre, qu'il partage avec sa mère, 5, rue Jean-Beausire. Il a caché le bidet comme il a pu mais, aussitôt, Chausson, l'un des copains, découvre le pot-aux-roses : « Dis donc, tu ne nous avais pas dit que tu habitais un bordel ! » La honte de Borel redoublera lorsque, quelques jours plus tard, sa mère sera convoquée, rue d'Assas, pour s'expliquer devant Mme Chausson, dont le mari, lecteur de *L'Action française*, était professeur à la faculté de droit.

11. Flammarion, 1993, p. 286.

12. Filipacchi, 1989.

13. Pour cette nomenclature, nous nous référons à diverses sources, mais en particulier à la « liste officielle [inédite, dit-il] des 179 bordels et maisons closes de Paris et de la proche banlieue », établie au moment de la loi Marthe Richard le 13 avril 1946, donnée par Jacques Arnal à la fin de son *Boulevard de la mondaine, op. cit.* Il n'est pas certain que, dix ans plus tôt, cette liste aurait été exactement la même... Arnal cite le 3, rue des Rosiers, Alphonse Boudard dit le 38 – *La Fermeture – 13 avril 1946 : la fin des maisons closes*, Robert Laffont, 1986. Je pense que le 3 d'Arnal est une coquille : les trois bordels étaient côte à côte.

14. *Op. cit.*, p. 134 *sq*. Dans ce passage de Roberti, Casque d'Or répond à deux questions que nous nous étions précédemment posées. 1) L'assassin du Déchicheur est Théo Beauté de Montparno qu'Auguste le Breton appelle, lui, Théo la Bonté… À n'en pas douter, le même homme (cf. *supra*, p. 130). 2) Nous avions émis des doutes quant à la possibilité d'Amélie d'avoir connu les musettes avec accordéon jusqu'en 1902, date de l'affaire Casque d'Or. Encore qu'elle ait employé musette au sens de bal-musette, il était un peu tôt, historiquement parlant. Les bals dont elle a parlé étaient animés, soit par un piston, soit par une clarinette et des violons (cf. *supra,* p. 135 et *sq*). Plus tard, en revanche, dans les années vingt, *a fortiori*, elle a fréquenté les musettes dansant au son de l'accordéon. Elle dit à Roberti : « Si vous voulez me revoir, venez un lundi à La Java ou au Petit Balcon. Ce jour-là je suis de sortie. Madame Madeleine tient sa taule elle-même. J'en profite pour aller danser au musette avec mon homme. » On se souvient qu'effectivement, dans les guinches du milieu, le lundi était réservé à ces dames des bouics… Quant à son homme, il s'agit sûrement d'André Nardin qu'elle avait épousé le 27 janvier 1917 à la mairie du 11e arrondissement. Ils eurent quatre enfants et, à partir de 1929, l'ancienne égérie de Manda et de Leca quitta le milieu pour se consacrer à la vente de bonneterie sur les marchés avec son mari. Amélie Hélie est morte le 16 avril 1933, d'asthme.

15. *In* « Caresse de Mort », *Détective*, 21 mai 1931.

16. Calmann-Lévy, 1997, rééd. Ivrea, 1997.

17. Montaigne, 1926.

18. Éditions de France.

19. Ernest Flammarion

20. *In La Prostitution*, « Enquête », *op. cit.*, p. 227 et *sq.*, et p. 269 et *sq*.

21. Page 71 : « En rejoignant par la rue Jean-Beausire et la rue des Tournelles, la grande rue Saint-Antoine […] : voies sombres, peu passagères, petits hôtels plus propres devant lesquels des femmes plus ou moins appétissantes montent la garde. »

22. Ce point d'exclamation est dudit inspecteur lui-même.

Le bordel du 12, rue de Lappe

1. *Op. cit.,* Le Monde Éditions, 1990, p. 42-54.

2. *Détective*, 26 mai 1994.

3. Cette fiche dit aussi que Marthe Bertrand loue, depuis le 28 septembre 1928, à raison de cent quarante francs la semaine, la chambre 20 d'un hôtel, qu'elle a jadis habité deux ans antérieurement à son voyage au Brésil, situé 12, rue Geoffroy-Marie, près du boulevard Bonne-Nouvelle et de Strasbourg Saint-Denis.

4. *Monsieur Jo, op. cit.*, p. 101.

5. *Op. cit.*

6. ACE, 1984, p. 166.

7. Cette sortie de Lépidis, aveu authentique, illustre, on ne peut mieux, la thèse de Nancy Huston – cf. *Mosaïque de la pornographie, op. cit.*, p. 24 : « Étant donné que le lieu commun par excellence au sujet de la prostitution veut qu'il y ait scission entre "la maman et la putain", il n'est pas surprenant que j'aie mis dix ans à comprendre que la putain, *c'est* la maman. » Comme quoi la rue de Lappe n'aura jamais fini de nous en apprendre !

8. Olivier Orban, 1976, p. 47.

9. Pour s'en persuader, il n'est que de relire *Vie d'une prostituée* de Marie-Thérèse, paru dans *Les Temps modernes* fin 1947, début 48, et republié en 1993 chez Joëlle Losfeld. On voit qu'au hasard de ses pérégrinations, l'héroïne de ce récit se retrouve successivement : 4, rue du Hanovre, une maison d'un certain standing, réquisitionnée sous l'Occupation par les Allemands ; ensuite au si décrié Fourcy ; puis boulevard de la Chapelle, au 106 je pense, « une taule d'abattage et aussi pleine de Bicots » ; et enfin, 9, rue Monsieur-le-Prince où, résume Marie-Thérèse, « on foutait pas grand-chose. »

La création du Balajo

1. Cf. *supra*, p. 324 et *sq*.

2. *La Brinquebale avec Céline, op. cit.,* p. 152, et *Titi des Enfants-Rouges, op. cit.*, p. 84 et *sq*.

3. *La Revue de l'accordéoniste,* « Bals Musette – Chiqué », 1954.

4. Cf. *supra*, p. 311 et *sq*.

5. Cf. *supra*. p. 344 et *sq*., et 404 et *sq*.

6. Montaigne-Aubier, 1928, p. 207 et *sq*.

7. Gallimard, « Folio », p. 519 et *sq*.

8. *In Ils ont dansé le rififi, op. cit*., p. 89-90.

9. *In Actes du colloque international de Paris Louis-Ferdinand Céline – 20-21 juin 1986*, du Lérot, 1987, p. 175-195.

10. Cf. p. 184, ou *Des Halles au Balajo*, p. 192.

11. « Céline et Mahé – À bord de l'Enez Glaz II 1935-1936 », *Actes du colloque international Louis-Ferdinand Céline, op. cit.*

12. Robert Laffont, 1990.

13. Un nom, moins du musette et du bal que de l'accordéon. D'après Billard et Roussin, dans leurs *Histoires de l'accordéon, op. cit*., p. 54-55, Marceau Verschueren (avec un e) est considéré comme l'« un des premiers concertistes à l'accordéon ». Il a écrit la musique des poèmes de Mac Orlan. Et surtout, il a été « avec Jean Vaissade un des premiers accordéonistes à être accompagné par le jeune Django Reinhardt ».

INSTANTANÉ : LES MUSETTES DE PARIS EN JUIN 1937

1. Cf. *supra*, p. 335 et *sq*.

2. Selon Lucien Lariche, le Bal Victor – 39, boulevard du Temple, dans le 3e – voit le jour en 1919 : « C'est l'accordéoniste Michel Péguri qui "fait l'ouverture" », précise-t-il. Pour cet établissement, sur les bottins 1930 et 1931, juste avant que n'apparaisse Jenny, figure le nom de Ladirat. Celui que Montarron appelle Victor et Ladirat, le taulier, Louis de son prénom, ne font-ils qu'un ? C'est possible... Néanmoins la réflexion dudit Victor est ancienne, ou exprimée ailleurs que boulevard du Temple, car en 1937, la brasserie Jenny avait succédé au guinche depuis déjà quatre ou cinq ans. Autre question : ce Louis Ladirat est-il celui qui, 18, Faubourg-Saint-Martin, en 1912 avait ouvert le Petit-Saint-Martin, revendu en 1920 ? Le prénom est le même : Louis. En vertu des dires de Carco, à savoir que chez Ladira – écrit communément sans *t*, mais à tort – et chez Victor étaient des bals du milieu, j'aurais tendance à penser que leur propriétaire n'est qu'une seule et

même personne. En effet, n'avait pas qui voulait un guinche du mitan. En outre, Michel Péguri a fait les deux inaugurations. Seulement, en 1919, le Bal Victor n'était pas tenu par Louis Ladirat puisque Lariche relève qu'il l'a acheté en 1920 et qu'il en a changé l'enseigne : « Café-Restaurant de Bordeaux ». Que la petite histoire est ardue à démêler ! Montarron le dit : « Victor a émigré du côté de Grenelle. » Lariche le confirme : un Bal Victor apparaît en 1935, 19, place du Commerce dans le 15e. Aucun patronyme n'est donné : est-ce le même Victor ?... Ce Victor-là est resté jusqu'à la guerre. En 1942, un Baljo prend la relève sous la houlette de Jo France du Balajo... D'autant plus étrange que, sous l'Occupation, les bals étaient fermés. La raison sociale de cet établissement qui a continué après la guerre, devait être cabaret. À noter que, dans le *Guide rose* de 1926, Victor affichait comme réclame : « On rencontre les amis... chez Victor République-Bal ». La dénomination officielle était donc République-Bal – « Téléphone : Archives 32-50 – Tous les soirs – Matinée samedi et dimanche ».

3. Cf. *supra*, p. 287 et *sq*.

4. *Op. cit*. p. 124. *Cf. supra,* p. 308 et *sq*.

5. *Op. cit*., p. 83.

Jo Privat *in memoriam*

1. *Le Parisien de Paris, op. cit*., p. 103.

2. Le cafard, ce « spleen du soldat », a été ramené d'Afrique par les troupes coloniales, avant 1914, écrit Albert Dauzat dans *L'Argot de la guerre, op. cit.,* p. 37. Et qui dit troupes coloniales dit, plus précisément, les bataillons d'Afrique, casernés dans le Sud tunisien, surnommé le « royaume du Cafard ». Une carte postale célèbre, racontent Pierre Mac Orlan dans *Le Bataillon de la Mauvaise chance – Un civil chez les "Joyeux",* Les Éditions de France, 1933, p. 78 – et Jean Bazal –, *Le Milieu and Co – Confidences d'un journaliste*, Hermé, 1990, p. 38 – auquel nous empruntons la citation suivante, montrait un gros cafard noir, symbole de cette région, étendant « ses pattes sur les six vues les plus typiques du Sud tunisien : le marché de Médenine, les habitations troglodytes de Matmata, la palmeraie de Ben Gardane, un oued dans une oasis, la prière du chamelier dans le désert et le minaret de Tatahouine. Au bas de

la carte, un cartouche fantaisie contient ces vers de mirliton : “Dans l’immense Sahara /Où règne Antinéa, /Sidi Cafard domine /De Gabès à Tatahouine.” » Quant à Mac Orlan, il écrit, à la p. 11 de son *Bataillon* : « La forme africaine du découragement militaire c’est le cafard. Rien n’est plus vague que ce mot. Il sert à la fois de provocation et d’excuse [...]. Le cafard est également un effet de la vanité. C’est l’exaltation, heureusement provisoire, d’un artiste qui tient à rendre son nom célèbre dans les annales de son bataillon. Le cafard est sédentaire ou ambulant. Dans le premier cas, il suffit de le confondre avec l’abrutissement. [...] La bagarre, la désertion et la blague poussée jusqu’à la tragédie sont les formes les plus communes du cafard ambulatoire. » Quant à soutenir que le cafard ressortit à la culture populaire parisienne mâtinée voyou, il n’est que de lire ce couplet de *La Madelon des Joyeux*, citée par Mac Orlan, p. 178, pour s’en convaincre : “Nous somm’s presque tous de Paname, /De Belleville ou du Sébasto. /Ceux qui n’en sont pas en ont l’âme /Et jactent plus ou moins l’argot. /Ils parlent louchébem, ils parlent javanais, /Mais ces sacrés Joyeux n’en sont pas moins français.” »

3. Robert Laffont, 1987, p. 124.

4. Émission de Claude Hudelot, *op. cit.*

5. Dans *Titi des Enfants-Rouges, op. cit.* p. 67, Léon Agel, lui, se souvenait de la façon dont les bagarres se montaient dans un bal de Savigny où il avait fait ses débuts vers 1926, 1927. Une femme qui refusait une danse à un homme, on le sait, ne devait pas la faire avec un autre. Si elle passait outre la règle, « elle risquait une gifle et inévitablement une bagarre pouvait éclater entre les gars. Lorsque cela arrivait, aucune parole n’était échangée. Celui qui se jugeait offensé se levait, verre en main, et venait choquer celui de l’autre. Cela signifiait : “Sors dehors, on va s’expliquer.” Le patron veillait à ce qu’il n’y ait pas de bataille chez lui. Dehors, il s’en moquait. ».

6. *In Boxe, violence du XX*e *siècle*, par André Rauch, Aubier-Histoires, 1992, p. 116.

7. Fernando s’appelait Fernando Wyns. Un « accordéoniste virtuose » qui, de plus, « possédait une jolie voix », selon Léon Agel. En 1930, avec Pierre, un manouche, à la guitare, Agel avait accompagné Fernando au Grenier, 24, rue du Grenier

Saint-Lazare dans le 3e, un bal qui jouxtait le restaurant L'Ambassade d'Auvergne avant que ce dernier ne l'achète pour s'agrandir. Ce n'est pas très clair, mais il semblerait que Fernando se soit aussi produit aux Gravilliers. À la fermeture du Grenier, en 1931, Fernando était entré chez Bousca et, quelque temps après, Agel avait retrouvé du travail aux Barreaux Verts, 19, rue de Lappe, chez Monteil. À cette époque, Agel disait déjà que « les Monteil, comme tous les autres bals-musette, avaient renoncé à ramasser la monnaie ».

8. Billard travaille à *Jazz Magazine*. Outre *Histoires de l'Accordéon*, en collaboration avec Didier Rousin, *op. cit.*, on lui doit *Histoires du Saxophone*, en collaboration avec son frère Yves, aux éditions Joseph Clims, 1986, ainsi qu'un *Django Reinhardt*, Quai Voltaire, 1993. En collaboration avec Alain Antoinette, ce dernier ouvrage est ressorti chez Fayard, 2004. Billard est producteur au GRIM (Groupe de recherches et d'improvisations musicales.

9. *Op. cit.* p. 131 et *sq.*

10. *Histoires de l'accordéon, op. cit.*, p. 45.

11. *In Fréhel* d'Alain et Nicole Lacombe, *op. cit.*, p. 193.

12. « Le vêtement Alba, préparé ou sur mesure », comme l'annonce le bottin, célèbre maison, était situé 16, boulevard Poissonnière.

13. On peut voir Jules, qu'Auguste le Breton appelle Julot des Sables, sur l'une des photos, la 17, illustrant son *Ils ont dansé le Rififi, op. cit.* Apparaît également sur ce cliché, au milieu de dix-sept autres « citoyens au-dessus de tout soupçon, hum ! » comme l'a légendé le Breton, le Grand Yves, Yves Didou.

14. *Op. cit.* p. 92 et *sq.*

15. *In Le Monde*, 8 décembre 1985, « Du rififi chez un homme ».

16. *Titi des Enfants-Rouges, op. cit.*, p. 103 et *sq.*

17. Dans *Histoires de la nuit parisienne*, Fayard, 1982, p. 272, Louis Chevalier situe, sans en donner le numéro, ces Deux Chevrons juste après l'impasse Martini qui s'ouvre 23, Faubourg Saint-Martin. Était-ce au 25 ?.... Après la Seconde Guerre mondiale, les Deux Chevrons étaient devenus l'Étape. Chevalier renvoie au fameux inspecteur Roger Borniche qui s'y est souvent rendu du temps qu'il recherchait Émile Buisson.

Malheureusement, dans *Flic Story*, Fayard, 1973, Borniche n'en fournit pas davantage l'adresse précise.

18. *In La Revue de l'accordéoniste*, 1954, *op. cit.*

19. Au 503e régiment de chars d'assaut à Satory puis au 48e bataillon de chars de Meucon : voir *Monsieur Jo, op. cit.*, p. 129 et *sq.*

DIRE, FAIRE, ET RACONTER ENCORE

1. *Un monde musical métissé, op. cit.*, p. 152.

2. *Jo Privat, Mémoires parisiennes,* documentaire de Claude Dubois, réalisé par Hervé Lachize, Vidéothèque de Paris – 53 minutes – 1990.

3. *L'Amour amer*, Garnier 1980.

4. *Scarface,* le chef-d'œuvre de Howard Hawks, date de 1932. Paul Muni y incarne Tony Camonte, caïd de la pègre au rôle inspiré du personnage d'Al Capone, balafré comme lui, et George Raft, Guido Rinaldi, son ami. Jusqu'au jour où, Guido ayant séduit Cesca (Ann Dvorak) la sœur de Tony, ce dernier l'abat. George Raft a ainsi été l'un des premiers à jouer les gangsters, dans l'histoire du cinéma.

5. Si les archives de la police et *L'Excelsior* orthographient Verrechia avec deux *r* et un *c*, *Détective* fait le contraire : un *r* et deux *c* : Verecchia. À signaler qu'il arrive aussi à *L'Excelsior* d'écrire Verrachia. Quant au patron de La Rotonde, *Détective* l'appelle, une fois Roger Lamy, une autre Roger Rémy…

6. Alain Moreau, 1977.

POSTFACE DE LA PRÉSENTE ÉDITION

1. *Op. cit.*

2. Éd. Thélès, 2003.

3. Laffont, 1975.

4. *In La Revue musicale.*

Table

SECONDE PARTIE
1918-1939

collection tempus
Perrin

DÉJÀ PARU

1. *Histoire des femmes en Occident* (dir. Michelle Perrot, Georges Duby), *L'Antiquité* (dir. Pauline Schmitt Pantel).
2. *Histoire des femmes en Occident* (dir. Michelle Perrot, Georges Duby), *Le Moyen Âge* (dir. Christiane Klapisch-Zuber).
3. *Histoire des femmes en Occident* (dir. Michelle Perrot, Georges Duby), *XVIe-XVIIIe siècle* (dir. Natalie Zemon Davis, Arlette Farge).
4. *Histoire des femmes en Occident* (dir. Michelle Perrot, Georges Duby), *Le XIXe siècle* (dir. Michelle Perrot, Geneviève Fraisse).
5. *Histoire des femmes en Occident* (dir. Michelle Perrot, Georges Duby), *Le XXe siècle* (dir. Françoise Thébaud).
6. *L'épopée des croisades* – René Grousset.
7. *La bataille d'Alger* – Pierre Pellissier.
8. *Louis XIV* – Jean-Christian Petitfils.
9. *Les soldats de la Grande Armée* – Jean-Claude Damamme.
10. *Histoire de la Milice* – Pierre Giolitto.
11. *La régression démocratique* – Alain-Gérard Slama.
12. *La première croisade* – Jacques Heers.
13. *Histoire de l'armée française* – Philippe Masson.
14. *Histoire de Byzance* – John Julius Norwich.
15. *Les Chevaliers teutoniques* – Henry Bogdan.
16. *Mémoires, Les champs de braises* – Hélie de Saint Marc.
17. *Histoire des cathares* – Michel Roquebert.
18. *Franco* – Bartolomé Bennassar.
19. *Trois tentations dans l'Église* – Alain Besançon.
20. *Le monde d'Homère* – Pierre Vidal-Naquet.
21. *La guerre à l'Est* – August von Kageneck.
22. *Histoire du gaullisme* – Serge Berstein.
23. *Les Cent-Jours* – Dominique de Villepin.
24. *Nouvelle histoire de la France*, tome I – Jacques Marseille.
25. *Nouvelle histoire de la France*, tome II – Jacques Marseille.
26. *Histoire de la Restauration* – Emmanuel de Waresquiel et Benoît Yvert.

27. *La Grande Guerre des Français* – Jean-Baptiste Duroselle.
28. *Histoire de l'Italie* – Catherine Brice.
29. *La civilisation de l'Europe à la Renaissance* – John Hale.
30. *Histoire du Consulat et de l'Empire* – Jacques-Olivier Boudon.
31. *Les Templiers* – Laurent Daillez.
32. *Madame de Pompadour* – Évelyne Lever.
33. *La guerre en Indochine* – Georges Fleury.
34. *De Gaulle et Churchill* – François Kersaudy.
35. *Le passé d'une discorde* – Michel Abitbol.
36. *Louis XV* – François Bluche.
37. *Histoire de Vichy* – Jean-Paul Cointet.
38. *La bataille de Waterloo* – Jean-Claude Damamme.
39. *Pour comprendre la guerre d'Algérie* – Jacques Duquesne.
40. *Louis XI* – Jacques Heers.
41. *La bête du Gévaudan* – Michel Louis.
42. *Histoire de Versailles* – Jean-François Solnon.
43. *Voyager au Moyen Âge* – Jean Verdon.
44. *La Belle Époque* – Michel Winock.
45. *Les manuscrits de la mer Morte* – Michael Wise, Martin Abegg Jr. & Edward Cook.
46. *Histoire de l'éducation*, tome I – Michel Rouche.
47. *Histoire de l'éducation*, tome II – François Lebrun, Marc Venard, Jean Quéniart.
48. *Les derniers jours de Hitler* – Joachim Fest.
49. *Zita impératrice courage* – Jean Sévillia.
50. *Histoire de l'Allemagne* – Henry Bogdan.
51. *Lieutenant de panzers* – August von Kageneck.
52. *Les hommes de Dien Bien Phu* – Roger Bruge.
53. *Histoire des Français venus d'ailleurs* – Vincent Viet.
54. *La France qui tombe* – Nicolas Baverez.
55. *Histoire du climat* – Pascal Acot.
56. *Charles Quint* – Philippe Erlanger.
57. *Le terrorisme intellectuel* – Jean Sévillia.
58. *La place des bonnes* – Anne Martin-Fugier.
59. *Les grands jours de l'Europe* – Jean-Michel Gaillard.
60. *Georges Pompidou* – Éric Roussel.
61. *Les États-Unis d'aujourd'hui* – André Kaspi.
62. *Le masque de fer* – Jean-Christian Petitfils.
63. *Le voyage d'Italie* – Dominique Fernandez.
64. *1789, l'année sans pareille* – Michel Winock.

65. *Les Français du Jour J* – Georges Fleury.
66. *Padre Pio* – Yves Chiron.
67. *Naissance et mort des Empires.*
68. *Vichy 1940-1944* – Jean-Pierre Azéma, Olivier Wieviorka.
69. *L'Arabie Saoudite en guerre* – Antoine Basbous.
70. *Histoire de l'éducation*, tome III – Françoise Mayeur.
71. *Histoire de l'éducation*, tome IV – Antoine Prost.
72. *La bataille de la Marne* – Pierre Miquel.
73. *Les intellectuels en France* – Pascal Ory, Jean-François Sirinelli.
74. *Dictionnaire des pharaons* – Pascal Vernus, Jean Yoyotte.
75. *La Révolution américaine* – Bernard Cottret.
76. *Voyage dans l'Égypte des Pharaons* – Christian Jacq.
77. *Histoire de la Grande-Bretagne* – Roland Marx, Philippe Chassaigne.
78. *Histoire de la Hongrie* – Miklós Molnar.
79. *Chateaubriand* – Ghislain de Diesbach.
80. *La Libération de la France* – André Kaspi.
81. *L'empire des Plantagenêt* – Martin Aurell.
82. *La Révolution française* – Jean-Paul Bertaud.
83. *Les Vikings* – Régis Boyer.
84. *Examen de conscience* – August von Kageneck.
85. *1905, la séparation des Églises et de l'État.*
86. *Les femmes cathares* – Anne Brenon.
87. *L'Espagne musulmane* – André Clot.
88. *Verdi et son temps* – Pierre Milza.
89. *Sartre* – Denis Bertholet.
90. *L'avorton de Dieu* – Alain Decaux.
91. *La guerre des deux France* – Jacques Marseille.
92. *Honoré d'Estienne d'Orves* – Étienne de Montety.
93. *Gilles de Rais* – Jacques Heers.
94. *Laurent le Magnifique* – Jack Lang.
95. *Histoire de Venise* – Alvise Zorzi.
96. *Le malheur du siècle* – Alain Besançon.
97. *Fouquet* – Jean-Christian Petitfils.
98. *Sissi, impératrice d'Autriche* – Jean des Cars.
99. *Histoire des Tchèques et des Slovaques* – Antoine Marès.
100. *Marie Curie* – Laurent Lemire.
101. *Histoire des Espagnols*, tome I – Bartolomé Bennassar.
102. *Pie XII et la Seconde Guerre mondiale* – Pierre Blet.

103. *Histoire de Rome*, tome I – Marcel Le Glay.
104. *Histoire de Rome*, tome II – Marcel Le Glay.
105. *L'État bourguignon 1363-1477* – Bertrand Schnerb.
106. *L'Impératrice Joséphine* – Françoise Wagener.
107. *Histoire des Habsbourg* – Henry Bogdan.
108. *La Première Guerre mondiale* – John Keegan.
109. *Marguerite de Valois* – Éliane Viennot.
110. *La Bible arrachée aux sables* – Werner Keller.
111. *Le grand gaspillage* – Jacques Marseille.
112. *« Si je reviens comme je l'espère » : lettres du front et de l'Arrière, 1914-1918* – Marthe, Joseph, Lucien et Marcel Papillon.
113. *Le communisme* – Marc Lazar.
114. *La guerre et le vin* – Donald et Petie Kladstrup.
115. *Les chrétiens d'Allah* – Lucile et Bartolomé Bennassar.
116. *L'Égypte de Bonaparte* – Jean-Joël Brégeon.
117. *Les empires nomades* – Gérard Chaliand.
118. *La guerre de Trente Ans* – Henry Bogdan.
119. *La bataille de la Somme* – Alain Denizot.
120. *L'Église des premiers siècles* – Maurice Vallery-Radot.
121. *L'épopée cathare*, tome I, *L'invasion* – Michel Roquebert.
122. *L'homme européen* – Jorge Semprún, Dominique de Villepin.
123. *Mozart* – Pierre-Petit.
124. *La guerre de Crimée* – Alain Gouttman.
125. *Jésus et Marie-Madeleine* – Roland Hureaux.
126. *L'épopée cathare*, tome II, *Muret ou la dépossession* – Michel Roquebert.
127. *De la guerre* – Carl von Clausewitz.
128. *La fabrique d'une nation* – Claude Nicolet.
129. *Quand les catholiques étaient hors la loi* – Jean Sévillia.
130. *Dans le bunker de Hitler* – Bernd Freytag von Loringhoven et François d'Alançon.
131. *Marthe Robin* – Jean-Jacques Antier.
132. *Les empires normands d'Orient* – Pierre Aubé.
133. *La guerre d'Espagne* – Bartolomé Bennassar.
134. *Richelieu* – Philippe Erlanger.
135. *Les Mérovingiennes* – Roger-Xavier Lantéri.
136. *De Gaulle et Roosevelt* – François Kersaudy.
137. *Historiquement correct* – Jean Sévillia.
138. *L'actualité expliquée par l'Histoire*.

139. *Tuez-les tous ! La guerre de religion à travers l'histoire* – Élie Barnavi, Anthony Rowley.
140. *Jean Moulin* – Jean-Pierre Azéma.
141. *Nouveau monde, vieille France* – Nicolas Baverez.
142. *L'Islam et la Raison* – Malek Chebel.
143. *La gauche en France* – Michel Winock.
144. *Malraux* – Curtis Cate.
145. *Une vie pour les autres. L'aventure du père Ceyrac* – Jérôme Cordelier.
146. *Albert Speer* – Joachim Fest.
147. *Du bon usage de la guerre civile en France* – Jacques Marseille.
148. *Raymond Aron* – Nicolas Baverez.
149. *Joyeux Noël* – Christian Carion.
150. *Frères de tranchées* – Marc Ferro.
151. *Histoire des croisades et du royaume franc de Jérusalem*, tome I, *1095-1130, L'anarchie musulmane* – René Grousset.
152. *Histoire des croisades et du royaume franc de Jérusalem*, tome II, *1131-1187, L'équilibre* – René Grousset.
153. *Histoire des croisades et du royaume franc de Jérusalem*, tome III, *1188-1291, L'anarchie franque* – René Grousset.
154. *Napoléon* – Luigi Mascilli Migliorini.
155. *Versailles, le chantier de Louis XIV* – Frédéric Tiberghien.
156. *Le siècle de saint Bernard et Abélard* – Jacques Verger, Jean Jolivet.
157. *Juifs et Arabes au XXe siècle* – Michel Abitbol.
158. *Par le sang versé. La Légion étrangère en Indochine* – Paul Bonnecarrère.
159. *Napoléon III* – Pierre Milza.
160. *Staline et son système* – Nicolas Werth.
161. *Que faire ?* – Nicolas Baverez.
162. *Stratégie* – B. H. Liddell Hart.
163. *Les populismes* (dir. Jean-Pierre Rioux).
164. *De Gaulle, 1890-1945*, tome I – Éric Roussel.
165. *De Gaulle, 1946-1970*, tome II – Éric Roussel.
166. *La Vendée et la Révolution* – Jean-Clément Martin.
167. *Aristocrates et grands bourgeois* – Éric Mension-Rigau.
168. *La campagne d'Italie* – Jean-Christophe Notin.
169. *Lawrence d'Arabie* – Jacques Benoist-Méchin.
170. *Les douze Césars* – Régis F. Martin.

171. *L'épopée cathare*, tome III, *Le lys et la croix* – Michel Roquebert.
172. *L'épopée cathare*, tome IV, *Mourir à Montségur* – Michel Roquebert.
173. *Henri III* – Jean-François Solnon.
174. *Histoires des Antilles françaises* – Paul Butel.
175. *Rodolphe et les secrets de Mayerling* – Jean des Cars.
176. *Oradour, 10 juin 1944* – Sarah Farmer.
177. *Volontaires français sous l'uniforme allemand* – Pierre Giolitto.
178. *Chute et mort de Constantinople* – Jacques Heers.
179. *Nouvelle histoire de l'Homme* – Pascal Picq.
180. *L'écriture. Des hiéroglyphes au numérique.*
181. *C'était Versailles* – Alain Decaux.
182. *De Raspoutine à Poutine* – Vladimir Fedorovski.
183. *Histoire de l'esclavage aux États-Unis* – Claude Fohlen.
184. *Ces papes qui ont fait l'histoire* – Henri Tincq.
185. *Classes laborieuses et classes dangereuses* – Louis Chevalier.
186. *Les enfants soldats* – Alain Louyot.
187. *Premiers ministres et présidents du Conseil* – Benoît Yvert.
188. *Le massacre de Katyn* – Victor Zaslavsky.
189. *Enquête sur les apparitions de la Vierge* – Yves Chiron.
190. *L'épopée cathare*, tome V, *La fin des Amis de Dieu* – Michel Roquebert.
191. *Histoire de la diplomatie française*, tome I.
192. *Histoire de la diplomatie française*, tome II.
193. *Histoire de l'émigration* – Ghislain de Diesbach.
194. *Le monde des Ramsès* – Claire Lalouette.
195. *Bernadette Soubirous* – Anne Bernet.
196. *Cosa Nostra. La mafia sicilienne de 1860 à nos jours* – John Dickie.
197. *Les mensonges de l'Histoire* – Pierre Miquel.
198. *Les négriers en terres d'islam* – Jacques Heers.
199. *Nelson Mandela* – Jack Lang.
200. *Un monde de ressources rares* – Le Cercle des économistes et Érik Orsenna.
201. *L'histoire de l'univers et le sens de la création* – Claude Tresmontant.
202. *Ils étaient sept hommes en guerre* – Marc Ferro.
203. *Précis de l'art de la guerre* – Antoine-Henri Jomini.
204. *Comprendre les États-Unis d'aujourd'hui* – André Kaspi.

205. *Tsahal* – Pierre Razoux.
206. *Pop philosophie* – Mehdi Belahj Kacem, Philippe Nassif.
207. *Le roman de Vienne* – Jean des Cars.
208. *Hélie de Saint Marc* – Laurent Beccaria.
209. *La dénazification* (dir. Marie-Bénédicte Vincent).
210. *La vie mondaine sous le nazisme* – Fabrice d'Almeida.
211. *Comment naissent les révolutions.*
212. *Comprendre la Chine d'aujourd'hui* – Jean-Luc Domenach.
213. *Le second Empire* – Pierre Miquel.
214. *Les papes en Avignon* – Dominique Paladilhe.
215. *Jean Jaurès* – Jean-Pierre Rioux.
216. *La Rome des Flaviens* – Catherine Salles.
217. *6 juin 44* – Jean-Pierre Azéma, Philippe Burrin, Robert O. Paxton.
218. *Eugénie, la dernière impératrice* – Jean des Cars.
219. *L'homme Robespierre* – Max Gallo.
220. *Les Barbaresques* – Jacques Heers.
221. *L'élection présidentielle en France, 1958-2007* – Michel Winock.
222. *Histoire de la Légion étrangère* – Georges Blond.
223. *1 000 ans de jeux Olympiques* – Moses I. Finley, H. W. Pleket.
224. *Quand les Alliés bombardaient la France* – Eddy Florentin.
225. *La crise des années 30 est devant nous* – François Lenglet.
226. *Le royaume wisigoth d'Occitanie* – Joël Schmidt.
227. *L'épuration sauvage* – Philippe Bourdrel.
228. *La révolution de la Croix* – Alain Decaux.
229. *Frédéric de Hohenstaufen* – Jacques Benoist-Méchin.
230. *Savants sous l'Occupation* – Nicolas Chevassus-au-Louis.
231. *Moralement correct* – Jean Sévillia.
232. *Claude Lévi-Strauss, le passeur de sens* – Marcel Hénaff.
233. *Le voyage d'automne* – François Dufay.
234. *Erbo, pilote de chasse* – August von Kageneck.
235. *L'éducation des filles en France au XIXe siècle* – Françoise Mayeur.
236. *Histoire des pays de l'Est* – Henry Bogdan.
237. *Les Capétiens* – François Menant, Hervé Martin, Bernard Merdrignac, Monique Chauvin.
238. *Le roi, l'empereur et le tsar* – Catrine Clay.
239. *Neanderthal* – Marylène Patou-Mathis.
240. *Judas, de l'Évangile à l'Holocauste* – Pierre-Emmanuel Dauzat.

241. *Le roman vrai de la crise financière* – Olivier Pastré, Jean-Marc Sylvestre.
242. *Comment l'Algérie devint française* – Georges Fleury.
243. *Le Moyen Âge, une imposture* – Jacques Heers.
244. *L'île aux cannibales* – Nicolas Werth.
245. *Policiers français sous l'Occupation* – Jean-Marc Berlière.
246. *Histoire secrète de l'Inquisition* – Peter Godman.
247. *La guerre des capitalismes aura lieu* – Le Cercle des économistes (dir. Jean-Hervé Lorenzi).
248. *Les guerres bâtardes* – Arnaud de La Grange, Jean-Marc Balencie.
249. *De la croix de fer à la potence* – August von Kageneck.
250. *Nous voulions tuer Hitler* – Philipp Freiherr von Boeselager.
251. *Le soleil noir de la puissance, 1796-1807* – Dominique de Villepin.
252. *L'aventure des Normands, VIIIe- XIIIe siècle* – François Neveux.
253. *La spectaculaire histoire des rois des Belges* – Patrick Roegiers.
254. *L'islam expliqué par* – Malek Chebel.
255. *Pour en finir avec Dieu* – Richard Dawkins.
256. *La troisième révolution américaine* – Jacques Mistral.
257. *Les dernières heures du libéralisme* – Christian Chavagneux.
258. *La Chine m'inquiète* – Jean-Luc Domenach.
259. *La religion cathare* – Michel Roquebert.
260. *Histoire de la France*, tome I, *1900-1930* – Serge Berstein, Pierre Milza.
261. *Histoire de la France*, tome II, *1930-1958* – Serge Berstein, Pierre Milza.
262. *Histoire de la France*, tome III, *1958 à nos jours* – Serge Berstein, Pierre Milza.
263. *Les Grecs et nous* – Marcel Detienne.
264. *Deleuze* – Alberto Gualandi.
265. *Le réenchantement du monde* – Michel Maffesoli.
266. *Spinoza* – André Scala.
267. *Les Français au quotidien, 1939-1949* – Éric Alary, Bénédicte Vergez-Chaignon, Gilles Gauvin.
268. *Teilhard de Chardin* – Jacques Arnould.
269. *Jeanne d'Arc* – Colette Beaune.
270. *Crises, chaos et fins de monde*.
271. *Auguste* – Pierre Cosme.
272. *Histoire de l'Irlande* – Pierre Joannon.

273. *Les inconnus de Versailles* – Jacques Levron.
274. *Ils ont vécu sous le nazisme* – Laurence Rees.
275. *La nuit au Moyen Âge* – Jean Verdon.
276. *Ce que savaient les Alliés* – Christian Destremau.
277. *François Ier* – Jack Lang.
278. *Alexandre le Grand* – Jacques Benoist-Méchin.
279. *L'Égypte des Mamelouks* – André Clot.
280. *Les valets de chambre de Louis XIV* – Mathieu Da Vinha.
281. *Les grands sages de l'Égypte ancienne* – Christian Jacq.
282. *Armagnacs et Bourguignons* – Bertrand Schnerb.
283. *La révolution des Templiers* – Simonetta Cerrini.
284. *Les crises du capitalisme.*
285. *Communisme et totalitarisme* – Stéphane Courtois.
286. *Les chasseurs noirs* – Christian Ingrao.
287. *Averroès* – Ali Benmakhlouf.
288. *Les guerres préhistoriques* – Lawrence H. Keeley.
289. *Devenir de Gaulle* – Jean-Luc Barré.
290. *Lyautey* – Arnaud Teyssier.
291. *Fin de monde ou sortie de crise ?* – Le Cercle des économistes (dir. Pierre Dockès et Jean-Hervé Lorenzi).
292. *Madame de Montespan* – Jean-Christian Petitfils.
293. *L'extrême gauche plurielle* – Philippe Raynaud.
294. *La guerre d'indépendance des Algériens* (prés. Raphaëlle Branche).
295. *La France de la Renaissance* – Arlette Jouanna.
296. *Verdun 1916* – Malcolm Brown.
297. *Lyotard* – Alberto Gualandi.
298. *Catherine de Médicis* – Jean-François Solnon.
299. *Le XXe siècle idéologique et politique* – Michel Winock.
300. *L'art nouveau en Europe* – Roger-Henri Guerrand.
301. *Les salons de la IIIe République* – Anne Martin-Fugier.
302. *Lutèce* – Joël Schmidt.
303. *Les aventurières de Dieu* – Elisabeth Dufourcq.
304. *Chiisme et politique au Moyen-Orient* – Laurence Louër.
305. *La chute ou l'Empire de la solitude 1807-1814* – Dominique de Villepin.
306. *Louis II de Bavière* – Jean des Cars.
307. *L'Égypte des grands pharaons* – Christian Jacq.
308. *La Deuxième Guerre mondiale* – John Keegan.
309. *Histoire du libertinage* – Didier Foucault.

310. *L'affaire Cicéron* – François Kersaudy.
311. *Les Gaulois contre les Romains* – Joël Schmidt.
312. *Le soufre et le moisi* – François Dufay.
313. *Histoire des Étrusques* – Jean-Marc Irollo.
314. *Le plaisir au Moyen Âge* – Jean Verdon.
315. *Cro Magnon* – Marcel Otte.
316. *La ligne de démarcation* – Éric Alary.
317. *Histoires de Berlin* – Bernard Oudin, Michèle Georges.
318. *Histoire de l'armée allemande* – Philippe Masson.
319. *La guerre de Cent Ans* – Georges Minois.
320. *La santé de Louis XIV* – Stanis Perez.
321. *La mémoire des pieds-noirs* – Joëlle Hureau.
322. *Pascal* – Francesco Paolo Adorno.
323. *Dictionnaire culturel de la Bible.*
324. *Levinas* – François-David Sebbah.
325. *Histoire de la réforme protestante* – Bernard Cottret.
326. *Chronologie commentée de la Seconde Guerre mondiale* – André Kaspi.
327. *Chronologie commentée du Moyen Âge français* – Laurent Theis.
328. *Histoire de l'ordre de Malte* – Bertrand Galimard Flavigny.
329. *Histoire ignorée de la marine française* – Étienne Taillemite.
330. *Erich von Manstein* – Benoît Lemay.
331. *L'argent des Français* – Jacques Marseille.
332. *Leclerc* – Jean-Christophe Notin.
333. *Radio Londres* – Aurélie Luneau.
334. *Louis XII* – Didier Le Fur.
335. *Le chouan du Tyrol* – Jean Sévillia.
336. *Cléopâtre* – Jacques Benoist-Méchin.
337. *Les noirs américains* – Nicole Bacharan.
338. *Que sont les grands hommes devenus ?* – Jacques Julliard.
339. *La cour de Versailles aux XVIIe et XVIIIe siècles* – Jacques Levron.
340. *Simon de Montfort* – Michel Roquebert.
341. *Les deux terres promises* – Michel Abitbol.
342. *Histoire des instituteurs et des professeurs* – Béatrice Compagnon, Anne Thévenin.
343. *Baudouin IV de Jérusalem* – Pierre Aubé.
344. *Monet* – Pascal Bonafoux.
345. *La moisson des dieux* – Jean-Jacques Fiechter.
346. *La Terre est plate* – Thomas L. Friedman.
347. *La société d'indifférence* – Alain-Gérard Slama.

348. *Gaston Fébus* – Claudine Pailhès.
349. *La France perd la mémoire* – Jean-Pierre Rioux.
350. *Mémoires accessoires,* tome I, *1921-1946* – Philippe de Gaulle.
351. *Mémoires accessoires,* tome II, *1946-1982* – Philippe de Gaulle.
352. *11 novembre 1942, l'invasion de la zone libre* – Eddy Florentin.
353. *L'homme du* Monde, *la vie d'Hubert Beuve-Méry* – Laurent Greilsamer.
354. *Staline, la cour du tsar rouge,* tome I, *1929-1941* – Simon Sebag Montefiore.
355. *Staline, la cour du tsar rouge,* tome II, *1941-1953* – Simon Sebag Montefiore.
356. *Le 18 Brumaire* – Thierry Lentz.
357. *Louis XVI,* tome I, *1754-1786* – Jean-Christian Petitfils.
358. *Louis XVI,* tome II, *1786-1793* – Jean-Christian Petitfils.
359. *Histoire de la cuisine et de la gastronomie françaises* – Patrick Rambourg.
360. *L'Amérique des néo-conservateurs, l'illusion messianique* – Alain Frachon, Daniel Vernet.
361. *Du fascisme* – Pascal Ory.
362. *Histoire de la gendarmerie* – Éric Alary.
363. *Clemenceau* – Michel Winock.
364. *Le modèle suisse* – François Garçon.
365. *Une journée dans l'affaire Dreyfus, « J'accuse », 13 janvier 1898* – Alain Pagès.
366. *Ribbentrop* – Michael Bloch.
367. *Voyage au cœur de l'OAS* – Olivier Dard.
368. *Splendeurs et misères du fait divers* – Louis Chevalier.
369. *Christianisme et paganisme du IVe au VIIIe siècle* – Ramsay MacMullen.
370. *Mihailović, héros trahi par les Alliés (1893-1946)* – Jean-Christophe Buisson.
371. *La guerre civile européenne. National-socialisme et bolchevisme, 1917-1945* – Ernst Nolte.
372. *Rome et Jérusalem* – Martin Goodman.
373. *La chute de Saigon* – Olivier Todd.
374. *Les secrets du Vatican* – Bernard Lecomte.
375. *Madame de Staël* – Ghislain de Diesbach.
376. *L'irrésistible ascension de l'argent* – Niall Ferguson.
377. *Erwin Rommel* – Benoît Lemay.
378. *Histoire des Espagnols,* tome II – Bartolomé Bennassar.

379. *Les généraux allemands parlent* – Basil H. Liddell Hart.
380. *Google et le nouveau monde* – Bruno Racine.
381. *Histoire de France* – Jacques Bainville.
382. *Après le déluge* – Nicolas Baverez.
383. *Histoires de la Révolution et de l'Empire* – Patrice Gueniffey.
384. *Mille ans de langue française*, tome I, *Des origines au français moderne* – Alain Rey, Frédéric Duval, Gilles Siouffi.
385. *Mille ans de langue française*, tome II, *Nouveaux destins* – Alain Rey, Frédéric Duval, Gilles Siouffi.
386. *Juliette Gréco, une vie en liberté* – Bertrand Dicale.
387. *Le grand jeu de dupes* – Gabriel Gorodetsky.
388. *Des cendres en héritage. L'histoire de la CIA* – Tim Weiner.
389. *La Bastoche. Une histoire du Paris populaire et criminel* – Claude Dubois.

À PARAÎTRE

Les Mitterrand – Robert Schneider.
L'étrange voyage de Rudolf Hess – Martin Allen.
Le monde post-américain – Fareed Zakaria.
Enquête sur les béatifications et les canonisations – Yves Chiron.

Composition Nord Compo
Villeneuve-d'Ascq

Impression réalisée par

CPI
BRODARD & TAUPIN

La Flèche (Sarthe), le 14-06-2011
pour le compte des Éditions Perrin
76, rue Bonaparte
75006 Paris

N° d'édition : 2740 – N° d'impression : 65128
Dépôt légal : avril 2011
Imprimé en France

